KB235736

Media Art

안녕! 미디어아트

초판 1쇄 발행 2014년 7월 31일 **지은이** 이재민 **펴낸이** 한기성 **펴낸곳** 인사이트 **편집** 김민희, 조은별 **본문디자인** 윤영준 **일러스트** 박장규 **제작·관리** 이지연, 박미경 **표지출력** 소다그래픽스 **용지** 월드페이퍼 **인쇄** 현문인쇄 **제본** 자현제책 **등록번호** 제10-2313호 **등록일자** 2002년 2월 19일 **주소** 서울시 마포구 서교동 469-9번지 석우빌딩 3층 **전화** 02-322-5143 **팩스** 02-3143-5579 **블로그** http://blog.insightbook.co.kr **이메일** insight@insightbook.co.kr **ISBN** 978-89-6626-112-3 책값은 뒤표지에 있습니다. 잘못 만들어진 책은 바꾸어 드립니다. 이 책의 정오표는 http://www.insightbook.co.kr/55540에서 확인하실 수 있습니다. 이 도서의 국립중앙도서관 출판예정도서목록(CIP)은 서지정보유통지원시스템 홈페이지(http://seoji.nl.go.kr)와 국가자료공동목록시스템(http://www.nl.go.kr/kolisnet)에서 이용하실 수 있습니다.(CIP제어번호: CIP2014020846)

Copyright © 2014 이재민, 인사이트

이 책 내용의 일부 또는 전부를 재사용하려면 반드시 저작권자와 인사이트 양측 모두의 서면 동의를 얻어야 합니다.

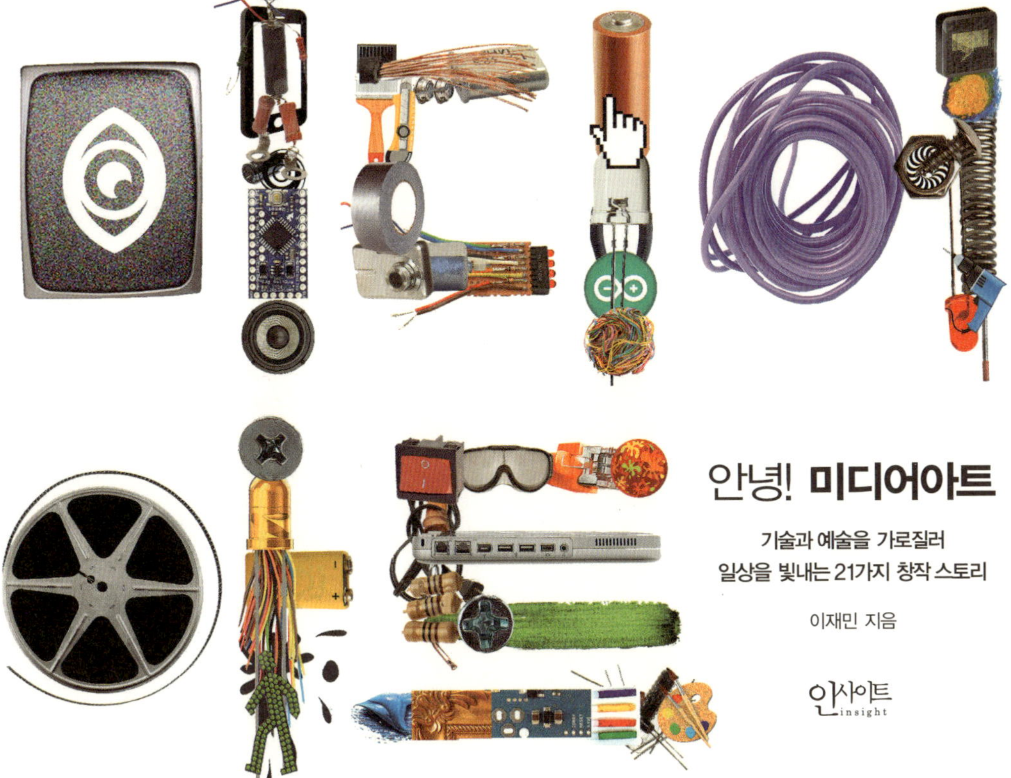

안녕! 미디어아트

기술과 예술을 가로질러
일상을 빛내는 21가지 창작 스토리

이재민 지음

안사이트
insight

차례

추천의 글

앞길을 비추는 따뜻한 불빛

선생이 되어 피지컬 컴퓨팅 과목을 개설하였을 때, 학생들이 작업할 수 있는 공간이나 장비 같은 것은 마련되어 있지 않았습니다. 학과장님의 배려로 작은 연구실 공간을 하나 얻어 그곳에 인두 몇 자루와 멀티미터 몇 대, 그리고 전선 몇 뭉치를 벌여놓고 소박하게 강의를 열었습니다. 첫 강의를 신청한 열 몇 명의 학생들과 내가 그 작은 공간 안에 모두 들어서기는 거의 불가능했는데, 그러나 우리들은 어깨를 부딪혀 가며, 누군가 지나갈 때면 의자를 끌어당겨 비켜주며, 그 어둑한 방안에 자주 새벽까지 머물러 있었습니다. 우리는 어린아이들처럼 신나 있었습니다.

그 학생들 가운데 이재민 선생이 있었습니다. 3학년 학생인데도 4학년 수업에 기꺼이 들어와 있던 이재민 선생은 어느 가을날 나를 찾아와, 4학년 선배들의 졸업전시에 3학년 학생들도 공동작품 하나로 참여하고 싶다며 지도를 부탁했습니다. 그가 기획한 것은 스무 개 정도의 라이트박스가 플로어 여기저기에 흩어져 점멸하는 대형 작품이었는데, 멋진 아이디어라 생각한 나는 흔쾌히 지도를 허락했습니다. 그런데 매우 밝은 사진조명용 램프를 사용하는지라 릴레이가 좀체 버텨주지 못해 우리들은 계속 실패를 거듭하며 애를 먹었습니다.

결국 졸업작품을 설치하는 마지막 날, 우리들은 땀을 뻘뻘 흘리며 상자들을 바닥에 늘어놓고, 먼지투성이가 되어 마룻바닥에 주저앉아 케이블들을 연결하고, 칩을 프로그램하고, 그리고 전원을 넣었습니다. 상자에 불들이 켜지기 시작했습니다. 새벽이 가까와 오는 시간의 침침한 플로어, 피곤에 지친 학생들이 느릿느릿 오가고, 여기저기에 치우지 않은 쓰레기들이 작품인 양 쌓여있고, 누군가 옆방에서 무어라 큰 소리로 외쳐대는 그곳에서, 이재민 선생과 나는 둘만의 고요 안에서 노랗게 켜지는 상자의 불빛들을 숨죽이고 바라보고 있었습니다.

미디어아트를 해 본 사람들은 작품을 처음 만들어 전원을 넣는 이 순간의 떨림을 알 것입니다. 내가 생각하고 머릿속에서 그려오던 세계가 실제 살아있는 하나의 대상으로 깨어나는 순간의 가슴벅참은 오직 작업하는 사람만이 알 수 있는 것일 터입니다.

결말을 마저 말하자면, 이재민 선생과 나의 그 작품은 1분쯤이 지나자 하나씩 둘씩 그만 멈추어 서기 시작했습니다. 지금 생각해 보면 릴레이를 연결할 때 다른 방법을 얼마든지 사용할 수 있었는데 그 당시에는 그러한 생각을 하지 못했던 것 같습니다. 그래서 다음날 전시에는 아쉬우나마 약간 간소화한 형식으로 전시하는 데 그쳤지만, 그러나 그날밤 잠시 왔다 갔던 노란 불빛들을 함께 바라보던 그 1분 동안은 이재민 선생을 생각하면 내게 늘 가장 먼저 떠오르는 장면이며, 그것은 내게 아름다운 추억입니다.

졸업 후 그는 미국의 가장 권위있는 명문 미술학교 시카고 아트 인스티튜트의 아트&테크놀로지 학과로 유학을 갔고, 이후 한국에 돌아와 우수한 미디어아트 작가로 활발히 활동하고 있습니다. 이제는 선생과 제자의 관계가 아닌 동료 작가임에도 미디어아트 책을 썼다고 옛 선생에게 수줍은 듯 추천사를 부탁하는 그의 책 페이지들을 넘겨보면서, 나는 감명받았으며, 그가 자랑스러웠습니다. 이토록 정성스럽게 미디어아트 작업의 실제를 소상히 설명한 책을 나는 여태 보지 못한 것 같습니다.

누구라도 실패하지 않고 따라해 볼 수 있도록 작업과정을 일일이 사진들을 통해 순서대로 차근차근 설명한 지면들은 친절한 그의 성품을 그대로 보여주고 있었습니다. 이론적인 설명보다는 실제 작동되는 작품 사례들을 가지고 접근하면서도 가장 기초적인 것부터 심화된 것까지 미디어아트 작업에 필요한 지식들을 단계적으로 전개하고 있는 그의 교수법은 매우 독특하며 효과적인 것이었습니다.

이 책에는 기술적인 내용들 외에도 작업에 관한 그의 생각들이 함께 담겨 있어 더욱 재미있게 읽을 수 있었습니다. 수려한 문장으로 담담히 적어나간 그의 생각들은 읽는 이로 하여금 한 사람의 작가로서 예술과 삶을 바라보는 그의 온유하고 섬세한 시선들을 공감하게 해 줍니다.

작가로서 이재민 선생의 주된 작업은 LED를 사용하여 빛을 내는 작품들로 나타납니다. 나는 이 책이 또한 미디어아트 작업을 해보려는 이들의 앞길을 친절하게 비추어주는 따뜻한 빛이 되고 있음을 봅니다. 미디어아트의 첫 문을 들어서는 많은 분들이 이 책을 통하여 살아 숨쉬는 작품과 마주하는 행복한 순간들을 경험하시기를 바랍니다.

홍익대학교 조형대학
디지털미디어디자인전공 부교수
서동수

들어가는 글

그날도 7월의 장맛비가 하염없이 내리는 날이었습니다. 저는 한참동안 창문에 부딪히는 빗방울을 바라보다가 예측 불가능한 빗방울의 움직임을 빛으로 표현해보고 싶다는 생각이 문득 들었습니다. 빗방울이 지나가는 자리마다 빛이 켜지게 만들어서 자연스러운 빛의 흐름을 표현하고 싶었던 것입니다. 그때부터 피지컬 컴퓨팅과 미디어아트 작품을 접하게 되었고 더 깊이 있게 공부해야겠다는 생각에 미국으로 유학을 떠나게 되었습니다.

유학을 마치고 돌아와 모교에서 3년 동안 인터랙션디자인과 비주얼프로그래밍 과목을 강의했습니다. 두 과목은 한 학기 동안 현재 미디어아트 분야에서 많이 사용되는 아두이노와 프로세싱을 기본적으로 배우고 인터랙션 작품을 만들어볼 수 있는 수업이었습니다. 강의를 하면서 보니, 아두이노와 프로세싱을 '어떻게' 사용하는지보다는 '무엇을' 만들 수 있는지, '왜' 만들어야 하는지에 대해서 학생들은 더 궁금해하는 듯했습니다. 그리고 학생들이 만들어보고 싶어 하는 프로젝트는 대부분 아두이노와 프로세싱을 함께 사용해야 할 경우가 많았습니다. 이 책을 쓰기 시작한 가장 큰 이유이자 동기입니다.

자동차를 예로 들면, 자동차의 엔진이 어떤 원리로 작동하며 자동차를 어떻게 운전하는지에 대한 지식도 필요하지만 자동차로 할 수 있는 멋진 일에 대한 정보도 중요합니다. 주말에 자동차 타고 드라이브 하기 좋은 곳, 휴가 때 자동차 타고 알뜰하게 캠핑 떠나는 법, 개성 넘치는 나만의 자동차 튜닝법 등 다양한 활용 방법이 있을 것입니다. 이처럼 『안녕! 미디어아트』는 LED 전자회로, 아두이노 보드, 프로세싱 소프트웨어를 이용하여 우리가 만들어 볼 수 있는 다양한 미디어아트 작품을 소개하는 안내서이자 제작과정을 따라하면서 직접 만들어 볼 수 있는 실습서이면서 동시에 각자의 일상생활 속에서 응용해 볼 수 있는 활용서입니다.

친근한 캐릭터와 함께

처음 책을 쓰기 시작했을 때부터 제가 가장
좋아하는 전자부품인 트랜지스터와 LED로
캐릭터를 만들고 싶었습니다. 미디어아트
를 처음 접하는 독자에게도 친근하게 느껴
졌으면 하는 마음을 담아 손그림을 그려보
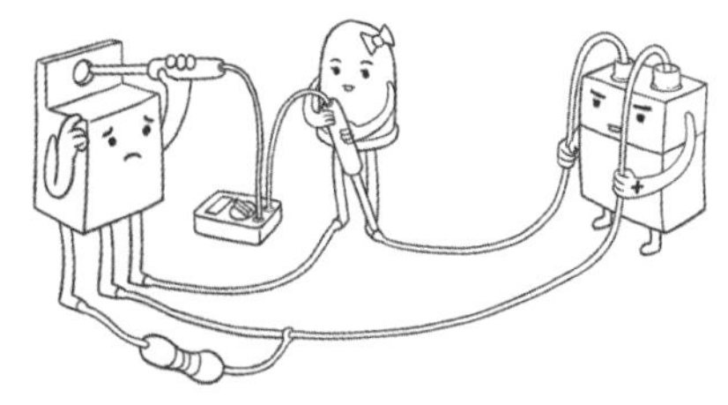
았습니다. 책에는 일러스트레이터 박장규 님이 잘 다듬어주신 그림을 담았습니
다. T군(트랜지스터)과 L양(LED)에게 많은 사랑 부탁드립니다.

다양한 독자와 함께

이 책은 미디어아트를 처음 접하는 독자라도 바로 따라할 수 있도록 작업 과정
을 세세히 기록했습니다. 순서대로 난이도가 점점 높아지는 구성이지만 꼭 순
서대로 할 필요는 없고 해보고 싶은 실습부터 도전해도 좋습니다. 관련 분야를
공부하는 독자, 취미로 무언가를 만들고 싶은 독자, 아이들과 작품을 만들며 유
익한 시간을 보내고 싶은 독자 등 다양한 독자에게 열려있는 책입니다.

작업노트

책에서 소개하는 21가지 실습예제가 무엇을 만들 수 있는지에 대한 내용이라
면, 각 예제가 끝난 뒤 나오는 작업노트는 왜 해당 미디어아트 작품을 만들었는
지에 대한 저의 생각을 정리한 기록입니다. 시카고에서 보냈던 유학생활, 미디
어아트 센터를 방문하기 위해 떠났던 유럽여행, 함께 작업했던 동료와 나누었던
대화를 바탕으로 썼습니다. 미디어아트를 통해 실제로 겪은 새로운 경험과 재
미있었던 일화가 담겨있습니다.

부품 구하기

실습예제를 만들기 위해 필요한 부품 및 공구에 대한 구입정보는 가능하면 자
세하게 설명하기 위해 노력했습니다. 학부 시절 청계천에서 LED를 판다는 이야
기를 듣고 지하철 1호선 종로 3가역에 처음 내렸을 때 어디로 가야할지 당황스
러웠던 기억은 아직도 생생합니다. 그 이후로 복잡한 골목 구석구석을 찾아다
니며 자주 사용하는 부품을 파는 가게를 하나둘씩 알아가기 시작했습니다. 준

비물 챙기기에 있는 청계천 지도는 제가 자주 다녔던 가게를 모아 표시해 놓은 지도로, 저에게는 보물 지도처럼 소중했습니다. 온라인으로 전자부품을 판매하는 웹사이트 주소도 따로 정리해 놓았습니다. 온라인 주문은 부품 검색기능이 편리하고 배송이 빨라서 시간을 절약할 수 있다는 장점이 있습니다. 학생 중에 간혹 기말 프로젝트 발표일을 일주일 남겨 놓고 부품을 주문하는 경우를 보았습니다. 이럴 경우 주문한 부품이 재고가 없어 늦게 도착할 수도 있고 생각했던 부품과 다른 부품이 올 수도 있으니 주의해야 합니다. 설령 주문한 부품이 제대로 도착했더라도 프로젝트에 적합한 부품이 아니라서 다시 다른 부품을 주문해야 하는 경우에는 프로젝트를 마무리할 수 있는 시간이 부족합니다. 프로젝트에 필요하다고 생각되는 부품은 미리미리 주문해서 테스트해보는 것이 좋습니다. 맛있는 음식을 요리하기 위해서는 신선한 재료와 도구가 필요하듯이 멋진 작품을 만들기 위해서는 좋은 부품과 공구가 필수입니다.

68쪽과 71쪽에 지도를 넣었지만 PC나 모바일로 확인하기 편하도록 구글맵에 부품을 구입할 수 있는 오프라인 상점 지도(http://goo.gl/UlvH1Q)를 공유하였습니다.

책 속 갤러리

4개로 나뉜 각 부가 끝날 때마다 등장하는 「책 속 갤러리」에서는 기존의 미디어아트 작품을 소개합니다. 다양한 작품을 감상하면서 미디어아트의 세계가 얼마나 무궁무진한지, 자신이 만들고 싶은 분야와 비슷한 작품은 어떻게 만들었을지 상상하면서 영감을 받아보시기 바랍니다.

온라인 카페와 페이스북

작품을 만드는 과정에서 어려움에 부딪혔거나 다른 사람과 함께 실습예제를 만들어보고 싶다면 온라인 카페(http://void.or.kr)를 방문하세요. 책에 나와 있는 소스코드를 다운로드할 수 있으며 워크샵을 주최하거나 참가할 수 있고 미디어아트 작품을 함께 감상할 수도 있습니다. 페이스북에서도 책과 관련된 정보를 공유합니다.

책에서 소개하는 실습예제에서 몇 가지 재료를 바꾸어 보거나 다른 예제들과 연결하여 자신만의 버전으로 새로운 작품을 만들어보는 것도 얼마든지 가능합니다. 미디어아트 작업은 결코 쉬운 일이 아닙니다. 하지만 자신의 아이디어를 조금씩 실현해나가는 쾌감과 자신만의 레시피로 세상 어느 곳에서도 맛볼 수 없는 작품이 완성되는 그 짜릿한 창작의 즐거움을 느껴보기 바랍니다.

감사의 글

서툰 글 솜씨로 무작정 책을 내고 싶은 마음에 문을 두드렸던 저에게 책 쓰는 즐거움을 일깨워 주신 인사이트 출판사 한기성 대표님과 오랫동안 기다리시며 응원해 주신 김민희 편집자에게 감사합니다.

실습예제를 하나씩 만들어가며 테스트해주신 김진수, 장원석, 조재영, 김유진, 김보경, 소재석 리뷰어에게 감사합니다. 아두이노와 프로세싱 코드를 꼼꼼하게 살펴주신 윤지현 선생님의 조언과 격려에 감사드립니다.

소중한 작품 사진을 책에 실을 수 있도록 허락해주신 김기철, 한진수, 김영희, 대니얼 마이크셀(Daniel Mikesell), 로미 아키투브(Romy Achituv) 작가에게 특별한 감사의 말씀을 전합니다.

친근한 캐릭터와 손그림을 완성시켜준 박장규 형님과 T군과 L양 캐릭터를 3D 프린터로 출력할 수 있도록 3D 파일을 만들어준 친구 이우석에게 고마운 마음을 전합니다.

항상 아낌없는 성원을 보내주시는 박영원 교수님, 이현진 교수님, 최문희 교수님, 황인경 교수님, 김영희 교수님, 김건동 교수님 그리고 저에게 처음 LED 켜는 법을 가르쳐 주신 서동수 교수님께 진심으로 감사드립니다.

끝으로 헌신적인 사랑을 베푸시는 부모님과 형님, 형수님, 조카 지호에게 사랑한다는 말을 전합니다.

2014년 봄, 작업실에서
이재민

떠나자,
미디어아트
세계로!

미디어아트란 무엇인지 알아본다.

관련된 주요 개념을 설명하고 작업을 진행할 때

도움이 되는 정보도 제공한다.

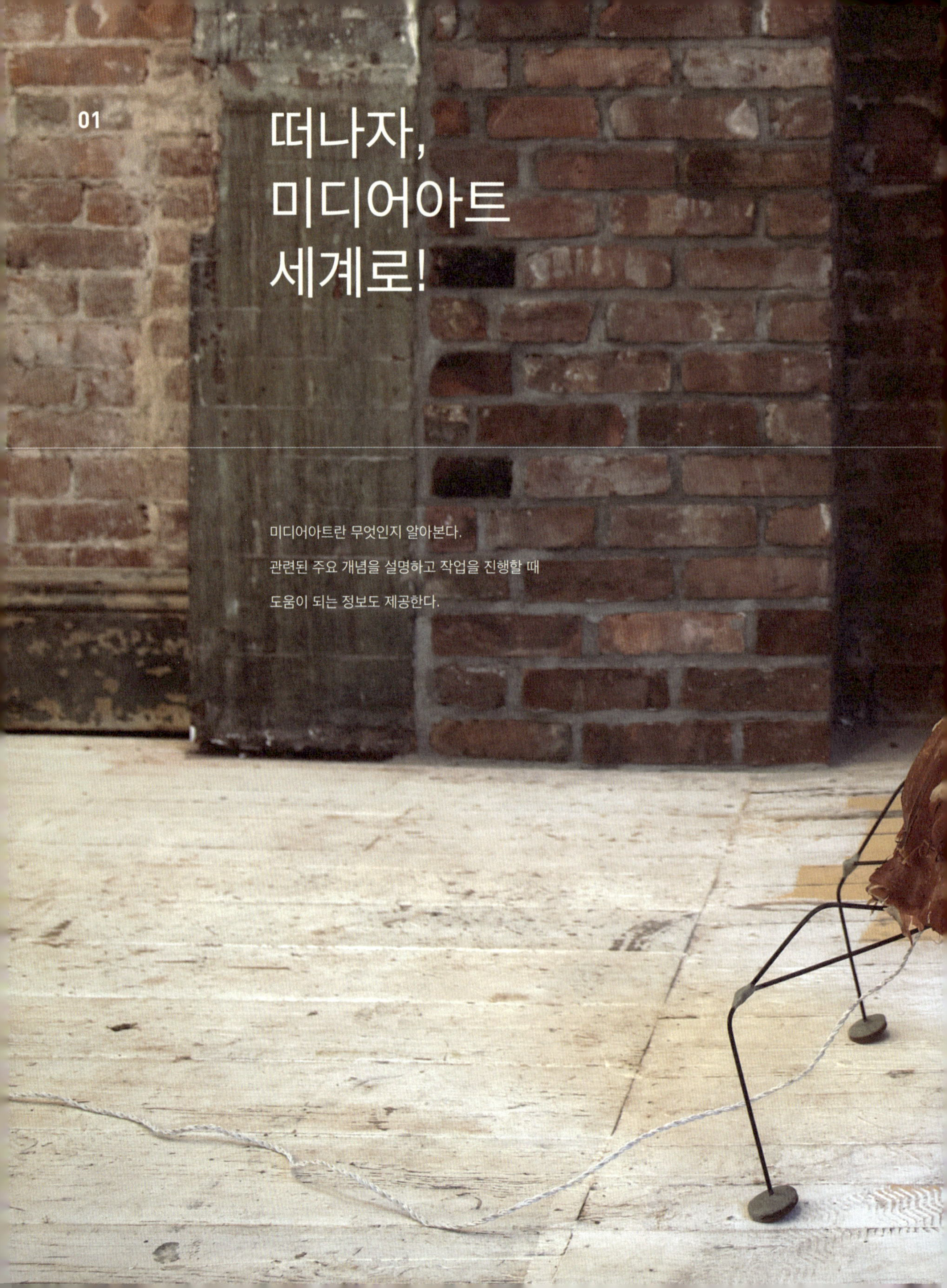

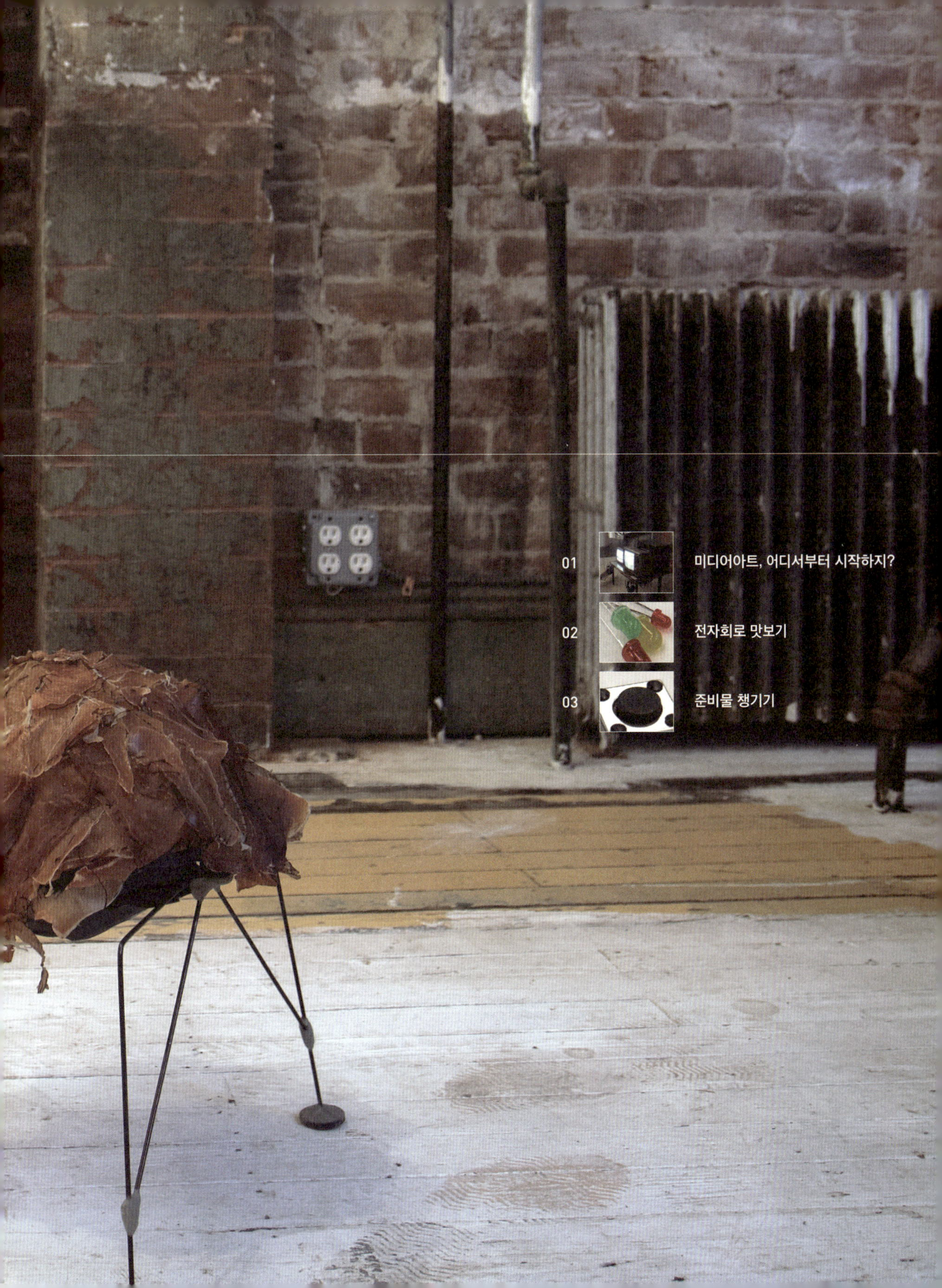

미디어아트,
어디서부터
시작하지?

미디어아트를 하는 과정에서
빼놓을 수 없는 '피지컬 컴퓨팅'을 이해하고
효과적인 아이디어 발상법, 작품 종류,
자료조사 방법 등을 살펴본다.

미디어아트가 뭐에요?

중학생 시절 나는 일 년에 한번 열리는 사생대회 날을 손꼽아 기다리곤 했다. 그날은 책가방 대신 양손에 화구 박스와 이젤, 물통, 스케치북을 들고 야외로 나가 하루 종일 내가 좋아했던 그림만 그릴 수 있는 즐거운 시간이었다. 적당한 장소에 이젤을 펴고 화구 박스를 열면 전날 밤 준비해 놓았던 수채화 물감과 팔레트, 연필, 지우개, 붓들이 가지런히 정리되어 있었다. 그 모습이 아직도 생생하게 떠오른다.

최근에는 스마트폰에 그림 그리기 어플리케이션을 설치하여 사용해보았다. 연필, 사인펜, 파스텔, 수채 물감, 유화 물감 중에서 원하는 도구를 선택하고 손가락으로 터치하여 화면에 그림을 그리는 방식이다. 처음에는 어색했지만 어느 정도 적응이 되자 간단한 스케치에서부터 맑고 투명한 수채화까지 간편하게 그려볼 수 있었다. 이제는 누구든지 스마트폰이라는 미디어를 통해 언제 어디서나 새로운 형태의 그림 그리기를 경험할 수 있다.

미디어는 정보를 전달하는 수단으로 텔레비전, 라디오, 신문을 가리킨다. 미디어아트에서는 이러한 기존 미디어와 함께 컴퓨터, 인터넷, 터치스크린, LED, 레이저, 빔 프로젝터, 디지털 카메라, 스마트폰, 3D 프린터 등 현대에 등장한 다양한 기술 및 장비를 사용한다. 그렇기 때문에 기존의 예술 형식과 차별화된 새로운 형태의 창작 활동을 할 수 있다. 다시 말해, 미디어아트는 새로운 미디어 기술 및 장비를 예술 표현의 도구로 활용하여 자신의 메시지를 전달하는 예술이다.

미디어아트의 가장 큰 특징은 관객이 참여할 수 있다는 점이다. 빛, 소리, 움직임을 이용한 미디어아트 작품은 시각뿐만 아니라 후각, 청각, 미각, 촉각을 자극하여 자연스럽게 관객의 참여를 유도한다. 관객이 참여하면 컴퓨터와 연결된 다양한 센서가 반응하여 작품을 변화시킨다. 작품이 변화하면 다시 관객의 참여를 유도하고, 참여가 또 다시 변화를 일으킨다. 이렇게 끊임없는 인터랙션(interaction, 상호작용)을 통해 비로소 작품이 완성된다. 관객이 작품으로부터 새로운 경험을 얻는 동시에 직접 참여해 작품을 완성시키는 과정 속에 바로 미디어아트의 의미가 있다.

피지컬 컴퓨팅이란

미디어아트 작품은 관객과 더욱 친밀하게 인터랙션하기 위해 피지컬 컴퓨팅을 활용한다. 피지컬 컴퓨팅은 빛, 온도, 소리, 압력 등 다양한 형태의 에너지를 컴퓨터가 사용할 수 있는 전기 에너지 또는 전기 신호로 바꾸어 주는 에너지 변환 과정이다. 이 과정에서 빛의 밝고 어두운 정도를 감지하는 포토셀, 온도의 높고 낮은 정도를 감지하는 써미스터, 소리의 크고 작은 정도를 감지하는 마이크와 같은 센서를 사용한다. 반대로 컴퓨터에서 출력되는 전기 에너지를 LED, 모터, 스피커와 같은 전자 부품을 이용해 사람이 느낄 수 있는 빛, 움직임, 소리와 같은 형태로 바꾸어 주는 일도 포함한다. 일반적인 컴퓨터가 사용자의 마우스 움직임(어느 방향으로 움직이는지, 언제 버튼을 클릭하는지)을 지켜보고 있다면 피지컬 컴퓨팅을 활용한 컴퓨터는 마우스를 감싸고 있는 사용자의 손바닥 온도에 더욱 관심이 많다. 이처럼 컴퓨터는 피지컬 컴퓨팅 과정을 통해 사람이 보고 듣고 느낄 수 있는 감각적인 정보를 이해할 수 있다.

> **TIP**
>
> 『피지컬 컴퓨팅(Physical Computing)』은 뉴욕대학교 ITP(Interactive Telecommunications
>
> Program)의 댄 오설리번(Dan O'Sullivan)과 톰 아이고(Tom Igoe)가 함께 쓴 책의 제목이다.
>
> 이 책은 피지컬 인터랙션 작품을 만들기 위해 알아두어야 할 기본 개념과 제작 방법을 담고 있다.

피지컬 컴퓨팅을 할 때는 주변 환경의 변화를 디지털과 아날로그 형태로 구분한다. 디지털 형태일 경우엔 어떤 현상의 결과를 두 가지 상태로만 나타내고 그 두 가지 결과 중 어느 쪽인지만 알고 싶을 때를 말한다. '버튼을 눌렀는지 안 눌렀는지' '컵에 손이 닿았는지 안 닿았는지' '문이 열렸는지 닫혔는지'와 같이 어떠한 상황을 '~인지 아닌지'로 판단할 때 디지털적으로 환경이 변화한다고 한다. 아날로그 형태의 환경 변화는 어떤 현상의 결과로 상태가 끊임없이 변화하는 경우를 말한다. '바람이 얼마나 세게 불고 있는가?' '비가 얼마나 많이 내리고 있는가?' '고속철도는 얼마나 빨리 달리고 있는가?'와 같이 '더 세게', '더 많이', '더 빨리'와 같은 말로 표현될 때 아날로그적으로 환경이 변화한다고 말한다.

미디어아트 작품을 만들 때는『피지컬 컴퓨팅』에서 정의한 디지털과 아날로그 형태의 환경 변화 외에 컴퓨터 데이터 형태도 활용할 수 있다. 컴퓨터 데이터는 문자, 숫자, 이미지, 또는 사물의 색깔이나 움직임 등을 키보드나 카메라와 같은 장비를 통해 컴퓨터가 바로 처리할 수 있는 형태다. 또한 MP3 음악 파일, 실시간으로 변하는 뉴스 기사와 같이 다른 컴퓨터를 통해 변환되어 인터넷에 연결된 경우도 컴퓨터 데이터 형태라고 할 수 있다.

만약 빈방에 사람이 들어오면 특정한 이벤트가 연출되도록 한다고 생각해보자. 빈방에 사람이 들어 왔는지 아닌지만 알고 싶다면 입구에 인체감지 센서를 달아 디지털 형태로 체크하면 된다. 혹은 방 안에 들어온 사람이 입구로부터 얼마나 멀리 들어와 있는지 알고 싶다면 문 옆에 거리감지 센서를 달아 아날로그 형태로 살펴보면 된다. 방에 들어온 사람이 어떤 색깔의 옷을 입고 있는지를 알고 싶다면 카메라를 통해 컴퓨터 데이터 형태로 파악하면 된다.

작업의 진행과정은 크게 입력(Input), 처리(Process), 출력(Output) 세 단계로 나뉜다. 입력부는 앞에서 살펴본 세 가지 형태의 정보가 센서나 장비를 거쳐 컴퓨터로 전달되는 단계다. 이때 적합한 센서를 찾기 위해 다양한 종류의 센서를 테스트해야 하며 전자회로나 아두이노 보드와 같은 장치가 필요하다. 처리부는 컴퓨터로 입력되는 값을 확인하고 자신의 프로젝트에 맞게 값을 변형시켜 출력부로 내보내는 단계다. 이 과정에서는 영상과 소리를 제어하기 위해 프로세싱(Processing), 플래시(Flash), Max/MSP와 같은 소프트웨어를 사용한다. 출력부는 처리부에서 만들어진 결과물을 모니터, 빔 프로젝터와 같은 장비를 통해 컴퓨터 데이터 형태로 보여 주거나 빛, 소리, 움직임과 같은 물리적인 형태로 표

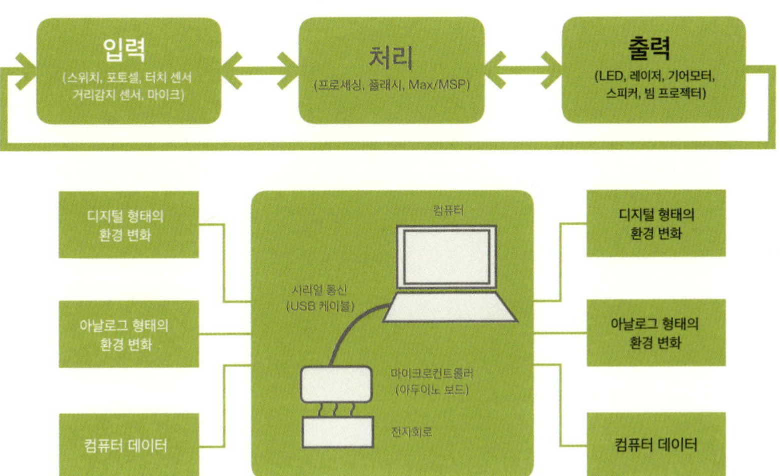

현할 수 있다. 출력부도 입력부와 마찬가지로 디지털 형태, 아날로그 형태, 컴퓨터 데이터 형태로 나누어 표현할 수 있다. 물리적인 형태로 출력하기 위해서는 전자회로를 구성하거나 기어를 제작하거나 프레임을 만드는 등 조형물 제작과 같은 전문적인 지식이 필요할 때가 많기 때문에 다른 단계보다 힘들 수 있다. 하지만 자신이 전달하려는 메시지를 가장 잘 보여줄 수 있는 중요한 단계이기도 하다.

입력에 사용되는 센서로는 스위치, 포토셀, 써미스터, 기울기감지 센서, 터치 센서, 인체감지 센서, 마이크, 카메라 등 다양한 종류가 있다. 출력에는 빛을 내는 전자부품인 LED, 레이저, 움직임을 만드는 기어모터, 서보모터, 스텝모터, 소리를 내는 스피커, 영상을 보여줄 수 있는 모니터, 빔 프로젝터 등이 있다. 이중에서 자신의 프로젝트에 가장 적합한 입력 센서와 출력 장치를 선택한다. 예를 들어 터치 센서를 디지털 형태의 입력으로 사용하고 기어모터를 아날로그 형태의 움직임으로 표현하거나, 카메라를 컴퓨터 데이터 형태로 입력하고 LED를 디지털 형태로 표현할 수 있다. 이 과정에서는 콘셉트를 가장 효율적으로 구현할 수 있는 인터랙션 디자인이 필요하다.

피지컬의 묘미

피지컬 인터랙션 프로젝트는 관객이 작품에 직접 참여하면서 비로소 시작된다.

관객의 참여로 입력이 들어오면 처리부를 거쳐 출력이 만들어지고 그 출력은 다시 관객의 참여로 이어진다. 이때 관객은 자신의 참여 과정을 통해 변화하고 발전하는 결과물에 흥미와 만족감을 느낄 수 있어야 한다. 어떻게 하면 사람들의 참여도와 만족도를 높일 수 있을까? 그 방법을 우리 주위에서 찾아보자. 첫 번째는 이야기이다. 커피숍에서 한 시간이 넘게 수다를 떠는 친구들이 있다. 반면에 앉은지 1분도 안돼 대화가 끊기는 친구들도 있다. 어떤 수업은 시간이 가는 줄도 모를 정도로 집중이 잘되는 반면 또 다른 수업은 얼마 지나지 않아 지루함이 느껴질 때가 있다. 대화를 지속시키고 사람들의 관심을 불러일으키는 좋은 이야기에는 참신한 주제와 흥미 있는 내용이 가득 하다. 두 번째는 즐거움이다. 노래방에서 모니터 화면의 가사를 뚫어지게 쳐다보며 좋아하는 노래를 신나게 부르는 친구의 모습을 상상해보자. 평상시에는 그렇게 즐거워하는 친구의 모습을 잘 보지 못했을 것이다. 친구가 부르고 있는 노래가 내가 좋아하는 노래면 나도 자연스럽게 따라 부르며 함께 어우러진다. 이처럼 즐거움은 열정적인 에너지를 만들어내는 원동력이자 관객의 자연스러운 참여를 이끌어 내는 촉매제다. 세 번째는 새로운 경험이다. 우리는 일상에서 벗어나 한번도 가보지 못한 장소로 여행을 떠나는 상상을 하며 실제 여행을 떠나기로 계획을 세우면 들뜬 마음으로 그날을 기다린다. 여행이 우리에게 설렘으로 다가오는 것은 평소에 경험해보지 못한 낯선 풍경, 음식, 그리고 만남에 대한 기대감 때문일 것이다. 이러한 낯선 경험은 신선한 자극을 주며 평소에는 생각해보지 못했던 것을 돌이켜 볼 수 있는 깨달음의 기회를 주기도 한다.

성공적인 인터랙션 디자인을 위한 세 가지 전략
1. 참신한 주제와 흥미로운 이야기
2. 열정적인 에너지를 만들어내는 즐거움
3. 깨달음의 기회를 얻을 수 있는 새로운 경험

피지컬 컴퓨팅 프로젝트를 진행하다 보면 예상치 못한 어려움을 겪을 수 있다. 아이디어를 실현하기 위한 비용이 생각보다 많이 필요하다는 사실을 알게 될 수도 있고. 내가 생각했던 작품과 똑같은 작품을 발견할 수도 있다. 방금 전까지 잘 작동하던 회로가 갑자기 먹통이 돼서 한참동안 어디가 잘못되었을까 찾아보면 보드에서 전선이 하나 빠져있는 경우도 있다. 이러한 문제들이 계속되면 누구나 힘이 빠지고 처음의 마음가짐이 많이 움츠러 들기도 한다. 하지만 곳곳에 매복해 있는 복병을 모두 물리치고 최종 목적지에 도달하여 작품이 제대로 작동하는 순간을 상상해보자. 그때 느낄 수 있는 희열과 감동이 바로 피지컬 프로젝트만이 가지고 있는 묘미이다.

목표 설정과 작업과정: 작업여행 떠나기

누구나 한번쯤은 일상생활 속에서 이런 물건이 있으면 좋지 않을까 하는 즐거운 상상을 하곤 한다. 저녁에 샤워를 할 때마다 내가 좋아하는 음악을 들려주는 샤워기, 내가 그린 아이디어 스케치를 보고 관련된 자료를 검색해주는 컴퓨터, 내 기분에 따라 색깔과 패턴이 변하는 벽지 등 다양할 것이다. 물론 당장 만들어 볼 수 있다면 좋겠지만 대부분 여러 가지 이유로 각자의 기억 속에서 잊혀져간다. 또는 어떻게 시작해야 할지 막막한 경우도 많다. 그리고 시간이 지나 다른 사람이 내가 상상했던 것을 만들면 나도 비슷한 생각을 했었지 하며 아쉬워하기도 한다.

하지만 문득 떠오른 아이디어가 하루 종일 머릿속을 떠나지 않는다면 한 번쯤은 도전할 만한 가치가 있다. 하루만 시간을 내서 아이디어를 발전시켜 보자. 의외로 쉽게 풀릴 수도 있다. 상상한 이미지를 스케치해보고 관련된 사례들을 조사해본다. 실현 가능한 방법을 살펴가며 조금씩 구체화한다. 여기서 실제 제작 가능한 방법과 기술은 수십 가지가 넘을 수도 있다. 다양한 형태로 기본형을 만들어 보고 반복적인 테스트를 통해 가장 효율적인 방법을 찾아내야 한다. 그리고 미리 정한 예산에 맞춰 작품의 크기와 형태를 정하고 완성작품을 만든다.

작업 과정

1. 목표 설정: 스스로 동기를 부여하거나 필요하다고 생각한 것을 목표로 정한다.
2. 발상: 기존 사고방식과 다르게 생각해보면서 새로운 아이디어를 이끌어낸다. 일상 속에서 느끼는 감정에 관심을 가지고 자세히 표현해본다.
3. 자료조사 및 실험: 자신의 메시지를 어떤 방식으로 전달할 것인지 고민하는

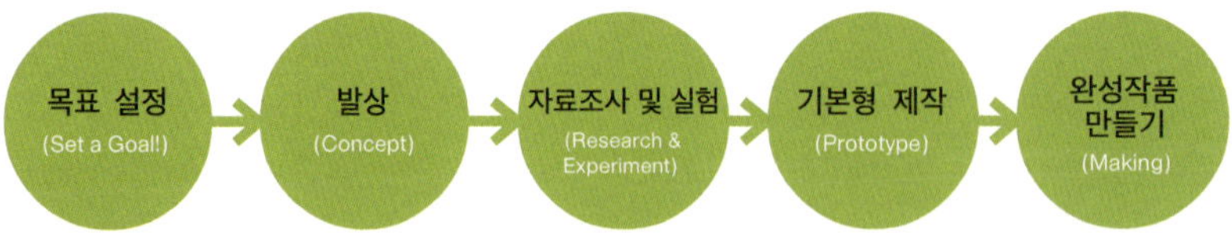

작업 과정 순서도

과정으로, 작품의 형태와 작품을 만들 방법을 생각해야 한다. 그리고 자신의 작업에 관객을 어떻게 참여시킬 것인지 구체적인 계획을 세운다.

4. 기본형 제작: 작품의 콘셉트를 전달할 수 있는 기본 형태를 만든다.

5. 완성작품 만들기: 전시 공간의 상황과 사용 가능한 예산 범위를 고려하여 작품의 규모를 정하고 최종적으로 전시할 작품을 제작한다.

아이디어 발상법: 발상은 일상이다

처음엔 목표를 정한다. 목표는 프로젝트가 진행되는 동안 나침반처럼 튼튼한 버팀목 역할을 한다. '내 방의 분위기를 바꾸어 줄 나만의 시계를 만들어 보자!' 또는 '여자 친구에게 잊지 못할 이벤트를 선물해야지!'와 같이 구체적인 목적에서부터 '사람들에게 감동을 줄 수 있는 멋진 미디어아트 작품을 만들겠다!'와 같이 광범위한 목표까지 생각할 수 있다. 한 문장의 목표는 나를 움직이는 힘이자 창의적인 발상을 가능하게 해주는 근원이다.

목표를 정했다면 목표를 달성하기 위한 아이디어가 필요하다. 참신한 아이디어는 기존 방식과 다르게 생각해보는 과정에서 나온다. 첫 번째 방법은 '감정이입하기'다. 나는 고등학생 시절에 제 2외국어로 불어를 배웠다. 그때 참 신기했던 것은 모든 명사를 남성과 여성으로 구분한다는 점이었다. 명사 앞에 들어갈 관사가 남성형인지 여성형인지를 구분하는 문제가 불어 시험에 꼭 출제되곤 했다. 예로 들면 코끼리와 까마귀는 남성이고 꿀벌과 기린은 여성이다. 커피는 남성이고 물은 여성이다. 명사가 어떤 성을 가지고 있는지 외우기 위해 그 대상에 내가 기존에 가지고 있던 남성 또는 여성에 대한 이미지를 대입시켜 보는 과정은 재미있었다. 자신의 주위에 있는 사물을 남성과 여성으로 구분해보자. 어떠한 원인 때문에 그렇게 구별하였는지 생각해본다. 형태, 색깔, 크기, 냄새, 표면의 질감, 혹은 그 사물에 대한 나의 추억 등 다양하게 들 수 있다. 사랑, 행복,

봉사, 정의와 같은 추상명사에도 적용해보자. 이처럼 '감정 이입하기'는 어떠한 대상에 나의 감정을 대입시켜 보면서 그 대상에 대해 새로운 관점을 가지는 계기를 마련해준다. 물론 구분하는 기준은 얼마든지 바꿀 수 있다. 예를 들면 낮과 밤, 뜨거움과 차가움, 달다와 쓰다 또는 해와 달과 같이 대조적인 단어로 정해주면 좋다.

두 번째 방법은 '사물 편집하기'다. 편집하는 방법으로는 삭제, 복사, 붙여넣기가 있다. 흔히 컴퓨터에서 텍스트 편집 기능으로 많이 사용되는 기능을 실제 사물이나 공간에 적용시켜 보자. 삭제는 사물의 한 부분을 없애거나 지워보는 것이다. '만약 엘리베이터에 버튼이 없다면 어떨까?' '만약 자동차에 핸들이 없다면 어떨까?'와 같이 어떠한 사물의 한 부분이 없어져서 발생하는 문제와 그것을 해결하기 위한 다른 방법을 떠올려 본다. 생각한 방법을 현실화하기가 불가능하다는 생각이 들면 들수록 더욱 재미있는 상상을 할 수 있다. 복사는 사물의 한 부분이나 전체를 확대, 축소해 복제하는 것이다. '만약 머그잔에 손잡이가 두 개면 어떨까?' '만약 우산을 여러 개로 나란히 붙일 수 있으면 어떨까?' '만약 컴퓨터에 연결된 마우스가 두 개면 어떨까?'와 같이 사물의 한 부분이나 전체를 반복적으로 더해 나가면서 또 다른 가능성을 찾아본다. 끝으로, 붙여넣기는 어떤 사물의 일부분 또는 전체를 다른 사물의 한 부분이나 전체에 덧붙여 보는 것이다. 가장 좋은 예는 스마트폰이다. 스마트폰은 핸드폰에 터치스크린, 카메라, 녹음기, MP3 플레이어, 인터넷 연결 기능이 하나로 조합되어 만들어졌다. 따라서 붙여넣기는 한 사물의 부족한 부분을 다른 사물이 보충하면서 뜻밖의 결과물을 만들어낸다. 이와 같이 '사물 편집하기'는 기존의 사물이 가지고 있던 기능이나 형태를 바꾸면서 사물과 새롭게 소통하는 방법을 찾고 새로운 의미를 발견하는 작업이다.

세 번째 방법은 '소리 스케치'다. 가만히 눈을 감고 주위에서 들려오는 소리에 귀를 기울여 보자. 냉장고가 돌아가는 소리, 사람들이 거리를 지나가는 소리, 자동차 소리, 바람소리, 빗소리 등 한참동안 모든 감각을 동원하여 최대한 소리에만 집중한다. 그리고 머릿속으로 연상되는 형태, 색깔, 리듬, 패턴 등을 떠올려본다. 눈을 뜨고 떠올렸던 이미지를 종이에 그려보자. 스케치를 할 때는 빠르고 유연하게 리듬감을 살리도록 한다. 다양한 색깔의 펜이나 굵은 매직을 이용하면 더욱 좋다. 그리고 종이에 그렸던 이미지를 나의 목소리와 몸짓으로 표현해보자. 이처럼 소리 스케치를 하면 소리를 시각화하여 공감각적으로 사고할 수 있다. 미각을 통한 맛의 시각화, 후각을 통한 향기의 시각화, 촉각을 통한 질감의 시각화도 새로운 경험을 제공해준다.

자신의 목표를 달성하기 위한 참신한 아이디어는 어쩌면 일상 속에서 순간순간 스쳐 지나가고 있을지도 모른다. 위에서 언급한 세 가지 방법으로 스펀지처럼 흡수력 있는 감각을 키워보자. 어떠한 대상을 받아들일 때는 시각과 같은 하나의 감각에만 의존하지 않고 청각, 미각, 후각, 촉각을 함께 사용하여 입체적인 방법으로 대상을 인식하는 발상의 전환이 필요하다.

작품의 종류: 어떤 작품이에요?

아이디어는 많으면 많을수록 좋다. 떠오른 아이디어를 처음부터 애써 간추릴 필요는 없다. 각 아이디어를 발전시키기 위해서는 좀 더 구체적인 설명이 필요하다. 자신이 생각한 아이디어를 작품의 형태, 장소, 대상, 그리고 재료에 따라 구체화할 수 있다.

첫 번째, 작품의 형태는 설치, 사물, 영상, 퍼포먼스로 나눌 수 있다. **설치**는 특정한 공간을 고려하여 만든 작품으로 그 공간을 변형시켜 새로운 분위기를 만들어 자신의 메시지를 전달하는 방식이다. 작게는 자신의 방안에서부터 건물 전체 또는 넓은 평야나 숲 전체를 또 다른 분위기의 공간으로 만들 수 있다. **사물**은 우리가 일상생활 속에서 사용하는 도구나 제품과 같이 특정한 목적 때문에 제작된, 작은 형태의 물건을 작품으로 보여주는 방식이다. 자신만의 감성을 이용해 기존의 사물과 차별화된 모습으로 표현하는 것이 중요하다. **영상**은 카메라로 직접 촬영했거나 컴퓨터로 만들어진 이미지나 동영상을 편집하여 모니터나 빔 프로젝터 등을 통해 보여주는 방식이다. 영상은 정해진 시간에 맞추어 항상 똑같은 이미지를 반복적으로 보여줄 수도 있고 관객의 참여에 따라 보여지는 이미지가 끊임없이 변하게 할 수도 있다. **퍼포먼스**는 신체를 이용하여 자신의 생각을 표현하는 방식이다. 퍼포먼스는 개인 또는 다수가 참여할 수도 있고 특별한 기능을 가진 사물을 함께 사용할 수도 있다.

두 번째, 작품의 장소는 어느 공간에서 작품을 보여줄 것인지에 따라 구별하는 방법이다. 장소는 개인 공간, 공동 공간, 인터넷 공간, 모바일 공간, 가상공간으로 나뉜다. **개인 공간**은 자신의 방 안, 작업실 또는 학교나 회사에 있는 나만의 공간들이 해당된다. **공동 공간**은 집안의 거실 또는 학교 복도 및 운동장, 회사에서는 휴식 공간, 회의실, 주차장, 식당과 같이 다른 사람들과 함께 사용하는 곳이다. 또한 도심 속 거리, 공원, 지하철역, 버스정류장, 기차역, 공항, 박물관 등 여러 사람이 함께 사용하는 공공장소도 공동 공간에 포함된다. 특히 공공장소는 현대 미술에서 매우 중요한 공간으로 공공미술 작품을 통해 일반 대중에게 쉽게 다가갈 수 있다는 장점이 있다. **인터넷 공간**은 작품이 인터넷 네트워크에 연결되어 있어 실제 작품은 한정된 공간에 놓여 있더라도 인터넷을 통해 전 세계 어디에서도 참여가 가능한 형태다. **모바일 공간**은 자신의 작품이 스마트폰, 또는 스마트 패드와 같은 모바일 장치에 설치되어 있어 이동하면서 볼 수 있다는 장점이 있다. 또한 대부분의 모바일 장치는 인터넷에 연결이 가능하기 때문에 인터넷 공간으로 확장할 수 있고 인터넷에 연결되지 않더라도 작품은 어디든지 옮겨 다니며 메시지를 전달할 수 있다. **가상공간**은 현실이 아닌 컴퓨터를 통해 만들어진 허구의 세계로 주로 인터넷 공간에서 찾아 볼 수 있으며 대표적인 예로 세컨드 라이프(http://secondlife.com)가 있다. 현실세계에 컴퓨터로 만든 3D 이미지나 영상을 실제 존재하는 것처럼 합성시킨 증강현실(Augmented Reality)도 또 다른 형태의 가상공간이라 할 수 있다.

세 번째, 작품의 대상은 작품에 참여하는 대상이 누구인지 혹은 작품을 변화시키는 요인이 무엇인지에 따라 구별하는 방식이다. 참여하는 대상이 사람이라면 한 명만 참여할 수 있는 **단독 참여형**과 두 명 이상 참여할 수 있는 **단체 참여형**으로 나눌 수 있다. 또한 참여자가 불특정 다수인지, 특정한 연령이나 지역에 해당하는 사람인지 그 성격 및 유형에 따라 구별할 수도 있다.

작품을 변화시키는 요인으로는 외부에서 수집된 정보와 주위 환경의 조건이 달라지는 경우를 들 수 있다. **외부 수집 정보**는 실시간으로 변하는 날씨, 환율, 환경오염 수치, 포털 사이트의 인기 검색어 순위 등을 들 수 있다. 이러한 정보에 의해 작품의 크기나 색깔, 형태가 실시간으로 반응하며 시각적으로 표현되는 경우이다. 작품을 변화시키는 **주위 환경의 변화**로는 주위의 밝기, 온도, 소리, 움직임 등이 있다. 이러한 요인은 하나일 수도 있고 여러 요인이 동시에 영향을 끼칠 수도 있다. 또는 작품에 참여하는 대상이나 주위 환경에 영향을 받지 않고 작품 스스로 독립적인 변화를 만들어낼 수도 있다.

네 번째, 작품의 재료는 작품이 어떠한 재료로 구성되었는지에 따라 구분할 수 있다. 재료의 종류로는 빛을 내는 LED, 형광등, 레이저 모듈, 모니터, 빔 프로젝터 등이 있고 움직임을 만드는 기어모터, 서보모터, 스텝모터, 솔레노이드, 소리를 내는 스피커, 헤드셋 등이 있다. 또는 컴퓨터가 실시간으로 소리와 영상을 제어 할 수 있도록 하는 전문 소프트웨어, 특수한 목적을 가진 센서와 전자회로, 관객의 움직임이나 색깔을 파악하기 위한 카메라, 소리를 감지하는 마이크도 주요 재료이다. 이외에도 종이, 섬유, 목재, 아크릴, 플라스틱, 알루미늄과 같은 자재와 자전거, 전화기, 라디오, TV와 같은 기성품도 사용될 수 있다. 작품의 형태가 퍼포먼스인 경우에는 행위자의 몸이 표현의 수단이자 작품의 재료다.

사전 조사: 조사하면 다나와!

작품의 형태, 장소, 대상, 그리고 재료에 따라 아이디어를 어느 정도 구체적으로 생각했다면 작품과 연관된 자료를 조사한다. 내가 생각하는 장소와 비슷한 공간에서 전시하였거나 내가 사용할 재료와 유사한 재료를 사용했던 작품들을 가능하면 많이 찾아보고 분석해본다. 조사한 작품에서 좋았던 점과 더욱 발전시켜 볼 수 있는 부분을 정리하고 이를 바탕으로 실험해볼 작업을 스케치해본다.

조사방법으로는 포털사이트의 검색 창에 키워드를 입력하여 찾는 방법과 미디어아트 관련 컨퍼런스 및 기관 홈페이지를 방문하는 방법이 있다. 구글, 유투브, 비메오(Vimeo), 다음, 네이버와 같은 사이트에서 검색하는 방법이 가장 많이 쓰인다. 사용자들이 즐겨찾기를 추가할 때 입력하는 북마크를 분석한 다음 특정 키워드로 가장 많이 즐겨찾기에 추가된 웹사이트를 검색해주는 딜리셔스(www.delicious.com)도 유용하다. 미디어아트 관련 컨퍼런스로는 알스 일렉트로니카 페스티벌(Ars Electronica Festival: www.aec.at/festival/en)과 시그라프(Special Interest Group on GRAPHics and Interactive Techniques, www.sig-graph.org)가 있다.

알스 일렉트로니카 페스티벌은 오스트리아 린츠에 위치한 알스 일렉트로니카 센터에서 1979년부터 매년 열리는 미디어아트 컨퍼런스다. 알스 일렉트로니카 센터는 페스티벌과 함께 프릭스 알스 일렉트로니카(Prix Ars Electronica)라는 국제 공모전을 개최한다. 미디어아트에 관심이 많은 사람이라면 누구나 자신의 프로젝트를 공모 일정에 맞추어 지원할 수 있다. 지원 분야는 컴퓨터 애니메이션(Computer Animation/Film/VFX), 인터랙티브 아트(Interactive Art), 디지털 음악&사운드 아트(Digital Musics & Sound Art), 하이브리드 아트(Hybrid Art), 디지털 커뮤니티(Digital Communities) 등이다.

시그라프는 미국계산기학회(ACM, Association for Computing Machinery)에 소속된 단체로 1974년부터 매년 컴퓨터 그래픽과 새로운 인터랙티브 기술을 중심으로 컨퍼런스를 개최하고 있다. 컨퍼런스는 미디어아트 작품을 전시하는 아트 갤러리, 최신 기술 구현의 장인 이머징 테크놀로지, 최근 발표된 뛰어난 애니메이션 작품을 모아 극장에서 상영하는 컴퓨터 애니메이션 축제, 컴퓨터 그래픽 관련 기업 및 기관의 홍보 공간인 전시 부스, 이외에도 논문 발표, 세미나, 심포지엄, 포스터 발표, 잡 페어 등 다양한 프로그램들로 구성되어 있다. 자신의 프로젝트를 논문, 포스터 발표 또는 아트 갤러리에 작품 형태로 지원할 수 있다. 또한, 시그라프는 2008년부터 아시아 지역을 대상으로 시그라프 아시아(SIGGRAPH ASIA)도 함께 주관하고 있다.

미디어아트 관련 기관으로는 오스트리아의 알스 일렉트로니카(Ars Electronica, www.aec.at/news)와 독일의 칼스루에 있는 미디어아트 센터(ZKM, on1.zkm.de/zkm/e)가 대표적이다. 알스 일렉트로니카에는 브레인랩(BrainLab), 바이오랩(BioLab), 팹랩(FabLab), 로보랩(RoboLab) 등으로 구성된 전시관이 있다. 또한 다양한 분야의 예술가, 과학자, 개발자를 초대하여 교류의 장을 제공하는 페스티벌, 최고의 권위를 자랑하는 국제 공모전, 미래 사회를 위한 연구개발을 하는 퓨쳐랩(Futurelab) 등도 있다. 정기적으로 세미나와 특화 교육 프로그램을 운영하면서 첨단 기술을 사용하는 예술가와 지역 사회의 사이를 있는 소

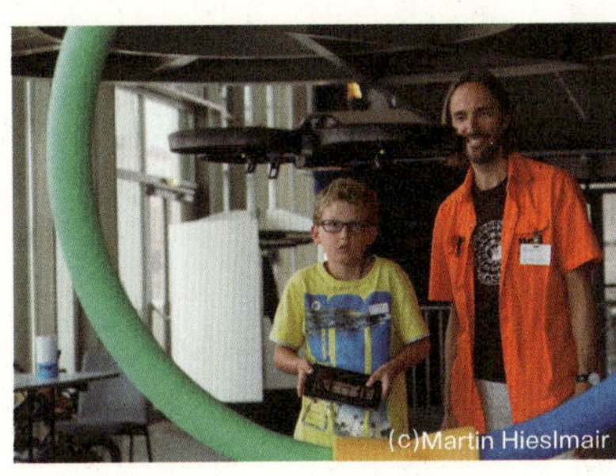
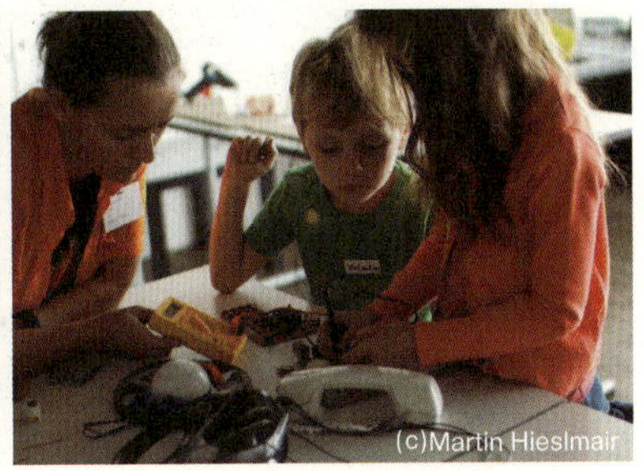

알스 일렉트로니카

통 창구의 역할을 하고 있다. 항상 '무엇이 새로운 것인가?' 또는 '무엇이 우리를 흥미롭게 하는가?'라는 질문을 던지며 일상생활 속에서 새로운 변화와 혁신을 일으킬 그 무엇인가를 찾기 위해 창의적인 연결 고리를 만들어 나가고 있다.

ZKM에는 미디어 미술관, 현대 미술관, 시각정보 미디어 연구소, 음악과 음향 연구소, 그리고 미디어·교육·경제 연구소 등이 있다. 미디어 미술관은 제프리 쇼의 작품 〈The Legible City〉를 비롯하여 미디어아트 분야에서 가장 널리 알려진 작품을 한자리에서 관람할 수 있는 박물관과 같다. 특히 모던한 소파와 카펫을 이용하여 마치 자신의 방 안에서 TV를 보는 것처럼 비디오아트 작품을 편안하게 관람할 수 있도록 한 전시방법이 인상적이다.

교육기관으로는 미국의 시카고예술대학 아트&테크놀로지 학과(SAIC, Art & Technology Studies), 메사추세츠공대 미디어랩(MIT, Media Lab), 뉴욕대학교 인터랙티브 텔리커뮤니케이션 프로그램(ITP, Interactive Telecommunications Program), 일본의 정보과학예술대학원(IAMAS) 등이 유명하다. 시카고예술대학 아트 & 테크놀로지 학과의 대학원 과정은 10명 내외의 소수정예로 각자의 작업 공간을 제공하며 스튜디오 중심의 작품 활동을 통해 전문 예술가를 육성하고 있다. MIT 미디어 랩은 주로 컴퓨터 공학 계열의 학생들로 미디어아트를 각자의 연구 분야에 도입하고 있으며 독창적인 산학협력 시스템으로 기업들로부터 많

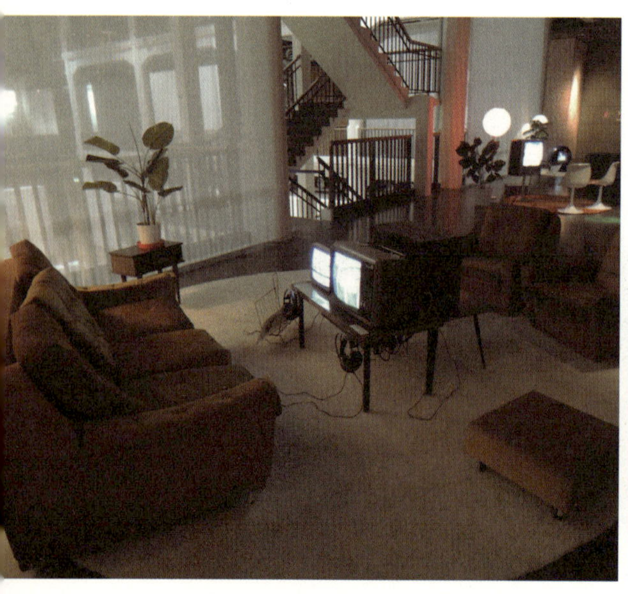
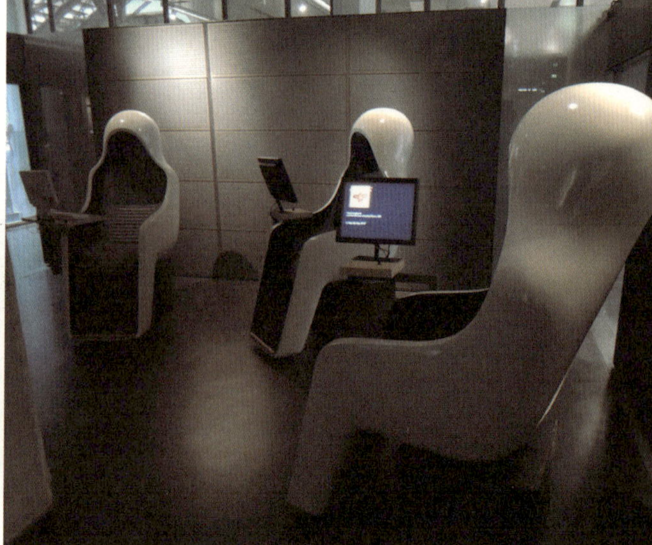

칼스루에 미디어아트 센터

 떠나자, 미디어아트 세계로!

은 지원을 받고 있다. 뉴욕대 인터랙티브 텔리커뮤니케이션 프로그램은 『재잘재잘 피지컬 컴퓨팅 DIY(Making Things Talk)』의 저자 톰 아이고와 작품 〈나무 거울〉(Wooden Mirror)로 유명한 다니엘 로진 작가가 교수로 재직 중이며 다양한 전공의 학생이 어우러져 창의적인 작품을 발표하고 있다.

국내에서는 서울 국제 미디어아트 비엔날레(미디어시티 서울, www.mediacityseoul.kr)가 2000년부터 2년마다 한 번씩 서울시립미술관에서 개최된다. 또 다른 행사로는 한국 HCI(Human Computer Interaction) 학회에서 매년 겨울에 개최하는 HCI 학술대회가 있다. 학술대회에는 HCI Creative Award 프로그램을 통해 미디어아트 작품을 공모하고 있으며 사전심사를 통해 학술대회 기간 동안 전시 기회를 제공하며 현장심사를 통해 우수작품을 선별하여 상장을 수여한다. 국내기관으로는 아트센터 나비(www.nabi.or.kr)가 있다. 아트센터 나비는 프로젝트 기획, 각종 워크샵 및 강연회 개최, 교육 프로그램 개발 등 다양한 활동을 하고 있는 미디어아트 전문 예술기관이다. 또한 예술과 기술의 조화로운 협력 관계를 구축하고 있는 창의적인 문화 예술 공간 더 미디엄(The Medium, www.themedium.co.kr), 미디어 문화 예술 채널 앨리스온(Aliceon, www.aliceon.net)과 예술, 디자인, 영상, 건축 등 다양한 분야에서 활발히 활동하고 있는 한국 작가들의 작품을 소개하는 웹사이트 디자이너스 파티(www.designersparty.com)에서도 좋은 작품을 만나볼 수 있다.

T군의 경험담

내가 프로젝트를 진행하면서 느끼고 경험했던 것을 토대로 함께 생각해 볼 만한 내용을 정리했다.

첫째, 컴퓨터를 적극 활용하자.

컴퓨터는 지금 우리가 사용할 수 있는 최고의 도구다. 우리는 컴퓨터를 반복적인 문서작업이나 정보 검색을 할 때만 주로 사용한다. 물론 초창기 컴퓨터는 정보를 대량으로 빠르고 정확하게 계산하기 위해 만들어졌지만 요즘 컴퓨터는 이보다 더 흥미롭고 가치 있는 일을 할 수 있다. 바퀴를 생각해보자. 바퀴는 아주 오랜 세월 인류의 역사와 함께 발달했다. 통나무처럼 길고 둥근 나무 토막을 바닥에 깔고 그 위로 무거운 돌을 이동시켰던 굴림대는 바퀴의 원리를 이용한 사례로, 고대 이집트 문명에서는 굴림대를 사용해 피라미드를 건설하기 위한 돌을 날랐다고 한다. 이어서 바퀴는 테두리와 바퀴살을 가진 형태로 발전하였고 사람들은 두 바퀴를 원형의 길고 가는 축으로 연결하여 수레를 만들었다. 그리고 물이 떨어지는 장소에 큰 바퀴를 설치하여 물이 떨어지는 힘으로 바퀴를 돌려 방아를 찧는 물레방아를 만들고 바퀴에 줄을 걸어서 도르래를 만들었다. 무거운 돌을 들어 올리거나 운반할 수 있는 기중기를 만들어 높은 성벽을 쌓아 올렸다. 바퀴 테두리를 뾰족하게 만들어 두 바퀴가 맞물리게 하여 만든 톱니바퀴는 바퀴의 움직임을 다른 바퀴로 전달할 수 있어서 정교한 시계를 만들 수 있었다. 이처럼 바퀴를 어떻게 응용해서 사용했는지에 따라 인간의 힘만으로는 하기 힘들었던 많은 일이 가능해졌다. 컴퓨터도 마찬가지다. 우리가 어떻게 사용하는지에 따라 그 활용 가능성은 무궁무진하다.

둘째, 손을 움직이자.

어떤 일이든 경험해보지 않았던 일을 할 때면 생각이 많아진다. 이렇게 만들면 잘 작동할까? 이보다 더 좋은 방법은 없을까? 내가 과연 잘하고 있는 걸까? 고민은 끝이 없다. 일주일동안 고민하고 주말에도 고민했지만 해결방법을 찾지 못해 포기하는 심정으로 잠시 고민을 잊어버렸던 월요일 아침, 머리를 감다 갑자기 아이디어가 떠오를 수도 있다. 머릿속으로 무언가를 집중해서 생각해보는 것은 좋은 일이다. 하지만 여기서 중요한 점은 손도 같이 움직여야 한다는 것이다. 달리기를 할 때 두 발의 움직임에 맞추어 손을 앞뒤로 저어야 가속이 붙고 힘차게 앞으로 나아가듯이 머리로는 크게 상상하고 동시에 손으로 할 수 있는 작은 일들을 찾아 계속 움직여야 한다. 생각했던 작업을 스케치해보고 필요한 재료나 부품을 적어보자. 간단한 회로라도 직접 테스트해보는 습관이 중요하다. 이때 작업 일지를 매일 쓰면 유용하다. 작업 일지에는 전체 프로젝트의 진행상황과 오늘 작업을 통해 새롭게 발견한 점을 기록하고 지금 내가 할 수 있는 일 또는 내가 해야 할 일을 정리해 놓자. 어떤 일을 걱정할 때가 아니라 그 일을 마무리할 때 비로소 노력한다고 말할 수 있다.

셋째, 기술과 콘셉트를 조화롭게 만나게 하자.

미디어아트 프로젝트에서는 기술이 콘셉트를 보여주는 중요한 역할을 할 때도 있지만 너무 기술적인 부분을 강조하다보면 자신이 전달하려는 메시지가 묻힐 수도 있다. 이때 기술과 콘셉트를 잘 조화시키기 위해서는 객관적인 눈이 필요하다. 가능한 많은 친구들에게 진행 중인 작업을 보여주고 나의 콘셉트가 잘 전달되고 있는지 확인해보면서 그들의 이야기를 잘 들어보자. 친구들의 시선은 내가 생각하지 못했던 부분을 일깨워 줄 수도 있고 새로운 발전 가능성을 제시해주기도 한다. 그리고 기술적인 부분에서 어려움을 겪을 때는 잠깐 작업을 멈추고 다른 친구의 작업을 도와주면 어떨까. 다른 친구들은 어떻게 어려움을 해결해 나가는지 경험해볼 수 있고 다시 나의 프로젝트로 돌아 왔을 때 이전에 보지 못했던 부분이나 놓친 부분을 다시 한 번 점검할 수도 있다. 그리고 현재 오픈되어 있는 예제 소스나 작동 기술은 실험단계에서 테스트해보고 자신의 프로젝트에 어떻게 응용할 수 있는지 살펴보는 것도 필요하다. 이처럼 미디어아트 프로젝트는 친구들과 함께 작업하고 서로 평가해주는 친밀한 작업환경을 갖추는 쪽이 유리하다. 작품에서 드러나는 기술과 콘셉트의 조화는 물과 기름처럼 섞이지 않은 모습이 아니라 물과 소금이 섞여 하나가 된 바닷물이 되어야 한다.

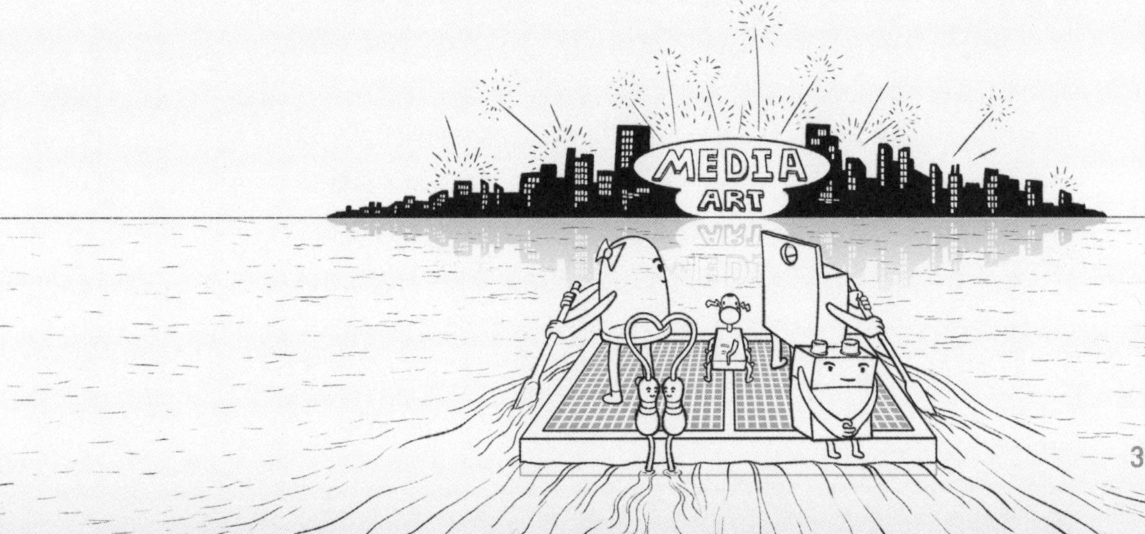

전자회로 맛보기

실습 부분에서 직접 다룰 예정인 전자회로에 대한 기본적인 지식을 설명하고, 자주 사용되는 전자부품을 소개한다.

전기는 흐른다

전압, 전류, 저항, 부하

우리 주위에는 항상 전기가 흐른다. 전기는 보이지 않는 곳에서 많은 일을 한다. 형광등, 전기밥솥, 냉장고, 세탁기, 컴퓨터 등 일상에 필요한 대부분의 제품이 전기를 이용해 작동한다. 전기는 양의 부호(+)와 음의 부호(-)를 가진 미세한 전하(electric charge)들의 움직임으로 생기는 에너지의 한 형태다. 구리, 은, 알루미늄과 같이 전기가 잘 통하는 물체를 도체라고 하며 그 표면을 통해 이동하는 전하의 흐름을 전류라고 한다. 전류의 크기는 암페어(A, Ampere)로 나타내고 전류가 잘 흐를 수 있도록 만든 길을 전기회로라고 한다. 전기회로 중에서 LED, 트랜지스터, 저항, 스위치와 같은 전자부품을 연결해 전기 신호를 처리하는 회로를 전자회로라고 부른다.

전자회로의 원리는 보통 물의 흐름에 비유하여 설명한다. 시원하게 떨어지는 폭포를 떠올려 보자. 물은 중력에 의해 높은 곳에서 낮은 곳으로 흐른다. 전하도 전기적인 위치 에너지가 높은 곳에서 낮은 곳으로 흐르며 그 높이의 차이가 전압이다. 전압의 크기는 볼트(V, Volt)로 나타낸다. 이때 높이의 차이가 크면 클수록 높은 전기 에너지가 발생하며 높이의 차이가 없으면 연못에 고인 물처럼 전류가 흐르지 않는다. 계곡을 따라 흐르는 물은 주변에 있는 큰 바위에 의해 흐름이 변화한다. 이처럼 전류의 흐름을 조절하는 요소를 저항이라고 하며 저항이 크면 클수록 전류의 흐름은 약해진다. 저항의 크기는 옴(Ω, ohm)으로 나타낸다. 또한 떨어지는 물의 힘으로 돌아가는 물레방아처럼 전류를 통하여 공급받은 전기 에너지로 특정한 일을 하는 장치를 부하(load)라고 한다.

전자회로에서 전압과 전류의 크기가 1보다 작은 경우에는 1/1000을 나타내는 보조 단위인 밀리(milli)와 함께 쓴다. 저항은 대부분 1보다 크기 때문에 1,000을 나타내는 보조 단위인 킬로(kilo) 또는 1,000,000을 나타내는 메가(mega)와 함께 쓴다.

전압　1V = 1,000mV(밀리볼트), 600mV = 0.6V

전류　1A = 1,000mA(밀리암페어), 20mA = 0.02A

저항　1,000Ω = 1KΩ(킬로옴)　330Ω = 0.33KΩ

　　　10,000,000Ω = 10MΩ (메가옴)

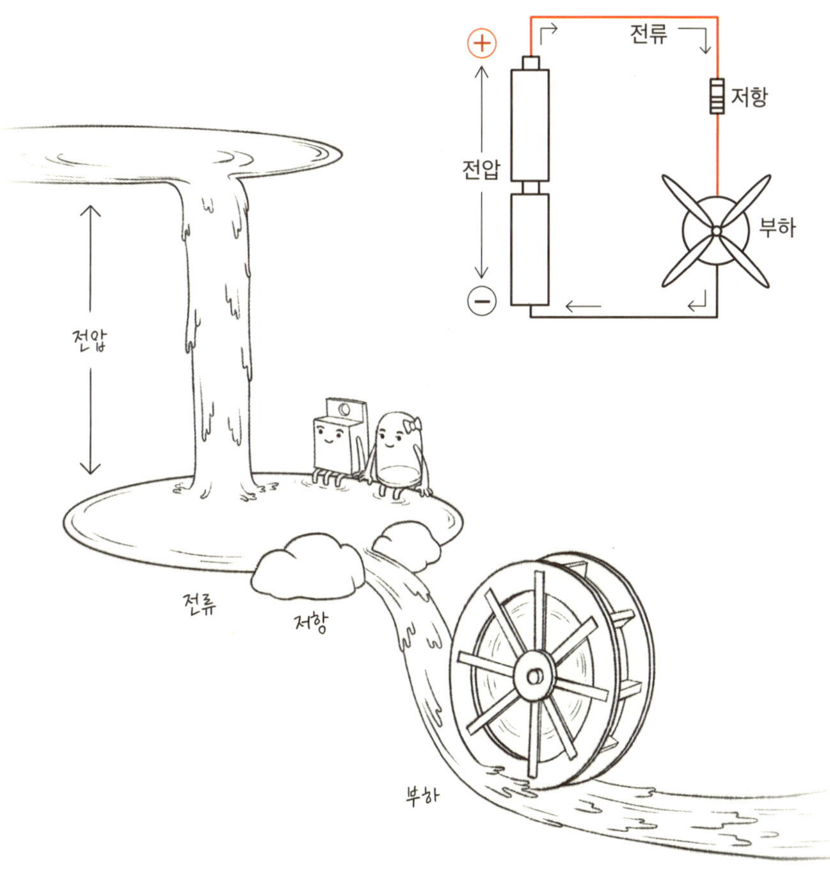

전기는 시간의 흐름에 따라 크기와 방향이 주기적으로 변하는 교류(AC, Alternating Current)와 항상 일정한 방향으로 흐르는 직류(DC, Direct Current)로 나뉜다.

교류는 전압을 높여서 대용량의 전기를 수백 킬로미터 떨어진 곳까지 보낼 수 있다는 장점이 있다. 우리가 흔히 볼 수 있는 벽면의 콘센트에서 나오는 전기가 220V의 교류다. 교류는 규칙적으로 일정한 주기를 가지고 양극과 음극을 왔다 갔다 하면서 변한다. 이때 왕복운동을 한 번 하면 한 사이클이 완료되는데, 이때 필요한 시간을 주기라고 하며 1초 간 반복되는 사이클 수를 주파수(Hz, 헤르츠)라고 한다. 우리나라는 1초에 60번 변화하는 60Hz의 교류를 공급하고 있다.

직류는 언제나 크기와 흐르는 방향이 일정한 전류다. 직류는 저장할 수 있어서 건전지 또는 축전지와 같은 형태로 만들어 이동하며 사용할 수 있다는 장점이 있다. 우리가 사용하는 전자부품은 대부분 5V 미만인 낮은 전압의 직류를 사용하기 때문에 벽면 콘센트에서 나오는 220V 교류를 사용하려면 어댑터를 이용하여 9~12V 직류로 변환해야 한다.

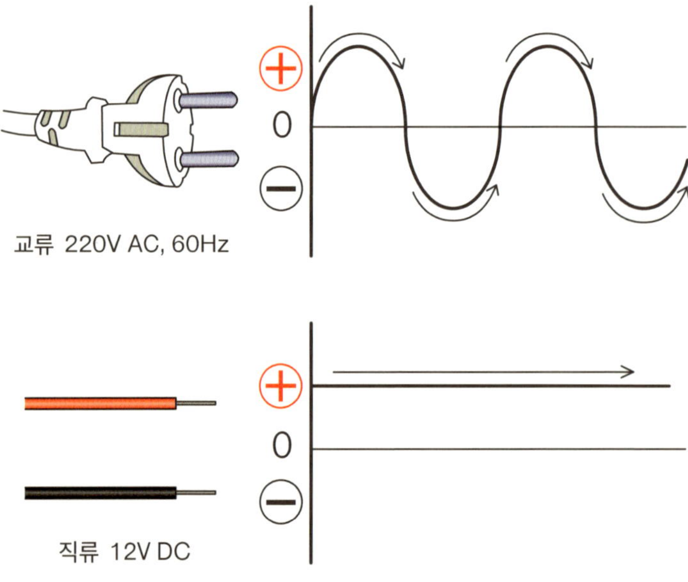

전자회로를 처음 다루거나 아직 익숙하지 않은 독자를 위해 실습을 할 때 가장
자주 사용되는 전자부품 16가지를 소개한다. 각 부품이 어떤 역할을 하는지, 어
떻게 동작하는지 알아보면서 생소한 전자부품에 친숙해지도록 하자. 각 실습예
제에 필요한 부품은 각 장의 첫 부분에 정리해 놓았다.

1. 스위치

스위치는 내부에 있는 두 금속이 붙거나 떨어지면서 전류의 흐름을 차단하거나
이어준다. 컴퓨터 키보드의 자판처럼 손가락으로 눌렀을 때만 일시적으로 작동
하는 푸시버튼 스위치와 실내 형광등의 전원 스위치처럼 작동시킨 방향으로 고
정되어 있는 토글 스위치가 많이 쓰인다. 이외에도 스위치 근처에 자석을 대면
작동하는 리드 스위치, 특정한 각도로 기울어지면 작동하는 기울기 스위치, 줄
을 당기면 작동하는 당김 줄 스위치 등 다양한 종류의 스위치가 있다.

2. 릴레이

릴레이는 비교적 낮은 전압의 전류로 내부의 두 금속을 붙이거나 떨어뜨려서
큰 전류의 흐름을 제어할 수 있는 기계적인 스위치다. 릴레이 내부에는 철심 주

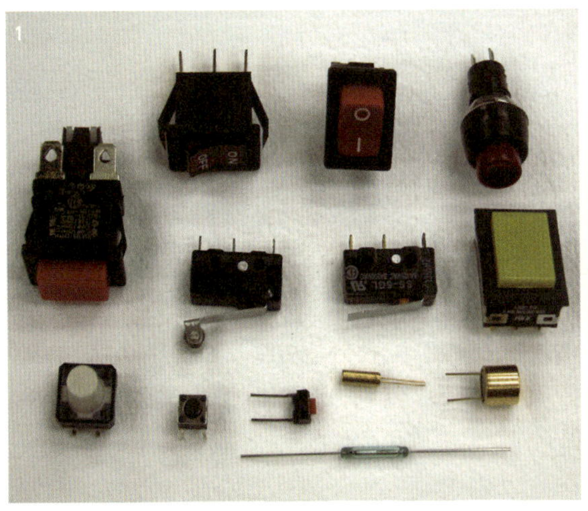

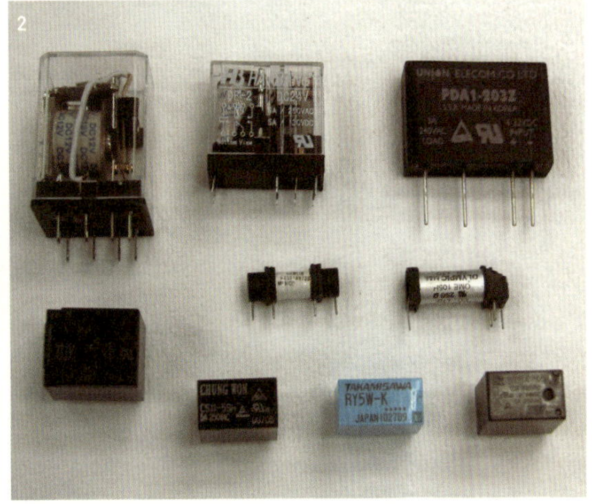

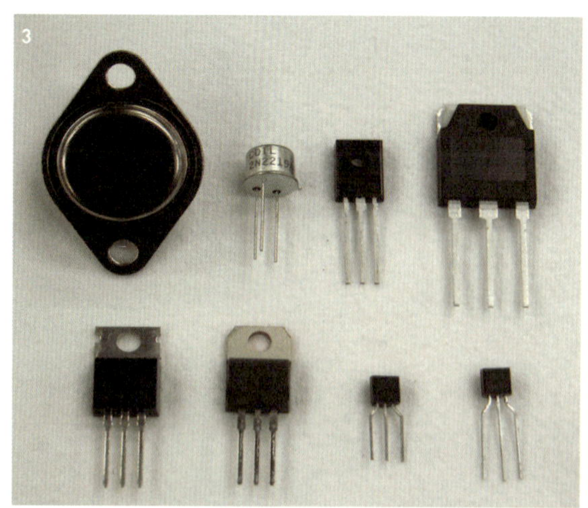 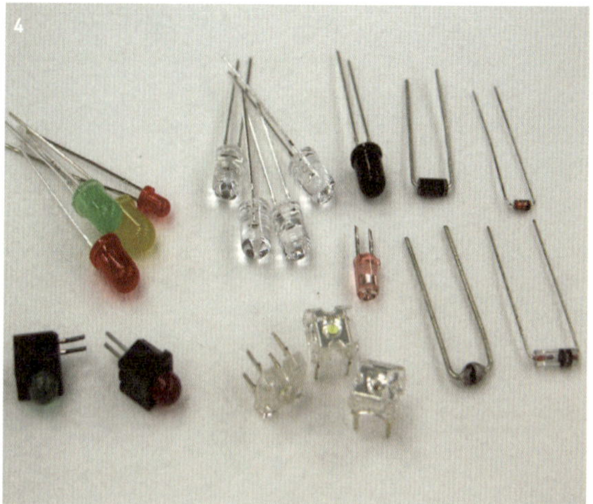

위를 얇은 코일로 감은 작은 전자석이 들어 있다. 코일이 감겨 있는 철심을 따라 낮은 전압의 전류가 흐르면 전자기력이 발생하여 옆에 있는 두 금속이 딸깍하는 소리를 내며 스위치처럼 붙어 큰 전압의 전류를 흘려 보낸다.

3. 트랜지스터

트랜지스터는 세 개의 반도체로 이루어진 부품으로 릴레이와 마찬가지로 낮은 전압의 전류로 큰 전압의 전류를 조절할 수 있다. 실습에서는 전압과 전류의 흐름을 제어할 수 있는 전기적인 스위치 용도로 활용한다. 트랜지스터에 연결된 가변저항의 변화에 따라 천천히 밝아지거나 어두워지는 LED 조명 「잠자는 탁구공」(199쪽)을 만들어 본다.

4. 다이오드

다이오드는 전류를 한쪽 방향으로만 흐를 수 있게 만드는 부품이다. 실습에서는 모터가 멈추는 순간 전류가 역전되는 현상을 막아주기 위해 사용하는 범용 다이오드(1N4002)와 회로에서 일정한 전압이 흐를 수 있도록 해주는 제너 다이오드(5.1V), 낮은 전압으로도 빛이 나는 발광 다이오드(LED)를 사용해본다. 다

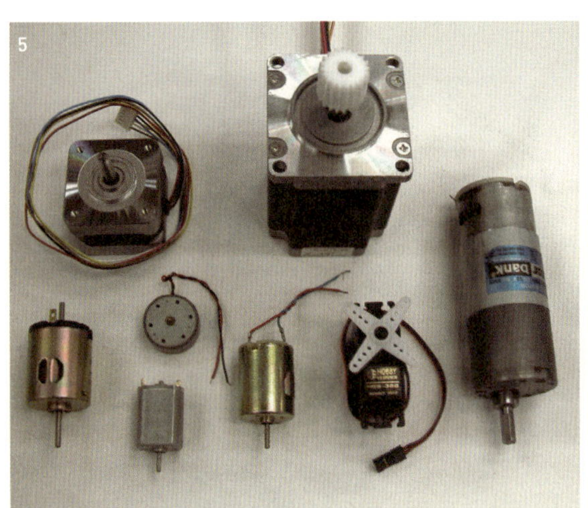 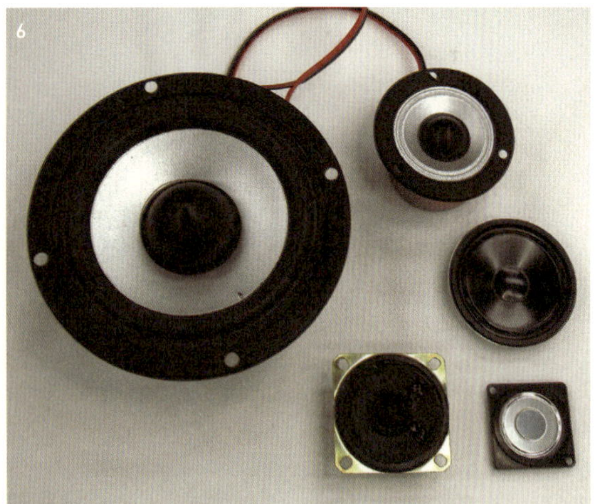

이오드는 애노드(+, 양극)에서 캐소드(-, 음극) 방향으로만 전류가 흐른다. 범용 다이오드와 제너 다이오드는 캐소드 쪽에 띠가 둘러져 있고 발광 다이오드는 다리가 긴 쪽이 애노드(+)이고 짧은 쪽이 캐소드(-)이다.

5. 모터

모터는 전류가 자기장 속에서 받는 힘을 이용하여 연결된 축을 회전시키는 장치다. 회전축에 기어를 달아 속도를 조절하거나 다양한 움직임을 만들어 낼 수 있다. 실습에서는 아두이노 보드로 기어모터와 180도 범위 내에서 회전축의 위치를 제어할 수 있는 서보모터를 작동시켜 본다.

6. 스피커

스피커는 전기신호를 사람이 들을 수 있는 소리로 바꾸는 장치다. 최대 출력(W)이 높을수록 더 큰 소리를 낼 수 있지만 출력 값이 높다고 해서 모두 좋은 소리를 내는 것은 아니다. 실습 「포근한 스피커」(281쪽)에서 지름이 28mm인 0.5W급 소형 스피커를 사운드 앰프와 함께 사용해본다.

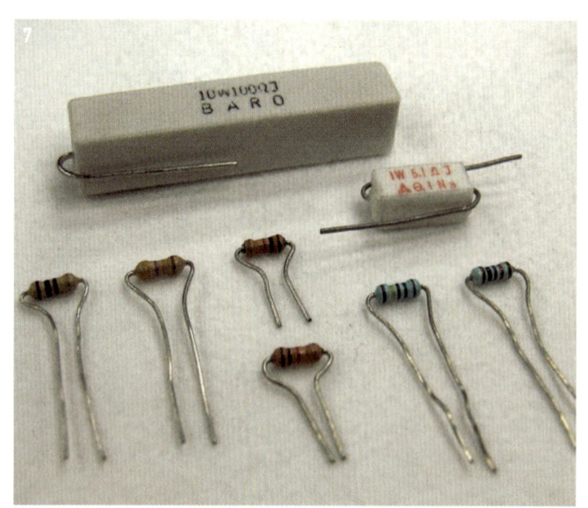 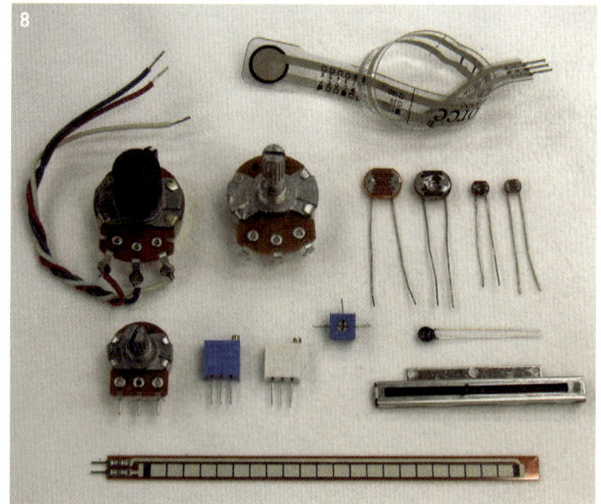

7. 저항

저항은 회로에 연결된 부품이 잘 작동할 수 있도록 전류의 양을 조절해주는 중요한 부품이다. 저항의 크기인 저항 값(옴, Ω)을 알 수 있는 방법은 저항에 둘러져 있는 색깔띠의 값을 계산하거나 멀티미터로 측정하는 것이다. 저항을 구입했을 때 100개 단위로 연결되어 있다면 양쪽 연결 종이 위에 저항 값을 적어놓는 것이 좋다.

8. 가변저항

일반적인 저항은 저항 값이 하나로 고정되어 있는 반면에 가변저항은 상황에 따라 저항 값이 커지거나 작아지는 저항으로 아날로그 입력 센서로 많이 활용된다. 라디오 볼륨 조절기에 주로 사용되는 포텐시오미터(Potentiometer)는 가운데 둥근 축을 돌리면 저항 값이 변한다. 이밖에도 빛의 밝기에 따라 저항 값이 변하는 포토셀(Photocell), 온도의 변화에 따라 저항 값이 바뀌는 써미스터(Thermistor), 누르는 힘의 세기에 따라 저항 값이 변하는 압력 감지 센서(Force Sensitive Resistors), 막대가 휘어지는 정도에 따라 저항 값이 변하는 구부림 감지 센서(Flex Sensor) 등 다양한 종류가 있다.

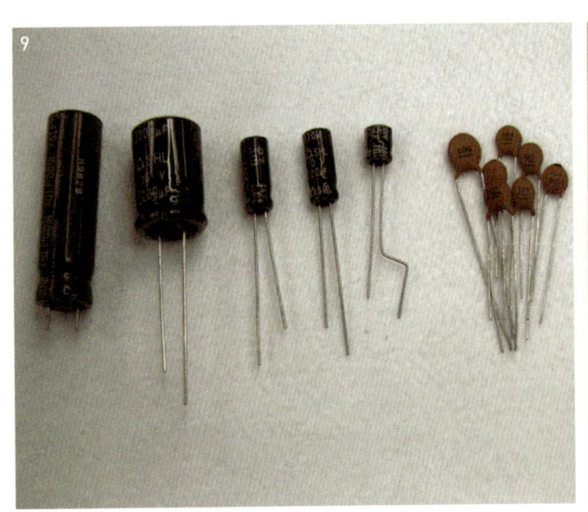
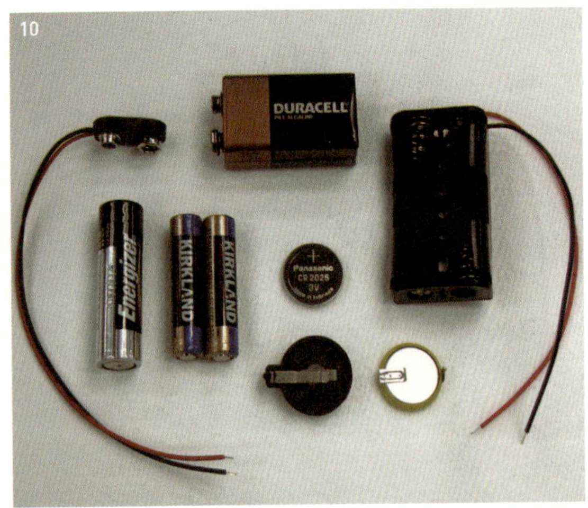

9. 커패시터 (콘덴서)

커패시터는 물을 가두어놓을 수 있는 저수지처럼 회로에 흐르는 전기를 일시적으로 저장해 놓을 수 있는 부품이다. 커패시터는 얼마나 많은 전기를 저장할 수 있는지에 따라 정전용량(Capacitance)이 정해지고 측정 단위는 패럿(F, farad)이다. 커패시터에는 (+)(-)극성이 있는 원통 모양의 전해 커패시터와 극성이 없는 황색 원판 모양의 세라믹 커패시터가 있다. 실습 「포근한 스피커」(281쪽)에서는 커패시터의 용량이 백만분의 1패럿인 1마이크로패럿(mF 또는 μF) 정도로 아주 적은 용량의 커패시터들로 사운드 앰프를 제작해본다.

10. 건전지

건전지는 내부에서 일어나는 화학적 반응을 전기 에너지로 바꾸어주는 전력공급 부품으로 휴대성과 사용성이 좋은 전지다. 전지는 전력을 모두 소비하면 재충전할 수 없는 1차 전지와 휴대폰, 컴퓨터, MP3 플레이어 등에 많이 사용되며 재충전할 수 있는 2차 전지로 나뉘며 태양의 빛 에너지를 전기 에너지로 바꾸어주는 태양전지도 있다. 실습에서는 네모난 9V 건전지와 동전 모양의 3V 리튬 건전지를 주로 사용한다. 건전지를 회로에 바로 연결할 수 있는 전용 홀더를 구매해 놓으면 좋다.

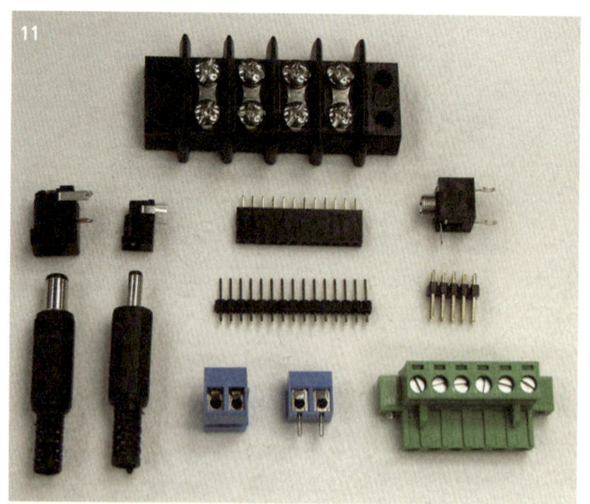

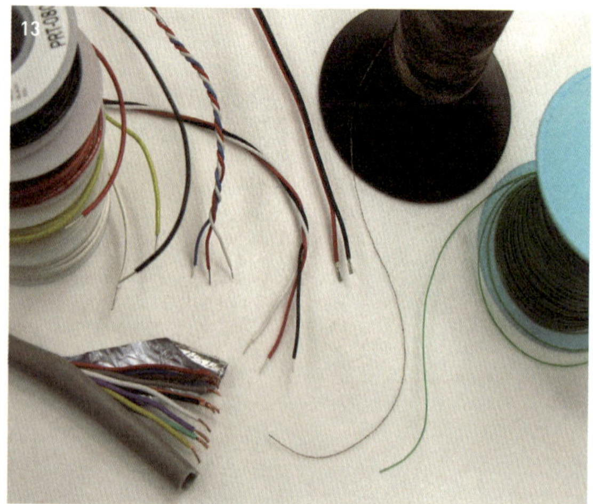

11. 커넥터

커넥터는 전선을 브레드보드나 회로기판에 쉽게 꽂았다 뽑았다 할 수 있도록
해주는 유용한 연결부품이다. 두 전선을 납땜 작업 없이 단단하고 안전하게 연
결하고 싶을 때도 많이 사용한다.

12. 전압 레귤레이터 (7805)

전압 레귤레이터 7805는 6~35V 사이의
직류 전압을 고정된 5V 직류 전압으로
낮추는 부품이다. 아두이노 보드 없이
회로를 구성하고 싶을 때 많이 사용한
다. 우리가 자주 사용하게 될 트랜지스
터 TIP122와 비슷하게 생겼기 때문에
잘 구별해야 한다.

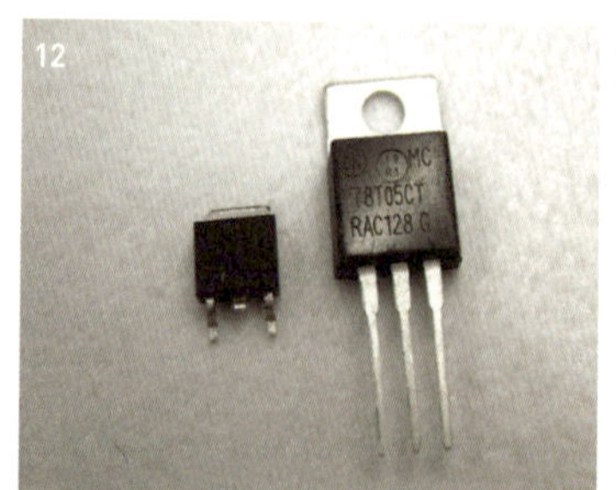

13. 전선

전선은 전류가 흐를 수 있도록 부품을 연결하는 역할을 한다. 뻣뻣한 심 하나로
되어 있는 단심선과 가는 선을 여러 개 합쳐 놓은 연심선으로 나눠지며 심이 굵
으면 굵을수록 더 큰 전류를 흘려 보낼 수 있다. 가전제품에 사용되는 220V 교류

  떠나자, 미디어아트 세계로!

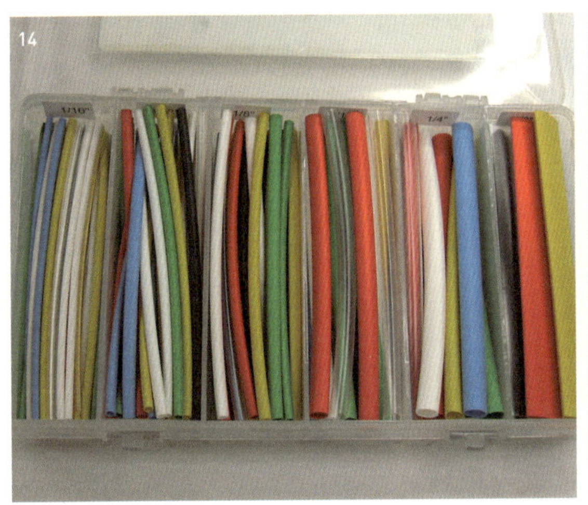 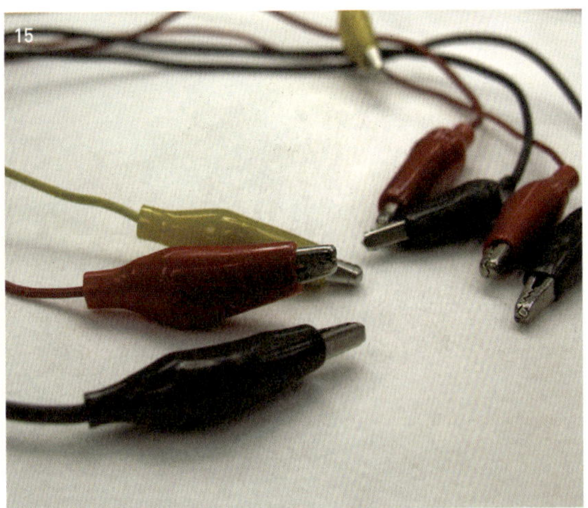

를 사용할 때는 반드시 굵은 전선을 써야 한다. 실습에서 자주 사용하는 아두이노 보드와 브레드보드에는 굵기가 0.5~0.6mm(24~22AWG)인 단심선이 좋다.

> **TIP**
>
> AWG(American Wire Gauge)는 미국 전선 규격으로 숫자가 크면 클수록 심의 굵기가 가늘고 숫자가 작아지면 작아질수록 심이 굵어진다.

14. 열수축 튜브

열수축 튜브는 전선을 부품에 연결하거나 두 전선을 이어주는 납땜 작업 후에 피복이 벗겨진 부분을 깔끔하게 절연시키는 기능을 한다. 이때 수축 튜브를 알맞은 길이로 자른 다음 연결시킬 전선 한쪽 부분에 먼저 끼워놓고 납땜을 해야 한다. 납땜 작업이 끝나면 절연시킬 부분에 열수축 튜브를 옮겨놓고 열풍기로 뜨거운 바람을 불어주면 형태가 쪼그라들면서 전선에 밀착된다. 흔히 라이터를 사용하기도 하지만 그을음이 생겨 보기 좋지 않다.

15. 악어클립

악어클립은 납땜 작업을 하기 전에 간편하게 연결 테스트를 할 수 있는 유용한 부품이다. 색깔별로 여유 있게 구입해 놓으면 좋다.

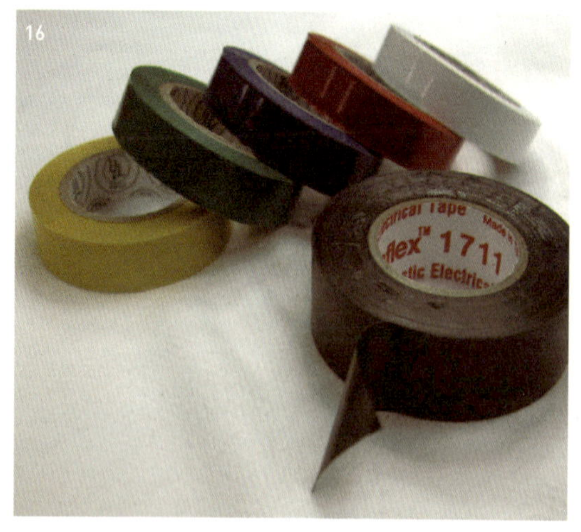

16. 전기 테이프

전기 테이프는 피복이 벗겨진 전선이나 전선과 연결된 부품의 한 부분을 간편하게 절연시키고 싶을 때 사용할 수 있다. 특히 높은 전압을 사용할 때는 전원을 연결하기 전에 (+)(−) 극성을 잘 구별하여 노출된 부분이 없도록 따로따로 전기 테이프로 감싸야 한다.

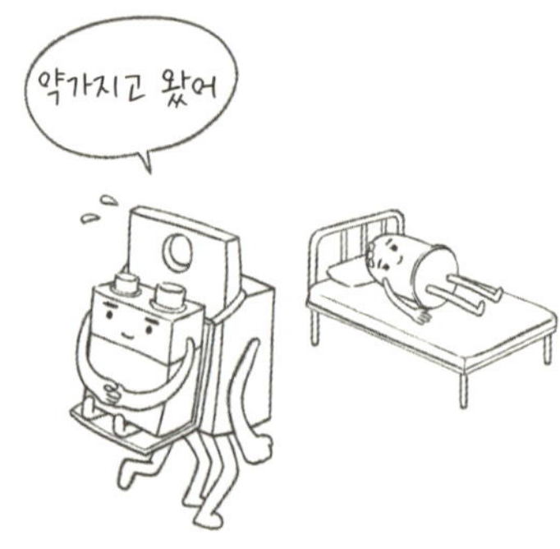

옴의 법칙

독일 과학자 게오르그 옴(Georg S. Ohm)은 수많은 실험 끝에 옴의 법칙을 정립했다. 옴의 법칙은 '전류의 크기는 전압에 비례하고 저항에 반비례한다'로 전자회로에서 가장 중요한 기본 법칙이다. 전압은 V, 전류는 I, 저항은 R로 표기하며 옴의 법칙은 아래 세 가지 방식으로 표시한다.

$$V(전압) = I(전류) \times R(저항)$$
$$I(전류) = V(전압) / R(저항)$$
$$R(저항) = V(전압) / I(전류)$$

옴의 법칙을 통해 회로에 저항이 2배로 높아지면 전압도 2배로 커져야 같은 양의 전류를 얻을 수 있음을 알 수 있다.

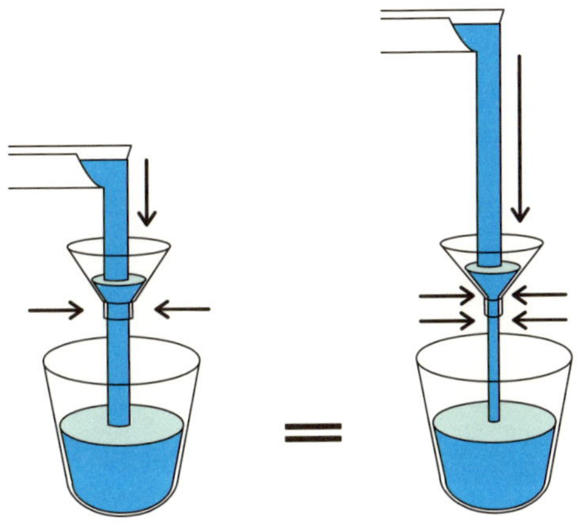

전기를 사용할 때 절대 하지 말아야 할 일 중 하나가 양극과 음극을 전선으로 바로 연결시키는 합선(short circuit)이다. 건전지의 양극과 음극을 전선으로 바로 연결해 놓은 상태에서 시간이 지나면 건전지가 점점 뜨거워진다. 특히, 높은 전압의 전류를 공급하는 대용량 배터리에서는 양극에 연결된 전선을 음극에 바로 가져다 놓는 순간 불꽃이 튀는 현상을 볼 수 있다. 이렇게 양극과 음극 사이를 아무런 부하(load) 없이 연결하면 순간적으로 많은 양의 전류가 흘러가기 때문에 열이 발생하여 매우 위험하다.

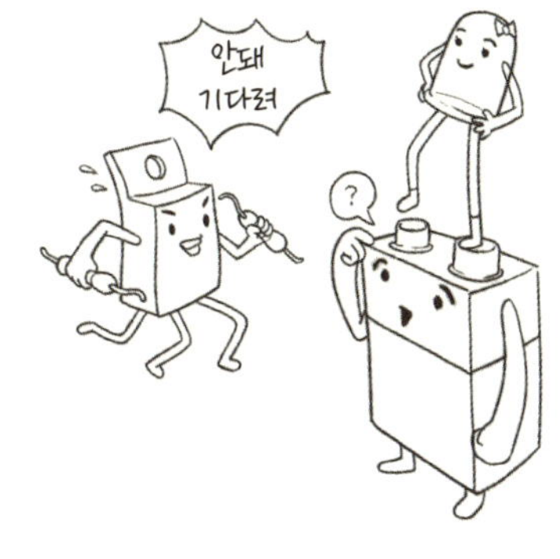

이러한 합선을 방지하기 위해서는 전원에서 공급되는 전기 에너지가 회로에 연결된 부품으로 모두 소진되게 만들어야 한다. 예를 들어 9V 건전지로 흰색 LED를 켜는 회로를 구성해보자. 회로에 사용할 흰색 LED가 작동하려면 3V가 필요하고 소비 전류는 20mA다. 건전지의 양극과 LED의 긴 다리(+)를 연결하고 LED의 짧은 다리(−)를 건전지의 음극에 바로 연결한다면 LED는 얼마 가지 않아 타버릴 것이다. 왜냐하면 3V에서 작동하는 LED는 건전지에서 나오는 9V 전압을 모두 소진할 수 없기 때문이다. 9V 중에서 LED에 사용될 3V를 제외한 6V를 열 에너지로 소진할 적절한 저항을 연결해야 한다. 이때 적합한 저항 값을 얻기 위해서 옴의 법칙을 활용할 수 있다.

아래 LED 회로에 사용될 저항 값을 얻기 위한 공식은 옴의 법칙 R(저항) =
V(전압) / I(전류)가 적용된다.

연결 저항 = (공급되는 전압 - LED에 필요한 전압) / LED에서 소비되는 전류

공급되는 전압은 건전지에서 나오는 9V이고 LED에 필요한 전압은 LED의 작
동전압(순전압) 3V이다. LED에서 소비되는 전류는 LED의 소비전류 20mA
(0.02A)로 계산하면 된다.

300Ω = 9V - 3V / 0.02A

계산을 통해 나온 저항 값은 300Ω이다. 실질적으로 9V 건전지에서 나오는 전압
이 조금 더 올라갈 수도 있기 때문에 계산으로 얻은 값보다 약간 더 높은 330Ω
저항을 달아주는 것이 좋다. 이때 330Ω보다 더 큰 저항을 사용하면 LED의 밝기
가 약해지기 때문에 주의해야 한다. LED는 (+)(−) 극성이 구별되는 다이오드로
긴 다리가 양극(+)이고 짧은 다리가 음극(−)이다.

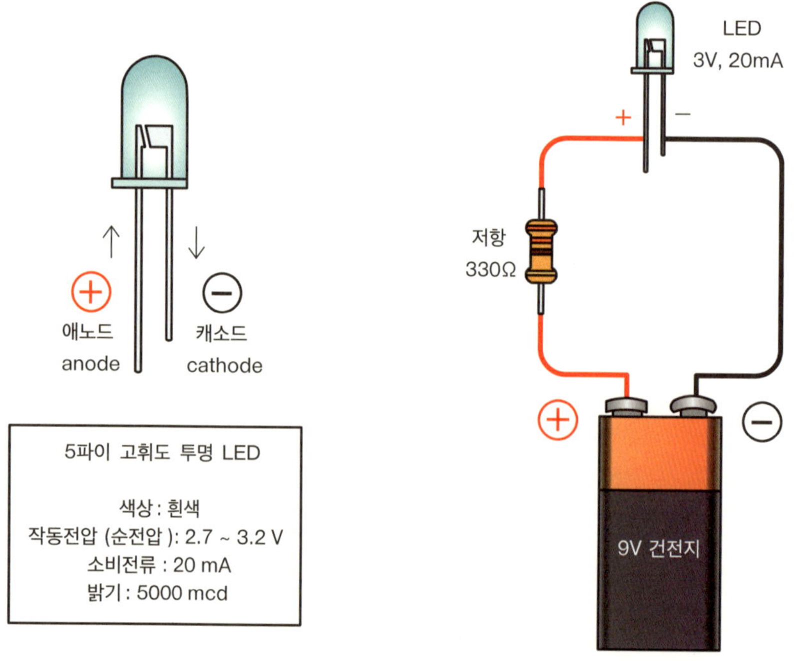

 떠나자, 미디어아트 세계로!

1. 색깔 띠로 계산하기

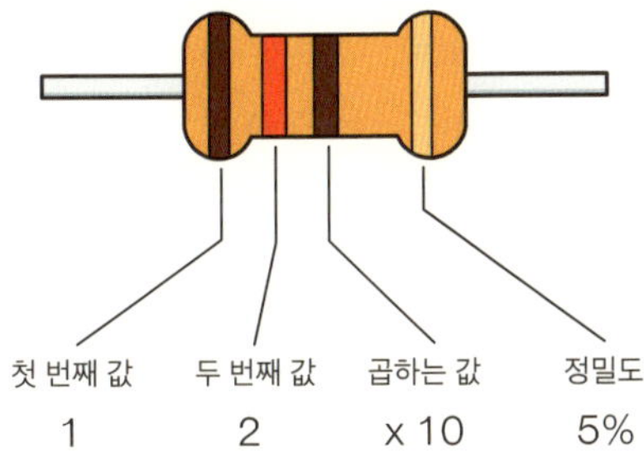

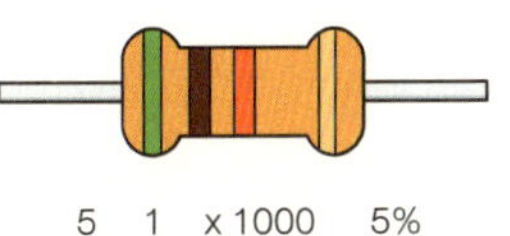

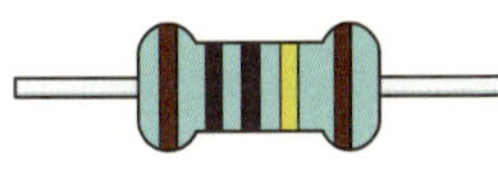

※ J급, F급은 정밀도에 따라 나눈 등급을
  뜻한다.

색상	값	곱하는 값	정밀도(오차범위)
	0	1	-
	1	10	±1%
	2	100	±2%
	3	1,000 (1K)	-
	4	10,000(10K)	-
	5	100,000(100K)	±0.5%
	6	1,000,000(1M)	±0.25%
	7	10,000,000(10M)	±0.1%
	8	100,000,000(100M)	±0.05%
	9	1,000,000,000(1G)	-
	-	1/10(0.1)	±5%
	-	1/100(0.01)	±10%
	-		±20%

2. 멀티미터로 측정하기

멀티미터 다이얼을 저항 값 측정모드에 놓고 큰 단위
(2M)에서 작은 단위(200)로 한 단계씩 낮추면서 값
을 찾아낸다. 실제 측정한 저항 값은 색깔 띠로 계산
한 값 330Ω과 정밀도 범위 내에서 차이가 있다.

주의사항: 자동으로 전원이 꺼지지 않는 멀티미터를
사용한 후에는 반드시 다이얼을 OFF로 돌려 전원을
꺼주어야 한다.

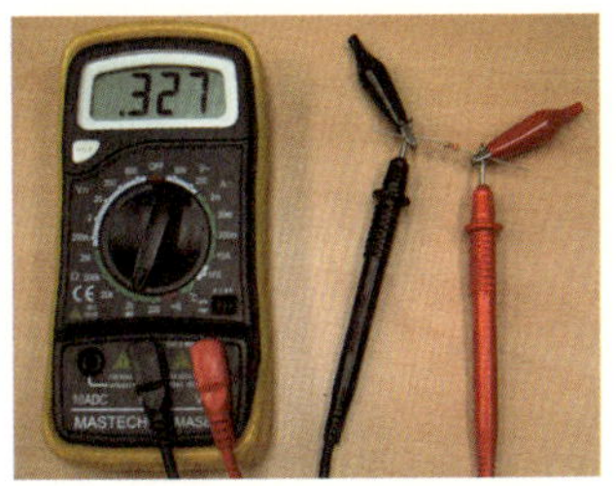

복잡한 회로를 구성해야 하는 작품을 만들려면 직렬 회로와 병렬 회로, 직병렬 회로에 대해 알아야 한다. 처음에는 쭉 읽으면서 대략적으로 이해하고 실습예제를 따라하면서 다시 한 번 읽어보자. (실습예제 1-3, 1-6에서는 직병렬 회로를 이용하므로 실습 전에 이해하는 것이 좋다.)

2개 이상의 LED를 연결할 때는 직렬 회로나 병렬 회로를 선택해 회로를 구성할 수 있다. 직렬 회로는 전류가 지나가는 통로를 하나로 만들어 연결하는 방법이다. 전원의 (+) 부분이 첫 번째 LED의 (+) 부분과 연결되고 첫 번째 LED의 (−) 부분은 두 번째 LED의 (+) 부분과 연결된다. 회로에 연결된 LED가 모두 하나의 통로에 연결되기 때문에 회로에서 소비되는 전류는 20mA(0.02A)다. 그리고 회로에 필요한 전압은 LED 하나를 켜기 위한 작동전압 3V에 연결된 LED의 총 개수(3개)만큼을 곱해서 구한다.

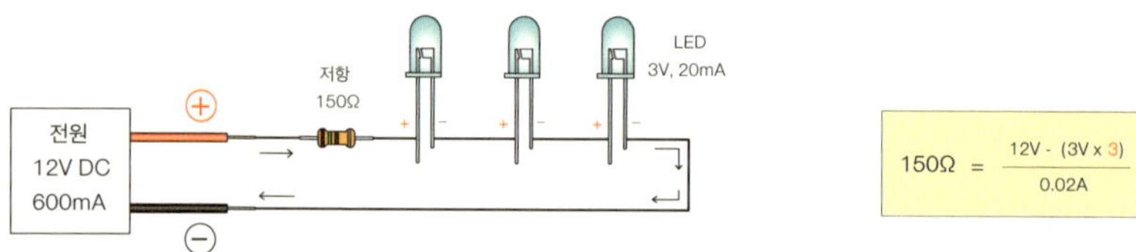

① LED 3개 직렬 회로

직렬 회로는 연결된 LED를 한번에 통제하기가 편리하다는 장점이 있지만 LED를 많이 켜기 위해서는 높은 전압의 전원을 사용해야 한다는 단점이 있다.

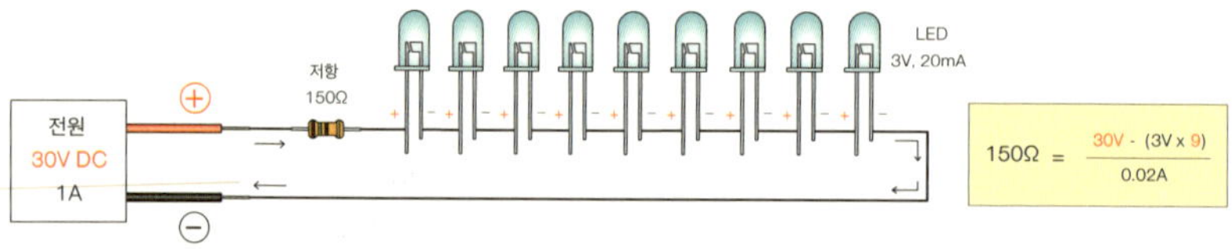

② LED 9개 직렬 회로

병렬 회로는 전류가 지나는 통로를 여러 개로 나누어 연결하는 방법이다. 연결되는 LED의 모든 (+) 부분이 하나로 연결되어 전원의 (+) 부분과 연결되고 LED의 모든 (−) 부분도 하나로 연결되어 전원의 (−) 부분과 연결되는 방식이다. 병렬 회로에 적합한 저항을 선택할 때는 연결된 LED에 필요한 소비전류인 20mA(0.02A)에 전류가 흘러가는 통로의 개수만큼 곱해주어야 하며 소비되는 전압은 전류가 흘러가는 통로마다 LED가 한 개씩 연결되어 있기 때문에 작동전압 3V로 계산하면 된다.

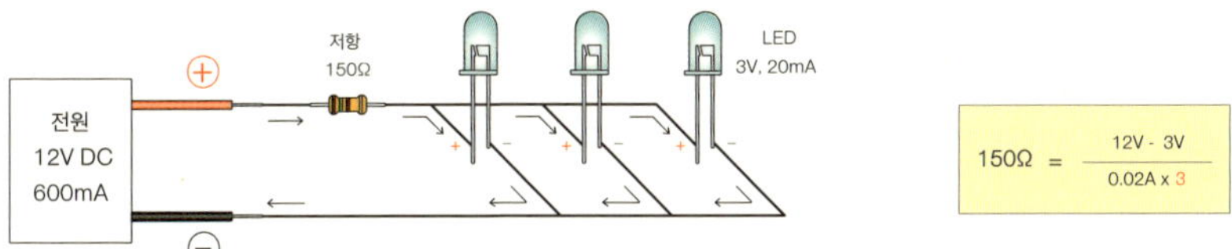

③ LED 3개 병렬 회로

병렬 회로는 연결된 각 LED를 통제하기가 불편하다는 단점이 있지만 낮은 전압으로도 LED를 많이 켤 수 있다는 장점이 있다. 여기서 저항을 연결할 때 주의할 점이 있다. 저항에는 저항 값과 허용 전력용량이 있다. 앞에서처럼 LED가 3개 정도일 때는 저항 값만 고려하면 되지만 그보다 훨씬 많은 LED를 연결해야 할 때는 저항의 허용 전력용량도 고려해야 한다. 전력이란 일정 시간동안 어떠한 일을 할 수 있는 전기 에너지의 양으로 단위는 와트(W)로 나타낸다. 전력의 양은 전압의 크기와 전류의 양에 비례한다.

W(전력) = V(전압) × I(전류)

우리가 자주 사용하게 될 50옴짜리 일반적인 탄소피막 저항의 허용 전력용량은 1/4와트다. 4번 그림처럼 이 저항을 그냥 회로에 연결하면 저항이 뜨거워지며 얼마 가지 않아 타버린다. 저항은 전원에서 공급되는 전력 중 LED를 켜기 위한 전력을 뺀 나머지 전력을 열 에너지로 바꾸어서 회로를 안정적으로 만들어준다. 하지만 감당할 수 있는 전력량(허용 전력용량)보다 많은 전력이 부과되면 저항이 견디지 못하고 타버리는 것이다.

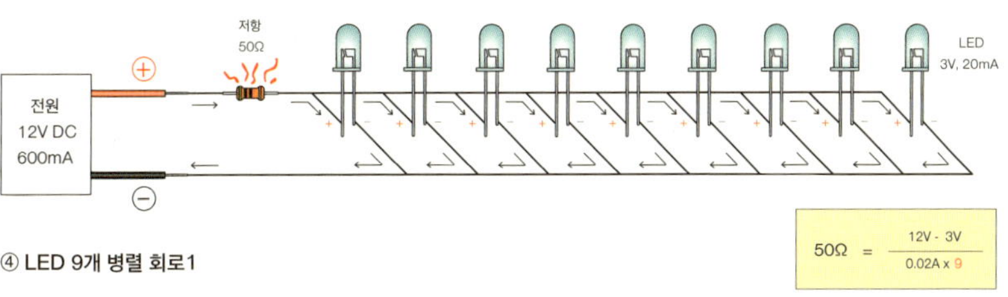

④ LED 9개 병렬 회로1

4번 회로에서 저항이 받게 될 전력 값을 구해보자. 전원에서 공급되는 12V에 LED를 켜기 위한 3V를 뺀 9V의 전압과 병렬로 연결되었으므로 회로에 흐르는 전류의 양 0.18A(0.02A × 9)을 곱하면 1.62W이다. 우리가 사용하는 탄소피막 저항의 허용 전력용량 1/4W(0.25W)보다 6배 이상 크므로 저항이 뜨거워지는 것이다. 이를 해소하기 위해서는 허용 전력용량이 2W 이상인 세라믹 저항을 사용하거나 5번 그림처럼 각각의 LED에 저항을 연결해야 한다. 5번 그림에 연결될 저항 값은 계산을 통해 450Ω으로 나왔지만 일반적으로 많이 판매하고 있는 470Ω을 사용해도 된다.

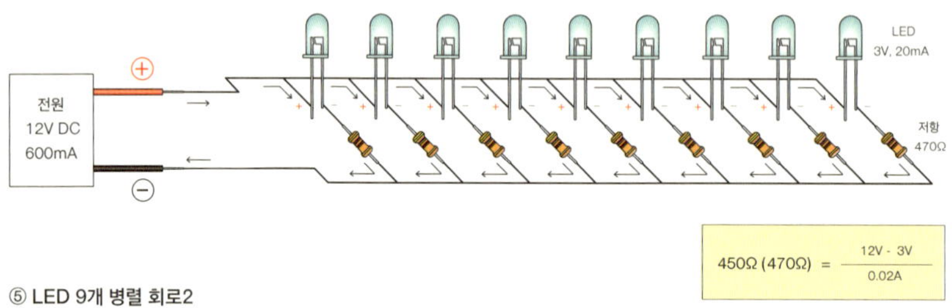

⑤ LED 9개 병렬 회로2

5번 그림은 낮은 전압으로도 LED를 많이 켤 수 있다는 장점이 있지만 개수가 많아지면 연결 작업이 번거롭고 높은 전류가 필요하다는 단점이 있다. 이를 보완하기 위해서 6번 그림처럼 직렬과 병렬을 함께 사용한다. 이렇게 구성한 직병렬 회로가 LED를 많이 켤 수 있는 좋은 방법이다.

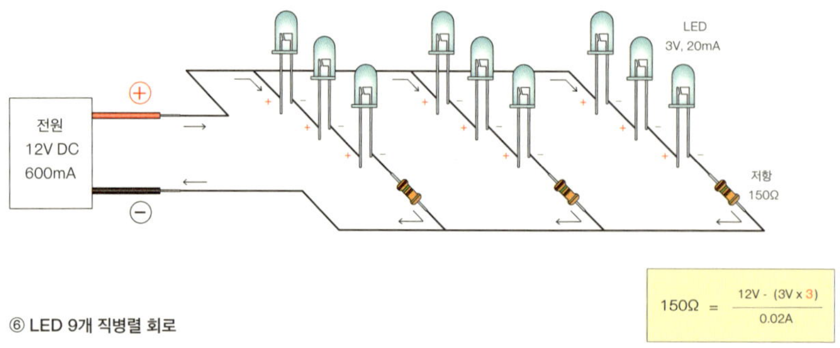

⑥ LED 9개 직병렬 회로

또한 회로에 다양한 색깔의 LED를 사용하고 싶을 때는 각 LED에 필요한 작동전압의 크기를 알아야 한다. 옴의 법칙에 따라 작동전압이 적은 빨간색 LED에는 좀 더 높은 값의 저항을 달아야 하고 반대로 작동전압이 높은 파란색 LED에는 낮은 값의 저항을 달아야 연결된 LED가 모두 알맞은 밝기로 빛을 낼 수 있다.

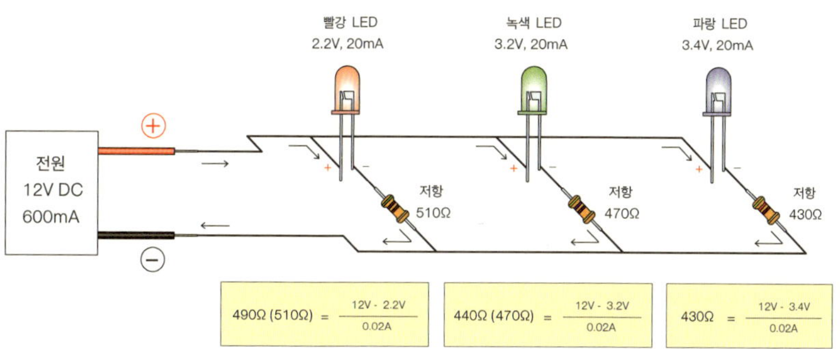

⑦ 다른 색깔의 LED 3개 병렬 회로

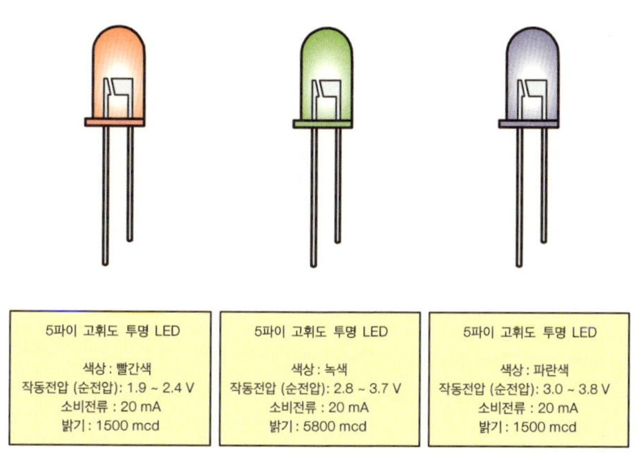

빨간색 LED에 연결될 저항 값은 계산해서 490Ω이 나왔지만 일반적으로 많이
판매하고 있는 510Ω을 사용한다. 녹색 LED도 440Ω 대신 470Ω을 연결한다.

준비물 챙기기

실습 예제를 따라 만들 때 필요한 장비, 공구, 전자부품 판매처 정보를 한눈에 알아볼 수 있도록 정리했다.

주요 장비와 공구 19가지

여기에서 소개하는 19가지 장비와 공구는 이 책의 실습을 따라할 때는 물론이고, 미디어아트 작업을 하기 위해 기본적으로 갖춰 두어야 하는 목록이다. 이 책의 실습예제를 위해 반드시 구입하여야 하는 공구와 부품은 '실습에 꼭 필요한 물건 갖추기'(60쪽)에 따로 정리해 두었으니 참고하자.

1. DC 파워서플라이

DC파워서플라이는 집에서 사용하는 220V 교류(AC)를 직류(DC)로 변환해주는 전원공급 장비다. 가격은 15만원에서 30만원까지 제조사에 따라 다르며 장비 사양은 조절 가능한 직류전압의 범위가 0~30V, 전류는 0~3A 정도인 모델이면 충분하다.
(사진 속 모델: 파워티엠 SDP30-5DT, 추천 모델: 파워티엠 SDP30-3D)

2. 어댑터

어댑터는 벽면 콘센트에서 나오는 220V 교류 전류를 고정된 하나의 직류 전류로 바꾸어주는 전원공급 장비이다. 출력전압이 9V에 전류용량이 1A이거나 12V에 600mA인 모델이 많이 사용된다.

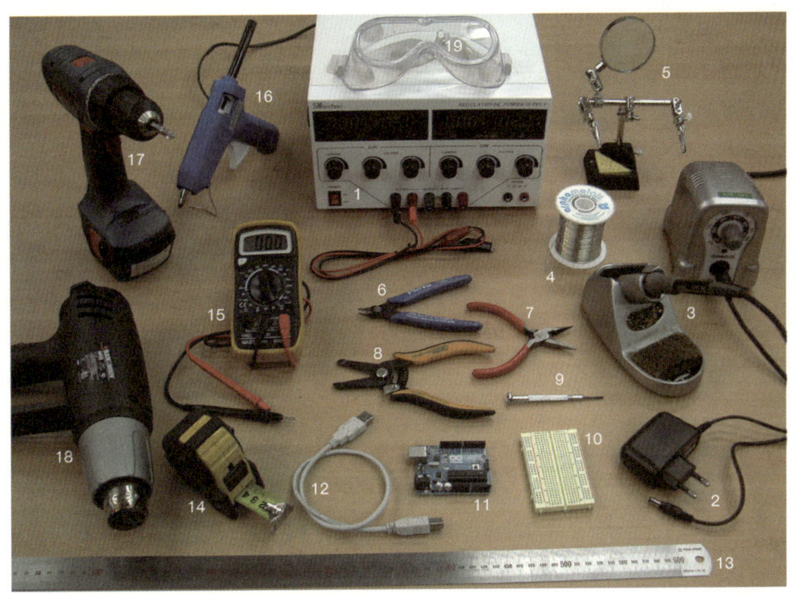

3. 인두기

납땜용 인두기는 땜납을 녹여 전자부품을 회로기판에 고정시키거나 두 전선을 하나로 연결할 때 사용된다. 인두기는 전력소비량(W)이 높을수록 높은 열을 발생시키므로 납땜 작업을 빨리 할 수 있지만 칩 LED와 같이 열에 약한 부품을 사용할 때는 15W급의 낮은 전력을 사용해야 한다. 저가형 모델은 30W급 스틱형 인두기로 2만원 정도로 구입할 수 있으며 여분의 인두기 팁을 함께 구매하여 자주 교환해주는 것이 좋다. 고급형 모델은 60W까지 온도조절이 가능한 데스크탑형 인두기로 가격은 15만원 정도이며 웰러(Weller)와 하코(Hakko) 제품이 유명하다.

4. 땜납

납땜 작업을 쉽게 하도록 선 형태의 재료로 선의 굵기가 0.6~0.8mm인 제품을 사용하는 것이 좋다.

5. 납땜 보조기구(써드암)

납땜 작업을 쉽게 하도록 부품을 잡아주는 보조 장비다.

6. 니퍼

전선이나 철사 같이 가는 부품을 절단하는 공구다.

7. 롱노우즈 플라이어

작은 부품을 집거나 구부릴 때 사용하는 공구로 끝이 길고 가는 형태가 좋다.

8. 와이어 스트리퍼

전선을 감싸고 있는 피복을 벗기는 공구다. 전선 두께와 맞는 홈에 전선을 놓고 스트리퍼를 대고 쥐면서 뽑아내듯이 피복을 벗겨낸다. 이 책에서 주로 사용하는 전선의 굵기는 0.5~0.6mm(24~22AWG)로 이에 적합한 홈이 있는 공구를 구입한다.

9. 미니 드라이버

볼트와 너트를 결합할 때 사용하는 공구로 볼트의 머리에 나 있는 홈의 모양에 따라 십자(+) 또는 일자(-) 드라이버로 나뉜다.

10. 브레드보드

흔히 빵판이라고 부른다. 전자회로를 만들 때 납땜작업 없이 간편하게 부품을 꽂고 점프선(양쪽 끝의 피복이 벗겨져 있는 짧은 전선)으로 연결해서 회로를 테스트할 수 있다.

11. 아두이노 보드

아두이노 보드는 간단한 프로그래밍 작업을 통해 입력 센서와 출력 부품을 제어할 수 있는 마이크로컨트롤러를 이용한 전자회로 보드다. 제어할 수 있는 입력/출력 핀의 개수에 따라 다양한 크기와 형태가 있다.

12. USB 케이블 (A/B 타입)

아두이노 보드와 컴퓨터를 연결하여 보드에 전력을 공급하고 아두이노 소프트웨어로 프로그래밍한 데이터를 보드로 전송한다. 컴퓨터와 연결되는 부분은 납작한 직사각형 모양의 A타입이고 아두이노 보드에 연결되는 부분은 정사각형 모양의 B타입이다.

13. 직자

기본형 제작에 사용되는 재료의 크기를 측정할 수 있다.

14. 줄자

완성될 작품의 크기를 예상해볼 수 있고 실제 작품이 설치될 공간의 크기를 측정할 수 있다.

15. 디지털 멀티미터

디지털 멀티미터는 전압의 세기, 전류의 양, 저항의 크기 등을 디지털 숫자로 알기 쉽게 표시해주는 측정 장비다. 전압, 전류, 저항 값을 측정한다. 전기흐름 테스트와 같은 기본적인 기능을 갖추고 있다면 저가형 모델이라도 충분하다.

16. 글루건

플라스틱 봉을 가열하여 액체 상태로 만들어 아크릴, 목재, 금속, 천 등을 서로 접착시키는 도구다. 전자부품이나 전선을 사물 표면에 간편하게 고정할 때 효율적이다.

17. 전동 드릴/드라이버

재료에 구멍을 뚫거나 볼트를 조이고 푸는 데 사용하는 전동공구다. 휴대가 가능한 충전식 모델이 좋고 제조사로는 보쉬(Bosch)와 드왈트(DeWalt)가 유명하다.

18. 열풍기

헤어드라이어처럼 뜨거운 바람이 나오는 기구로 열수축 튜브를 사용할 때 편리하다.

19. 보안경

투명한 보안경은 납땜 작업 및 전동 공구를 사용할 때 눈을 보호하는 안전장비다. 반드시 착용하자.

실습에 꼭 필요한 물건 갖추기

실습을 하기 위해 반드시 갖추어야 하는 공구와 부품을 정리했다. 전자부품은 예산 범위 안에서 넉넉하게 구입해 놓으면 좋다. 아래의 판매처 정보는 '쇼핑하러 가기'(64쪽)에 소개되어 있다. 부품을 검색할 때는 검색창에 부품명이나 제품번호를 입력하거나 검색조건을 선택하고 상품코드를 입력하면 된다. 부품 이미지는 실제 제품과 다를 수 있으며 제품번호 및 상품코드는 판매처 사정에 의해 변경될 수 있다.

엘: 엘레파츠 **디:** 디바이스마트 **아:** 아트로봇 **플:** 플러그하우스 **(저):** 저가형 모델

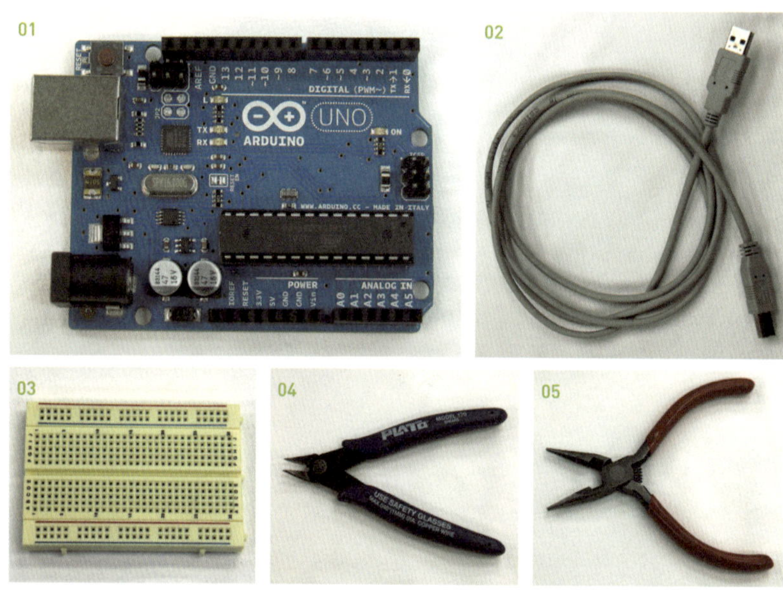

01	**아두이노 우노 (R3)**	» 플 100410020145, 아 11021D
02	**USB 케이블 (A/B 타입)**	» 플 20081304471753_0, 엘 EPX344M9
03	**브레드보드**	» 플 102604342213, 엘(저) EPX34N7P
04	**니퍼**	» 엘 EPX33F9R, 디 32077
05	**롱노우즈 플라이어**	» 엘 EPX33GR7, 디 15810

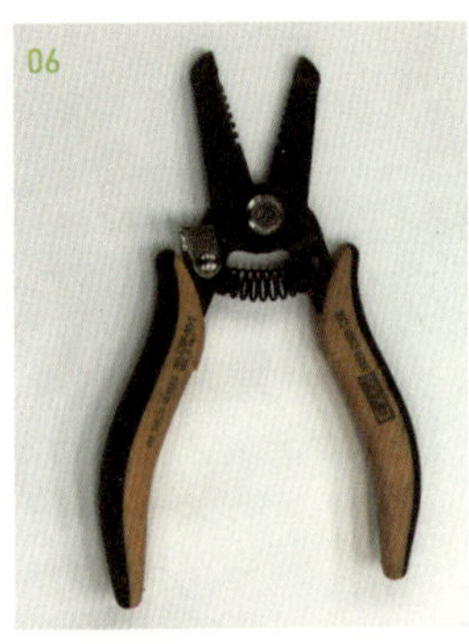
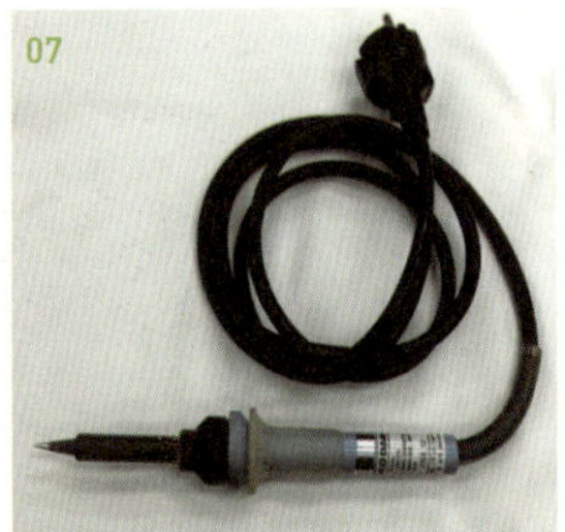
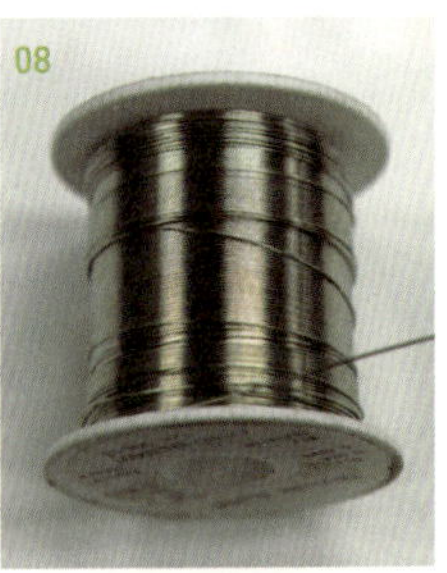
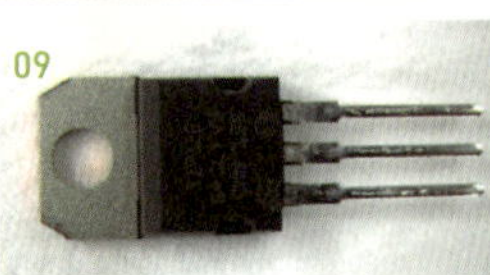
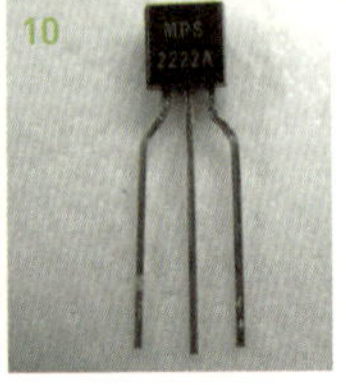
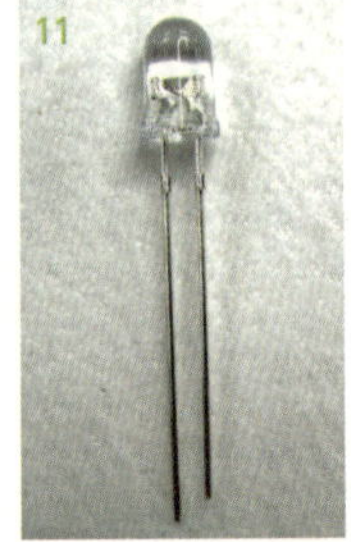
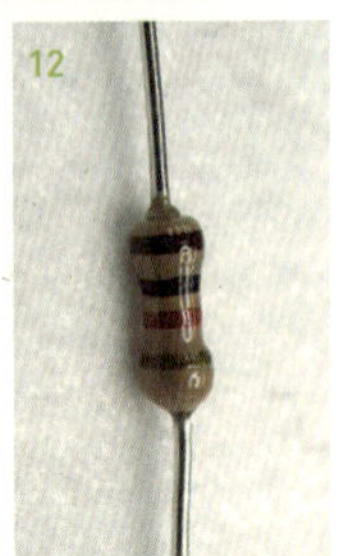
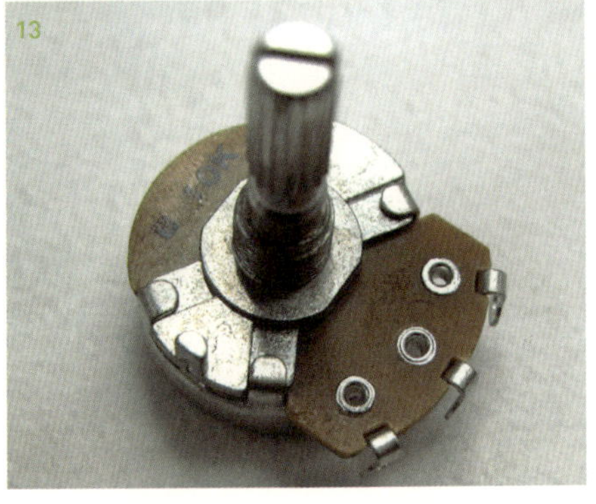
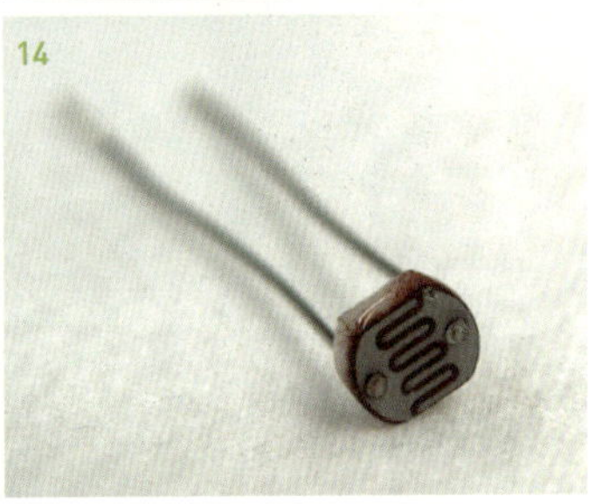

06	와이어 스트리퍼		» 엘 EPX33KK9, 디 23356
07	인두기		» 엘 EPX33FL8, 디 14593
08	땜납		» 디(저) 32658, 엘 EPX33KK3
09	트랜지스터 (TIP122)		» 디 14680, 엘 EPX7RDFV
10	트랜지스터 (2N2222)		» 디 3247, 엘 EPX33PMW
11	LED (고휘도, 5파이, 투명렌즈)	빨간색	» 엘 EPX33DPF, 디 191
		녹색	» 엘 EPX33MHB, 디 190
		파란색	» 엘 EPX33DPN, 디 189
		흰색	» 엘 EPX33MHC, 디 193
12	일반막대 저항 (탄소피막, 1/4W, 5%)	10옴	» 엘 EPX33D87, 디 913
		51옴	» 엘 EPX34LP4, 디 902
		150옴	» 엘 EPX34LPM, 디 893
		1K옴	» 엘 EPX34LRU, 디 876
		10K옴	» 엘 EPX3333P, 디 856
13	포텐시오미터 (10KΩ, 0.5W)		» 엘 EPX33HMW, 디 5299
14	포토셀 (Cds 셀, 5파이)		» 엘 EPX36MHM, 디 11364

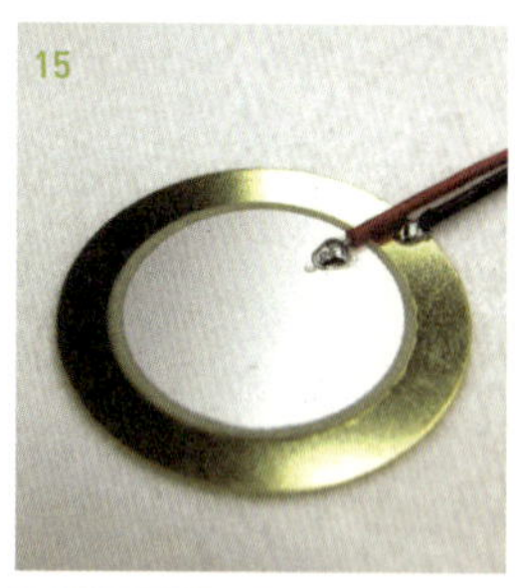
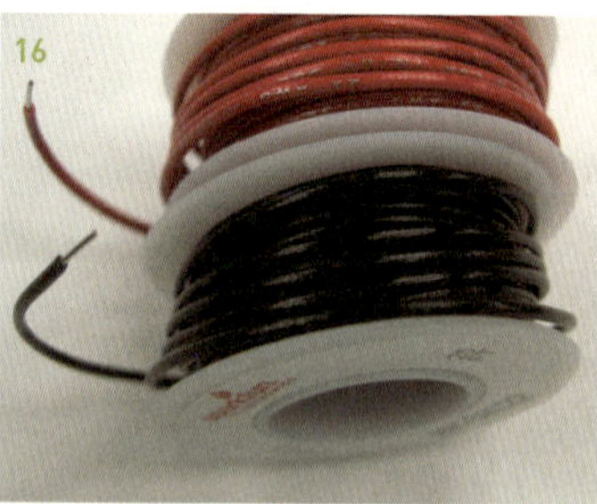
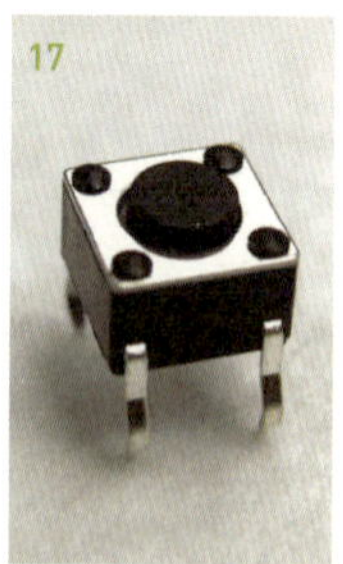
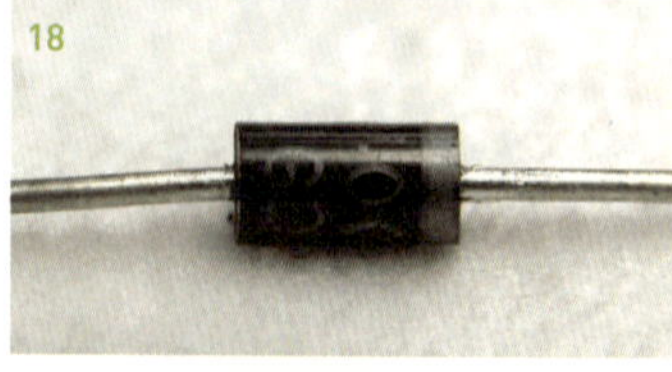
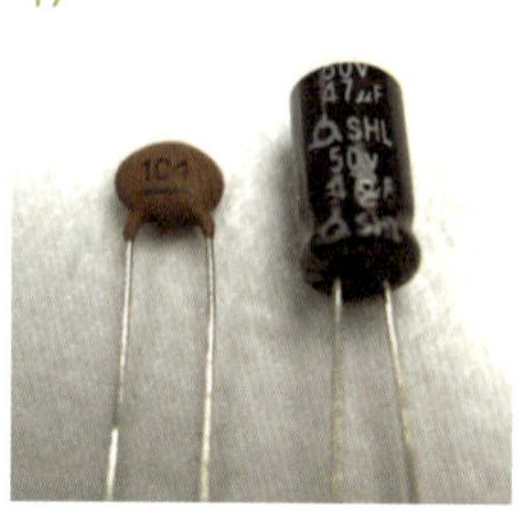
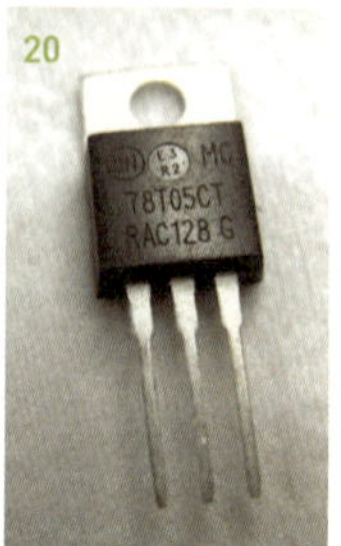
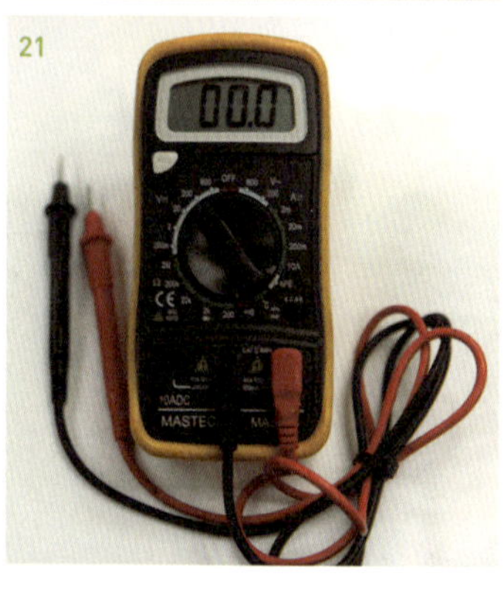
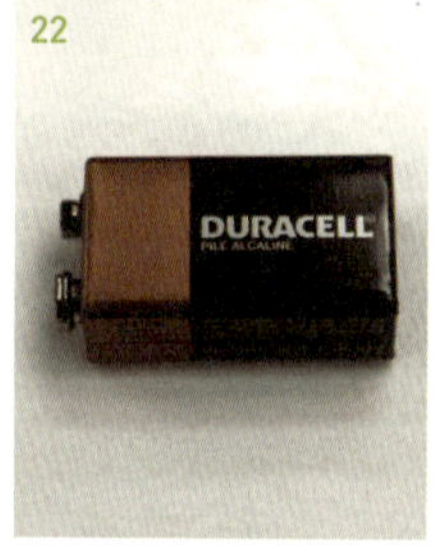
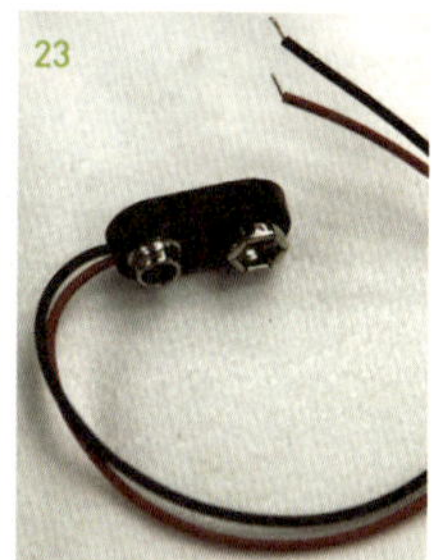

15	피에조 (지름 27mm)		» 엘 EPX3FHDW, 아 10293
16	전선 (단심, 0.6mm, AWG 22)	빨강	» 아 8023, 디 34217
		검정	» 아 8022, 디 9249
		노랑	» 아 8024, 디 34216
		흰색	» 아 8026, 디 15096
17	스위치 (택트 스위치)		» 엘 EPX3333N, 디 2213
18	다이오드 (1N4002)		» 엘 EPX33G6J, 디 3009
19	커패시터 (허용 전압 50V)	0.01 uf 세라믹	» 엘 EPX33CH8, 디 1348
		0.047 uf 세라믹	» 엘 EPX33CHB, 디 1345
		10 uf 전해	» 엘 EPX33V84, 디 1318
		220 uf 전해	» 엘 EPX33C4D, 디 1321
20	전압 레귤레이터 (7805)		» 엘 EPX33DM3, 디 1057750
21	디지털 멀티미터		» 엘 EPX349WM, 디 10038
22	건전지 (9V)		» 엘 EPX3CF8H, 디 2756
23	9V 건전지 홀더		» 엘 EPX33F99, 아 50008

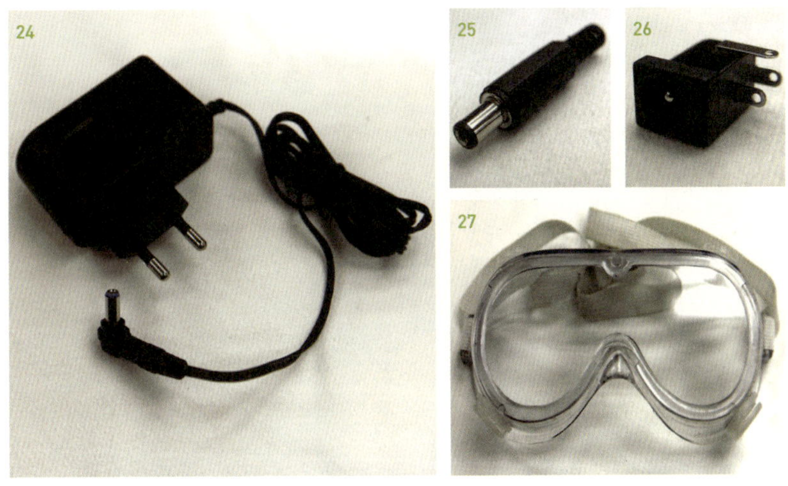

24	어댑터 (9V, 1A)	» 엘 EPX3X949
25	DC 파워 플러그 (2파이)	» 엘 EPX33KKX, 디 4581
26	DC 파워 잭 (2파이)	» 엘 EPX3333K, 디 2671
27	보안경	» 엘 EPX34P3V, 디 19071

갖춰 두면 더 좋은 아이템

꼭 사야하는 건 아니지만 갖추어 두면 좋은 장비를 추가했다.

부품 보관함

전자부품은 대부분 크기가 작고 비슷하게 생겼기 때문에 부품별로 보관함에 정리해놓고 필요할 때 조금씩 꺼내어 사용하는 것이 경제적이다. 보관함에 정리해 놓을 때는 부품명과 간단한 사양을 보관함 앞에 적어서 다음에 쉽게 찾아 쓸 수 있도록 한다. 들고 다닐 수 있는 공구함도 하나 있으면 유용하다.

점프선 세트

브레드보드로 회로를 테스트할 때 사용하기 편하도록 연결 전선 끝부분의 피복을 알맞게 벗겨놓은 제품이다. 가격이 조금 비싼 편이기 때문에 전선을 담아놓을 수 있는 적당한 크기의 부품 보관함을 구입하여 직접 작업해서 사용해도 좋다.

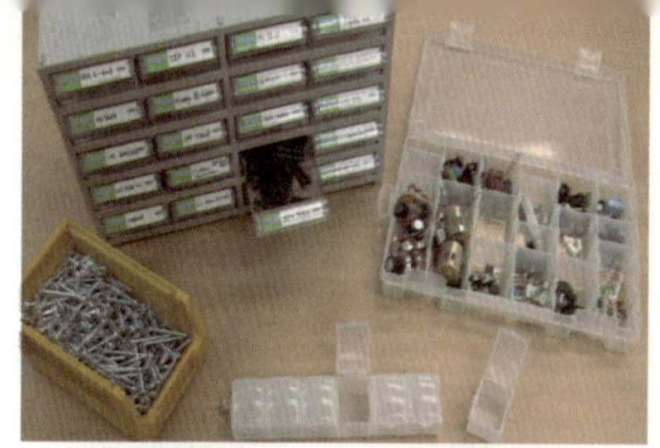
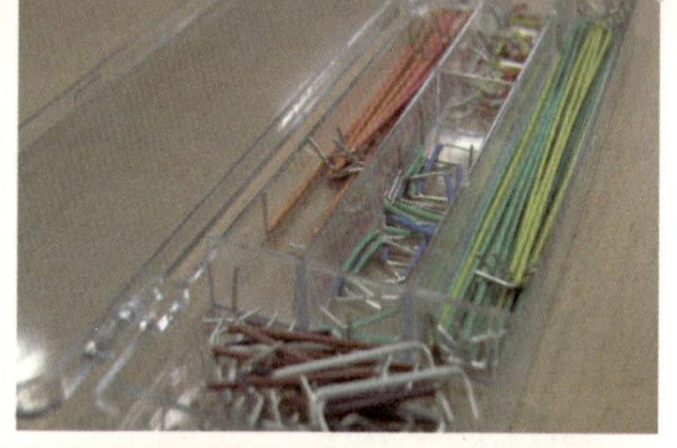
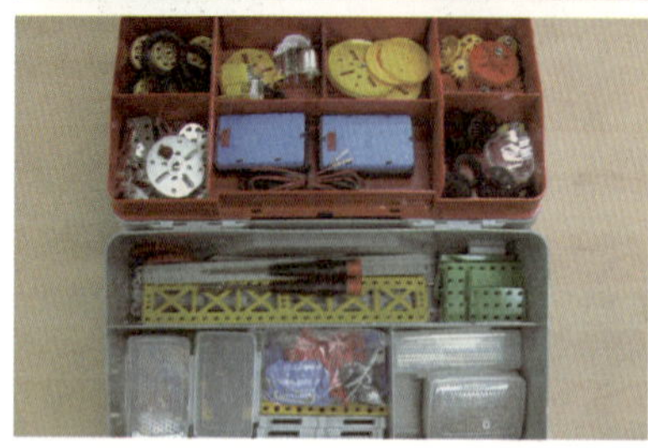
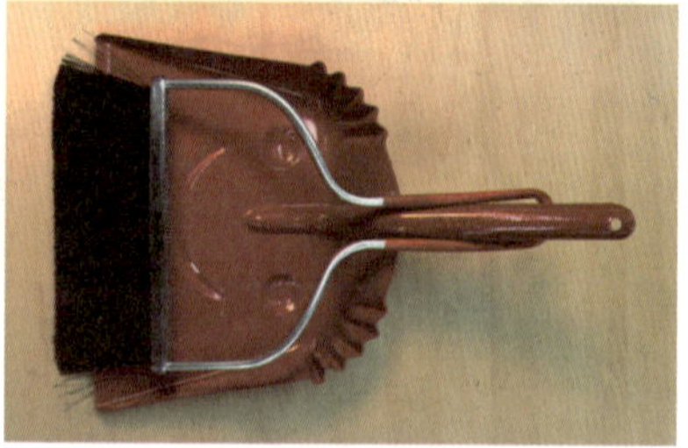

과학상자

과학상자는 움직이는 키네틱 작품을 만들 때 모터를 고정할 수 있는 프레임과
움직임을 만들 때 필요한 기어, 회전축, 벨트풀리와 같은 연결부품이 포함되어
있어 기본형을 제작할 때 유용하다.

빗자루와 쓰레받기

실습 시간의 시작과 끝은 청소다. 책상 위에 흩어져 있는 부품 조각을 치울 수
있는 솔이 짧고 촘촘한 빗자루가 편리하다.

쇼핑하러 가기

온라인 쇼핑

다음 인터넷 사이트는 전자부품과 공구를 소량으로 판매한다. 사이트에는 다양
한 부품이 체계적으로 분류되어 있고, 부품 정보(데이터 시트)도 함께 제공하기
때문에 쇼핑하는 것만으로도 공부가 꽤 된다.

1. 엘레파츠

http://www.eleparts.co.kr/

전자부품, 전자키트, 공구, 전원, 자재류, 아두이노 보드, 아두이노 전용 센서 등을 판매한다.
검색 기능이 편리하고 최소 구매수량이 낮아 소량으로 다양한 부품을 주문할 때 좋다. 부품
검색 후에는 낮은가격 순으로 정렬해서 보면 좋다.

2. 디바이스 마트 `light kit 판매`

http://www.devicemart.co.kr/

전자부품, 전자키트, 공구, 배터리, 화학제품, 기계부품 등을 판매한다. 레이저 절단 및 절곡, 샘플 PCB 제작과 같은 소비자 맞춤형 서비스를 제공하며 매거진을 통해 전자, 로봇 기계관련 다양한 볼거리를 제공한다. 부품 검색 후에는 인기도 순으로 정렬하여 보면 좋다. 첫 실습 예제를 바로 따라해볼 수 있는 '안녕! 키트(light kit)'를 판매한다.

3. 샘플전자 `안녕! 키트 판매`

http://www.sample.co.kr

아두이노 보드, 직접 제작한 쉴드 보드를 판매한다. 용산에 있는 매장에서 아두이노 기초 강의를 수시로 진행한다. 이 책에 나오는 부품 키트를 판매한다.

4. 아트로봇

http://www.artrobot.co.kr/

아두이노 보드, 아두이노 전용 센서, 첨단조명, 전도성 실, 무선 전자태그 등을 판매한다. 미국 전자부품 전문 쇼핑몰인 스파크펀(Sparkfun)에서 판매하는 최신 부품을 구입할 수 있다.

5. 플러그하우스

http://www.plughouse.co.kr/shop/

아두이노 보드, 아두이노 전용 센서, 전자부품 등을 판매한다.

6. 메이크존

http://www.makezone.co.kr/

아두이노 보드, 통신 장치, 각종 센서를 판매한다.

다음 사이트는 특정 부품을 전문적으로 다루거나 기본형 제작에 필요한 다양한 자재류를 판매한다.

7. IC114

http://www.ic114.com

전자부품, 표시기, 키트 부품

8. IC뱅큐

http://www.icbanq.com

반도체, 전자부품, 최신 부품 정보

9. 퍼니키트

http://www.funnykit.co.kr

컴파일 장비, 전자키트, 다목적 케이스

10. 모터뱅크

http://www.motorbank.kr

DC모터, 서보모터, 스텝모터

11. 모터플러스

http://www.motorplus.kr

소형모터, 기어모터, 엔코더모터

12. ex LED Mall

http://www.exledmall.com

LED 램프, LED 관련 부품 및 제어모듈,
DIY 정보

13. 동진 산업

http://www.profileok.com

알루미늄 프로파일, 원판, 조립부품

14. 협신물산

http://www.hyup-shin.co.kr

조형 재료, 실리콘, 우레탄

15. 아가미 모델링

http://www.agamimodeling.co.kr

조형 재료, 아크릴, 나무, 금속, 모델링 도구

16. 아크릴 몰

http://www.acrylmall.com

아크릴, 레이저 가공 및 절단

17. 다이소 몰

http://www.daisomall.co.kr

인테리어 소품, 각종 케이스, 생활 잡화

오프라인 쇼핑

직접 상점을 찾아다니며 실제 부품을 확인하고 구입하는 방법이다. 모바일이나
PC로 구글 맞춤 지도(http://goo.gl/UlvH1Q)를 볼 수 있다.

청계천 시장

청계천 시장은 청계천 주변에 형성되어 있는 넓고 오래된 재래시장이다. 우리
가 주로 사용하는 부품을 파는 가게는 종로 3가와 을지로 3가 사이에 있다. 세운

상가와 대림상가 주위로 공영주차장이 있지만 주차료가 비싸기 때문에 버스나 지하철을 이용하는 편이 낫다. 지하철은 1호선 종로 3가역 12번 출구로 나가면 되고 2호선과 3호선은 을지로 3가역 6번 출구로 나가면 된다. 토요일 오후와 일요일은 문을 닫는 가게가 많기 때문에 평일이나 토요일 오전을 이용해야 한다.

판매하는 제품이 비슷한 가게끼리 모여 있기 때문에 다양한 종류의 제품을 서로 비교해볼 수 있다. 특히 골목길 중간, 중간에 있는 중고 가게들은 청계천 시장에서만 경험할 수 있는 장점 중에 하나다. 고가의 DC 파워서플라이, 성능 좋은 스위스제 모터, 여러 가지 굵기와 색깔의 특수 전선을 중고로 저렴하게 구입할 수 있다.

또 다른 장점은 조그마한 단추에서부터 건축자재까지 온라인으로 구입하기에는 까다로운 부품 및 자재류를 직접 눈으로 확인하고 구매할 수 있다는 점이다. 움직임을 만들 때 필요한 부품인 베어링과 부싱, 프로토타입의 뼈대로 사용할 수 있는 아크릴, 목재, 알루미늄, 여러 가지 크기의 볼트와 너트, 각종 접착제와 실리콘, 마감 재료인 고무 패킹과 바닥용 몰드 등 종류도 다양하다. 이외에도 천원샵으로 유명한 다이소 매장, 악기 전문 낙원상가, 한복 및 직물 전문 광장시장, 포장용품 전문 방산시장도 재미있는 볼거리로 가득하다.

아크릴 시트, 나무 판재를 주문할 때는 가로, 세로 길이와 함께 두께를 정확히 알려줘야 한다.

두께가 3mm이면 3티(Thickness)이다.

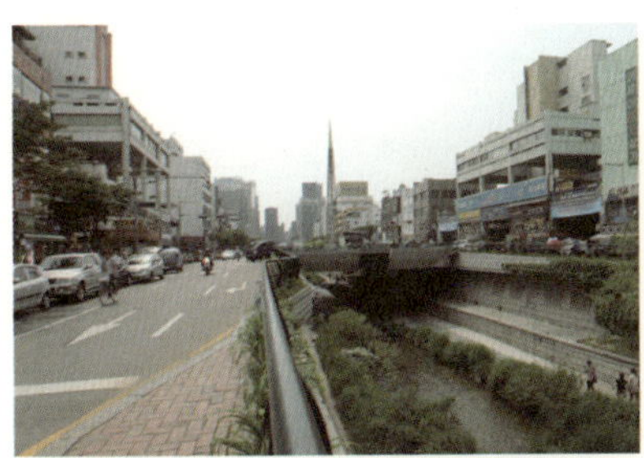

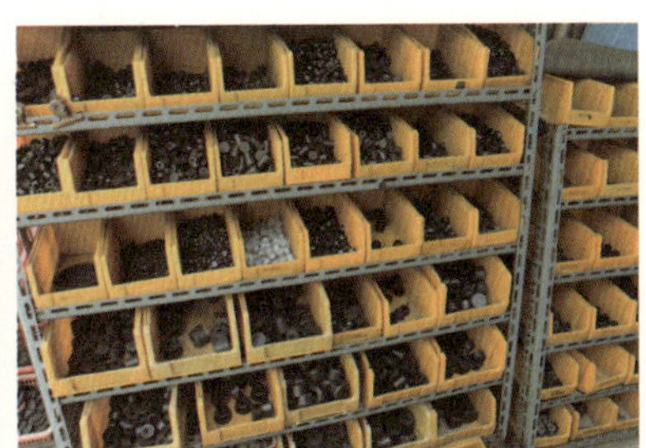

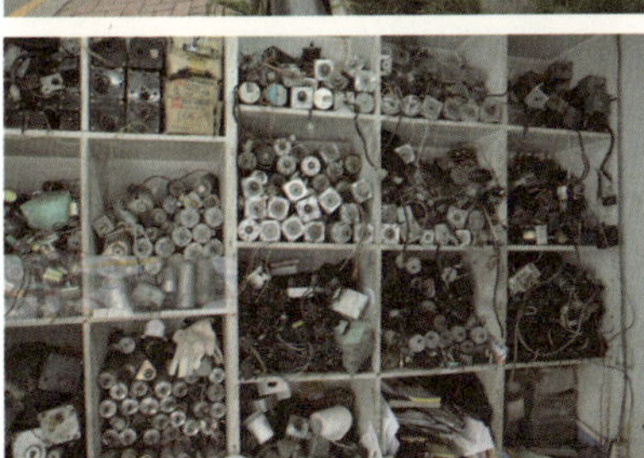

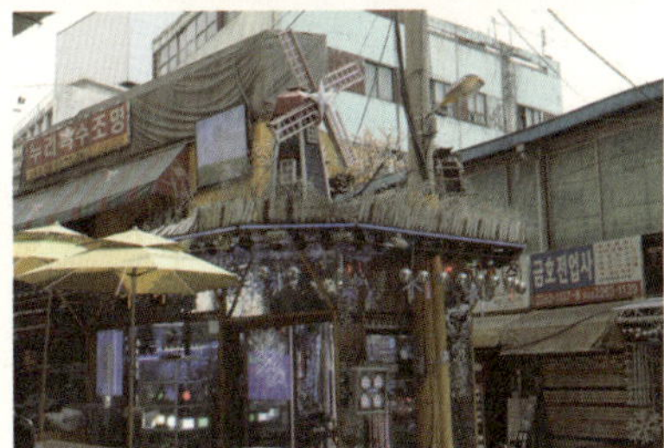

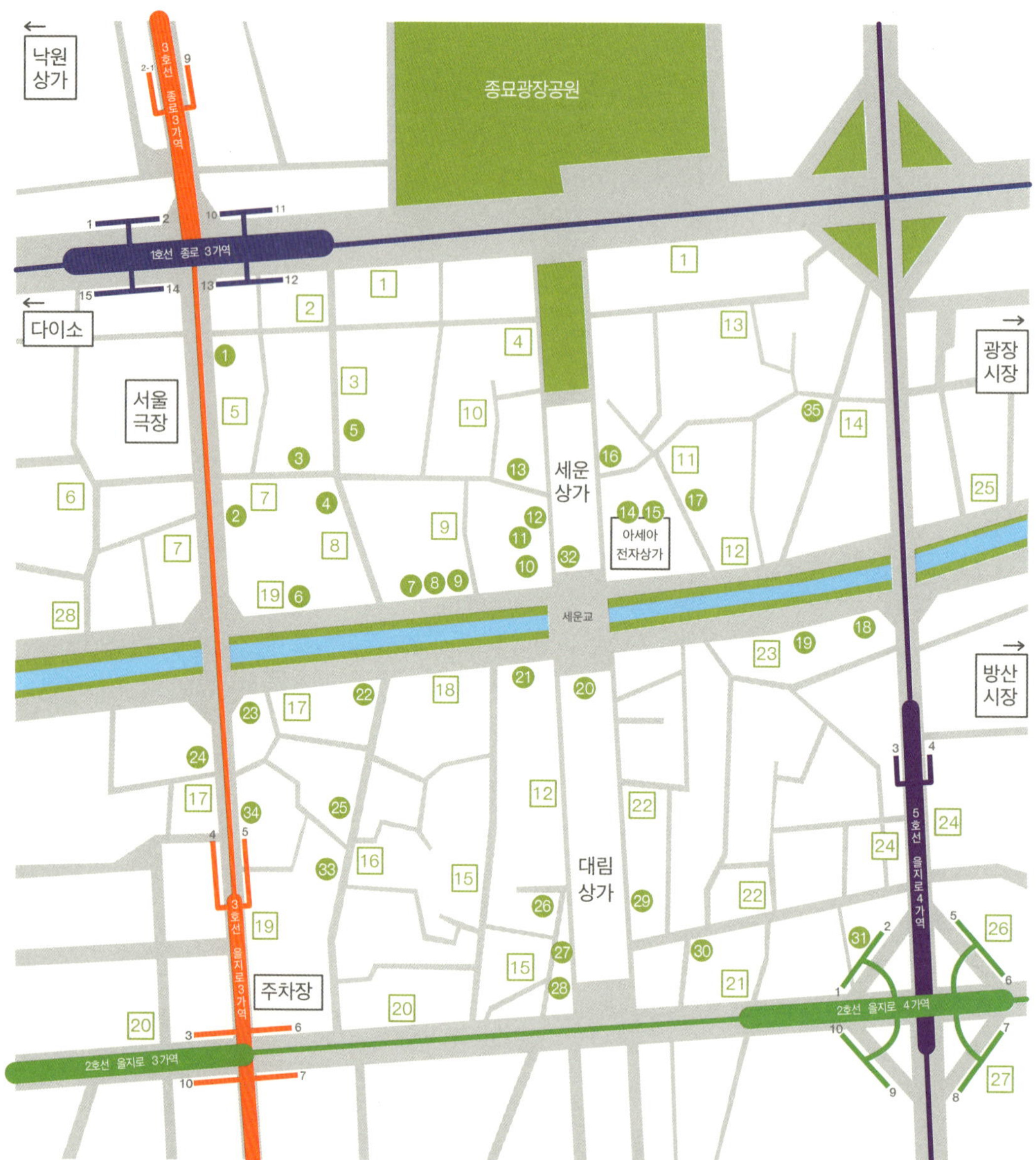

청계천 시장 구역 정보

1 의료기기 (보청기, 혈압계, 휠체어, 한방용품)

2 과학실험도구 (이화학기기, 현미경)

3 계측기 (전류계, 온도계, 습도계, 전자저울)

4 전기, 통신 (배선기구, 케이블, 전화기, 인터폰, 몰딩)

5 아크릴 (원판, 원통, 레이저 커팅, 실사출력, 간판)

6 명패, 깃발 (상패, 트로피, 메달, 현수막, CNC조각)

7 베어링 (직선 베어링, 미니 베어링, 볼 스크루)

8 모터, 히터 (AC/DC모터, 기어모터, 전기히터)

9. 전자부품 (LED, 전선, 트랜지스터, 릴레이, 스위치, 센서)

10. 레이저 조각 (아크릴, POM 조각)

11. 사운드, 배터리 (스피커, 앰프, 마이크, 어댑터, 안테나)

12. 조명 (LED 간판, 인테리어 조명, 형광등, 광섬유)

13. 귀금속 (금, 은, 보석)

14. 시계, 카메라 (광학기기, 시계수리)

15. 볼트, 너트 (장식볼트, 와셔, 앙카, 와이어, 액자 걸이)

16. 선반밀링, 기계제작 (밀링 가공, 케이스제작, CNC조각)

17. 접착제, 실리콘 (접착제, 실리콘, 윤활유, 구리스, 코팅제)

18. 콤프레서, 벨트 (체인, 바퀴, 운반차, 자석, 호수)

19. 기계공구 (전동공구, 건설공구, 에어공구, 수공구)

20. 건축자재 (타일, 인조 잔디, 매트, 벽지, 인테리어용품)

21. 철망, 금속 (타공망, 스텐망, 차단봉, 금속인쇄, 금형라벨)

22. 금속 절단, 절곡, 기어제작 (금형제작, 철구조물제작, 프레스)

23. 펌프 (양수기, 고압세척기, 수중펌프)

24. 미싱 (부속품, 자수기, 오바록 기계)

25. 의류부자재 (단추, 레이스, 악세사리, 지퍼)

26. 화공약품 (안료, 방수용품, 산화제, 에폭시)

27. 목공예 (원목, 무늬목)

28. 소방, 안전 (안전용품, 안전모, 마스크, 표시판)

주요 가게 정보

① 우주아크릴 (아크릴, 레이저커팅)

② 선경아크릴 (아크릴, 작품제작)

③ 신세기모터 (모터, 기어모터)

④ 백두전자 (모터, 스탭모터)

⑤ 석영브라이스톤 (아두이노, 전자부품)

⑥ 대경베어링 (베어링)

⑦ 동아공구 (전자공구, 인두기, 납)

⑧ 대광전기 (트랜스)

⑨ 화이트 팬 (팬 모터)

⑩ 다운파츠 (전자부품, 센서)

⑪ 대거전자 (스위치, 플러그, 잭)

⑫ 대전사 (전선)

⑬ 아이디어전자 (LED)

⑭ 한일전자 (아세아전자상가 A222, 전자부품, 센서)

⑮ 광명I.S. (아세아전자상가 B221, 트랜지스터, 다이오드)

⑯ 아세아볼트 (볼트, 너트)

⑰ 안전테크 (어댑터, SMPS 전원)

⑱ 한일사 (수중펌프, 분수노즐, 환풍기)

⑲ 화승고무산업 (고무 매트, 벨트)

⑳ 육교박킹 (고무패킹)

㉑ 대한스프링 (스프링)

㉒ 도원테크툴 (호스, 배관자재, 고무판)

㉓ 평안상사 (공구)

㉔ 대길종합케미칼 (접착제, 실리콘)

㉕ 원오정밀 (절삭선반, 작품제작)

㉖ 인창금속 (황동, 비철금속)

㉗ 신명볼트 (볼트, 너트)

㉘ 삼우볼트 (장식볼트, 너트, 앙카)

㉙ 이성원 철 제작소 (금속 조형물 제작)

㉚ 중앙비철금속 (알루미늄 원판, 절단, 가공)

㉛ 태양상사 (알루미늄 봉)

㉜ FabLab Seoul & TIDE Institute (세운상가 550, 창작 네트워크 공간, 장비 및 워크샵 지원)

금강산도 식후경! 배고프면 여기로~

㉝ 안성집 (육계장 전문)

㉞ 을지면옥 (평양냉면 전문)

㉟ 원조함흥냉면 (함흥냉면 전문)

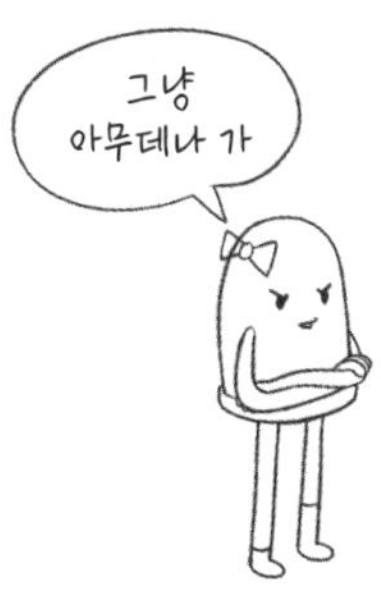

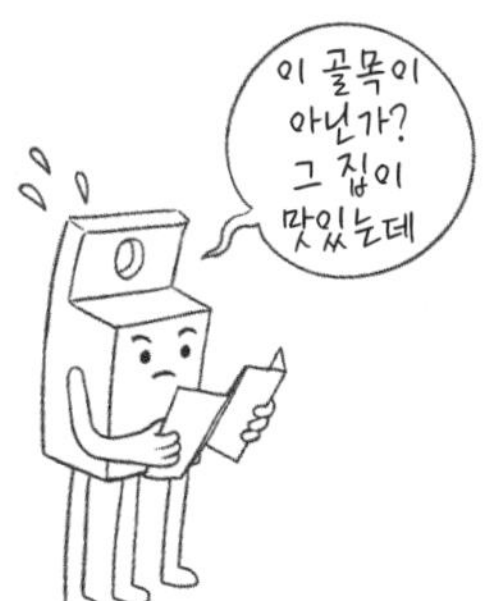

오프라인 상점 지도를 PC로 구글 맞춤 지도(http://goo.gl/UlvH1Q)에서 볼 수 있다.

용산 전자랜드 (ETLAND)

서울시 용산 전자랜드 광장층(지하 1층)에는 전자부품과 공구를 전문으로 취급
하는 가게가 모여 있다. 우리가 사용하는 트랜지스터, 저항, LED, 커패시터, 전
선, 케이블, 배터리, 모터, 센서 등 대부분의 부품을 구입할 수 있다. 기본적인
공구인 인두기, 납, 니퍼, 와이어 스트리퍼 등도 판매한다. 교통편은 지하철 1호
선 용산역 1번 출구 전자상가 방향으로 나가면 되고 4호선은 신용산역 5번 출구
전자상가 방향으로 나가면 된다. 자가용을 이용할 때는 매장에서 제공하는 주
차우대권을 받으면 최대 2시간까지 무료로 주차할 수 있다. 2층 오디오 전문샵
과 4층 아카데미 과학과 건담 베이스도 둘러보면서 어릴 적 추억이 새록새록 떠
오르는 경험을 할 수 있다.

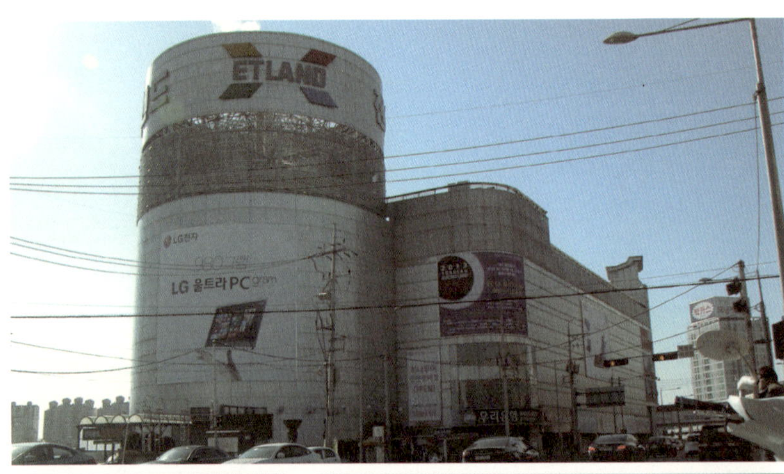

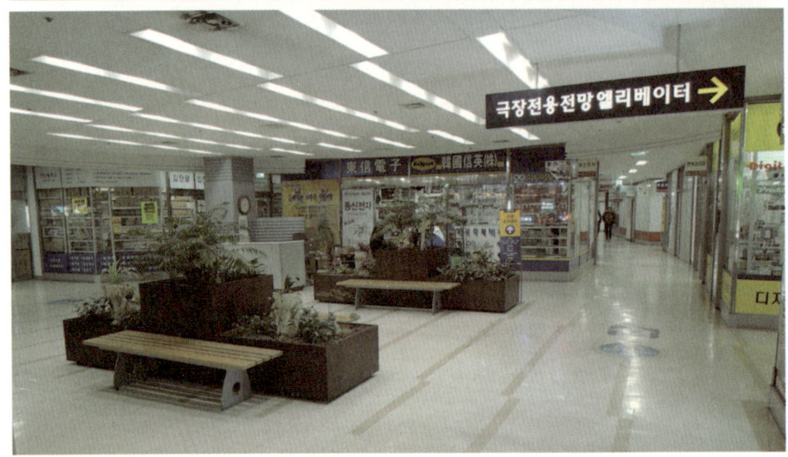

  떠나자, 미디어아트 세계로!

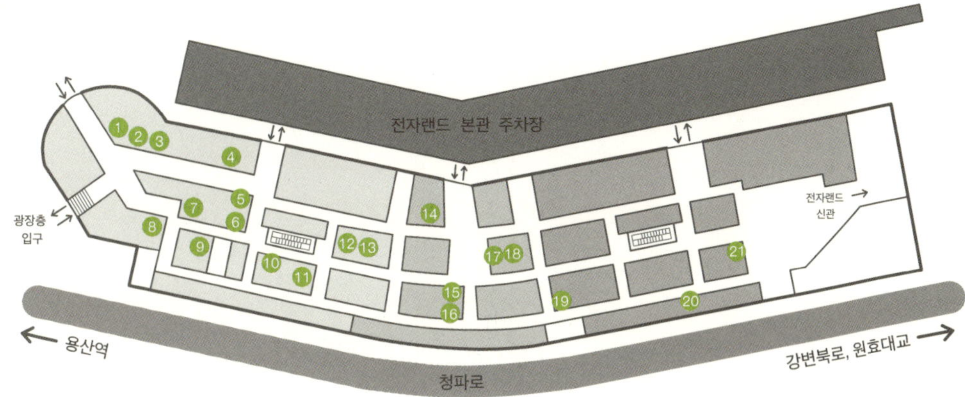

① 태흥상사 (전자공구, 전동공구)

② 무전기코리아 C-16 (통신기기, 무전기)

③ 명전사 C-14 (전기용품, 어댑터, 트랜스, 케이블)

④ 유성전자 C-10 (스피커, 방송설비)

⑤ 유틸전자 C-30, 31 (각종 센서, 회로설계, 기판제작)

⑥ 한양 C-48~51 (A/V기기, 마이크, 앰프)

⑦ 조은전자 C-52 (컨넥터, 케이블)

⑧ 상원반도체 C-56 (릴레이, 타이머)

⑨ 성음전자 C-71, 77 (전자부품, 커패시터, 팬 모터)

⑩ 금룡전자 C-67, 68 (전자부품, 스위치, LED)

⑪ 한림툴 C-65 (전자공구, 인두기, 납땜)

⑫ 진성전자 C-57 (배터리, 충전기, 어댑터)

⑬ 샘플전자 C-42 (아두이노, 각종 센서)

⑭ 두진전자 B-6 (배터리, 특수전지)

⑮ 한주전자 B-25 (스위치, 램프)

⑯ 협진전자 B-32 (컨넥터, 케이블)

⑰ 동신전자 B-11, 18 (아두이노, 전자부품 소량판매)

⑱ 랜텍코리아 B-10 (영상케이블, 공유기, 증폭기)

⑲ 상부전자 A-61 (LED, 튜닝용품)

⑳ 동광싸운드 A-72 (사운드 컨넥터, 케이블)

㉑ 믿음상사 A-34 (볼트, 너트, 지지대, 와셔)

※ 전자부품 매장의 평일 영업시간은 아침 10시부터 저녁 7시 30분까지이며 주말과 공휴일은 대부분
의 가게가 문을 닫는다.

다양한 작품을 감상하면서 영감을 받아 보자!

기존의 사물이 가지고 있는 목적과 용도와는 다르게 사물을 바라보면서 새로운
표현의 가능성을 발견할 수 있다.

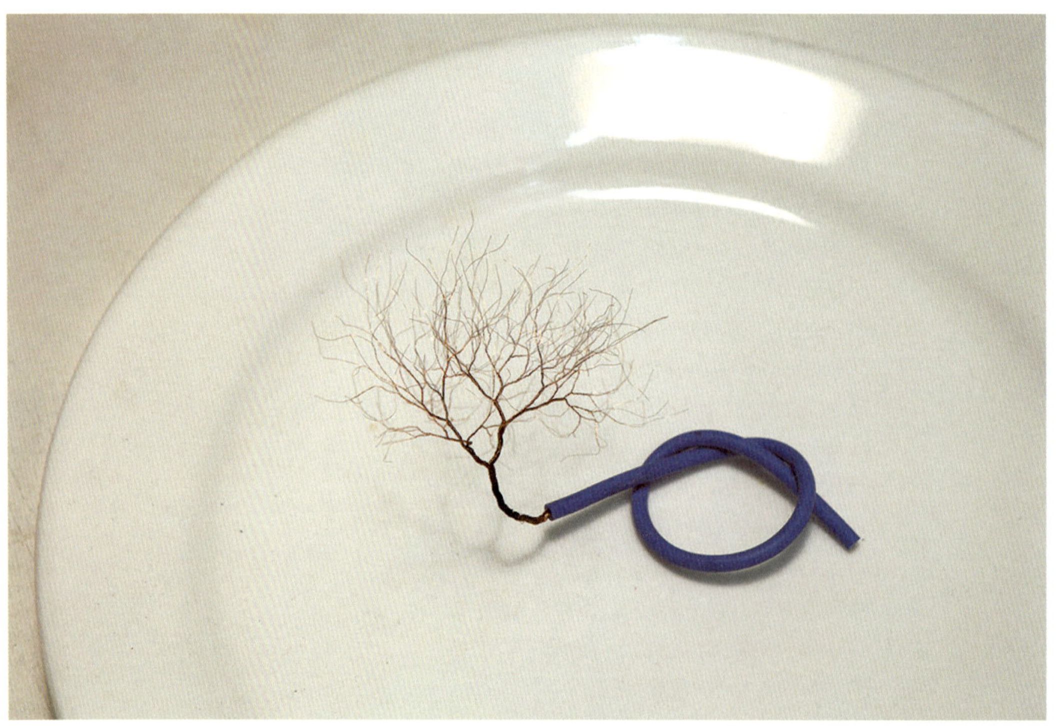

<Blue tree> 한진수 | 2009 | 14cm x 9cm x 10cm | 실리콘 전선

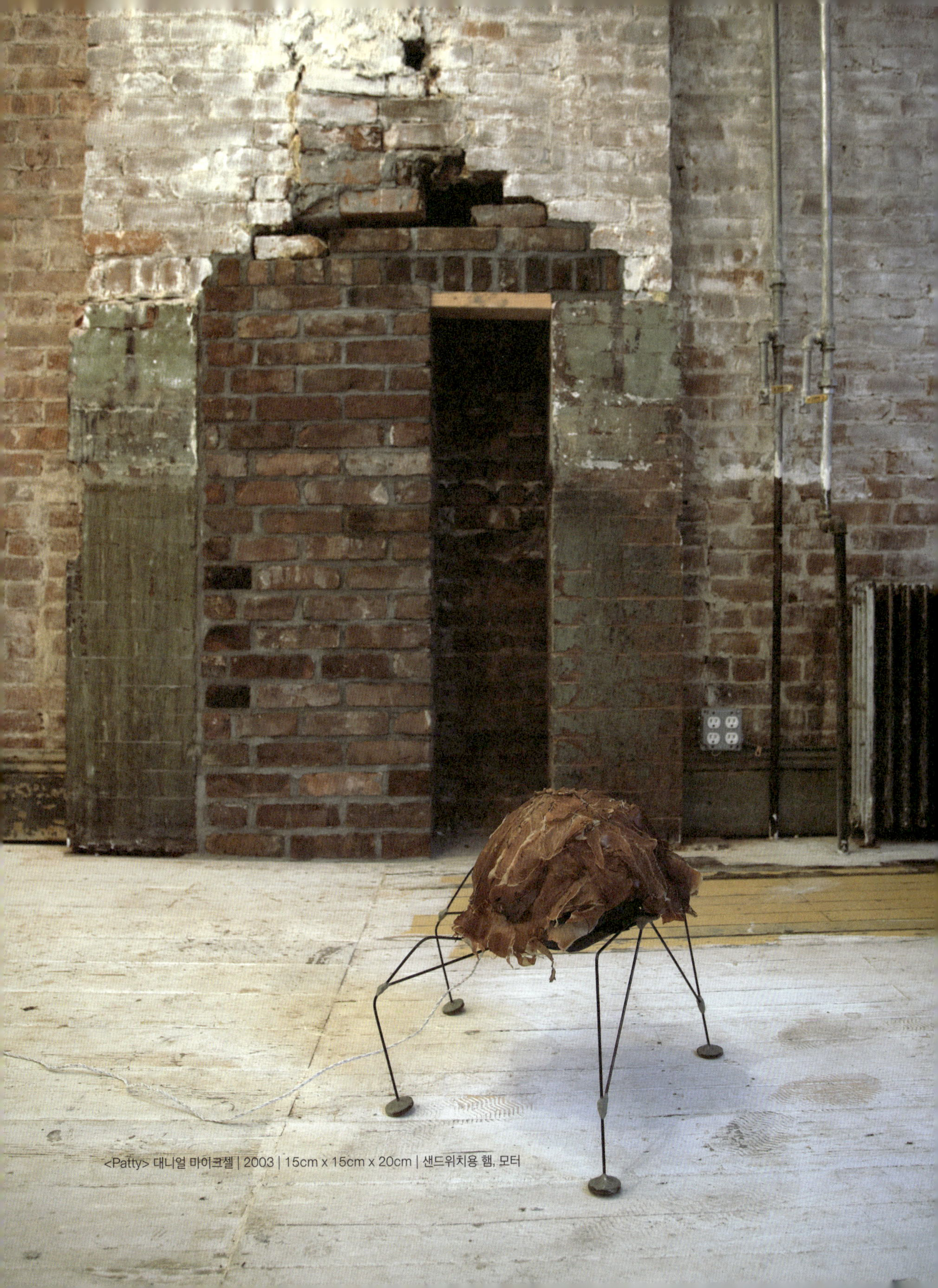

<Patty> 대니얼 마이크셀 | 2003 | 15cm x 15cm x 20cm | 샌드위치용 햄, 모터

02

LED와
한걸음
내딛기

'와우'라는 감탄사가 절로 나오게 하는 스위치
부품을 사용해 반짝반짝 빛나는 LED 공작품
을 만들어보자!

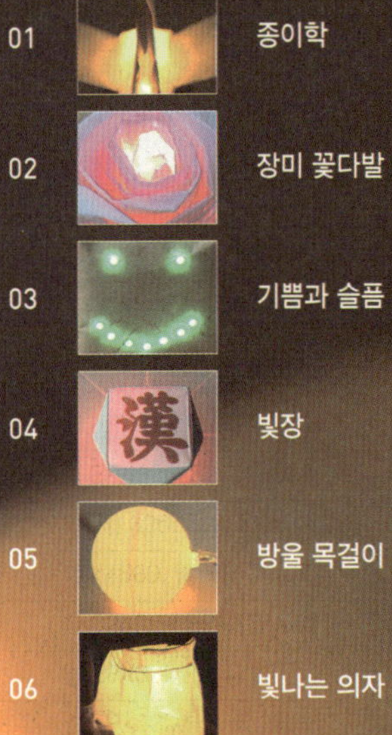

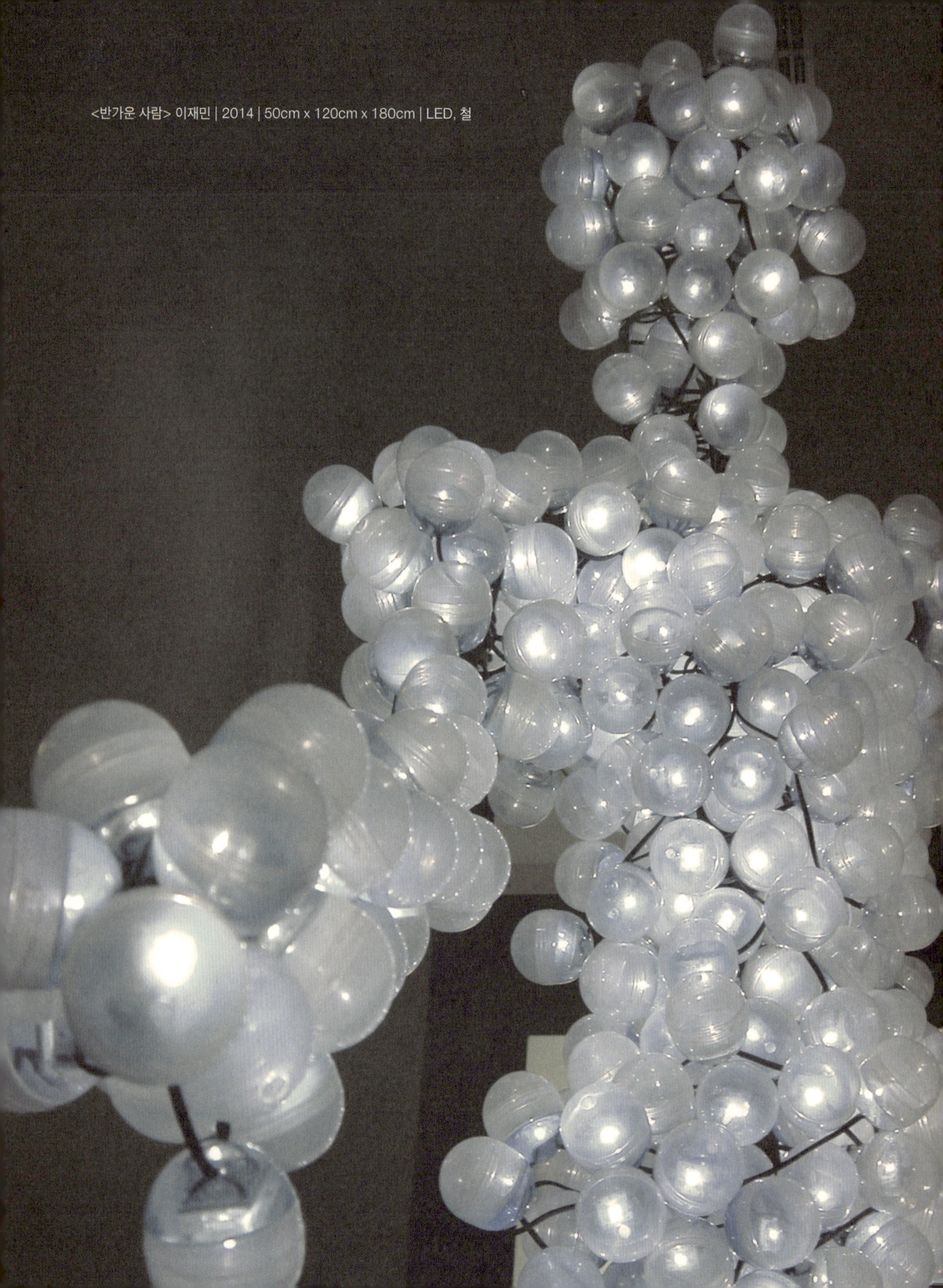

<반가운 사람> 이재민 | 2014 | 50cm x 120cm x 180cm | LED, 철

종이학

난이도　■□□□□
시간　1시간

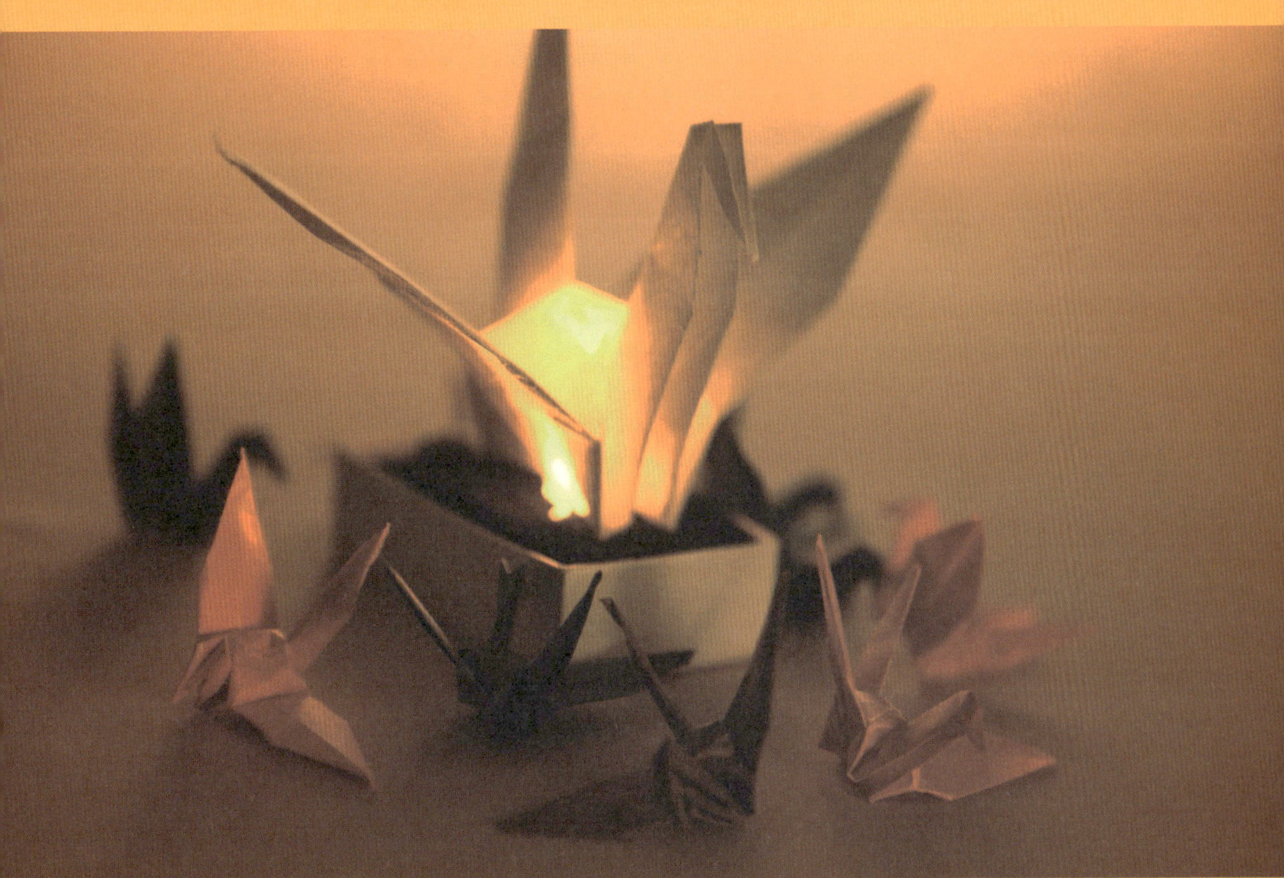

빛을 내는 종이학 조명.

종이학 안에 숨겨진 노란색 LED를 슬라이드 스위치로 켜고 끌 수 있다.

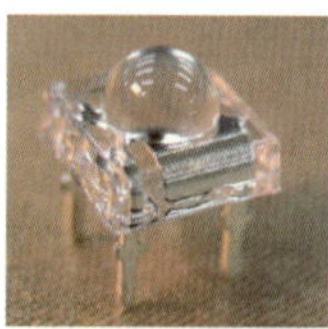

하이퍼플럭스 LED

5파이, 노란색

작동전압 2.2V, 소비전류 50mA

» 온라인 (엘: EPX33HV3, 디: 3622)

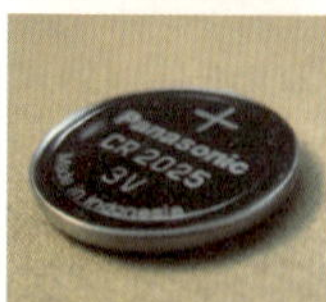

동전형 리튬건전지

전압: 3V

크기: 2025 (지름 20mm, 높이 2.5mm)

» 온라인 (엘: EPX34HFF, 디: 2932)

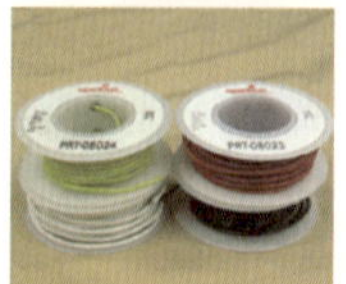

전선(단심선)

빨간색, 검은색

심 굵기: 0.6mm(22AWG)

» 온라인, 청계천 시장

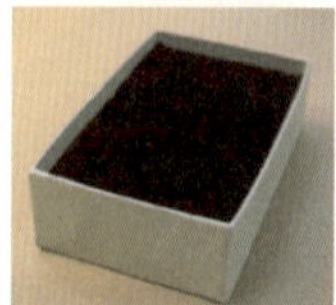

종이 상자 (보석함)

크기: 가로 8cm, 세로 5cm, 높이 2cm

» 문구점

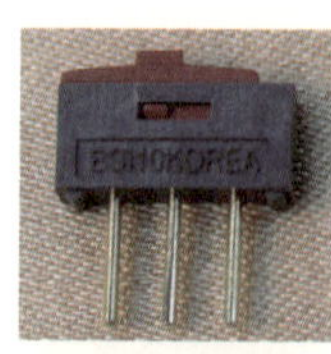

슬라이드 스위치

제조사: YULIM

모델명: ITS-12H

» 온라인 (엘: EPX387W4)

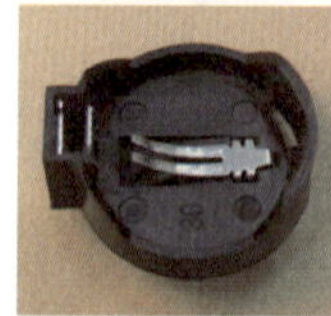

동전형 건전지 홀더

제조사: Meanever

모델명: B66L-2032-DIP

» 온라인 (엘: EPX37WLP, 디: 3133)

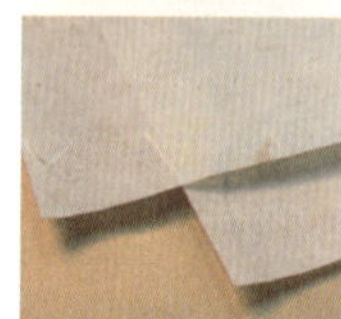

한지

» 화방, 문구점

공구

인두기, 땜납, 납땜 보조기구, 와이어 스트리퍼, 롱노우즈 플라이어,
니퍼, 송곳, 칼, 가위, 자, 글루건, 멀티미터

 **주요 제작단계**

01	02	03	04	05
하이퍼플럭스 LED에 납땜하여 전선 연결하기	동전형 건전지 홀더에 납땜하여 전선 연결하기	슬라이드 스위치 작동 방법 알아보기	부품 위치 고정 및 연결 테스트	종이학 배치

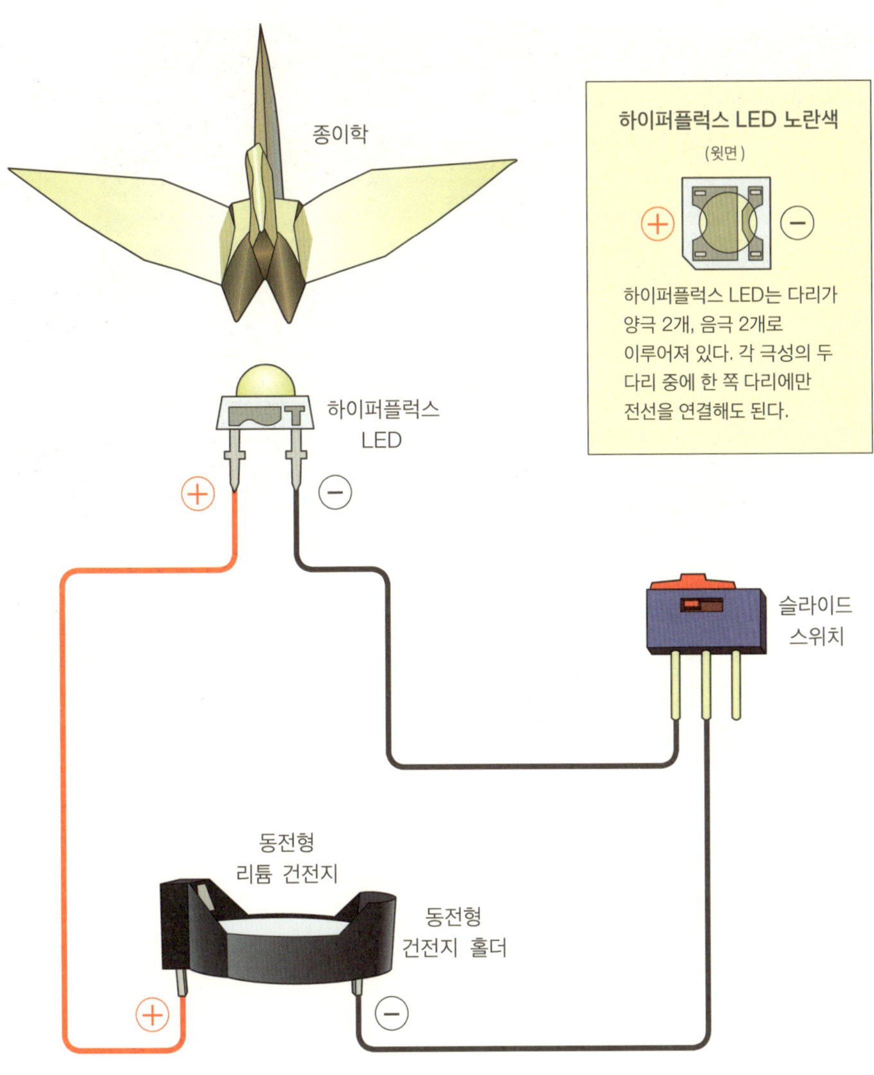
종이학
하이퍼플럭스 LED 노란색
(윗면)
+
−
하이퍼플럭스 LED는 다리가
양극 2개, 음극 2개로
이루어져 있다. 각 극성의 두
다리 중에 한 쪽 다리에만
전선을 연결해도 된다.
하이퍼플럭스
LED
+
−
슬라이드
스위치
동전형
리튬 건전지
동전형
건전지 홀더
+
−

01 하이퍼플럭스 LED에 납땜하여 전선 연결하기

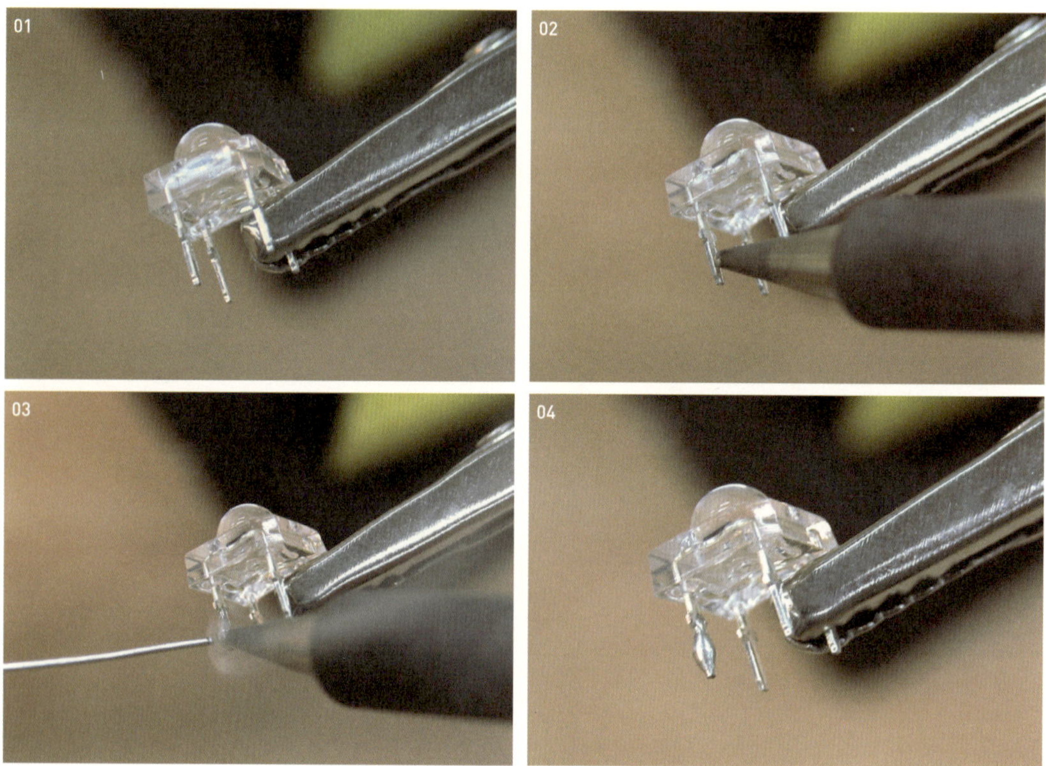

01 LED의 한쪽 다리를 납땜 보조기구 클립에 물려 고정시킨다.

02 전선을 연결할 다리 양극(+)에 인두기 팁을 대고 1초 정도 가열한다.

03 인두기 팁과 LED 다리가 접한 부분에 땜납을 가져다 놓고 1초 정도 녹인다.

04 땜납과 인두기 팁을 LED 다리에서 땐다. LED 다리에 땜납이 조금 묻어 있는 것을 확인
할 수 있다.

TIP 하이퍼플럭스 LED는 색상별로 극성의 위치가 다르기 때문에 전선을 연결할 때 주의한다.

⚠ **납땜 작업 주의사항**
1. 보안경 착용
2. 납땜 작업 후 반드시 인두기 전원을 끈다.
3. 납땜 작업 후 손을 깨끗이 씻는다.

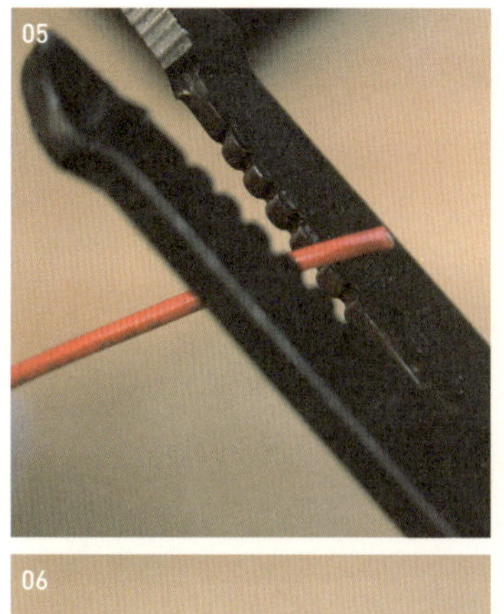
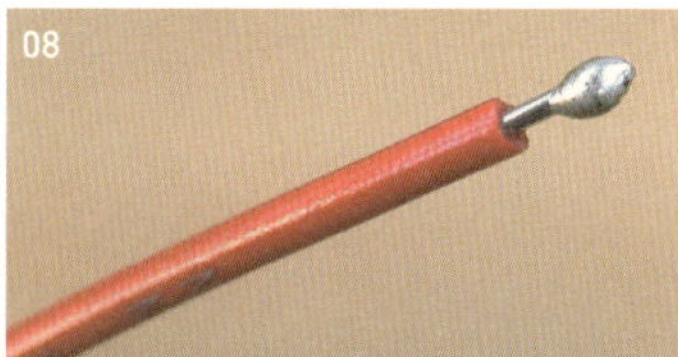
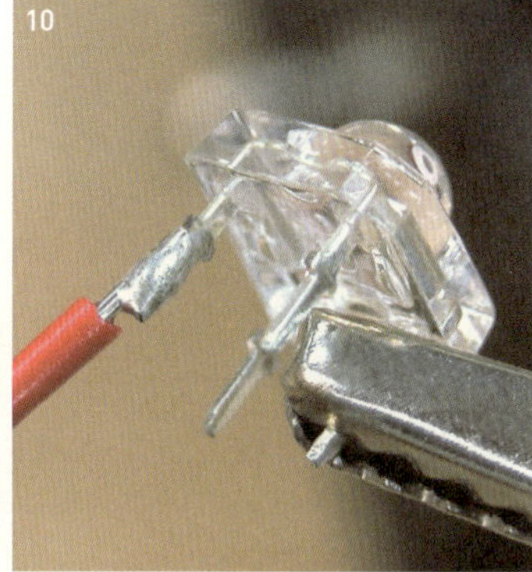
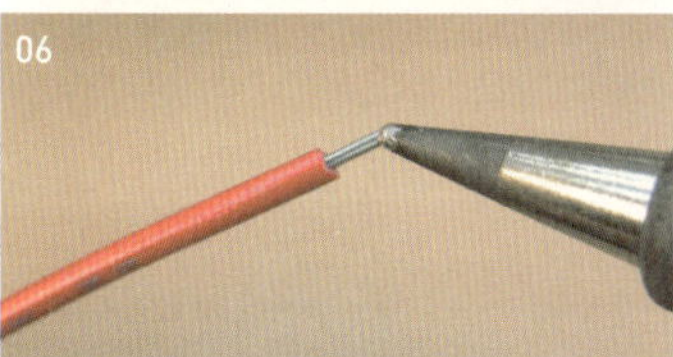
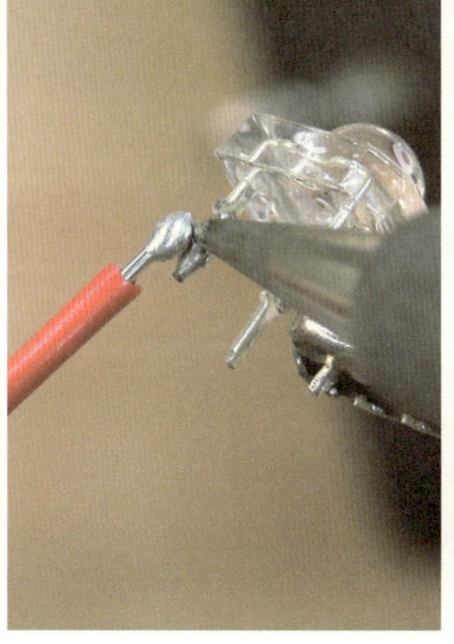
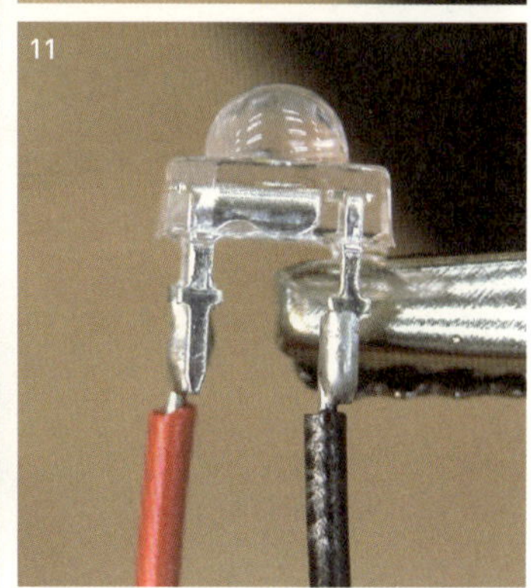

05 와이어 스트리퍼를 이용하여 연결할 빨간색 전선 끝부분의 피복을 벗겨낸다.

06 전선 끝부분에 인두기 팁을 대고 1초 정도 가열한다.

07 전선 끝부분과 인두기 팁이 맞닿은 부분에 땜납을 가져다 놓고 1초 정도 녹인다.

08 전선 끝부분에 땜납이 작은 공 모양으로 묻어 있는 것을 확인할 수 있다.

09 한 손으로 전선을 잡고 연결할 LED 다리 쪽에 가져다 놓는다. 맞닿은 부분에 인두기 팁을 대고 열을 가한다.

10 LED 다리와 전선에 묻어 있는 땜납이 녹으면서 서로 연결된다.

11 다리 음극(-)에도 검은색 전선을 같은 방법으로 연결한다.

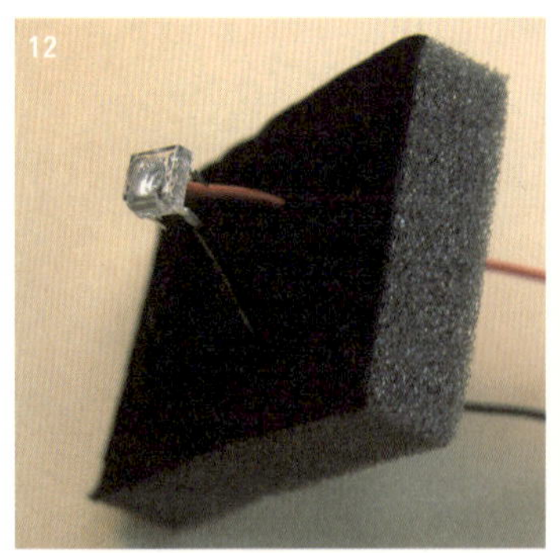

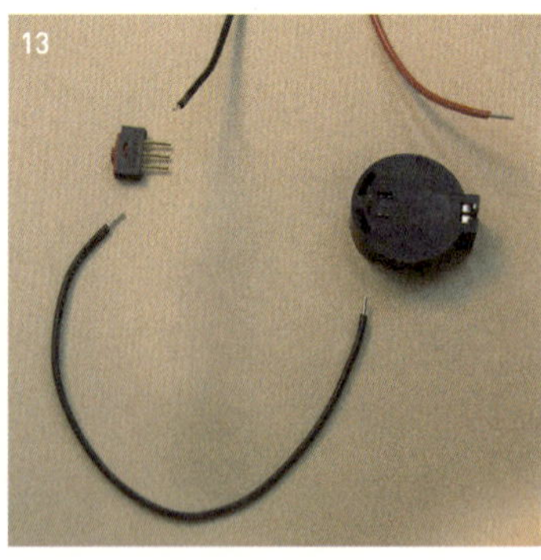

12 LED에 연결된 전선을 스펀지 중간에 나 있는 양쪽 틈새로 통과시킨다.

13 LED와 연결된 빨간색 전선은 건전지 홀더 양극(+)에 바로 연결하고 검은색 전선은 슬라이드 스위치를 거친 후 건전지 홀더 음극(-)으로 연결한다. 스위치와 건전지 홀더 음극(-)을 연결할 검은색 전선 한 가닥을 준비한다.

02 동전형 건전지 홀더에 납땜하여 전선 연결하기

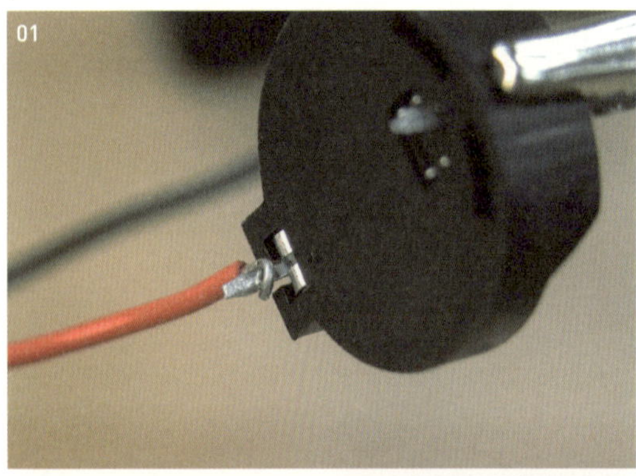

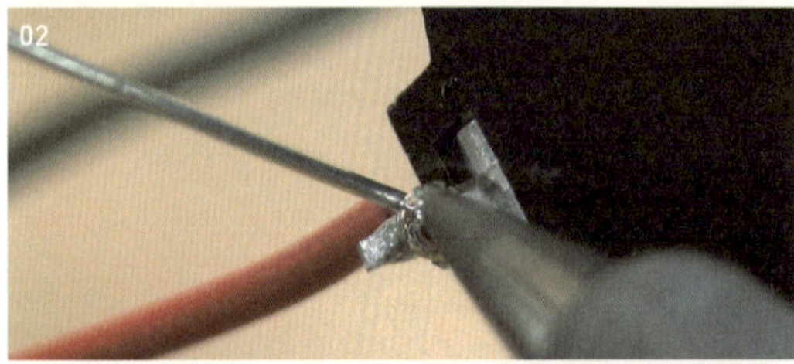

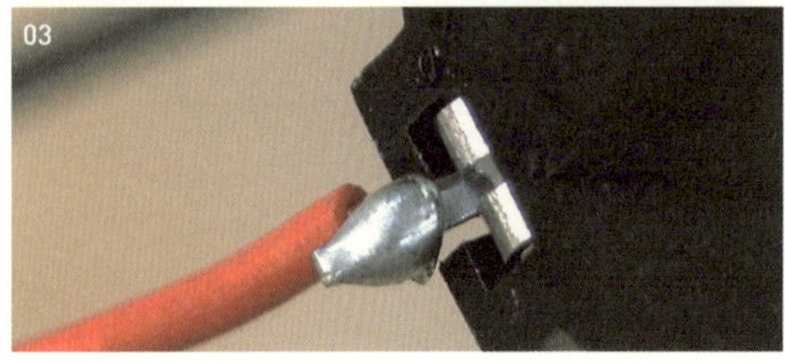

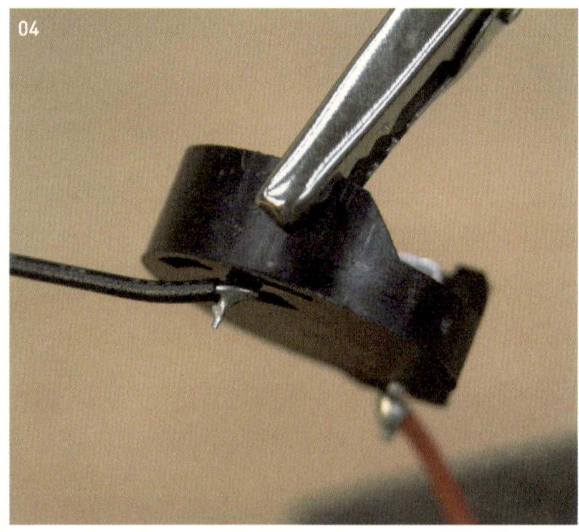

01 LED의 양극(+)에 연결된 빨간색 전선 끝부분을 갈고리 모양으로 구부려 홀더의 양극(+)에 걸친다.

02 인두기 팁을 전선과 홀더 다리 사이에 대고 1초 정도 가열한다. 땜납을 인두기 팁 끝부분에 가져다 놓고 1초 정도 녹인다.

03 땜납이 홀더 다리와 전선 사이 틈새로 녹아 들어가 굳은 것을 확인 할 수 있다.

04 슬라이드 스위치와 연결될 검은색 전선도 같은 방법으로 건전지 홀더 음극(-)에 연결한다.

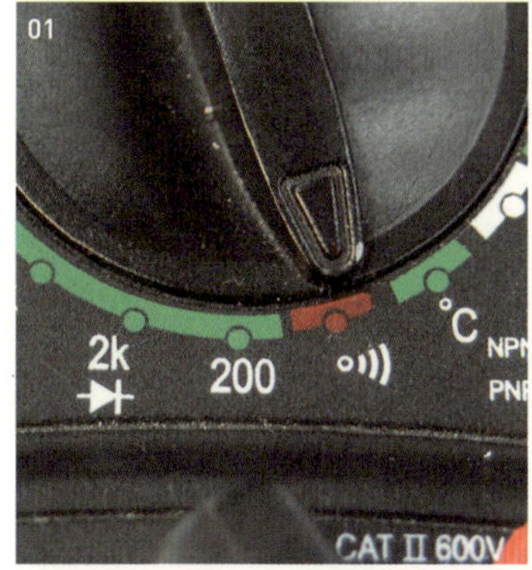

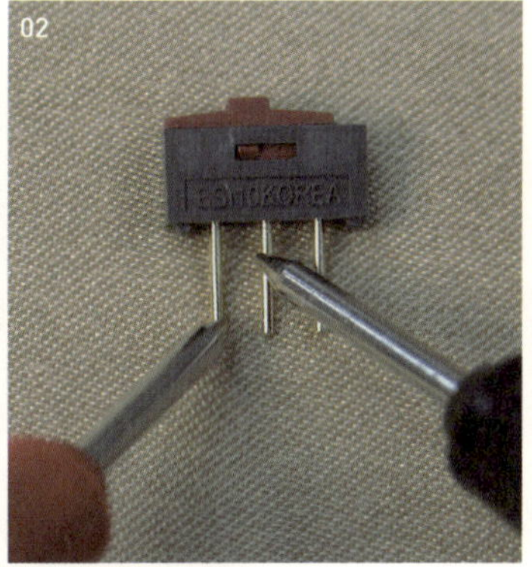

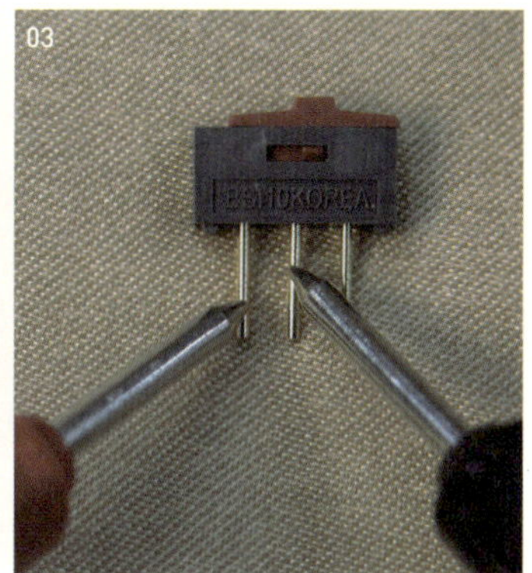

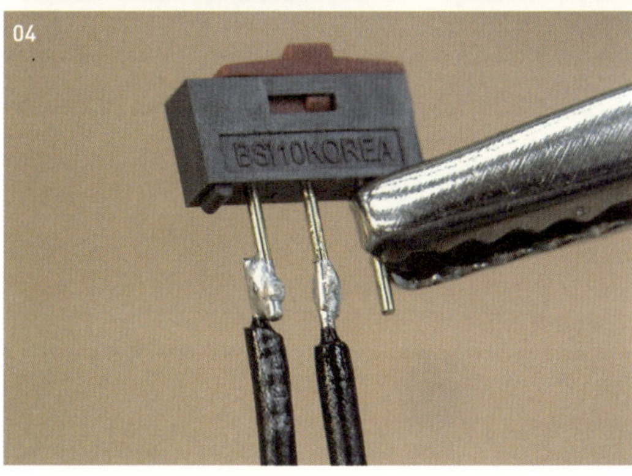

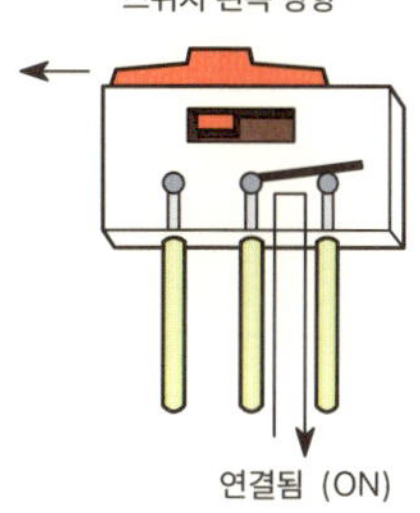

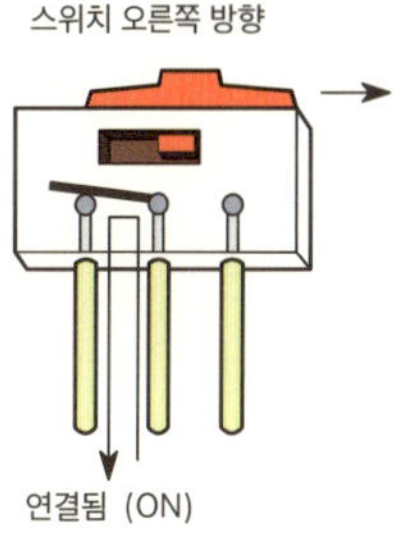

01 슬라이드 스위치의 방향에 따라 스위치의 다리가 어떻게 연결되는지 알아보기 위해 멀티미터의 다이얼을 돌려 그림처럼 전기흐름 테스트 모드에 놓는다.

전기흐름 테스트 모드에서 두 개의 시험막대 사이로 전기가 통하면 '삐' 소리가 난다.

02 슬라이드 스위치의 방향을 왼쪽으로 밀어 놓고 가운데 다리에는 검은색 시험막대를 대고 왼쪽 다리에는 빨간색 시험막대를 댄다. 멀티미터에서 아무런 소리가 나지 않으므로 연결이 끊어져 있음을 알 수 있다.

이 상태에서 빨간색 시험막대를 오른쪽 다리에 대면 멀티미터에서 '삐' 소리가 나며 전기가 통한다는 사실을 알 수 있다.

03 슬라이드 스위치의 방향을 오른쪽으로 밀어 놓고 가운데 다리에는 검은색 시험막대를 대고 왼쪽 다리에는 빨간색 시험막대를 댄다. 멀티미터에서 '삐' 소리를 내면 전기가 통한다는 사실을 알 수 있다.

이 상태에서 빨간색 시험막대를 오른쪽 다리에 대면 멀티미터에서 아무런 소리가 나지 않으므로 연결이 끊어졌음을 알 수 있다.

04 LED의 음극(-)에 연결된 검은색 전선 끝부분을 스위치 가운데 다리에 연결하고 건전지 홀더 음극(-)에 연결된 검은색 전선을 왼쪽 다리에 연결한다.

➡ 납땜 방법은 「하이퍼플럭스 LED에 납땜하여 전선 연결하기」 (80~81쪽) 참고

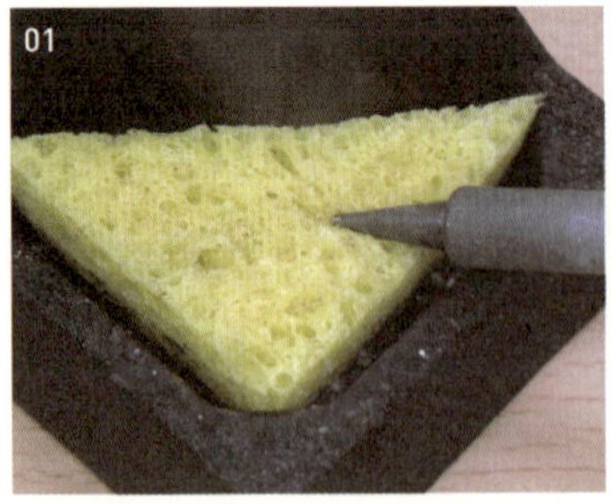 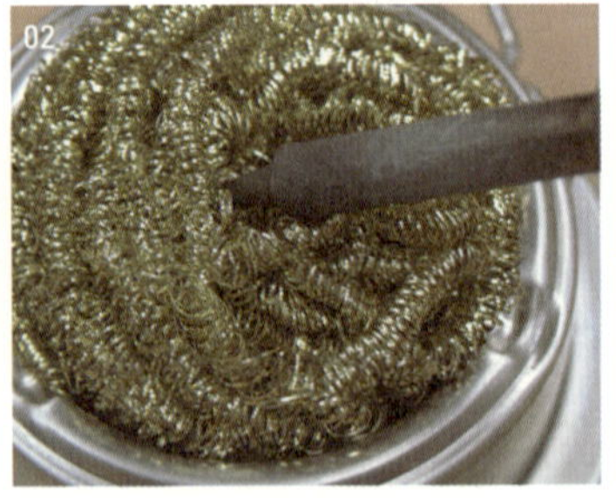 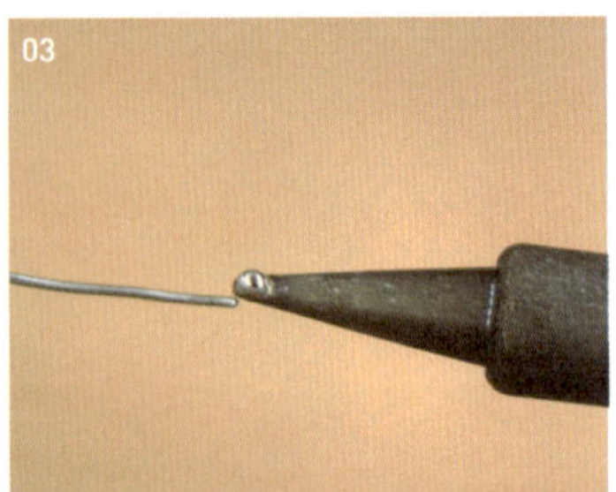

01 납땜 작업의 시작과 끝은 인두팁 부분을 청소하는 일이다. 먼저, 물에 적신 스펀지에 인두팁 끝부분에 묻은 이물질을 스윽스윽 닦아낸다.

02 철 수세미에 인두기를 여러 번 쿡쿡 넣었다 빼며 인두팁 끝부분에 묻은 검은 산화 물질을 제거한다.

03 하얗게 드러난 인두팁 끝부분에 땜납을 녹여 살짝 묻힌다. 인두팁 표면이 검게 산화되는 것을 막아준다. 납땜 작업이 끝나면 항상 이 과정을 거친 후 보관한다.

04   부품 위치 고정 및 연결 테스트

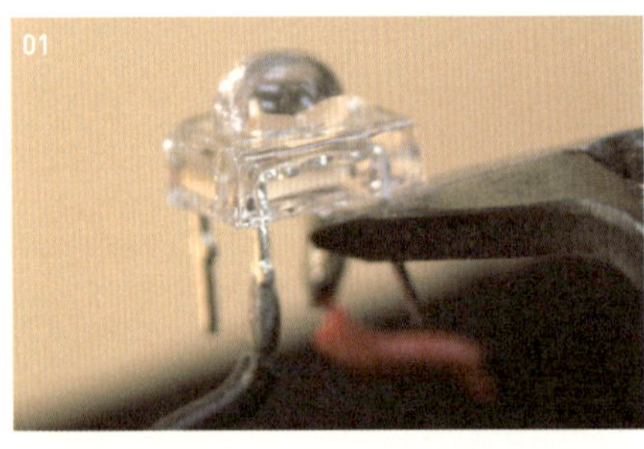

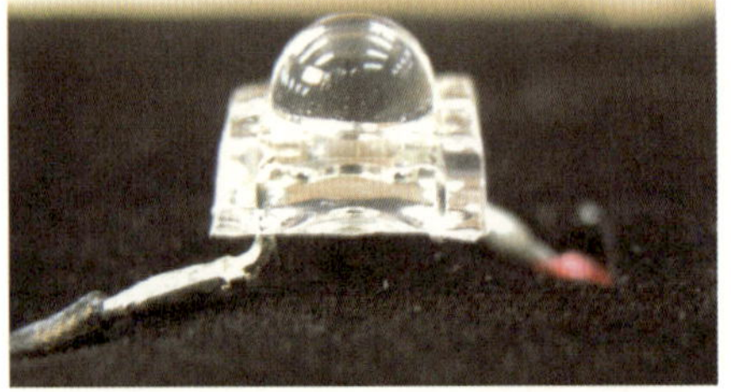

01 LED를 스펀지 표면에 배치하기 위해 나머지 다리를 니퍼로 잘라낸다.

02 전선과 연결된 LED 다리를 롱노우즈 플라이어로 구부리고 그림처럼 스펀지 위에 고정시킨다.

03 건전지 홀더를 스펀지 아랫면에 배치하고 3V 리튬 건전지를 끼운다.

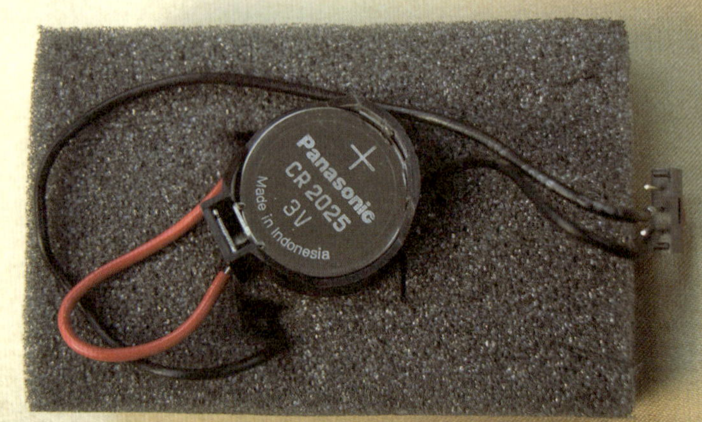

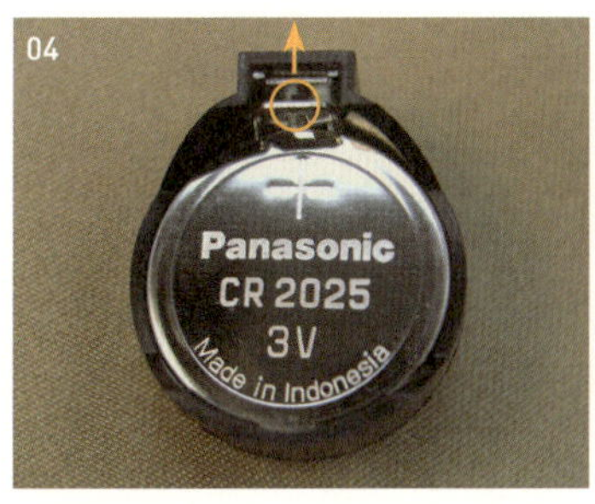
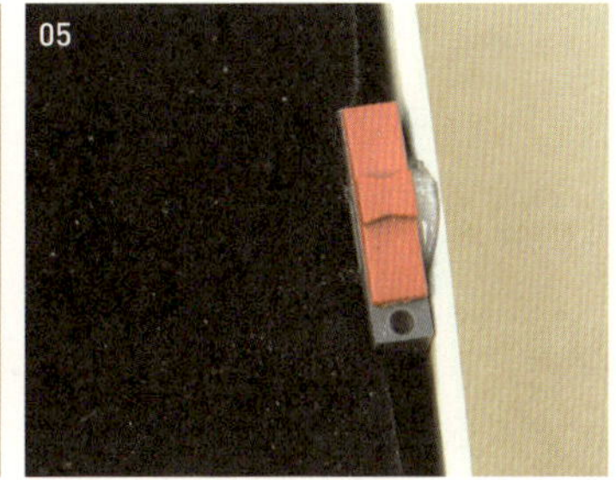
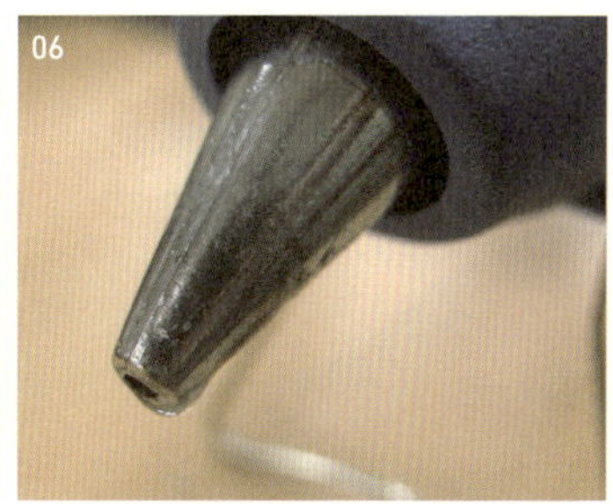

04 엄지손가락으로 그림에 표시된 부분을 화살표 방향으로 밀면 건전지가 빠진다.

05 스펀지를 종이상자에 넣고 스위치를 종이상자 안쪽 면에 글루건을 이용하여 고정한다.

06 **주의:** 글루건을 사용할 때는 글루건 심이 나오는 앞쪽 금속 부분이 굉장히 뜨거워지기 때문에 조심해야 한다. 사용 후에는 반드시 전원을 뽑는다.

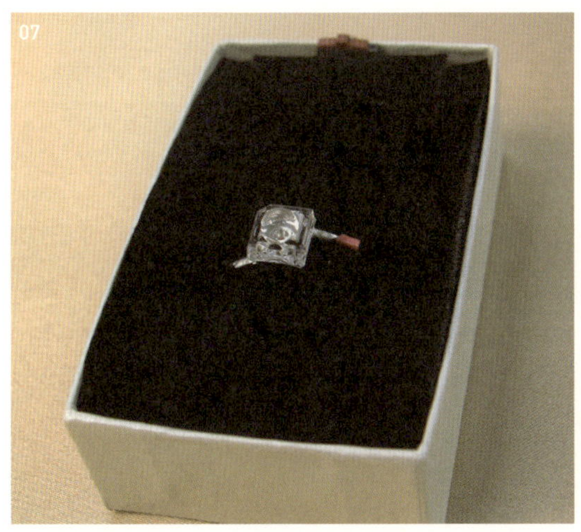
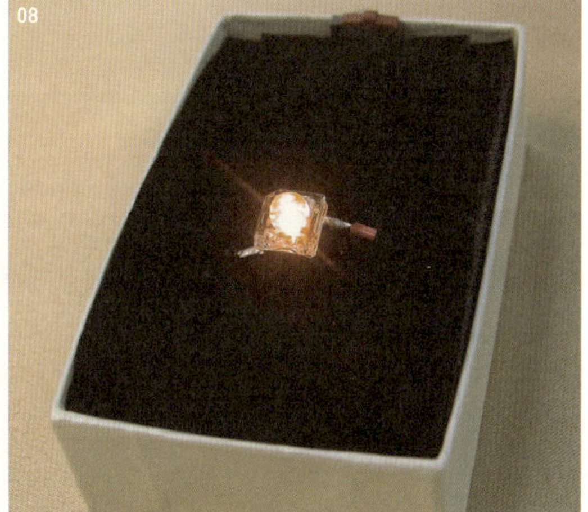

07 스위치의 방향이 왼쪽으로 되어 있어 전원이 꺼진 상태다.

08 스위치의 방향을 오른쪽으로 밀면 LED에 불이 들어온다.

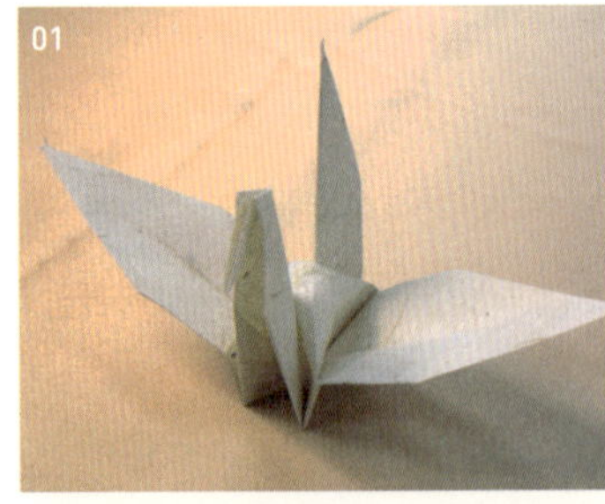

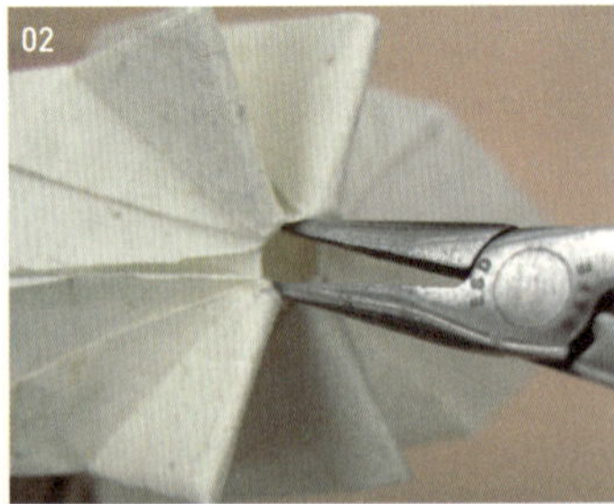

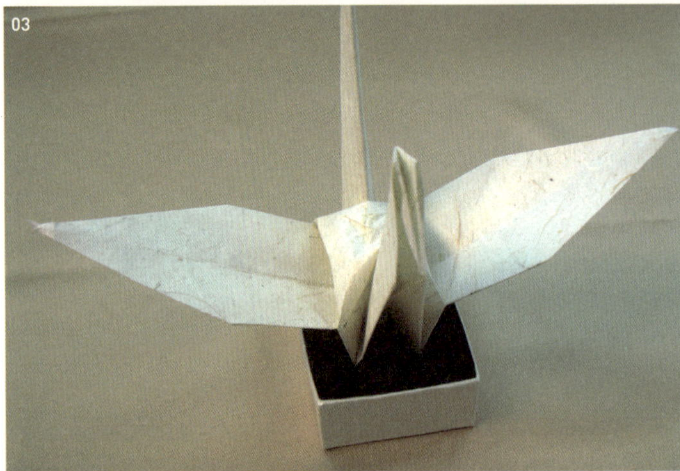

01 한지로 종이학을 접는다.
(가로 20cm, 세로 20cm)

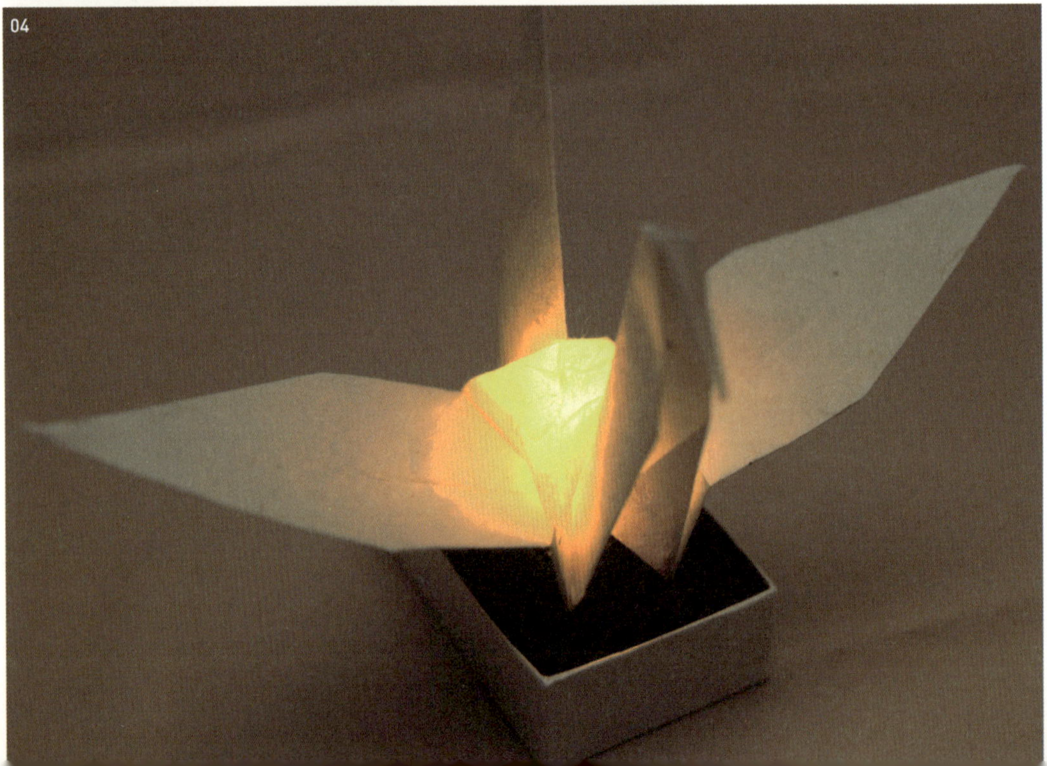

02 종이학 밑 부분에 LED의 투명 렌즈부분이 들어갈 수 있도록 송곳과 플라이어를 이용하여 5mm 정도 구멍을 낸다.

03 종이학 밑 부분을 LED의 투명 렌즈 부분에 맞춘다.

04 스위치를 켜고 종이학 안으로 빛이 잘 들어가는지 확인한다. 빛이 잘 퍼져나가면 글루건으로 종이학을 고정시킨다.

따뜻한 빛

유학 시절을 보냈던 기숙사 맞은편에는 시카고 극장이 있었다. 시카고 극장은 3,700석 규모의 7층 건물이다. 1921년 처음 문을 연 이래로 영화, 연극, 코미디, 마술 쇼, 연설, 음악회 등 다양한 문화 행사를 열어왔다. 건물의 외부에는 유악을 바른 황색 테라코타를 이용했기 때문에 광택이 난다. 전체적으로 우아한 곡선과 화려한 바로크 스타일로 장식되어 있다. 건물 벽면에는 시카고 극장의 명물인 대형 간판이 세로로 길게 설치되어 있으며 건물 입구에는 그날 상영하는 영화 및 공연에 대한 정보를 알려주는 또 다른 대형 간판이 있다. 이 대형 간판은 1994년부터 조금씩 교체되기 시작해 10년이 지난 2004년, 지금의 모습으로 완전히 바뀌었다. 간판 중간에는 흰색 백열전구를 이용하여 네온관 느낌이 나는 글씨체로 C-H-I-C-A-G-O라고 쓰여 있으며 글자 중간에는 시카고 강을 상징하는 Y자 모양의 네온관이 붉은 빛을 내고 있다. 간판의 외곽에는 불투명한 주황색 백열전구가 점선 모양으로 깜빡여서 사람들의 시선을 끌어들인다.

사실 백열전구와 네온관은 수명이 짧고 전기료가 많이 나간다는 단점 때문에 최근에는 거의 사용되지 않는다. 하지만 네온관과 백열전구로 이루어진 간판은 시카고 극장의 역사적 배경 및 고전적인 건물 형태와 아름다운 조화를 이룬다. 특히 추운 겨울 밤 시카고 극장 앞을 지날 때면 백열전구에서 나오는 따뜻한 열기를 통해 정감 있는 아날로그 시대의 향수를 느낄 수 있었다.

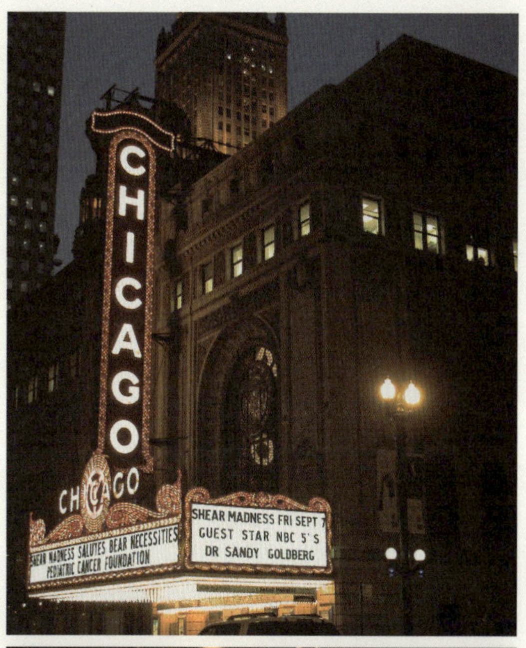

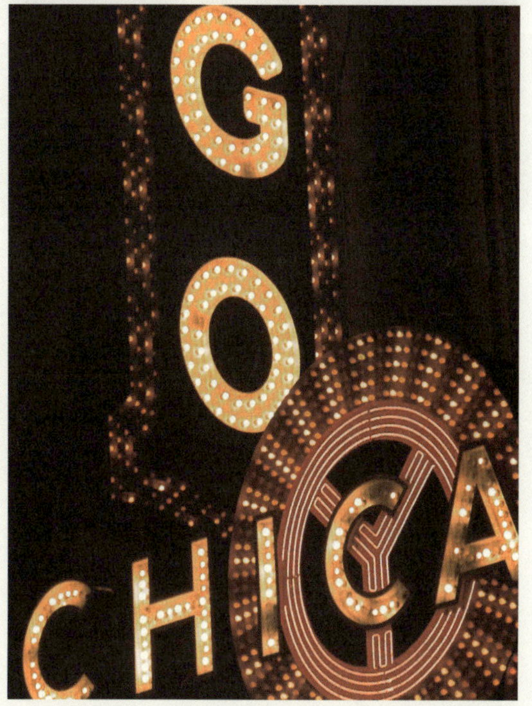

이와는 대조적으로 도시의 밤 거리를 수놓은 간판이 내뿜는 빛은 삭막하고 아무런 감정도 느껴지지 않는다. 간판 조명은 내용이 잘 보이는 것을 우선시하기 때문에 최대한 크고 밝게 만든다. 또한 조명을 올바르게 작동하는 방법은 정해져 있기도 하다. 하지만 보는 사람이 특별한 감정을 느낄 수 있도록 설치 방법을 달리 하여 다양하게 연출할 수 있다.

따뜻한 빛, 재미있는 빛, 행복한 빛, 시끄러운 빛, 노력하는 빛

단순히 빛을 켜는 것이 아니라 빛을 사용하여 어떤 분위기를 연출할 것인지가 중요하다. 우선 빛을 내는 재료에 따라 그 느낌이 많이 달라질 수 있다. 시카고 극장에서 사용했던 백열전구, 네온관 이외에도 형광등, LED, 레이저, 모니터, 빔 프로젝터, 태양빛, 달빛, 촛불, 가스불 등 다양하다. 어떤 형태로 보여 줄 것인지도 생각해보아야 한다. 예를 들어 형광등을 기존의 플라스틱 케이스가 아닌 나무로 만든 케이스에 넣거나 빛을 반사시키는 거울로 빛의 형태를 바꾸는 아이디어도 좋다. 이처럼 빛을 사용하는 목적과 설치하는 장소를 고려하여 자신의 감정을 담아 빛을 사용한다면 보는 이의 눈과 마음을 사로잡을 수 있다.

무표정한 얼굴은 차갑고 감정이 메말라 보인다. 상대방의 말에 미소 지으며 답하고, 함께 웃고, 때로는 같이 눈물을 흘릴 줄 아는 감성이 풍부한 사람은 얼굴빛부터 다르다.

자신의 감정을 빛으로 표현해보자.

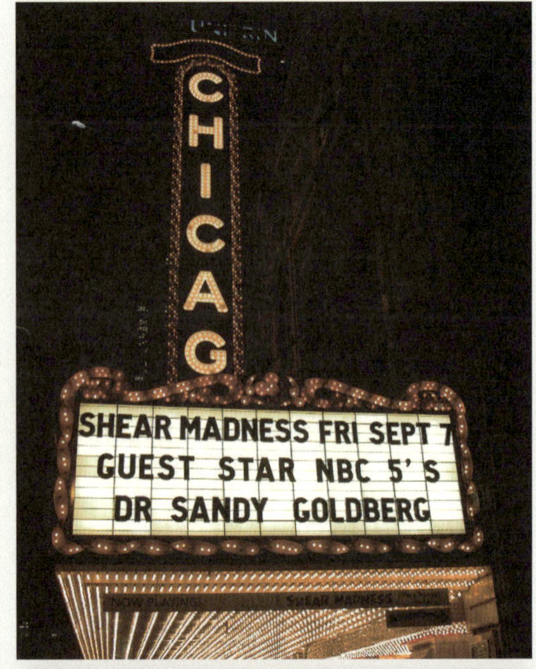

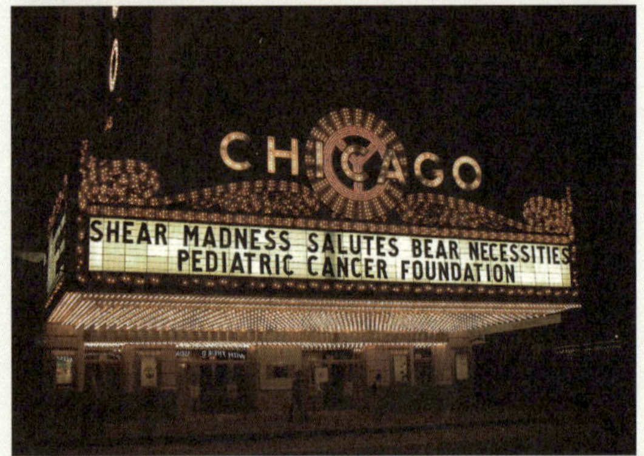

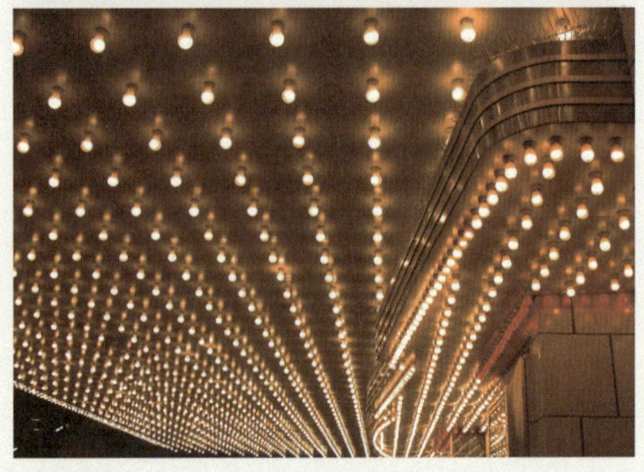

장미 꽃다발

난이도   ■■■□□
시간   2시간 30분

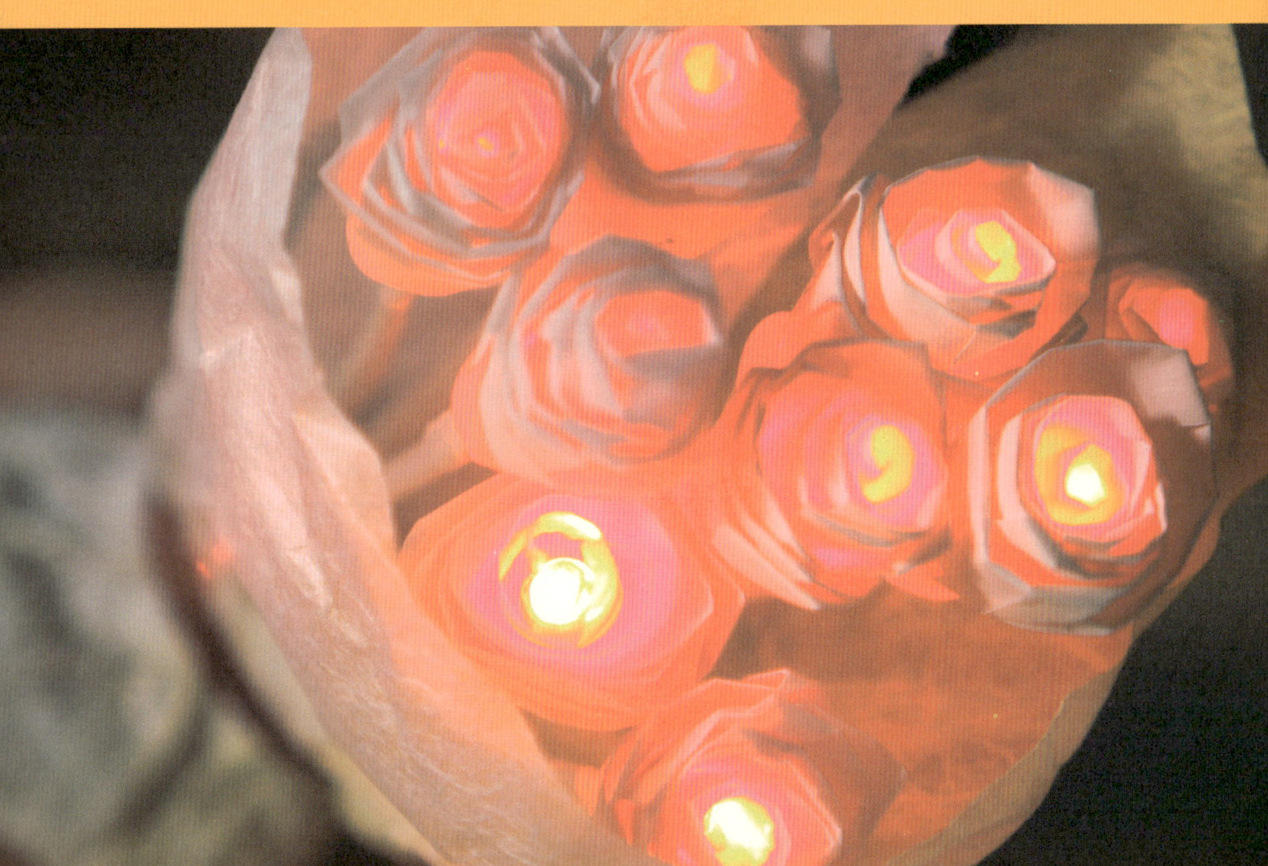

종이로 만든 장미꽃 속에 빨간색 LED를 넣어 만든 붉은 장미 꽃다발. 기울기 스위치를 이용하여
앞으로 30˚ 이상 기울어지면 LED에 불이 켜지도록 만든다.

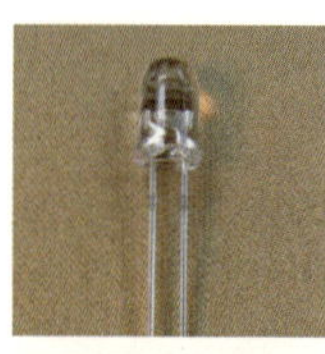

고휘도 투명 LED (9개)
5파이, 빨간색

작동전압: 2.2V, 소비전류: 20mA

» 온라인 (엘: EPX33DPF, 디: 191)

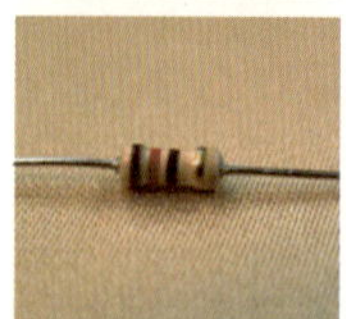

저항 120옴 (3개)
탄소피막 막대저항 1/4W, 5%

» 온라인 (엘: EPX34LPK, 디: 894)

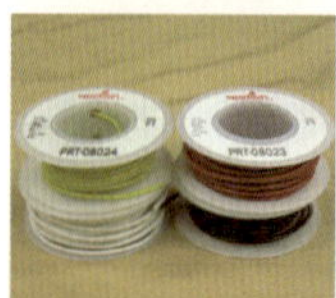

전선(단심선)
빨간색, 검은색

심 굵기: 0.6mm(22AWG)

» 온라인, 청계천 시장

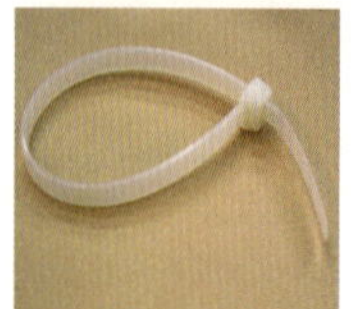

케이블 타이
흰색, 길이: 180mm, 폭: 4.8mm

» 온라인, 청계천 시장

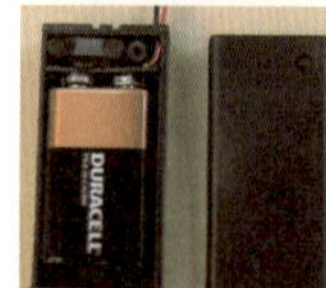

기울기 스위치
제조사: ASSEMTECH

모델명: CW1300-1

» 온라인 (엘: EPX3BP3R)

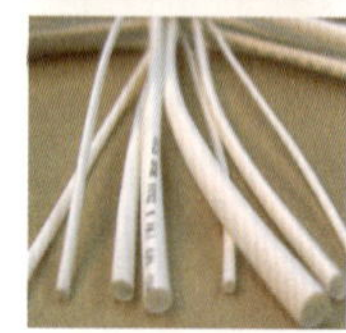

9V 건전지, 건전지 홀더
» 온라인 (엘: EPX68J6Y, IC114: 9V-HOLDER-C)

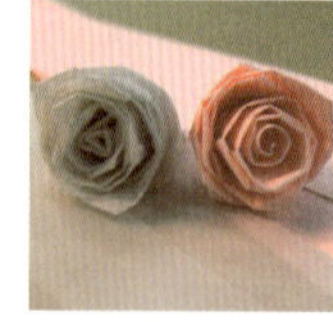

열수축 튜브
흰색, 길이: 1m, 지름: 2mm, 3mm, 4mm

검은색, 길이: 1m, 지름: 2mm, 4mm

빨간색, 길이: 1m, 지름: 4mm

» 온라인, 청계천 시장

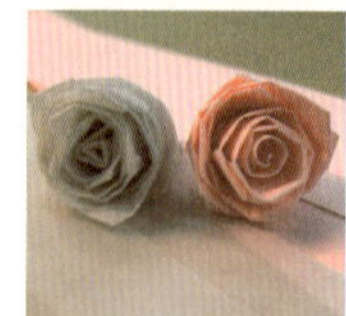

트레싱 지(반투명 종이), 핑크색 얇은 종이
» 화방, 문구점

공구
인두기, 땜납, 납땜 보조기구, 와이어 스트리퍼, 롱노우즈 플라이어,
니퍼, 송곳, 칼, 가위, 자, 풀, 글루건, 멀티미터, 열풍기

⚙️ **주요 제작단계**

01	02	03	04	05	06
장미꽃 종이 접기	고휘도 LED에 납땜하여 전선 연결하기	장미꽃 3송이를 직렬로 연결하기	기울기 스위치 작동 방법 알아보기	9V 건전지 홀더에 건전지 넣기	건전지 홀더와 연결하고 작동테스트 하기

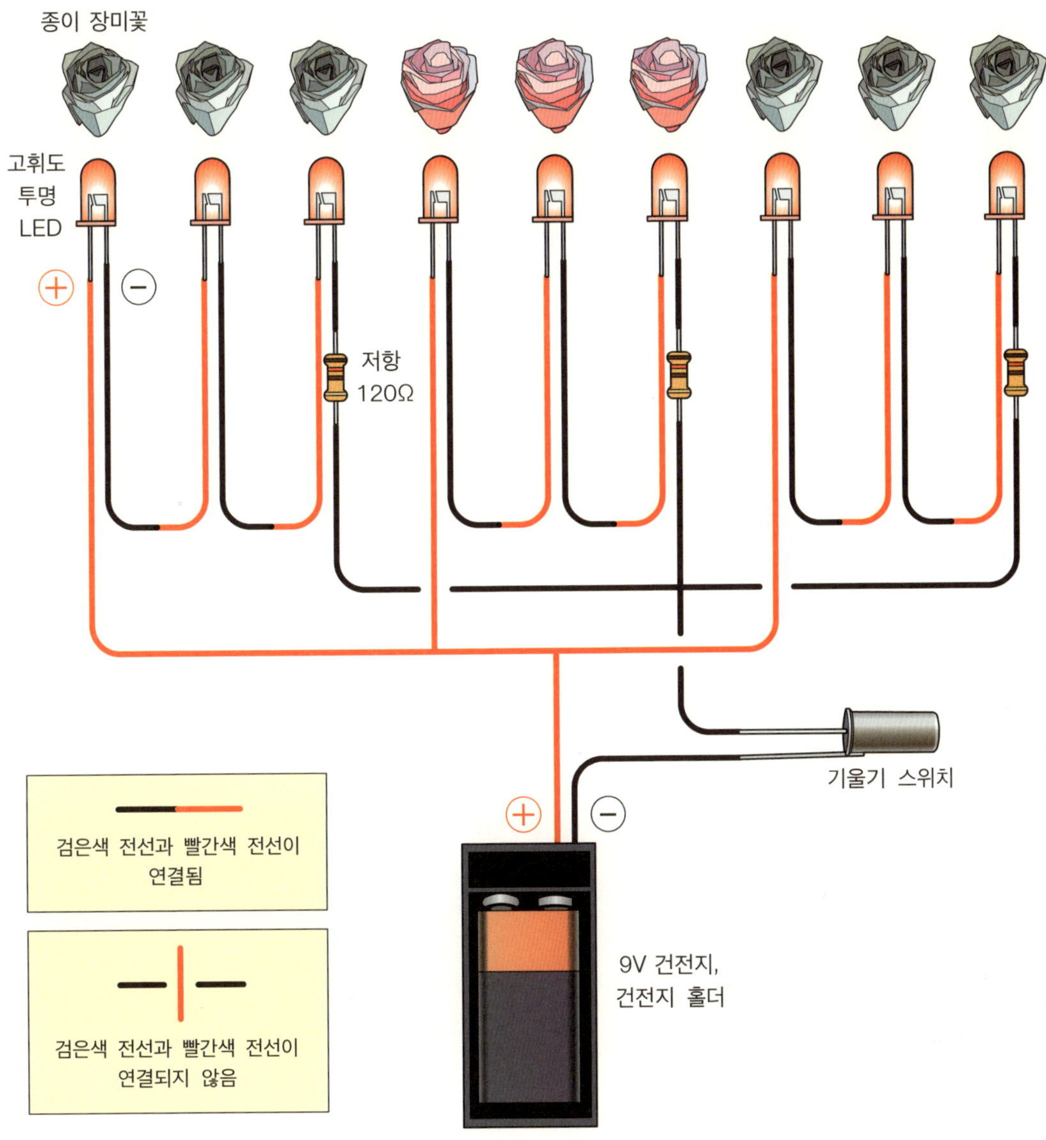
종이 장미꽃
고휘도
투명
LED
+
−
저항
120Ω
검은색 전선과 빨간색 전선이
연결됨
검은색 전선과 빨간색 전선이
연결되지 않음
기울기 스위치
+
−
9V 건전지,
건전지 홀더

01 장미꽃 종이 접기

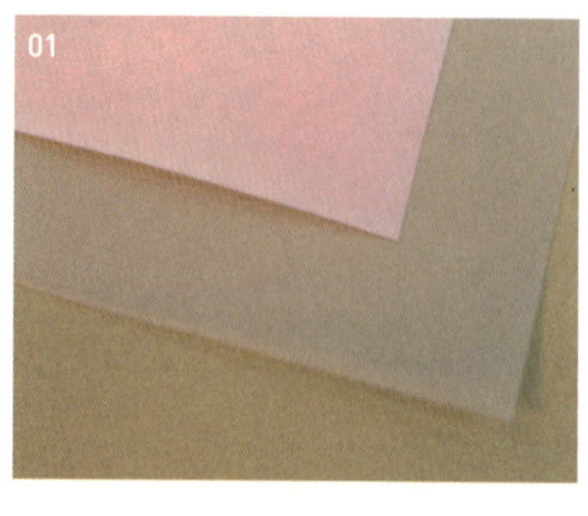

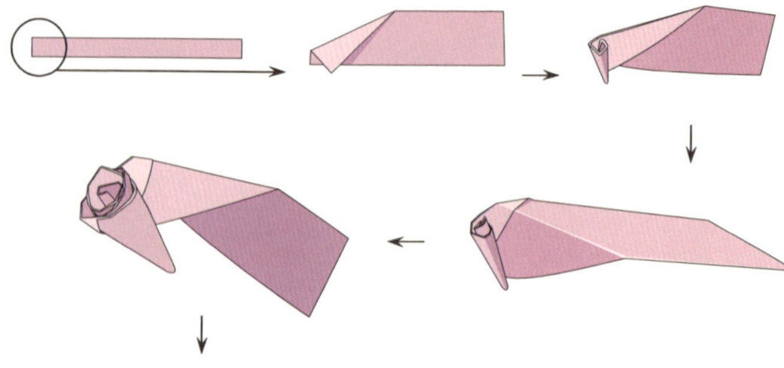

01 트레싱지와 얇은 핑크색 종이를 이용하여 장미꽃
9송이를 만들어보자.

1. 종이를 가로 30cm, 세로 3cm 크기의 띠 모양으로 자른다.
2. 끝부분을 삼각형 모양으로 접어준다.
3. 안쪽으로 조금씩 말아준다.
4. 삼각형의 끝부분에서 종이를 뒤로 접어 또 다른 삼각형 모양을
   만든다.
5. 다시 안쪽으로 말아준다.
6. 4번과 5번 과정을 반복하며 계속 말아준다.
7. 끝부분은 틈새에 끼워 풀리지 않게 마무리한다.
   TIP 중간, 중간에 풀칠하면서 말면 잘 풀리지 않는다.

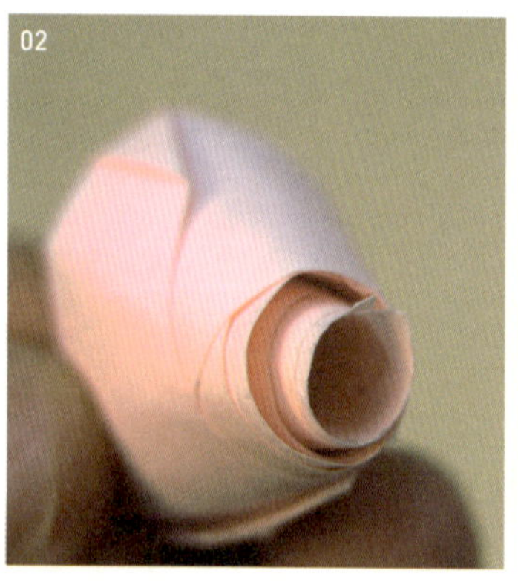

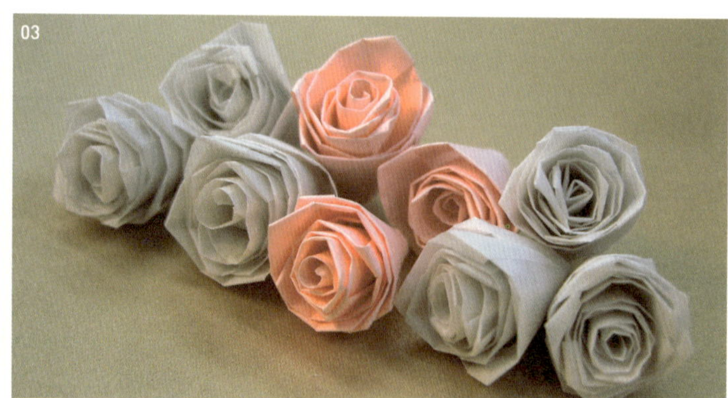

02 장미꽃 밑부분은 5파이 LED가 끼워질 수 있도록 넓혀 준다.

03 흰색 장미꽃 6송이, 핑크 색 장미꽃 3송이를 준비한다.

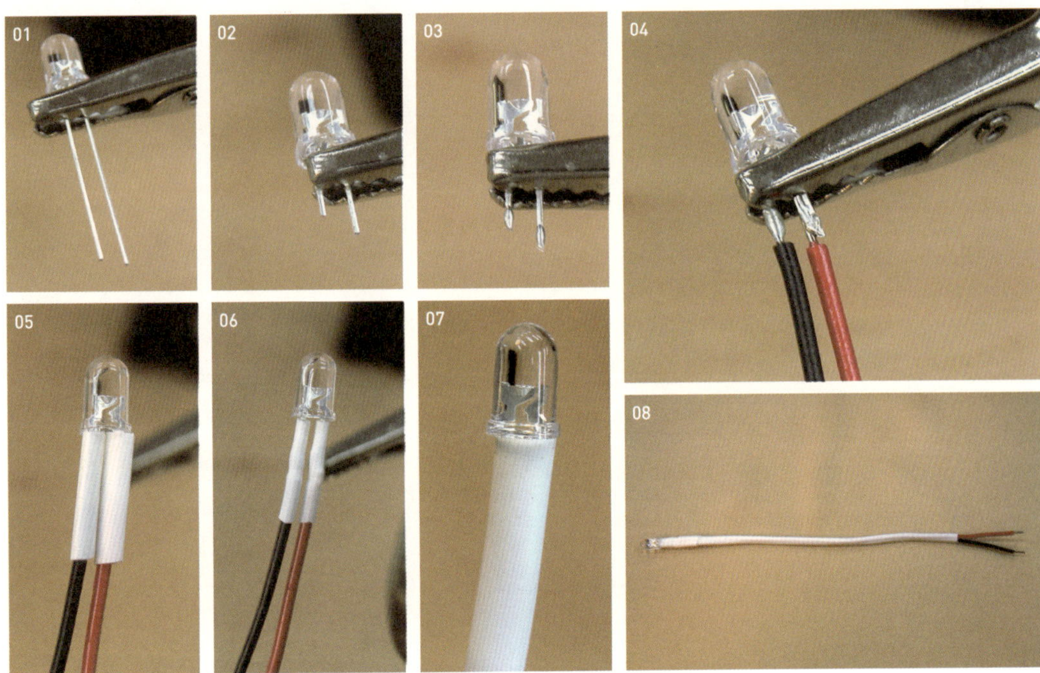

01 고휘도 LED를 납땜 보조기구 클립에 물려 고정한다.

02 니퍼로 다리 길이를 짧게 절단한다. LED의 극성 방향을 혼동하지 않게 다리 양극(+)을 조금 길게 남겨둔다.

03 양쪽 다리에 땜납을 녹여 조금씩 묻힌다.

04 LED의 다리 양극(+)에는 빨간색 전선을 다리 음극(-)에는 검은색 전선을 연결한다.

05 LED에 연결된 두 전선이 서로 합선되지 않게 열수축 튜브(지름 2mm)를 잘라 납땜한 부분에 끼운다.
　➡ 납땜 방법은 「하이퍼플럭스 LED에 납땜하여 전선 연결하기」(80~81쪽) 참고

06 열풍기로 뜨거운 바람을 불어 주면 열수축 튜브가 쪼그라들면서 전선에 밀착된다.

07 열수축 튜브(지름 4mm)를 길게 잘라 두 전선에 끼운다.

08 열풍기로 뜨거운 바람을 불어 두 전선을 장미꽃 한 줄기로 만든다.

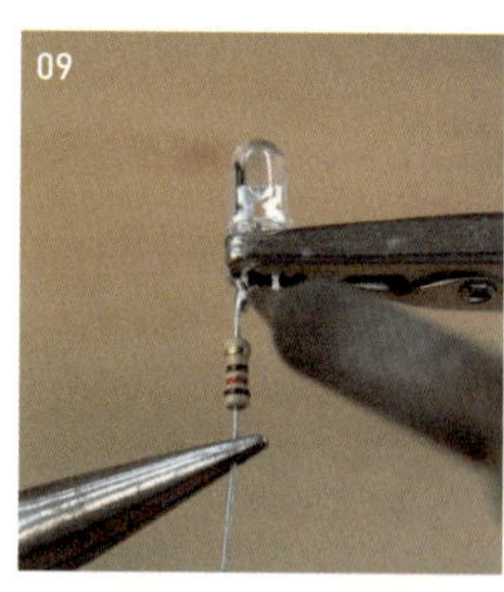 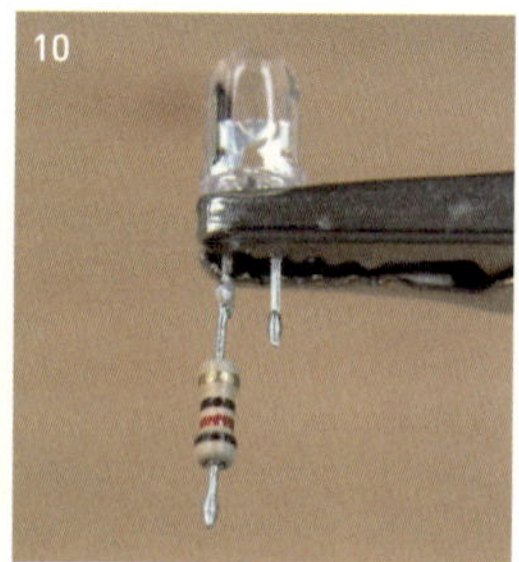 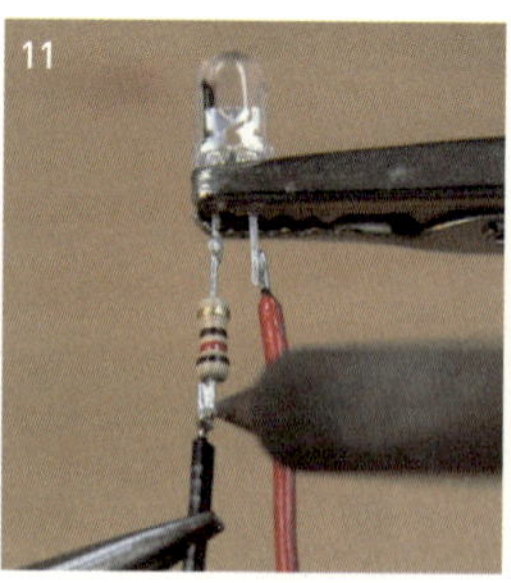 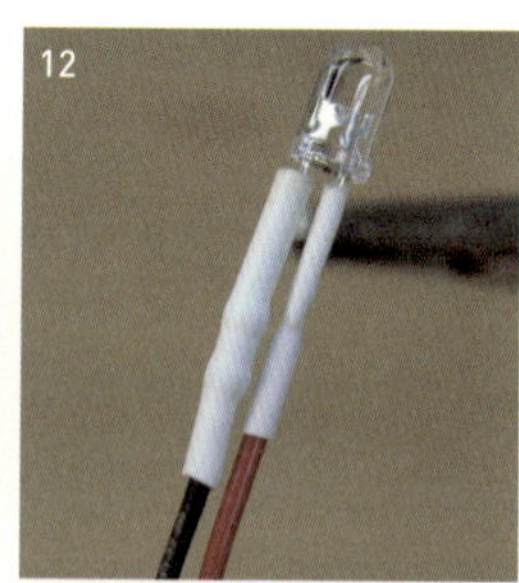

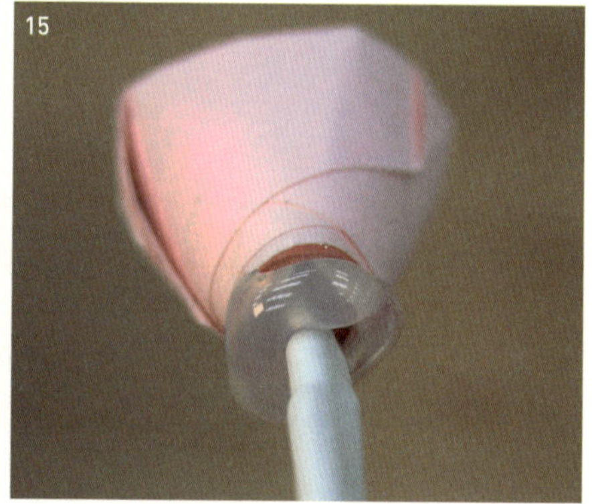

09 장미꽃 3송이가 한 조를 이루고 각 조 마지막 LED의 다리 음극(-)에 저항 120옴을 연결해준다.

10 저항 다리를 니퍼로 짧게 자르고 LED의 다리 음극(-)에 납땜하여 연결하고 검은색 전선을 연결하기 위해 저항 다리 부분에 땜납을 조금 녹여 묻혀 놓는다.

11 검은색 전선을 저항 다리에 납땜하여 연결하고 빨간색 전선은 LED의 양극(+)에 연결한다.

12 저항과 전선이 서로 합선되지 않게 저항에는 지름 3mm 열수축 튜브를, 빨간색 전선에는 지름 2mm 열수축 튜브를 끼우고 열풍기로 수축시킨다.

13 열수축 튜브(지름 4mm)를 길게 잘라 두 전선에 끼우고 한 줄기로 만들어준다.

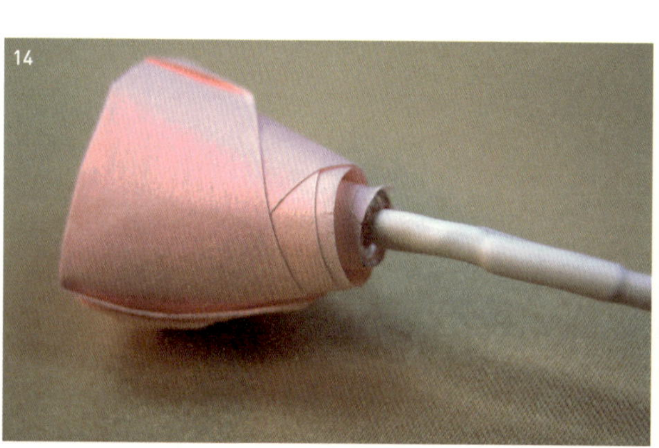

14 전선을 연결시킨 LED를 장미꽃 밑부분에 끼운다.

15 LED를 끼우고 글루건으로 장미꽃과 줄기를 고정시킨다.

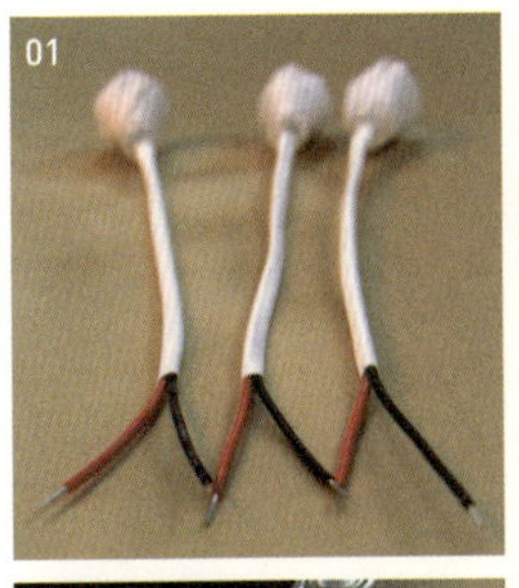
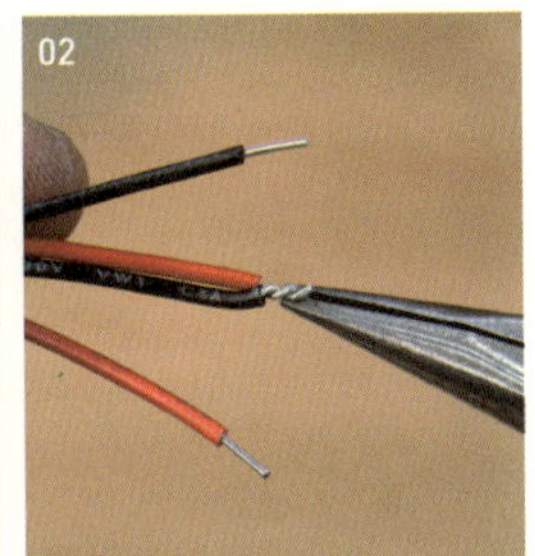
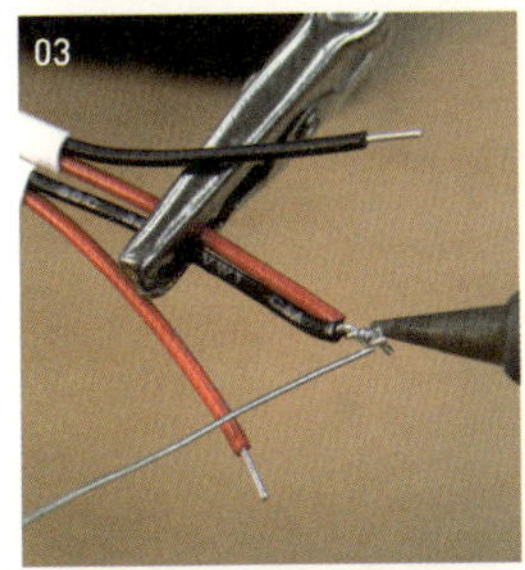
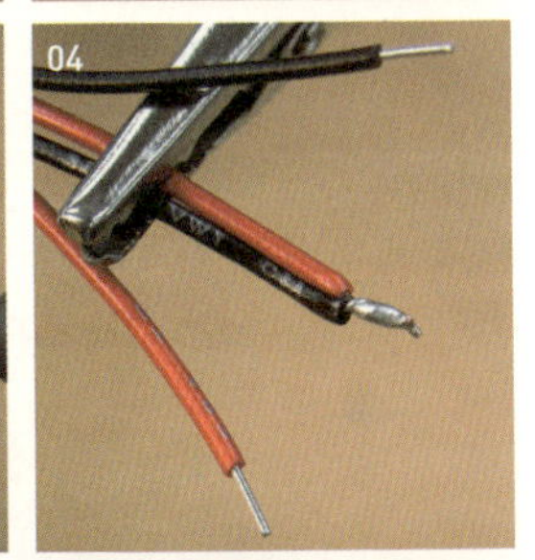
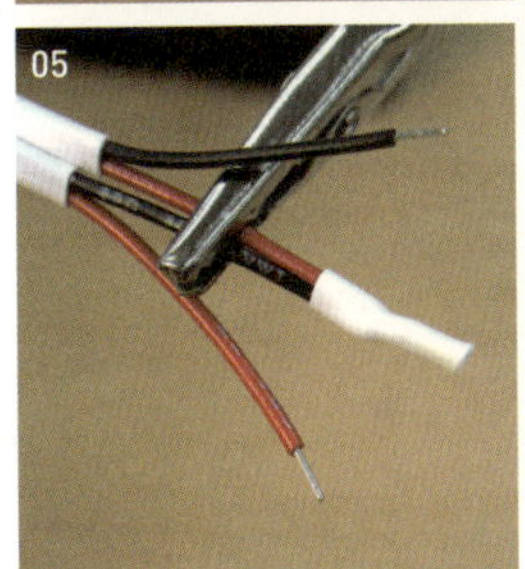
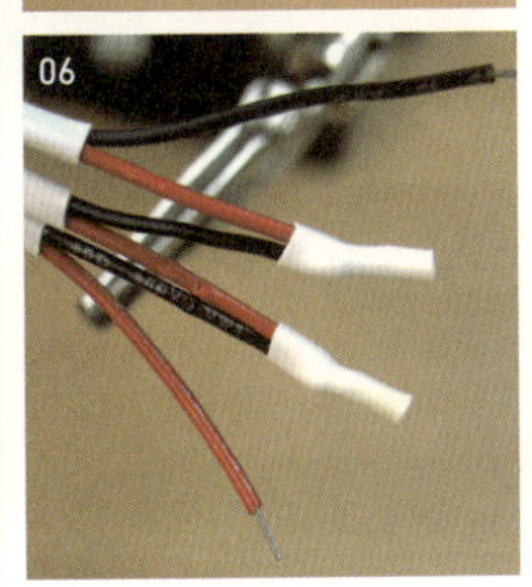

01 장미꽃 3송이를 한 조로 직렬연결한다. 저항 120옴이 달려있지 않은 장미꽃 2송이를 먼저 연결하고 마지막에 저항이 달린 장미꽃을 연결한다.

02 첫 번째 장미꽃 음극(-) 전선과 두 번째 장미꽃 양극(+) 전선의 피복을 벗기고 롱노우즈 플라이어를 이용하여 서로 꼬아준다.

03 인두팁을 꼬아진 전선에 대고 1초 정도 가열한 후 땜납을 인두팁과 전선이 닿은 부분에 대고 1초 정도 녹인다.

04 땜납이 녹으면서 꼬아진 전선 틈새로 스며들어가 굳는 것을 확인할 수 있다.

05 열수축 튜브로 납땜한 부분을 절연시킨다.

06 두 번째 장미꽃 음극(-) 전선과 저항이 달려있는 세 번째 장미꽃 양극(+) 전선을 같은 방법으로 연결한다.

07 직렬로 연결시킨 장미꽃 3송이를 1조로 해서 그림처럼 3조를 만들고 3조는 병렬로 연결한다. 각 조의 양극(+) 전선끼리 하나로 연결하고 각 조의 음극(-) 전선끼리 하나로 연결한다.

08 병렬로 연결된 3조의 양극(+) 전선은 9V 건전지 홀더의 빨간색 전선과 바로 연결하고 3조의 음극(-) 전선은 기울기 스위치의 한쪽 다리와 연결한다. 건전지 홀더의 음극(-) 검은색 전선은 스위치의 나머지 한쪽 다리에 연결한다.

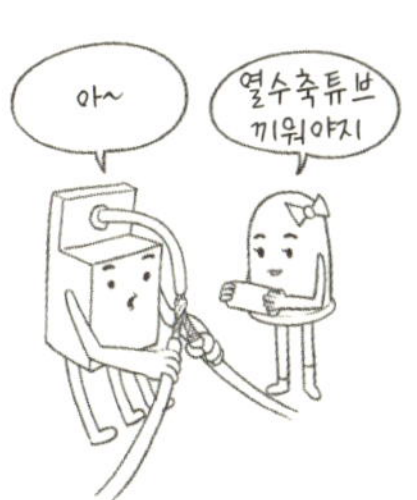

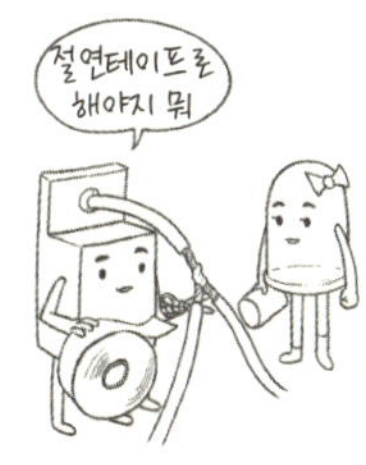

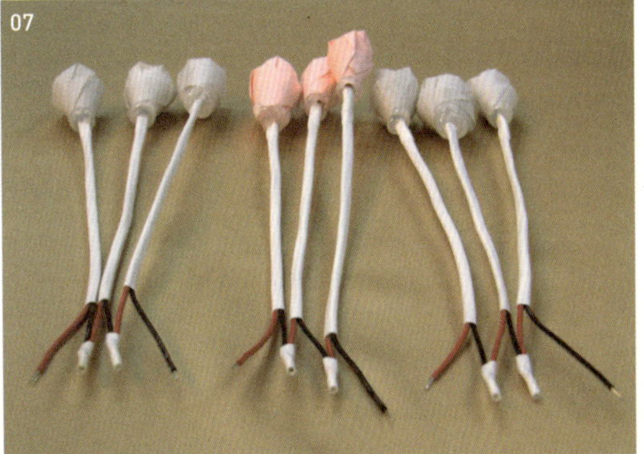

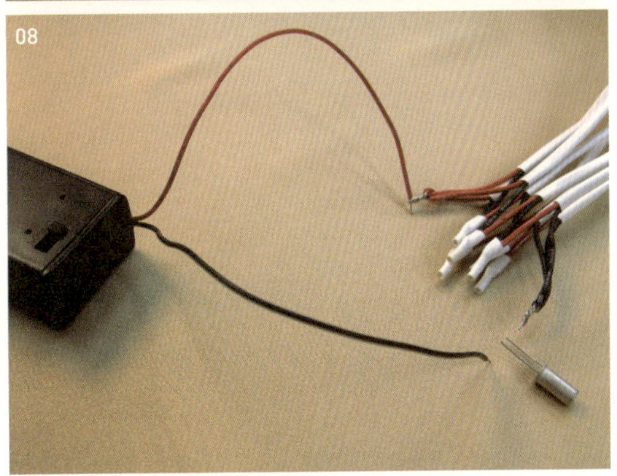

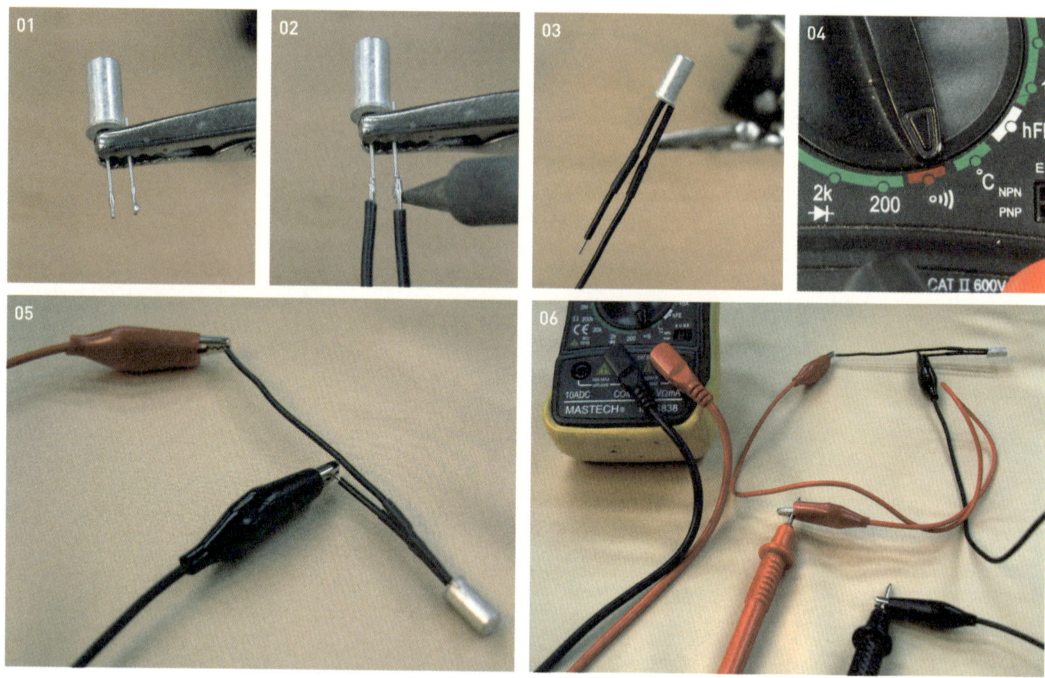

01 기울기 스위치에 전선을 연결하기 위해 양쪽 다리에 땜납을 조금씩 녹여 묻힌다.

02 스위치의 한쪽은 병렬로 연결된 3조의 음극(-)과 연결되고 다른 한쪽은 건전지 홀더의 음극(-)과 연결되기 때문에 양쪽 다리를 검은색 전선으로 연결한다.

03 검은색 열수축 튜브로 납땜한 부분을 절연시킨다.

04 기울기 스위치가 어느 정도로 기울었을 때 스위치의 두 다리가 연결되는지 알아보기 위해 멀티미터의 다이얼을 전기흐름 테스트 모드에 놓는다.

05 악어클립 한쪽을 각 다리의 피복이 벗겨진 전선 끝부분에 물린다.

06 다른 쪽 클립을 멀티미터의 시험막대에 물린다.

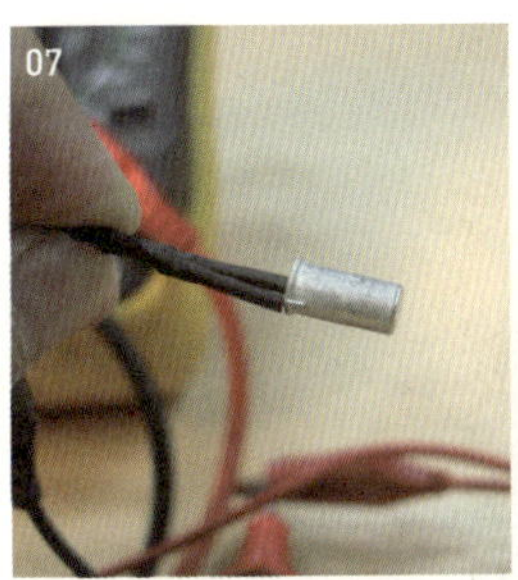 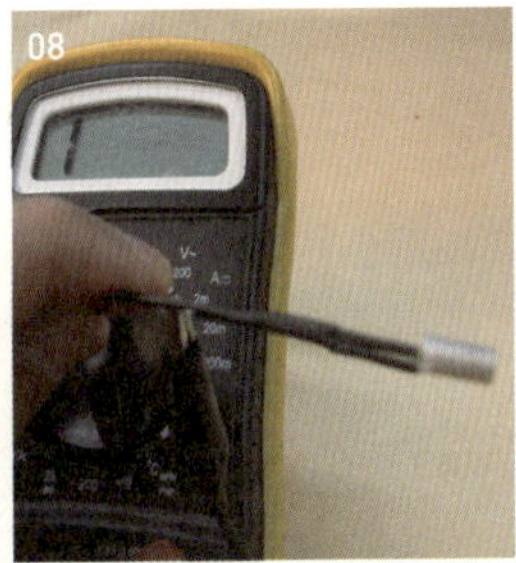 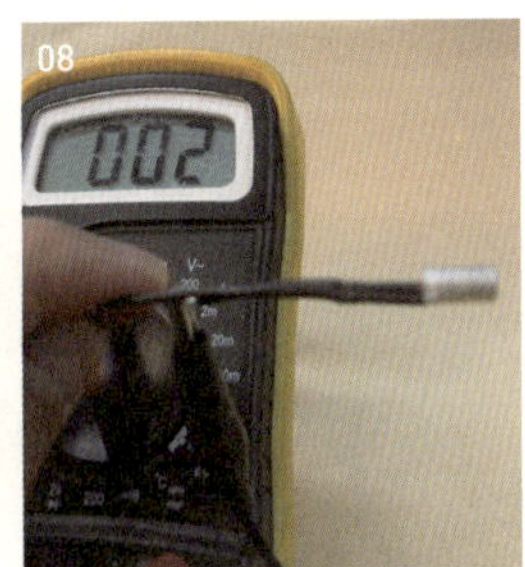 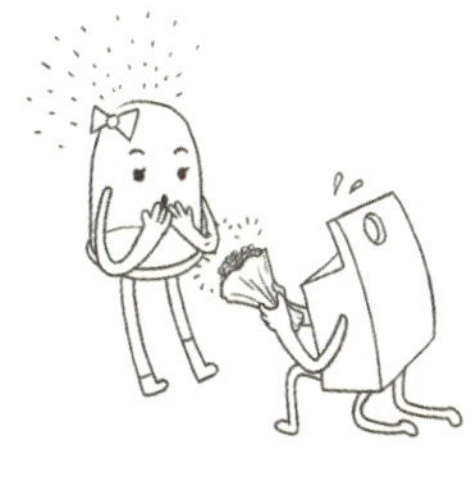

07 한손으로 스위치를 잡고 수평에서 아래로 30°정도 기울인다.

08 멀티미터에서 아무런 소리가 나지 않으므로 스위치의 두 다리가 끊어져 있는 것을 확인할 수 있다. 멀티미터에 표시된 1이라는 숫자는 현재 저항이 무한대라서 값을 측정할 수 없다는 의미다.

09 스위치를 위로 조금씩 들어본다. 거의 수평이 되었을 때 멀티미터에서 '삐' 소리가 나며 두 다리가 연결되었음을 알린다. 멀티미터에 표시된 002라는 숫자는 2옴으로 두 다리 사이에 저항이 거의 없다는 것을 의미한다.

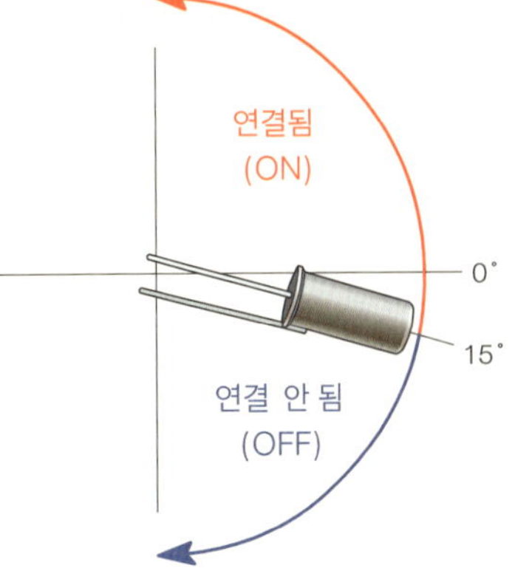

05 9V 건전지 홀더에 건전지 넣기

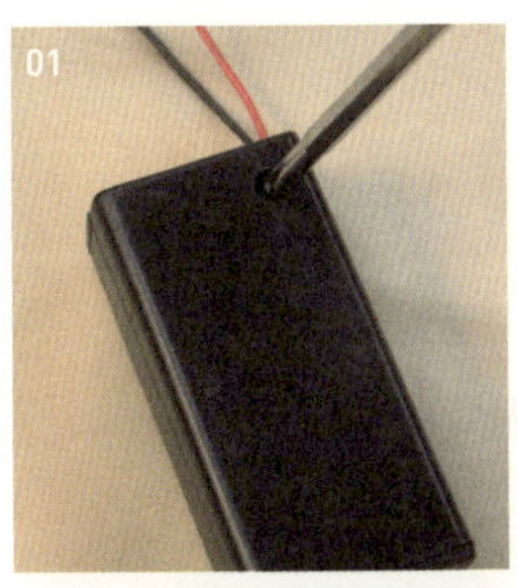 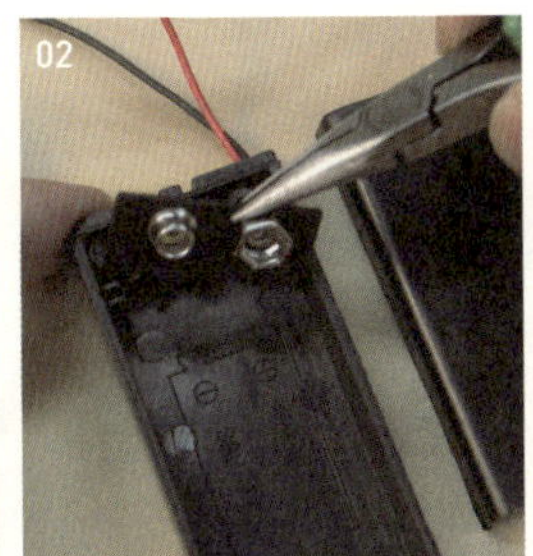 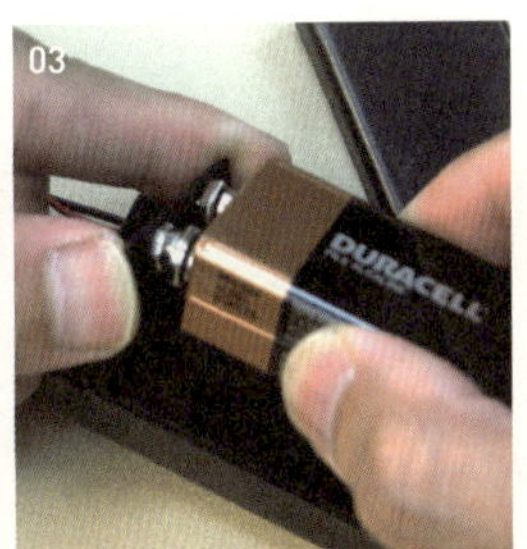 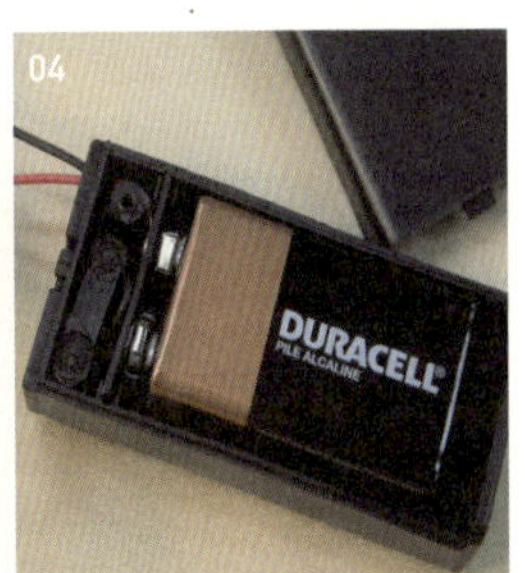

01 9V 건전지 홀더 오른쪽 위에 있는 볼트를 드라이버로 풀고 뚜껑을 연다.

02 홀더 안쪽 위에 있는 접촉 단자를 롱노우즈 플라이어로 집어 올린다.

03 접촉 단자에 건전지를 꼽는다. 이때 (+)(-) 극성 방향에 주의한다.

04 접촉 단자를 제자리에 끼우면서 고정한다. 뚜껑을 닫고 볼트를 조인다.

05 건전지 홀더에 전선을 납땜 연결해야 하므로 온오프 스위치를 오프로 놓는다.

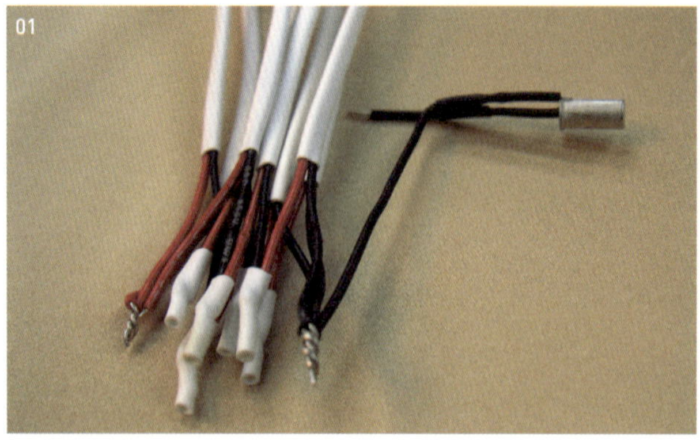

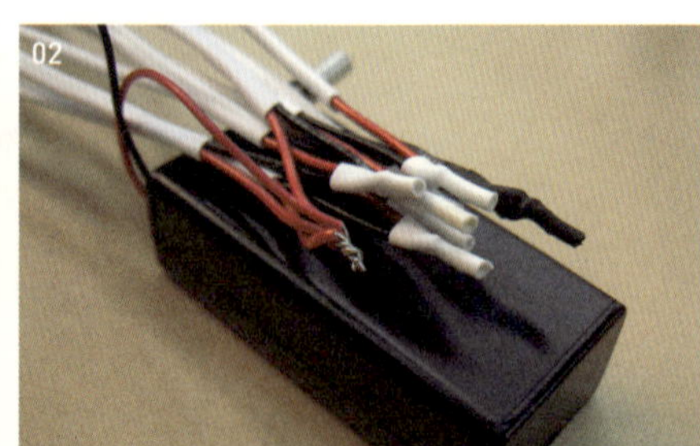

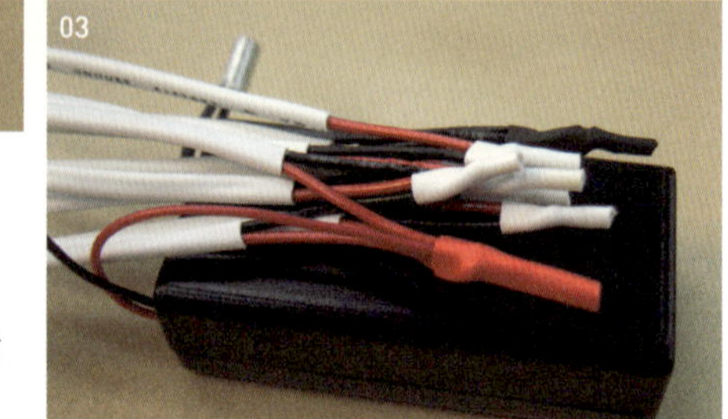

01 스위치의 한쪽 다리를 병렬로 연결된 3조의 음극(-)과 연결한다.

02 납땜 후 검은색 열수축 튜브로 납땜한 부분을 절연시킨다. 건전지 홀더의 빨
간색 전선은 병렬로 연결된 3조의 양극(+)과 연결한다.

03 납땜 후 빨간색 열수축 튜브로 납땜한 부분을 절연시킨다.

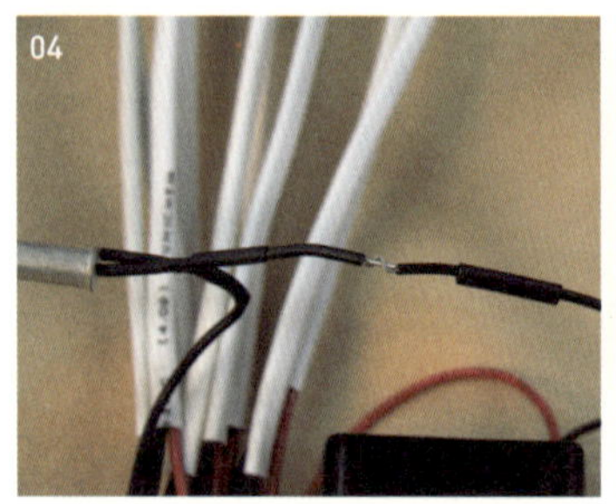

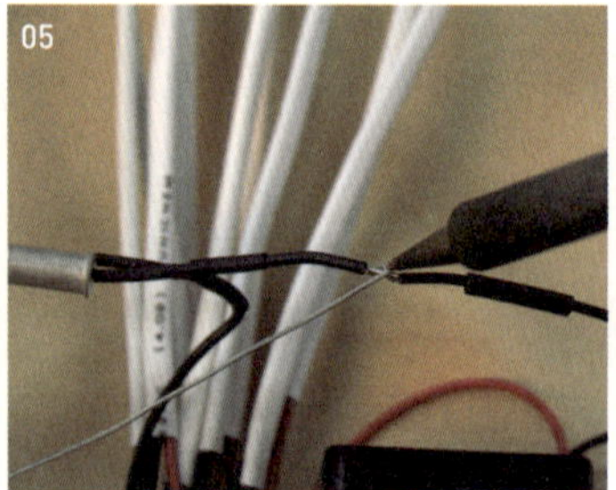

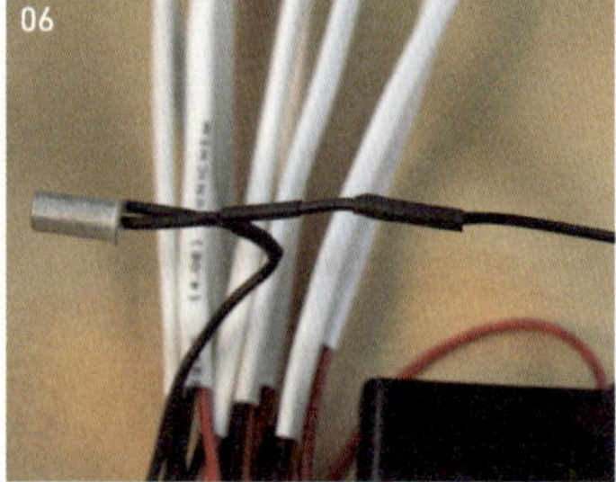

04 건전지 홀더의 검은색 전선은 스위치의 나머지 한쪽 다리에 연결한다.

05 납땜하기 전에 검은색 열수축 튜브를 전선에 끼워 놓는다.

06 납땜 후 검은색 열수축 튜브를 이동시켜 납땜한 부분을 절연시킨다.

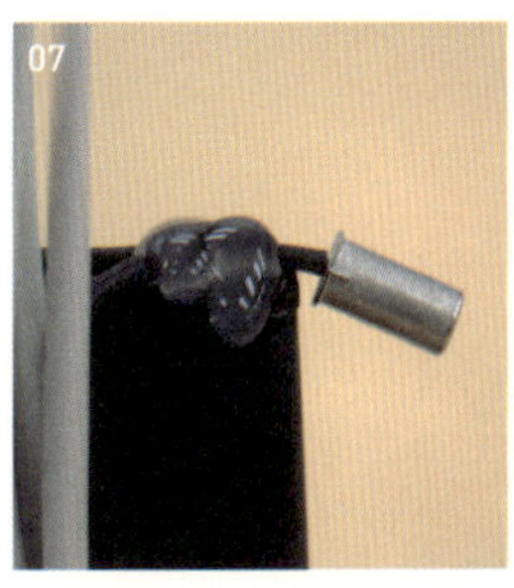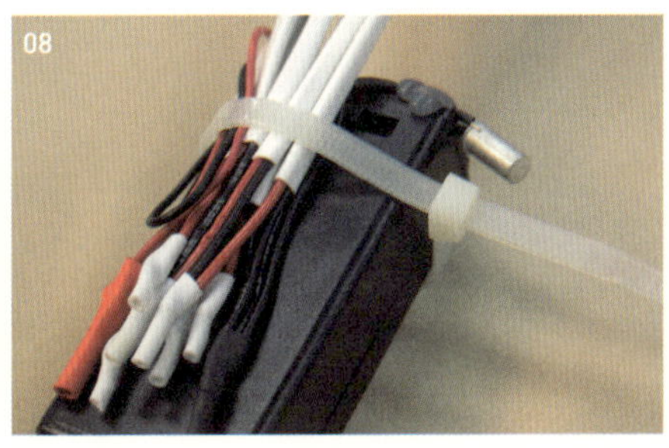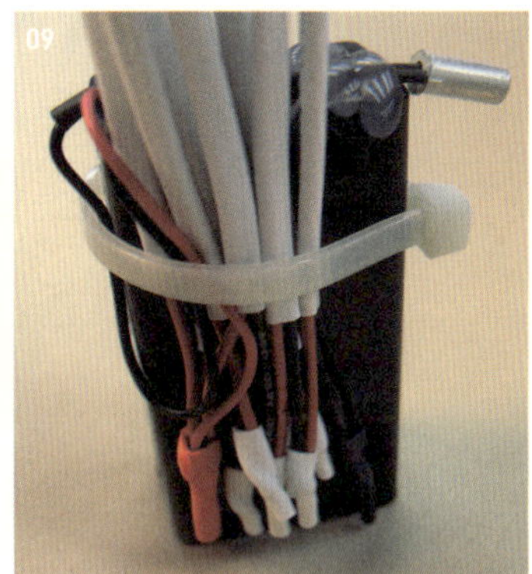

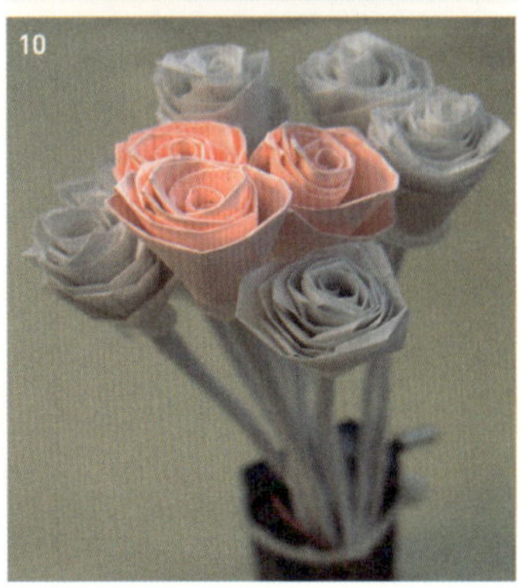

07 기울기 스위치를 건전지 홀더에 글루건으로 고정한다. 꽃다발을 수평으로 들고 있을 때는 전원이 들어오지 않도록 스위치를 아래로 45˚ 정도 구부린다.

08 병렬로 연결된 3조를 케이블 타이를 이용해 건전지 홀더에 고정한다.

09 건전지 홀더를 바로 세우고 전원 스위치를 온(ON) 방향으로 이동한다.

10 장미꽃들의 위치를 잡아준 다음 꽃다발처럼 포장한다.

11 건전지 홀더를 잡고 수평으로 들어 본다. 장미꽃 속의 LED가 꺼진 상태다.

12 장미 꽃다발을 앞으로 30˚ 정도 기울여 본다. 장미꽃 속 LED가 켜진다.

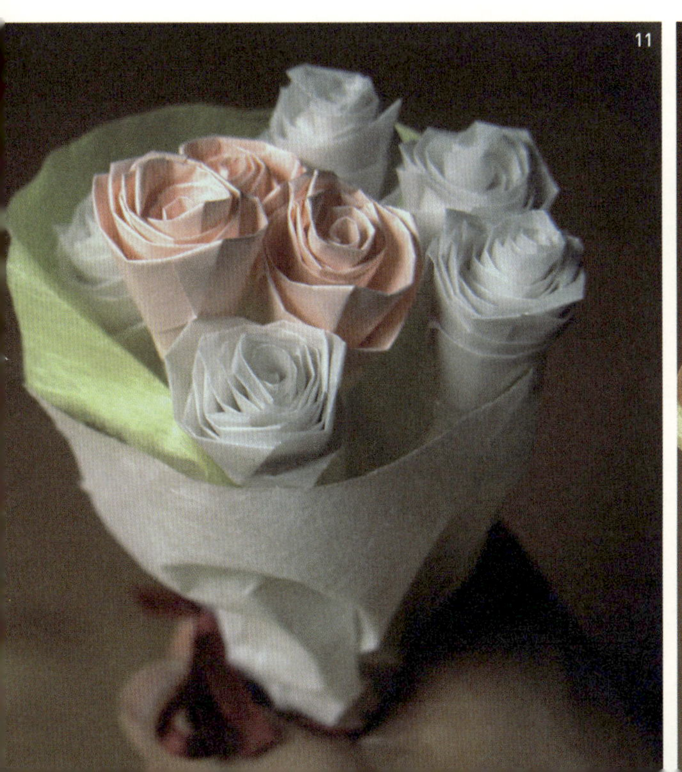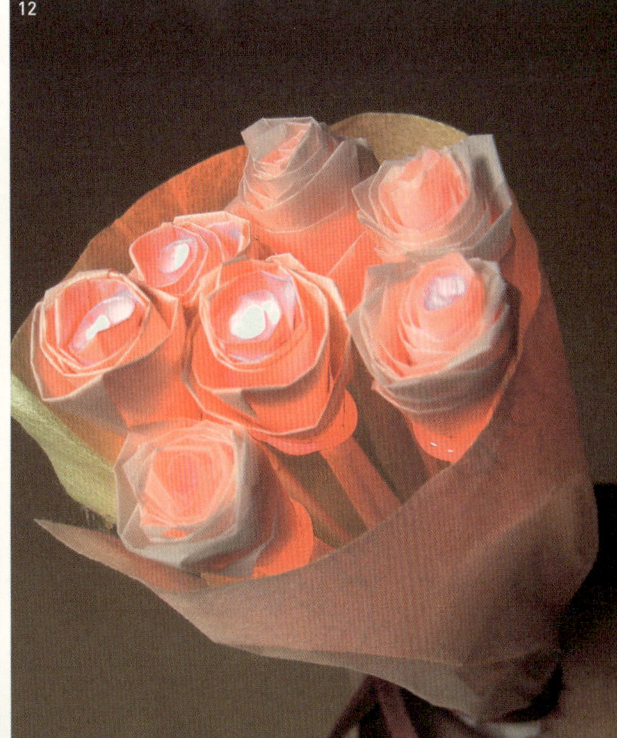

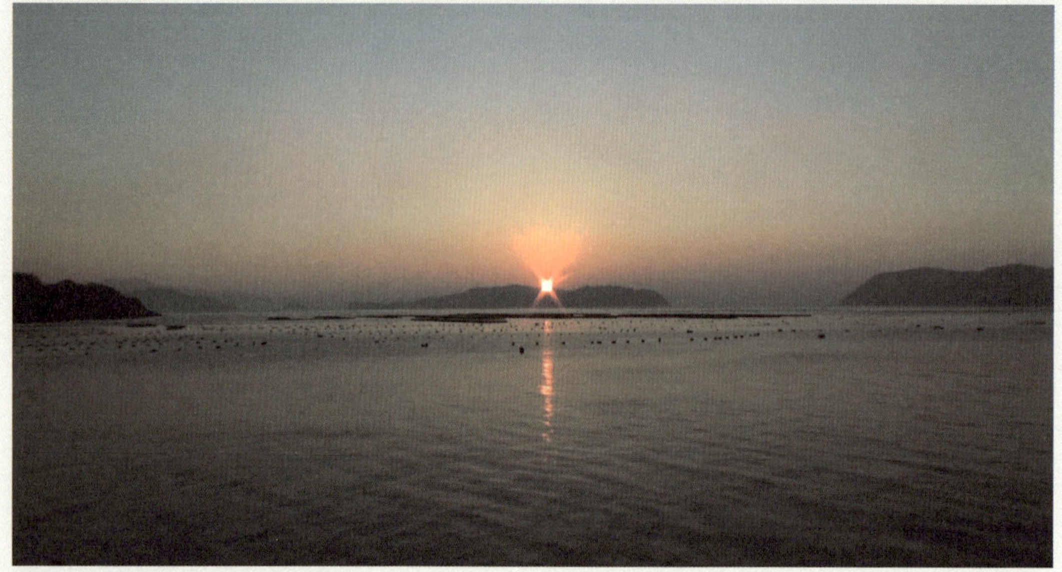

매년 1월 1일 새벽, 전국의 해돋이 명소는 많은 사람으로 발 디딜 틈 없이 가득 찬다. 캄캄한 어둠 속에서 해가 떠오르는 순간 사람들은 일제히 탄성을 지르며 소원을 빌기도 하고 한해의 안녕을 마음속으로 기원한다. 이처럼 변화가 일어나는 순간은 언제나 우리에게 흥분과 설렘으로 다가온다.

가고 싶었던 학교로부터 합격 전화를 받는 순간, 연인에게 반지와 함께 프러포즈를 받는 순간, 나른한 오후 라디오에서 내가 신청한 사연과 노래가 흘러나오는 순간처럼 우리는 일상 속에서 무심코 찾아오는 예상치 못했던 기쁨의 순간을 잊지 못한다.

순간의 마법은 우리의 일상생활에서도 충분히 일으킬 수 있다. 친구에게 생일 선물을 전하는 순간 참석하지 못한 친구들의 영상편지가 재생되거나, 부모님 가슴에 카네이션을 달아드리는 순간 자신의 음성으로 녹음해 놓은 노래가 꽃에서 흘러나오거나, 하루 일과를 마치고 방에 들어서는 순간 내가 좋아하는 향수가 방 안에 퍼진다면 어떨까? 일상 속에 작은 변화를 주는 것만으로도 많은 기쁨과 재미를 더해 나갈 수 있다.

예상치 못했던 순간에 일어나는 작은 변화는 큰 힘을 발휘한다.

기쁨과 슬픔

난이도 ■■■■■
시간 2시간 30분

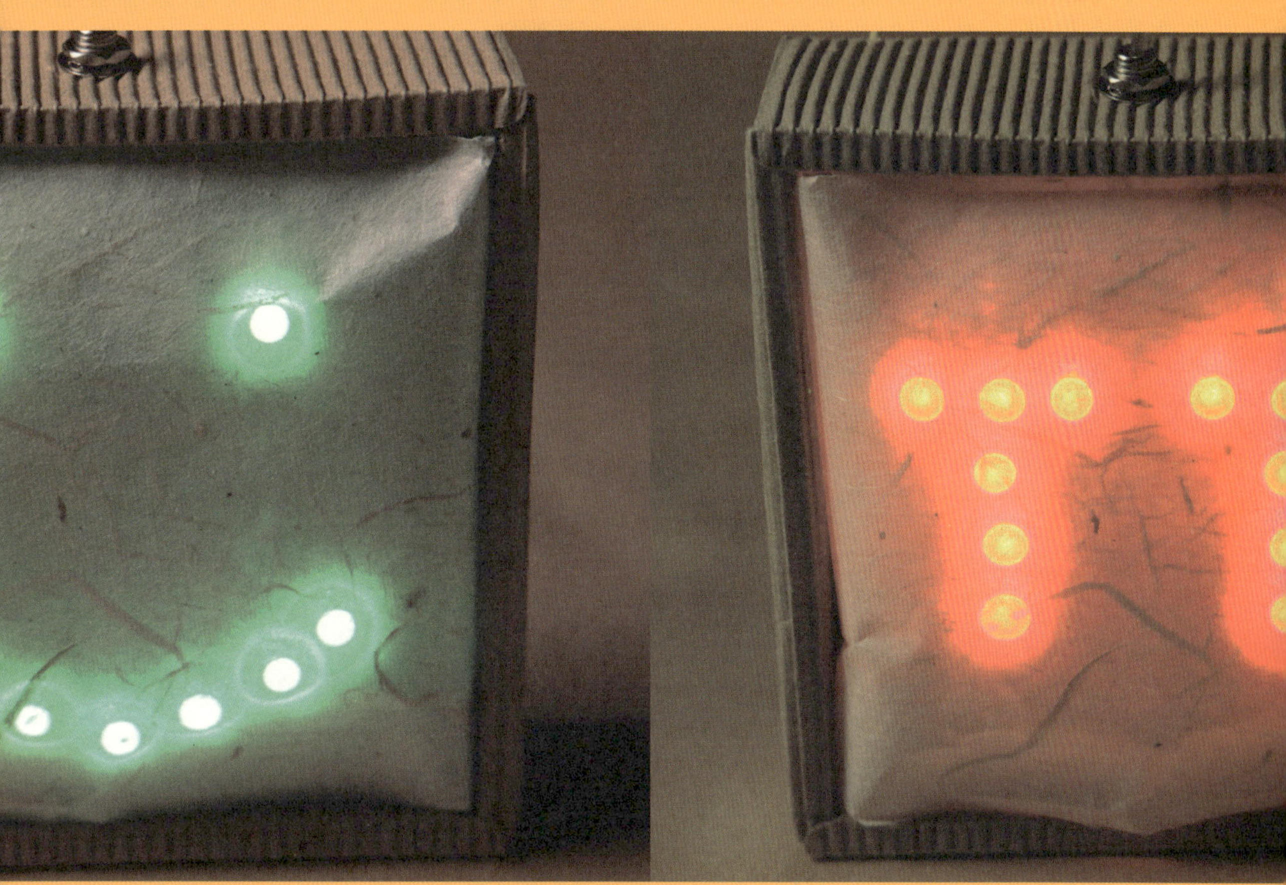

LED의 빛으로 기쁨과 슬픔을 표현하는 이모티콘 상자. 토글 스위치를 좌우 방향으로 움직이면
표정을 변화시킬 수 있으며 동시에 전원을 끌 수도 있다.

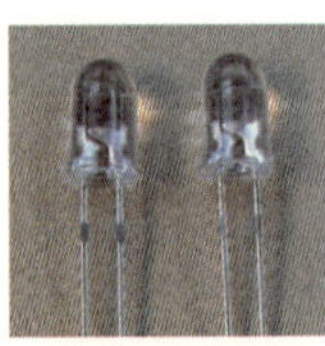
고휘도 투명 LED (녹색 9개, 빨간색 12개)
녹색: 5파이, 작동전압: 3.2V, 소비전류: 20mA
» 온라인 (엘: EPX33DPR, 디: 190)
빨간색: 5파이, 작동전압: 2.2V, 소비전류: 20mA
» 온라인 (엘: EPX33DPF, 디: 191)

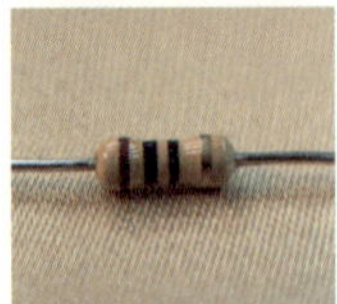
저항 10옴 (3개)
탄소피막 막대저항 1/4W, 5%
» 온라인 (엘: EPX33D87, 디: 913)

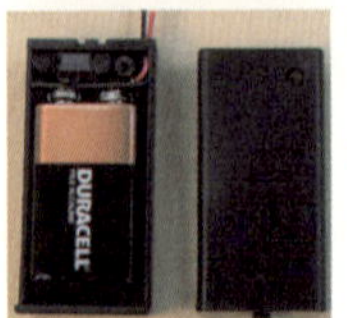
9V 건전지, 건전지 홀더
빨간색, 검은색
» 온라인 (엘: EPX68J6Y, IC114: 9V-HOLDER-C)

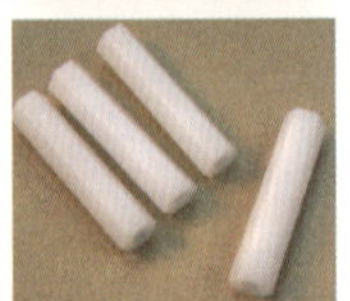
지지대 (4개)
M타입, 3mm 볼트용, 길이: 30mm
» 온라인 (IC114: SUF-30-P)

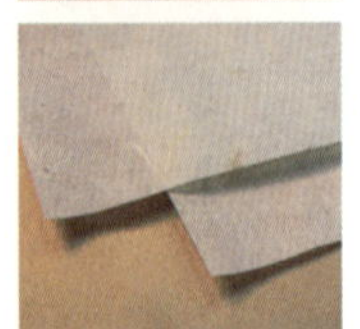
한지
» 화방, 문구점

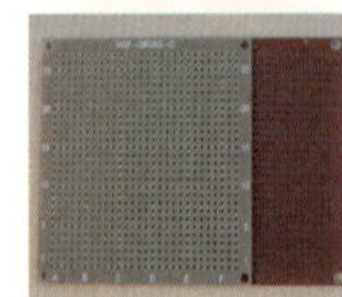
토글 스위치
3단 3P, 제조사: CNLEDA
모델명: MTS-103
» 온라인 (엘: EPX33TCC)

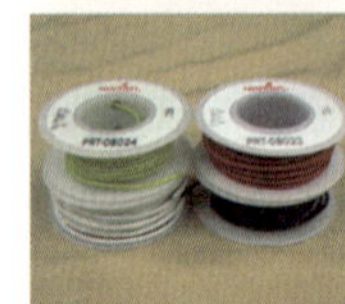
만능기판 (단면)
크기 (가로 80mm x 세로 80mm)
홀 간격: 2.54mm
» 온라인 (엘: EPX33DX7, IC114: HSE-0808S-G)

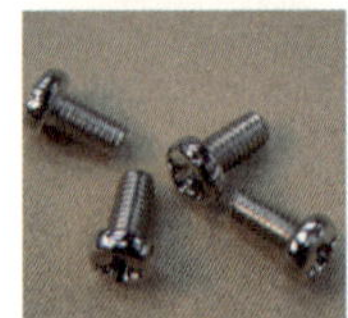
전선 (단심선)
빨간색, 검은색, 노란색, 흰색
심 굵기: 0.6mm(22AWG)
» 온라인, 청계천 시장

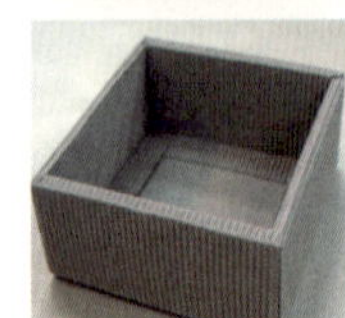
볼트 (8개)
둥근머리 십자, 지름: 3mm, 길이: 6mm
» 온라인 (IC114: BOLTNUT3-6RN)

종이 상자 (골판지 함)
크기: 가로 10cm, 세로 10cm, 높이 4cm
» 문구점, 다이소

공구
인두기, 땜납, 납땜 보조기구, 와이어 스트리퍼, 롱노우즈 플라이어,
니퍼, 십자 드라이버, 송곳, 칼, 가위, 자, 글루건, 멀티미터, 열풍기

주요 제작단계

01	02	03	04	05
만능기판에 녹색 LED(기쁨) 연결하기	같은 만능기판에 빨간색 LED(슬픔) 추가 연결하기	토글 스위치와 9V 건전지 홀더 연결하기	종이 상자에 부품 배치 및 고정	작동 테스트

직병렬 회로도

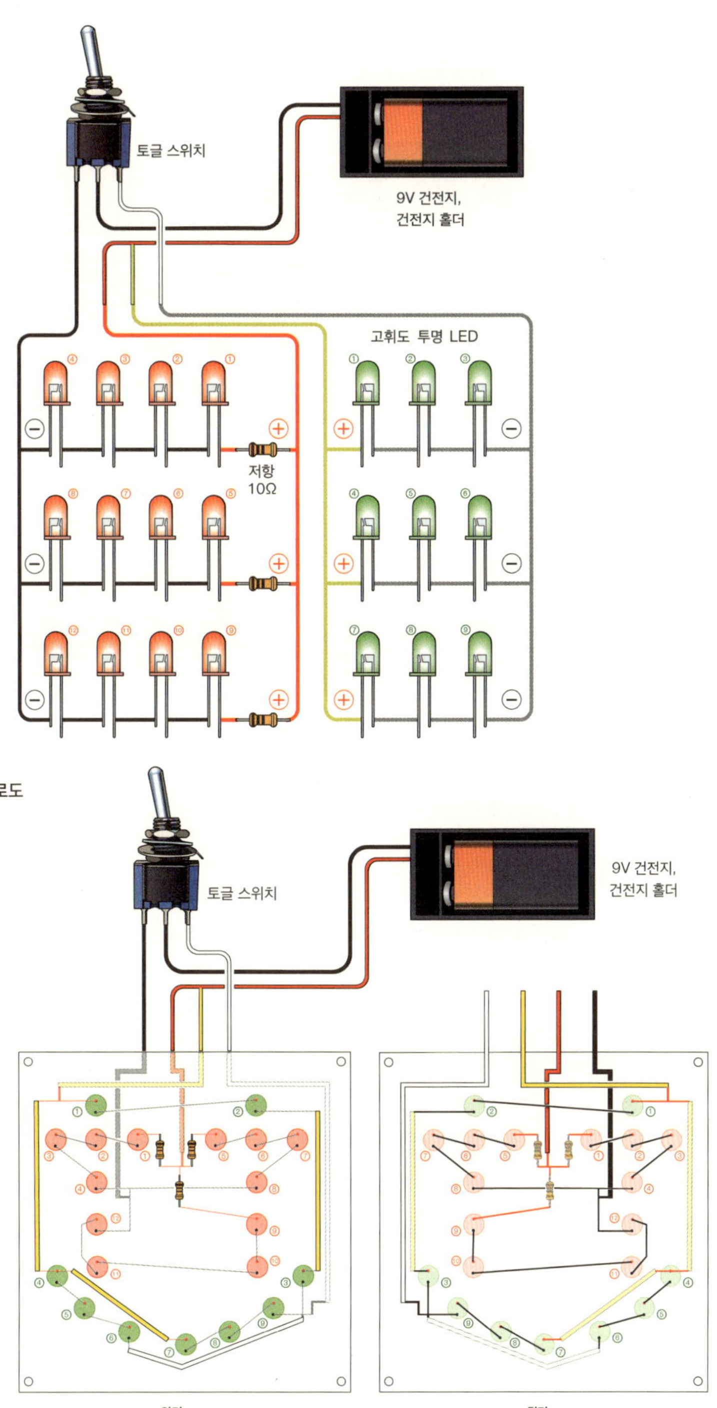

토글 스위치
9V 건전지,
건전지 홀더
고휘도 투명 LED
저항
10Ω
만능기판을 이용한 회로도
토글 스위치
9V 건전지,
건전지 홀더
앞면
뒷면

01 만능기판에 녹색 LED(기쁨) 연결하기

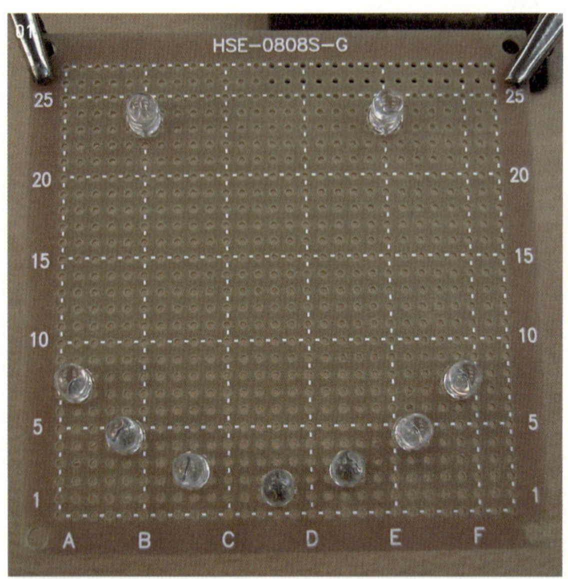

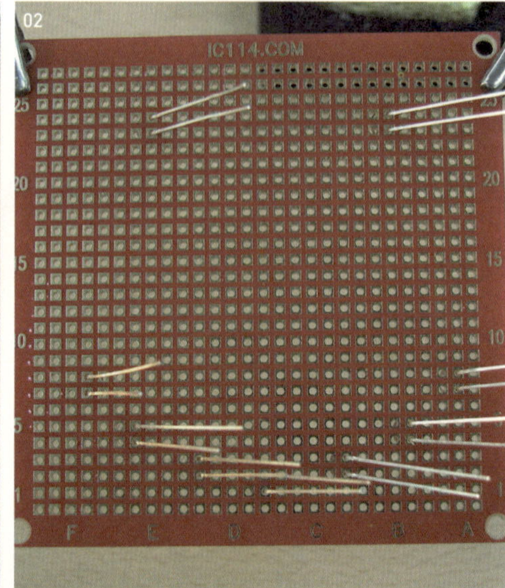

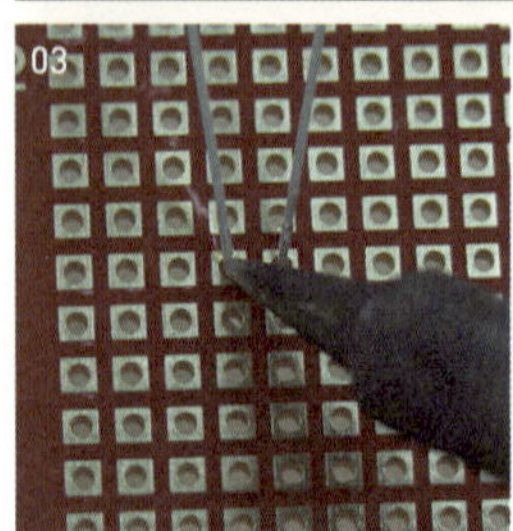

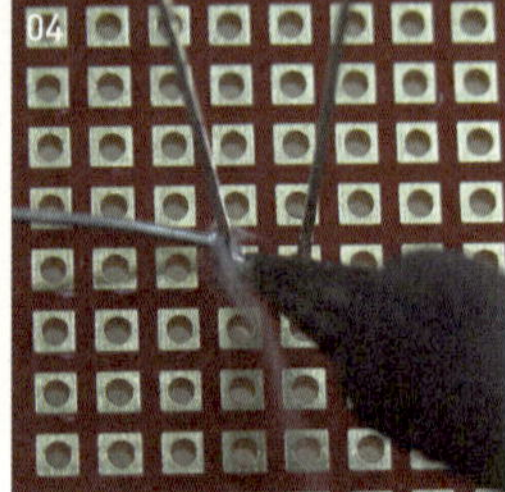

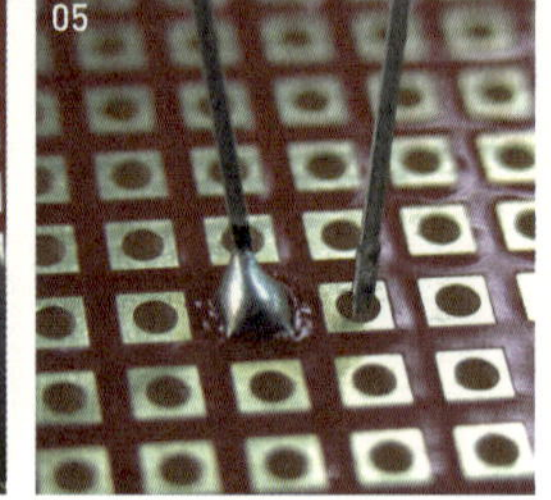

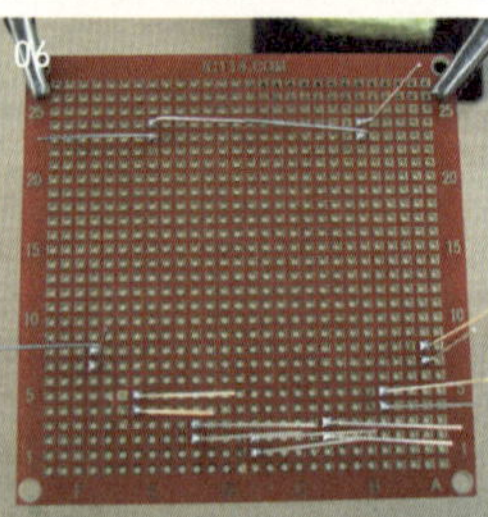

01 만능기판을 납땜 보조기구에 고정시킨 후 녹색 LED의 긴 다리(+)가 위쪽 방향으로 가도록 그림과 같이 꼽는다.

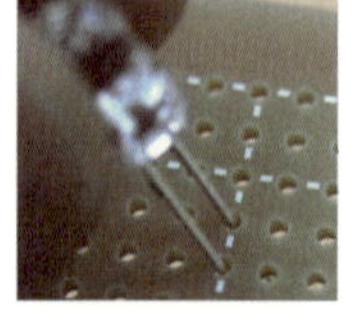

02 기판을 뒤집기 전에 LED 다리를 45도 정도로 구부려서 뒤집었을 때 LED가 밑으로 빠지지 않게 한다.

03 기판과 LED 다리가 접한 부분에 인두기 팁을 가져다 놓고 1초 정도 가열한다.

04 땜납을 인두기 팁과 기판 사이에 가져다 놓고 1초 정도 녹인다.

05 땜납과 인두기 팁을 때면 LED 다리가 기판에 붙은 것을 확인할 수 있다.

06 납땜으로 나머지 녹색 LED 다리도 모두 기판에 고정시킨다. 녹색 LED 1, 2, 3번을 직렬로 연결시키기 위해 1번 음극(-) 다리와 2번 양극(+) 다리를 구부려 납땜한다. (LED 번호는 연결그림 참조)

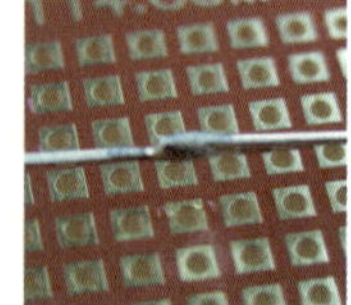

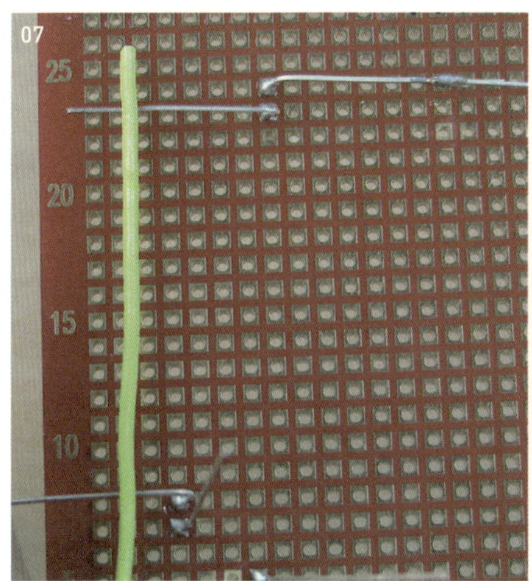
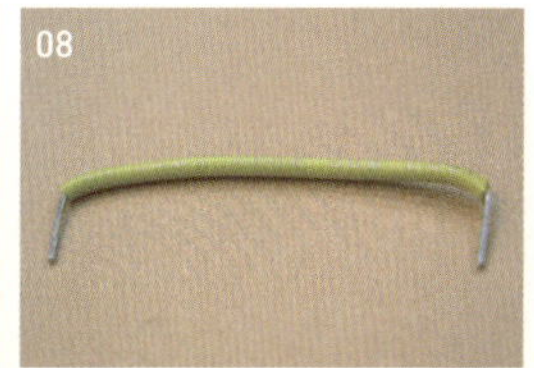
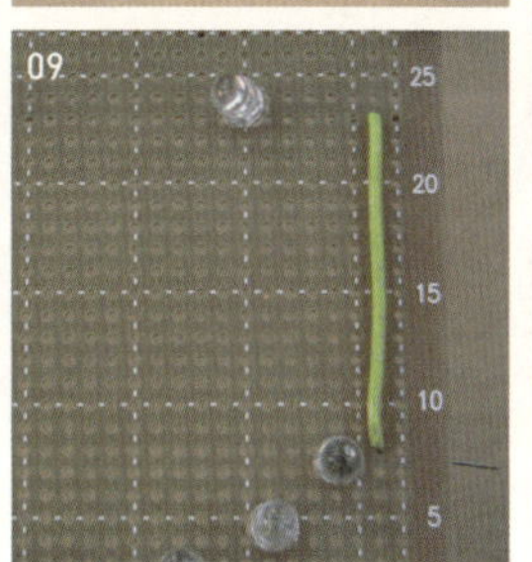
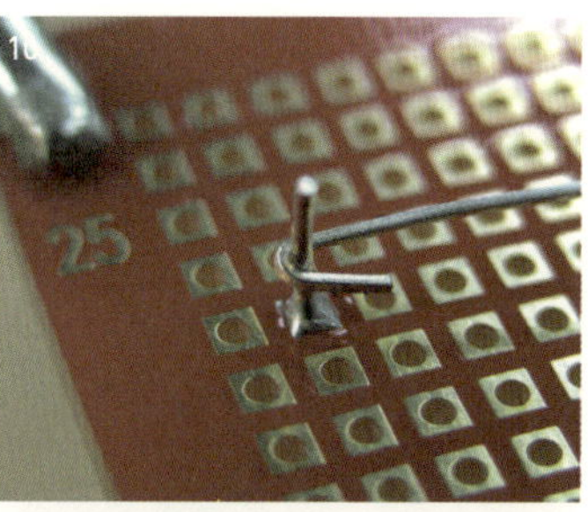
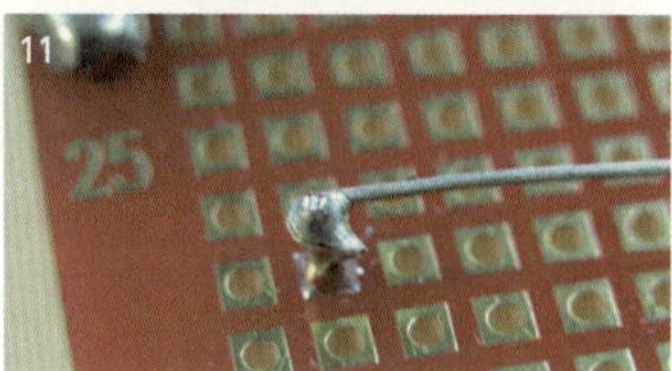

07 LED 2번 음극(-) 다리와 3번 양극(+) 다리를 연결하기 위해 점프선을 준비한다. 전선을 두 다리 사이의 거리보다 조금 더 길게 절단한다.

08 절단한 전선 양쪽 끝을 와이어 스트리퍼로 벗겨내고 90도로 구부린다.

09 점프선을 그림과 같이 기판 앞면에서 구멍 사이로 통과시킨다.

10 기판 뒷면으로 나온 점프선 한쪽 끝에 녹색 2번 LED 음극(-) 다리를 연결시킨다.

11 녹색 2번 LED 음극(-) 다리를 점프선에 납땜하고 나머지 부분은 니퍼로 절단한다.

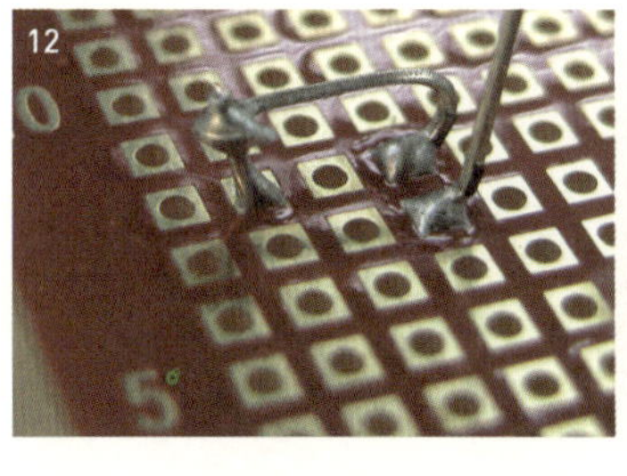
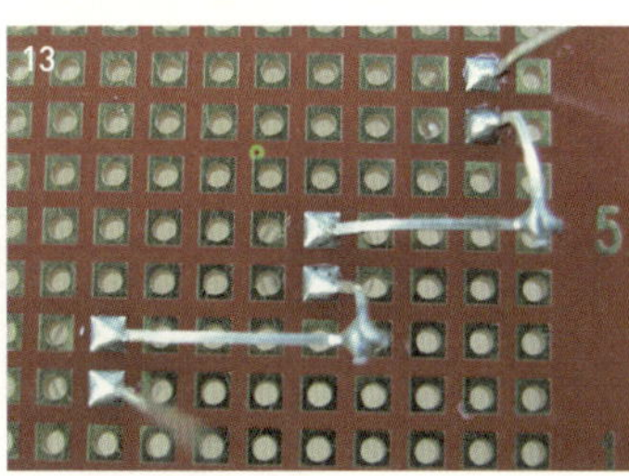
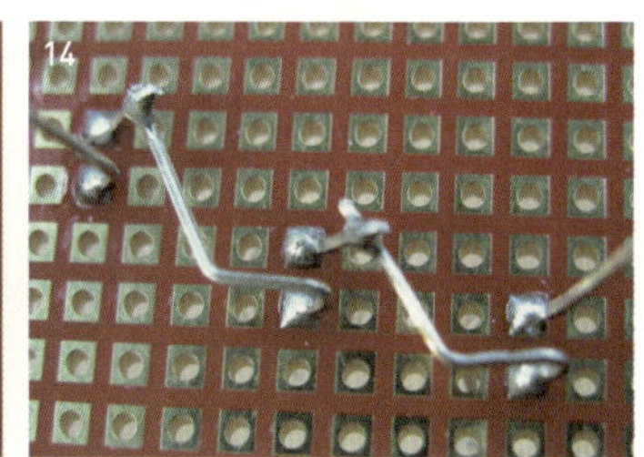

12 점프선의 다른 쪽 끝을 3번 LED 양극(+) 다리와 연결한다.

13 녹색 LED 4, 5, 6번을 직렬로 연결한다.

14 녹색 LED 7, 8, 9번을 직렬로 연결한다.

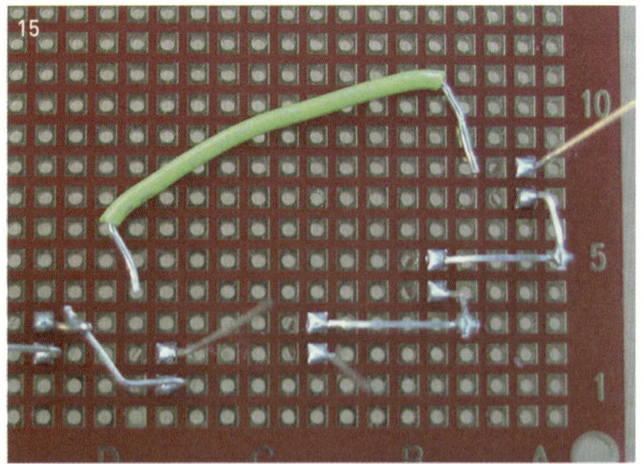

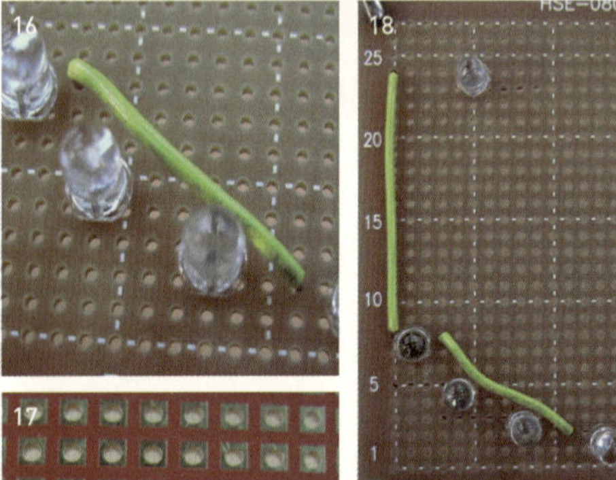

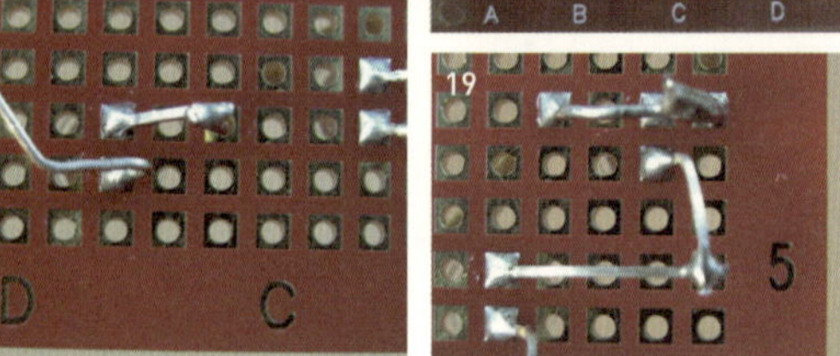

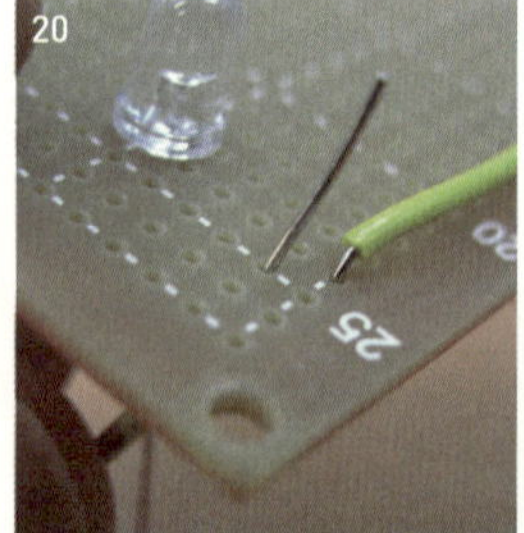

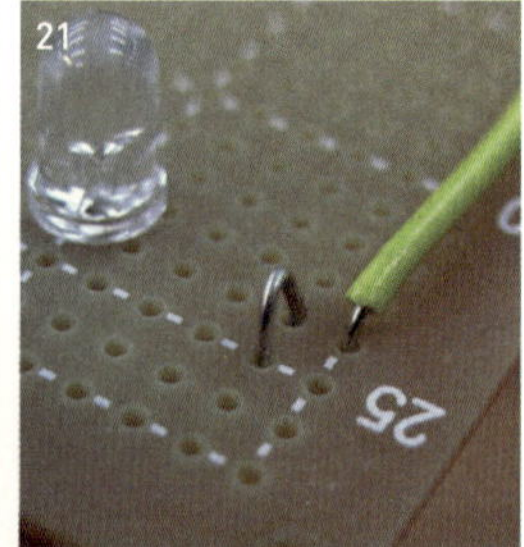

15   녹색 LED 7번 양극(+) 다리와 4번 양극(+) 다리를 연결하기 위한 점프선을 준비한다.

16   점프선을 앞면 구멍 사이로 통과시킨다.

17   점프선 한쪽 끝을 녹색 LED 7번 양극(+) 다리와 연결하고 다른 쪽 끝은 4번 양극(+) 다리와 연결한다.

18   녹색 LED 4번 양극(+) 다리와 1번 양극(+) 다리를 연결하기 위한 점프선을 앞면 구멍 사이로 통과시킨다.

19   점프선 한쪽 끝을 LED 4번 양극(+) 다리와 연결한다.

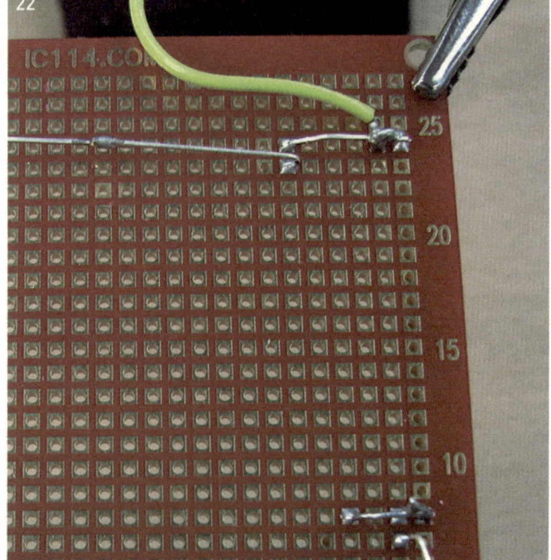

20   녹색 LED 양극(+) 다리에 전원을 연결하기 위한 노란색 전선을 준비한다. 전선 양쪽의 피복을 벗기고 한쪽 끝을 뒷면에서 앞면으로 통과시킨다.

21   앞면으로 나온 전선을 180도로 구부려 다시 뒷면으로 보낸다.

22   뒷면으로 나온 전선에 녹색 LED 1번 양극(+) 다리와 4번 양극(+) 다리와 연결된 점프선을 함께 납땜한다.

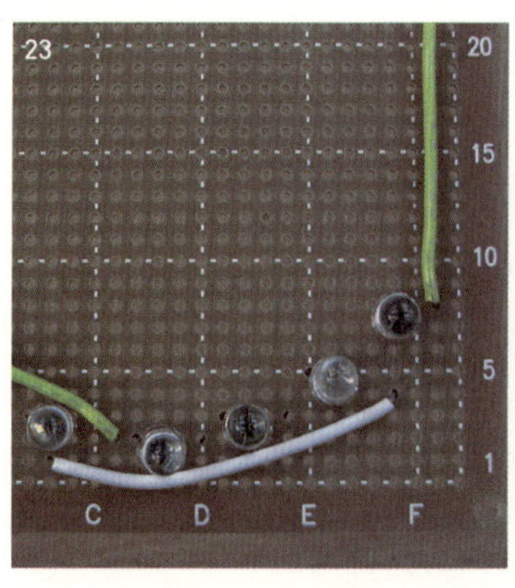
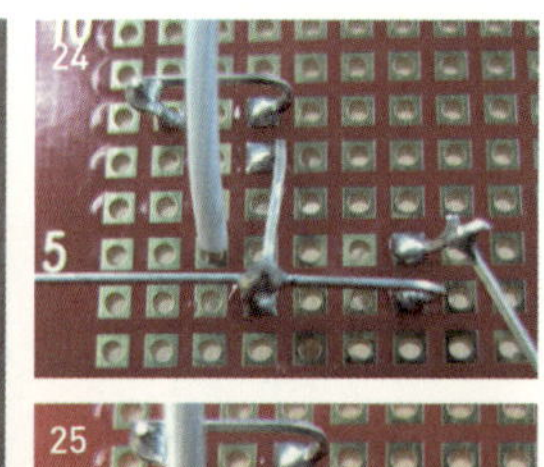
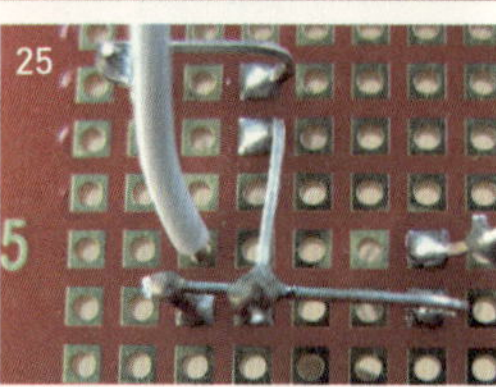

23 녹색 LED 6번 음극(-) 다리와 9번 음극(-) 다리를 연결하기 위한 흰색 점프선을 앞면 구멍 사이로 통과시킨다.

24 흰색 점프선 한쪽 끝은 6번 음극(-) 다리와 연결하고 다른 쪽 끝은 3번과 9번 음극(-) 다리와 연결한다.

25 녹색 LED 음극(-) 다리에 전원을 연결할 흰색 전선 양쪽의 피복을 벗기고 한쪽 끝을 뒷면에서 앞면으로 통과시킨 후 180도로 구부려 다시 뒷면으로 내보낸다. 뒷면으로 나온 전선에 3번과 9번 음극(-) 다리가 연결된 흰색 점프선을 연결한다.

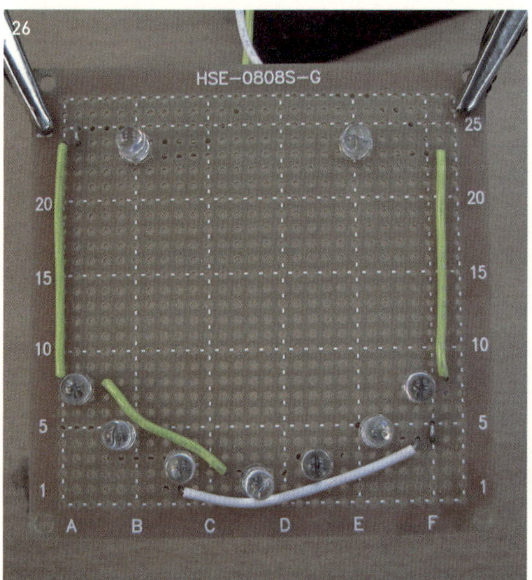

26 앞면

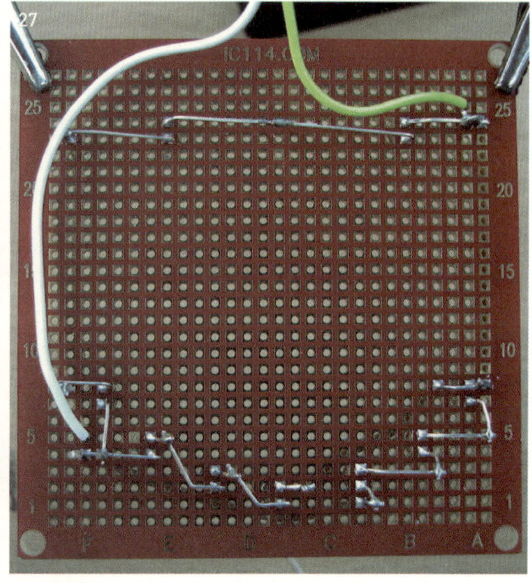

27 뒷면

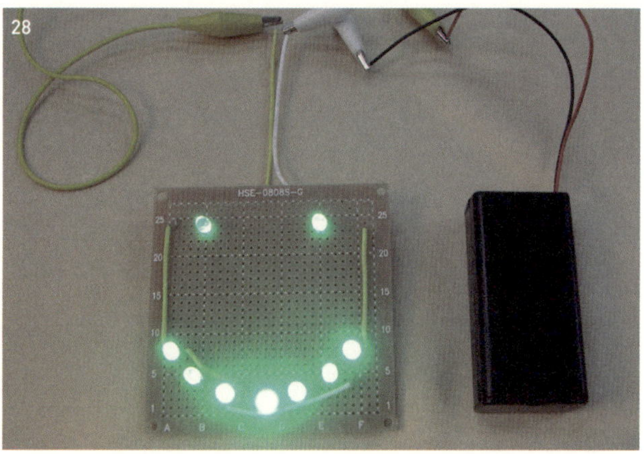

28 노란색 전선은 9V 건전지 홀더의 빨간색 전선(+)에 연결하고 흰색 전선은 검은색 전선(-)에 연결한다. 녹색 LED가 모두 켜졌는지 확인한다.

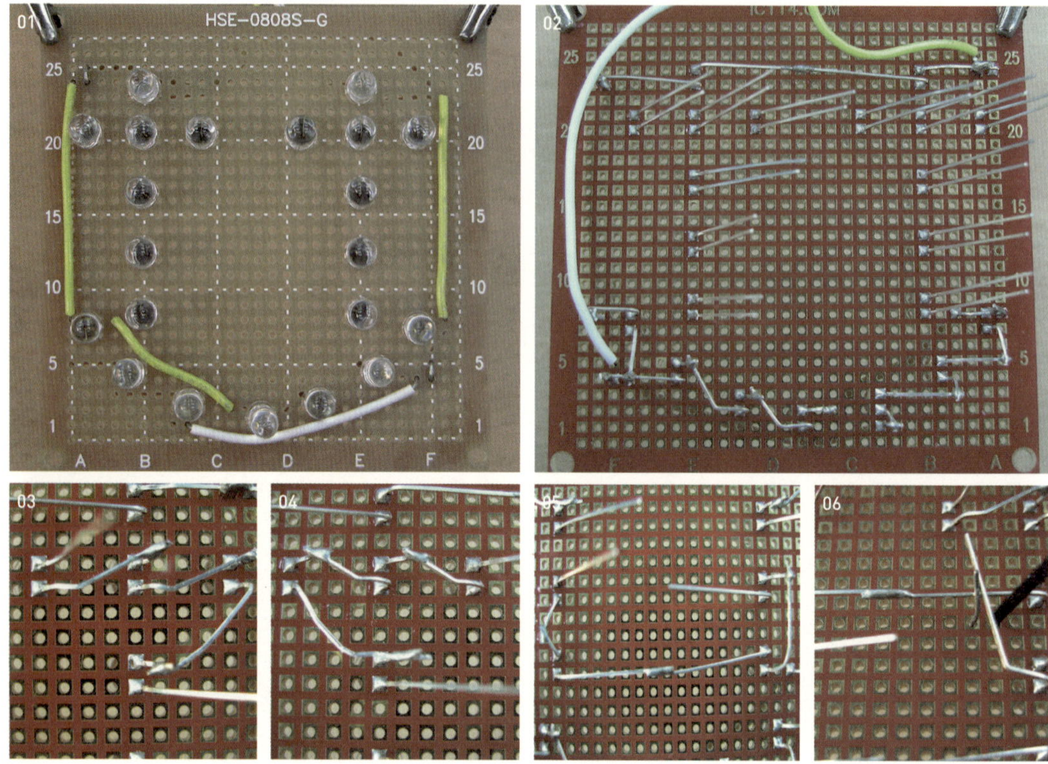

01　만능기판을 납땜 보조기구에 고정시킨 후 빨간색 LED의 긴 다리(+)가 위쪽 방향으로 가도록 그림과
　　같이 꽂는다.

02　기판을 뒤집기 전에 LED의 다리를 45도 정도로 구부려서 뒤집었을 때 LED가 밑으로 빠지지 않게 한
　　다. 납땜으로 빨간색 LED를 모두 기판에 고정시킨다.

03　빨간색 LED 1, 2, 3, 4번을 직렬로 연결한다.

04　빨간색 LED 5, 6, 7, 8번을 직렬로 연결한다.

05　빨간색 LED 9, 10, 11, 12번을 직렬로 연결한다.

06　빨간색 LED 4번 음극 다리와 8번 음극 다리를 구부려 납땜한다. 빨간색 LED 음극(-) 다리에 전원을
　　연결하기 위한 검은색 전선 양쪽의 피복을 벗기고 한쪽 끝을 뒷면에서 앞면으로 통과시킨 후 180도로
　　구부려 다시 뒷면으로 내보낸다.

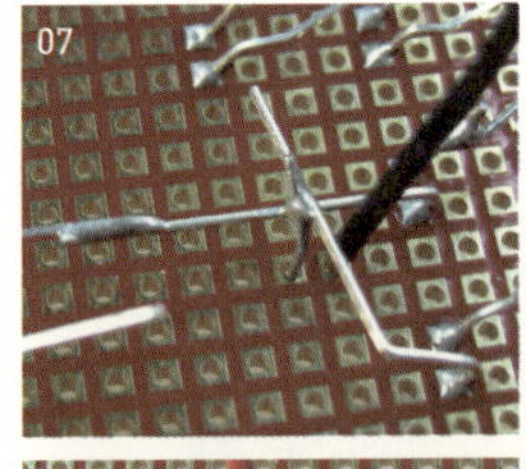
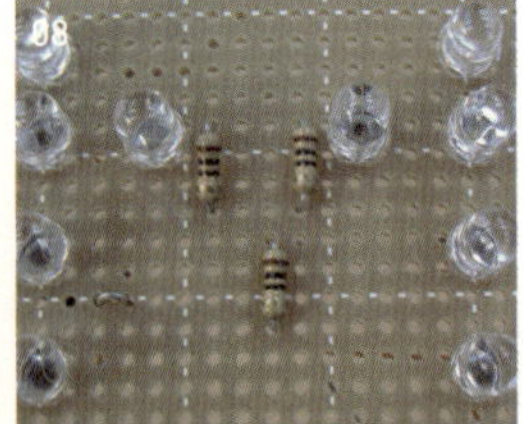
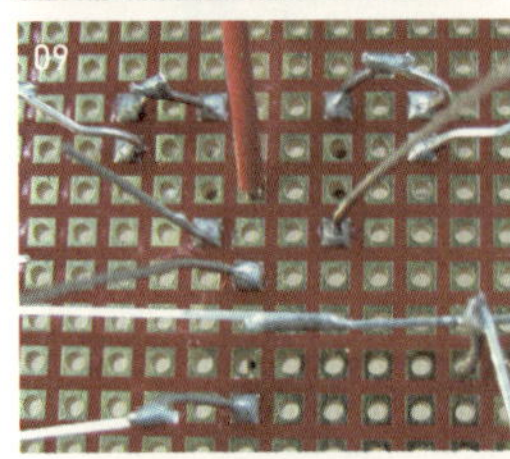
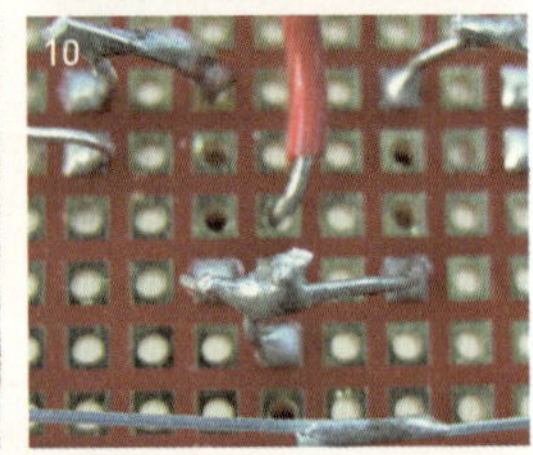

07 뒷면으로 나온 전선에 12번 음극(-) 다리와 4번 음극(-) 다리를 함께 납땜한다.

08 각 빨간색 LED 양극(+) 다리에 저항을 연결하기 위해 앞면에서 10옴 저항을 구멍 사이로 통과시킨다.

09 뒷면으로 나온 저항의 다리를 모두 기판에 납땜한다. 1번, 5번, 9번 양극(+) 다리들을 저항 한쪽 다리에 연결한다. 저항의 다른 쪽 다리 3곳은 전원과 연결하기 위해 빨간색 전선 양쪽의 피복을 벗기고 한쪽 끝을 뒷면에서 앞면으로 통과시킨 후 180도로 구부려 다시 뒷면으로 내보낸다.

10 뒷면으로 나온 전선에 저항 3곳의 다른 쪽 다리를 함께 납땜한다.

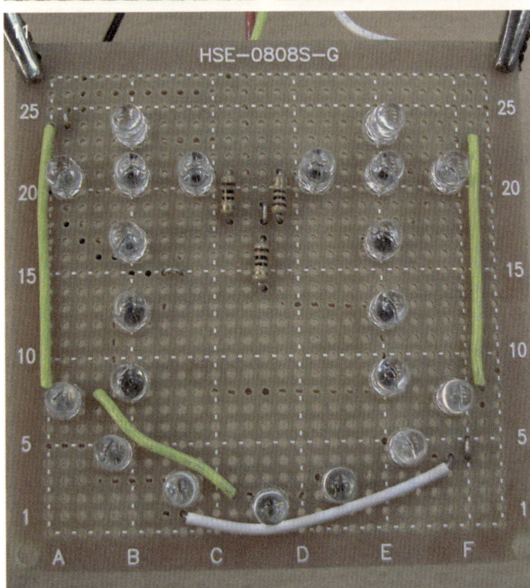

11 앞면

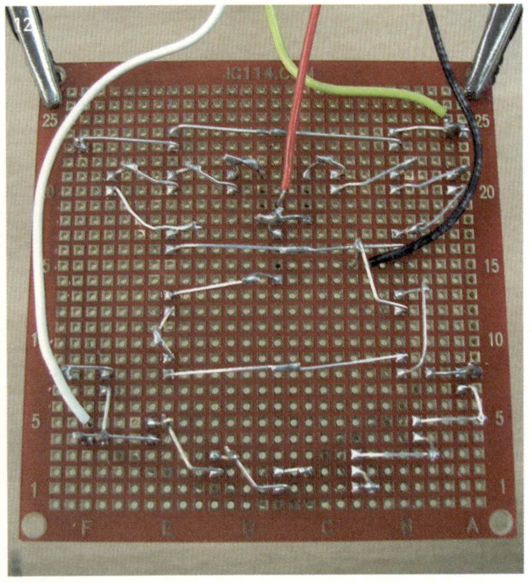
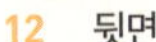

12 뒷면

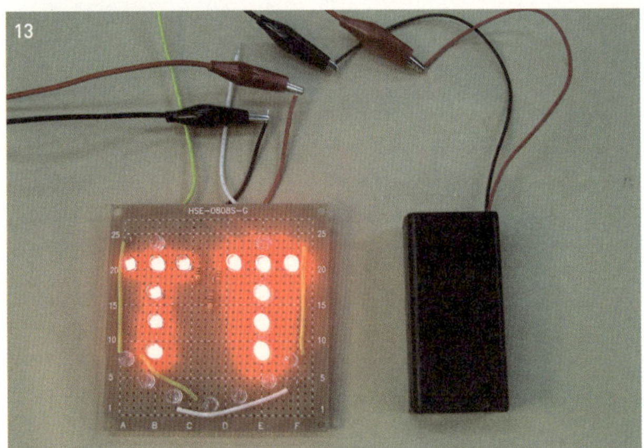

13 빨간색 전선은 9V 건전지 홀더의 빨간색 전선(+)에 연결하고 검은색 전선은 홀더의 검은색 전선(-)에 연결한다. 빨간색 LED가 모두 켜졌는지 확인한다.

01 토글 스위치의 방향에 따라 스위치의 다리가 어떻게 연결되는지 멀티미터로 알아본다.

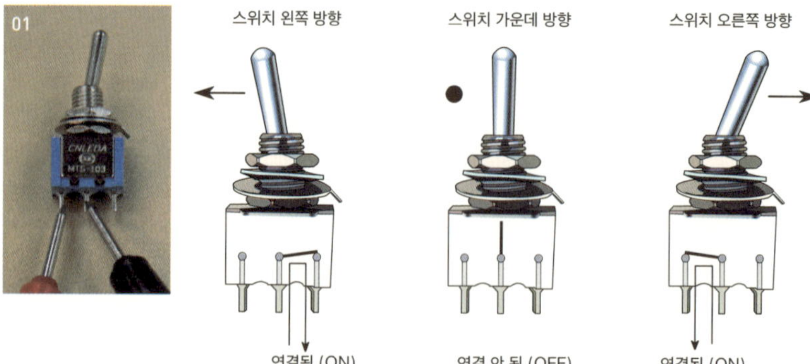

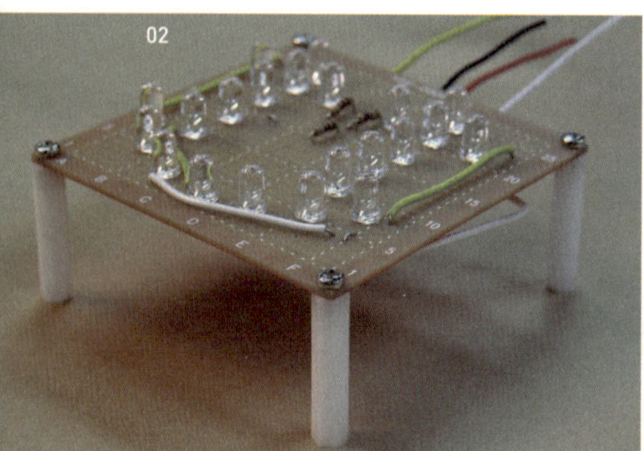

02 만능기판 네 모서리를 지지대로 받치고 볼트로 조여준다.

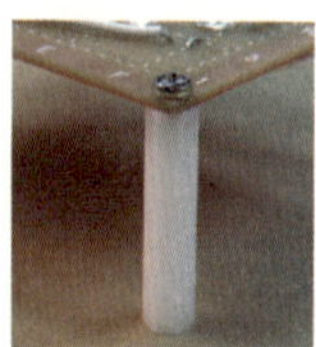

03 토글 스위치 가운데 다리에 9V 건전지 홀더의 검은색 전선(-)을 연결한다.

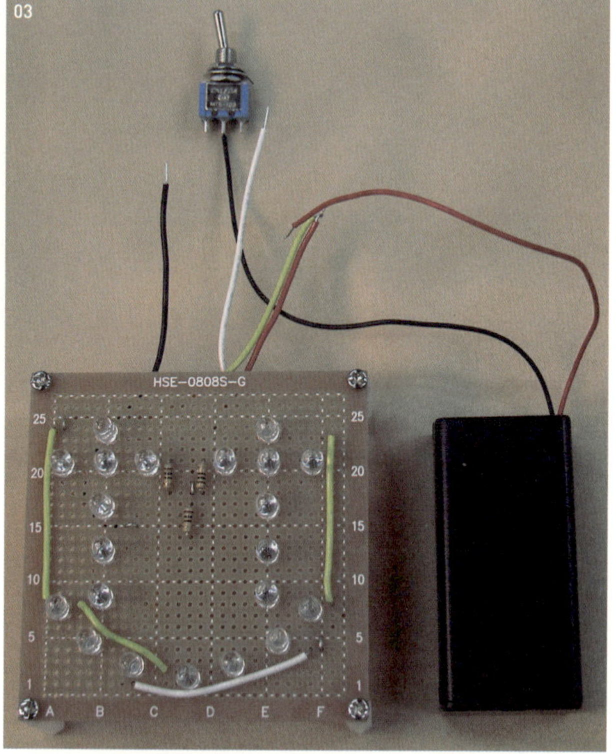

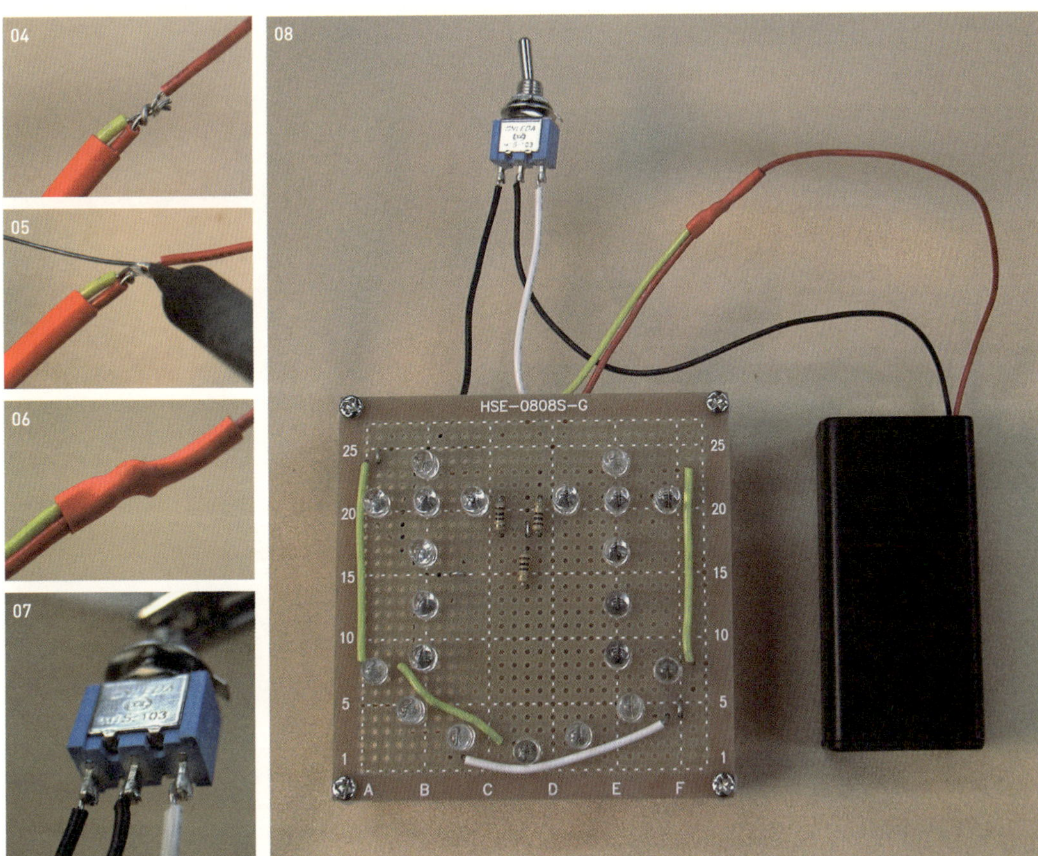

04 만능기판에 연결된 노란색 전선과 빨간색 전선을 9V 건전지 홀더 빨간색 전선(+)에 연결한다. 납땜하기 전에 열수축 튜브를 미리 꽂아 놓는다.

05 세 전선을 꼬아 하나로 납땜한다.

06 납땜 후 열수축 튜브로 절연시킨다.

07 토글 스위치의 왼쪽 다리에는 만능기판과 연결된 검은색 전선을 연결하고 오른쪽 다리에는 흰색 전선을 연결한다.

08 만능기판의 전선들이 토글 스위치를 지나 9V 건전지 홀더와 연결된 모습

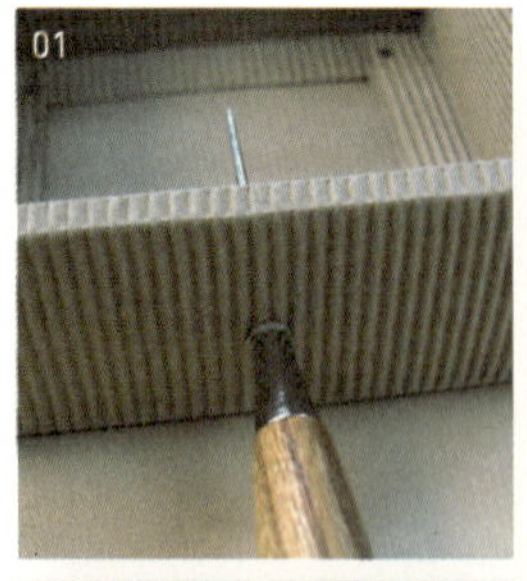
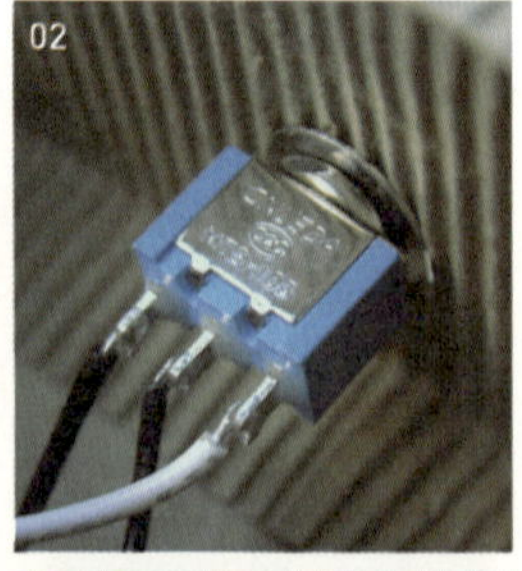
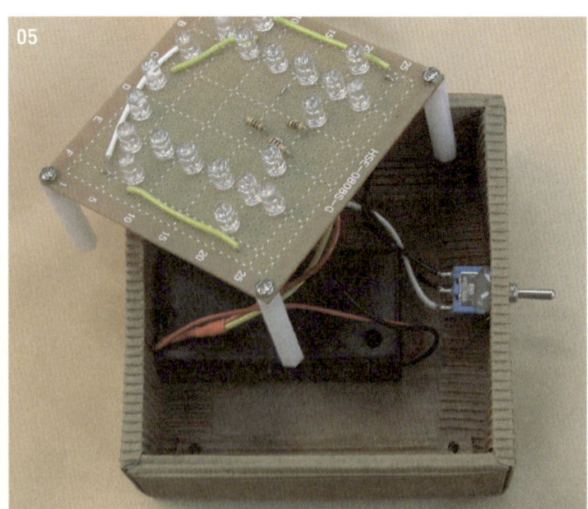
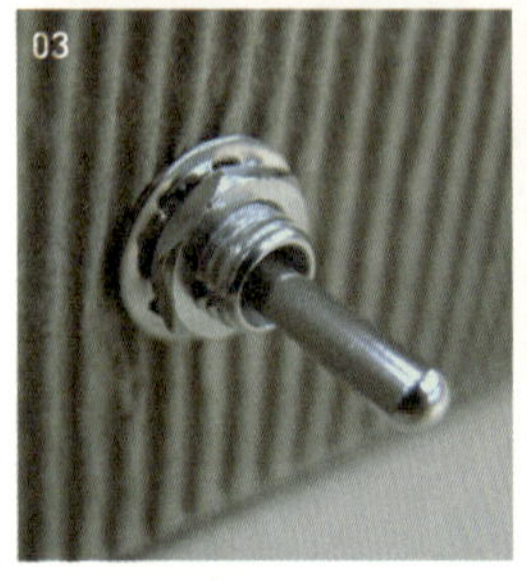
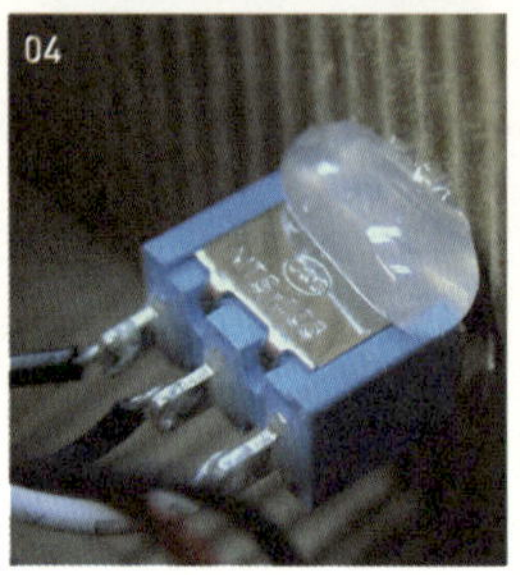
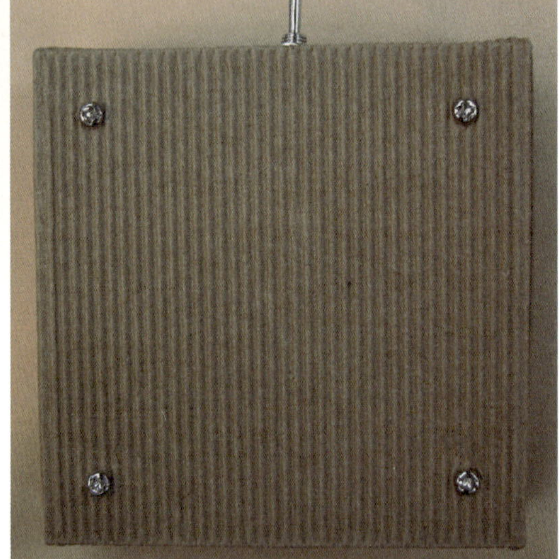

01 토글 스위치를 종이 상자에 고정하기 위해 송곳으로 구멍을 뚫는다.

02 토글 스위치 막대에 부착된 고정용 너트를 풀고 종이 상자 안쪽에서 바깥쪽으로 통과시킨다.

03 고정용 너트를 이용하여 종이 상자에 고정시킨다.

04 너트로 고정 후 종이 상자 안쪽 면과 토글 스위치를 글루건으로 접착시킨다.

05 9V 건전지 홀더에 건전지를 넣고 스위치를 온(ON) 시킨다. 만능기판을 종이상자에 고정시키기 위해 바닥면 네 모서리 부분에 송곳으로 볼트 지름만큼 구멍을 낸다.

06 만능기판을 종이 상자 안으로 넣고 뒤쪽에서 볼트로 지지대를 고정시킨다.

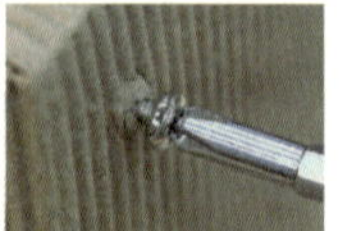

07 만능기판이 종이 상자 안에 고정된 모습

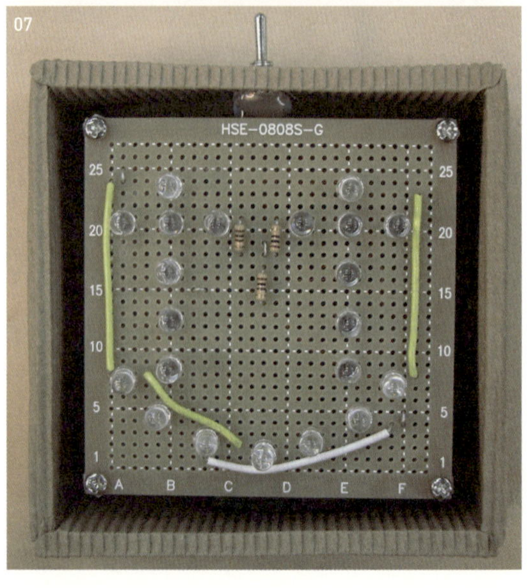

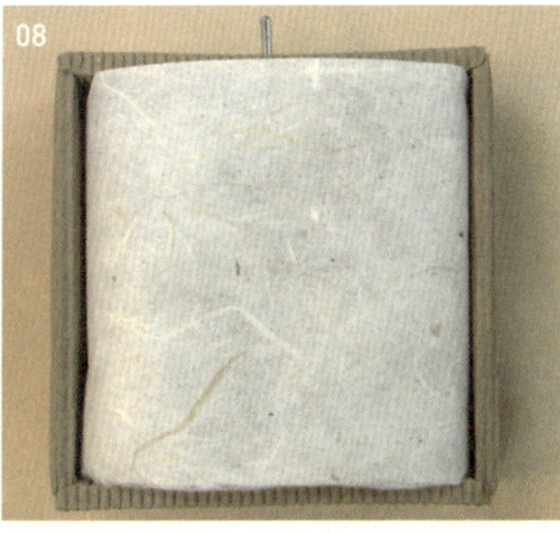

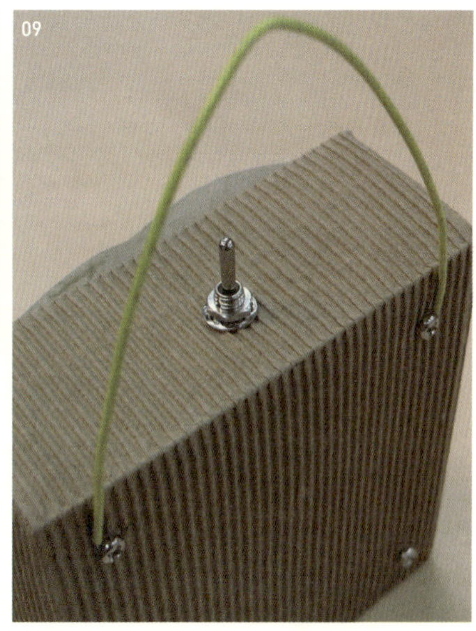

08 종이상자 앞면 크기에 맞게 한지를 자른 후 만능기판 양쪽 사이 홈을 이용하
여 끼운다.

09 종이상자를 벽에 걸 수 있도록 전선 양쪽 끝부분
의 피복을 벗겨내고 갈고리 모양으로 볼트에 감아
준다.

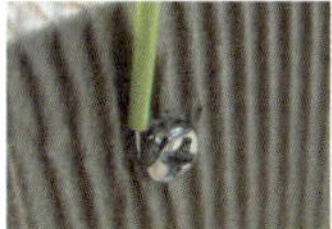

05 작동 테스트

01 토글 스위치를 왼쪽 방향으로 젖히면 녹색 LED에 불이 들어오
면서 기쁨을 나타내는 이모티콘이 표현된다.

02 토글 스위치를 오른쪽 방향으로 젖히면 빨간색 LED에 불이 들어
오면서 슬픔을 나타내는 이모티콘이 표현된다. 토글 스위치를 가
운데 방향으로 놓으면 모든 LED의 전원이 차단된다.

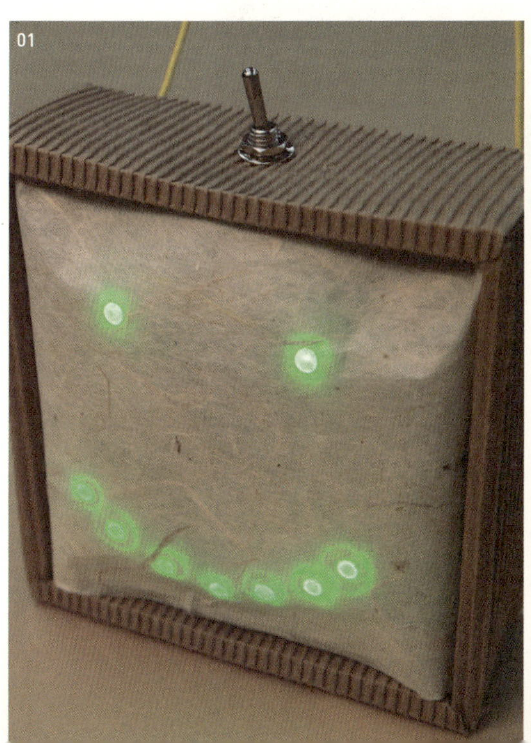

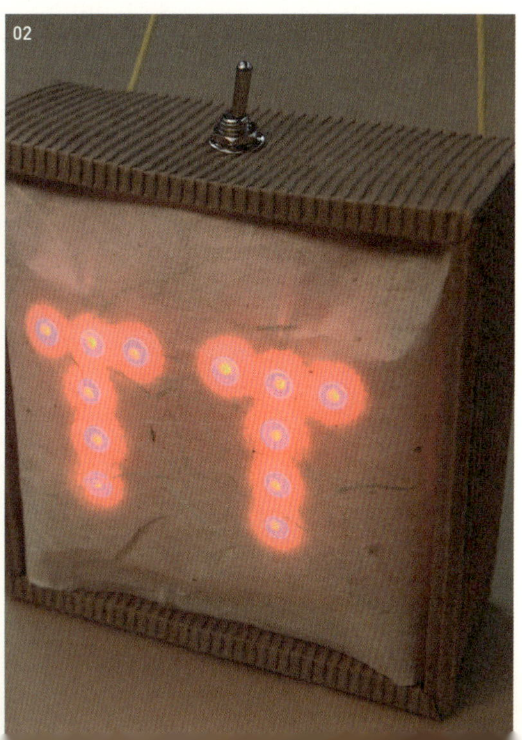

볼트는 두 물체를 결합하거나 부품을 본체에 고정할 때 사용한다. 둥근 나사봉에 다양한 형태의 머리가 달려있다. 결합할 물체에 구멍을 내고 볼트를 넣은 다음 반대편을 너트로 죄어 고정시킨다.

1. 볼트 명칭

니켈도금 둥근 머리 십자 M3-10

재질 머리모양 머리 홈 모양 지름 길이

길이단위
(mm)

2. 볼트 재질

철: 가장 많이 사용되는 재질로 도금 방법에 따라 특성이 구별된다.

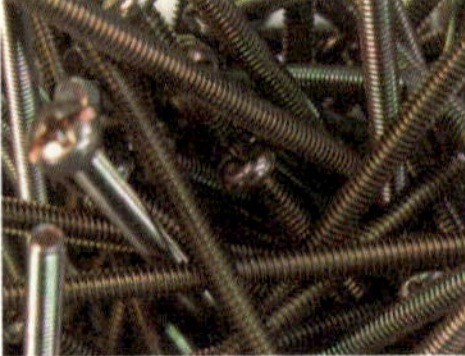

천연색 아연도금

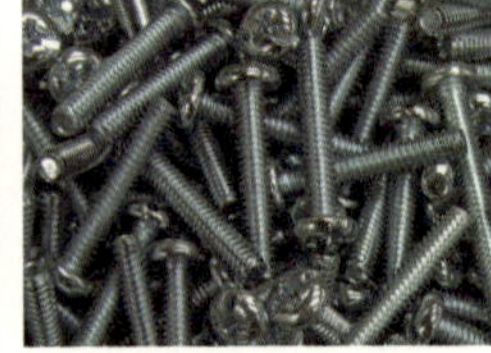

백색 아연도금

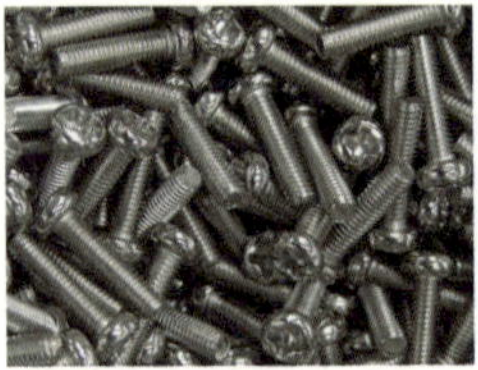

니켈 도금 : 녹이 잘 슬지 않는다.

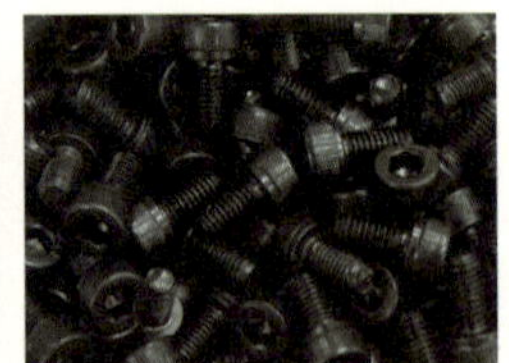

흑착색 도금: 강도가 강하고 기계류에 많이 사용된다.

스테인리스: 철에 비해 강도는 조금 약하지만 녹이 거의 슬지 않으며 자석에 달라붙지 않는다.

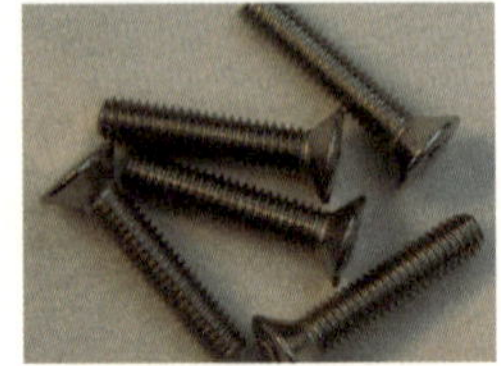

플라스틱: 녹이 쓸지 않으며 매우 가볍다. 투명하게 제작할 수 있지만 강도가 약하고 가격이 비싸다.

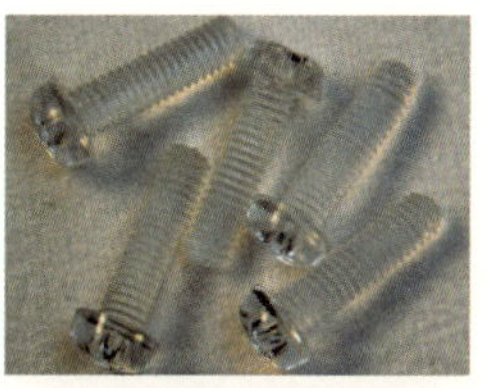

황동(신주): 일반적으로 많이 사용되지는 않지만 색이 아름다워 주로 장식용으로 사용된다.

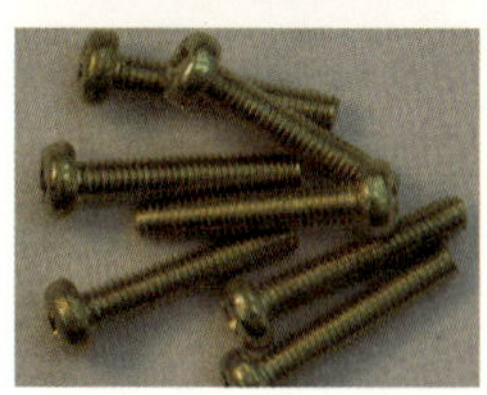

3. 볼트 머리 모양

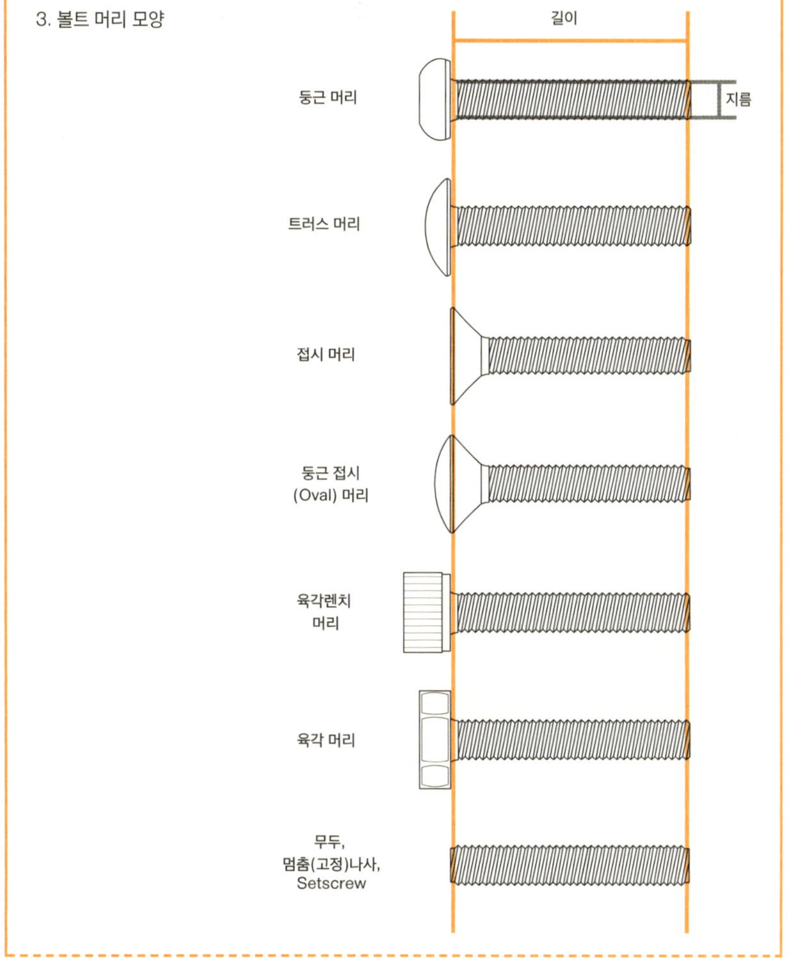

4. 볼트 머리 홈 모양

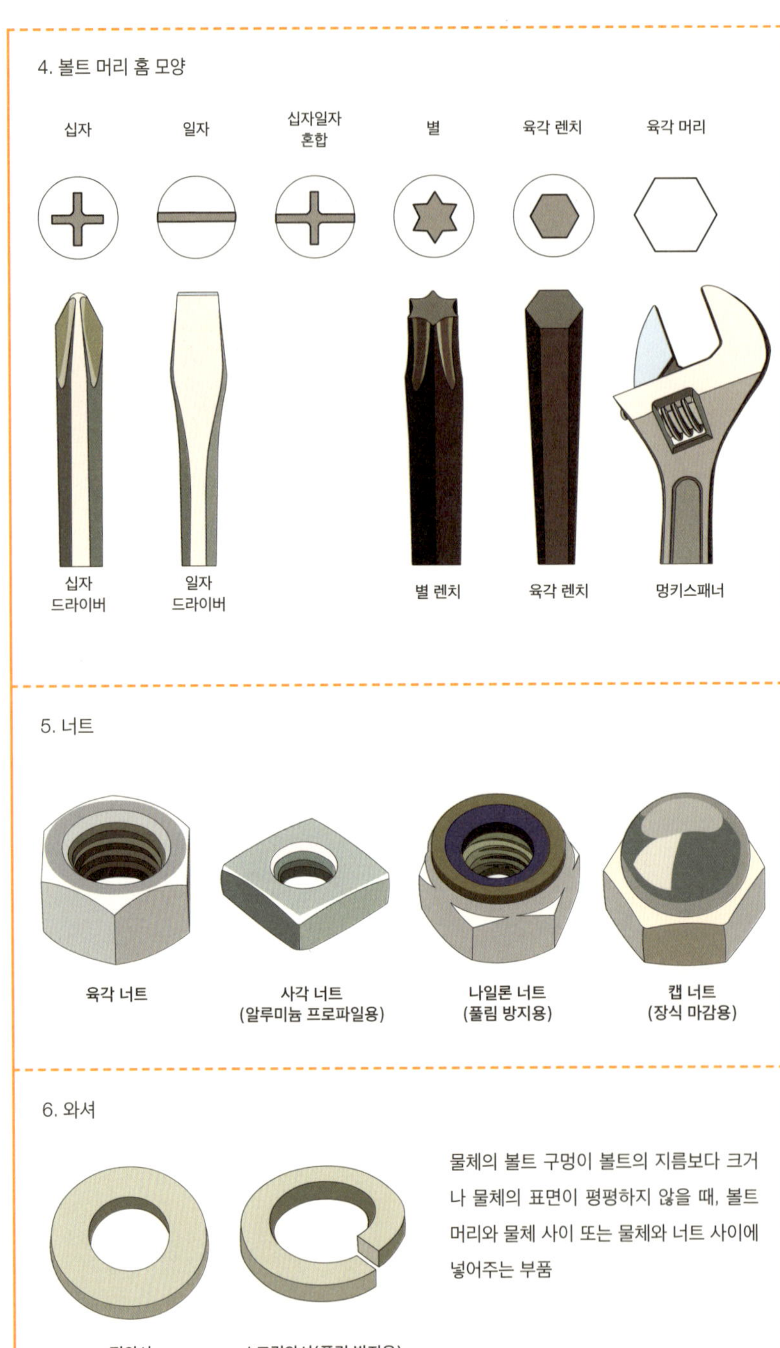

5. 너트

6. 와셔

물체의 볼트 구멍이 볼트의 지름보다 크거나 물체의 표면이 평평하지 않을 때, 볼트 머리와 물체 사이 또는 물체와 너트 사이에 넣어주는 부품

7. 접시머리 십자 M4-20 볼트 사용법

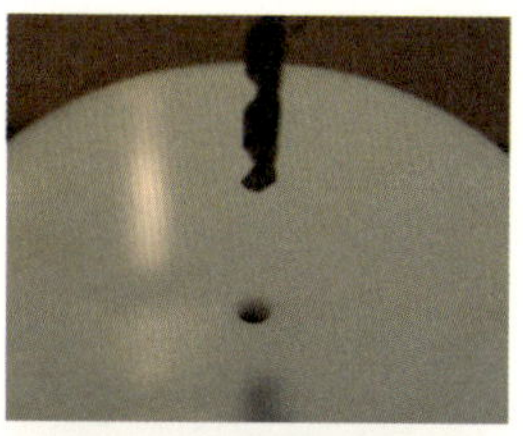

4mm 드릴 비트로 구멍을 뚫는다.

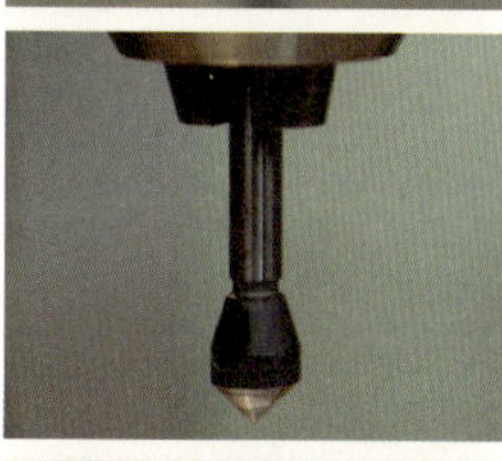

드릴 비트를 카운터 싱크(90도, 지름 10mm)로 교체한다.

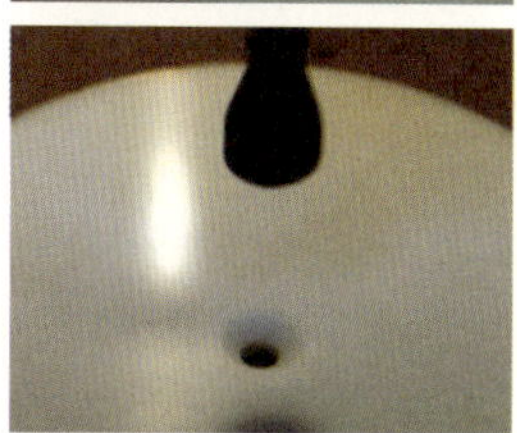

카운터 싱크로 눌러준다. M4일 경우 볼트 윗면 지름이 카운터 싱크 지름보다 작기 때문에 80%만 눌러주는 것이 좋다.

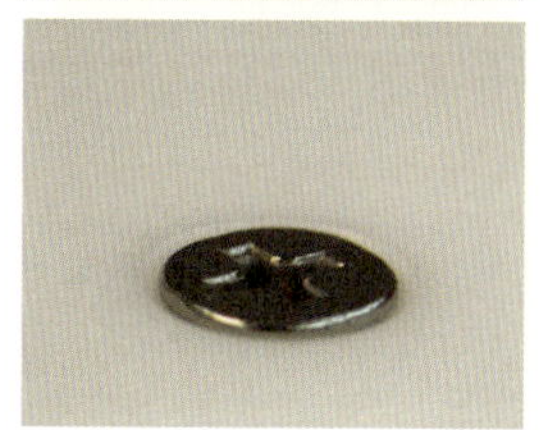

접시머리의 윗면이 물체의 표면과 수평이 된다.

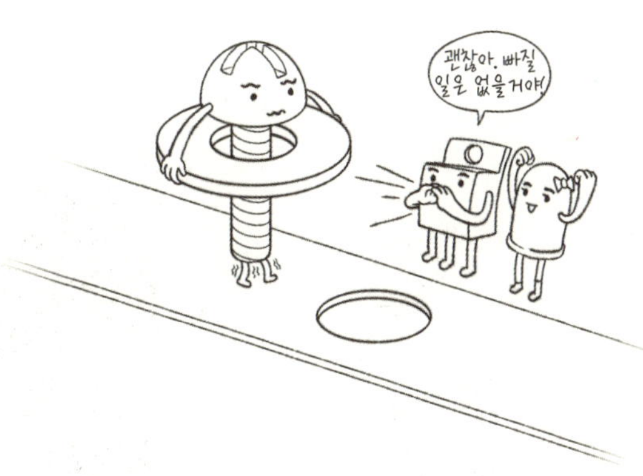

크라운 파운틴, The Crown Fountain

시카고 다운타운에 위치한 밀레니엄 파크에는 크라운 파운틴이라고 불리는 빌딩 모양의 높은 조형물이 있다. 여름철이면 조형물에서 시원하게 물줄기가 뿜어져 나온다. 스페인 건축가 자우메 플렌사(Jaume Plensa)가 밀레니엄을 기념하기 위해 설계한 공공 미술 작품으로 2005년에 완공됐다. 하늘이 비치는 얕은 수면 위에 15미터 높이의 거대한 직사각형 유리 구조물 두 개가 서 있다. 조형물 전면은 디지털 스크린으로 이루어져 있다. 스크린에서는 밀레니엄을 기념해 시카고 시민 1000명의 얼굴을 촬영해 만든 영상이 나온다. 서로 마주 보고 선 두 빌딩 사이, 낯선 얼굴이 4분 간격으로 나타났다 사라진다. 중간에 사람들이 입을 오므리는 장면이 나올 때는 실제로 입에서 세찬 물줄기가 뿜어져 나온다. 이 순간이 되면 어른, 아이 할 것 없이 누구나 물줄기로 뛰어든다. 시카고의 상징인 높은 빌딩과 아름다운 미시간 호수를 자연스럽게 연상시키는 크라운 파운틴은 특히, 무더운 한여름에는 도시에 활력을 불어 넣는다.

이 작품의 또 다른 매력은 요즘 활발하게 이루어지고 있는 미디어아트를 이용한 야외 설치작업이라는 점이다. 컴퓨터는 시민들의 표정을 미리 찍어 놓은 1000개의 영상 중에 하나를 무작위로 선택한다. 영상의 픽셀은 세가지 색(빨간색, 녹색, 파란색)의 비율을 조절하여 하나의 색을 만드는 LED로 이루어져 있다. 그 위로 물이 떨어지면서 영상에서 나오는 LED의 빛이 더욱 신비한 느낌이 난다. 일정한 간격으로 배열된 LED의 빛이 예상치 못한 물의 흐름과 움직임에 따라 다양한 형태와 색깔로 연출되기 때문이다. 이처럼 디지털 미디어의 규칙적인 속성에 자연의 요소인 물의 우연성이 더해지면서 작품이 더욱 빛을 발한다.

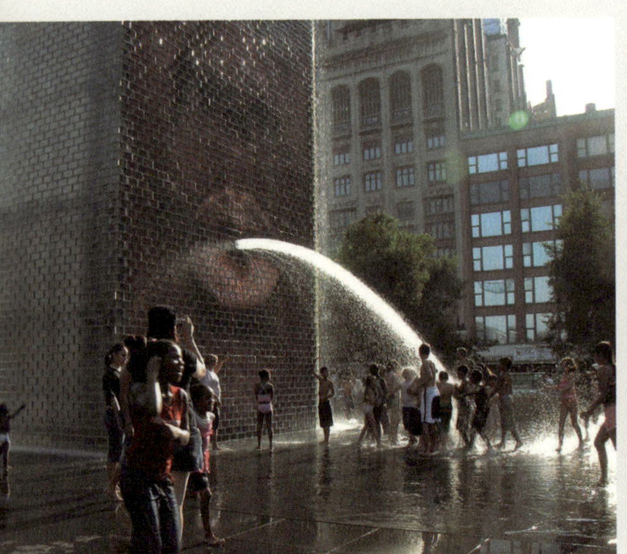
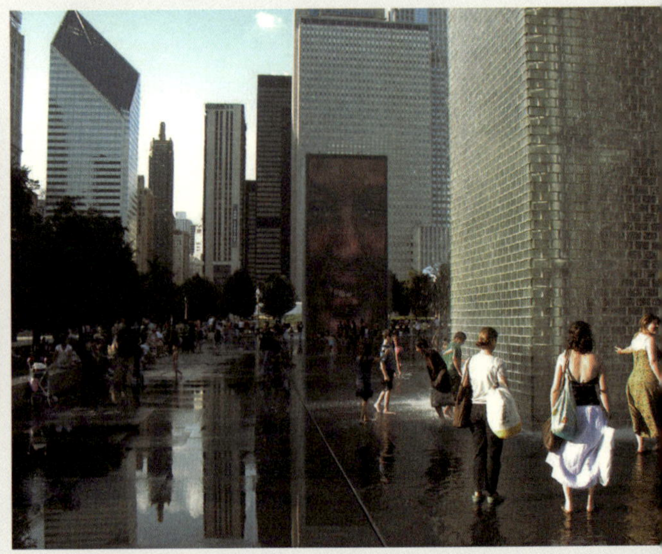

크라운 파운틴 앞에서 문득 '나는 왜 이 작품을 좋아할까?'라는 의문이 생겼다. 밀레니엄을 기념하는 작업이라서? 최신 기술을 활용한 작업이라서? 아니면 폭포처럼 쏟아지는 시원한 물줄기 때문일까? 물론 이러한 요소도 좋지만 왠지 다른 이유가 있다는 느낌이 들었다. 한참을 고민하다 보니 '혹시 저기서 놀고 있는 아이들 때문이 아닐까'하는 생각이 들었다. 시간 가는 줄도 모르고 놀고 있는 아이들과 가족들의 모습을 보고 있으면 나 자신도 즐거워졌기 때문이다. 작품이 드러낸 이미지보다는 작품이 만들어내는 현상을 신나게 즐기는 관객의 모습이 바로 크라운 파운틴을 좋아하게 만든 이유였다. 크기도 짐작하기 힘든 얼굴 영상을 뚫어지게 바라보며 언제쯤 물이 쏟아질까 기대하고 있는 아이들의 눈에서 미디어아트가 지닌 공공미술로써의 가능성을 찾아볼 수 있었다.

사실 크라운 파운틴을 처음 보았을 때는 약간 충격적이었다. 거대한 크기의 조형물에서 사람의 얼굴이 나올 줄은 예상하지 못했기 때문이다. 물이 떨어지지 않는 겨울철에는 얼굴이 더욱 크게 보여서 낯선 느낌마저 들 정도였다. 이러한 충격은 여행하면서 낯선 장소를 접했을 때나 처음 먹어보는 음식에서 느끼는 경험과는 또 다른 신선함이였다. 공공장소에 설치된 크라운 파운틴은 미디어아트가 만들어내는 새로운 경험을 통해 시카고를 방문하는 사람들에게 소중한 추억과 이야기를 들려준다.

미디어아트를 공공미술에 사용할 때는 작가의 의견보다는 대중의 취향이나 유행을 더 많이 고려해야 할 때도 있다. 이럴 경우 자칫 공공 시설물에 미디어아트를 단순히 포장하는 듯한 느낌을 줄 수

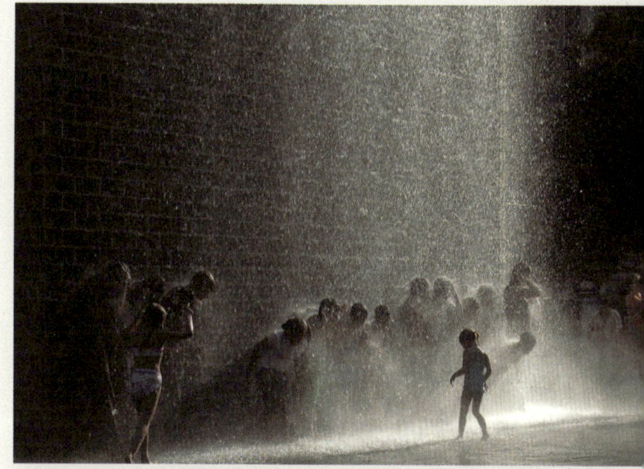

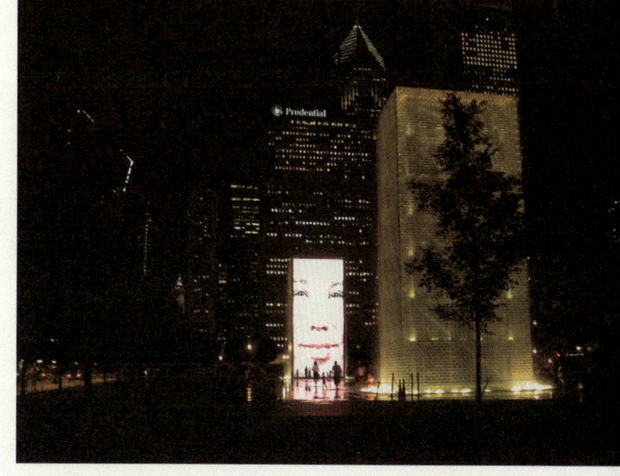

도 있다. 반면에 크라운 파운틴은 미디어아트가 가지고 있는 장점을 잘 이용한 공공미술의 좋은 사례라고 생각된다. 도시에 사는 사람들에게 익숙한 빌딩 모양의 구조물에 미디어아트를 이용하여 친근한 이웃의 모습을 보여주고, 물이라는 자연 매체를 사용해 관객의 참여를 자연스럽게 이끌어내고 있기 때문이다. 크라운 파운틴은 시민들에게 도시 속의 휴식 공간으로 사랑 받고 있다.

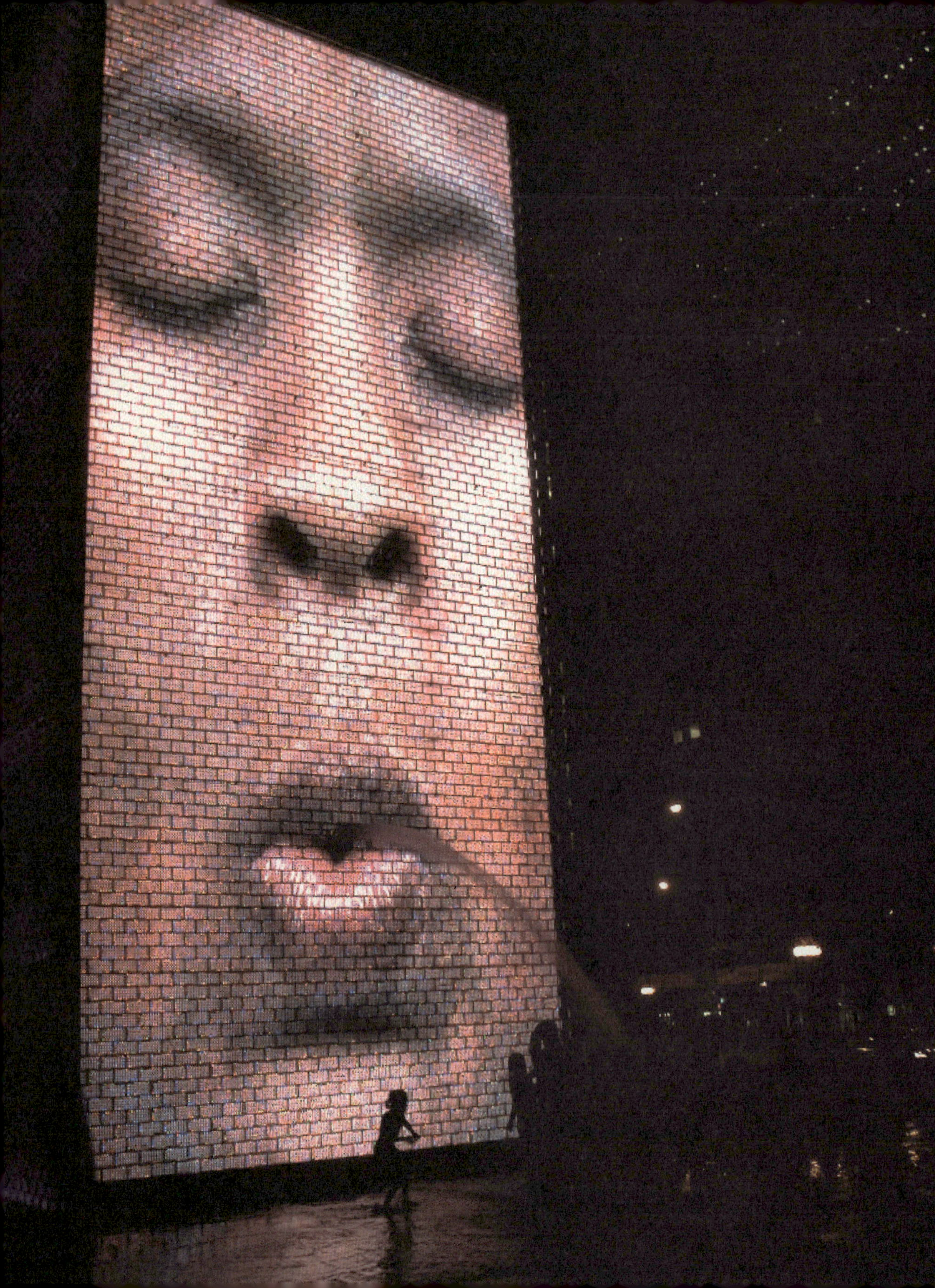

빛장

난이도 ■□□□□
시간 1시간

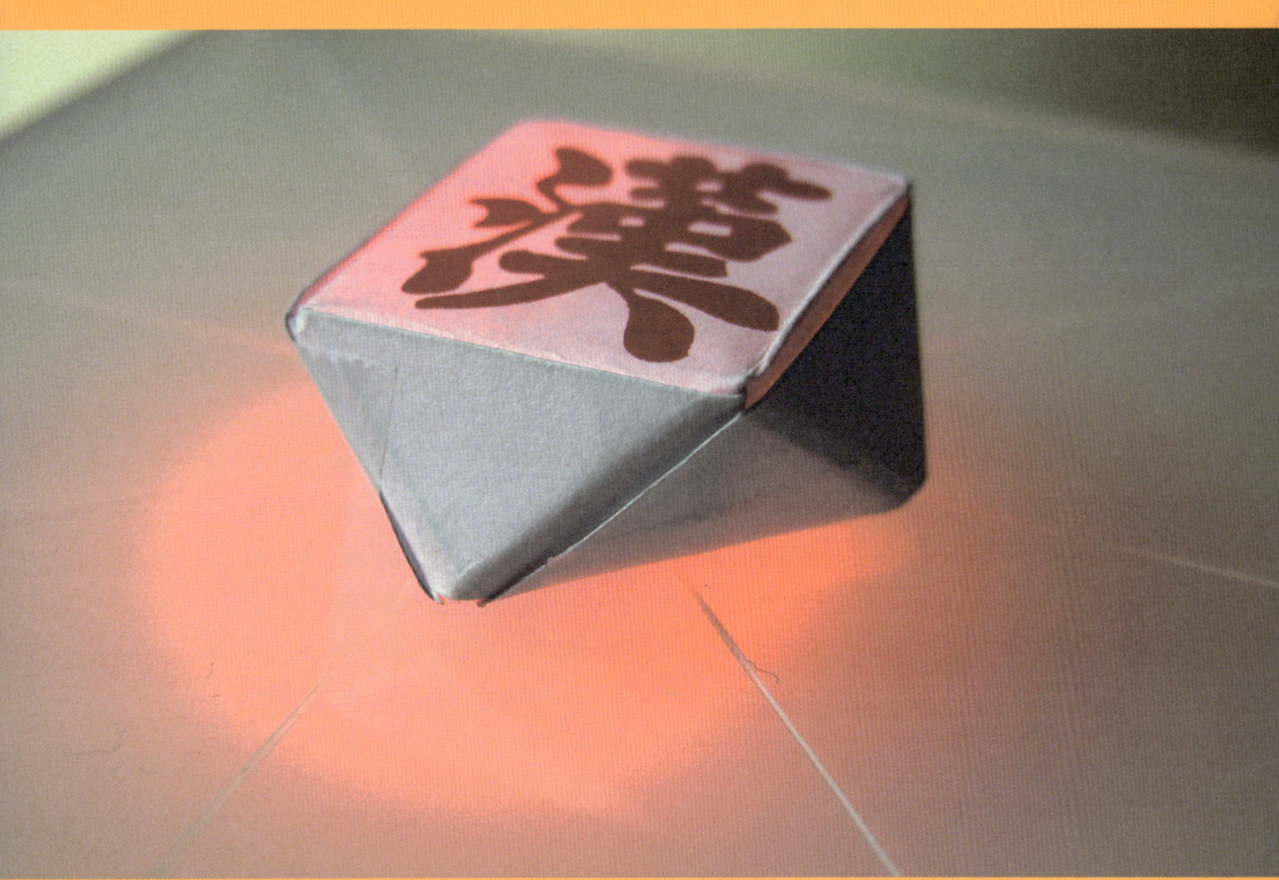

종이로 만든 장기알을 아크릴 판 위에 놓으면 아크릴 밑에 위치한 빨간색 LED가 켜지고 장기알을 들어 올리면 LED가 꺼진다. 장기알 안의 자석으로 아크릴 아래 위치한 리드 스위치를 제어하여 LED를 켜고 끌 수 있다.

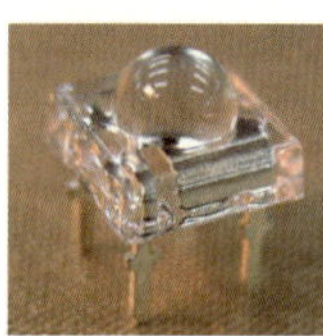

하이퍼플럭스 LED

5파이, 빨간색

작동전압 2.2V, 소비전류 50mA

» 온라인 (엘: EPX33DRD, 디: 6785)

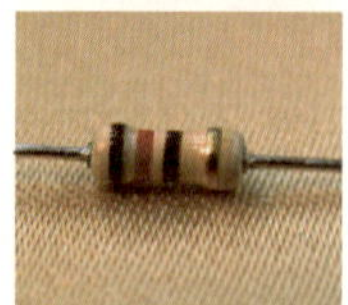

저항 10옴 (1개)

탄소피막 막대저항 1/4W, 5%

» 온라인 (엘: EPX33D87, 디: 913)

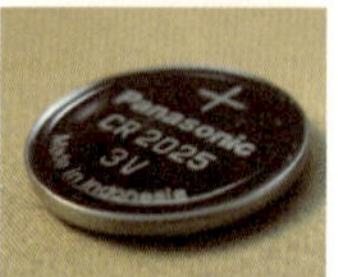

동전형 리튬건전지

전압: 3V, 크기: 2025

(지름 20mm, 높이 2.5mm)

» 온라인 (엘: EPX34HFF, 디: 2932)

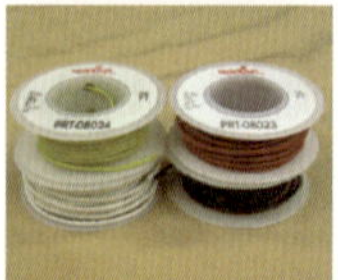

전선 (단심선)

빨간색, 검은색

심 굵기: 0.6mm(22AWG)

» 온라인, 청계천 시장

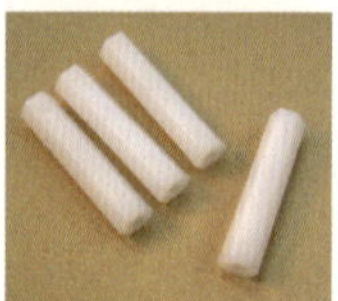

지지대 (4개)

M타입, 3mm 볼트용, 길이: 30mm

» 온라인 (IC114: SUF-30-P)

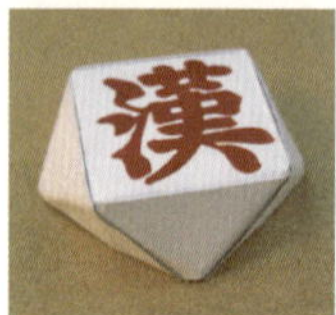

종이 장기알

» 온라인 (장기사랑 아카데미 카페)

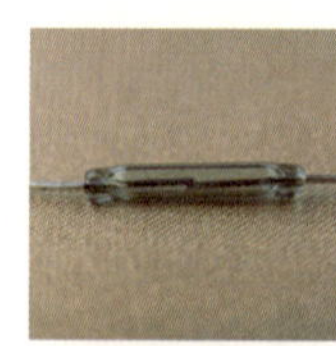

리드 스위치

제조사: HAMLIN

모델명: MLRR-3

» 온라인 (엘: EPX3FDC7, IC114: N570-0B01-T9X0)

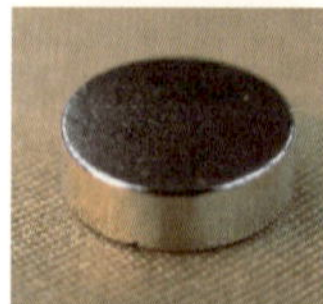

네오디움 자석

크기: 지름 10mm x 높이 3mm

» 온라인 (엘: EPX34WW3, 디: 4629)

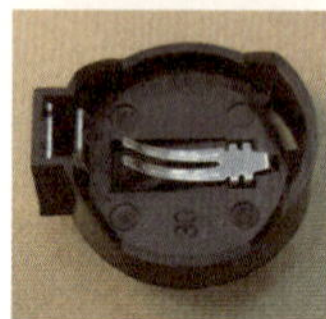

동전형 건전지 홀더

제조사: Meanever

모델명: B66L-2032-DIP

» 온라인 (엘: EPX37WLP, 디: 3133)

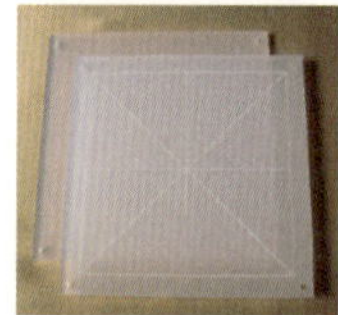

반투명 아크릴 판 (2개)

크기: 가로 12cm x 세로 12cm x 높이 5mm

» 청계천 시장

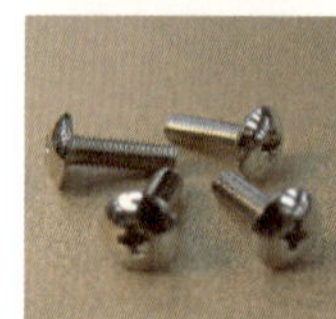

볼트 (8개)

지름: 3mm, 길이: 10mm, 둥근머리 십자

» 온라인 (IC114: BOLTNUT3-10RNW, 엘: EPX38WGT)

공구

인두기, 땜납, 납땜 보조기구, 와이어 스트리퍼, 롱노우즈 플라이어, 니퍼, 십자 드라이버, 전동 드릴, 칼, 가위, 자, 투명 테이프

⬡ 주요 제작단계

01	02	03	04
하이퍼플럭스 LED에 저항과 리드 스위치 연결하기	동전형 건전지 홀더와 연결하기	아크릴 판 조립 및 리드 스위치 테스트	종이 장기알 배치 및 작동 테스트

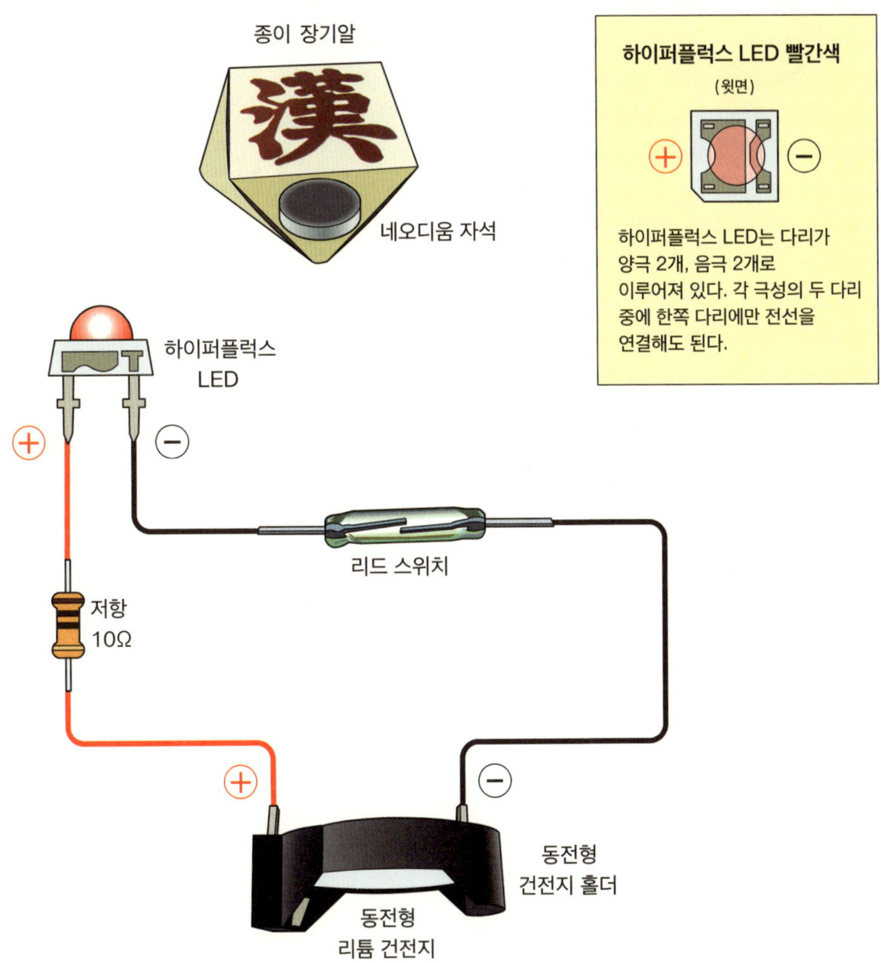
종이 장기알
네오디움 자석
하이퍼플럭스
LED
저항
10Ω
리드 스위치
동전형
리튬 건전지
동전형
건전지 홀더
하이퍼플럭스 LED 빨간색
(윗면)
＋　－
하이퍼플럭스 LED는 다리가
양극 2개, 음극 2개로
이루어져 있다. 각 극성의 두 다리
중에 한쪽 다리에만 전선을
연결해도 된다.

01 하이퍼플럭스 LED에 저항과 리드 스위치 연결하기

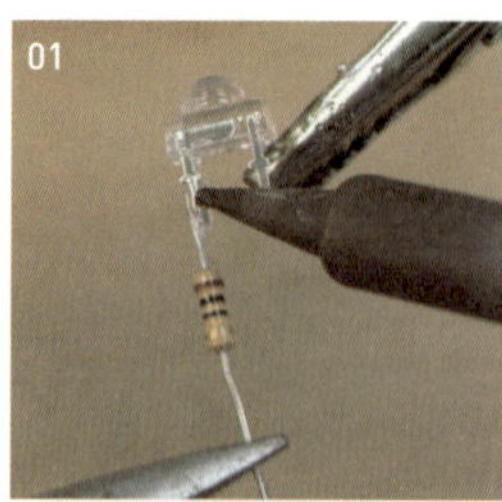

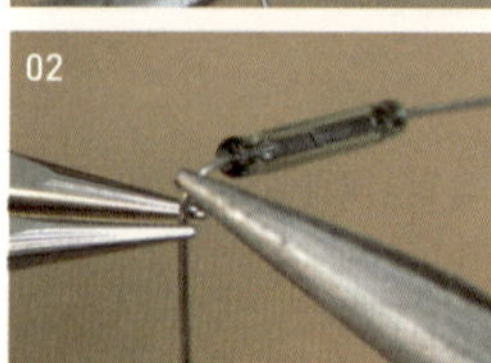

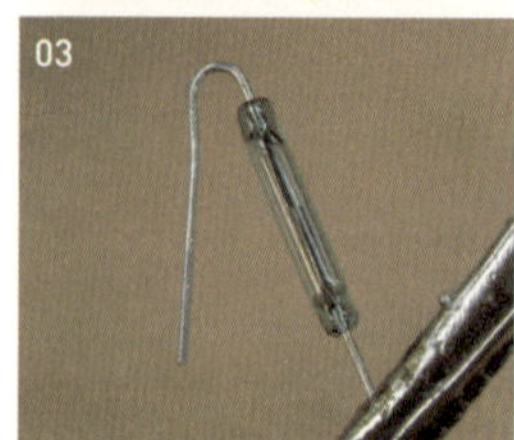

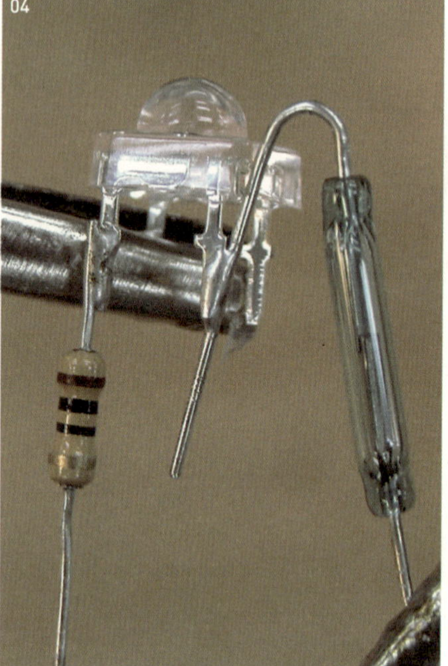

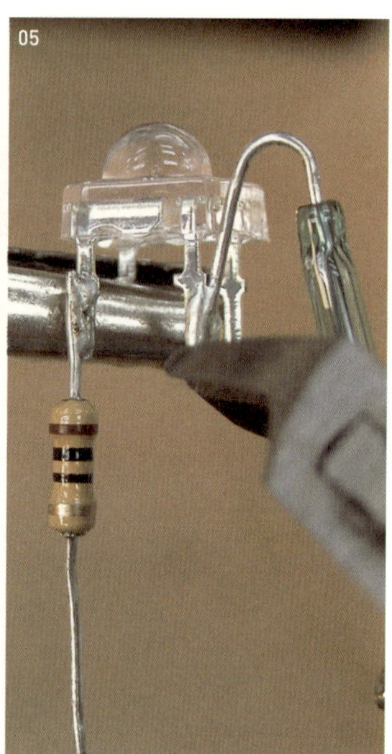

01 저항 10옴 한쪽 다리를 짧게 자르고 LED의 양극(+) 다리에 납땜한다.

02 리드 스위치의 한쪽 다리를 플라이어 두 개를 이용해 천천히 구부린다.

03 그림과 같이 한쪽 다리를 갈고리 모양으로 구부린다.

04 구부린 한쪽 다리를 LED 음극(-)에 납땜한다.

05 납땜 후 리드 스위치의 나머지 부분은 니퍼로 잘라낸다.

TIP 하이퍼플러스 LED는 색상별로 극성의 위치가 다르기 때문에 전선을 연결할 때 주의하여야 한다.

➡ 납땜 방법은 「하이퍼플러스 LED에 납땜하여 전선 연결하기」(80~81쪽) 참고

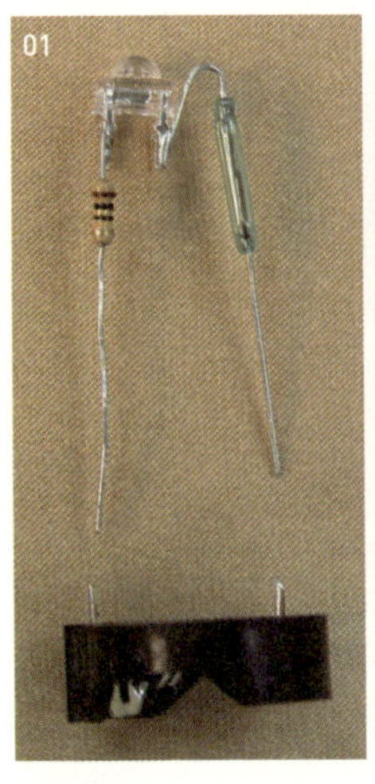

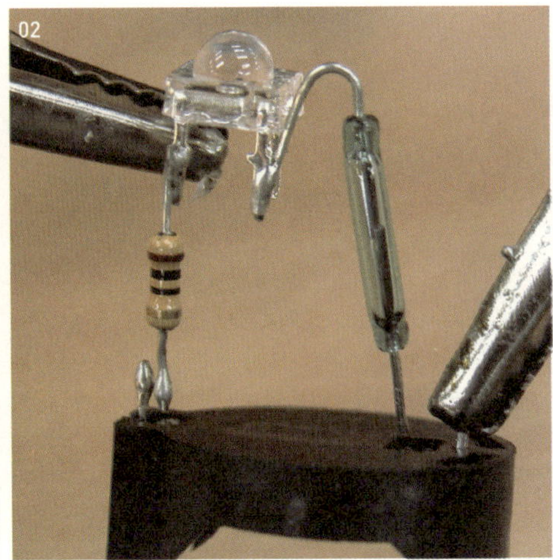

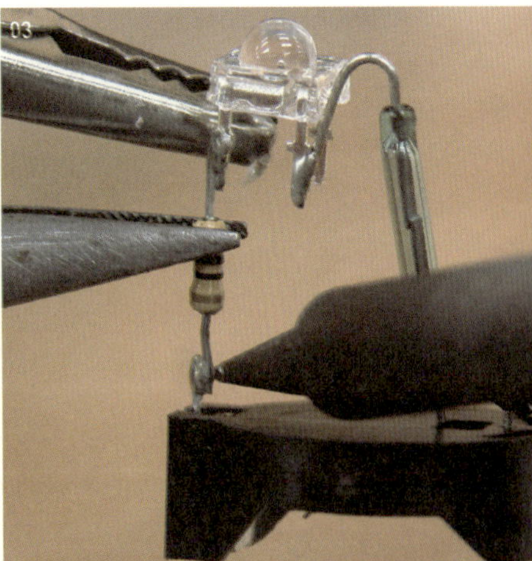

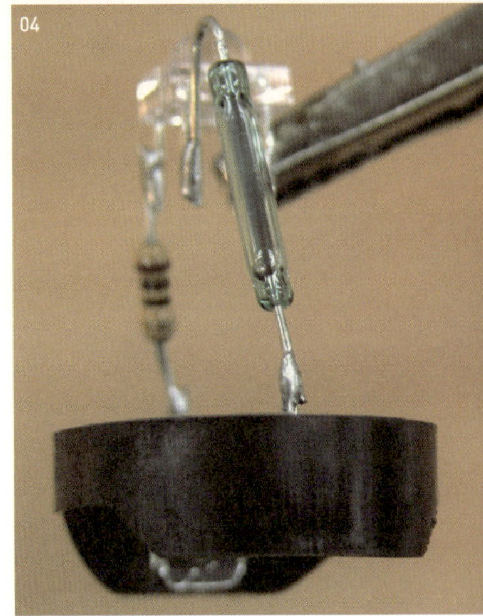

01 LED와 연결된 저항은 건전지 홀더의 양극(+)과 연결하고 리드 스위치는 건전지 홀더의 음극(-)과 연결한다.

02 저항과 리드 스위치의 연결다리를 짧게 자른다. 저항과 건전지 홀더의 양극(+)에 땜납을 조금씩 묻힌다.

03 플라이어로 저항을 잡고 건전지 홀더의 양극(+)으로 가져다 놓는다. 접하는 부분에 인두기 팁을 대고 열을 가하면 양쪽 다리에 묻어 있던 땜납이 녹으면서 서로 연결된다.

04 리드 스위치도 같은 방법으로 건전지 홀더의 음극(-)에 연결한다.

05 3V 동전형 리튬 건전지를 홀더에 끼운다.

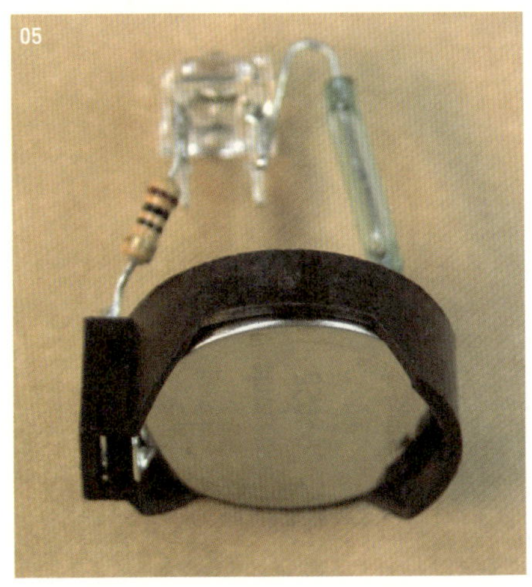

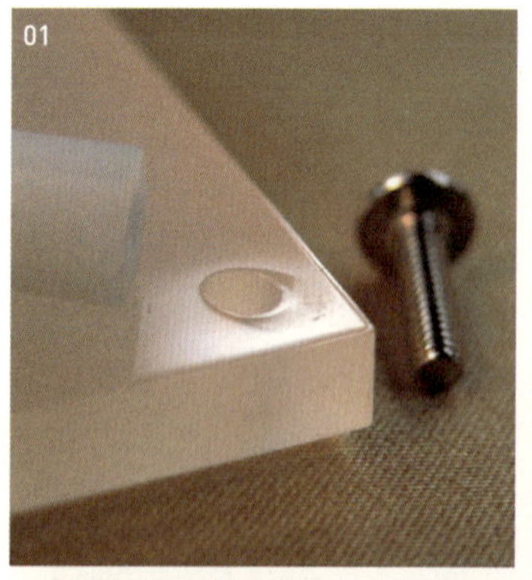

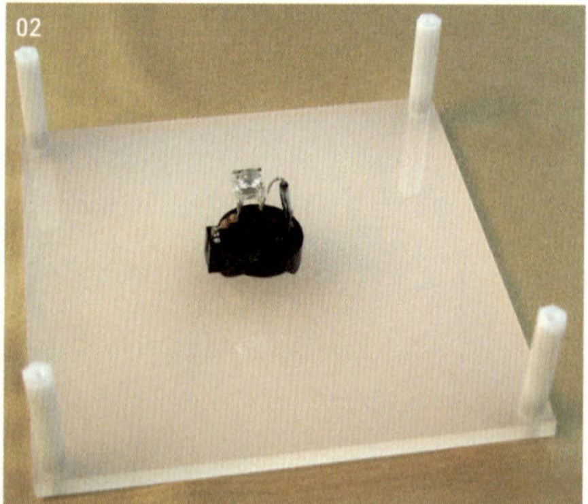

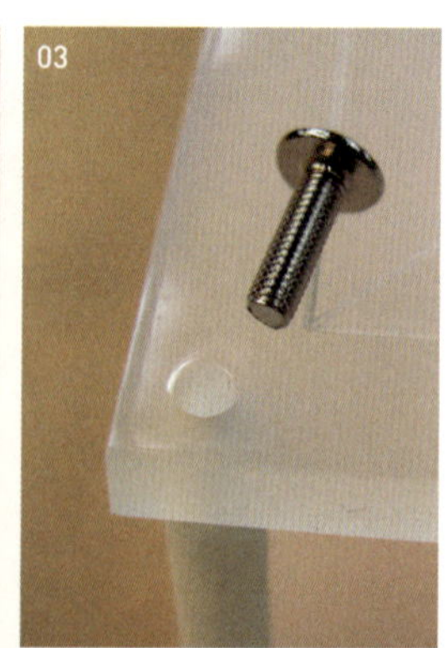

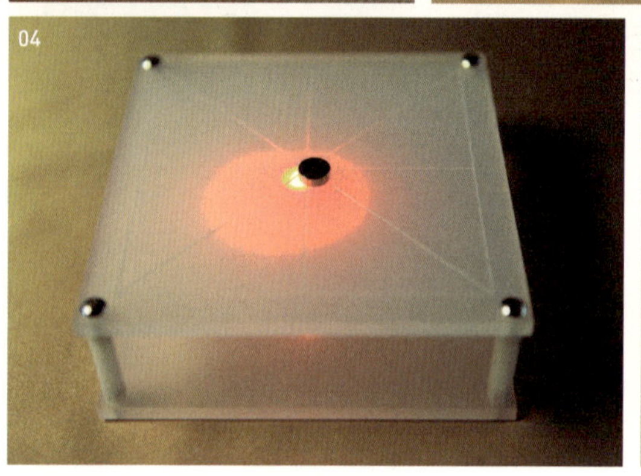

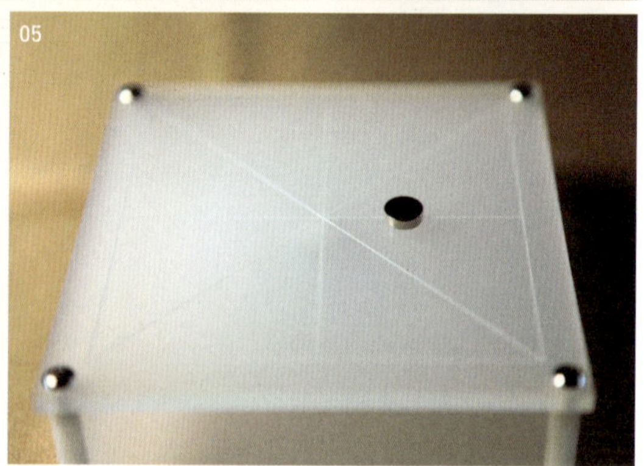

01 반투명 아크릴 판 네 모서리에 지지대를 세우기 위한 3mm 구멍을 뚫는다.

02 밑판 네 모서리에 지지대를 세운다. 밑판 중심에 건전지 홀더와 연결된 LED를 놓는다.

03 윗판 네 모서리에도 3mm 구멍을 뚫고 볼트로 지지대를 고정시킨다.

04 네오디움 자석을 중심 부분에 놓는다. 아크릴 아랫부분에 위치한 빨간색 LED가 켜지는 것을 확인하며 위치를 조절한다.

05 네오디움 자석을 중심 부분에서 떨어뜨리면 LED가 꺼지는 것을 확인할 수 있다.

리드 스위치의 접점 방향을 자석의 위치와 일치시키면 유리관 안에 얇은 두 막대가 서로 연결되면서 회로가 작동(ON)된다.

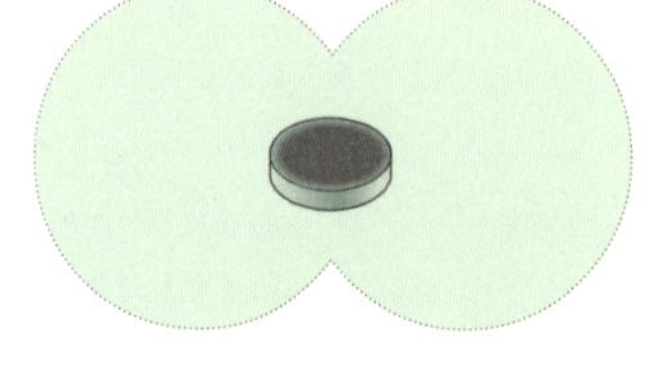

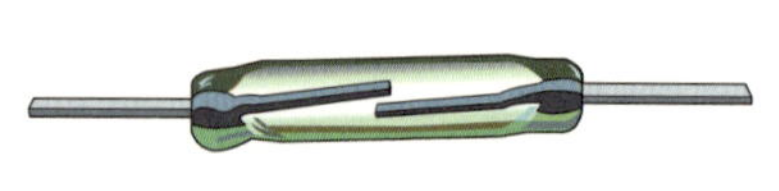

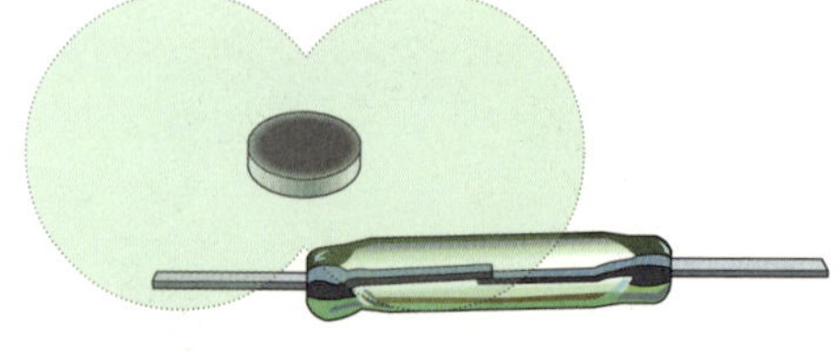

연결 안 됨 (OFF)

연결 됨 (ON)

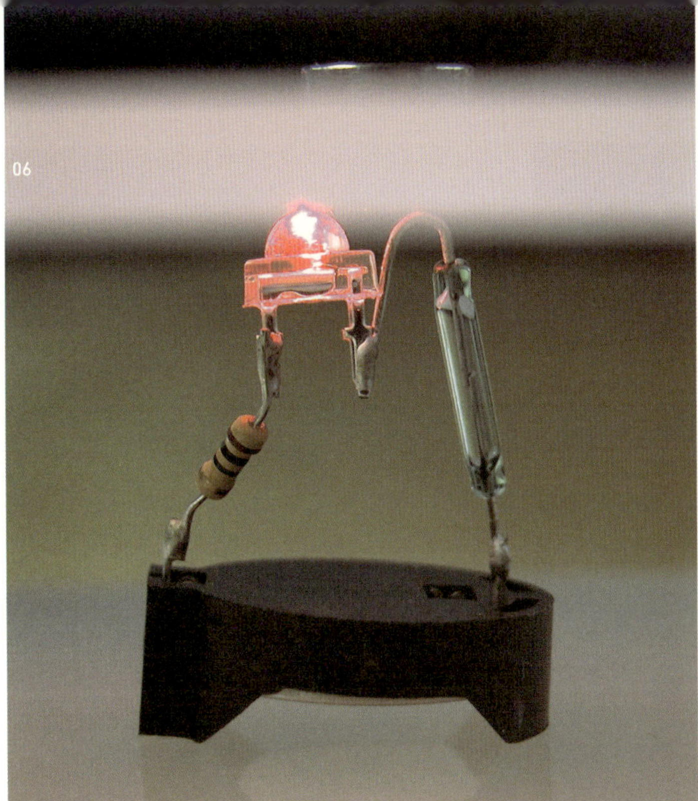

06 아크릴 아랫부분에서 LED가 켜진 모습

04 종이 장기알 배치 및 작동 테스트

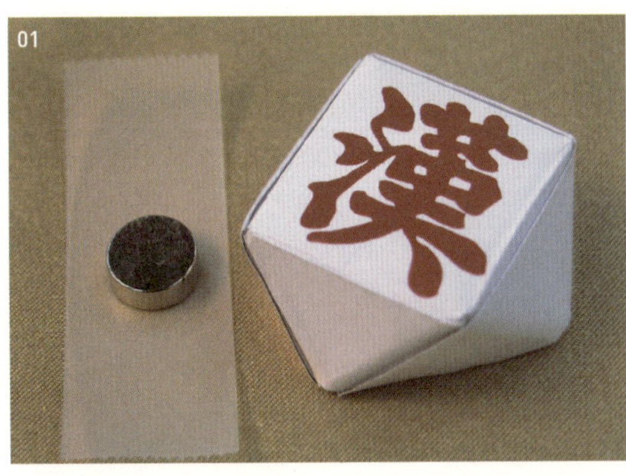

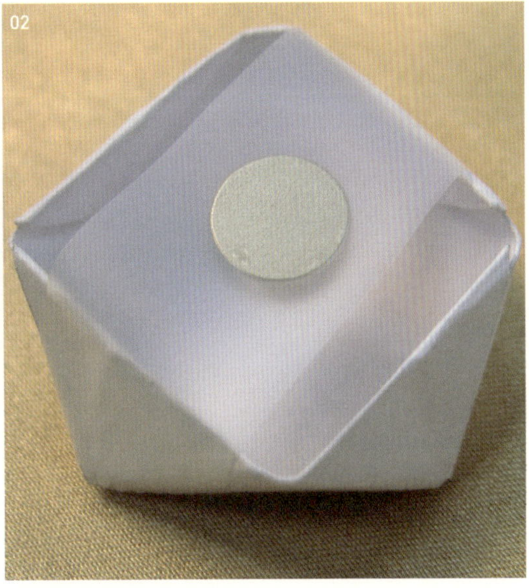

01 종이 장기알은 온라인 카페 장기사랑 아카데미에서 제공하는 <종이접기_ver_2_장기기물_칼라>를 다운받아 프린트 후 순서에 따라 접어준다.

02 네오디움 자석은 투명 테이프를 이용해 아랫부분에 고정한다.

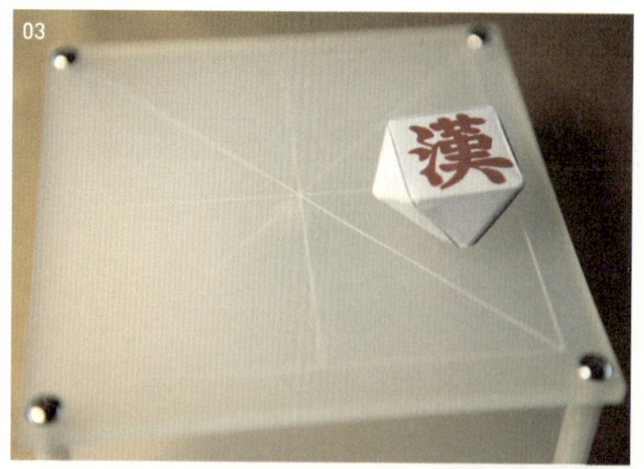

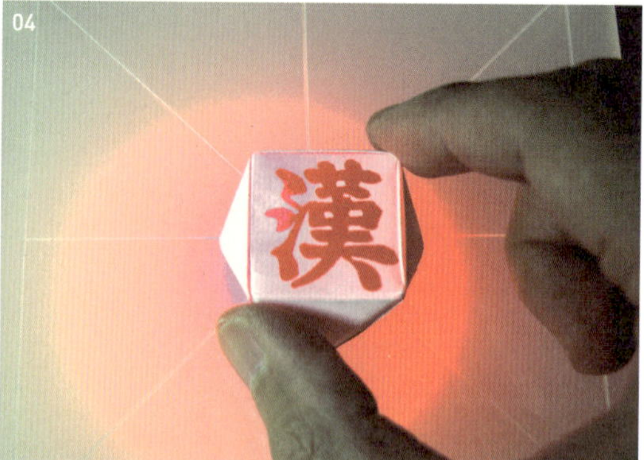

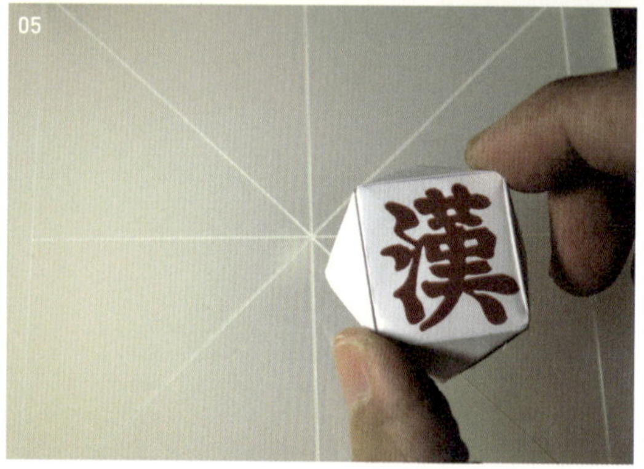

03 자석을 붙인 종기 장기알을 판에 올린다.

04 장기알을 중심에 놓으면 LED가 켜진다.

05 장기알을 위로 들어 올리면 LED가 꺼지는 것을 확인할 수 있다.

06 장기알을 다시 중심에 놓으면 LED가 켜진다. 빛장이요!!!

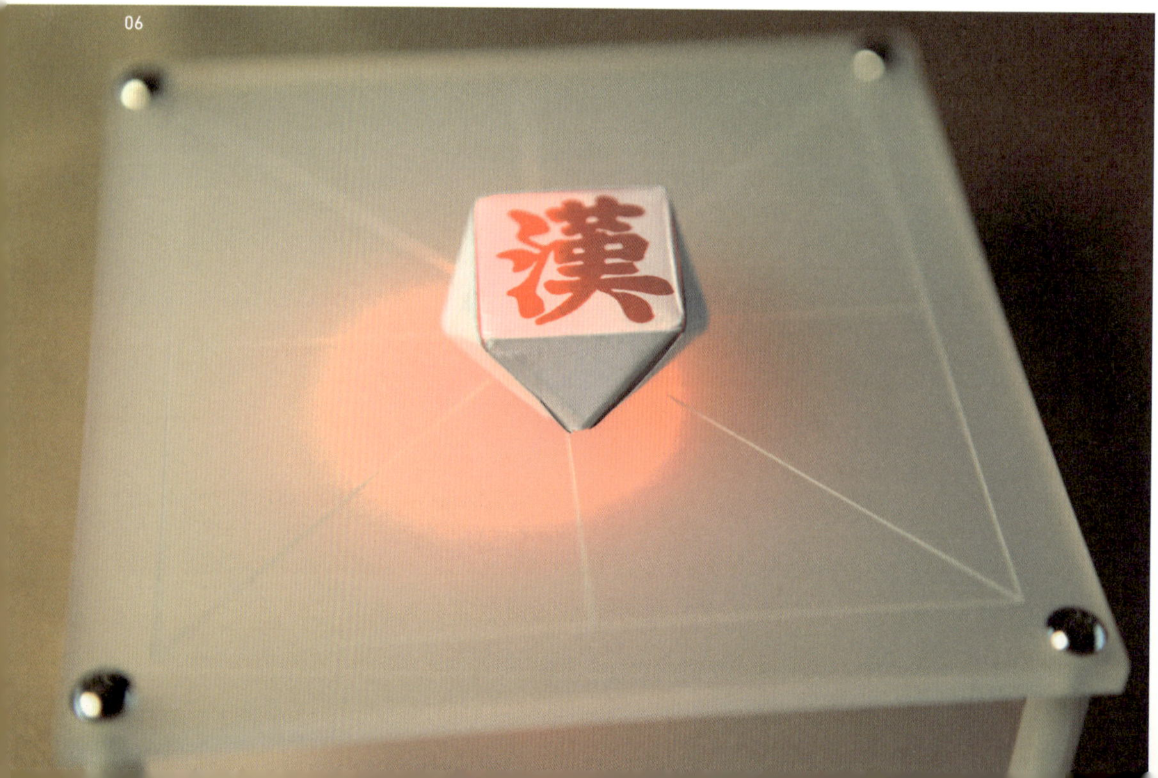

2007년 겨울, 필자가 근무했던 시카고 과학박물관에서는 스타워즈(Star Wars: Where Science Meets Imagination) 전시가 개최됐다. 스타워즈 전시는 보스턴 과학박물관과 영화 〈스타워즈〉 제작사인 루카스 필름이 공동으로 기획한 전시로 미국 전역을 돌아가며 전시 중이였다. 실제 영화 제작 당시 사용하였던 80여 가지의 소품과 모델, 그리고 배우가 입었던 의상을 직접 볼 수 있었다. 전시는 입장객들이 과학 기술을 구현해 볼 수 있는 실험실(Engineering Design Lab), 다양한 로봇이 출연하는 로봇 극장(Robot Theater), 빛의 속도보다도 빠르다는 밀레니엄 펠콘(Millennium Falcon)의 조종석 등을 체험해 볼 수 있도록 구성되었다.

역시 '스타워즈' 하면 빼놓을 수 없는 두 로봇, R2-D2와 C-3PO가 가장 먼저 눈에 들어왔다. R2-D2와 C-3PO는 1977년 처음 '에피소드 4: 새로운 희망'이 개봉한 이래로 2005년 마지막 '에피소드 3: 시스의 복수'까지 총 6편의 에피소드에 모두 등장하면서 다양한 활약을 한다. 두 로봇은 아나킨과 페드메 여왕의 비밀 결혼식의 증인이기도 하다. 특히, R2-D2는 그해 스타워즈 출시 30주년을 기념하여 우체통으로 만들어져 다시 한 번 사랑 받았다. 이외에도 제다이 기사들의 정신적 지주인 요다의 모델과, "I am your father"라는 대사로 유명한 다스 베이더의 의상도 볼 만했다.

다양한 캐릭터와 함께 영화에 나오는 우주선 모델도 전시되었다. 조지 루카스 감독이 햄버거를 먹다가 영감을 얻어 디자인했다는 밀레니엄 펠콘은

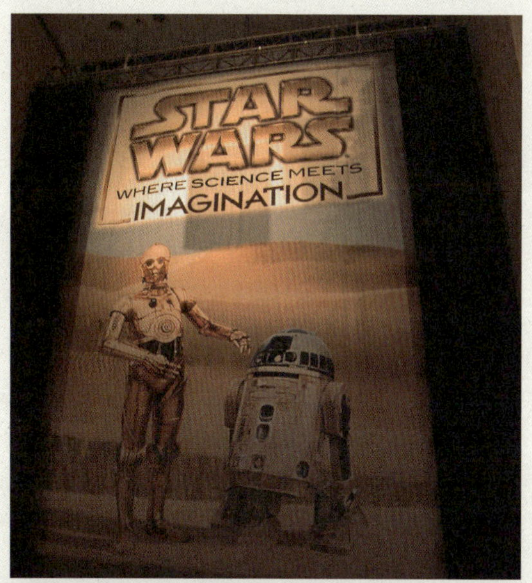

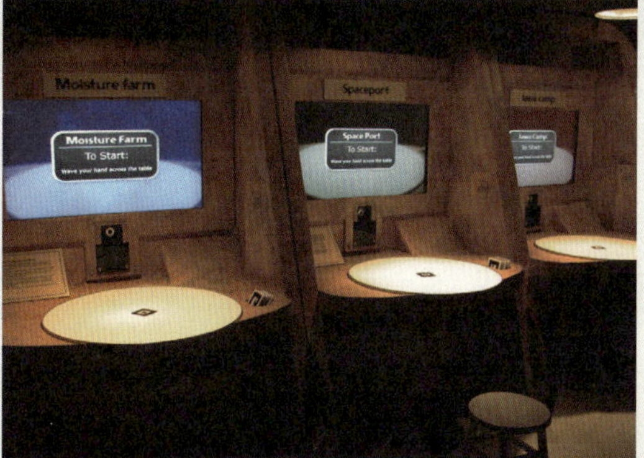

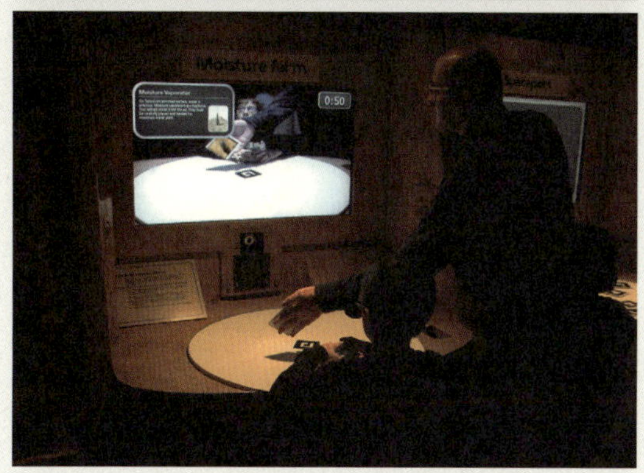

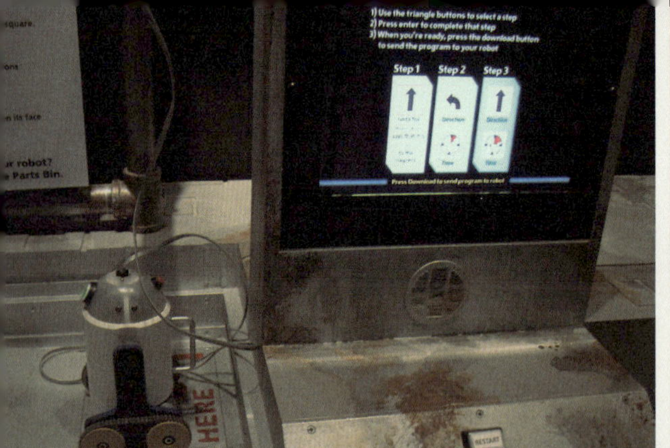
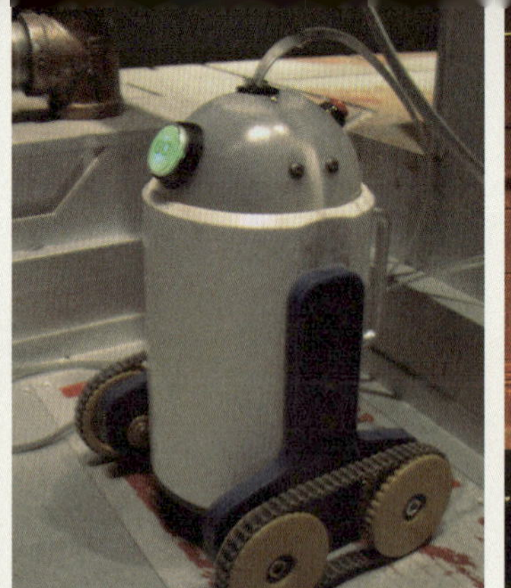
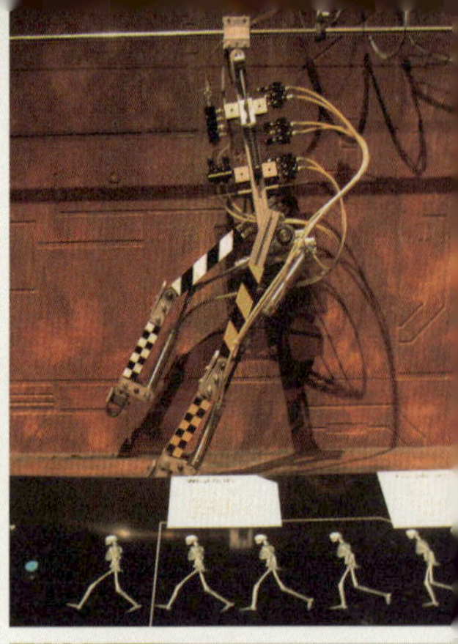
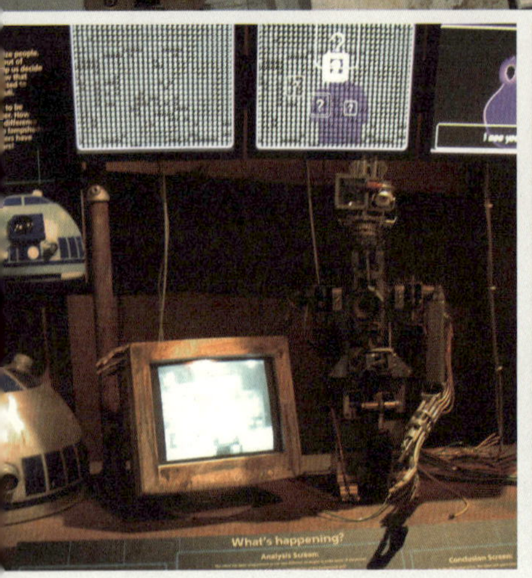
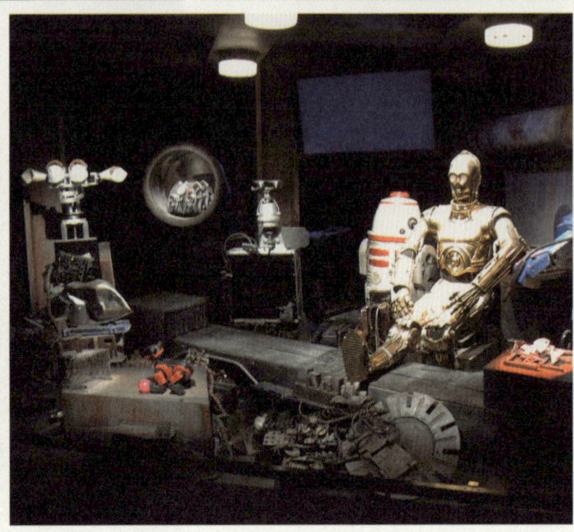
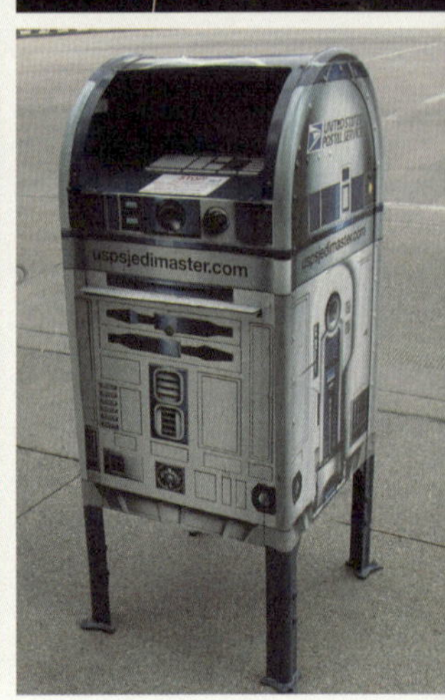

여러 가지 크기로 제작되어 영화에 사용되었다. 에피소드 4와 5에 등장하는 가장 큰 밀레니엄 팰콘은 길이가 26미터에 무게가 자그마치 23톤이나 나갔다고 한다. 다스 베이더의 본거지이자 주요 함대인 데바스테이터와 루크가 타고 다녔던 X-wing도 눈에 띄었다.

스타워즈 전시의 주제는 〈과학과 상상력이 만나는 곳〉이었다. 사실 스타워즈에 등장하는 로봇과 교통수단은 현대 과학 기술로는 구현할 수 없는 상상의 산물이다. 밀레니엄 팰콘의 빛보다 빠른 속도라든지, 지상으로부터 살짝 떠올라 달리는 루크의 스피더, C-3PO가 구사하는 600만개의 의사 소통능력, R2-D2가 허공에다 레이저를 쏘아 보여주는 3D 입체 영상 등을 예로 들 수 있다. 스타워즈 전시에서는 이러한 상상 속의 기술을 구현할 가능성이 있는 현대 과학 기술을 보여주며 관객들의 참여를 유도했다.

처음으로는 영화에 등장했던 루크의 스피더와 함께 현재 기술 발전을 이루고 있는 공기부양선(Hovercraft)과 자기부상열차(Maglev)를 소개하고 있다. 공기부양선은 배의 바닥에서 높은 압력의 압축 공기를 수직으로 분사하여 물 위나 땅 위를 살짝 떠서 나아가는 배다. 자기부상열차는 강력한 자기력을 이용해 떠오른 후 일정한 간격마다 만들어지는 자기장을 이용하여 앞으로 나아가는 형태의 교통수단이다. 이러한 자기부상열차의 원리를 이해

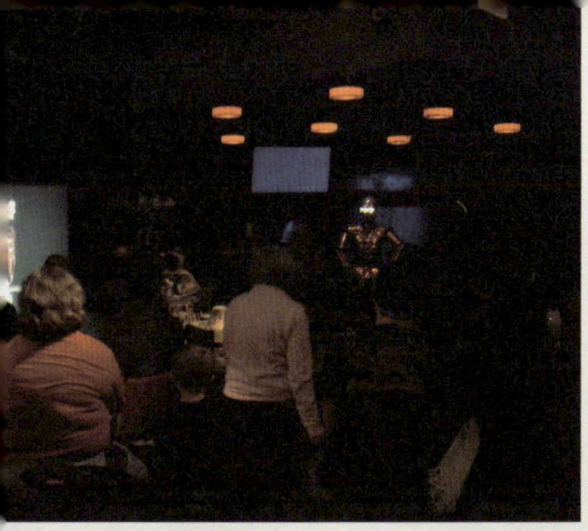
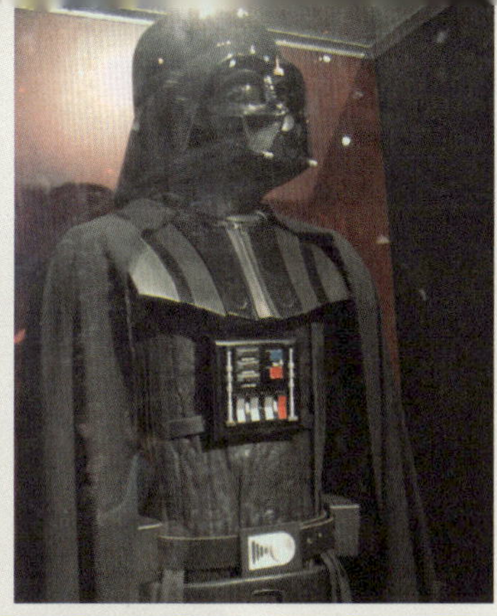
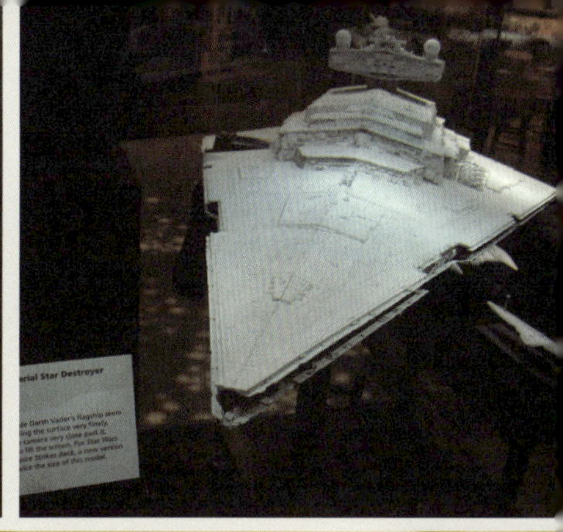
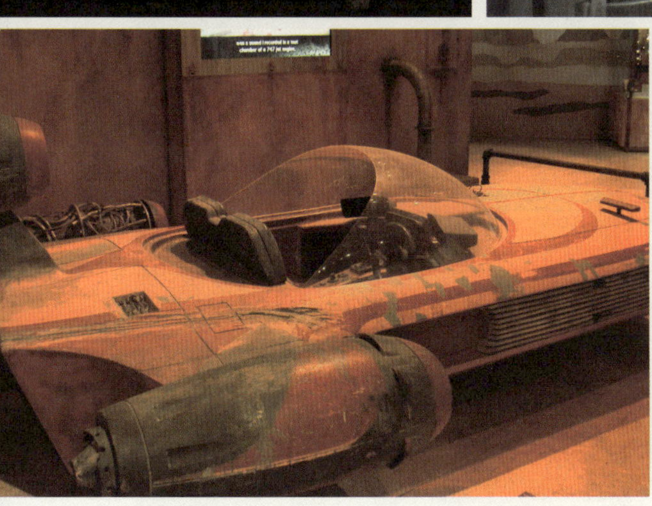
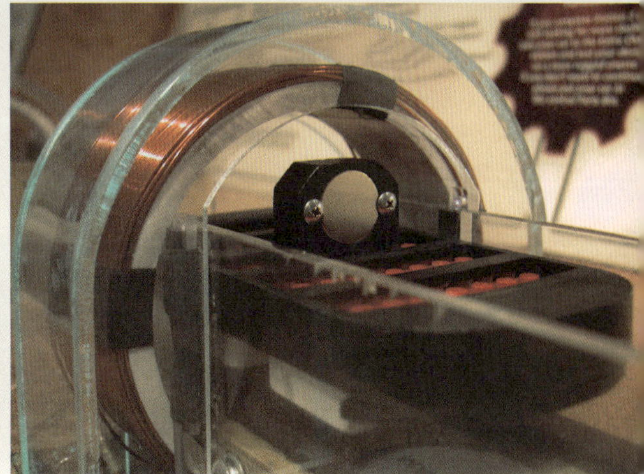

하기 위해 관람객들은 자석이 붙어있는 레고를 이용하여 직접 자기부상 레고를 만들어 테스트해 볼 수 있었다.

다음은 R2-D2의 3D 입체 영상을 떠올리게 해주는 비디오 게임이다. 모니터 밑에 카메라를 설치하여 관객이 제시하는 카드의 문양을 인식하여 그 문양이 의미하는 건물의 이미지를 카드 위에 입체적으로 보여준다. 관객들은 테이블 위에 다양한 종류의 카드를 배열하여 마을을 만들 수 있는데, 만약 그 마을에 물이 부족하거나 방어가 허술해지면 적들의 공격이 시작되고 부족한 부분을 보충해 주면 적들의 공격이 사라지는 게임이었다.

또한 미니 로봇을 자신이 원하는 곳으로 갈 수 있도록 프로그램해볼 수 있는 실험실이 있었다. 적외선, 자석, 열을 감지할 수 있는 미니 R2-D2에 컴퓨터를 이용하여 자신이 원하는 센서와 움직일 방향, 시간 등을 입력할 수 있다. 몇 번의 테스트를 거친 후 자신이 원하는 곳까지 무사히 R2-D2을 보내면 성공이다.

이외에도 로봇이 어떻게 사람을 인식할 수 있는지를 보여주는 로봇 비전, 로봇의 관절을 어떻게 움직여야 걸을 수 있는지를 알 수 있게 해주는 워킹 로봇도 흥미로웠다. 전시 중에 가장 눈에 띄는 곳은 조그마한 무대가 만들어져 있는 로봇 극장이었다. 스크린을 통해서 과학자가 나와 여러 로봇들과 함께 일상생활에서 로봇이 사람들에게 어떤 도

움을 줄 수 있는지, 우리들은 어떻게 로봇을 이해
하고 그들과 친해질 수 있는지에 대해 12분 동안
재미있게 대화를 나눈다. 대화 내용 중 C-3PO가
R2-D2는 인간들과 의사소통을 잘 못한다고 과소평
가하자 과학자는 에피소드 1에서 적들의 공격에 부
서진 비행선의 방어막 시스템을 R2-D2가 위기를
무릅 쓰고 고치는 장면을 예로 들면서 꼭 사람들과
같은 말을 하지 않는다고 해서 R2-D2를 과소평가
해서는 안 된다고 말하는 장면이 인상 깊었다.

이처럼 스타워즈 전시는 다양한 볼거리와 함께
영화 속에 숨어 있는 과학 기술들을 소개하였다.
단순히 상업적 홍보 수단으로 흥행에 성공한 영화
를 전시에 끌어 들인 것이 아니라, 영화를 통해서
친근해진 로봇 캐릭터들을 이용하여 자칫 어렵게
만 느껴질 수 있는 현대 과학 기술을 쉽게 풀어내
고 있었다. 박물관 주차장에 줄지어 서 있는 스쿨
버스를 보면 알 수 있듯이 스타워즈 전시는 또 다
른 교육의 장인 것이다. 학생들은 교과서를 통해서
자기부상열차의 원리를 이해하기보다는 자신이 만
든 자기부상 레고를 앞으로 전진시켜 보면서 자석
의 원리와 자기장의 효과를 깨닫는다. 자연스러운
참여를 통해서 얻어지는 교육의 효과를 중요하게
생각했던, 전시기획자의 '포스'가 잘 느껴지는 전시
였다.

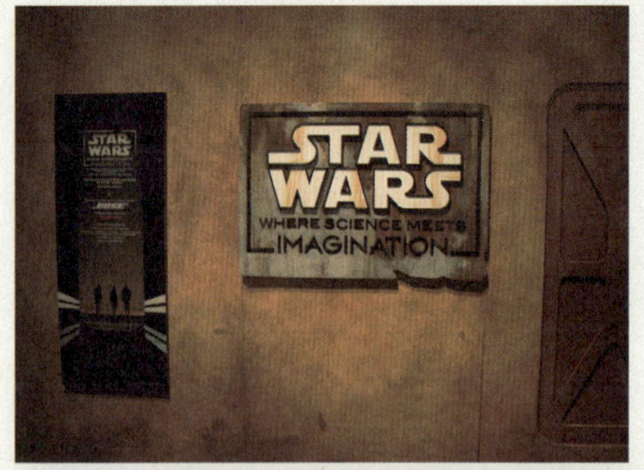

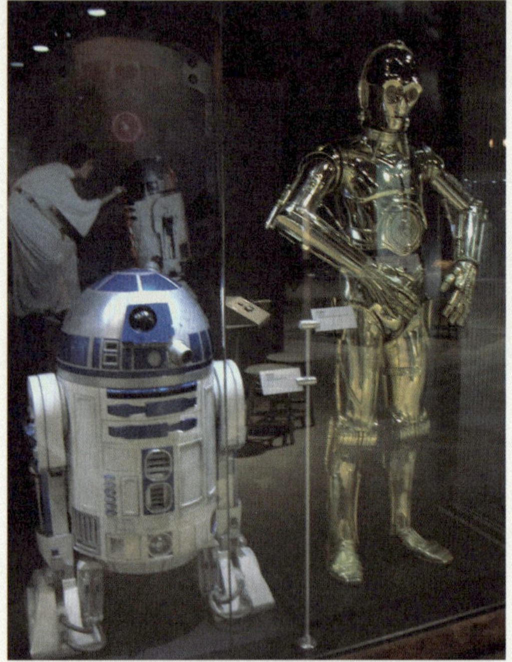

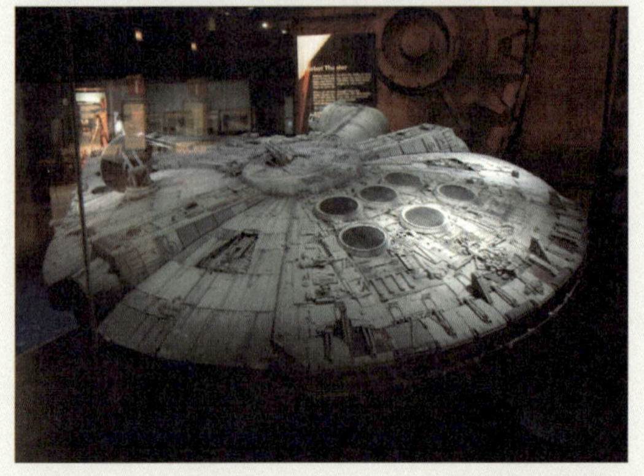

방울 목걸이

난이도　■■■□□
시간　1시간 30분

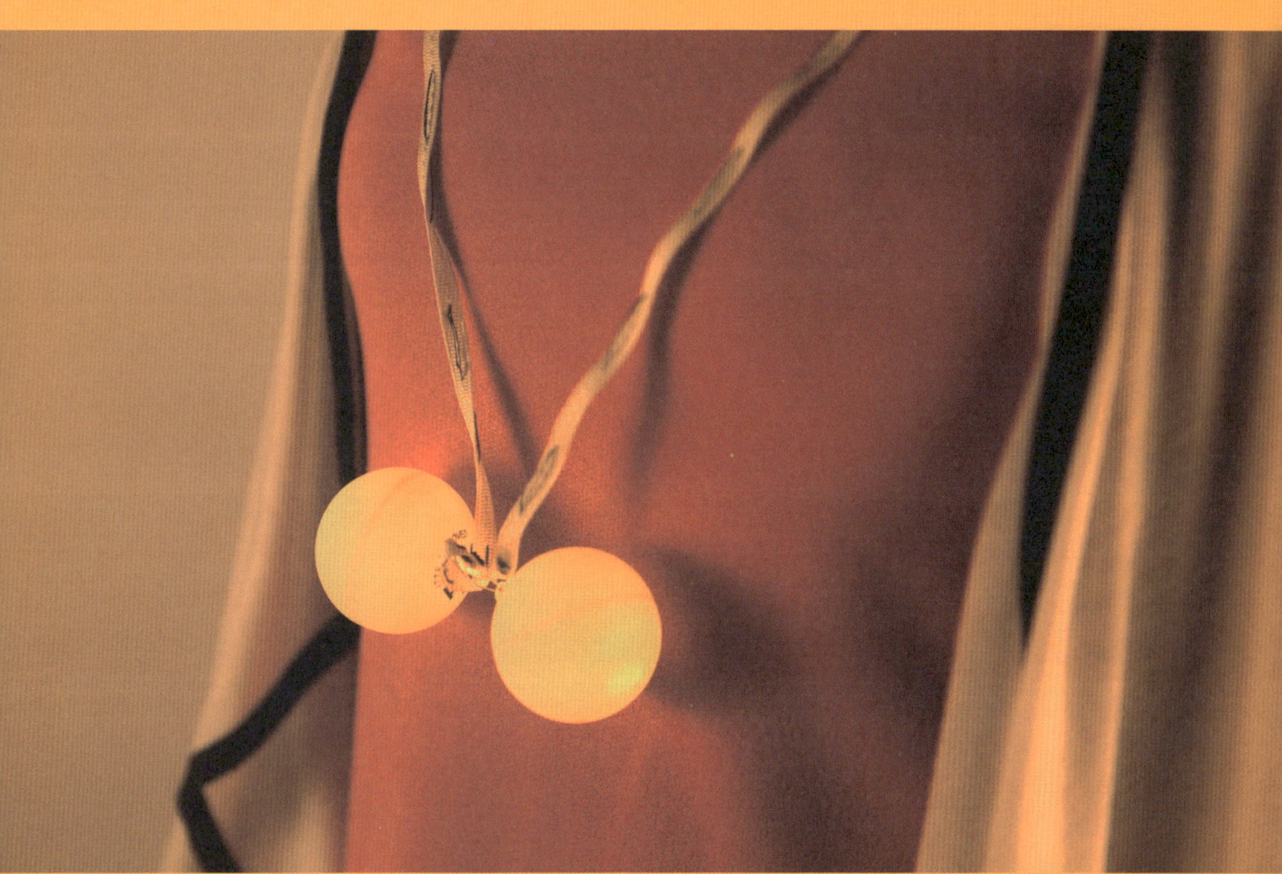

동전형 건전지와 전기가 통하는 전도성 실을 이용한 실습.

노란색 LED에서 빛이 나는 목걸이.

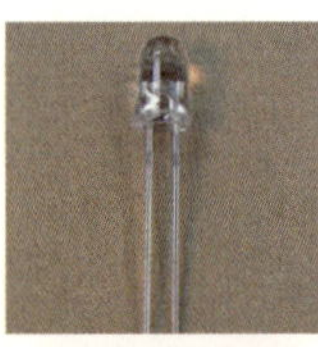

고휘도 투명 LED (2개)

5파이, 노란색

작동전압: 2.6V, 소비전류: 20mA

» 온라인 (엘: EPX33DPP, 디: 194)

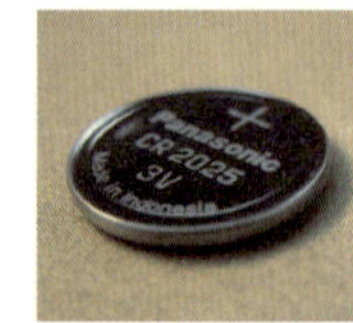

동전형 리튬건전지

전압: 3V

크기: 2025 (지름 20mm, 높이 2.5mm)

» 온라인 (엘: EPX34HFF, 디: 2932)

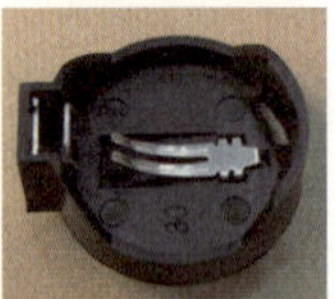

동전형 건전지 홀더

제조사: Meanever

모델명: B66L-2032-DIP

» 온라인 (엘: EPX37WLP, 디: 3133)

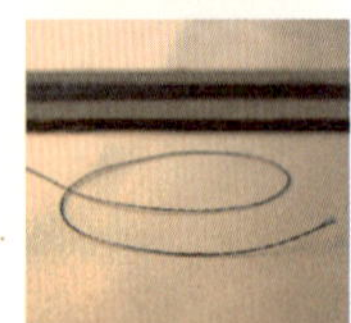

전도성 실

길이 30cm에서 양쪽 끝의 저항이

10옴 이하인 전기가 통하는 실

» 온라인 구매

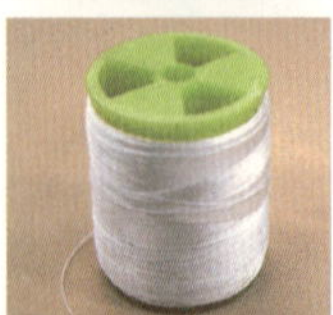

일반 실

흰색

» 청계천 시장, 온라인 구매

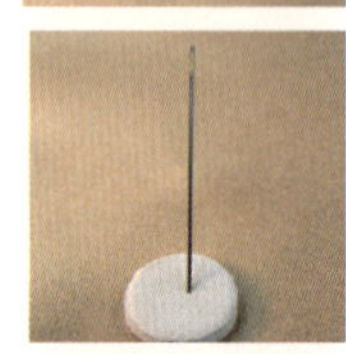

바늘

» 청계천 시장, 온라인 구매

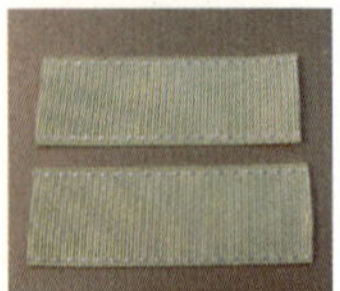

포장끈 (2개)

노란색

길이 7cm, 폭 2.5cm

» 문구점

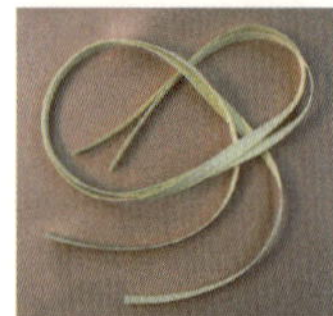

포장끈 (2개)

노란색

길이 50cm, 폭 5mm

» 문구점

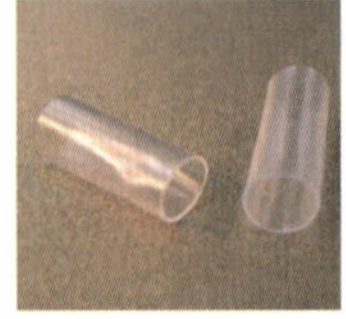

열수축 튜브

투명

길이: 1m, 지름: 5mm

» 청계천 시장, 온라인 구매

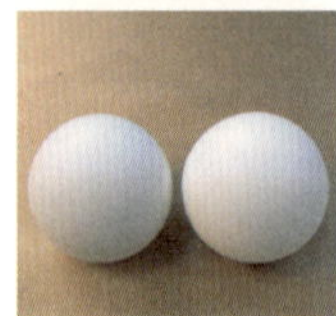

탁구공 (2개)

» 문구점

공구

인두기, 땜납, 납땜 보조기구, 와이어 스트리퍼, 롱노우즈 플라이어,
니퍼, 송곳, 칼, 가위, 자, 멀티미터, 열풍기

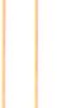 **주요 제작단계**

01	02	03	04
바늘에 전도성 실 꿰기	LED 두 개를 하나로 납땜하기	전도성 실로 동전형 건전지 홀더와 LED 연결하기	LED에 탁구공 끼우기

연결그림

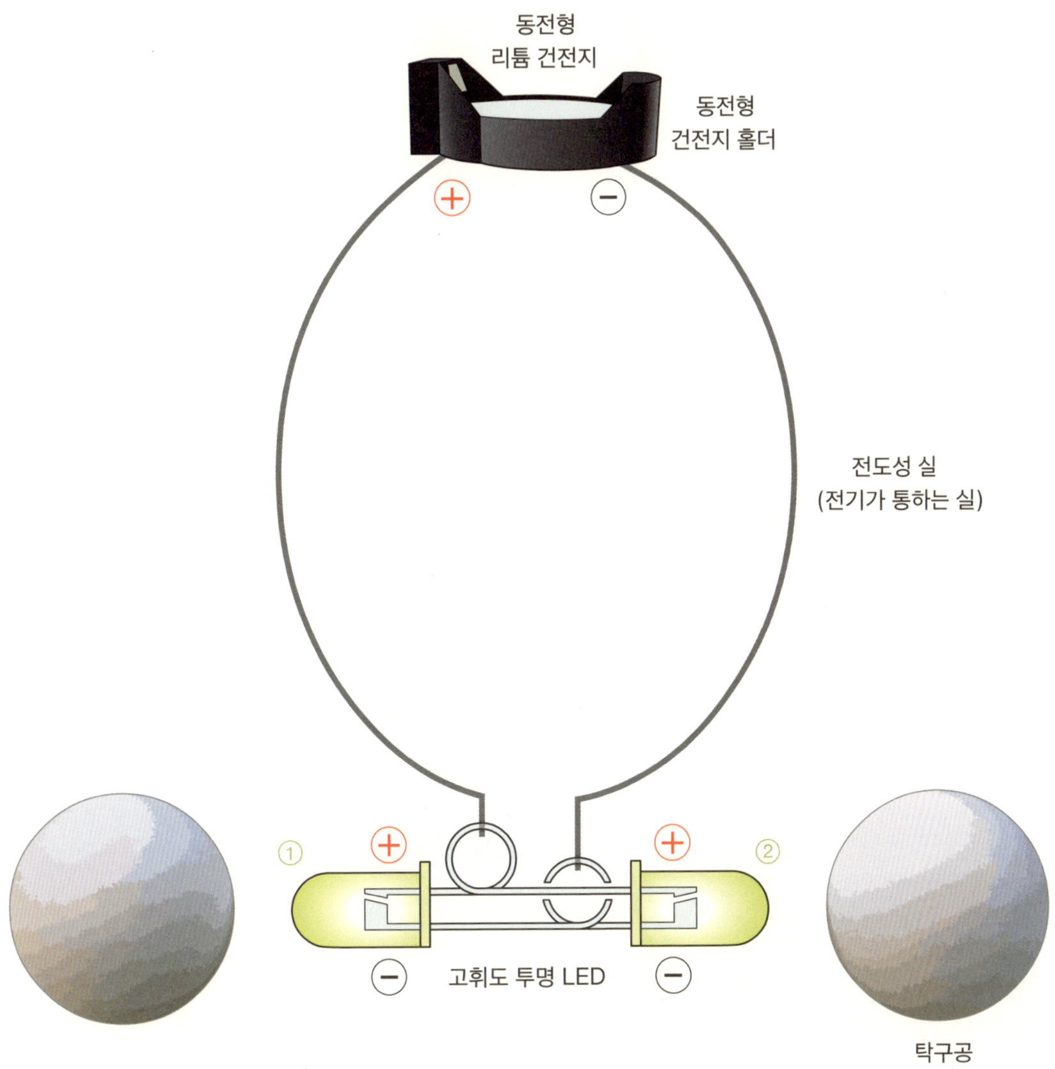

01 바늘에 전도성 실 꿰기

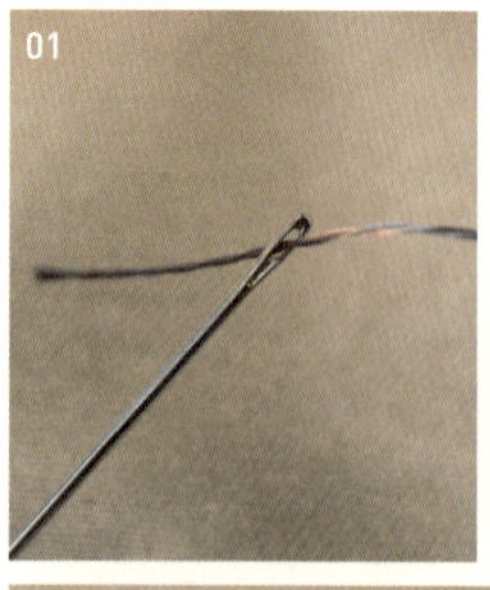

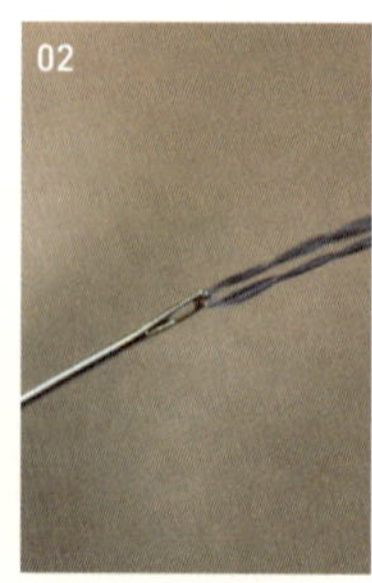

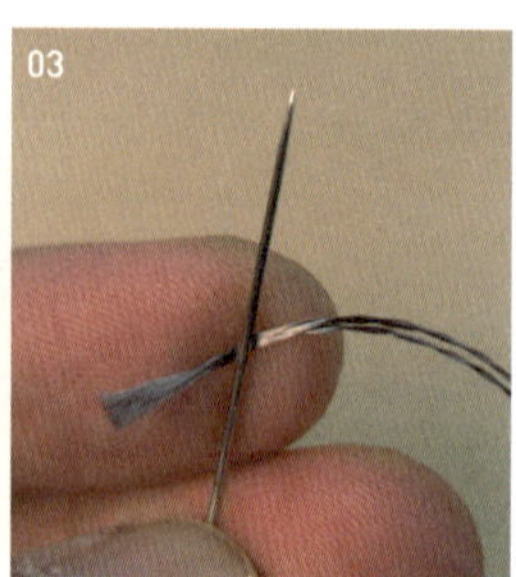

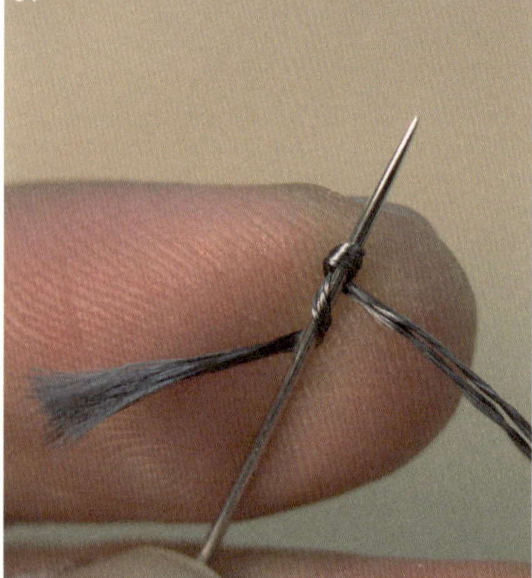

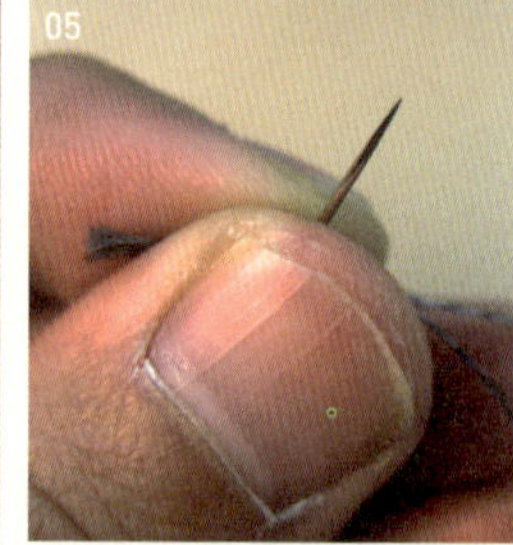

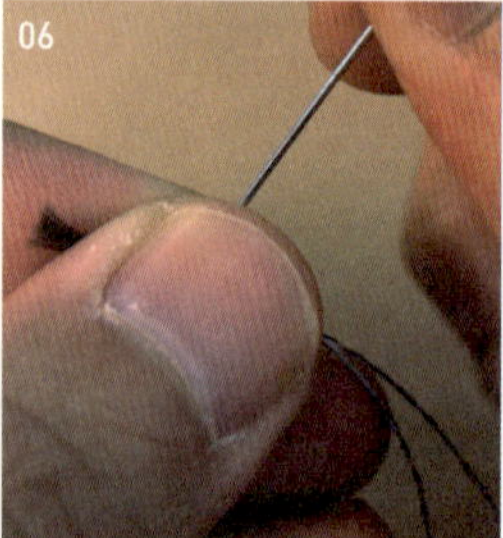

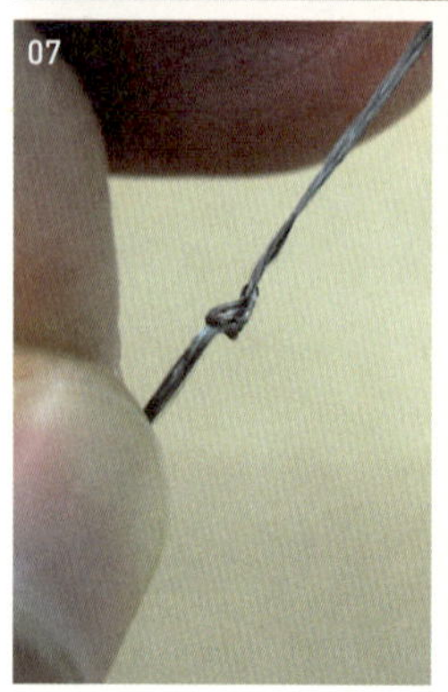

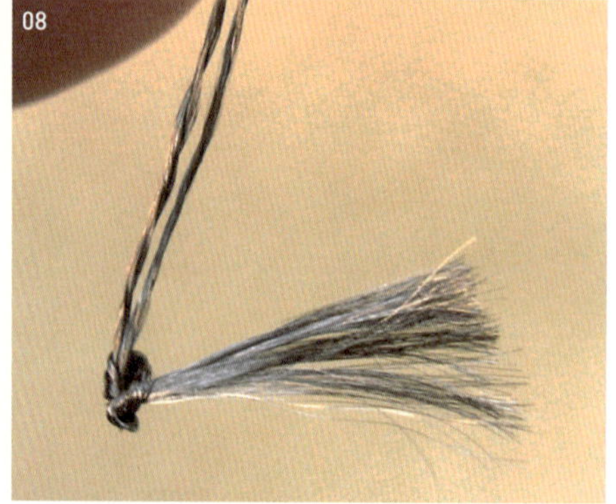

01 전도성 실을 1m 40cm로 자르고 한쪽 끝을 바늘 구멍 사이로 통과시킨다.

02 전도성 실의 절반인 70cm 부분에 바늘구멍을 위치시킨다.

03 전도성 실의 양쪽 끝부분을 맞추어 바늘 몸통 아랫부분에 놓는다.

04 반대편 손으로 전도성 실을 바늘 몸통에 2~3회 정도 감는다.

05 엄지손가락으로 감은 부분을 꼬옥 누른다.

06 반대편 손으로 바늘 끝부분을 잡고 엄지와 집게손가락을 이용하여 감겨진 부분을 밑으로 쭉 내린다.

07 실의 끝부분까지 내린다.

08 매듭 완성!

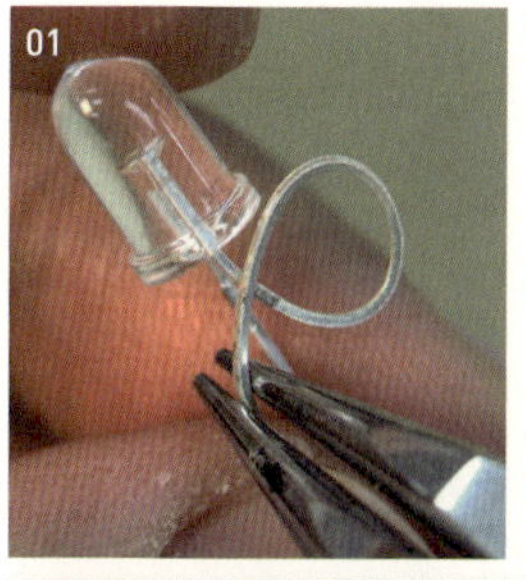

01 첫 번째 LED의 양극(+) 다리를 전도성 실로 연결할 수 있도록 둥근 고리 모양으로 구부려 준다.

02 두 번째 LED는 음극(-) 다리를 둥근 고리모양으로 구부려 준다.

03 납땜으로 구부러진 고리 모양을 고정시킨다.

04 납땜을 한 다리 나머지 부분은 잘라낸다.

05 음극(-) 다리를 구부린 두 번째 LED도 같은 방법으로 납땜하고 나머지 부분을 잘라낸다. 그리고 두 번째 LED의 양극(+) 다리를 첫 번째 LED의 고리 부분에 연결하기 위해 땜납을 조금 묻혀 놓는다.

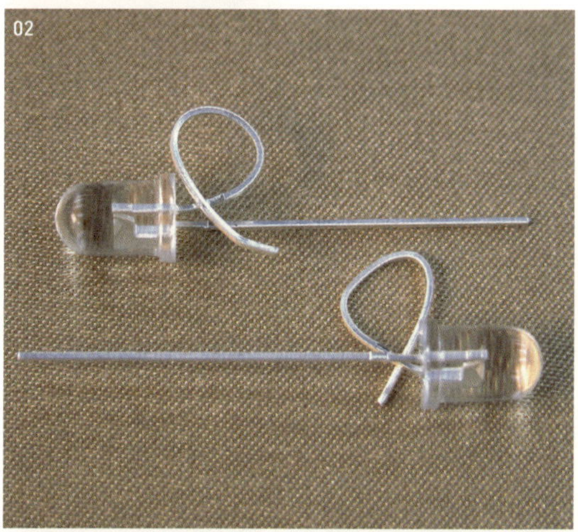

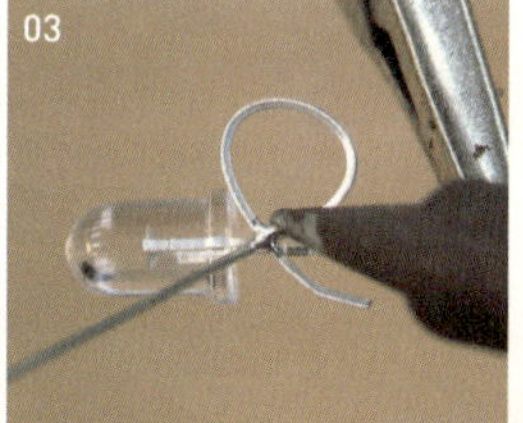

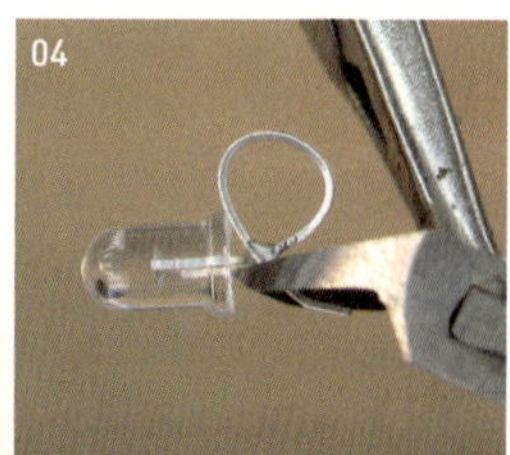

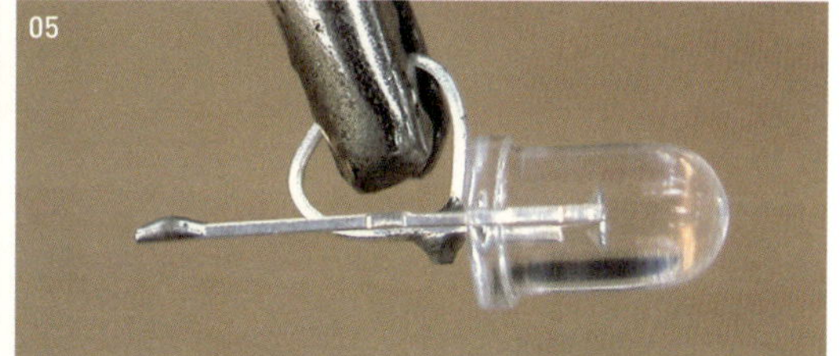

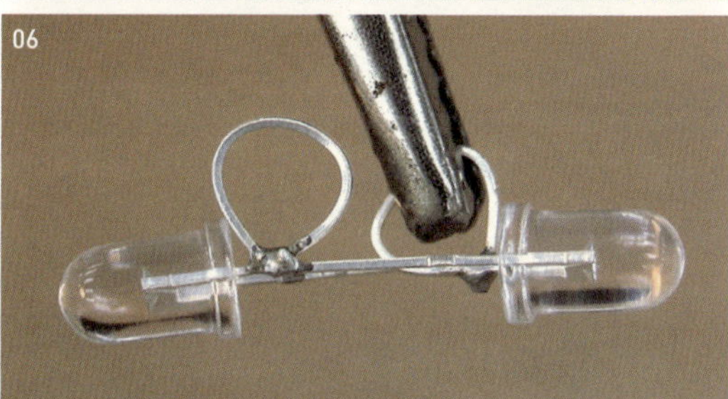

06 첫 번째 LED의 고리 부분에 두 번째 LED의 양극(+) 다리를 납땜하고 첫 번째 LED의 음극 다리를 두 번째 LED의 고리 부분에 납땜한다.

07 납땜 성공~

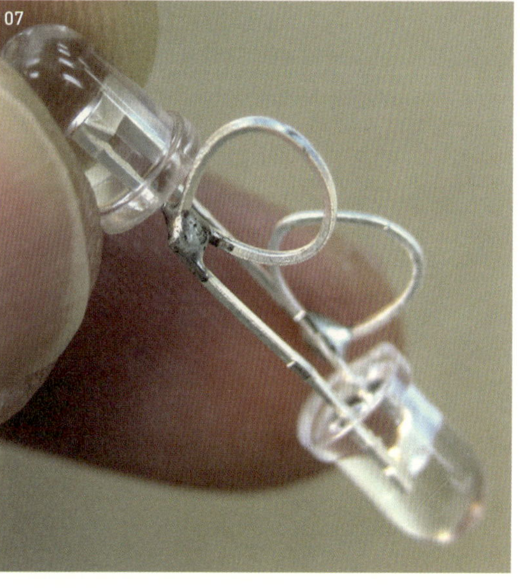

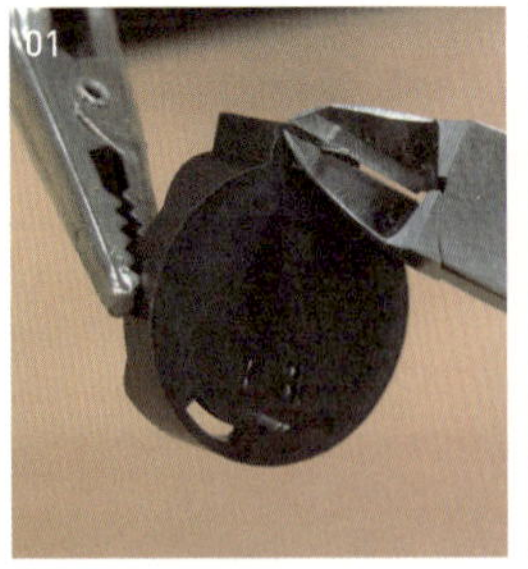 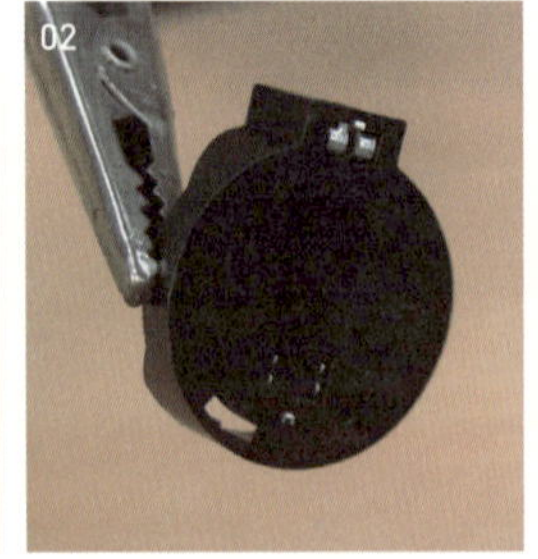

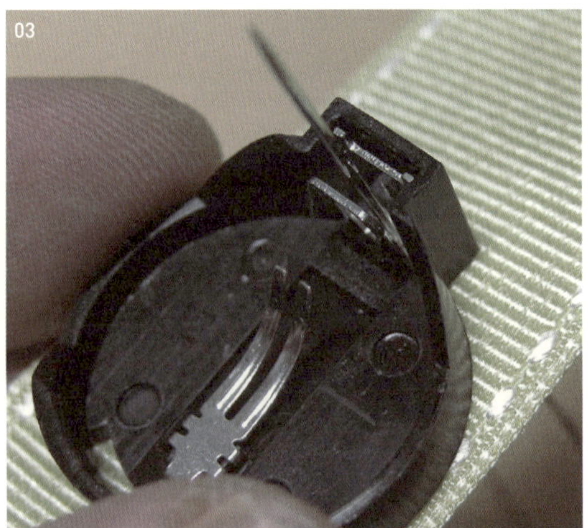

01 동전형 건전지 홀더 뒷면으로 나와 있는 양쪽 다리를 니퍼로 자른다.

02 양극(+)과 음극(-) 다리를 모두 제거한 모습

03 건전지 홀더를 길이 7cm 폭 2.5cm 포장끈 가운데에 놓고 양극(+) 핀 뒤쪽 구멍 사이로 전도성 실을 끼운 바늘을 아래에서 위로 통과시킨다.

04 위로 올라온 바늘을 양극(+) 핀 구멍 사이로 위에서 아래로 통과시키며 전도성 실을 핀에 감싸준다.

아래로 통과된 바늘을 힘껏 당겨 풀리지 않게 한다.

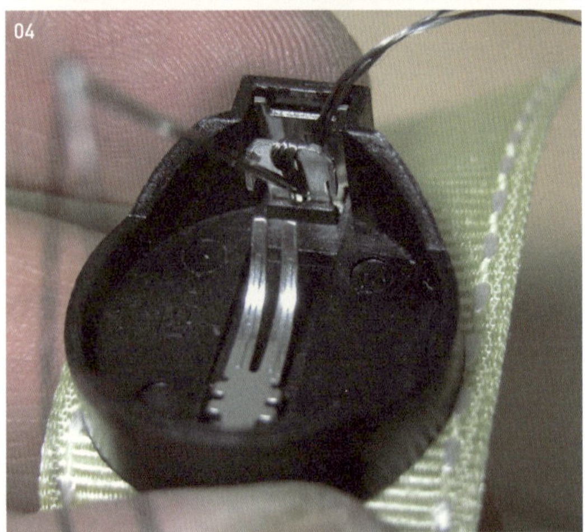

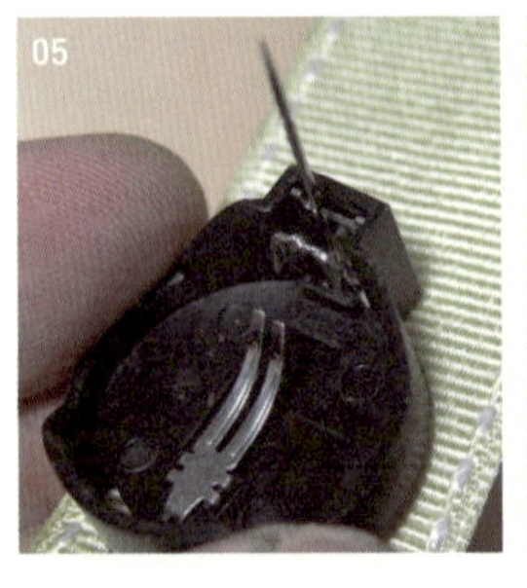 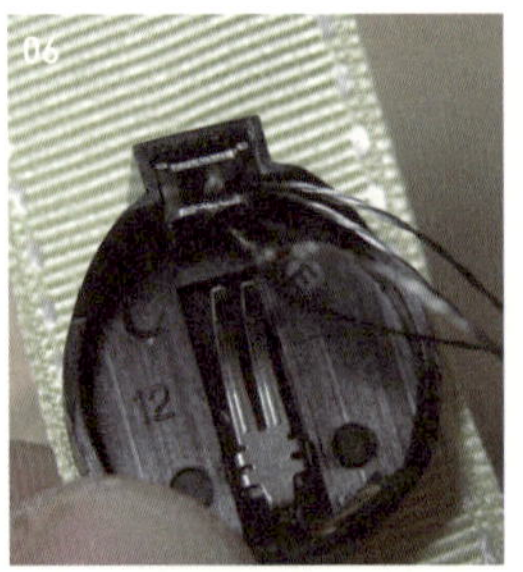

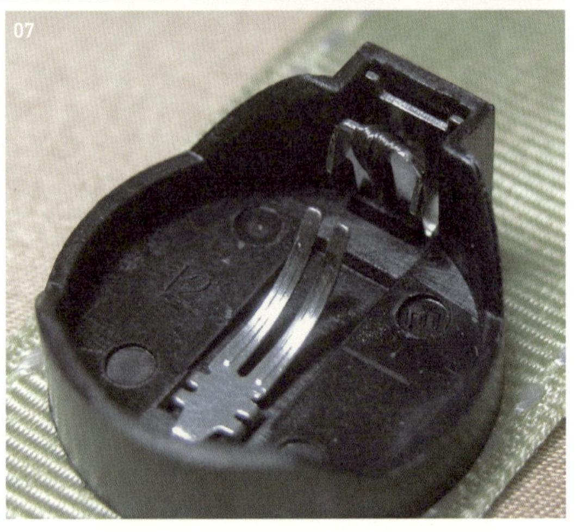

05 다시 양극(+) 핀 뒤쪽 구멍 사이로 바늘을 아래에서 위로 통과시킨다.

06 같은 방법으로 바늘을 위에서 아래로 통과시키고 한 번 더 양극(+) 핀에 감싸준다.

07 양극(+) 핀에 전도성 실을 두 번 정도 감아준 모습

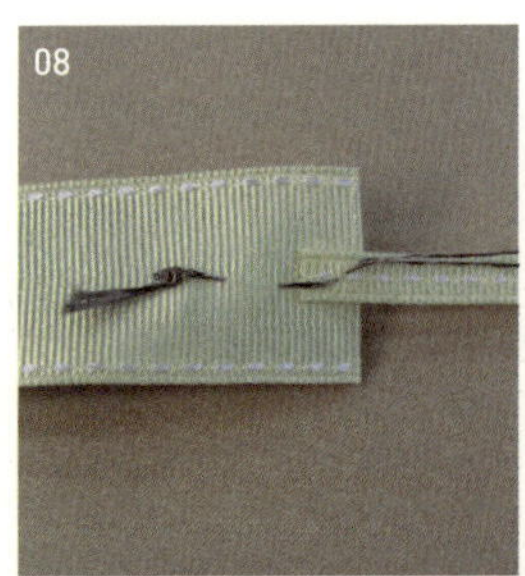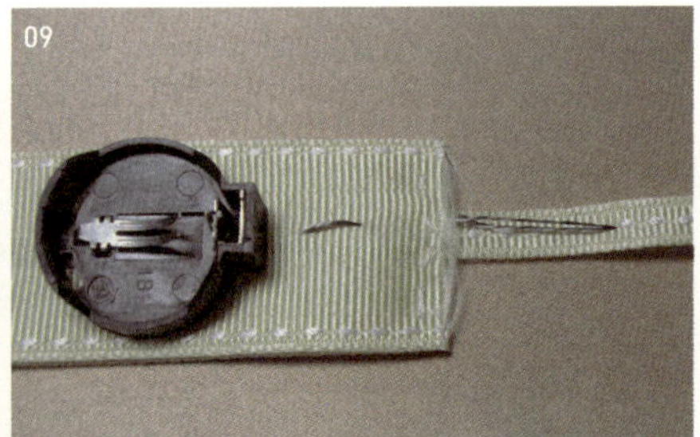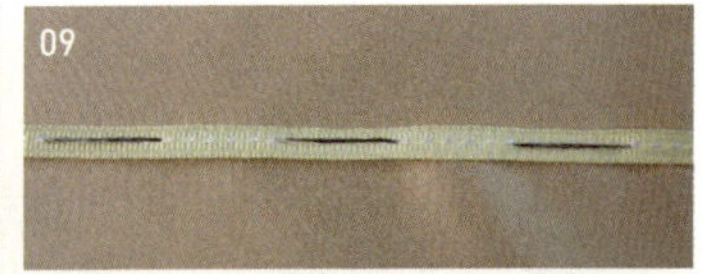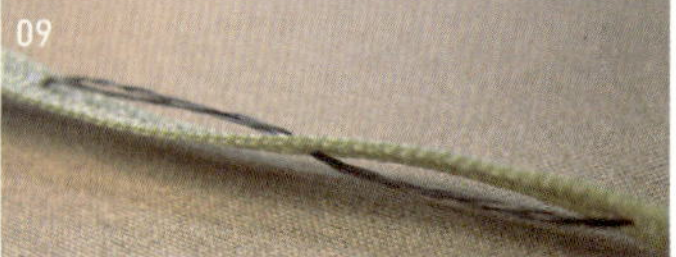

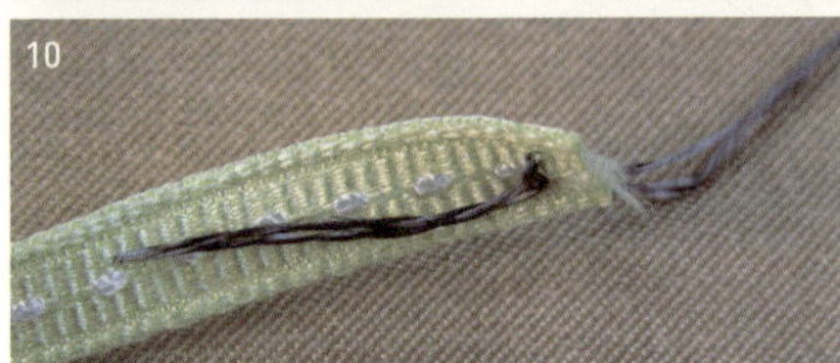

08 길이 50cm 폭 5mm의 가는 포장끈을 넓은 포장끈 한쪽 끝부분에 놓고 바느질로 연결한다.

09 대략 3cm 간격으로 아래에서 위로 반복하며 계속 바느질한다.

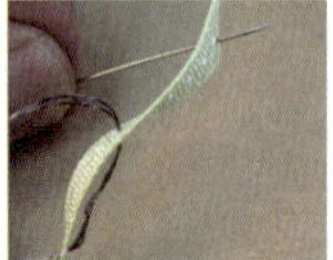

10 가는 포장끈의 끝부분까지 바느질한 모습

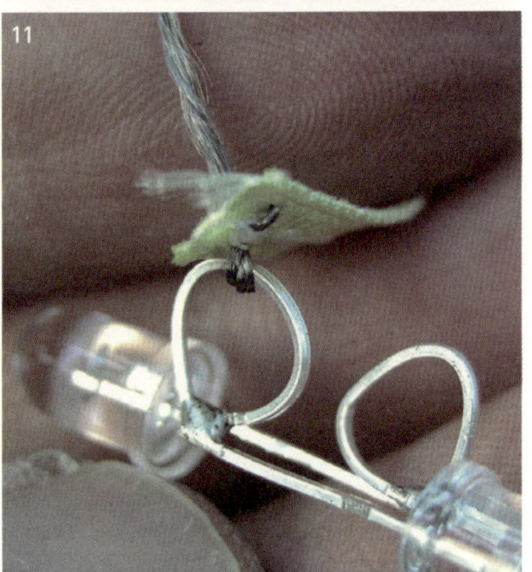

11 두 개의 LED를 하나로 연결해 놓은 LED의 양극(+) 쪽 고리 부분에 전도성 실을 감아준다.

12 가는 리본끈에 양극(+) 쪽 고리 부분을 2~3회 정도 묶어주고 가위로 전도성 실을 자른다.

13 멀티미터를 전기흐름 테스트 모드로 놓고 LED의 양극(+) 쪽 고리 부분과 건전지 홀더의 양극(+) 핀 사이로 전기가 잘 통하는지 테스트한다. 양 끝에 시험막대를 댔을 때 '삐'하는 소리가 나면 전기가 잘 통한다는 사실을 알 수 있다.

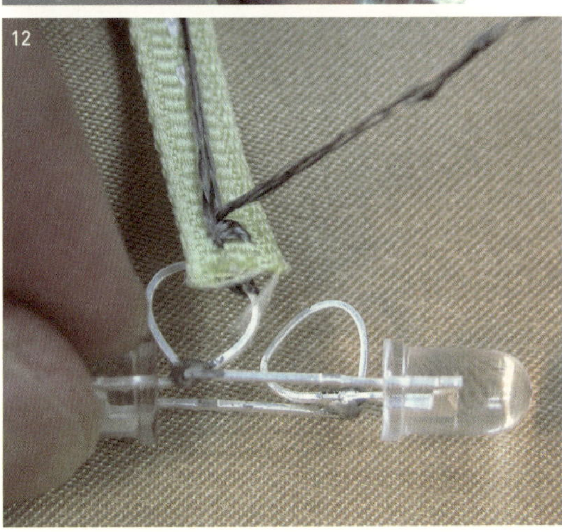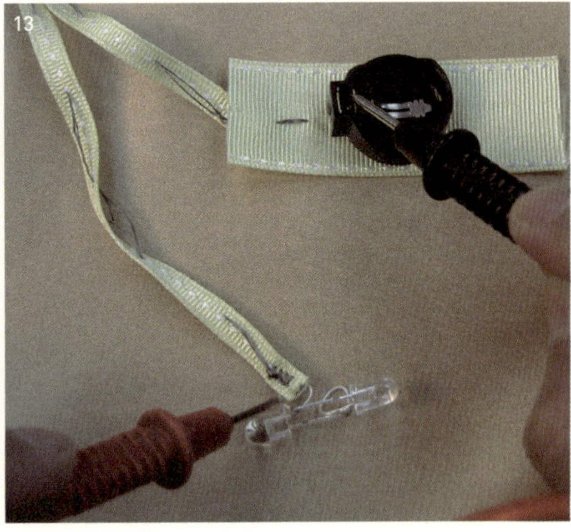

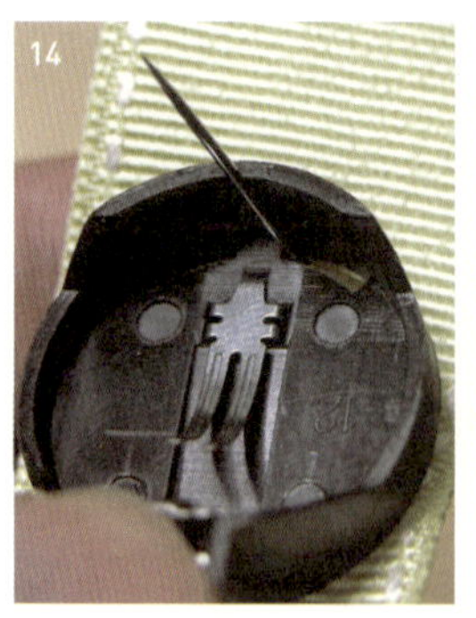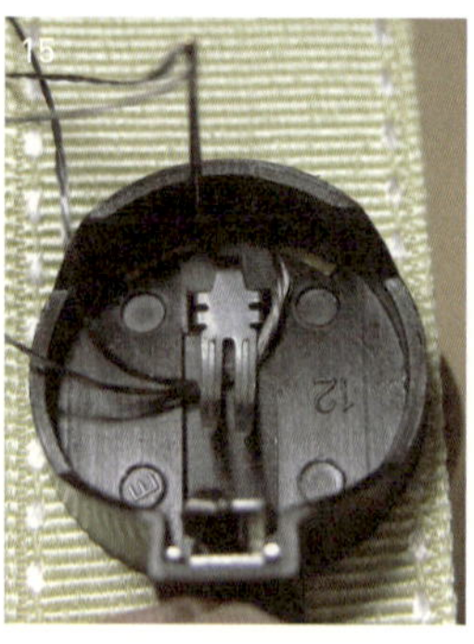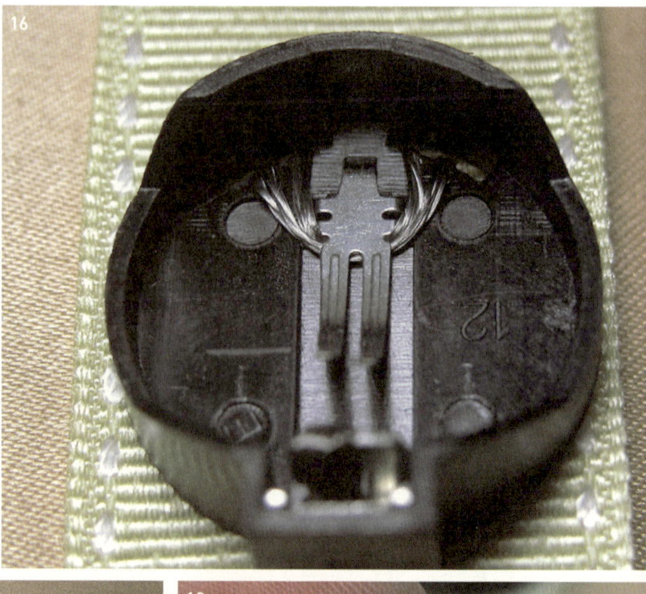

14 바늘에 다시 전도성 실 1m 40cm을 꿰고 건전지 홀더 음극(-) 핀 뒤쪽 구멍사이로 바늘을 아래에서 위로 통과시킨다.

15 위로 올라온 전도성 실을 음극(-) 핀 밑으로 감아준 다음 음극(-) 핀 뒤쪽 다른 구멍 사이로 바늘을 위에서 아래로 통과시킨다.

16 가는 포장끈에 음극(-)쪽 고리 부분을 2~3회 정도 묶어주고 가위로 자른다.

17 전도성 실로 연결된 모습

18 가는 포장끈 끝부분에서 전도성 실을 LED의 음극(-) 쪽 고리 부분에 감아준다.

19 가는 포장끈에 음극(-)쪽 고리 부분을 2~3회 정도 묶어주고 가위로 자른다.

20 전도성 실로 연결된 모습

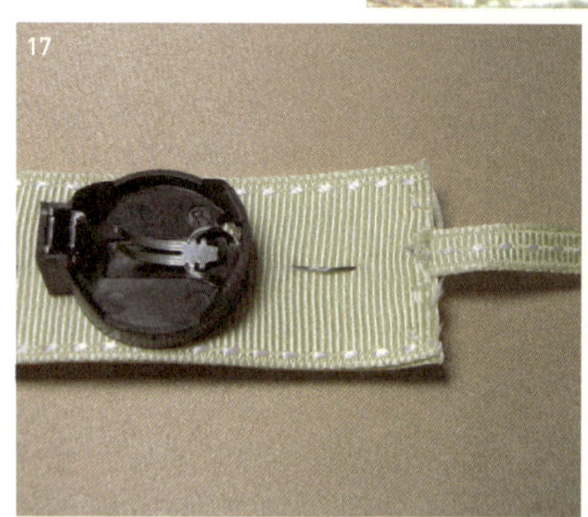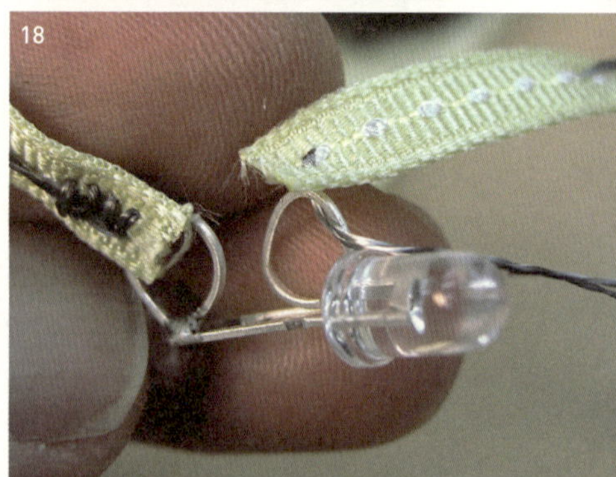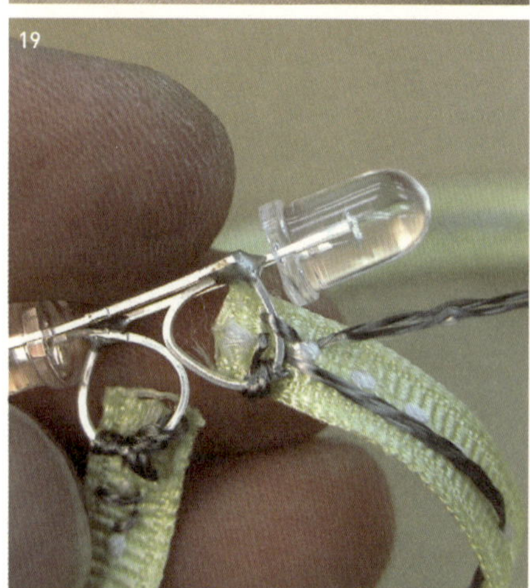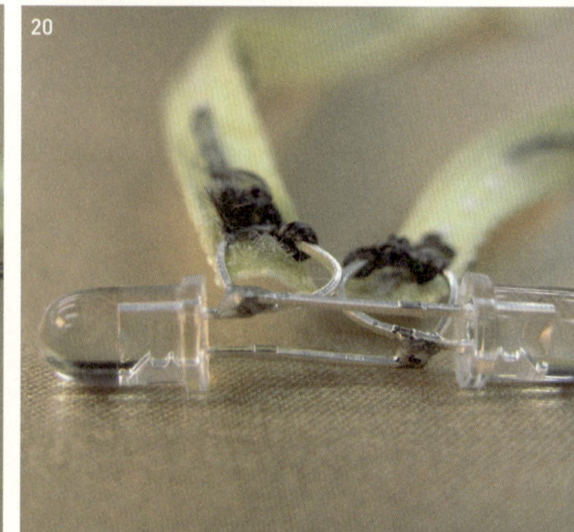

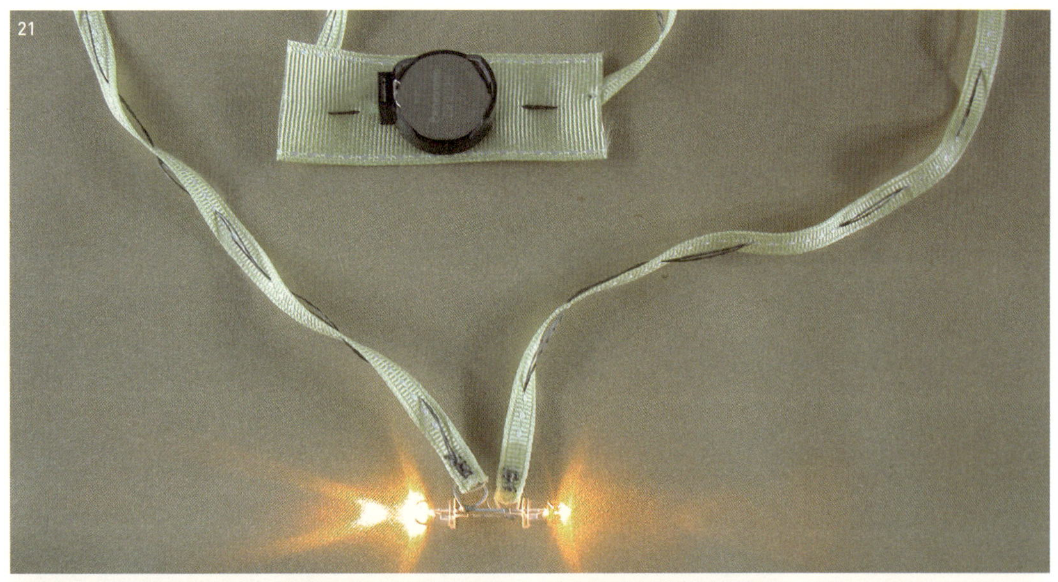

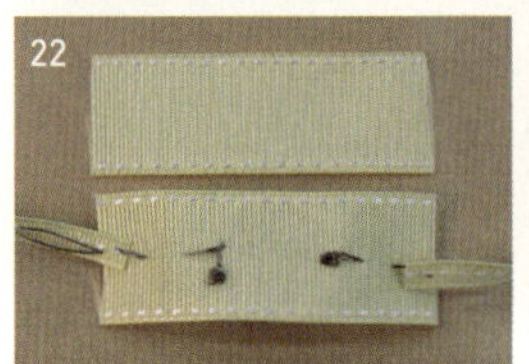 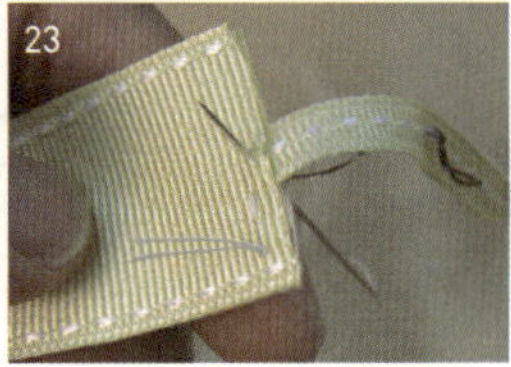 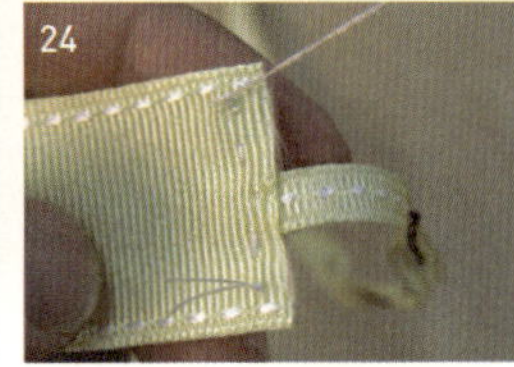 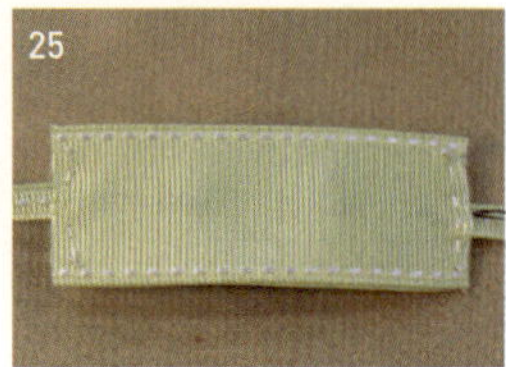

21 건전지 홀더에 3V 동전형 건전지를 끼우면 LED에서 빛이 들어오는 것을 확인할 수 있다.

22 건전지 홀더 뒷면을 같은 크기의 포장끈으로 덮어준다.

23 일반실을 이용하여 양쪽 끝부분을 바느질하여 고정시킨다.

24 일반실로 바느질 할 때 연결된 가는 포장끈도 같이 고정시킨다.

25 뒷면이 마감된 모습

26 앞면 모습

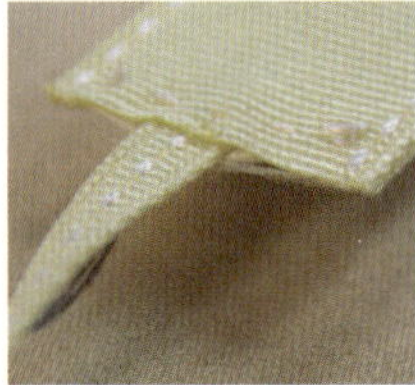

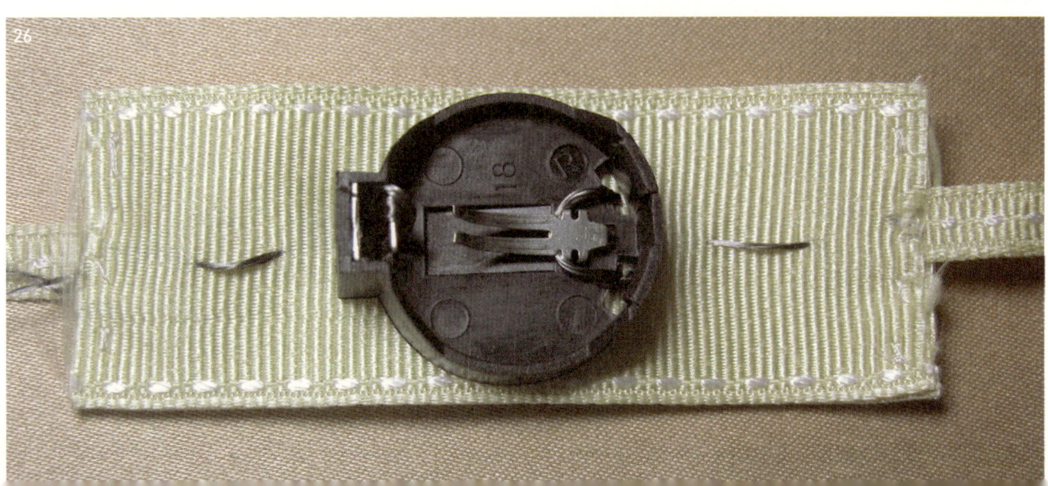

04 LED에 탁구공 끼우기

01 탁구공이 빠지지 않도록 LED 양쪽에 투명 열수축 튜브를 끼운다.

02 열풍기로 살짝 가열한다.

03 송곳으로 탁구공에 구멍을 뚫는다.

04 지름이 5파이인 LED가 들어갈 수 있을 정도로 구멍을 넓혀준다.

05 LED를 탁구공에 끼운다.

06 LED 양쪽에 탁구공을 끼운 모습

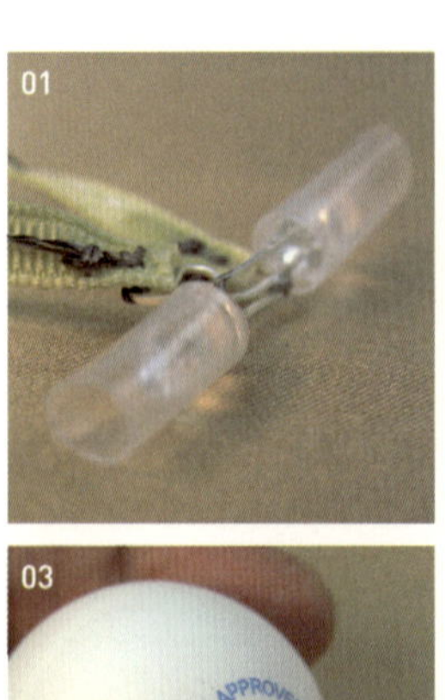

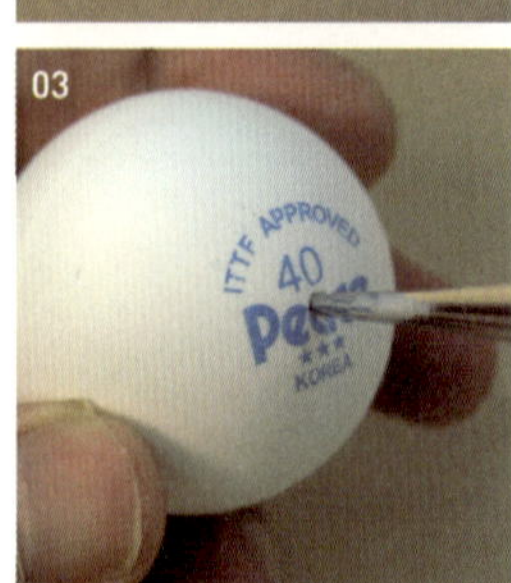

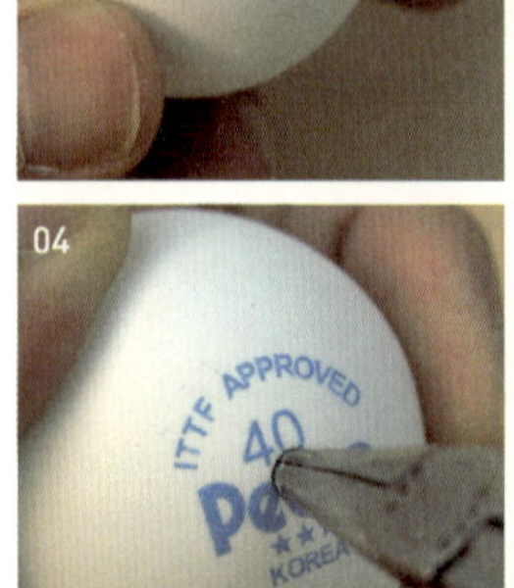

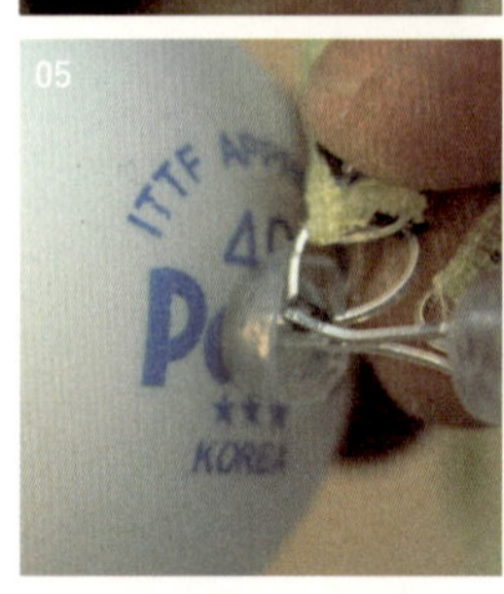

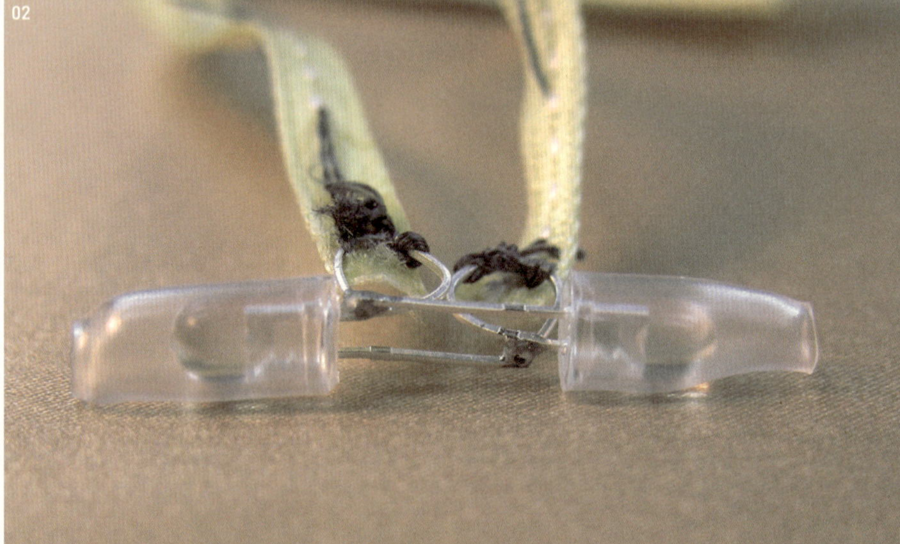

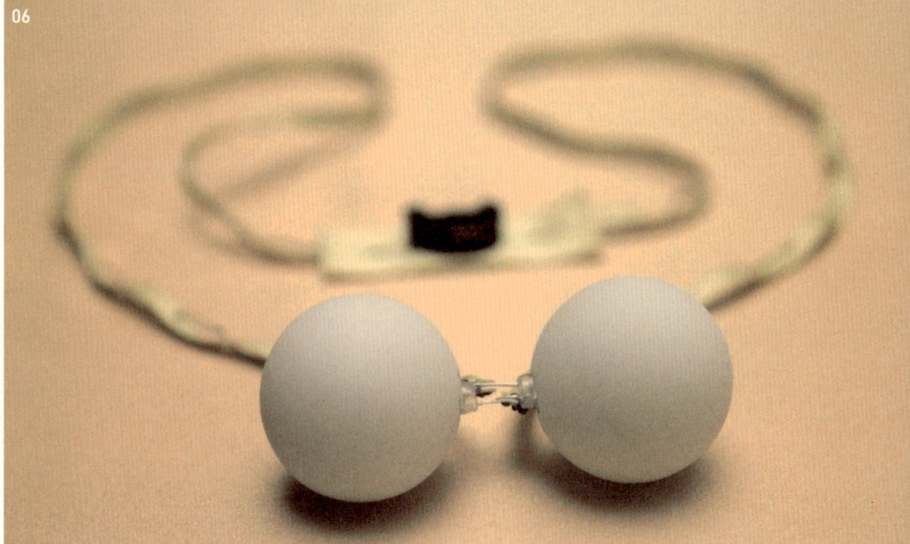

07 건전지를 끼우면 은은한 LED 빛이 켜지
는 것을 확인할 수 있다.

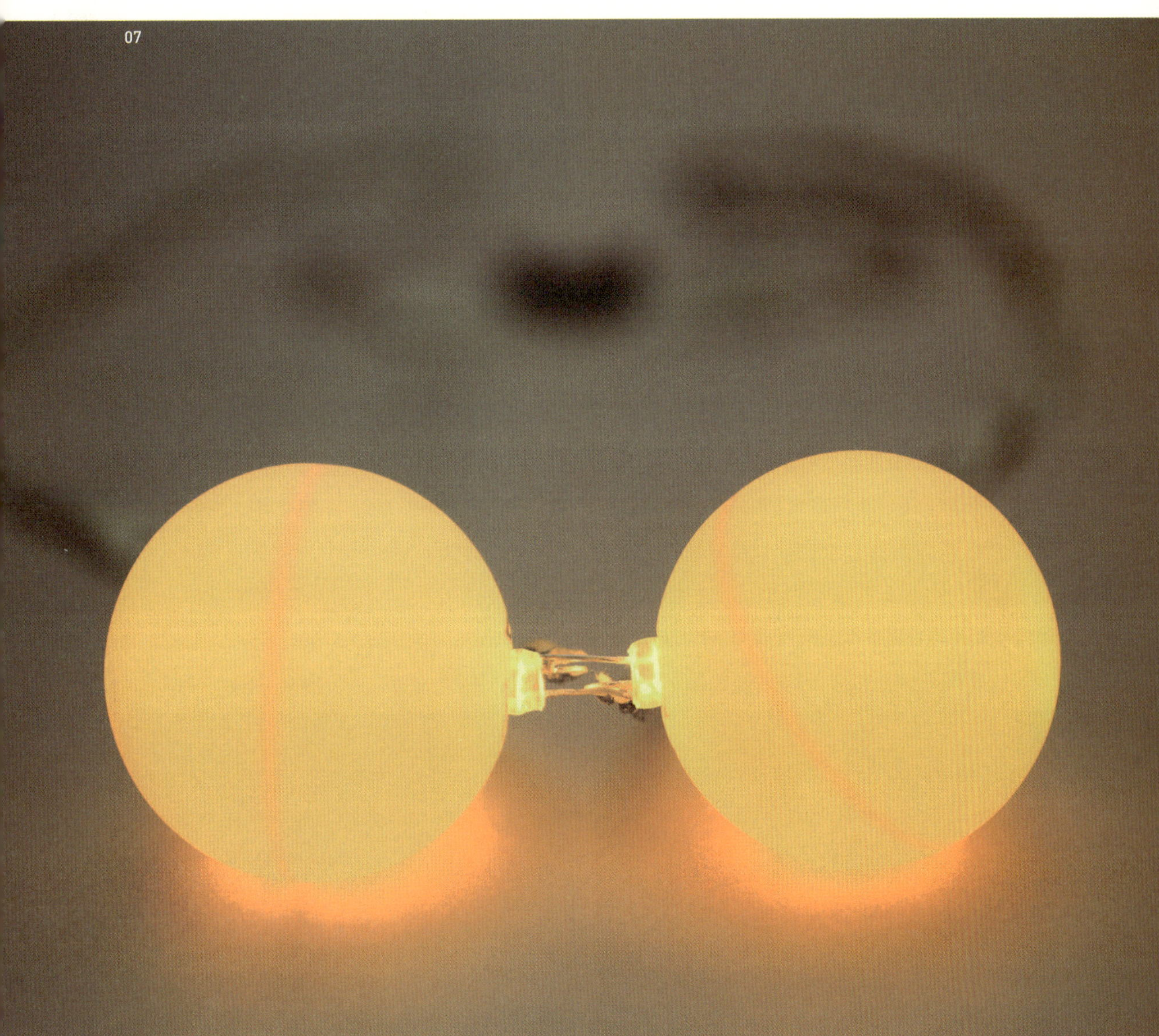

최초의 기술과 예술

2013년 겨울, 영국박물관에서는 최초의 기술(The First Technology)과 최초의 예술(The First Art)이라는 주제로 약 160만 년 전부터 사용하기 시작했다는 주먹도끼와 13,000년 전에 제작된 것으로 추정되는 말 그림을 전시했다.

구석기 시대 주먹도끼는 날카로운 끝부분을 이용하여 사냥을 하거나 땅을 파는 등 다양한 용도로 사용되었으며 인류가 가장 오랫동안 사용한 도구였다고 한다. 분명한 목적을 위해 만들어진 주먹도끼는 많은 기능을 수행할 수 있었다는 점에서 최초의 기술이라는 수식어를 얻은 것 같다.

나는 한참동안 주먹도끼를 바라보면서 주먹도끼를 처음 만들었던 사람을 떠올려 본다. 먼저 그 사람은 자기가 만들 주먹도끼를 상상하며 머릿속으로 그림을 그려보았을 것이다. 그 다음, 상상하였던 도끼를 만들기 위해 가장 적합한 돌을 찾아 헤매고 동시에 그 돌을 깨고 다듬기 위한 또 다른 돌을 준비했을 것이다. 돌을 깨고 다듬는 과정에서 많은 시행착오를 거치면서 조금씩 완성해 나갔을 모습

이 상상된다. 날렵한 외곽선, 매끈하게 각이 잡힌 표면의 질감, 오랜 세월 우려낸 듯한 색깔, 완벽한 좌우대칭 구조, 볼록한 밑부분, 균형 잡힌 형태는 아름답기만 하다.

최초의 예술로 소개되고 있는 말 그림은 말뼈에 새겨진 세 마리의 말 그림이었다. 겁먹은 듯 황급하게 달리는 말들을 유심히 살펴보면 머리가 큰 두 마리의 어른 말과 반대 방향으로 달리고 있는 머리가 작은 어린 말의 모습을 찾아볼 수 있다. 비슷한 시기에 그려진 동굴벽화가 야생동물의 전체 모습에 중점을 둔 채색화라고 한다면 이 작품은 깔끔한 선을 이용한 부분 묘사 작품이다. 동물의 뼈에 이렇게 정밀한 그림을 그리기 위해서는 분명 끝이 날카롭고 강한 도구가 필요했을 것이다. 이 그림이 그려진 시기에 누군가 그런 도구를 만들 수 있었거나 혹은 이 그림을 그린 사람이 직접 그런 도구를 만들어 사용한 건 아닐까?

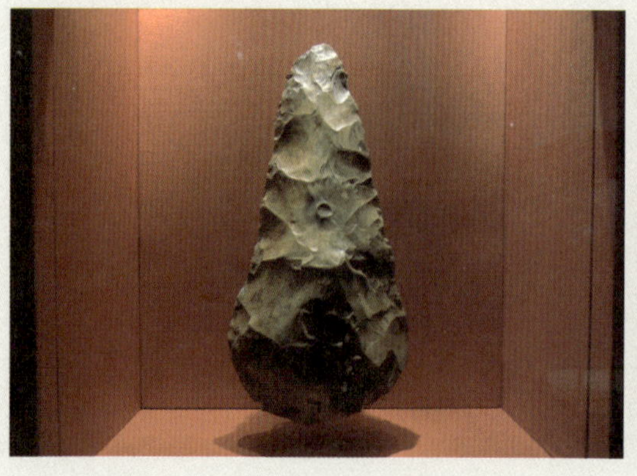

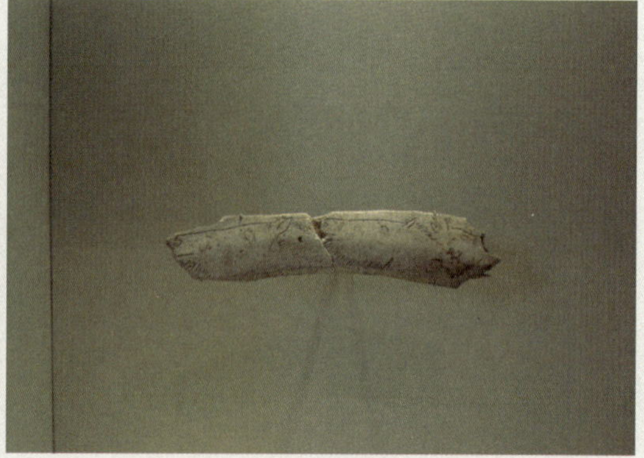

빛나는 의자

난이도 ■■■■■
시간 2시간 30분

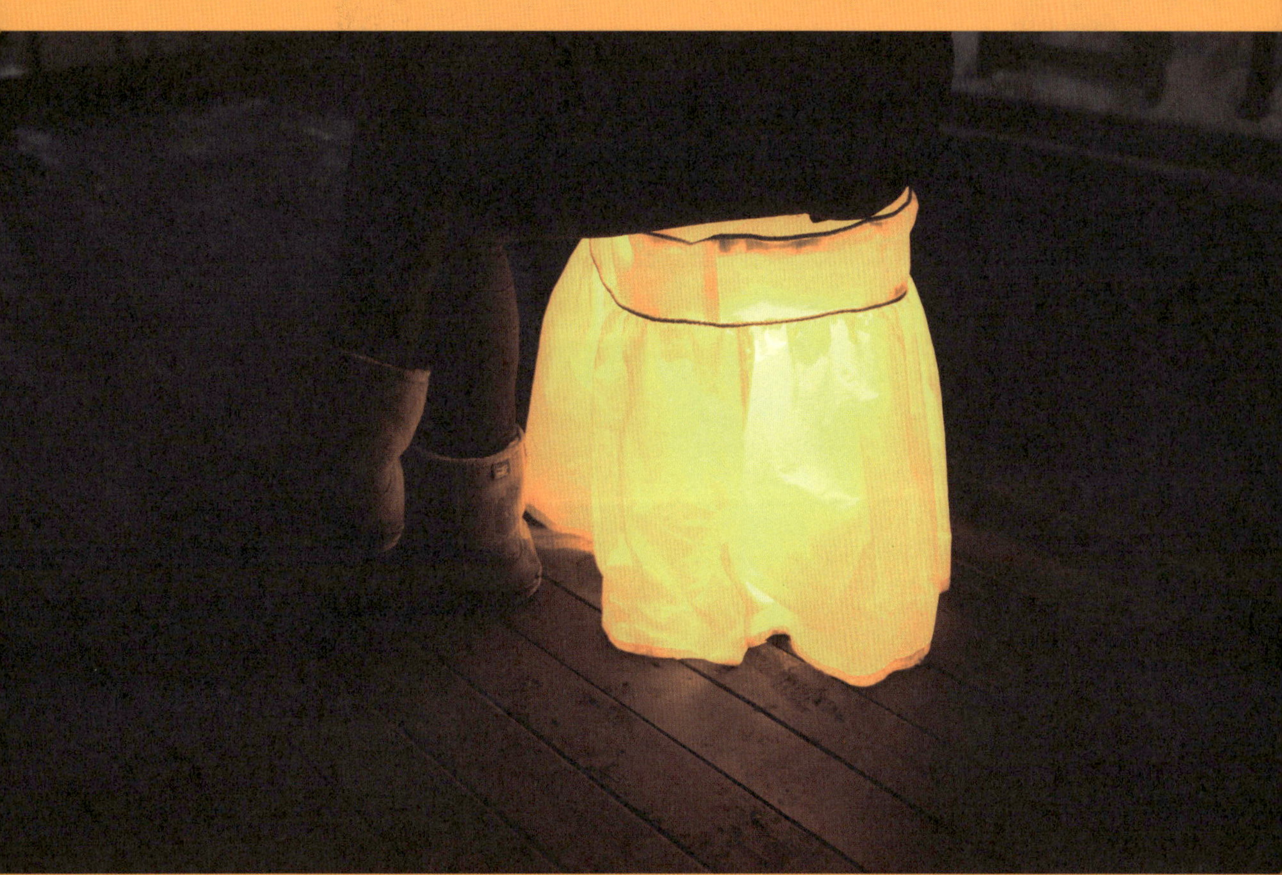

사람이 앉으면 빛이 켜지는 의자. 전기가 통하는 전도성 천으로 만든 부드러운 스위치를 이용하여 의자 안에 있는 노란색 LED를 켜고 끈다.

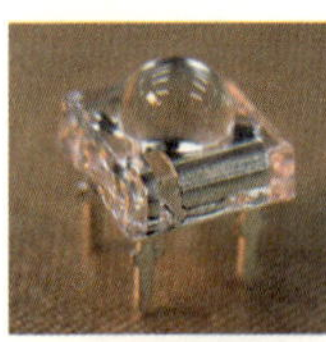

하이퍼플럭스 LED (6개)

5파이, 노란색

작동전압 2.2V, 소비전류 50mA

» 온라인 (엘: EPX33HV3, 디: 3622)

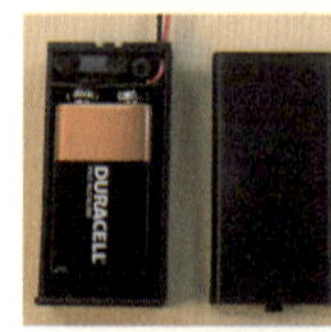

9V 건전지, 건전지 홀더

» 온라인 (엘: EPX68J6Y, IC114: 9V-HOLDER-C)

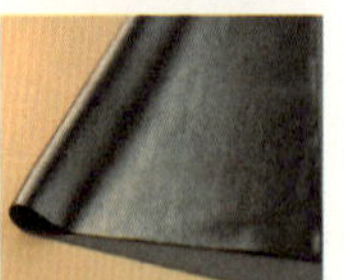

전도성 천

전기가 통하는 천

» 온라인 (아트로봇: 70055 또는 70056)

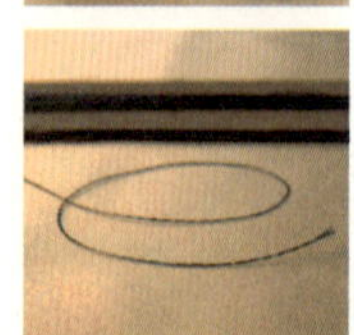

전도성 실

길이 30cm에서 양쪽 끝의 저항이 10옴 이하인 전기가 통하는 실

» 온라인 구매

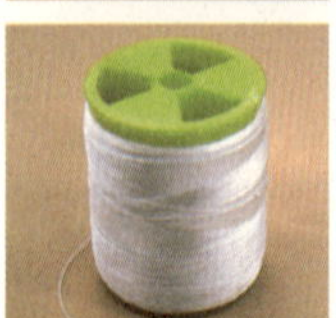

일반 실

흰색

» 청계천 시장, 온라인 구매

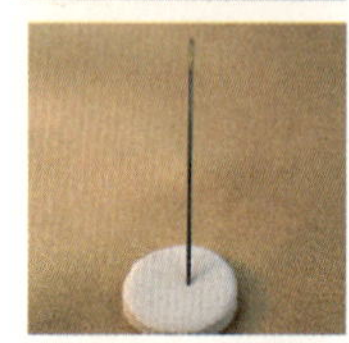

바늘

» 청계천 시장, 온라인 구매

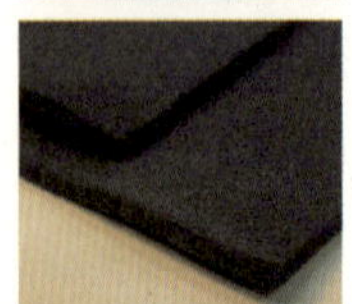

스펀지

검은색, 두께 7mm

» 방산 시장

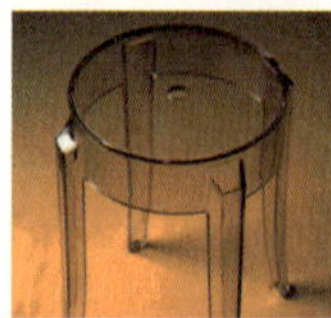

의자

투명 아크릴, 지름 30cm

높이 46cm, 가운데 구멍이 있음

» 온-오프라인 구매

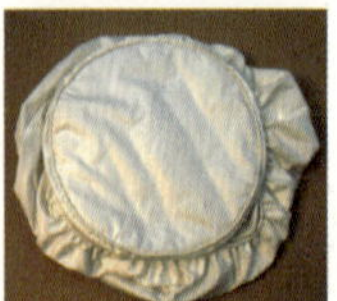

의자 커버

흰색 아이보리 트윌면

지름 30cm, 높이 46cm

» 청계천 시장, 온라인 구매

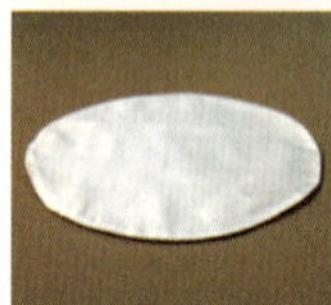

원형 천

흰색 아이보리 트윌면

지름 20cm, 가장자리 오버로크 마감

» 청계천 시장, 온라인 주문 생산

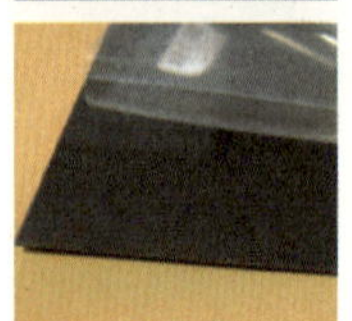

아크릴 거울

가로 24cm, 세로 24cm

» 청계천 시장, 문구점

공구

인두기, 땜납, 납땜 보조기구, 와이어 스트리퍼, 니퍼, 전동 드릴,
송곳, 칼, 가위, 자, 글루건, 멀티미터, 열풍기

 주요 제작단계

01	02	03	04	05
부드러운 스위치 만들기	3개의 LED를 직렬로 연결하기	전도성 실로 부드러운 스위치에 전선 연결하기	9V 건전지에 LED와 부드러운 스위치 연결하기	거울 아크릴 고정 및 작동 테스트

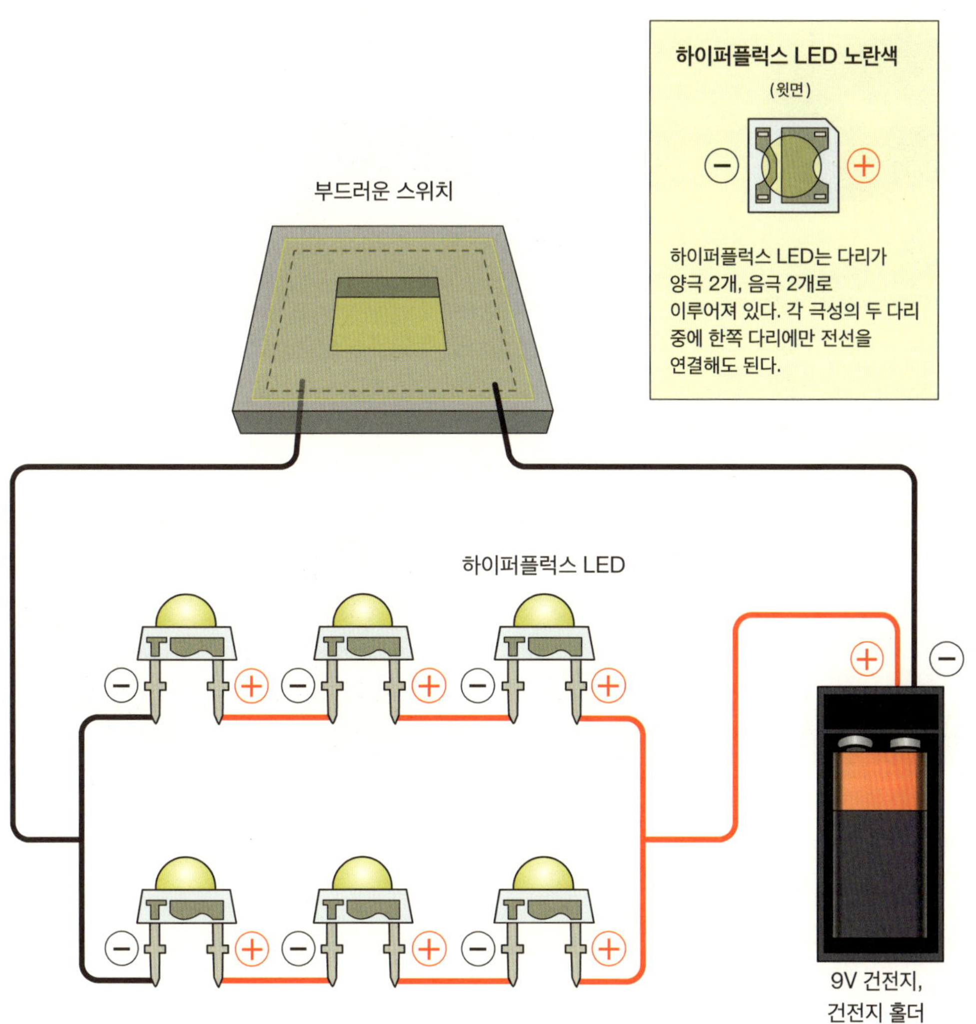
부드러운 스위치
하이퍼플럭스 LED 노란색
(윗면)
하이퍼플럭스 LED는 다리가
양극 2개, 음극 2개로
이루어져 있다. 각 극성의 두 다리
중에 한쪽 다리에만 전선을
연결해도 된다.
하이퍼플럭스 LED
9V 건전지,
건전지 홀더

01 부드러운 스위치 만들기

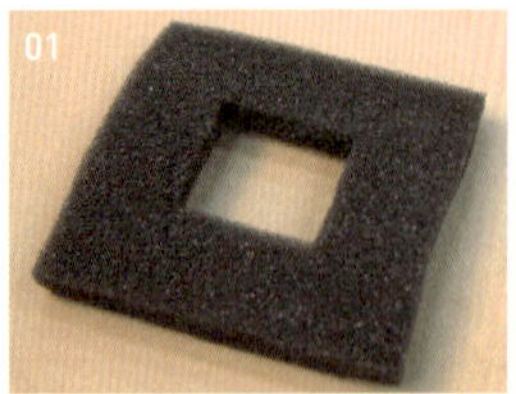

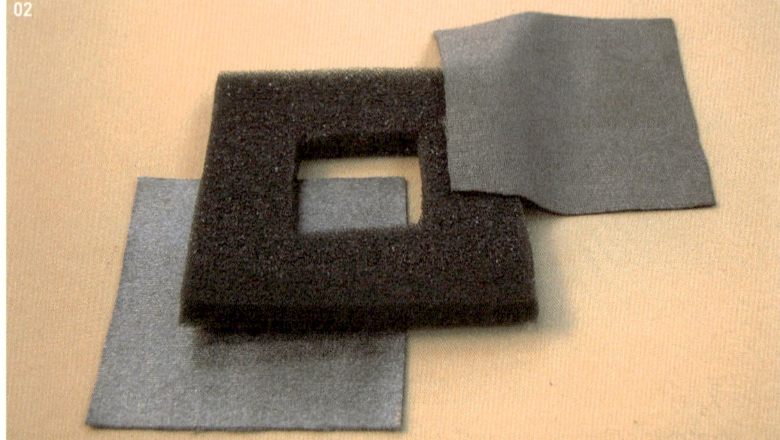

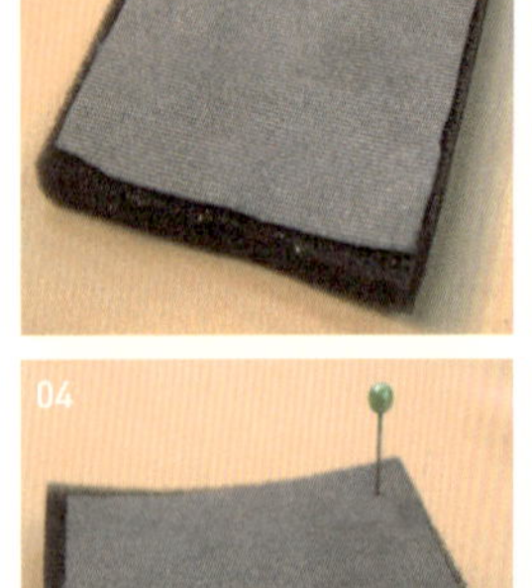

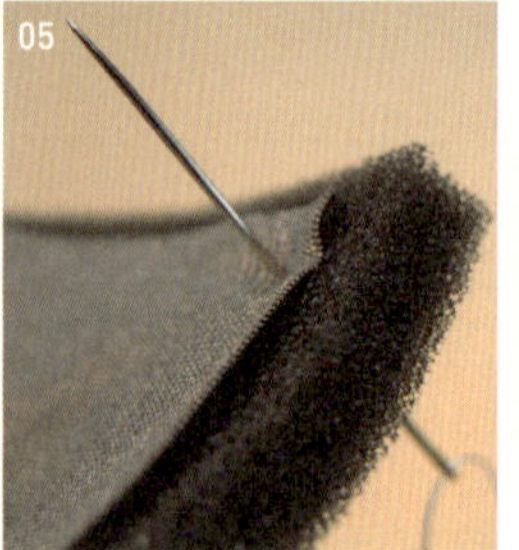

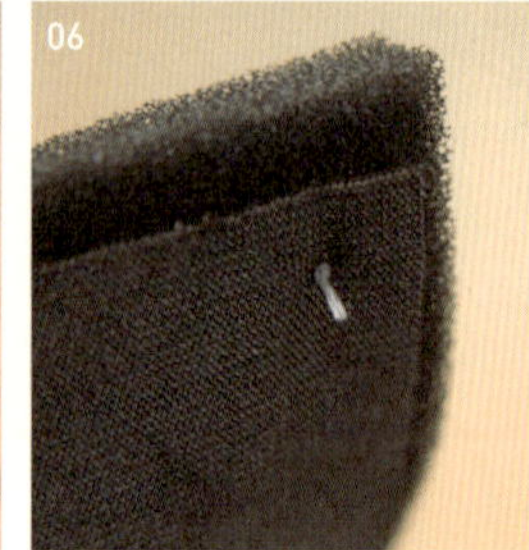

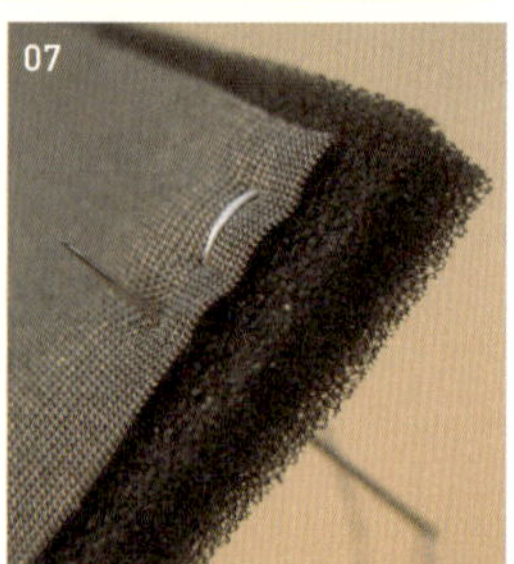

01 두께 7mm 스펀지를 가로 6cm x 세로 6cm 크기로 자르고 가운데 가로 2cm x 세로 2cm 크기의 정사각형으로 구멍을 낸다.

02 전도성 천을 가로 5.5cm x 세로 5.5cm 크기로 두 장 자르고 한 장은 스펀지 밑면에 깔고 다른 한 장은 윗면에 올린다.

03 스펀지 양면에 전도성 천을 댄 모습

04

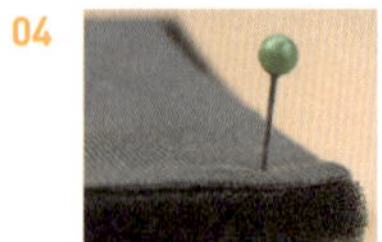

바느질을 하기 전에 핀으로 전도성 천의 위치를 고정시킨다.

05 바늘에 일반 실을 끼우고 밑면 천과 윗면 천을 통과시킨다. 전도성 실이 아닌 일반 실로 바느질한다.

06 밑면 천에 일반 실의 매듭이 걸린 모습

07 바늘을 윗면 천에서 밑면 천으로 통과시키고 다시 윗면으로 반복해 준다.

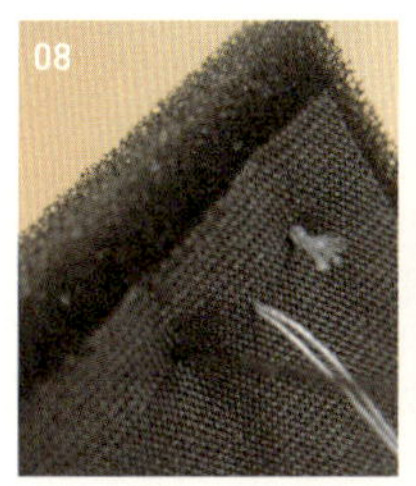
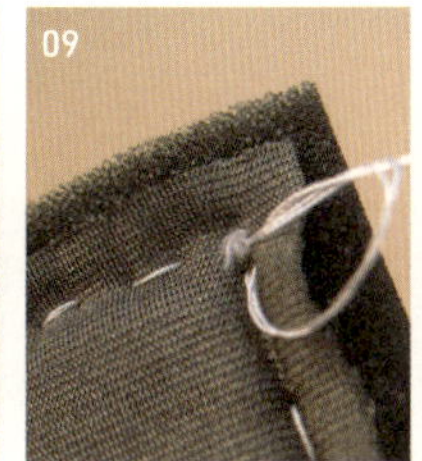
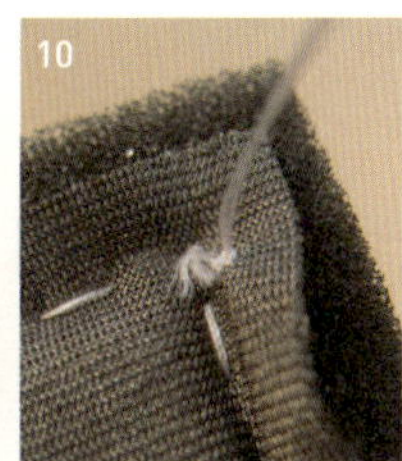
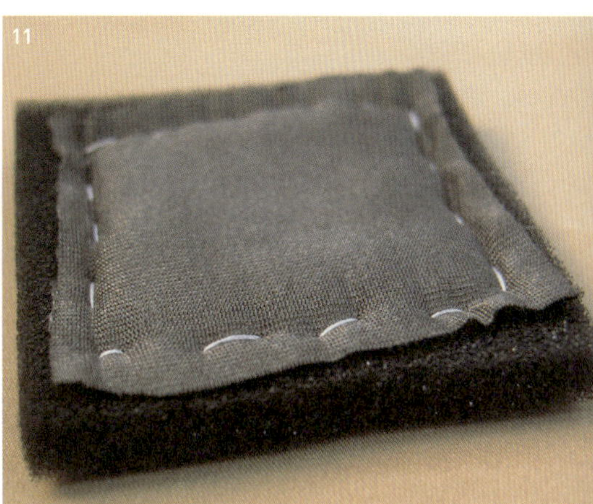

08 약 1cm 간격으로 계속 바느질한다.

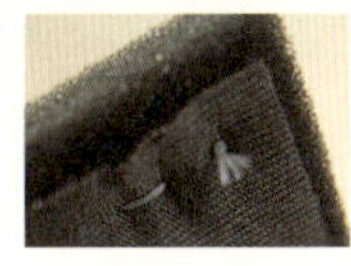

09 네 모서리를 모두 바느질하고 끝부분은 매듭으로 마감한다.

10 실이 풀리지 않도록 2~3번 정도 매듭짓고 가위로 자른다.

11 네 모서리를 모두 일반 실로 바느질한 모습

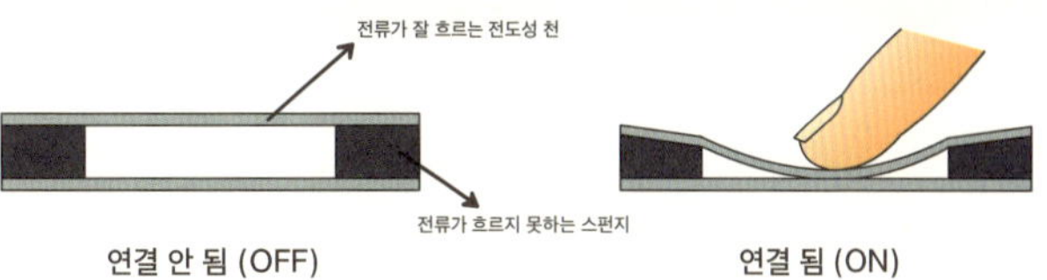

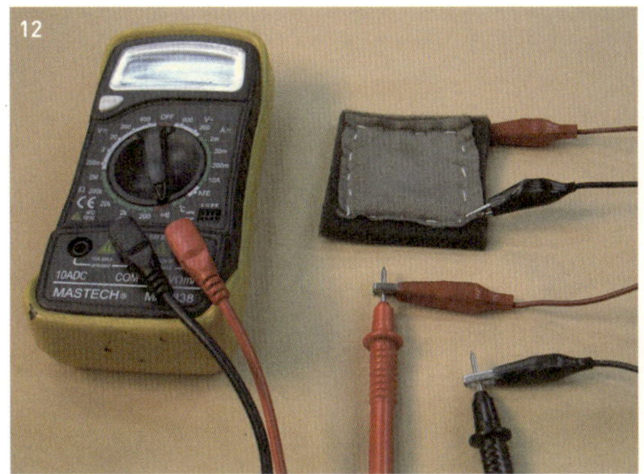

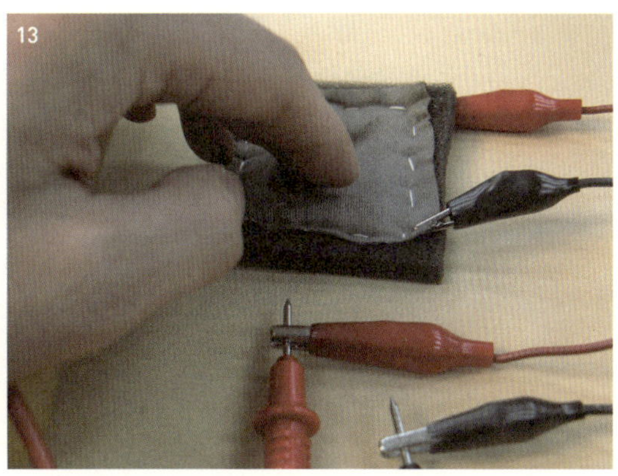

12 멀티미터를 전기흐름 테스트 모드에 놓고 시험막대와 연결된 악어클립을 윗면 천과 밑면 천에 물린다.

13 손가락으로 스위치 가운데 부분을 누르면 멀티미터에서 '삐' 소리가 나고 손가락을 뗐을 때 아무런 소리가 나지 않으면 부드러운 스위치 완성!

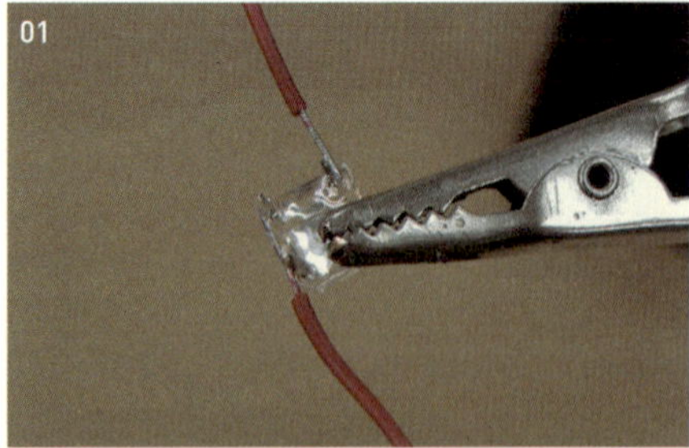

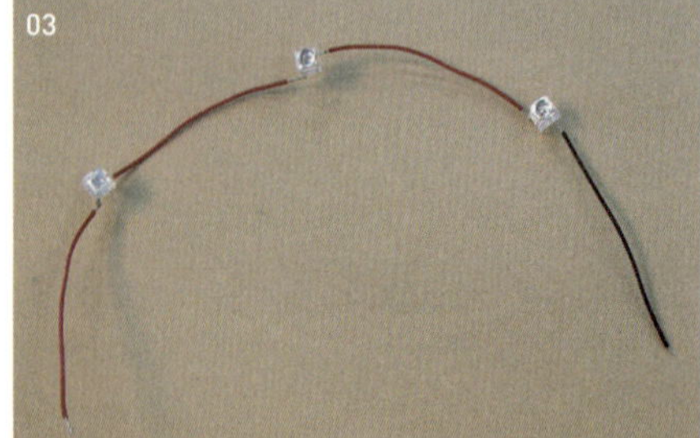

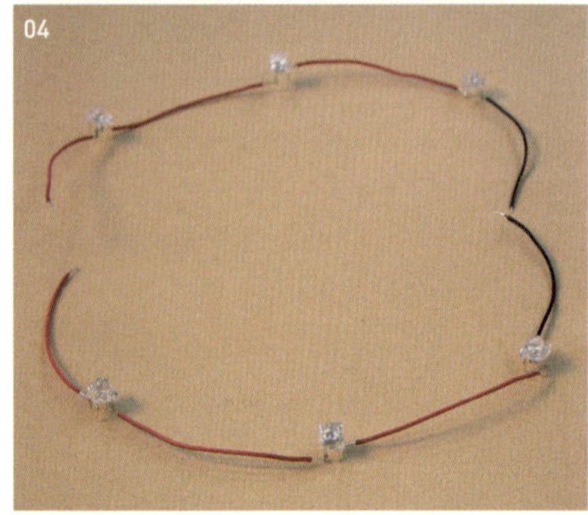

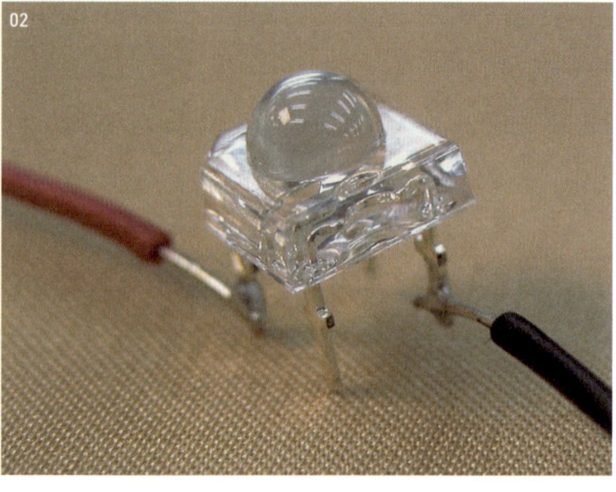

01 3개의 LED를 직렬로 연결하기 위해 첫 번째 LED의 양극(+) 다리와 음극(-) 다리에 전선을 연결하고 음극(-) 다리 전선은 두 번째 LED의 양극(+) 다리에 연결한다.

02 두 번째 LED의 음극(-) 다리 전선은 세 번째 LED의 양극(+) 다리에 연결하고 세 번째 LED의 음극(-) 다리에는 검은색 전선을 연결해 놓는다.

03 3개의 LED를 직렬로 연결한 모습

04 같은 방법으로 한 줄 더 만든다.

03 전도성 실로 부드러운 스위치에 전선 연결하기

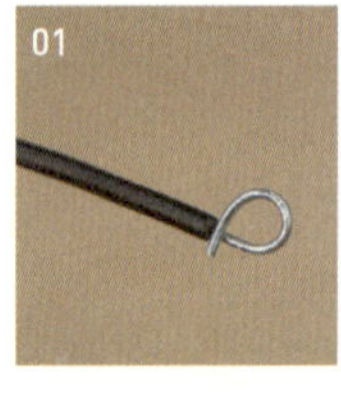

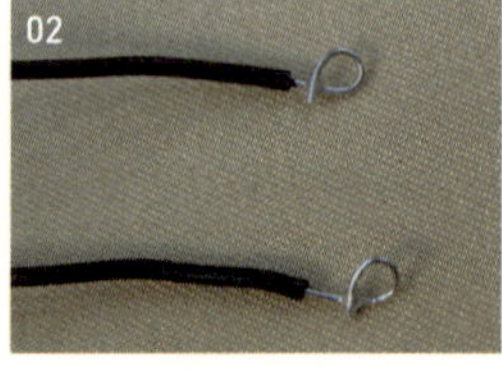

01 검은색 전선 끝부분을 와이어 스트리퍼로 벗겨내고 전도성 실을 연결하기 위해 그림처럼 둥근 고리 모양으로 구부려 준다.

02 고리 끝부분은 살짝 납땜을 해준다.

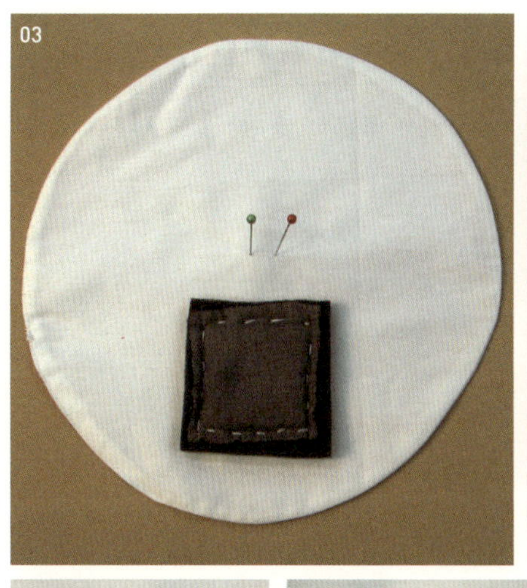

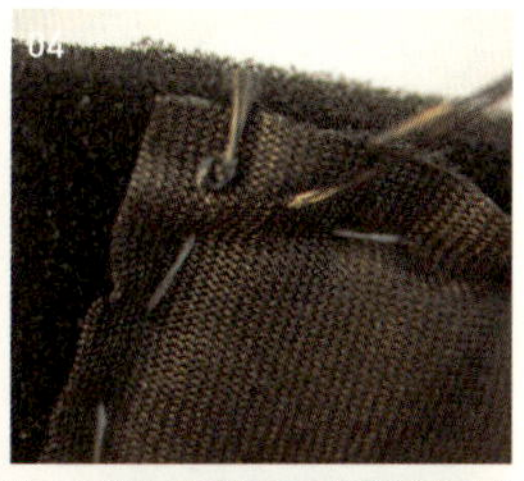

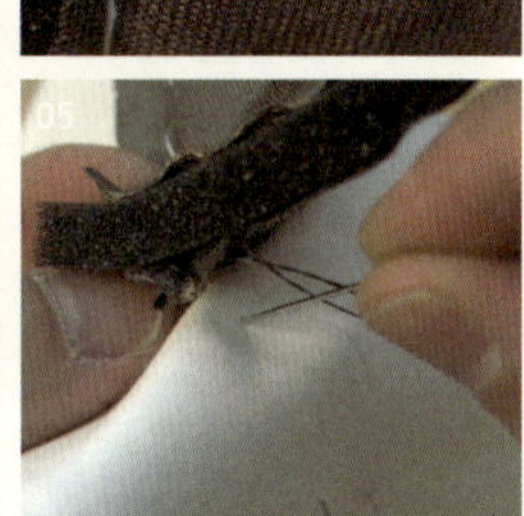

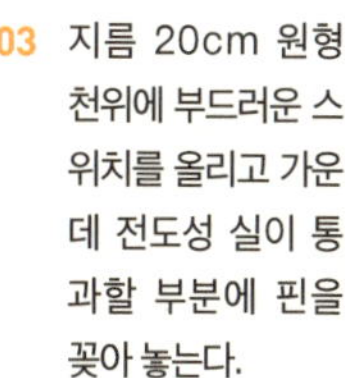

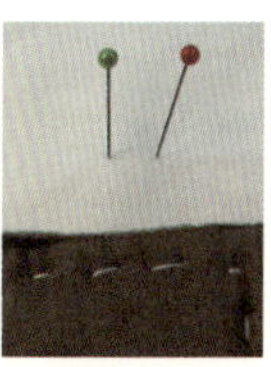

03 지름 20cm 원형 천위에 부드러운 스위치를 올리고 가운데 전도성 실이 통과할 부분에 핀을 꽂아 놓는다.

04 바늘로 전도성 실을 스위치 밑면의 전도성 천에 꿰맨다.

05 둥근 천에 스위치가 고정되기 위해 위에서 아래로 바느질한다.

06 핀을 꽂아둔 오른쪽 자리에서 밑면으로 바늘을 통과시킨다.

07 밑면으로 나온 전도성 실을 검은색 전선 고리 안쪽으로 통과시킨다.

08 전도성 실로 둥근 천에 검은색 전선을 약 2~3회 정도 묶어주고 가위로 잘라낸다.

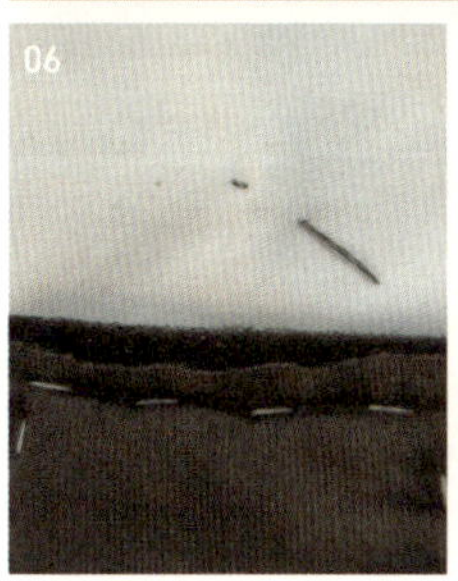

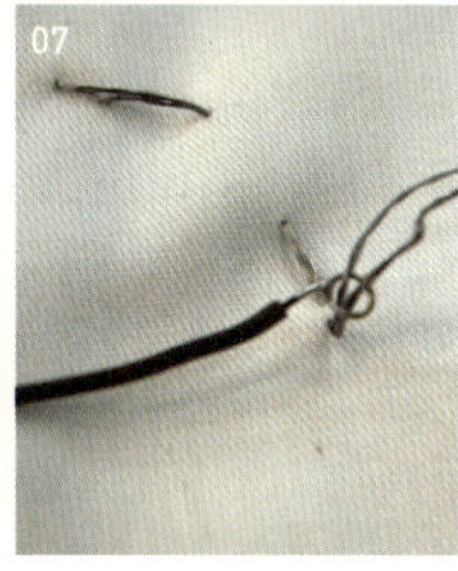

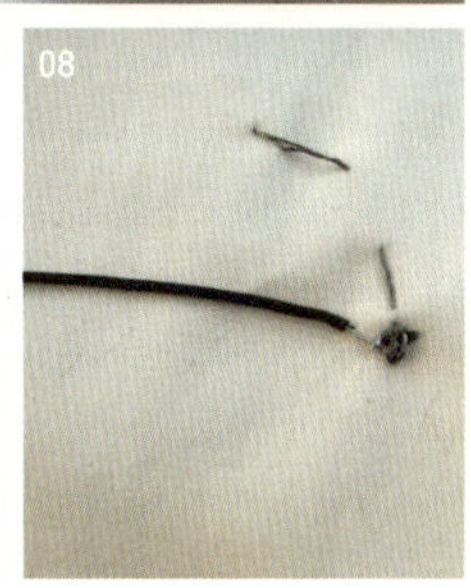

09 바늘에 새로운 전도성 실을 끼우고 스위치 윗면 천에 꿰맨다.

10 스위치 윗면의 전도성 천에 꿰맨 바늘을 둥근 천 아래로 통과시킨다.

11 둥근 천 가운데 핀을 꽂아 둔 왼쪽 자리까지 바느질한다.

12 밑면으로 나온 전도성 실로 두 번째 검은색 전선을 둥근 천에 2~3회 정도 묶어주고 가위로 잘라낸다.

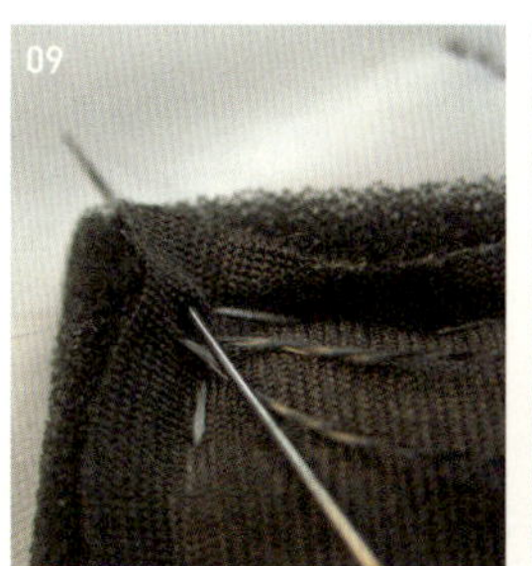

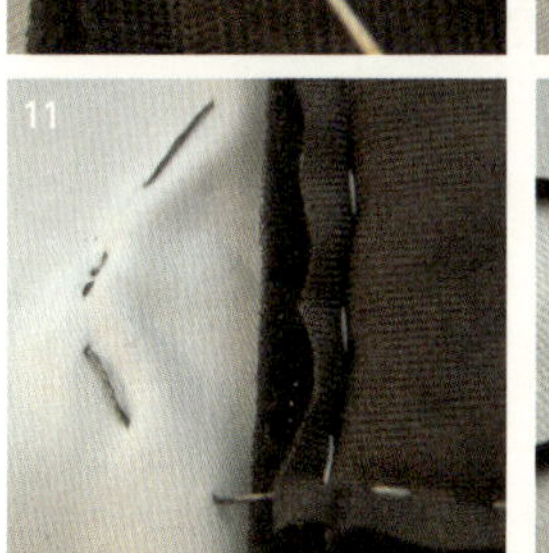

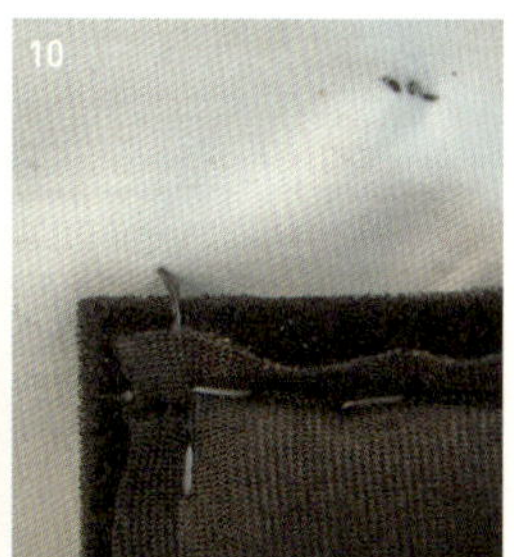

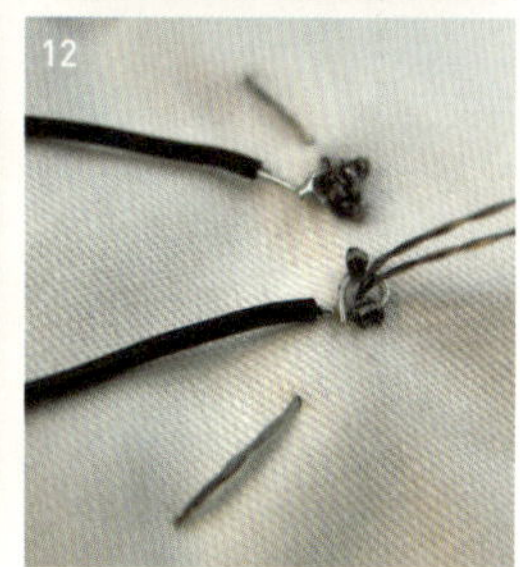

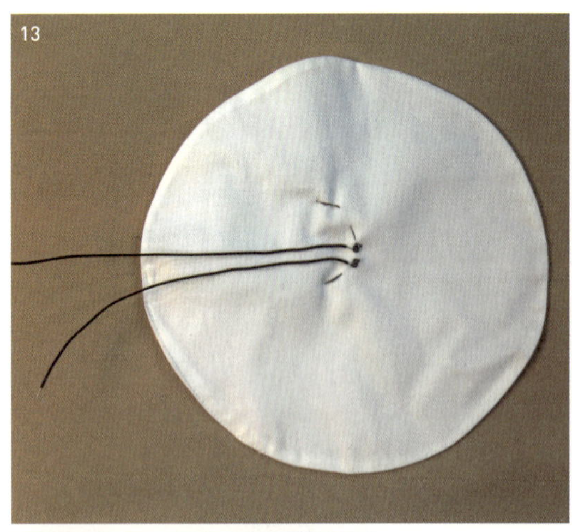

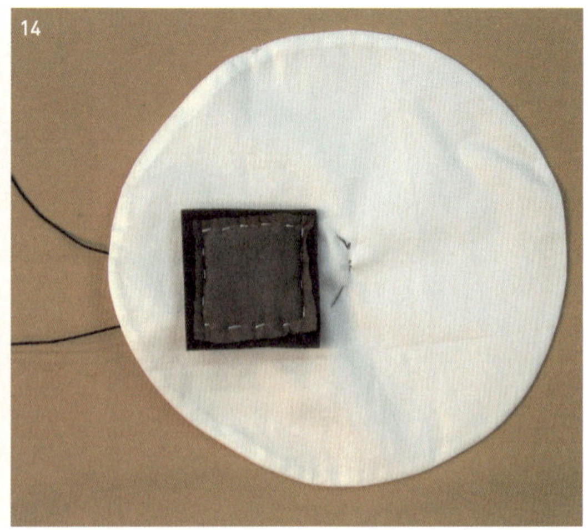

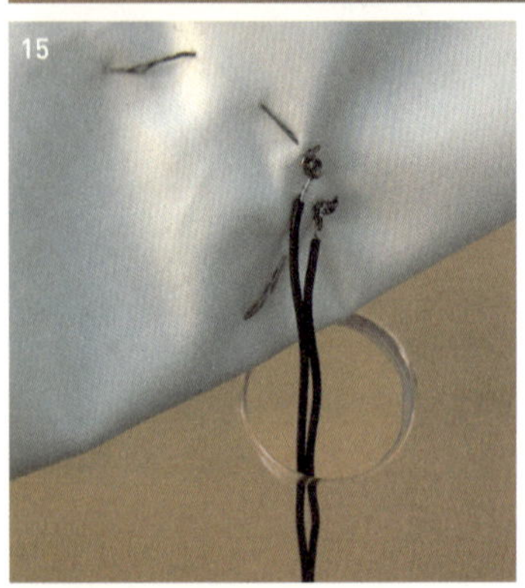

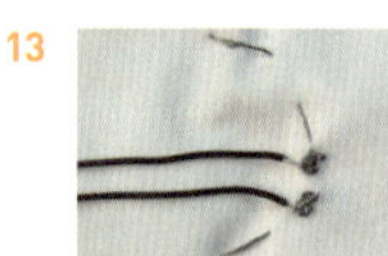

13 전도성 실로 부드러운 스위치와 검은색 두 전선이 연결된 둥근 천 밑면 모습

14 전도성 실로 부드러운 스위치와 검은색 두 전선이 연결된 둥근 천 윗면 모습

15 둥근 천 밑면의 두 전선을 의자 가운데 구멍 사이로 통과시킨다.

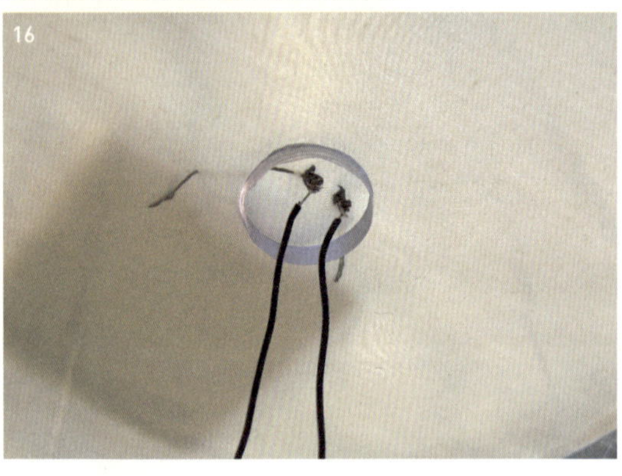

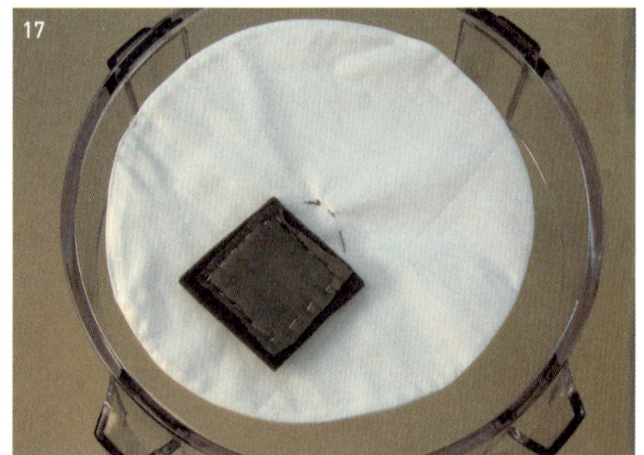

16 둥근 천을 의자 앉는 부분에 올리고 밑에서 바라본 모습

17 둥근 천을 의자 앉는 부분에 올리고 위에서 바라본 모습

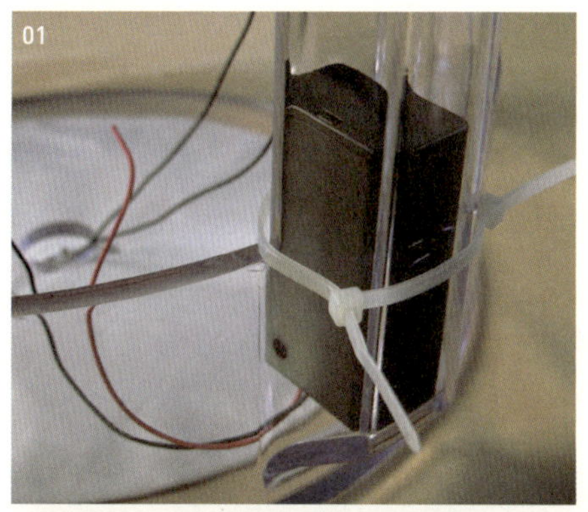

01 의자 안쪽에 LED를 고정시키기 위해 의자를 뒤집어 놓고 한쪽 다리 부분에 케이블 타이를 이용하여 9V 건전지를 끼운 건전지 홀더를 고정시킨다.

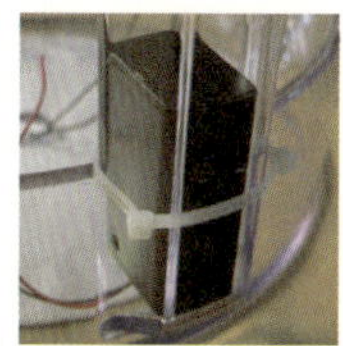

02 9V 건전지 홀더의 양극(+) 전선과 LED 3개를 직렬로 연결한 두 개의 양극(+) 전선을 하나로 연결한다. 부드러운 스위치와 연결된 검은 전선 중 하나는 건전지 홀더의 음극(-) 전선과 연결하고 다른 하나는 3개의 LED를 직렬로 연결한 두 개의 음극(-) 전선과 연결한다.

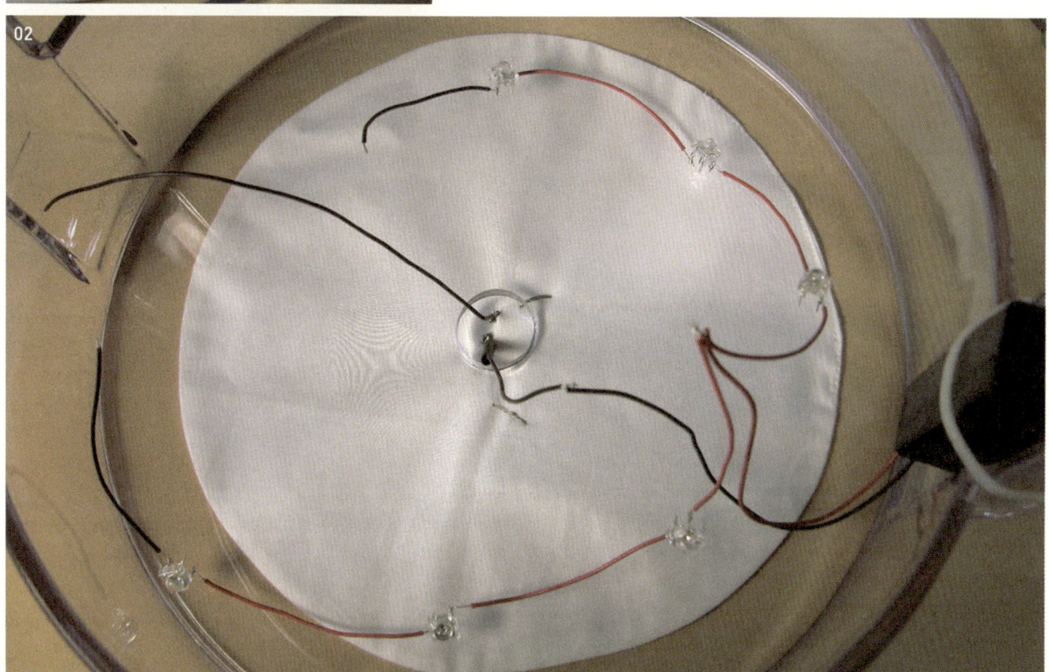

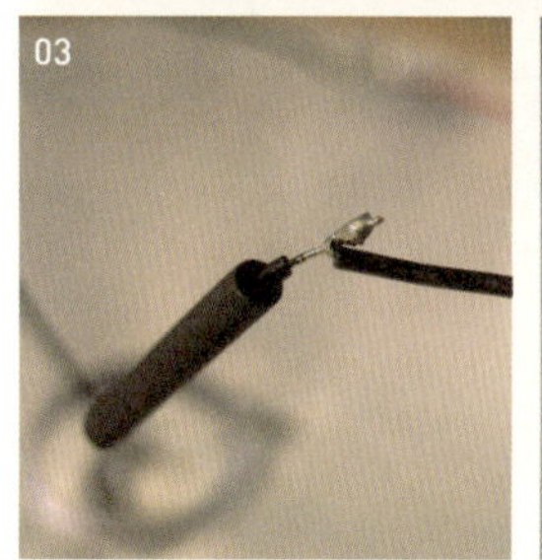

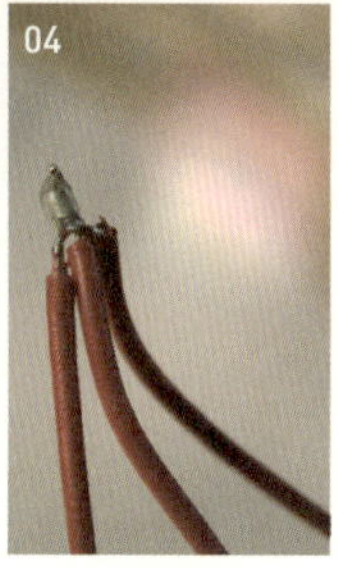

03 부드러운 스위치의 검은 전선에 열수축 튜브를 끼우고 건전지 홀더의 음극(-) 전선과 납땜해준다. 납땜 후 열수축 튜브로 절연시킨다.

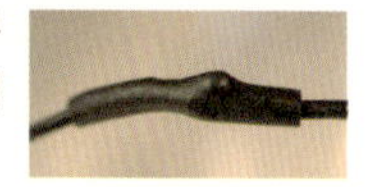

04 직렬로 연결된 LED의 양극(+) 전선 두 가닥과 건전지 홀더의 양극(+) 전선을 하나로 납땜해준다. 납땜 후 열수축 튜브로 절연시킨다.

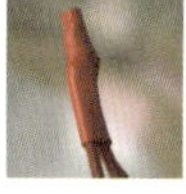

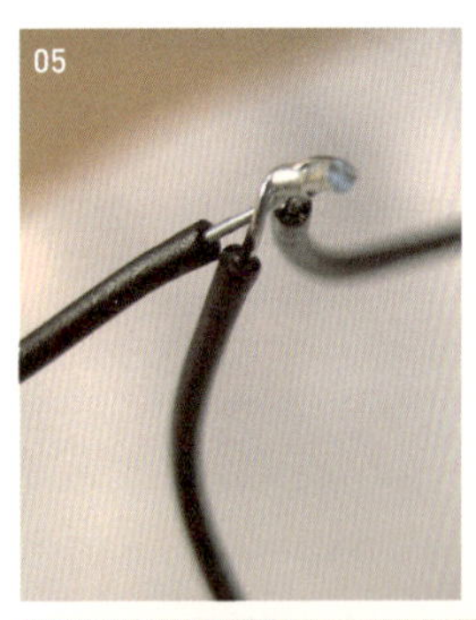

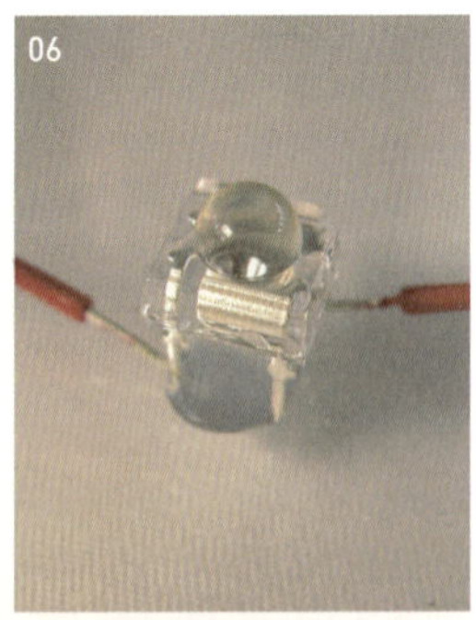

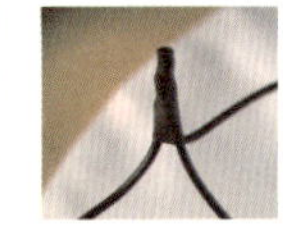

05 부드러운 스위치의 검은 전선과 직렬로 연결된 LED의 음극(-) 전선 두 가닥을 하나로 납땜해준다. 납땜 후 열수축 튜브로 절연시킨다.

06 LED 6개는 바닥을 향하게 하고 글루건으로 의자 안쪽에 고정시킨다.

07 6개의 LED와 부드러운 스위치 그리고 건전지 홀더를 모두 연결한 모습

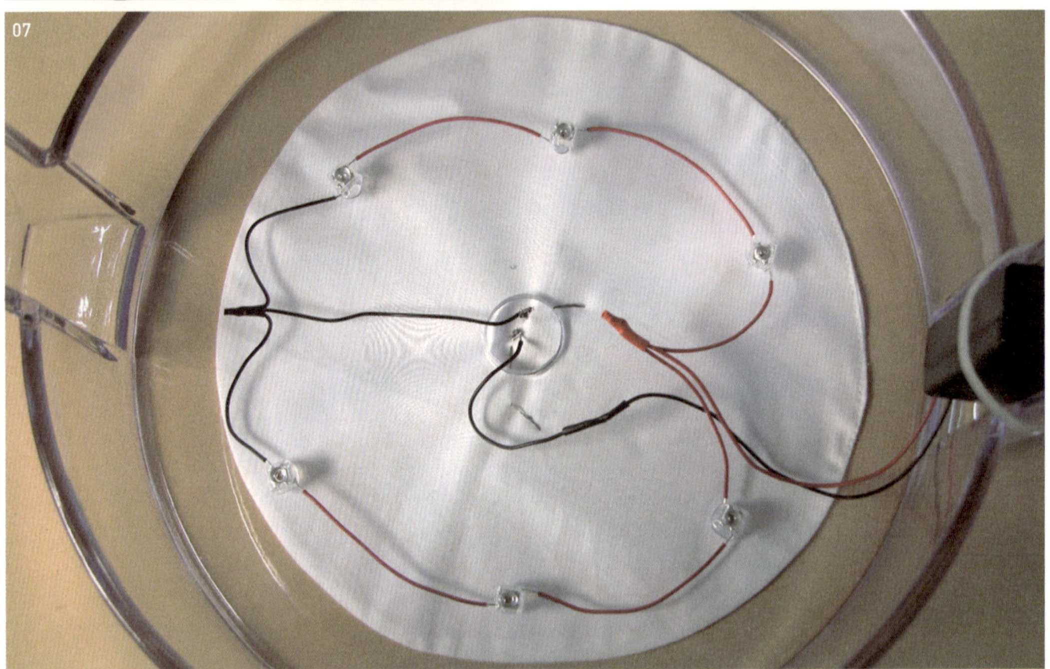

05 거울 아크릴 고정 및 작동 테스트

01 바닥을 향해 고정된 LED의 빛을 반사시켜 더욱 밝은 빛을 얻기 위해 가로 24cm x 세로 24cm 거울 아크릴 네 모서리에 3mm 구멍을 낸다.

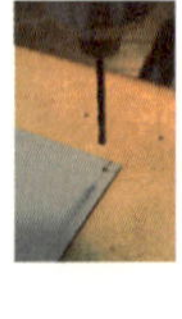

02 네 모서리에 3mm 구멍을 낸 모습

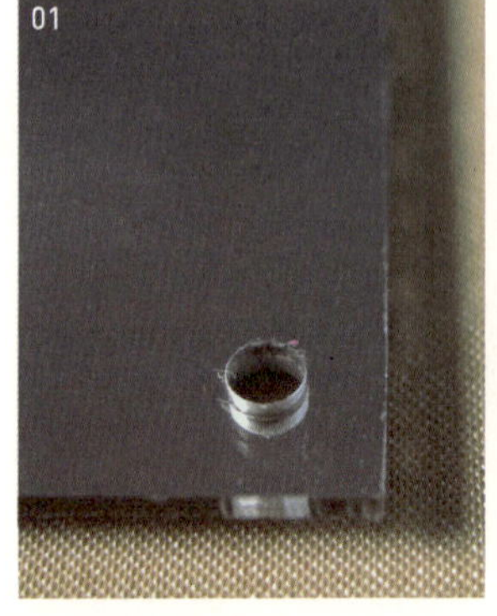

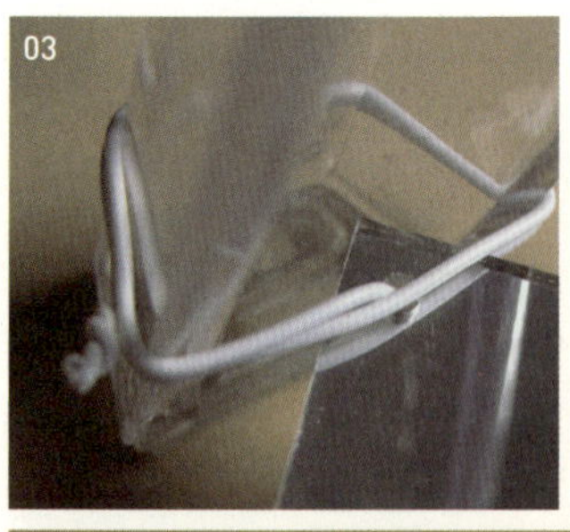

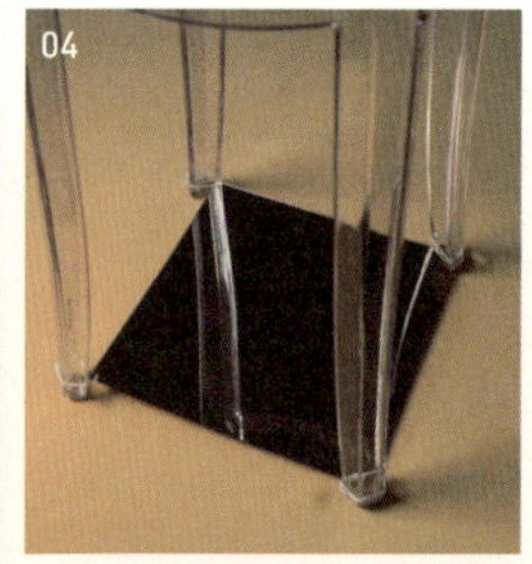

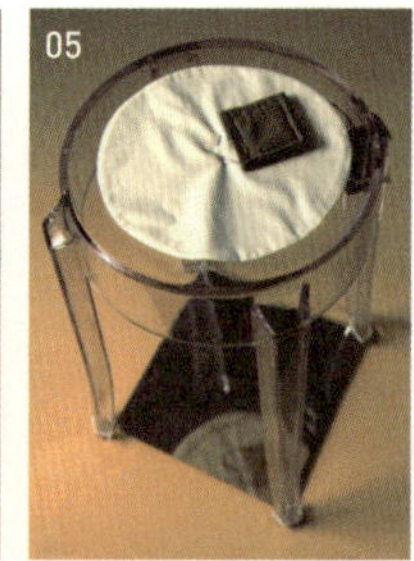

03 구멍 사이로 전선을 통과시켜 각 의자 다리에 네 모서리를 묶어준다. 케이블 타이를 이용하면 더욱 튼튼하다.

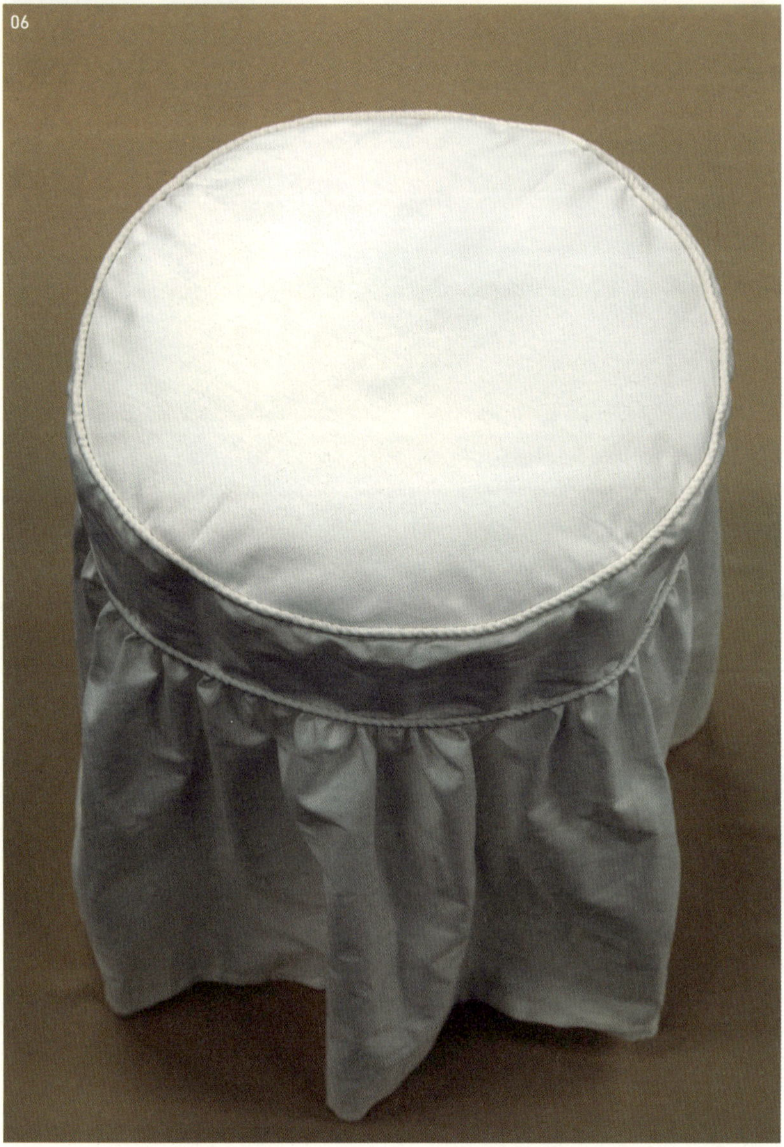

04 의자 다리에 고정된 거울 아크릴 모습

05 위에서 바라본 완성된 모습

06 마지막으로 의자 커버를 씌워준다.

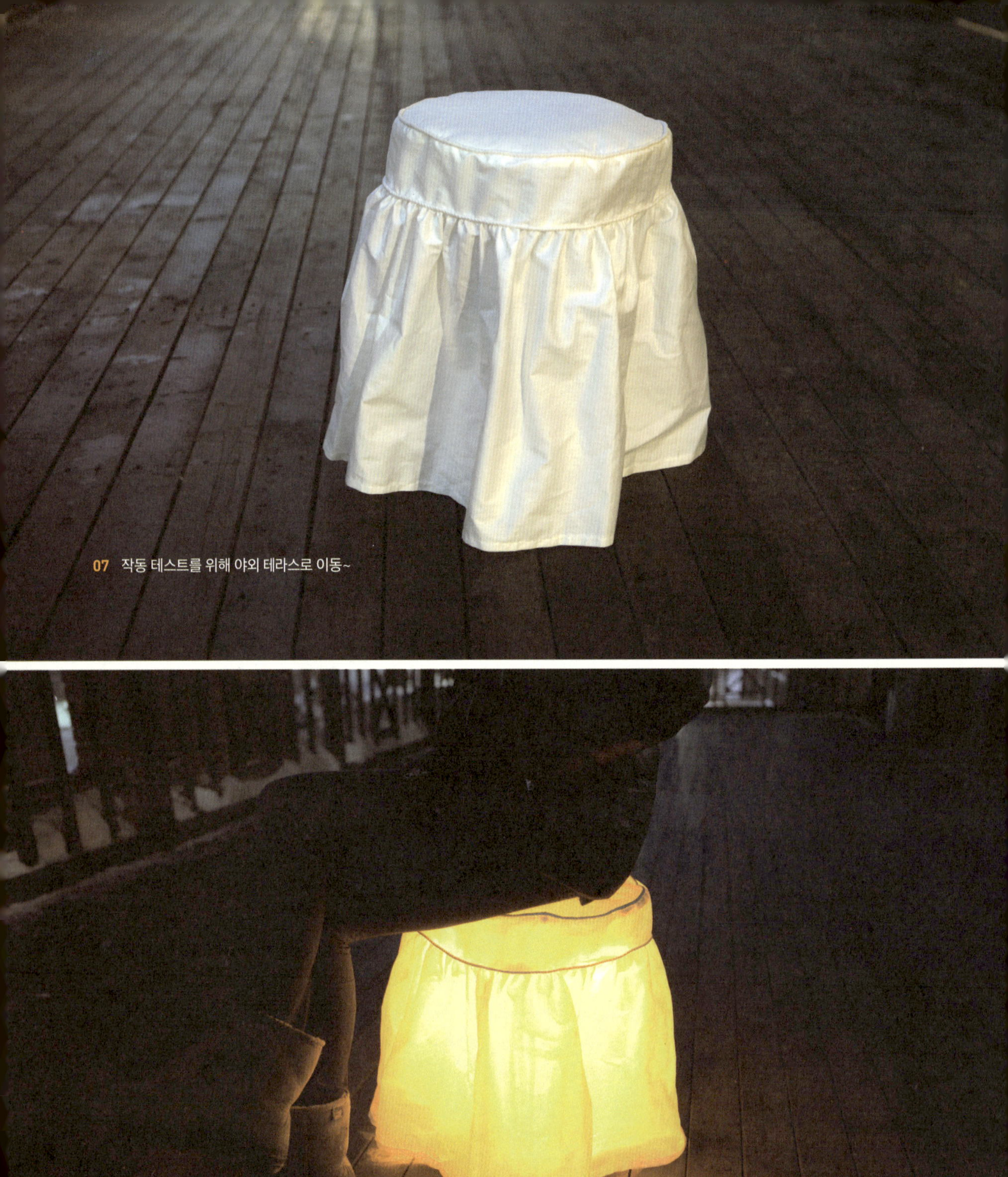

07 작동 테스트를 위해 야외 테라스로 이동~

08 의자에 앉으면 빛이 켜진다. 빛나는 의자 완성!

자작 스위치

전자부품 가게를 가보면 다양한 형태의 스위치를 만날 수 있다. 스위치는 전기가 흐르는 길을 차단하거나 이어서 회로에 연결된 장치를 제어한다. 회로에 연결된 전선의 가운데를 자르고 잘려진 부분의 피복을 벗긴 다음 양손으로 두 전선을 이어주거나 다시 떼면 스위치와 같은 효과를 얻을 수 있다. 이때 두 전선을 어떻게 이어줄 것인지를 상상해보면 그 방법은 무궁무진하다.

먼저 어떤 물체로 이어줄 것인지 생각해보자. 전기가 잘 통하든 잘 통하지 않든 조금이라도 전기가 통하는 물체면 얼마든지 스위치로 활용할 수 있다. 우리 주변에서 살펴보면 주방에 있는 알루미늄 호일, 금속으로 된 주방기구, 숟가락, 젓가락, 알루미늄 캔, 책상 위에 있는 열쇠, 사무용 집게, 클립, 압정, 핀, 스테이플러, 옷장에 있는 금속 지퍼, 옷에 달려 있는 금속 버튼, 벨트, 장신구 등을 쉽게 찾아볼 수 있다. 다음은 어떠한 방식으로 이어줄지를 생각해보자. 우리가 어떤 행동에 익숙한지를 살펴보면 재미있다. 어릴 적 자전거 타는 법을 한번 습득하면 우리의 몸은 평생 그 기억을 간직한다. 이처럼 숨쉬기, 걷기, 달리기, 박수 치기, 악수하기, 줄 당기기, 안아 주기, 공 던지기, 소리 지르기, 과자 봉지 뜯기, 양손으로 책장을 빨리 넘겨보기, 과일 깎기 등 우리에게 익숙한 행동은 머리가 아니라 몸이 기억하고 있다. 특히 손으로 할 수 있는 일은 더욱더 구체적이고 정교하다. 우리는 손끝으로 물체를 만지기만 하여도 그 물체가 어떤 종류의 물체인지를 알 수 있고 물 컵을 받아 들면 그 컵에 어느 정도의 물이 들어 있는지를 순식간에 감지할 수 있다. 손이 지닌 능력을 조금만 더 생각해보면 손가락으로 마우스를 클릭하고 자판을 누르고 스크린을 터치하는 행동보다 훨씬 더 흥미로운 경험들을 만들어 낼 수 있을 것이다.

자신이 상상한 프로젝트에 딱 맞는 세상에 하나밖에 없는 나만의 스위치를 만들어보자.

물의 속성을 이용해 작품 표면에 있는 LED를 제어한다. LED는 물을 감지하는 센서와 연결되어 있어 물의 양에 따라 빛의 밝기가 변한다.

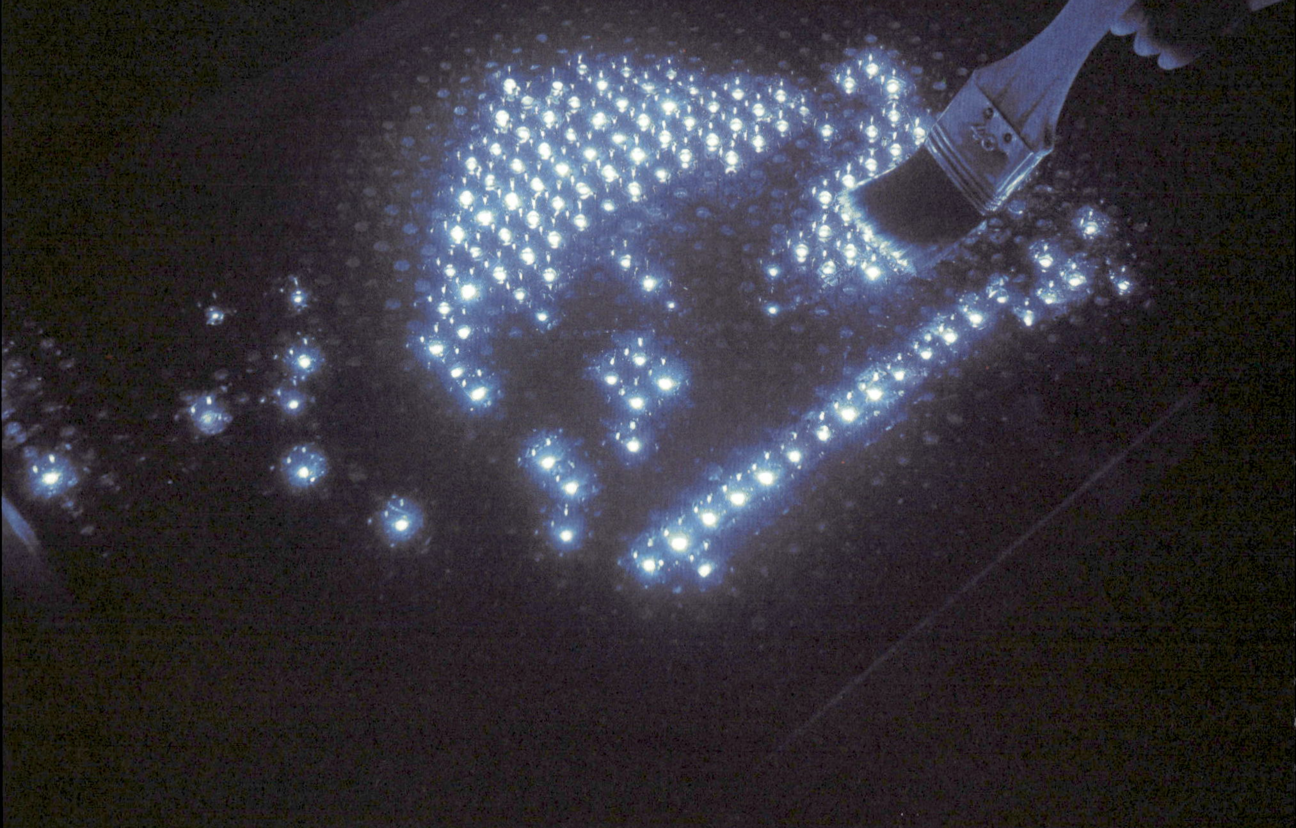

<Water Lights> 이재민 | 2008 | 60cm x 40cm x 5cm | LED, 물, 전자회로

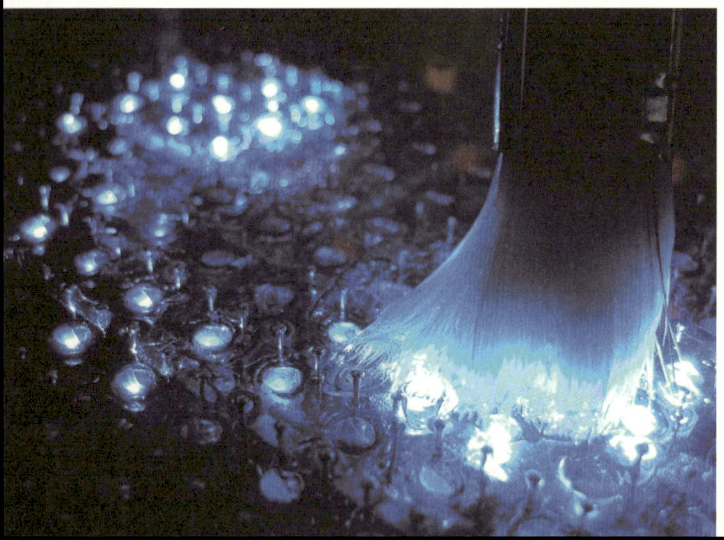

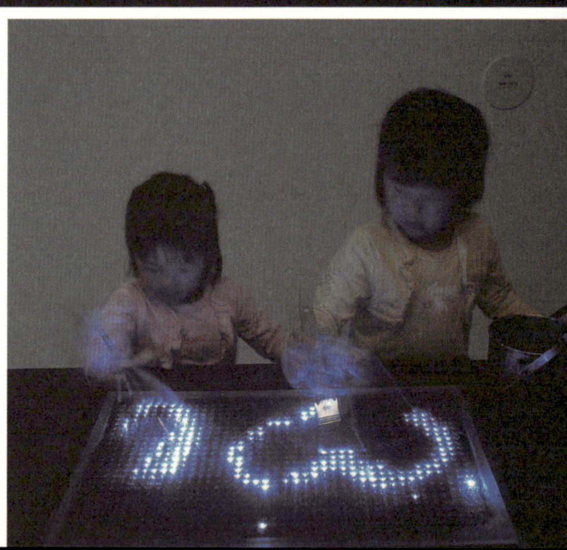

치마에 전자회로를 입체적으로 바느질한 작품으로 민감한 터치 센서가 달려 있기 때문에 부딪히면 부딪힌 부분이 푸르게 빛났다가 꺼진다. 몸에 착용하여 사람의 몸짓, 체온, 심장 박동, 바이오 리듬 등을 통해 몸 전체로 컴퓨팅하는 웨어러블 아트(Wearable Art) 작품이다.

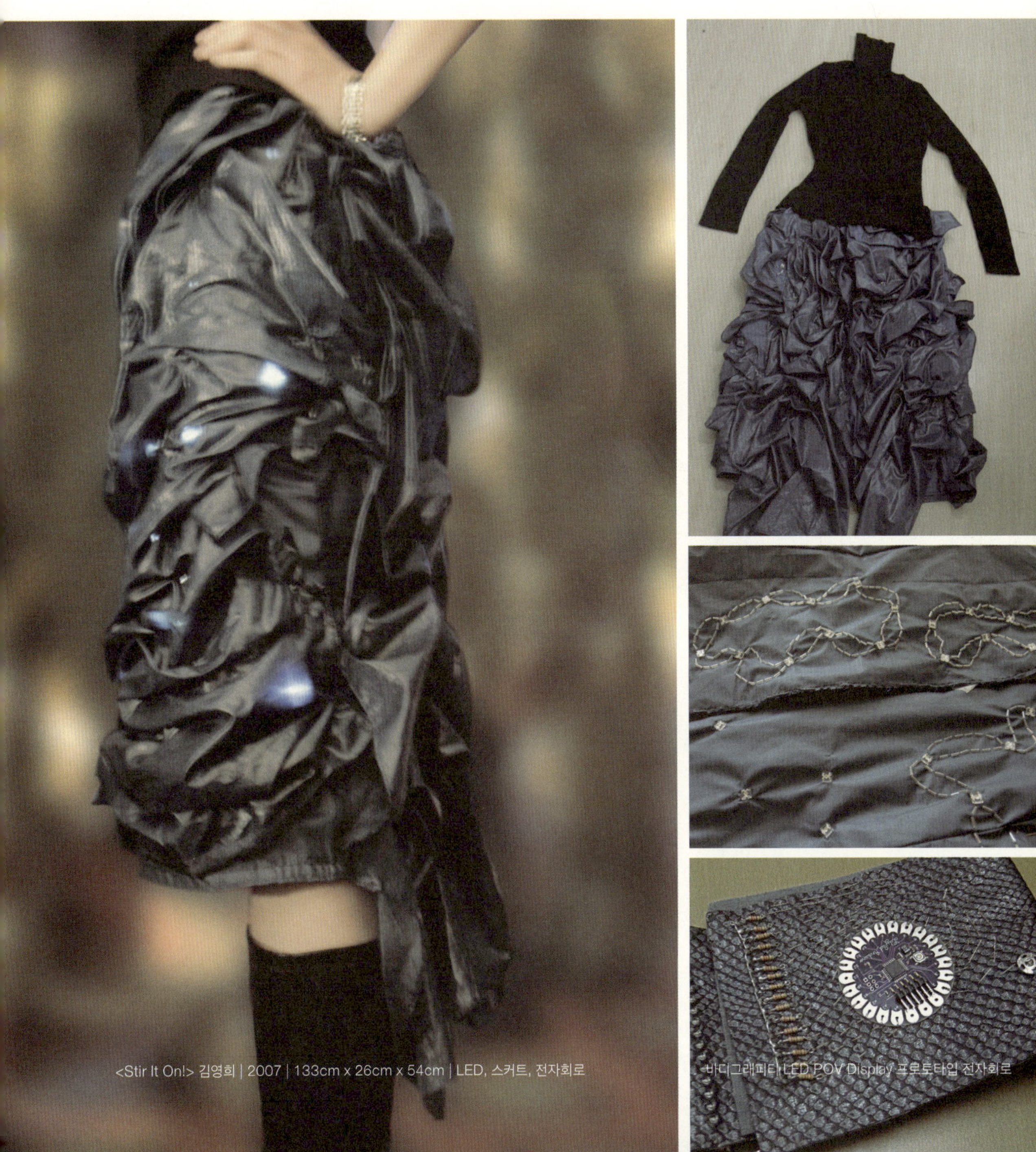

<Stir It On!> 김영희 | 2007 | 133cm x 26cm x 54cm | LED, 스커트, 전자회로   바디그래피티 LED POV Display 프로토타입 전자회로

아두이노와
두 걸음
옮기기

센서는 센스 있게 활용하자.
시간과 조건을 제어할 수 있는
아두이노 보드를 이용하여
인터랙티브 공작물들을
만들어 보자!

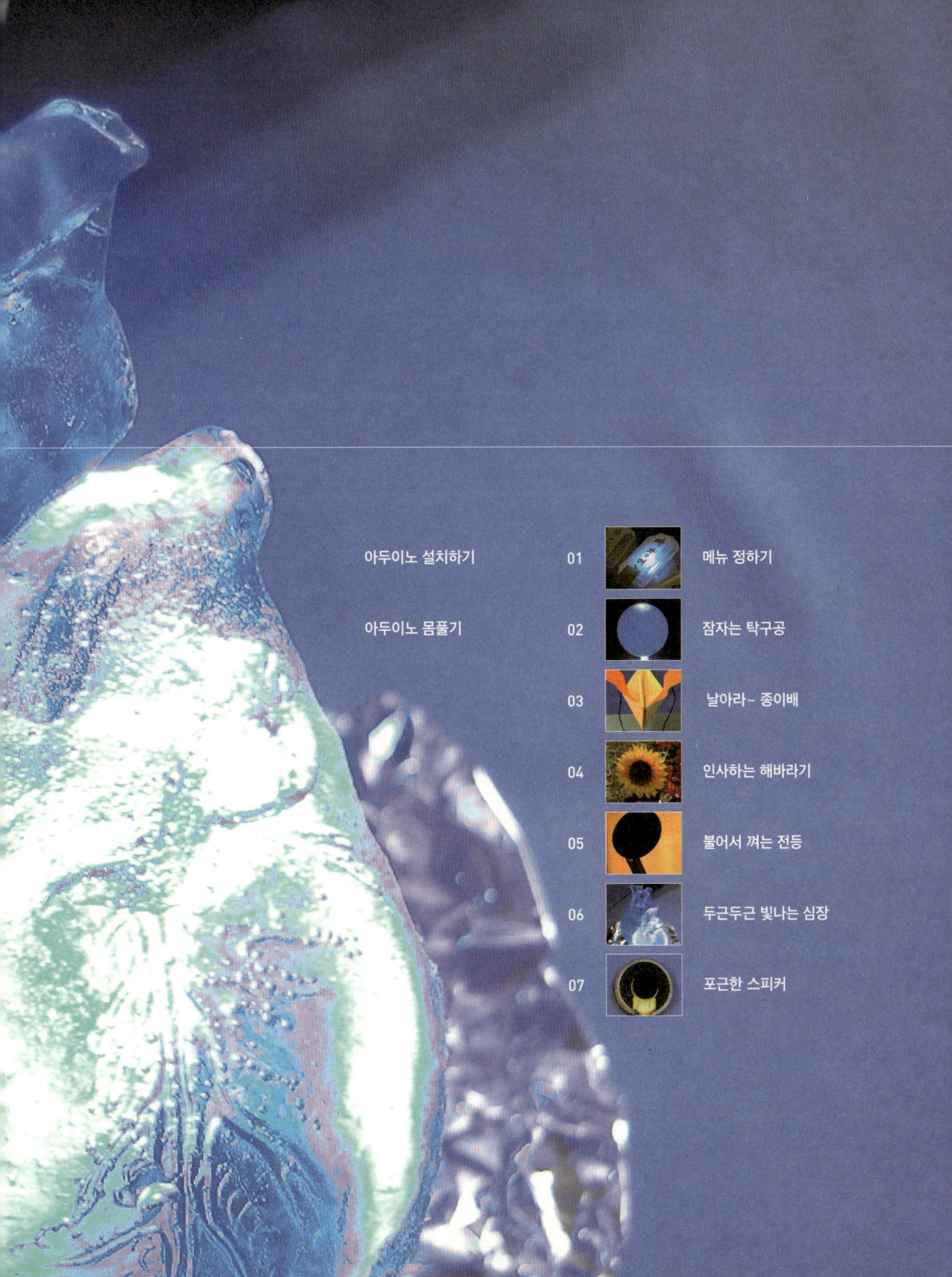

아두이노
설치하기

필요한 부품

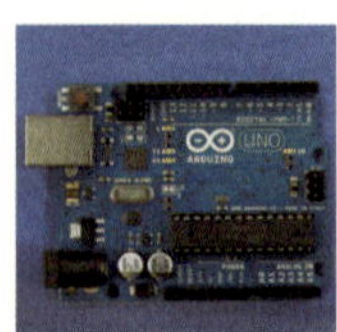

아두이노 우노 (R3)
» 온라인 (플: 100410020145, 아: TP11021D)

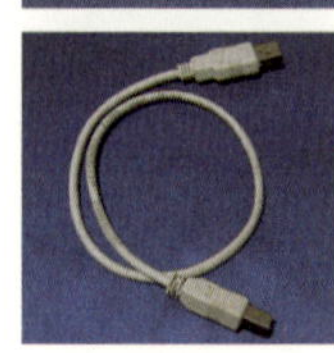

USB 케이블 (A/B 타입)
» 온라인 (플: 20081304471753_0, 엘: EPX344M9)

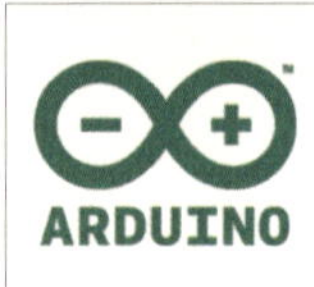

아두이노 소프트웨어
» 다운로드 www.arduino.cc

아두이노는 우리가 보고 듣고 느끼는 것처럼 세상을 바라볼 수 있는 작은 컴퓨터이다. 주위의 밝고 어두움, 소리의 크고 작음, 온도의 높고 낮음과 같은 현상을 감지할 수 있는 센서를 간편하게 연결할 수 있고 이렇게 입력되는 정보를 이용하여 LED의 빛을 제어하거나 모터를 돌리거나 소리를 낸다.

아두이노는 센서, LED, 스위치, 모터와 같은 전자부품을 연결할 수 있는 '아두이노 보드'와 이 보드가 특정한 일을 하도록 프로그래밍할 수 있는 '아두이노 소프트웨어'로 구성되어 있다. 아두이노 보드에는 인간의 두뇌 역할을 하는 마이크로콘트롤러가 있다. 보드의 크기는 동전만큼 작은 것에서부터 손바닥만한 것에 이르기까지 다양하다. 보드마다 입출력 핀의 개수와 작동 전압이 다르다. 아두이노 소프트웨어는 알기 쉬운 단어들로 이루어진 명령어를 사용하여 일반인도 쉽게 프로그래밍할 수 있다. 아두이노 소프트웨어에서는 코딩하는 과정을 '스케치하기'라고 하며 코딩한 파일을 '스케치'라고 부른다.

아두이노는 누구에게나 오픈되어 있다. 아두이노 웹사이트를 방문해보면 느낄 수 있겠지만 많은 사람들이 블로그를 통해 자신의 작품을 공유하고 포럼에서는 어려운 점을 서로 질문하고 답하며 해결해 나간다. 작은 관심과 노력을 기울인다면 아두이노는 우리가 상상한 프로젝트를 현실로 만들어줄 훌륭한 도구다.

윈도 7에 아두이노 설치하기

1. 아두이노 소프트웨어 다운로드

아두이노
메인 홈페이지

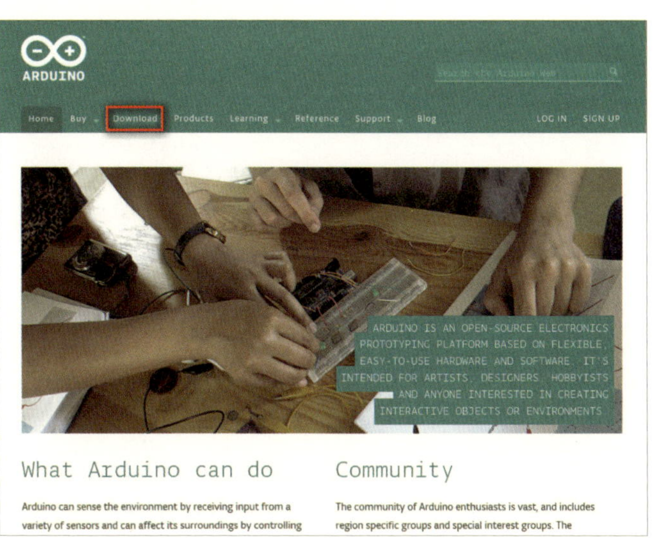

아두이노 홈페이지 www.arduino.cc에 접속한 뒤 상단 메뉴에 있는 다운로드 (Download) 버튼을 클릭하여 다운로드 페이지로 이동한다.

다운로드 페이지에서 아두이노 1.0.5 아래에 있는 윈도 버전 설치(Windows Installer)를 클릭하고 파일을 실행시킨다.

2. 아두이노 설치

아두이노 설치하기 첫 번째 페이지에서는 아두이노 소프트웨어 사용에 대한 규정들에 동의하는지를 물어본다. 동의한다면 'I Agree' 버튼을 클릭한다.

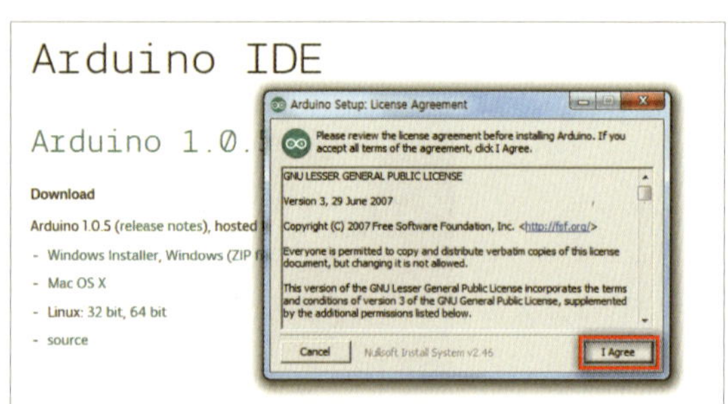

두 번째 페이지에서는 설치할 목록을 선택할 수 있다.

1. 아두이노 소프트웨어를 설치한다.
2. 아두이노 보드를 인식하기 위한 USB 드라이버를 설치한다.
3. 윈도 시작 메뉴에 바로가기 아이콘을 만든다.
4. 윈도 바탕화면에 바로가기 아이콘을 만든다.
5. 아두이노 파일의 확장자명인 .ino파일들을 아두이노 소프트웨어와 연동시킨다.

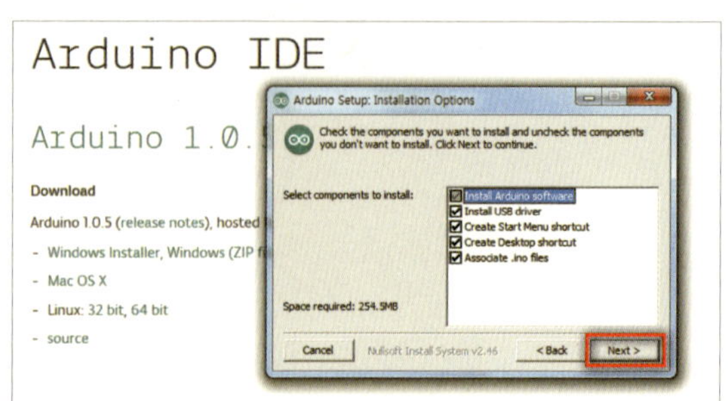

5가지 항목 중 원하는 것에 체크하고, 'Next〉' 버튼을 클릭한다.

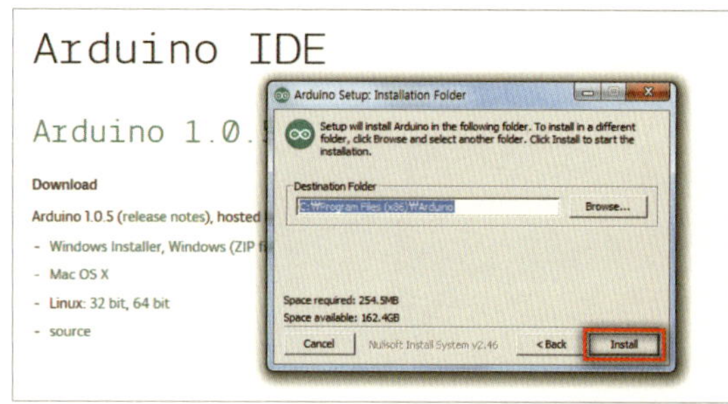

아두이노 소프트웨어를 32bit 프로그램들이 설치되는 기본 폴더인 Program Files(x86) 안에 설치한다고 뜬다. 만약 다른 위치에 설치하고 싶다면 'Browse...' 버튼을 클릭하여 경로를 선택하고 기본 설정으로 설치하고 싶다면 'Install' 버튼을 클릭한다.

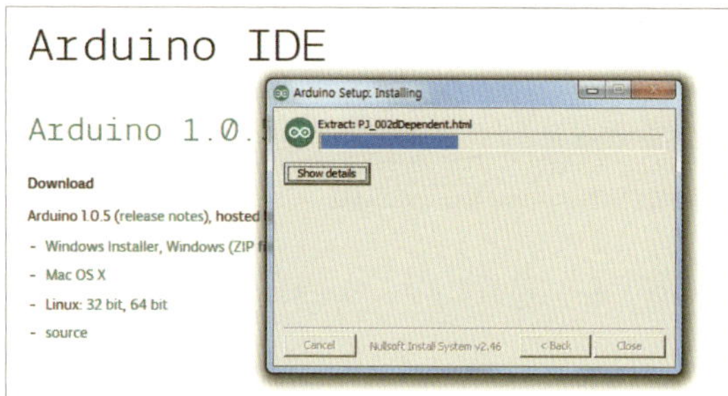

윈도에서 아두이노 USB 드라이버를 설치할 것인지 창이 떴을 때는 믿음을 가지고 '설치(I)'버튼을 클릭한다. 만약 '설치 안 함(N)'을 클릭했다면 컴퓨터는 아두이노 보드를 인식하지 못하며 제어판 장치관리자에서 수동으로 아두이노 USB 드라이버를 설치해야 한다.

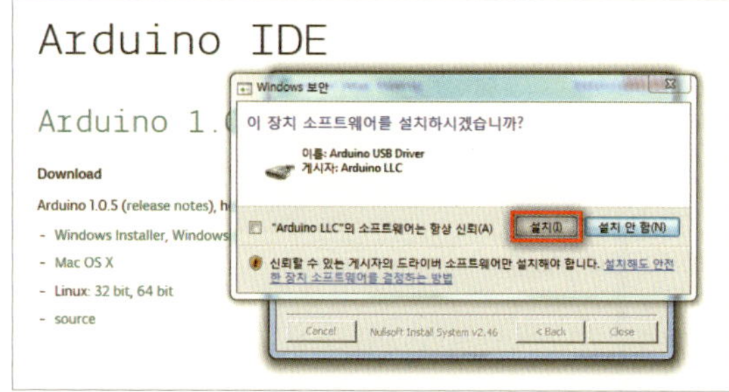

설치가 마무리 되었다는 페이지가 나오면 'Close'를 클릭한다.

3. 예제파일 열기

USB 케이블로 아두이노 보드를 컴퓨터에 연결한다. 케이블 끝이 사각형 모양인
B타입은 아두이노 보드에 꽂고 납작한 A타입은 컴퓨터의 USB 포트에 꽂는다.

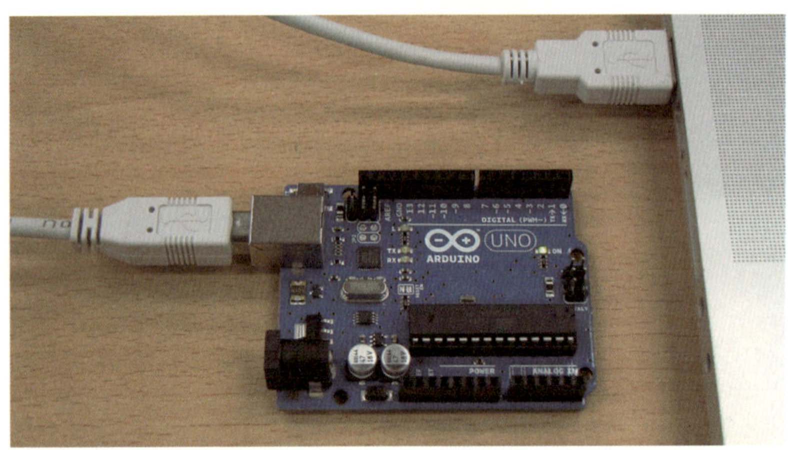

1) 바탕화면에 만들어진 아두이노 바로가기 아이콘을 더블클릭하여 아두이노
    소프트웨어를 실행한다.

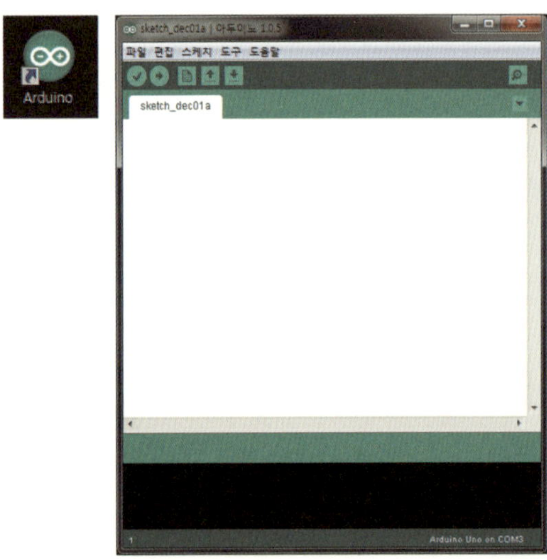

2) 아두이노 소프트웨어가 실행되면 메인메뉴에서 파일 아래의 '예제 〉 0.1
   Basics 〉 Blink'를 클릭한다.

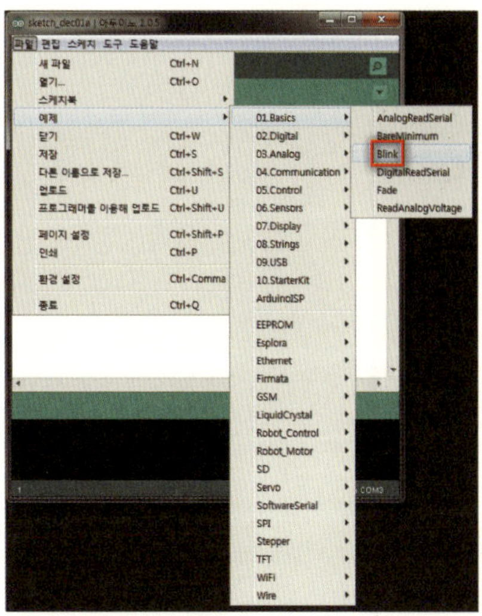

3) Blink 예제는 디지털 13번 핀에 연결된 LED를 1초 동안 켰다 끄는 과정을 반
   복하는 스케치다.

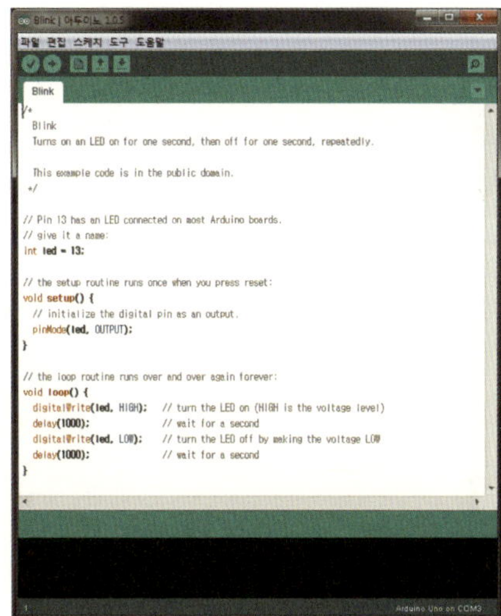

4. 보드 선택

메인메뉴에서 도구 아래의 보드를 클릭하고 자신이 사용할 아두이노 보드의 종
류를 선택한다.

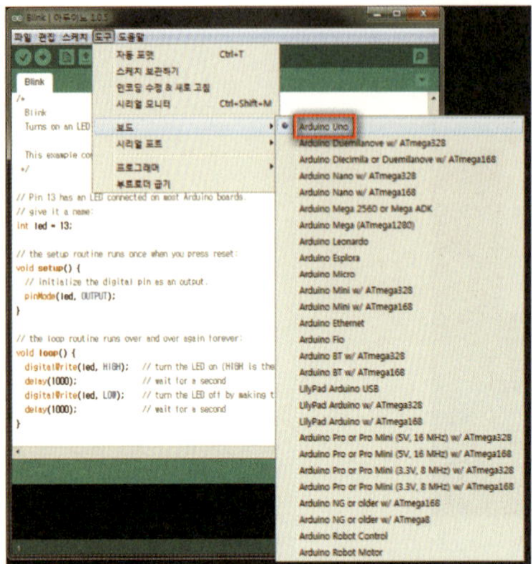

5. 시리얼 포트 확인

아두이노 보드가 연결된 시리얼 포트 번호 COM3을 확인한다. 포트 번호는 컴
퓨터에 따라 다르게 표시될 수 있다(COM4, COM1 등).

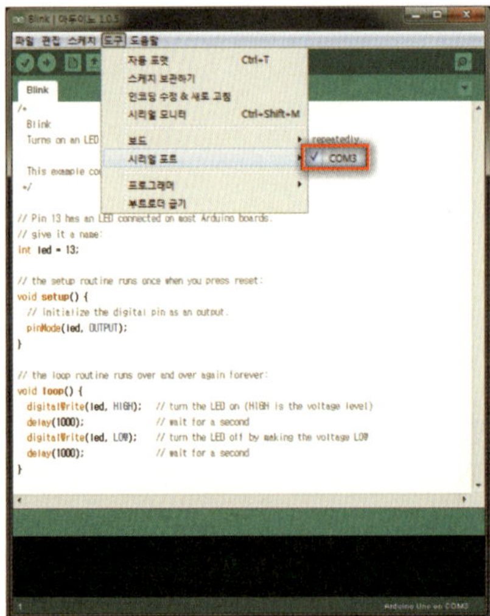

6. 예제파일 업로드 및 결과 확인

1) 메인메뉴 아래에 있는 빠른 실행 아이콘 중에서 두 번째 업로드 버튼을 클릭 하여 Blink 예제를 아두이노 보드에 업로드한다.

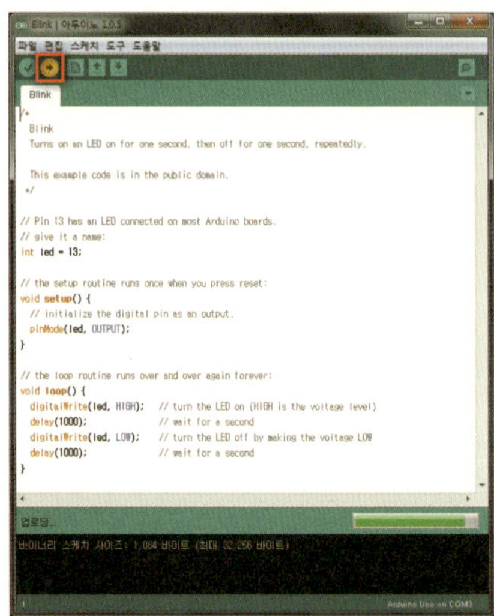

2) LED의 양극(긴 다리)은 디지털 13번 핀에, 음극(짧은 다리)은 그라운드(GND) 에 맞추어 꽂으면 업로드한 예제 소스의 내용처럼 LED가 1초 동안 켜졌다 1초 동안 꺼지는 것을 확인할 수 있다. 연결 성공!

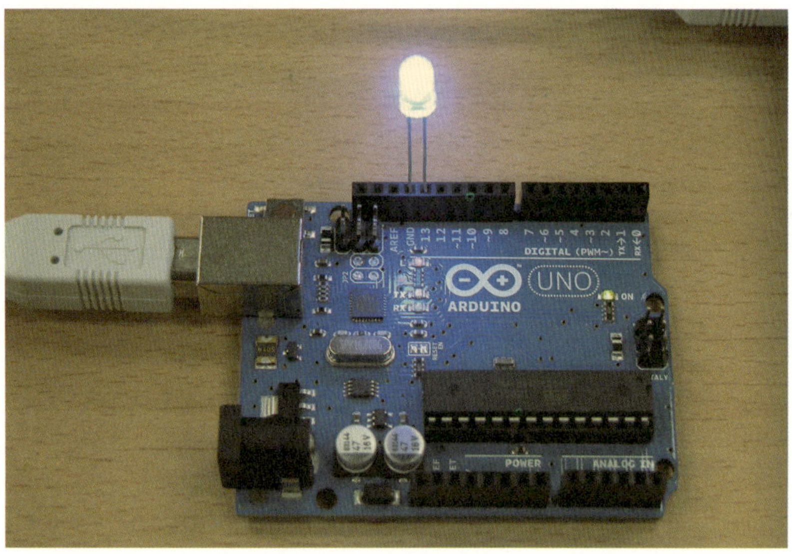

아두이노를 맥 OS X에 설치하기

1. 아두이노 소프트웨어 다운로드

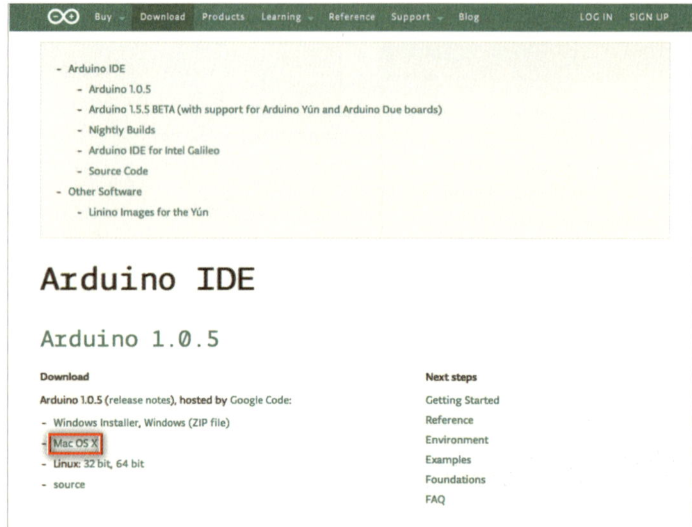

아두이노
소프트웨어
다운로드 페이지

다운로드 페이지에서 맥 OS X 버전을 클릭한다. 다운로드가 완료된 파일은 압축을 풀고 바탕화면이나 응용 프로그램(Application) 폴더로 옮긴다.

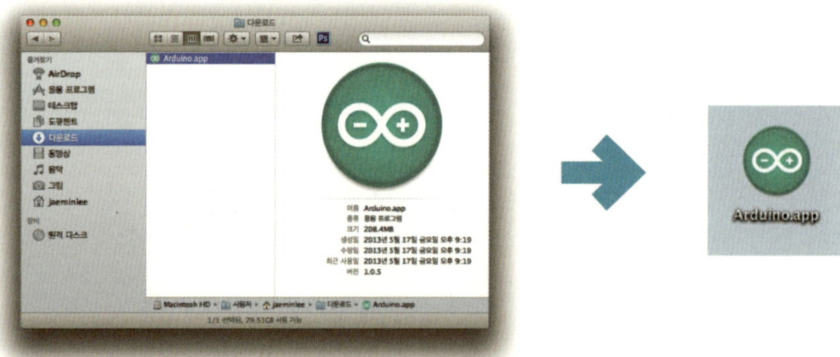

2. 아두이노 보드 연결

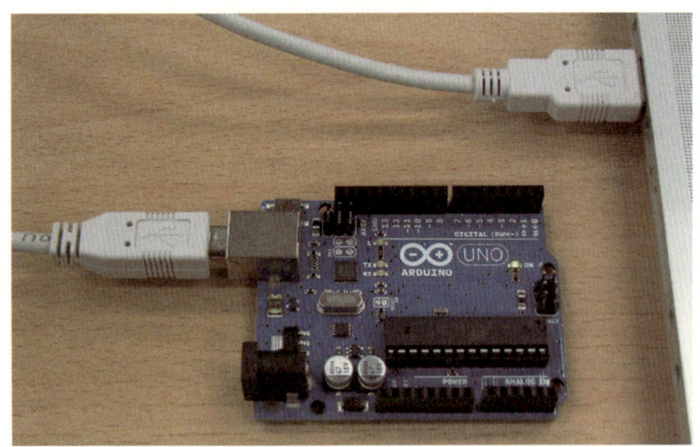

USB 케이블로 아두이노 보드를 컴퓨터에 연결한다. 케이블 끝이 사각형 모양인 B타입은 아두이노 보드에 꽂고 납작한 A타입은 컴퓨터의 USB 포트에 꽂는다.

3. 드라이버 설치

아두이노 보드 우노(UNO)는 맥 버전에서 따로 드라이버를 설치할 필요가 없다. 두에밀라노베(Duemilanove)와 같이 이전 보드를 사용할 경우에는 FTDI 웹사이트(www.ftdichip.com/Drivers/VCP.htm)에서 맥용 최신 버전 드라이버를 다운로드해 설치하고 컴퓨터를 다시 시작하면 된다.

4. 예제파일 열기

1) 아두이노 아이콘을 더블클릭하여 소프트웨어를 실행시킨다.

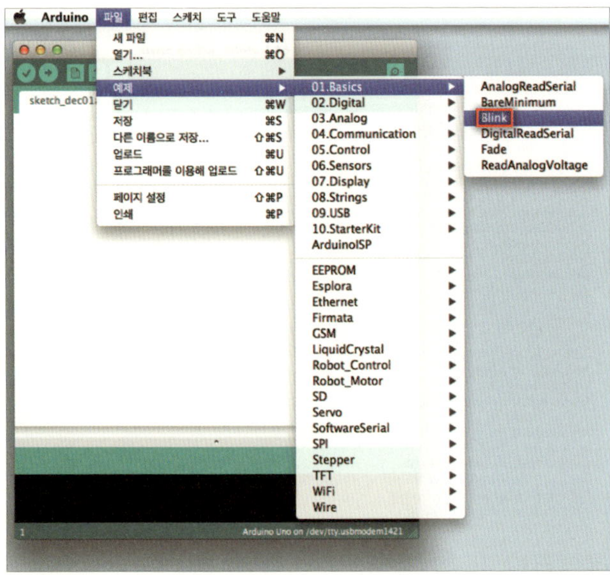

2) 아두이노 소프트웨어가 실행되면 메인메뉴의 파일 아래 '예제(Examples) 〉 0.1 Basics 〉 Blink'를 클릭한다.

3) Blink 예제는 디지털 13번 핀에 연결된 LED를 1초 동안 켰다 끄는 과정을 반
복하는 스케치다.

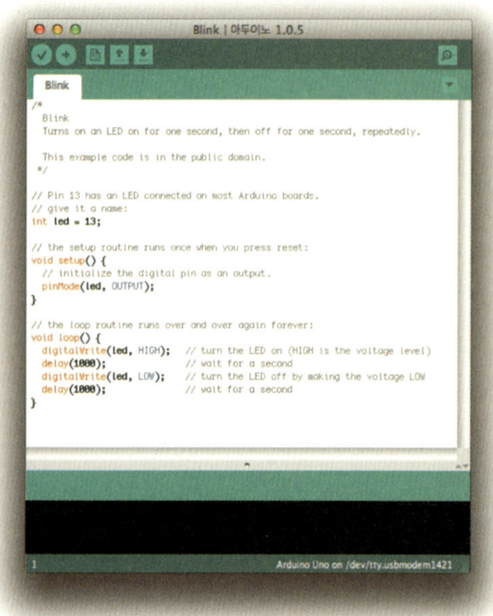

5. 보드 선택

상단 메뉴에서 도구 아래의 보드를 클릭하고 자신이 사용할 아두이노 보드의
종류를 선택한다.

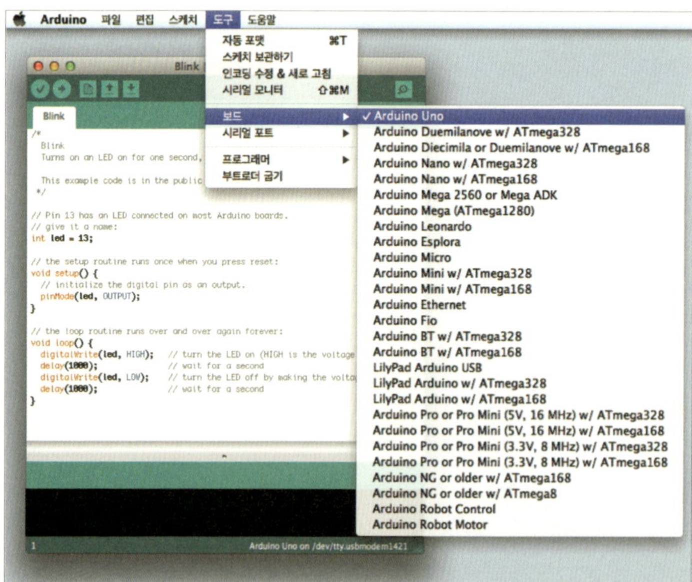

6. 시리얼 포트 선택

상단 메뉴 도구 아래 시리얼 포트에서 /dev/tty.USBmodem 또는 /dev/tty.USB-serial를 선택한다.

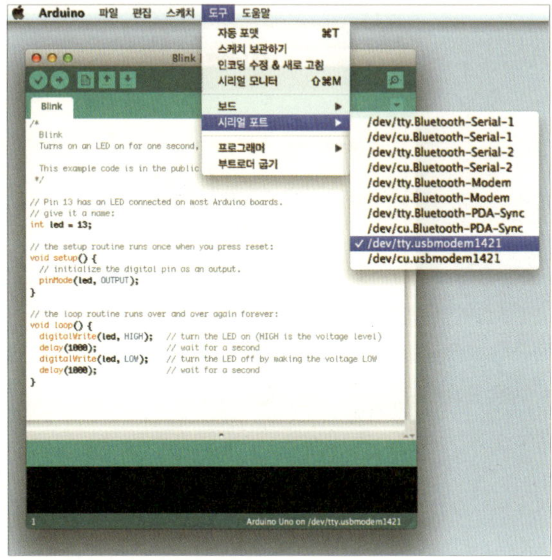

7. 예제파일 업로드 및 결과 확인

1) 빠른실행 아이콘 중에서 두 번재 업로드 버튼을 클릭하여 Blink 예제 소스를 아두이노 보드에 업로드한다.

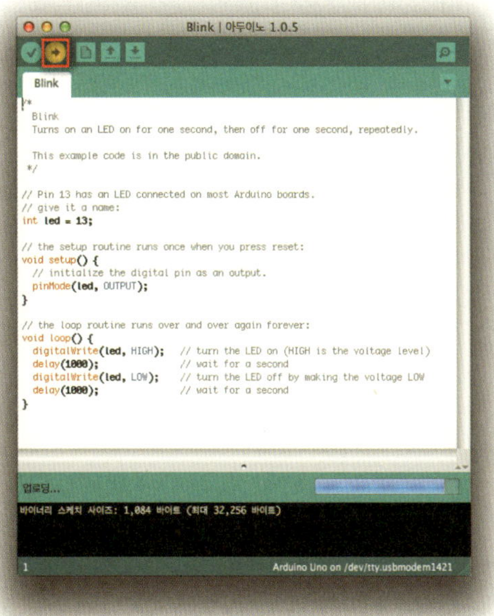

TIP 업로드가 잘 안될 경우 USB 케이블을 뺏다가 다시 꽂고 도구→시리얼 포트에서 정확히 선택

2) LED의 양극(긴 다리)은 디지털 13번 핀에 음극(짧은 다리)은 그라운드 (GND)에 맞추어 꽂으면 업로드한 예제소스의 내용처럼 LED가 1초 동안 켜 졌다가 1초 동안 꺼지는 것을 확인할 수 있다. 연결 성공!

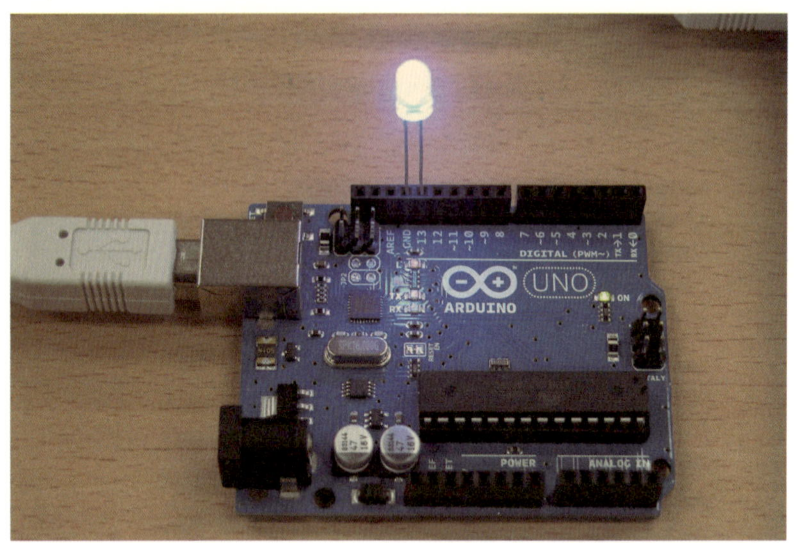

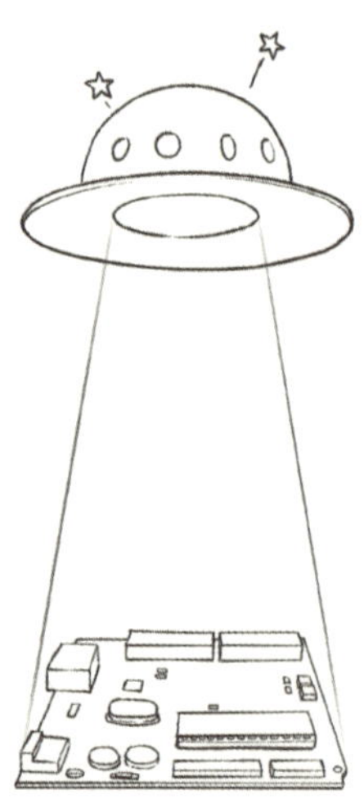

아두이노 보드 살펴보기

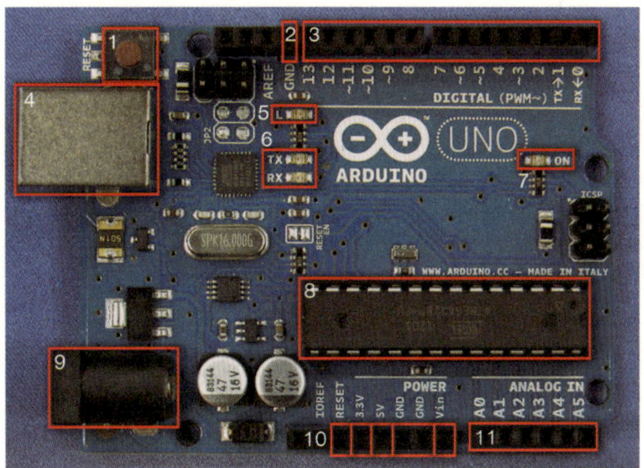

1. RESET (리셋 버튼)

아두이노를 한 번 끄고 켠다. 업로드한 스케치를 처음부
터 다시 실행시키고 싶을 때 사용한다.

2. GND (그라운드 핀)

3. DIGITAL (디지털 입출력 핀, 14개)

각 핀들은 0V(LOW) 또는 5V(HIGH) 전압을 입력받거
나 출력할 수 있다. 번호 앞에 ~부호가 있는 3, 5, 6, 9,
10, 11번 핀은 PWM (Pulse Width Modulation) 기
능이 있어서 아날로그 출력 핀으로도 사용할 수 있다. 0
과 1번 핀은 시리얼 통신으로 다른 아두이노나 컨트롤 보
드를 제어할 수 있다.

4. USB 케이블 연결 포트

A/B타입의 USB 케이블로 컴퓨터와 연결할 수 있다. 케
이블을 통해 아두이노 소프트웨어로 작성한 스케치 파일
을 보드에 업로드하거나 아두이노로 입력된 정보를 컴퓨
터로 전송하는 역할을 한다. 또한 컴퓨터에서 제공하는
5V로 별다른 외부 전원 없이 아두이노 보드를 작동시킬
수 있다.

5. L (13번 핀과 연결 된 LED)

6. TX, RX (송신: Transmit, 수신: Receive)

시리얼 통신을 통하여 아두이노로 신호가 들어올 때는
RX LED에 불이 켜지고 신호를 보낼 때는 TX LED에 불
이 들어온다. 아두이노에 스케치를 업로드할 때 TX, RX

LED가 깜빡이는 것을 확인할 수 있다.

7. ON (전원 LED)

아두이노에 전원이 연결되면 LED가 켜진다.

8. ATmega328 (마이크로콘트롤러)

아두이노로 입력되는 값들을 계산하고 출력 방식을 제어
하는 장치로 인간의 두뇌 역할을 한다.

9. 외부 전원 연결 잭

가운데가 +(양극)인 2.1mm 지름의 플러그를 통해 외부
전원을 공급 받을 수 있다. 9V 또는 12V의 직류(DC)전
압을 제공하는 어댑터를 연결하여 사용한다.

10. POWER

· RESET (외부에 있는 리셋 버튼을 연결할 수 있는 핀)
· 3.3V (3.3V 전압이 항상 출력되는 핀)
· 5V (5V 전압이 항상 출력되는 핀)
· GND (그라운드 핀)
· Vin (외부 전원 입력 핀)

11. ANALOG IN (아날로그 입력 핀, 6개)

각 핀은 아날로그 센서로부터 입력되는 0~5V의 전압을
1,024단계(0~1023) 값으로 받아들인다. 입력되는 값
들은 아두이노 소프트웨어 툴바에 있는 시리얼 모니터
를 통해 확인할 수 있다. 인간의 감각기관과 같은 역할을
한다.

크기와 기능이 다양한 아두이노 보드

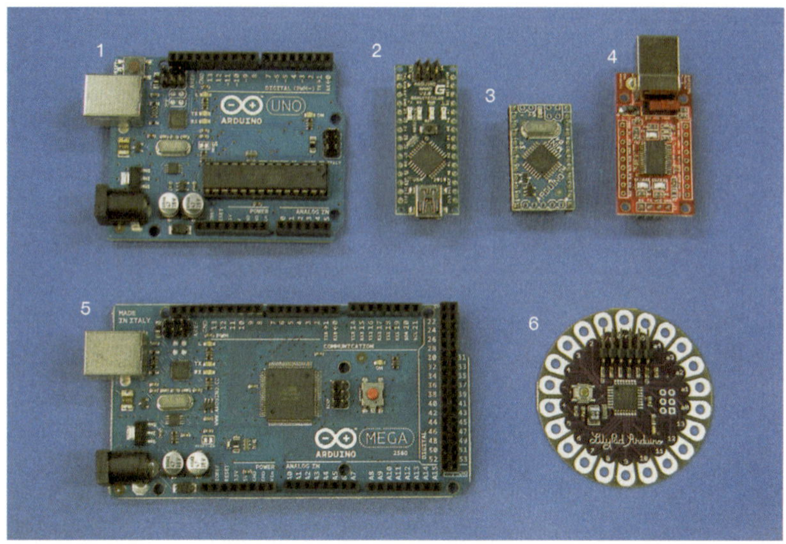

1. 아두이노 우노: 디지털 입출력 핀 14개(PWM 6개), 아날로그 입력 핀 6개, 작동전압 5V, USB 케이블로 컴퓨터와 연결하거나 7~12V DC어댑터 또는 9V 건전지로 작동하며 기본적인 아두이노의 기능을 모두 갖추고 있는 보드로, 가장 많이 사용된다.

2. 아두이노 나노: 디지털 입출력 핀 14개(PWM 6개), 아날로그 입력 핀 8개, 작동전압 5V, USB 케이블의 한쪽은 A타입이고 다른 쪽은 mini-B타입 형태로 컴퓨터와 연결되며 크기가 작고 가벼워 인터랙티브 사물을 제작할 때 많이 사용된다.

3. 아두이노 미니: 디지털 입출력 핀 14개(PWM 6개), 아날로그 입력 핀 8개, 작동전압 5V, 아두이노 미니에 아두이노 스케치를 업로드하기 위해서는 미니 USB 어댑터가 필요하며 보드에 9V 이상의 전원을 공급하면 보드가 망가질 수 있기 때문에 주의해야 한다.

4. 미니 USB 어댑터: USB 케이블로 입출력되는 정보를 5V의 TX(송신), RX(수신) 신호로 바꾸어 아두이노 미니 또는 다른 마이크로콘트롤러 보드에 전송할 수 있다.

5. 아두이노 메가: 디지털 입출력 핀 54개(PWM 15개), 아날로그 입력 핀 16개, 작동전압 5V, 입출력 핀의 개수가 많아 많은 장치를 제어하는 프로젝트에 적합하지만 가격이 비싸다.

6. 릴리패드 아두이노: 디지털 입출력 핀 14개(PWM 6개), 아날로그 입력 핀 6개, 작동전압 2.7~5.5V, 3V 동전형 리튬 건전지로도 작동할 수 있으며 전도성 실을 이용하여 웨어러블(착용할 수 있는) 작품에 많이 사용된다.

아두이노 소프트웨어 살펴보기

- 새 파일
- 열기...
- 스케치북
- 예제
- 닫기
- 저장
- 다른 이름으로 저장...
- 업로드
- 프로그래머를 이용해 업로드
- 페이지 설정
- 인쇄
- 환경 설정
- 종료

- 실행 취소 추가
- 다시 실행
- 잘라내기
- 복사
- 포럼을 위해 복사
- HTML로 복사
- 붙여넣기
- 모두 선택
- 주석추가/주석삭제
- 들여쓰기 추가
- 들여쓰기 삭제
- 찾기...
- 다음 찾기
- 이전 찾기
- 찾기위해 선택된 부분을 사용

- 확인 / 컴파일
- 스케치 폴더 보이기
- 파일 추가...
- 라이브러리 가져오기...

- 자동 포멧
- 스케치 보관하기
- 인코딩 수정 & 새로 고침
- 시리얼 모니터
- 보드
- 시리얼 포트
- 프로그래머
- 부트로더 굽기

- 시작하기
- 환경
- 문제해결
- 참조
- 참조에서 찾기
- 자주 묻는 질문
- Arduino.cc를 방문
- 아두이노 정보

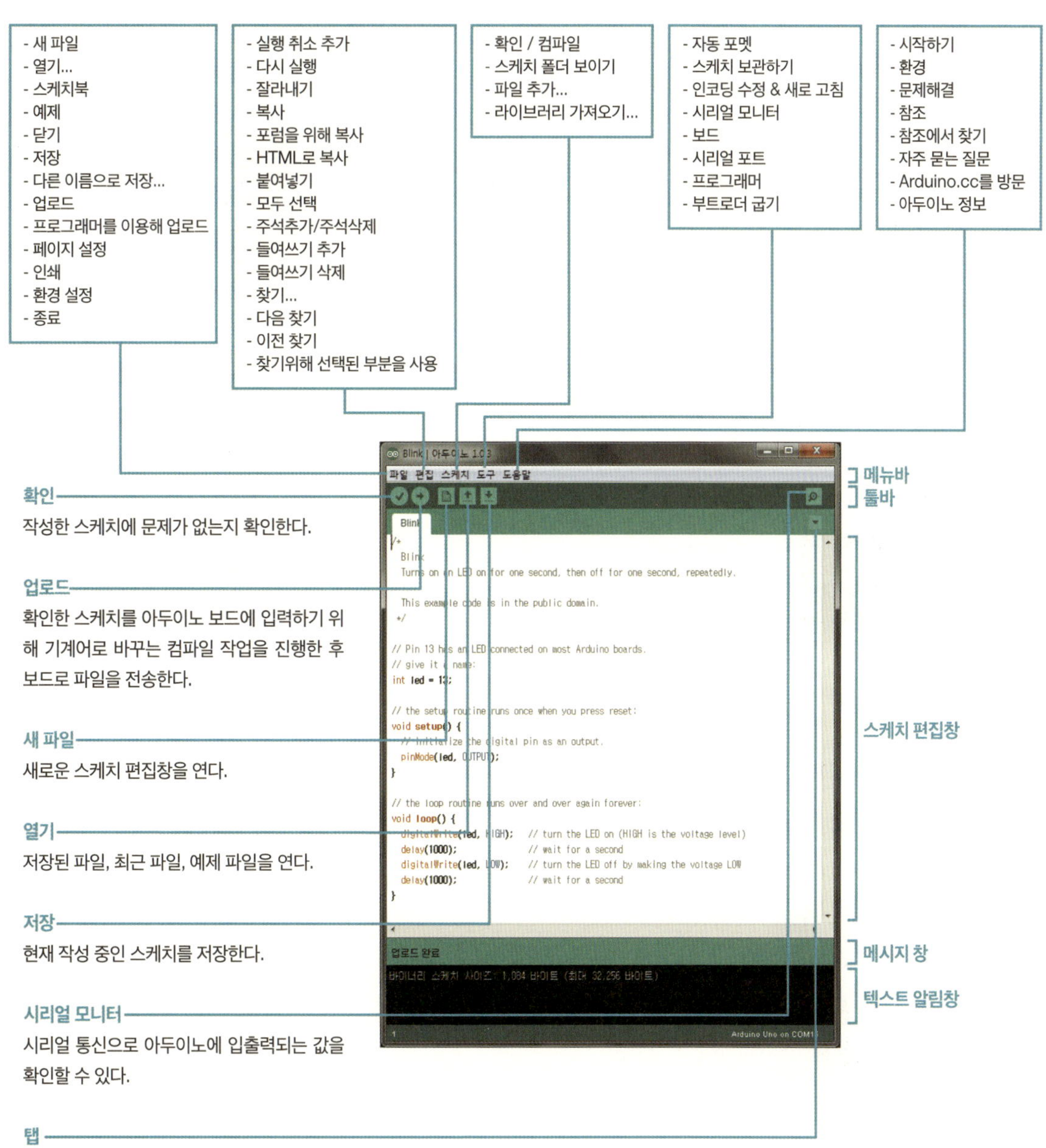

메뉴바
툴바
스케치 편집창
메시지 창
텍스트 알림창

확인

작성한 스케치에 문제가 없는지 확인한다.

업로드

확인한 스케치를 아두이노 보드에 입력하기 위해 기계어로 바꾸는 컴파일 작업을 진행한 후 보드로 파일을 전송한다.

새 파일

새로운 스케치 편집창을 연다.

열기

저장된 파일, 최근 파일, 예제 파일을 연다.

저장

현재 작성 중인 스케치를 저장한다.

시리얼 모니터

시리얼 통신으로 아두이노에 입출력되는 값을 확인할 수 있다.

탭

새로운 탭을 추가하거나 탭 이름을 수정할 수 있다. 스케치가 너무 길어질 때 새로운 탭에 나누어 저장하면 편리하다.

아두이노
몸풀기

필요한 부품 및 공구

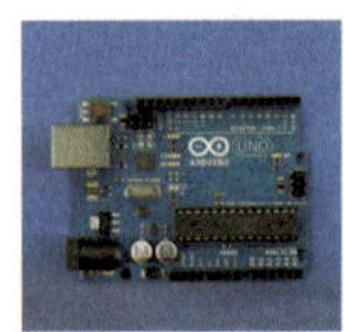

아두이노 우노 (R3)
» 온라인 (플: 100410020145, 아: TP11021D)

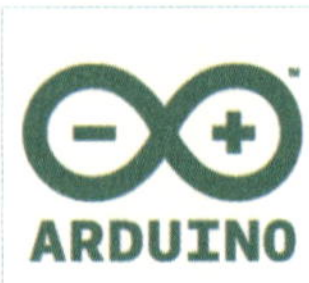

아두이노 소프트웨어
» 다운로드 www.arduino.cc

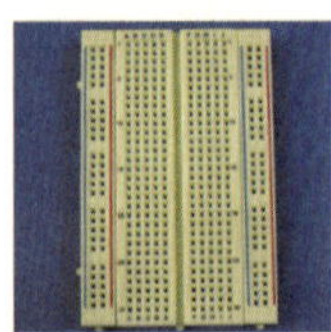

브레드보드
» 온라인 (플: 102604342213, 디: 13700)

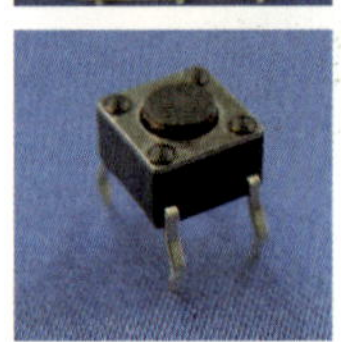

택트 스위치
가로, 세로 6mm, 높이 4.3mm
» 온라인 (엘: EPX3333N, 디: 2213)

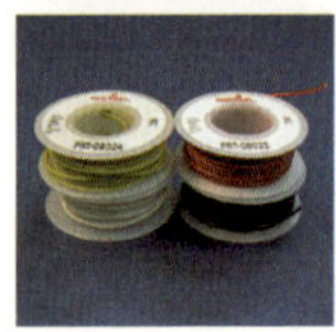

전선 (단심선)
빨간색, 검은색, 노란색, 흰색
심 굵기: 0.6mm(22AWG)
» 온라인, 청계천 시장

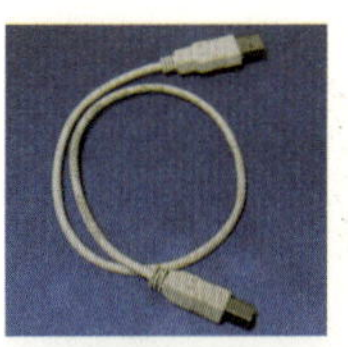

USB 케이블 (A/B 타입)
» 온라인 (플: 20081304471753_0, 엘: EPX344M9)

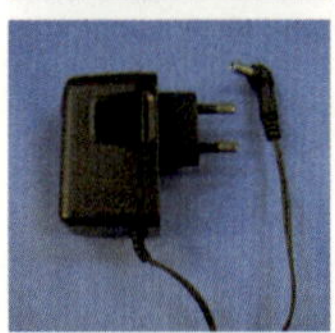

9V 어댑터
플러그 내경 2.1mm
» 온라인 (엘: EPX3X949)

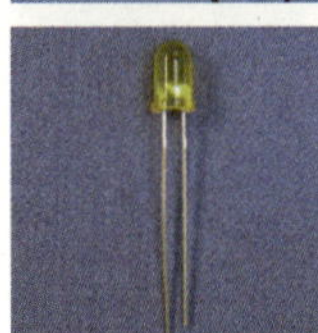

일반 LED
5파이, 노란색
작동전압: 2.1V, 소비전류: 20mA
» 온라인 (엘: EPX33DPK, 디: 2852)

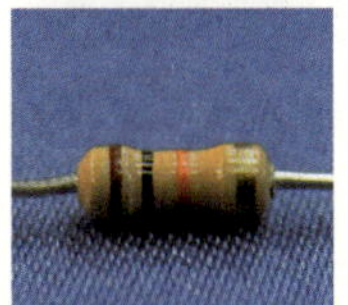

저항 10K옴, 150옴
탄소피막 막대저항 1/4W, 5%
» 온라인 (10K옴 엘: EPX3333P, 디: 856, 150옴 엘: EPX34LPM, 디: 893)

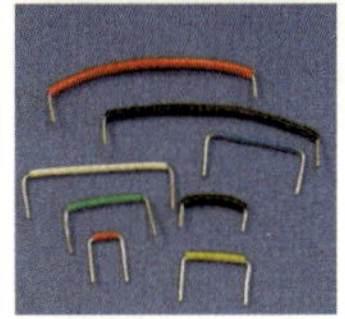

점프선
단심 전선(0.6mm, AWG 22)을 적당한 길이로 자르고 양쪽 끝을 와이어 스트리퍼
로 벗겨낸 후 90도로 구부린다.

공구
와이어 스트리퍼, 롱노우즈 플라이어, 니퍼

브레드보드 사용하기

흔히 빵판이라 부르는 브레드보드는 전자부품을 꽂았다 빼기에 알맞은 크기의
구멍으로 이루어져 있어서 납땜 작업 없이 간편하게 전자회로를 구성하고 테스
트해볼 수 있다. 브레드보드의 구멍은 내부 연결 그림(180쪽 아래)처럼 안쪽에
서 얇은 금속판으로 연결되어 있다. 가운데 블록에 있는 구멍들은 가로 방향으
로 5개씩 연결되어 있고 양쪽 가장자리에 있는 구멍들은 세로 방향으로 모두 연
결되어 있다. 가로줄 10번 5개의 구멍 중 하나에 LED의 짧은 다리를 꽂고 나머
지 4개 구멍 중 하나에 저항의 한쪽 다리를 꽂으면 두 다리는 연결된다. 양쪽 가

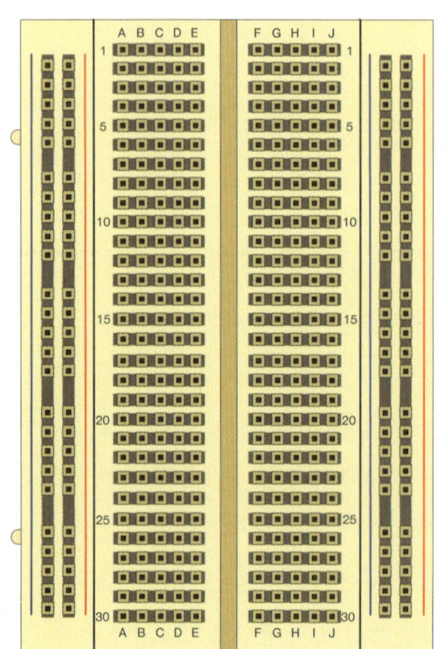

가장자리의 세로 줄은 주로 전원을 공급하는 역할을 하며 파란색 줄은 그라운드와 연결하고 빨간색 줄은 양극(+)과 연결한다. 전원 역할을 하는 세로 줄에 가로 줄을 연결하고 싶을 때에는 점프선을 이용하여 제일 가까운 세로 줄 구멍에 연결하면 된다. 브레드보드는 앞으로 나올 예제 그림들을 참고하여 부품을 하나씩 하나씩 연결해 나가면서 자연스럽게 익숙해지도록 하자.

브레드보드 내부 연결 그림

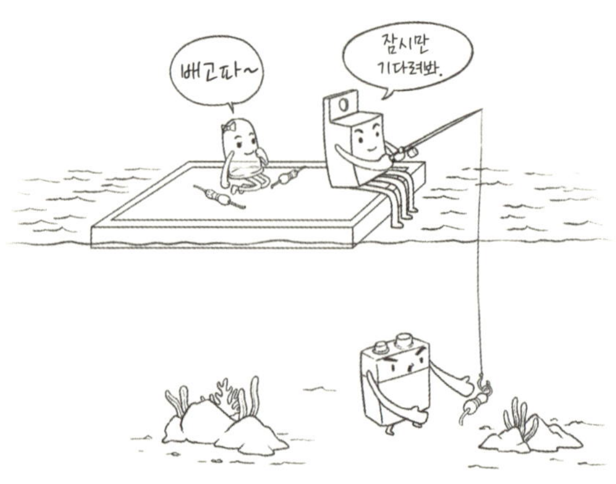

1. 시간을 관리하는 명령어 delay( )

브레드보드를 활용하여 LED 1개를 원하는 시간만큼 켰다 끄는 디지털 출력 회로 만들기

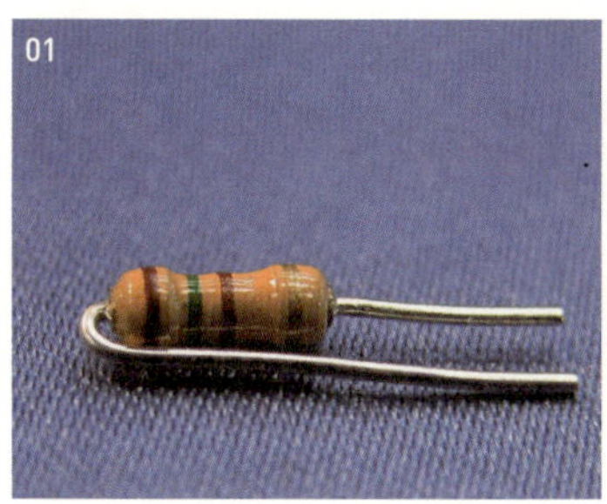

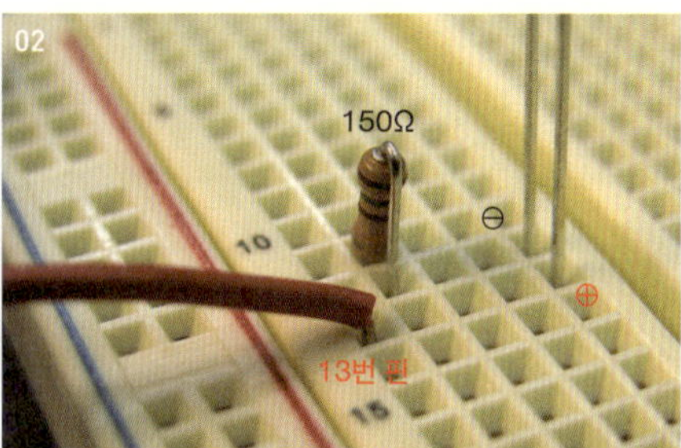

01 150Ω 저항을 그림처럼 구부리고 니퍼로 다리 길이를 같게 다듬어서 브레드
보드에 꽂기 편하도록 만든다.

02 아두이노 13번 핀과 LED 양극(+) 다리를 빨간색 전선으로 연결하고 LED 음
극(-) 다리는 150Ω 저항의 한쪽 다리와 연결한다.

(5 - 2.1) ÷ 0.02 = 145(150Ω)

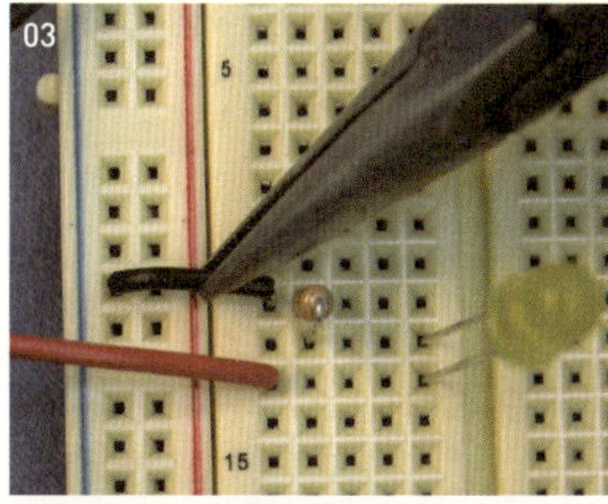

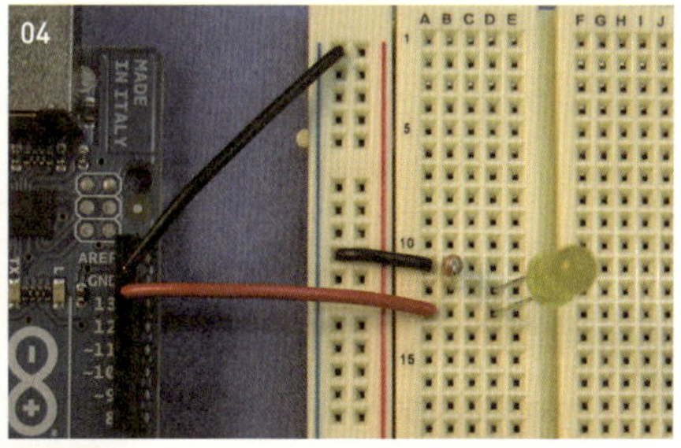

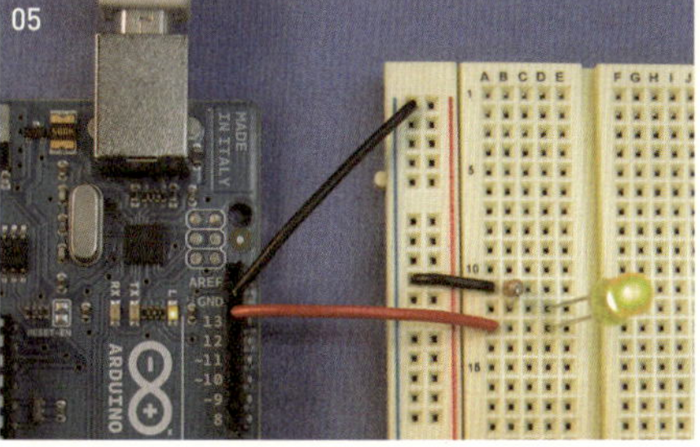

03 150Ω 저항의 다른 쪽 다리는 검은색
점프선을 지나 왼쪽 가장자리 파란색
라인과 연결한다.

04 왼쪽 가장자리 파란색 라인 제일 윗구
멍은 아두이노 보드의 그라운드(GND)
와 검은색 전선으로 연결한다.

05 USB 케이블로 컴퓨터와 연결하고 LED_1 스케치를 보드에 업로드하면 13번 핀과 연결된 LED가
0.01초 동안 켜졌다가 0.5초 동안 꺼지는 동작을 계속 반복한다.

LED_1

```
void setup(){
  pinMode(13, OUTPUT);        // 13번 핀을 디지털 출력 핀으로 사용
}

void loop(){
  digitalWrite(13, HIGH);     // 13번 핀에 연결된 LED를 켠다
  delay(10);                  // 0.01초 동안 멈춘다
  digitalWrite(13, LOW);      // 13번 핀에 연결된 LED를 끈다
  delay(500);                 // 0.5초 동안 멈춘다
}
```

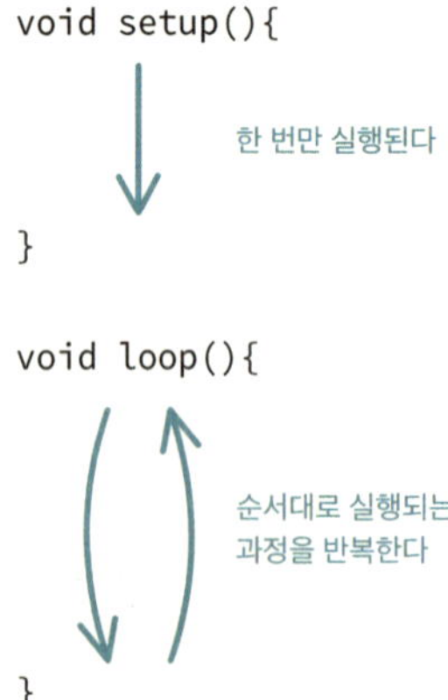

LED_1 스케치는 크게 void setup()과 void loop()라는 두 함수로 이루어져 있다. void setup()의 중괄호 {} 안에 있는 명령어들은 프로그램이 실행되면 처음에 한 번만 실행된다. 여기에서는 주로 보드에 있는 핀의 용도를 설정한다. void loop()의 중괄호 {} 안에 있는 명령어들은 위에서부터 순서대로 실행되는데, 전원이 꺼질 때까지 이 실행 과정을 계속 반복한다.

각 명령어의 소괄호 () 안에 있는 값은 '매개변수(parameter)'라고 부른다. 여기에 어떤 값을 넣느냐에 따라 명령어가 수행하는 행동이 달라진다. pinMode 명령어의 첫 번째 값(13)은 핀의 번호를 지정한다. 두 번째 값(OUTPUT)은 핀의 용도(INPUT은 입력, OUTPUT은 출력)를 지정한다. digitalWrite 명령어의 첫 번째 값(13)은 핀의 번호를 지정하고, 두 번째 값(HIGH)은 핀의 상태(HIGH는 5V가 출력되는 상태, LOW는 전류가 흐르지 않는 상태)를 지정한다. delay는 지정한 시간 동안 프로그램을 멈추는 명령어로, 밀리세컨드(1,000분의 1초) 단위로 값을 입력한다. 1,000밀리세컨드는 1초이며 1밀리세컨드는 0.001초이다.

이번에 업로드한 스케치는 void setup() 함수 안에서 13번 핀을 출력 핀으로 설정하고, void loop() 함수 안에서 13번 핀과 연결된 LED를 몇 초 동안 켰다 끄게 만든다. 켜지거나 꺼진 상태를 몇 초 동안 유지할지는 delay의 매개변수 값을 변경해서 조절할 수 있다.

아두이노 소프트웨어에서 스케치를 할 때 몇 가지 주의할 사항이 있다.

1. void setup()과 void loop() 구문은 중괄호 {}로 열고 닫아야 한다.
2. 명령어를 입력할 때 대소문자에 주의해야 한다.

```
pinmode -> pinMode                digitalwrite -> digitalWrite
```

3. 명령어의 소괄호 안에 있는 값은 쉼표(,)로 구분해야 한다.

```
pinMode(13 HIGH) -> pinMode(13, HIGH)
```

4. 명령어들은 마지막에 세미콜론(;)을 찍어야 실행이 된 후 다음 명령어로 넘어간다.

```
delay(1000) -> delay(1000);
```

5. 명령어들을 입력하고 주석 기호 //를 이용하여 그 명령어가 어떤 기능을 수행하는지 설명을 달아주는 것이 좋다. 주석 기호 // 뒤로 입력되는 문자와 숫자는 회색으로 바뀌며 실행되지 않는다. 여러 줄에 걸쳐 긴 문장을 달고 싶을 때에는 /* 에서 시작하여 */으로 끝내주면 그 사이의 내용들은 실행되지 않는다. 스케치 중에서 테스트를 위해 잠시 실행시키고 싶지 않은 명령어가 있다면 지울 필요 없이 명령어 앞에 주석 기호를 넣어 주면 편하다.

```
/* 이번 스케치는 시간을 관리하는 명령어 delay()로
원하는 시간동안 LED를 켜고 끈다. */
digitalWrite(13, HIGH);         // 13번 핀과 연결된 LED를 켠다
// digitalWrite(13, LOW);          13번 핀과 연결된 LED를 끈다
```

코딩을 마치고 툴바에 있는 확인 버튼을 누르면 텍스트 알림창을 통해 어떤 부분이 잘못되었는지 알려준다. 이상이 없으면 바로 업로드 버튼을 눌러 스케치 파일을 보드로 전송한다. 보드는 스케치 내용에 따라 반복적으로 회로를 작동시킨다.

2. 조건에 따라 제어하는 명령어 if( )

앞에서 살펴본 디지털 출력회로에 택트 스위치를 연결하여 디지털 입출력 회로를 만들어 보자. 택트 스위치는 컴퓨터 키보드의 자판처럼 손가락으로 눌렀을 때 만 일시적으로 작동하는 푸시버튼 스위치의 한 종류로, 눌렀을 때와 안 눌렀을 때의 차이를 손가락을 통해 느낄 수 있도록 만들어 졌다. 택트 스위치를 누르지 않으면 LED는 꺼져있고 스위치를 누르는 동안에는 LED가 켜진다.

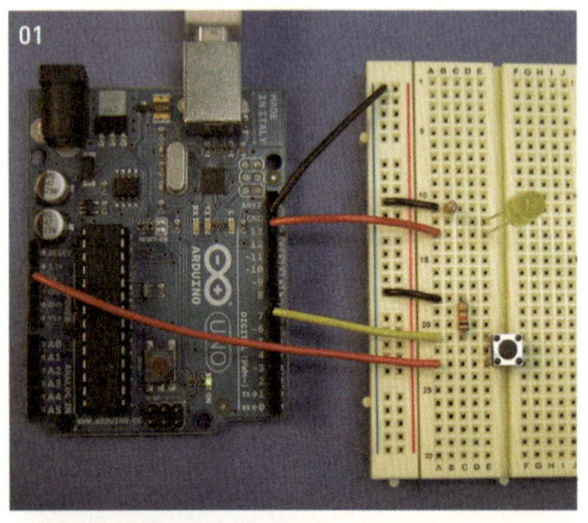

01 아두이노 보드에서 출력되는 5V 전압을 택트 스위치의 한쪽 다리에 빨간색 전선으로 연결한다. 택트 스위치의 다른 쪽 다리는 아두이노 보드의 디지털 7번 핀과 노란색 전선으로 연결되고 동시에 10KΩ 저항을 지나 그라운드(GND)와도 연결된다.

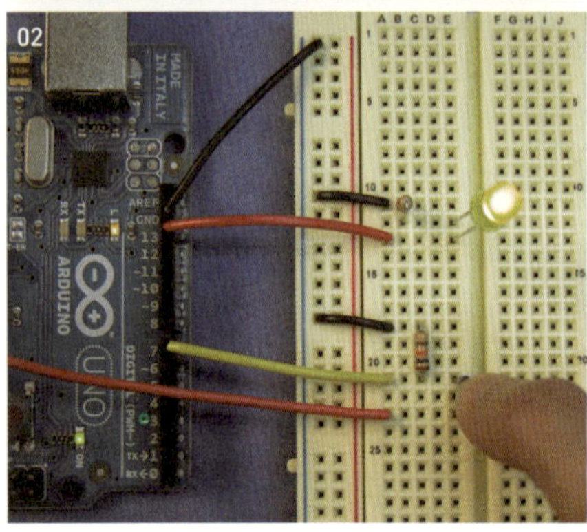

02 USB 케이블로 컴퓨터와 연결하고 switch_1 스케치를 보드에 업로드한다. 택트 스위치를 누르면 13번 핀과 연결된 LED에 불이 들어오고 손을 떼면 불이 꺼진다.

택트 스위치의 작동원리

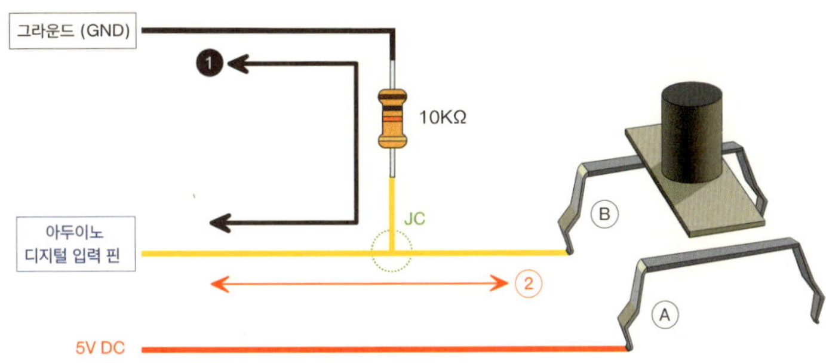

전류는 항상 저항이 낮은 쪽으로 흐른다. 그림 1과 같이 스위치를 누르지 않은 상태에서는 전류가 분기점(JC)에서 어디로 흐르는지 살펴보자. 우선 2번 길을 따라 가보면 스위치 (B)부분이 (A)부분과 끊어져 있음으로 더 이상 전류가 흐를 수 없는 막다른 골목과도 같은 상황이다. 그러므로 전류는 1번 길에 10K옴의 저항이 있음에도 불구하고 그라운드(GND) 쪽으로 흐르며 아두이노 디지털 입력 핀에는 0V(전류가 흐르지 않는 상태: LOW)가 입력된다.

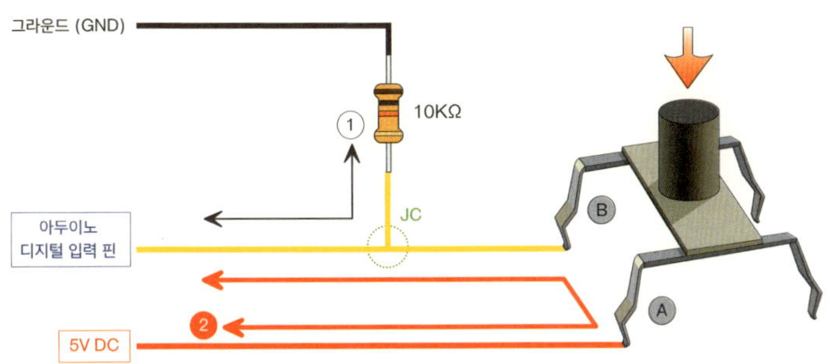

하지만 스위치를 누르면 스위치의 (B)부분과 (A)부분이 연결되어 전류는 분기점(JC)에서 보았을 때 더 이상 10K옴 저항이 있는 1번 길로 가지 않아도 된다. 이제는 아무런 저항이 없는 2번 길로 전류가 흐르고 아두이노 디지털 입력 핀에는 5V(5V가 입력되는 상태: HIGH)가 입력된다. 이처럼 스위치를 이용한 디지털 입력회로에서는 정확히 0V 또는 5V가 입력되어야 하므로 입력 핀에 저항과 그라운드를 반드시 연결해야 한다.

그럼 아두이노 디지털 입력 핀에 0V(LOW)가 입력되면 13번 핀과 연결된 LED가 꺼지고 5V(HIGH)가 입력되면 LED가 켜지는 스케치를 해보자.

switch_1

```
void setup(){
  pinMode(13, OUTPUT);         // 13번 핀을 디지털 출력 핀으로 사용
  pinMode(7, INPUT);           // 7번 핀을 디지털 입력 핀으로 사용
}

void loop(){
  if (digitalRead(7) == HIGH){ // 만약 7번 핀으로 5V(HIGH)가 입력되면
    digitalWrite(13, HIGH);    // 13번 핀에 연결된 LED를 켠다
  } else {                     // 아닐 경우에는
    digitalWrite(13, LOW);     // 13번 핀에 연결된 LED를 끈다
  }
}
```

void setup()에서 13번 핀을 출력 핀으로 7번 핀은 입력 핀으로 설정한다. void loop()에서는 if 구문을 이용하여 현재 7번 입력 핀의 조건을 판단하고 13번 핀으로 LED를 제어한다.

if 구문의 구조 1

```
if (조건 테스트){      // 만약 조건이 성립한다면 명령문을 실행하라
  명령문( );
}
```

if 구문은 괄호 안의 조건이 참(true)이 될 경우에는 중괄호 안의 명령문을 차례대로 한 번씩 실행하고 if 구문을 빠져나온다. 괄호 안의 조건이 거짓(false)이 되는 경우에는 중괄호 안의 명령문은 실행되지 않고 그냥 if 구문을 빠져나온다.

if 구문의 구조 2

```
if (조건 테스트){       // 만약 조건이 성립한다면 첫 번째 명령문을 실행하라
  첫 번째 명령문( );
} else {               // 조건이 성립하지 않는다면 두 번째 명령문을 실행하라
  두 번째 명령문( );
}
```

if else 구문은 먼저 괄호 안의 조건이 참이 될 경우 첫 번째 명령문만 실행시키고 else 뒤에 있는 중괄호 안의 명령문은 실행시키지 않는다. 만약 괄호 안의 조건이 거짓이 될 경우에는 첫 번째 명령문이 실행되지 않고 두 번째 명령문만 실행된다.

switch_1의 예제 스케치는 void loop() 안에 *if else* 구문을 사용했다. *if* 구문의 조건은 digitalRead(7) == HIGH이다. 이 조건문은 입력 핀으로 설정된 7번 디지털 핀으로 들어오는 전압이 5V(HIGH)인지 아닌지를 테스트한다. 여기서 '=='은 수학에서 사용하는 '='과 같은 기능을 한다. 예를 들어 'A == B'라고 했을 때의 뜻은 'A는 B와 같다'가 된다. 또한 '='은 왼쪽에 위치한 변수(valuable)에 특정한 값을 넣을 때 사용한다. 예를 들어 'x = 10'이라고 쓰면 x라는 변수에 숫자 10을 값으로 넣어서 사용하겠다는 뜻이다.

아두이노에서 사용되는 비교 연산자

```
A > B   (A는 B보다 크다)
A < B   (A는 B보다 작다)
A >= B  (A는 B보다 크거나 같다)
A <= B  (A는 B보다 작거나 같다)
A == B  (A와 B는 같다)
A != B  (A와 B는 같지 않다)
```

스위치를 누르면 디지털 7번 핀으로 5V가 입력된다. 그러면 첫 번째 명령어로 13번 핀에 5V(HIGH)를 출력하고 핀과 연결된 LED가 켜진다. 스위치를 누르지 않으면 디지털 7번은 그라운드와 연결되어 0V가 입력된다. 이럴 경우 조건이 맞지 않으므로 13번 핀을 0V(LOW)로 만들어 LED를 끈다.

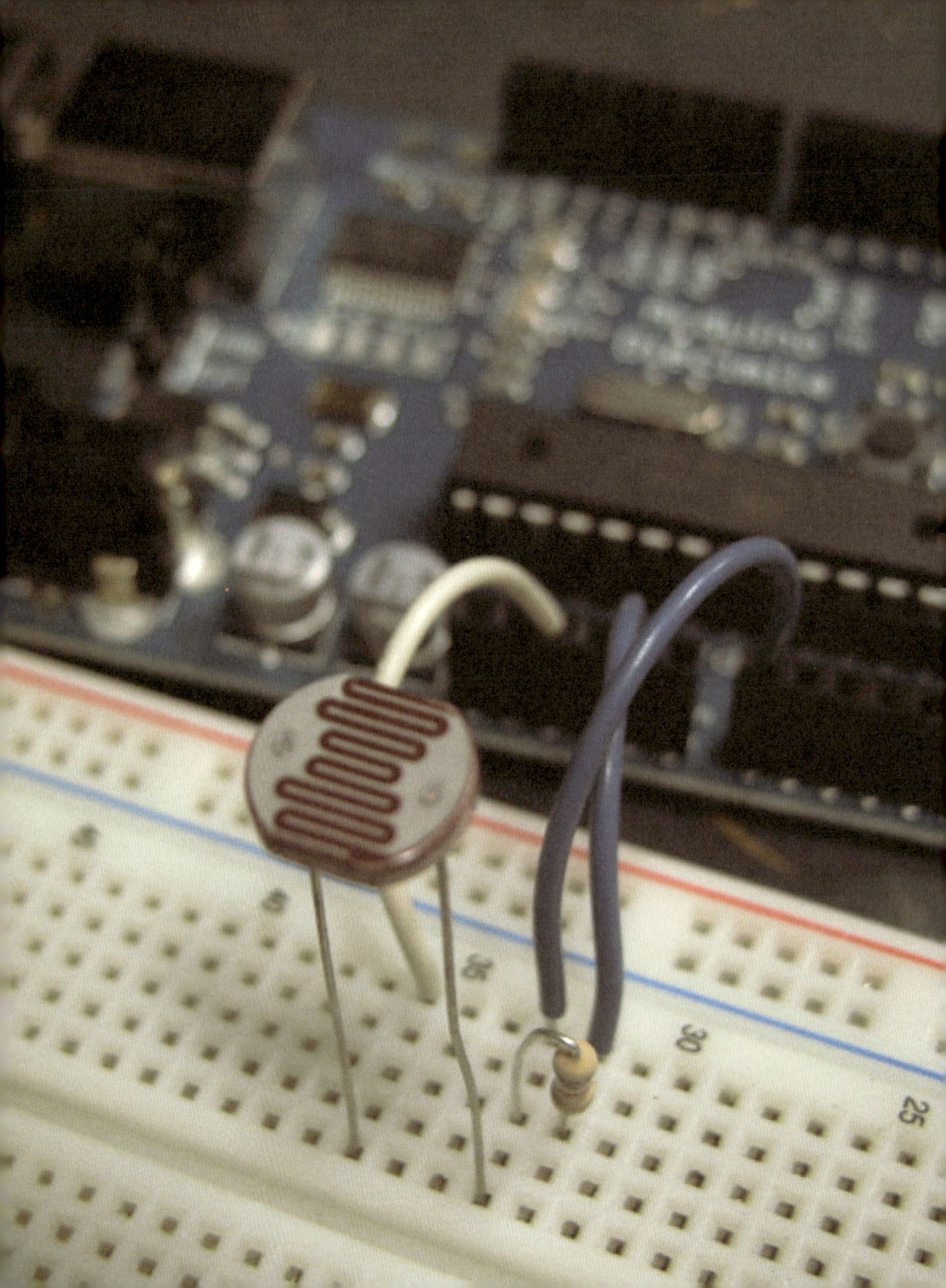

메뉴 정하기

난이도 ■■□□□
시간 1시간 30분

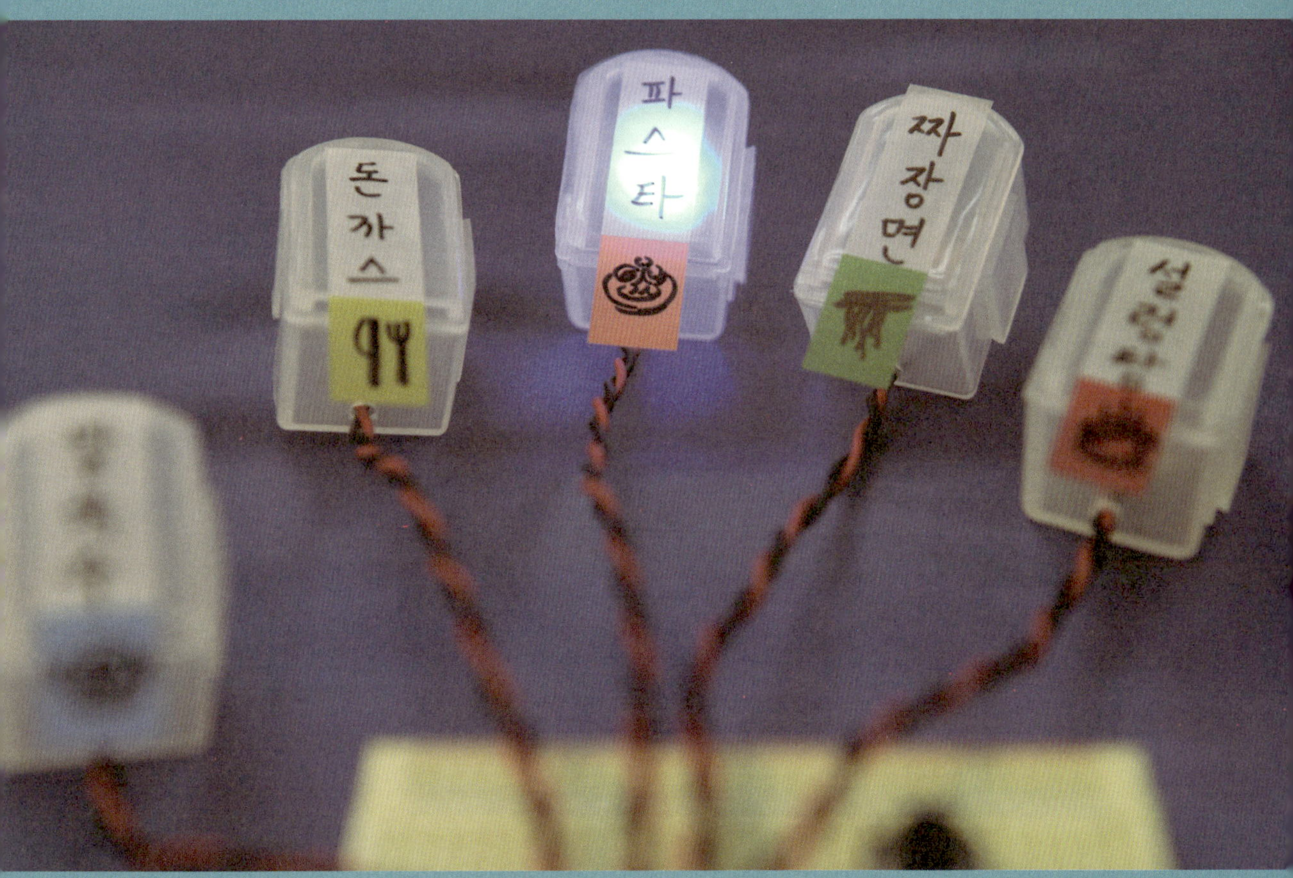

스위치를 누르고 있는 동안 5개의 LED가 순서대로 깜빡거리다가

손을 뗐을 때 하나의 LED에서 멈춘다.

먹고 싶은 음식 메뉴를 붙여 놓고 오늘의 메뉴를 정해보자.

 ## 필요한 부품

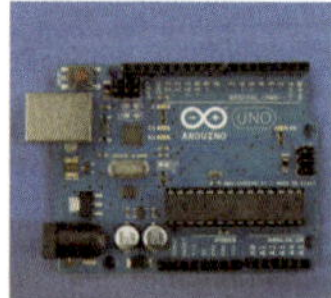
아두이노 우노 (R3)
» 온라인 (플: 100410020145,
아: TP11021D)

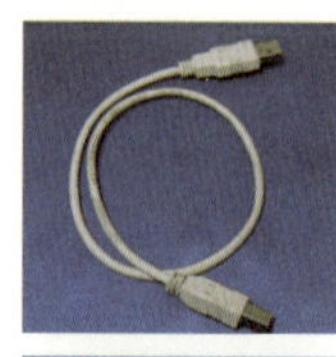
USB 케이블 (A/B 타입)
» 온라인 (플: 20081304471753_0,
엘: EPX344M9)

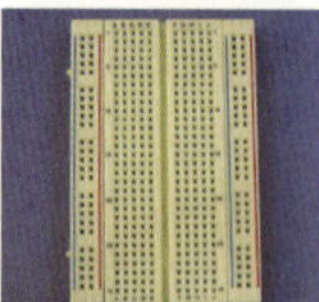
브레드보드
» 온라인 (플: 102604342213,
디: 13700)

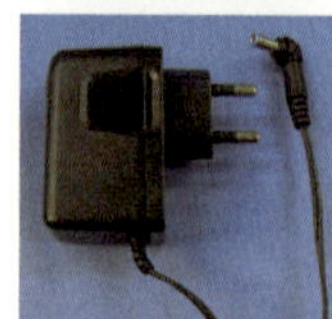
9V 어댑터
플러그 내경 2.1mm
» 온라인 (엘: EPX3X949)

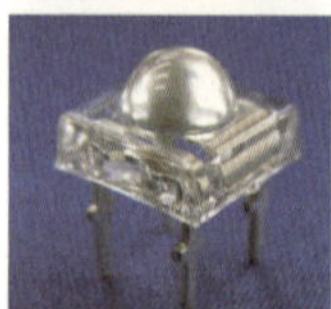
하이퍼플럭스 LED (5개)
5파이, 파란색
작동전압 3.4~4V, 소비전류 50mA
» 온라인 (엘: EPX33HV4, 디: 3623)

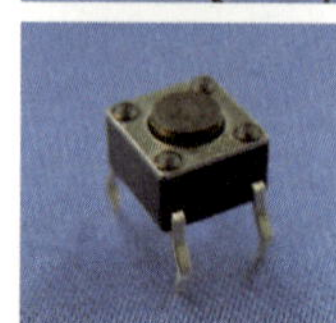
택트 스위치
가로, 세로 6mm, 높이 4.3mm
» 온라인 (엘: EPX3333N, 디: 2213)

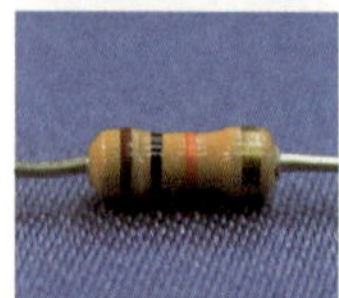
저항 10K옴 (1개), 150옴 (5개), 20옴 (5개)
탄소피막 막대저항 1/4W, 5%
» 온라인 (엘: EPX3333P, 디: 856,
엘: EPX34LPM, 디: 893,
엘: EPX33D8B, 디: 909)

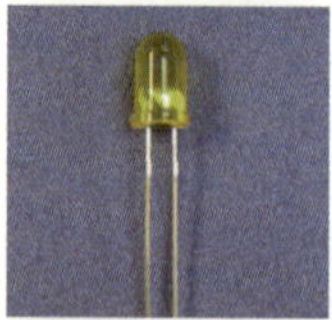
일반 LED (5개)
5파이, 노란색
작동전압: 2.1V, 소비전류: 20mA
» 온라인 (엘: EPX33DPK, 디: 2852)

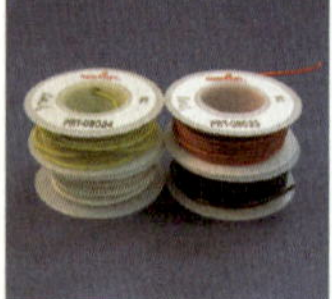
전선 (단심선)
빨간색, 검은색, 노란색
심 굵기: 0.6mm(22AWG)
» 온라인, 청계천 시장

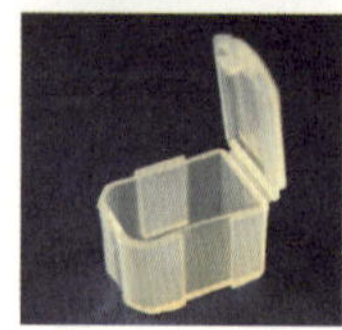
분리형 알약통 (5개)
가로 2.4 x 세로 3.5 x 높이 2.4(cm)
» 온라인 구매

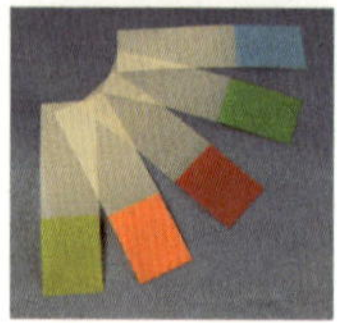
반투명 포스트잇
» 문구점, 화방

공구
인두기, 땜납, 납땜 보조기구, 와이어 스트리퍼, 롱노우즈 플라이어,
니퍼, 전동 드릴, 송곳, 자, 글루건, 멀티미터, 검정펜

 ## 주요 제작단계

01	02	03	04
스위치 1개와 LED 5개로 디지털 입출력 회로 만들기	아두이노 보드에 외부 전원 연결하기	하이퍼플럭스 LED 5개 연결하기	자신이 좋아하는 메뉴 붙이기

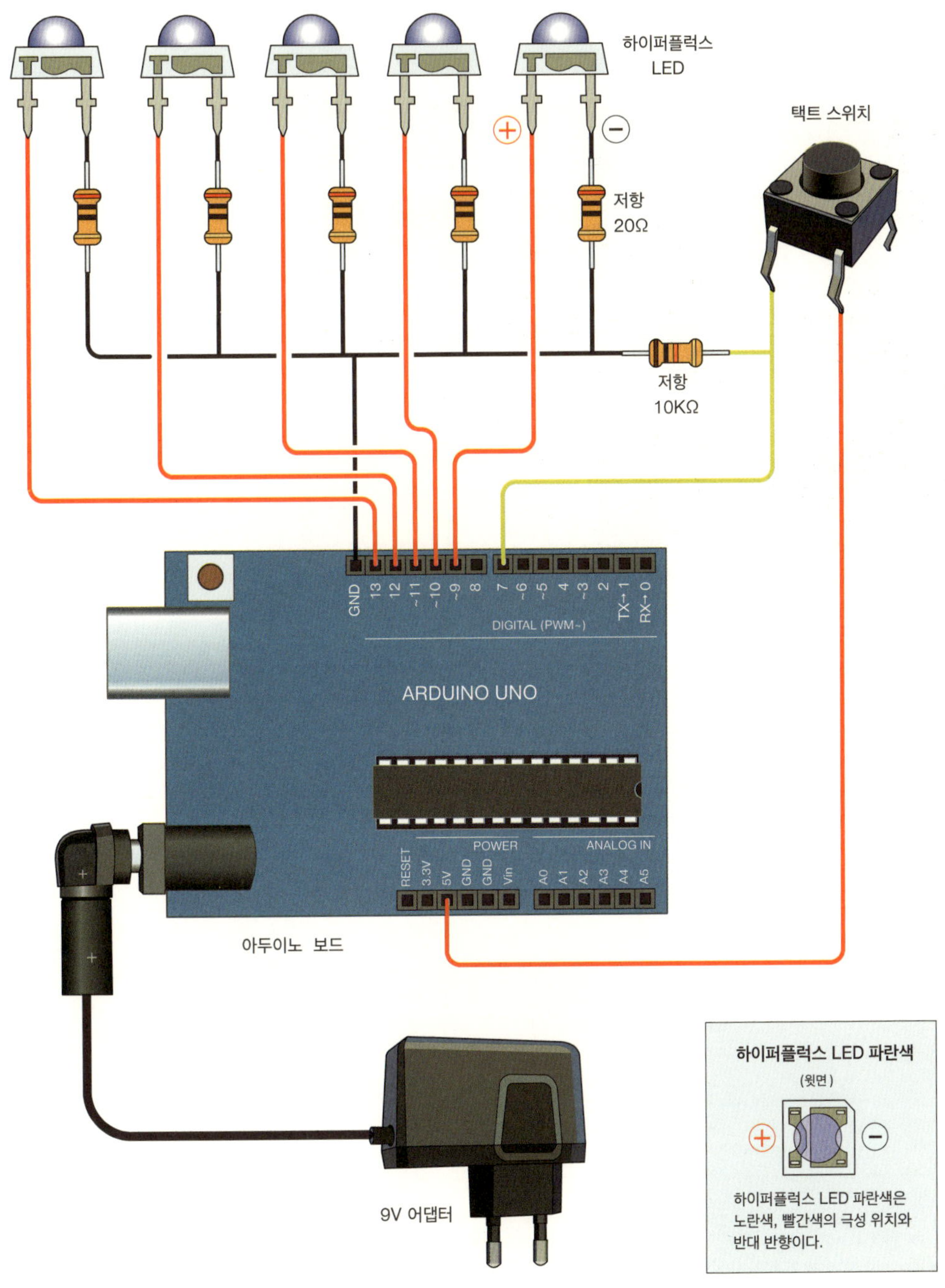
하이퍼플럭스
LED
택트 스위치
저항
20Ω
저항
10KΩ
GND 13 12 ~11 ~10 ~9 8 7 ~6 ~5 4 ~3 2 TX→1 RX←0
DIGITAL (PWM~)
ARDUINO UNO
RESET 3.3V 5V GND GND Vin A0 A1 A2 A3 A4 A5
POWER ANALOG IN
아두이노 보드
9V 어댑터
하이퍼플럭스 LED 파란색
(윗면)
하이퍼플럭스 LED 파란색은
노란색, 빨간색의 극성 위치와
반대 방향이다.

01 스위치 1개와 LED 5개로 디지털 입출력 회로 만들기

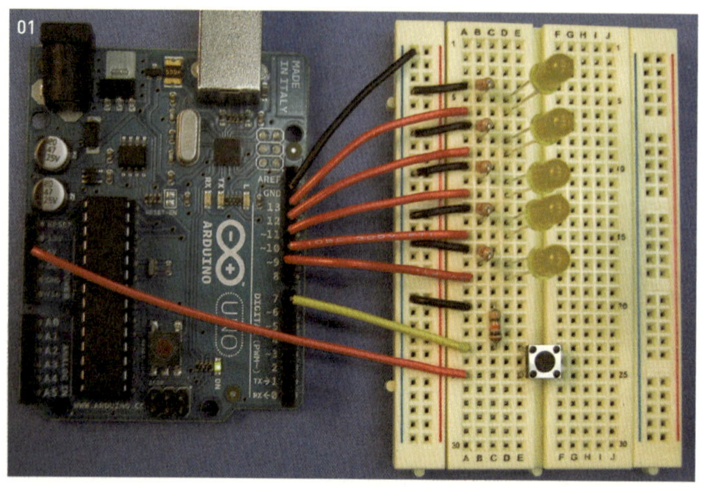

01 택트 스위치는 입력을 위해 디지털 7번 핀과 연결하고 하이퍼플럭스 LED를 연결하기 전에 일반 LED로 먼저 테스트 해본다. 일반 LED를 각각 디지털 9번 핀에서부터 13번 핀까지 150Ω과 함께 연결한다.

02 아두이노 보드에 count_5 스케치를 업로드한다.

count_5

```
int sn = 0;              // 변수 sn을 정수의 형태로 설정하고 숫자 0을 넣는다

void setup() {
  pinMode(9, OUTPUT);    // 9번 핀을 디지털 출력 핀으로 사용
  pinMode(10, OUTPUT);   // 10번 핀을 디지털 출력 핀으로 사용
  pinMode(11, OUTPUT);   // 11번 핀을 디지털 출력 핀으로 사용
  pinMode(12, OUTPUT);   // 12번 핀을 디지털 출력 핀으로 사용
  pinMode(13, OUTPUT);   // 13번 핀을 디지털 출력 핀으로 사용
  pinMode(7, INPUT);     // 7번 핀을 디지털 입력 핀으로 사용
}

void loop(){
  if (digitalRead(7) == HIGH) {  // 만약 7번 핀으로 5V(HIGH)가 입력되면
    sn = sn + 1;                 // sn의 값에 1을 더한다
    if (sn > 5){                 // 만약 변수 sn의 값이 5보다 크면
      sn = 0;                    // sn의 값은 0으로 돌아간다
    }
  delay(10);                     // 0.01초 동안 멈춘다
  } else {sn = sn;}              // 7번 핀으로 5V가 입력되지 않으면 sn의 값을 그대로 유지
    if (sn == 1) {digitalWrite(9, HIGH);}   // sn의 값이 1이면 디지털 9번 핀에 연결된 LED를 켠다
    else {digitalWrite(9, LOW);}            // 아니면 디지털 9번 핀에 연결된 LED를 끈다
    if (sn == 2) {digitalWrite(10, HIGH);}  // sn의 값이 2이면 디지털 10번 핀에 연결된 LED를 켠다
    else {digitalWrite(10, LOW);}           // 아니면 디지털 10번 핀에 연결된 LED를 끈다
    if (sn == 3) {digitalWrite(11, HIGH);}  // sn의 값이 3이면 디지털 11번 핀에 연결된 LED를 켠다
    else {digitalWrite(11, LOW);}           // 아니면 디지털 11번 핀에 연결된 LED를 끈다
    if (sn == 4) {digitalWrite(12, HIGH);}  // sn의 값이 4이면 디지털 12번 핀에 연결된 LED를 켠다
    else {digitalWrite(12, LOW);}           // 아니면 디지털 12번 핀에 연결된 LED를 끈다
    if (sn == 5) {digitalWrite(13, HIGH);}  // sn의 값이 5이면 디지털 13번 핀에 연결된 LED를 켠다
    else {digitalWrite(13, LOW);}           // 아니면 디지털 13번 핀에 연결된 LED를 끈다
}
```

스케치 첫 줄의 int sn = 0;은 변수를 선언하는 코드다. int는 정보의 유형으로 정수(integer)를 나타낸다. sn은 임의로 정한 변수의 이름이다. 변수는 정수, 소수, 불린, 문자 등 다양한 형태로 선언할 수 있으며 해당하는 유형으로 값을 저장할 수 있다.

void setup()에서 핀의 용도를 설정한다. void loop()에서는 if else 구문을 썼다. 스위치를 눌렀을 때 변수 sn의 값이 1씩 증가하고 두 번째 if 구문에서는 sn이 5보다 커지면 sn에 0을 넣는다. 결국 sn이 0에서부터 5가 될 때까지 반복한다. 이때 sn의 값은 0.01초마다 1씩 증가한다. 스위치를 누르지 않으면 sn의 값은 그대로 유지되고 그 값에 따라 디지털 출력 핀이 결정된다. sn의 값이 1이면 9번 핀에 연결된 LED가 켜지고, 2면 10번 핀, 3이면 11번 핀, 4면 12번 핀, 5면 13번 핀의 LED가 켜진다. 0이면 모든 핀이 0V가 되고 모든 LED가 꺼진다.

정보의 유형

유형	설명	사용 예시
int	정수(integer)	0, 1, 2, 5, 69, -3, -570
float	소수점이 있는 수 (floating-point numbers)	0.5, 5.0, 79.9, -2.89, -1.0
boolean	불린 참 또는 거짓으로 표시	boolean x = true; boolean y = false;
char	낱개의 문자나 부호 ' '을 사용하여 표시	'a', 'x', 'z', '*', '?'
String	두 개 이상의 문자나 부호 " "을 사용하여 표시	"Hello! Media Art", "abc"

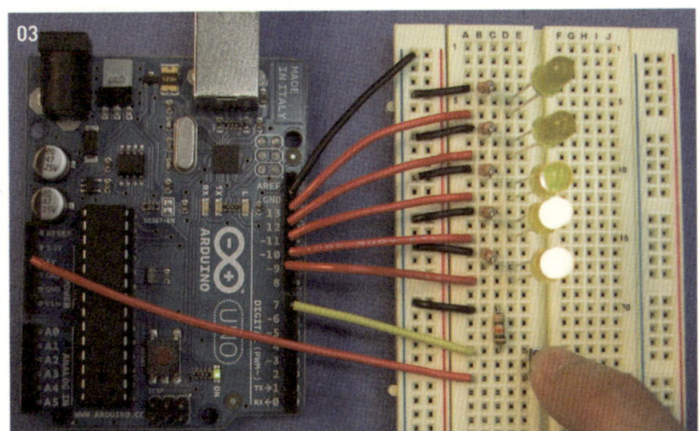

03 스위치를 누르면 5개의 LED가 차례대로 켜지는 것을 확인할 수 있다.

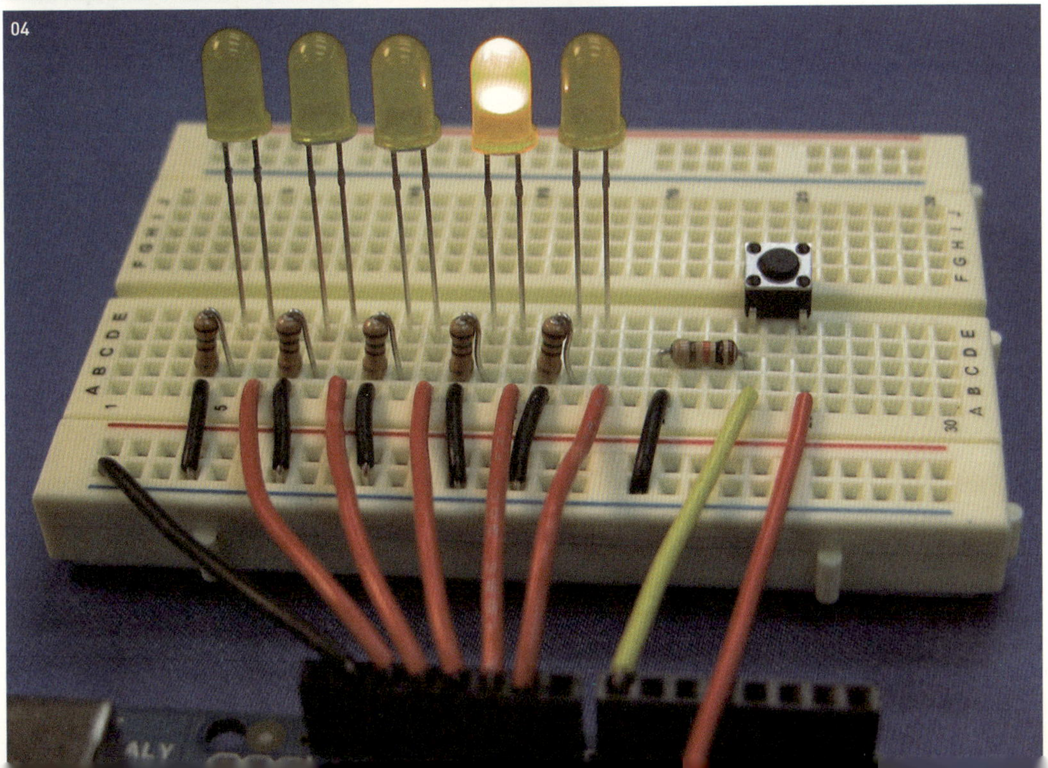

04 스위치에서 손을 떼면 5개 중에 하나의 LED에서 멈춘다. 만약 모든 LED가 켜지지 않으면 선택을 위해 다시 한 번 누르면 된다.

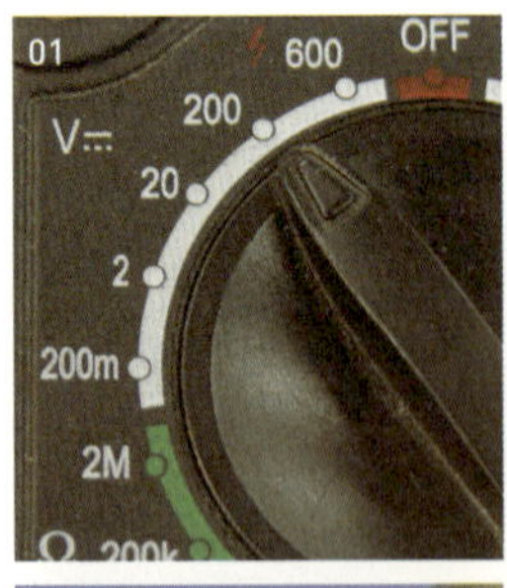
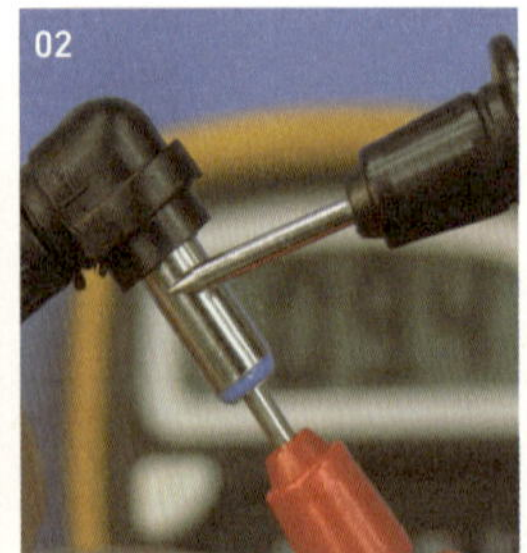
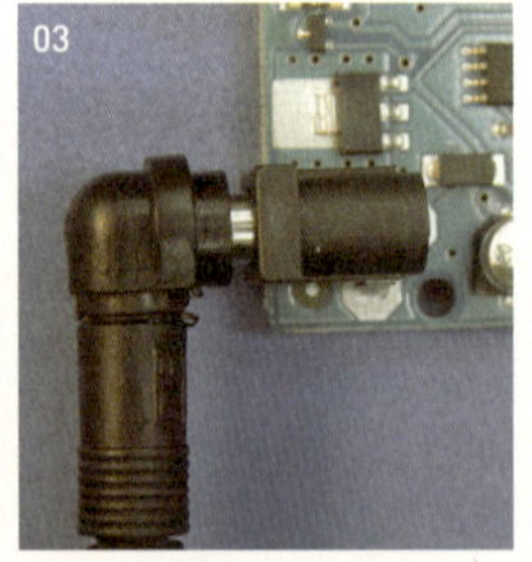
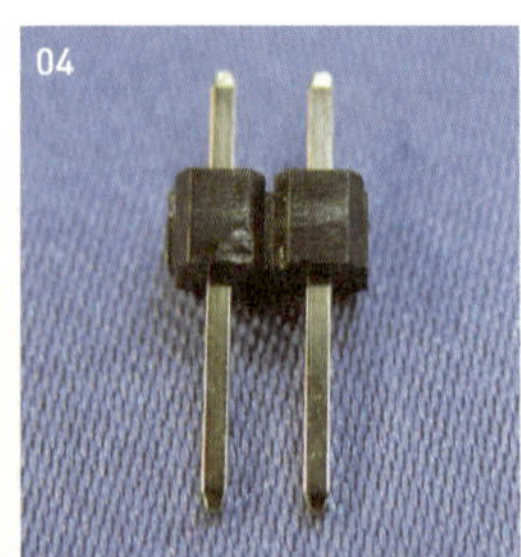

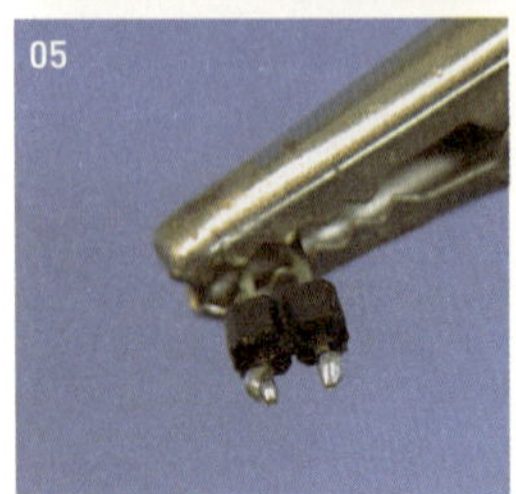
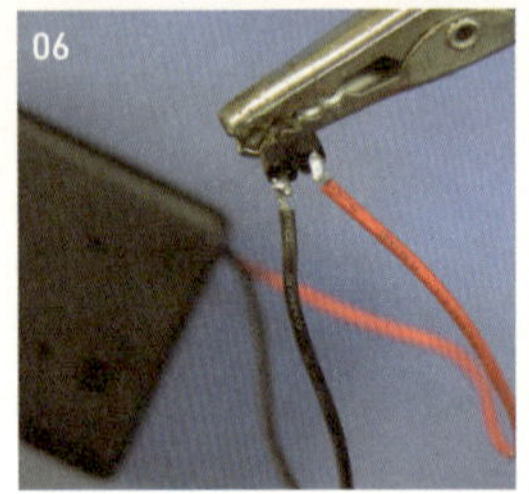
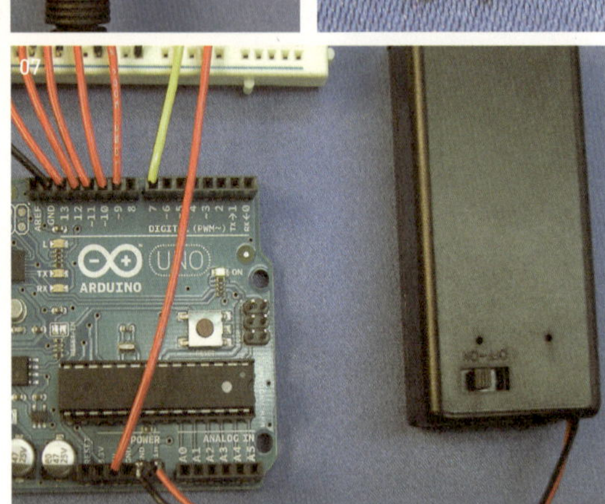

01 USB 케이블로 스케치를 업로드했으면 아두이노 보드에 외부 전원을 공급하여 USB 케이블과 연결된 컴퓨터를 분리시킨다. 첫 번째는 9V 어댑터를 사용하는 방법이다. 우선 어댑터에서 적당한 전압이 나오는지 확인하기 위해 멀티미터를 DC 전압 측정 모드로 맞춘다.

02 어댑터를 220V 콘센트에 꽂는다. 지름이 2.1mm인 플러그의 가운데 구멍에는 양극(+) 시험막대를 대고 바깥 면에는 음극(-) 시험막대를 댔을 때 멀티미터의 값이 9V(+)면 적당하다. 만약 값이 9V(-)면 플러그의 방향을 반대로 돌려준다.

03 아두이노 보드의 외부 전원 연결 잭에 꽂는다.

04 두 번째는 9V 건전지를 사용하는 방법이다. 우선 간격이 2.54mm인 핀헤더 두 개를 준비한다.

05 9V 건전지 홀더의 두 전선을 연결하기 위해 니퍼로 짧게 절단하고 땜납을 조금 묻힌다.

06 9V 건전지 홀더에서 나온 두 전선을 핀헤더에 납땜한다.

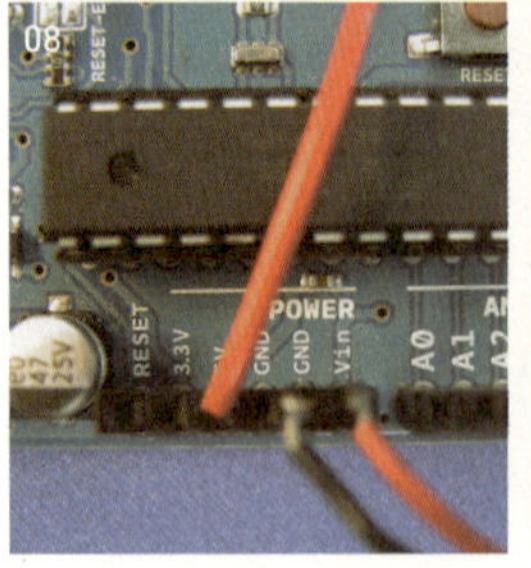
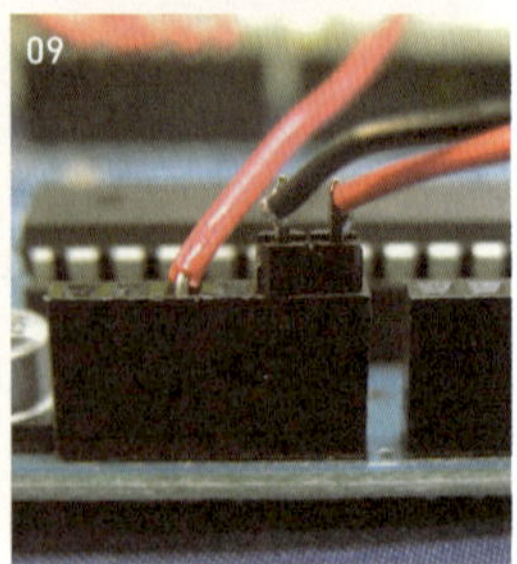

08 양극(+) 빨간색 전선 핀은 아두이노 보드의 POWER 부분에 있는 Vin과 연결하고 음극(-) 검은색 전선 핀은 바로 옆에 있는 GND에 맞추어 꽂는다.

09 핀헤더로 외부 전원이 연결된 모습

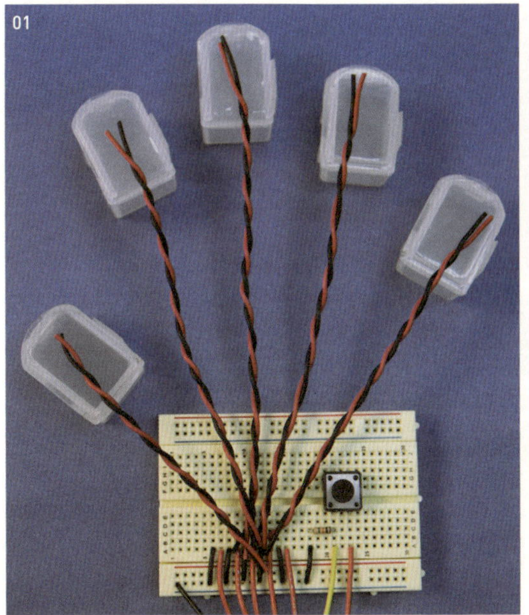

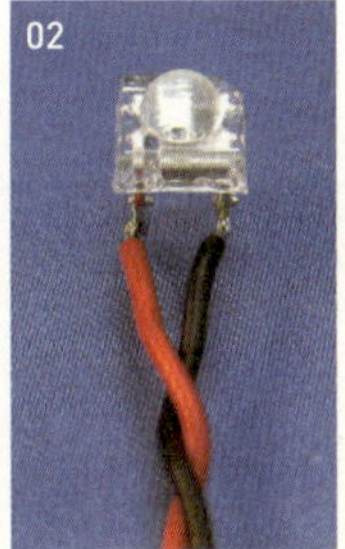

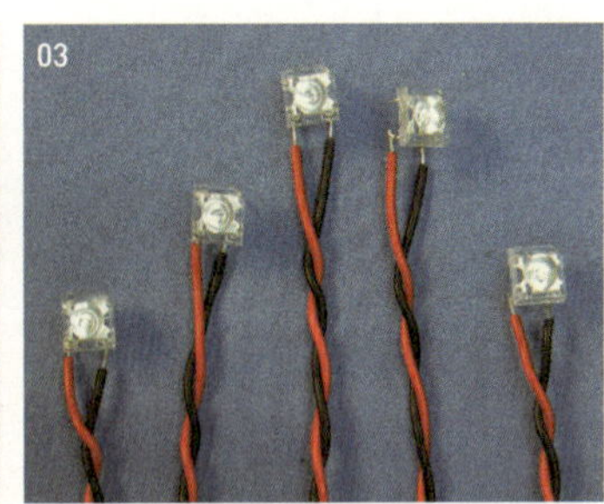

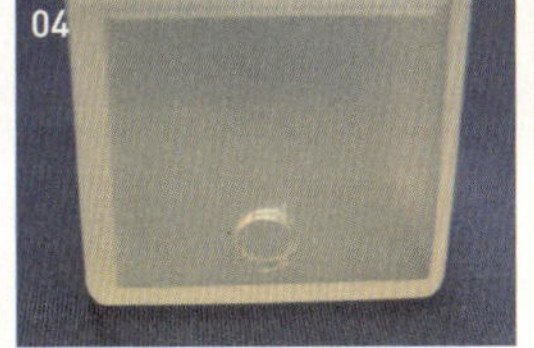

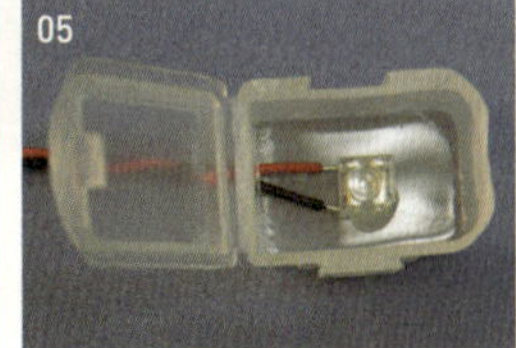

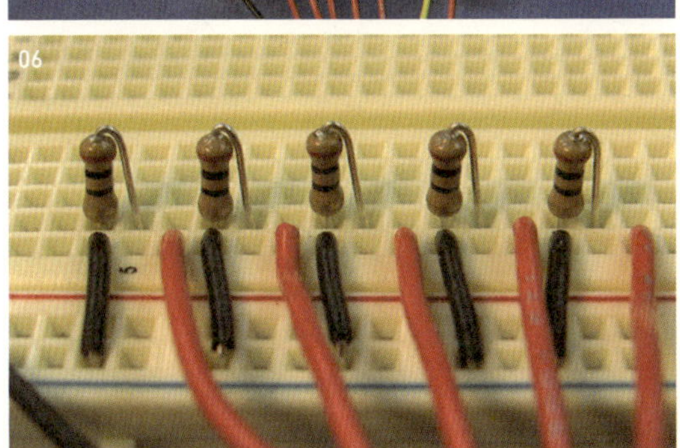

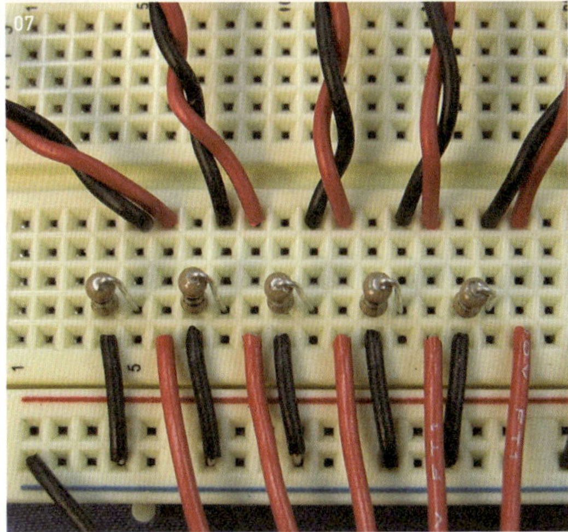

01 테스트용 일반 LED와 저항 150Ω을 빼고 하이퍼플럭스 LED
를 연결하기 위해 통의 위치를 잡고 전선을 길이에 맞게 자른다.

02 각 전선에 LED를 납땜한다.

03 LED 5개를 전선에 납땜한 모습

04 LED를 넣을 통 뒷면에 전선이 빠져나갈 수 있도록 지름 3mm
구멍을 뚫는다.

05 LED를 넣은 통 뒷면 구멍으로 전선을 빼고 LED는 글루건으로
밑면에 고정시킨다.

06 하이퍼플럭스 LED를 켜기 위해 저항 20Ω $\frac{5 - 4V}{0.05} = 20Ω$
을 브레드보드에 꽂는다. 저항의 한쪽 다리는
그라운드와 연결되고 다른 쪽 다리는 통 안의
LED와 연결된 음극(-) 검은색 전선과 연결
된다.

07 통 안의 LED와 연결된 양극(+) 빨간색 전선은 아두이노 보드
9~13번 핀과 연결된 각각의 빨간색 전선과 연결된다.

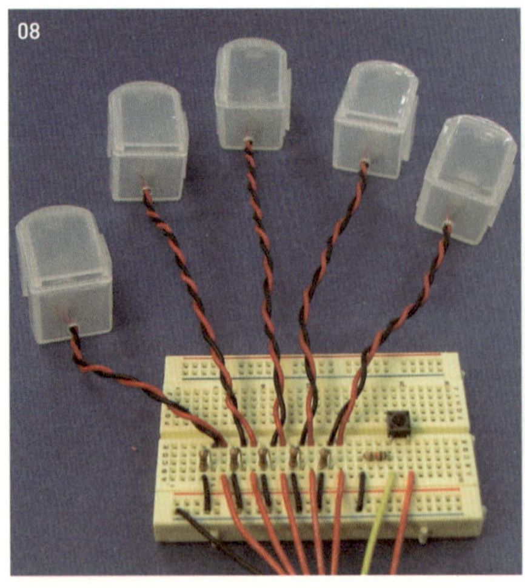

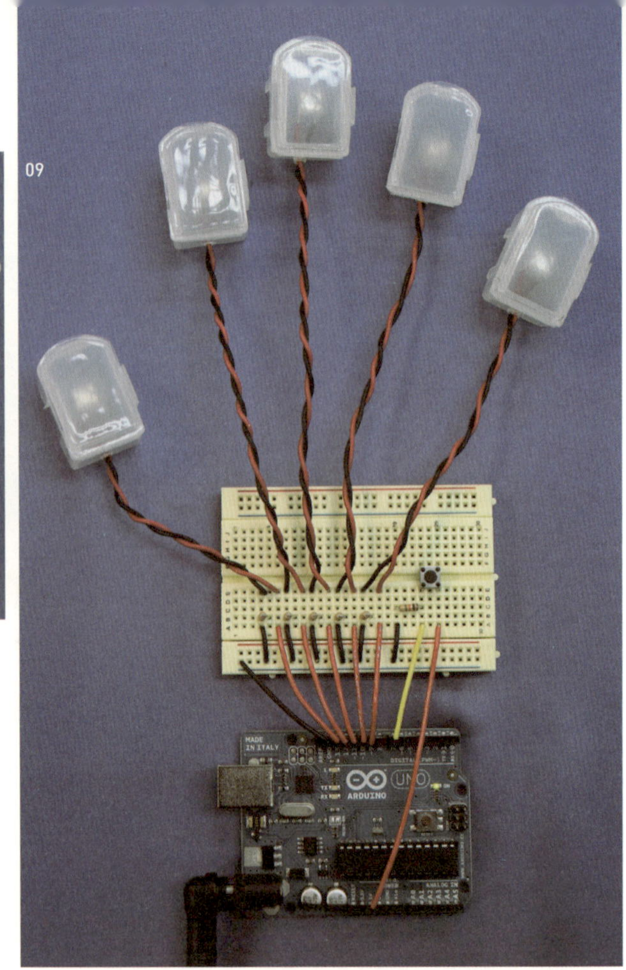

09 연결이 다 되었으면 9V 어댑터로 전원을 공급한다.

04 자신이 좋아하는 메뉴 붙이기

01 자신이 오늘 먹고 싶은 메뉴를 포스트 잇에 쓰고 원하는 통에 붙인다.

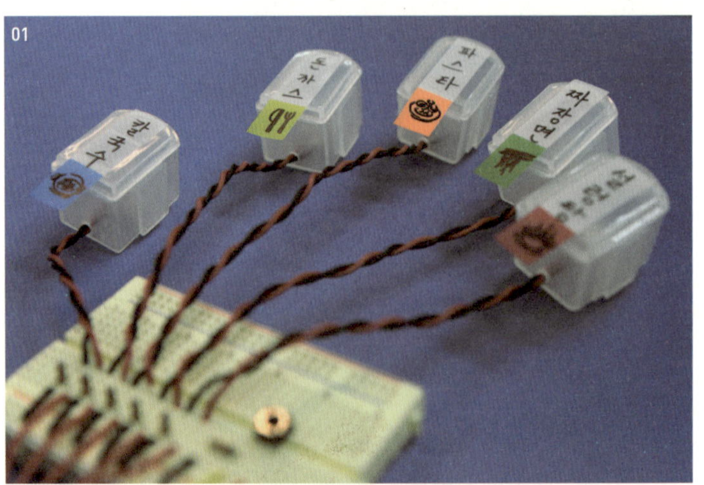

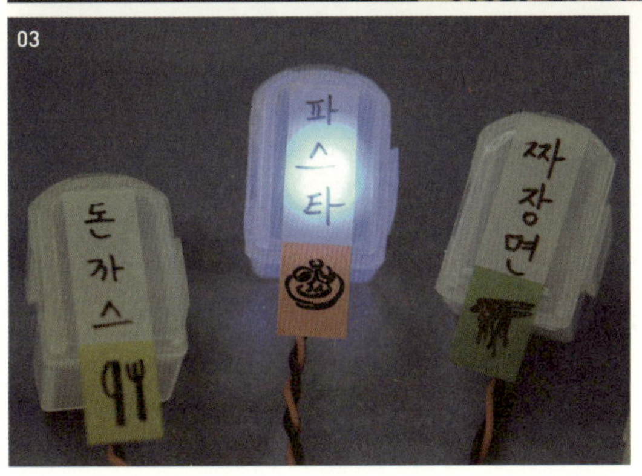

02 스위치를 누르면 매우 빠른 속도로 5개의 통 안에 있는 LED가
차례대로 켜졌다가 꺼진다.

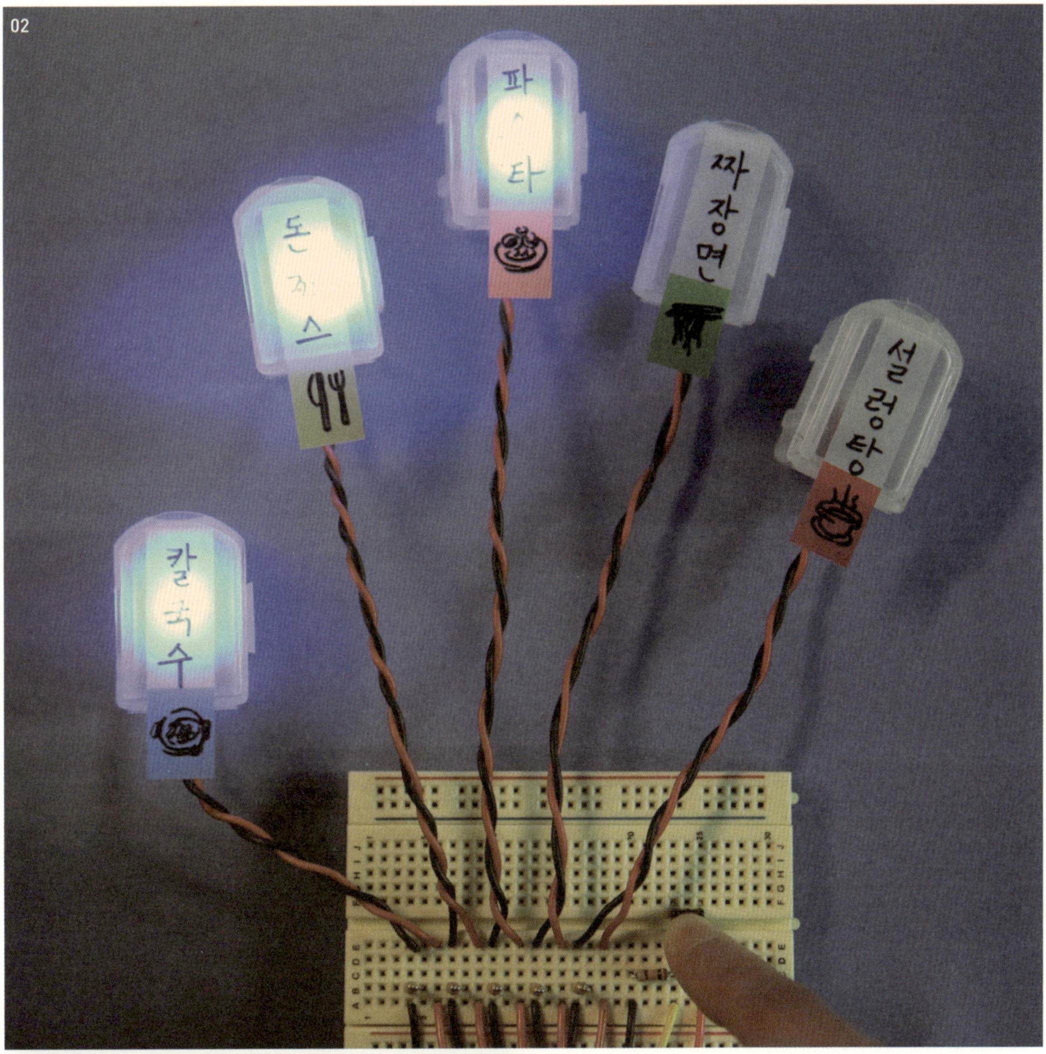

03 스위치에서 손을 떼면 LED가 멈춘다. 오늘의 메뉴는 파스타~

뭐 먹을까?

연구소에서 일할 때, 함께 일하는 연구원들과 매일 밥 먹을 때마다 고민했던 것이 있다. 바로 음식 메뉴를 정하기였다. 특히 동료 중에 매운 음식을 잘 못 먹는 외국인이 있거나 특정한 음식을 꺼리는 사람이 있으면 더욱 고민이 심해졌다. 고민 끝에 규칙을 하나 만들었다. 밥을 먹으러 갈 때 차 앞좌석에 앉은 사람이 그날의 메뉴를 정하기로 한 것이다. 처음에는 획기적인 방법이라고 모두 환영했다. 한동안 좋은 반응을 일으키기도 했지만 시간이 갈수록 문제가 생기기 시작했다. 모든 동료가 앞좌석에 앉기를 꺼려하게 된 것이다. 게다가 매일 같은 메뉴로 결정되는 날이 늘어났다. 이때 생각했다. 무언가 다른 방법이 필요하다. 그래, 메뉴를 정해주는 장치를 만들어보자!

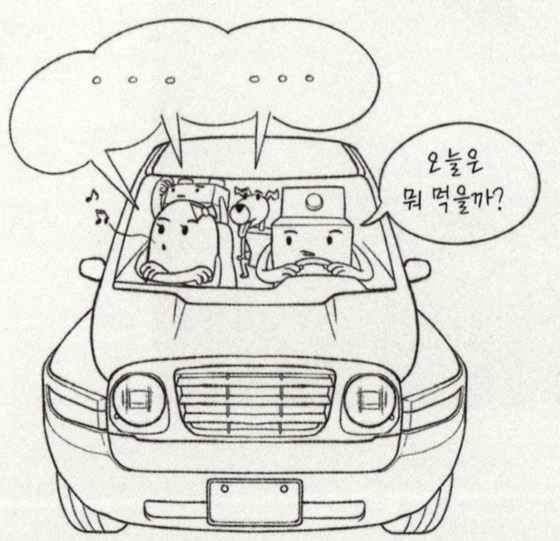

잠자는 탁구공

난이도　■□□□□
시간　　1시간

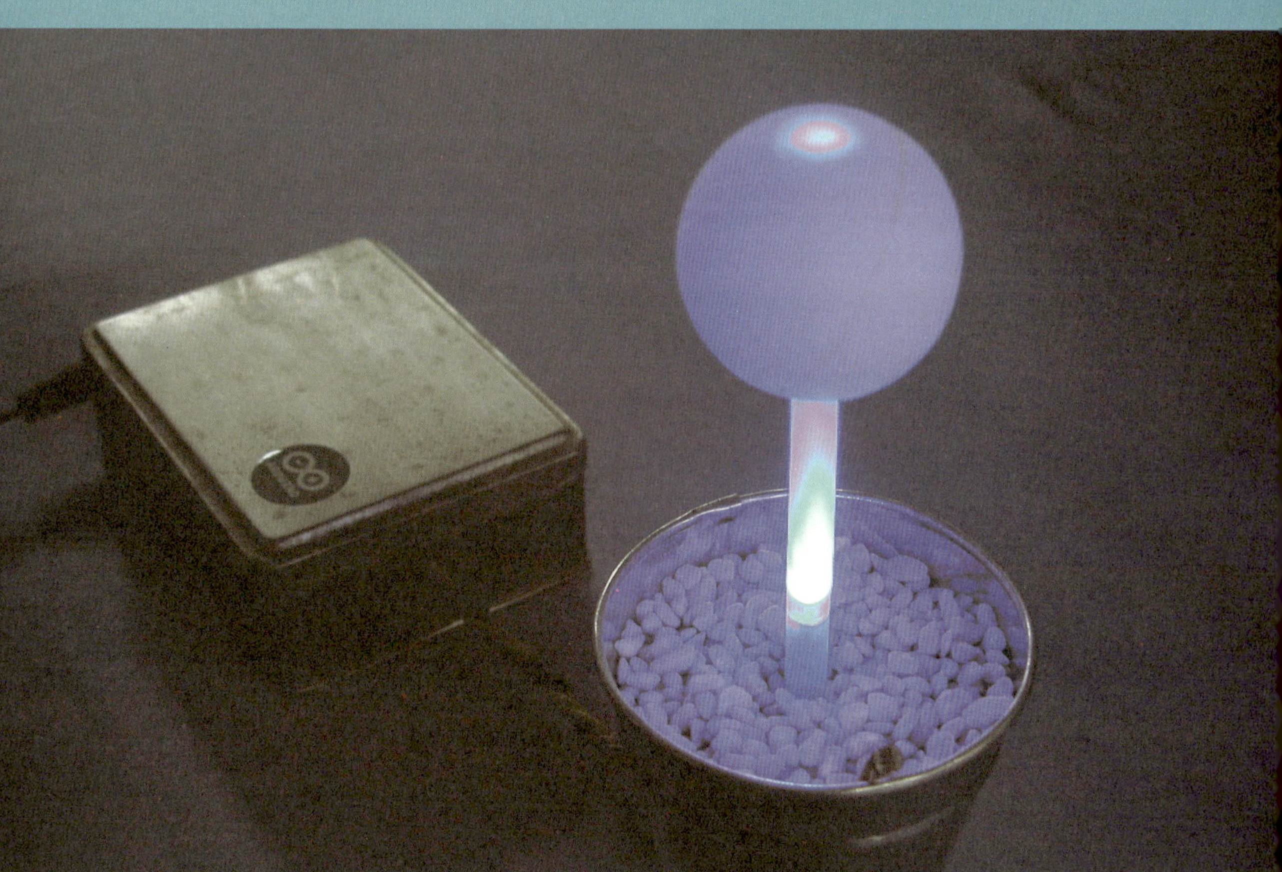

주위가 어두워지면 LED가 켜지는 탁구공 조명.

아두이노 방식: 주위가 많이 어두워지면 LED의 빛이 점점 밝아졌다가 어두워지는 과정을 반복한다.

트랜지스터 방식: 빛 감지 센서인 포토셀로 주위의 밝기를 감지하여 어두워지는 정도에 따라 LED
의 빛이 점점 밝아진다.

아두이노 우노 (R3)
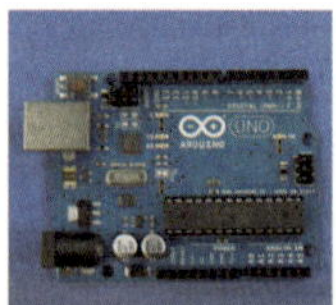
» 온라인 (플: 100410020145,
아: TP11021D)

9V 어댑터
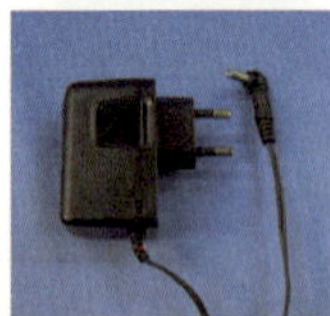
플러그 내경 2.1mm
» 온라인 (엘: EPX3X949)

포텐시오미터 (10K옴)
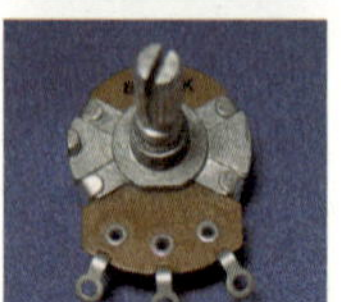
» 온라인 (엘: EPX33HMW, 디: 5299)

저항 2K, 1K, 51 옴
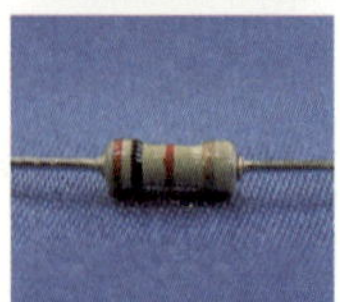
탄소피막 막대저항 1/4W, 5%
» 온라인 (2k옴 엘: EPX34LT6, 디: 872
1k옴 엘: EPX34LRU, 디: 876
51옴 엘: EPX34LP4, 디: 902)

전압 레귤레이터 7805
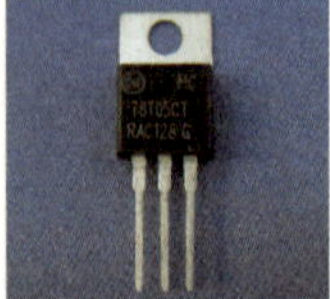
출력 전압 및 전류: 5V, 1A
» 온라인 (엘: EPX33DM3, 디: 1057750)

DC 파워 잭
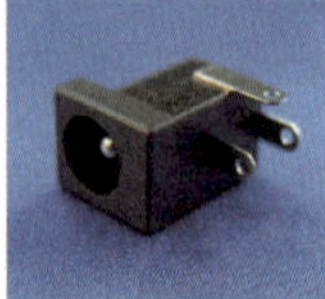
내경 지름: 2mm, 모델명: DC-005
» 온라인 (엘: EPX3333K, 디: 2671)

내츄럴 함석 바스켓
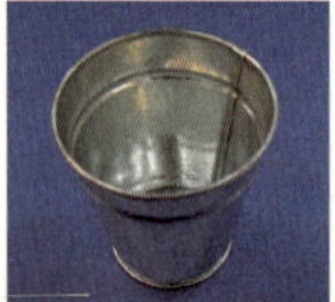
지름: 70mm, 높이: 70mm
» 다이소, 청계천 시장

볼트, 너트
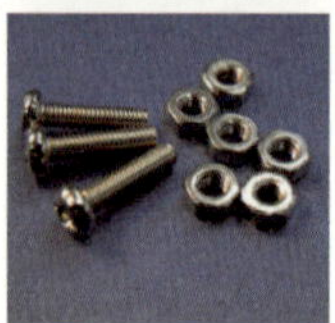
둥근머리 십자 M3-12 볼트 3개
M3 볼트용 너트 9개
» 온라인, 청계천 시장

USB 케이블 (A/B 타입)
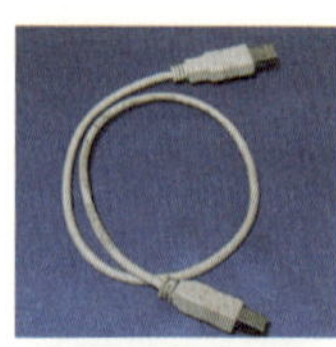
» 온라인 (플: 20081304471753_0,
엘: EPX344M9)

고휘도 LED
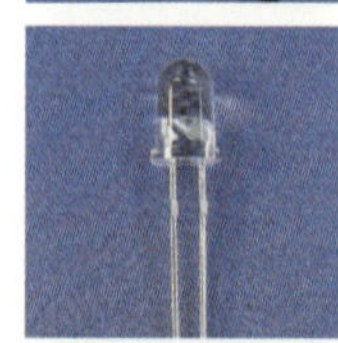
5파이, 파란색
작동전압: 3.4~4V, 소비전류: 20mA
» 온라인 (엘: EPX33DPN, 디: 189)

포토셀 (Cds 셀)
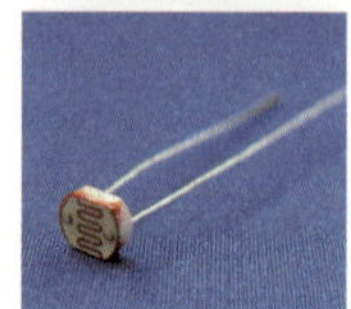
지름: 5mm
» 온라인 (엘: EPX36MHM, 디: 33218)

트랜지스터 TIP122
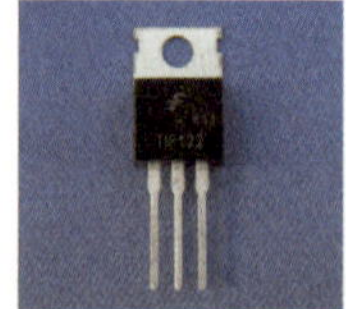
파워 TR, NPN 방식
허용 전압 및 전류: 100V, 5A
» 온라인 (엘: EPX7RDFV, 디: 14680)

미니 브레드보드
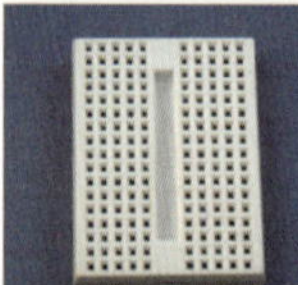
» 온라인 (엘: EPX3C8UV, 디: 32283)

전선 (단심선)
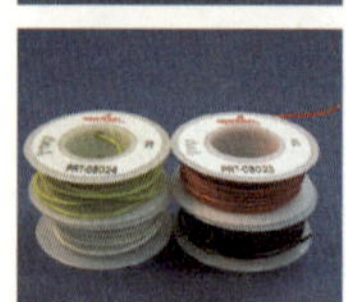
빨간색, 검은색, 노란색
심 굵기: 0.6mm(22AWG)
» 온라인, 청계천 시장

미니 사각 틴 박스
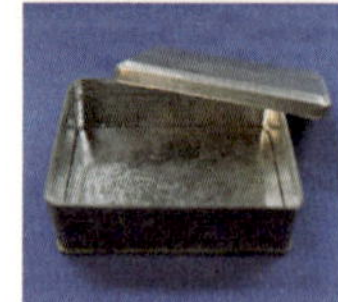
가로 100 x 세로 80 x 높이 40 (mm)
» 온라인, 청계천 시장

컬러 무지개 돌
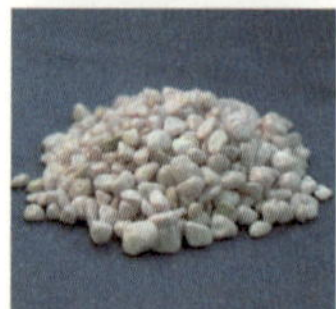
» 다이소, 청계천 시장

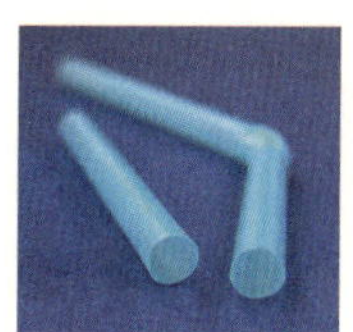

빨대

파란색, 지름: 7mm

» 방산 시장, 온라인

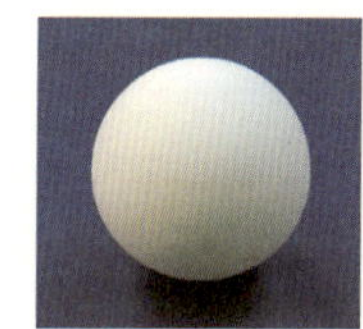

탁구공

» 문구점

공구

인두기, 땜납, 납땜 보조기구, 와이어 스트리퍼, 롱노우즈 플라이어,
니퍼, 십자 드라이버, 전동 드릴, 송곳, 자, 멀티미터, 열풍기

⬡ 주요 제작단계 (아두이노 버전)

01	02	03	04	05	06
포텐시오미터로 아날로그 입력받기	아두이노 보드 케이스 만들기	포토셀과 LED에 전선 연결하기	아두이노 보드에 포토셀과 LED 연결하기	아두이노 보드에 pwm_1 스케치 업로드하기	화분 만들기 및 작동 테스트

※ 연결그림

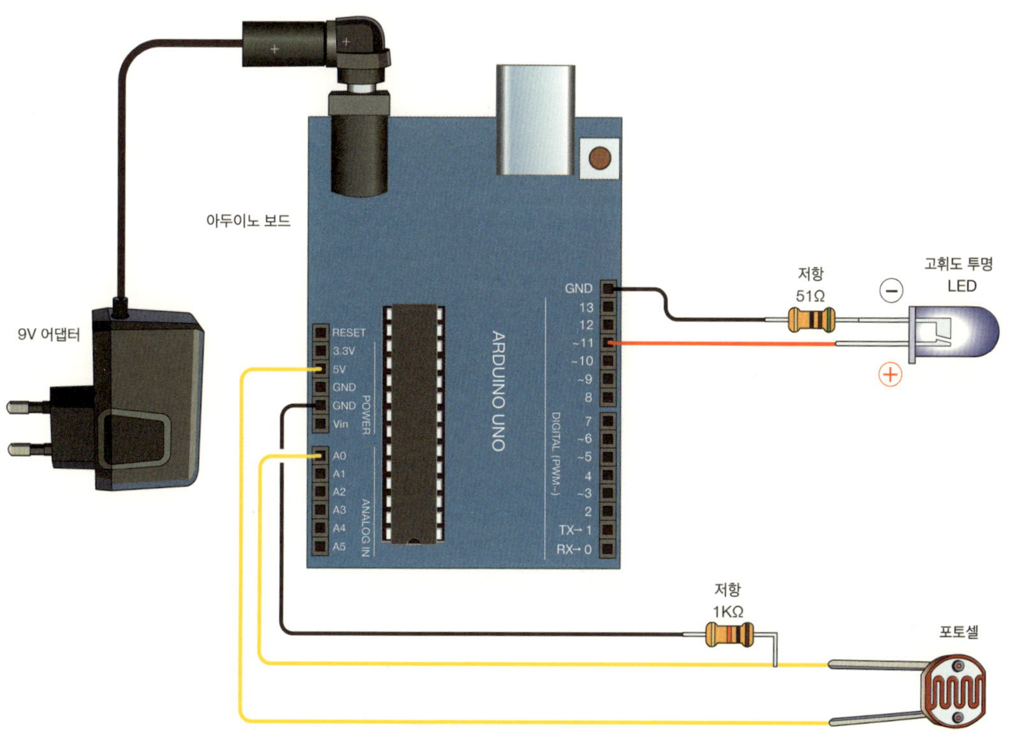

01 포텐시오미터로 아날로그 입력받기

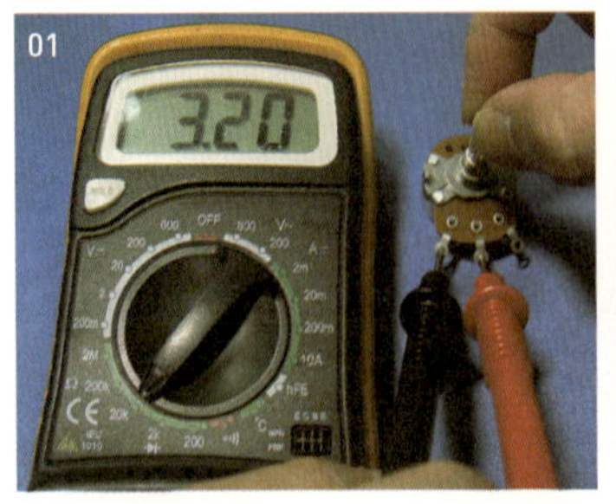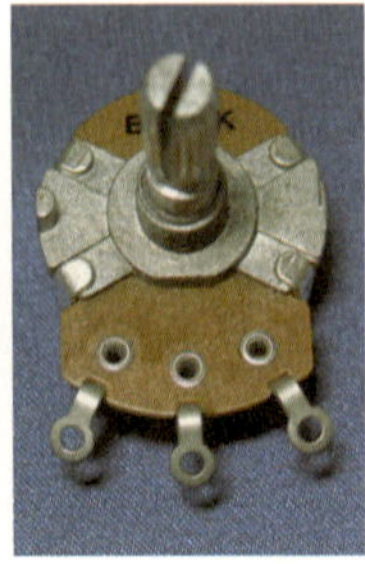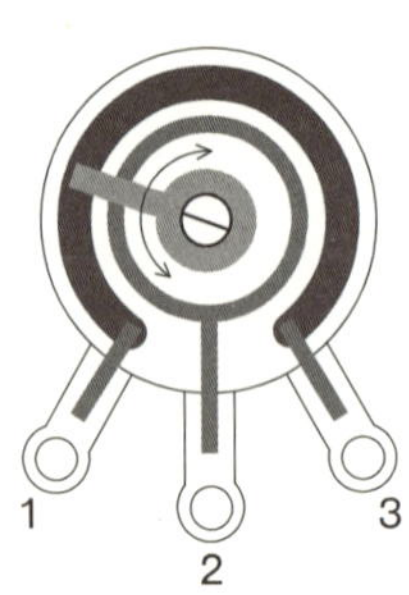

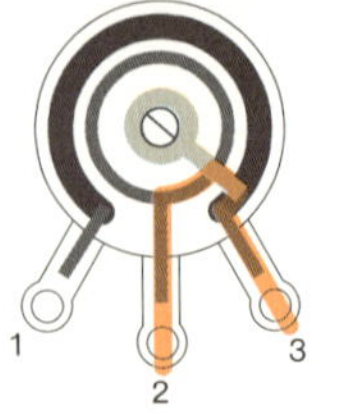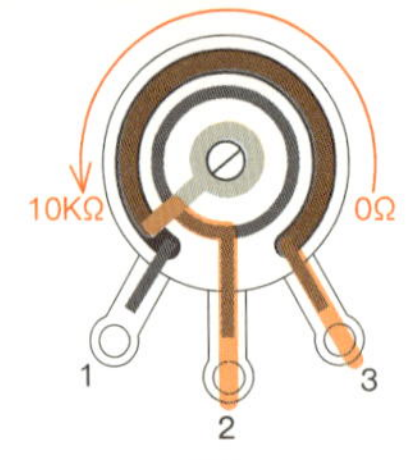

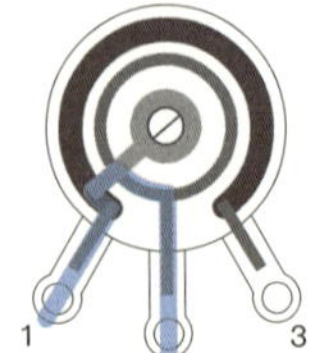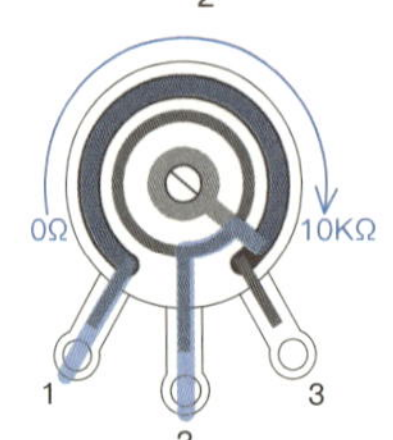

01 포텐시오미터는 중심축을 회전시키는 방향에 따라 저항 값이 바뀌는 가변저항
이다. 최대 저항 값이 10K옴이면 0에서 10K옴 사이에서 저항 값이 변한다.
저항 값을 측정할 때는 멀티미터 다이얼을 저항 값 측정 모드(20K)에 놓고 시
험막대를 포텐시오미터와 연결된 1번, 2번 다리에 연결한다. 포텐시오미터의
중심축을 시계 방향으로 돌리면 저항 값이 커지고 반대로 돌리면 저항 값이 적
어진다. 시험막대를 2번과 3번 다리에 연결하고 중심축을 시계 방향으로 돌리
면 저항 값이 낮아지고 반대 방향으로 돌리면 저항 값이 높아지는 것을 확인할
수 있다.

02 그림처럼 2번과 3번 다리에 전선을 연결 했을 때는 중심축을 시계 반대 방향
으로 돌리면 포텐시오미터의 저항 값이 커지며 회로에 연결된 LED가 점점 어
두워진다.

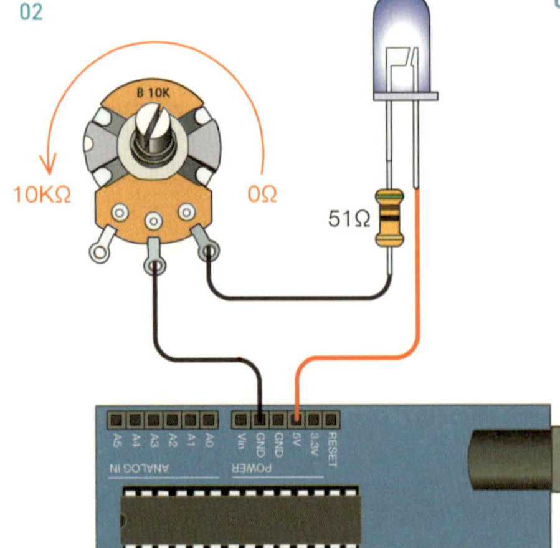

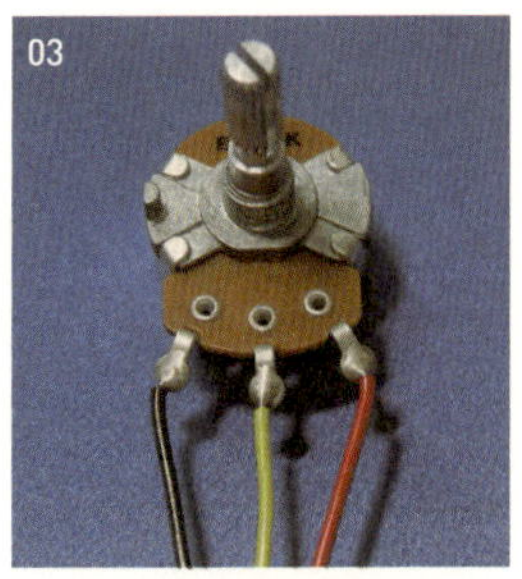

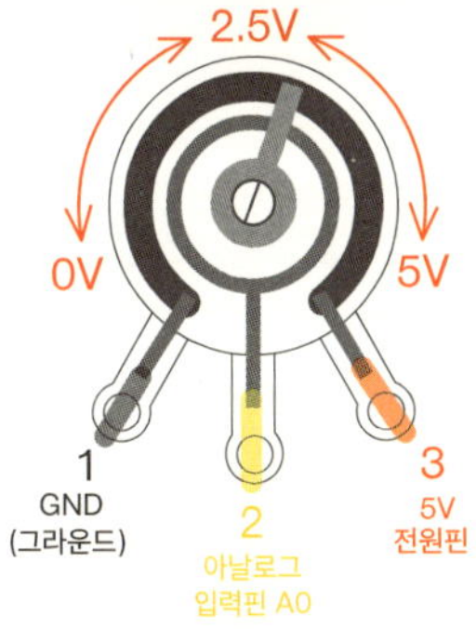

03 포텐시오미터를 아두이노에 연결하기 위해 1번 다리에는 검은색, 2번 다리에는 노란색, 3번 다리에는 빨간색 전선을 납땜한다. 검은색 전선은 아두이노 보드의 GND(그라운드), 노란색 전선은 아날로그 입력 핀 A0, 빨간색 전선은 5V 전원핀에 각각 연결한다. 중심축을 오른쪽으로 돌리면 2번과 3번 다리 사이의 저항은 작아지고 1번과 2번 다리 사이의 저항은 커지므로 5V에 가까운 높은 전압이 2번 핀을 통해 아두이노로 입력된다. 중심축을 왼쪽으로 돌리면 1번과 2번 다리 사이의 저항은 작아지고 2번과 3번 다리 사이의 저항은 커지므로 0V에 가까운 낮은 전압이 2번 핀을 통해 아두이노로 입력된다. 이처럼 1번과 2번 다리 사이의 저항을 저항1이라고 하고 2번과 3번 다리 사이의 저항을 저항2라고 했을 때 저항1과 저항2의 비례에 따라 2번 핀으로 출력되는 전압 값이 변화한다. 2번 다리와 연결된 아날로그 입력 핀 A0으로 0V~5V 사이의 전압이 입력되면 아두이노는 0(0V) ~ 1023(5V) 사이의 숫자로 입력되는 값을 1024단계로 표시해준다. 입력되는 값을 시리얼 모니터 창을 통해 확인하기 위해 void setup()에서 명령어 Serial.begin(9600)을 입력하고 void loop()에서는 A0번 핀으로 입력되는 값을 변수 val에 저장하고 명령어 Serial.println()을 통해 시리얼 모니터 창으로 값을 확인한다. 아날로그 입력 핀과 출력 핀은 디지털 핀처럼 void setup()에서 핀 모드를 따로 정해주지 않아도 된다. 시리얼 모니터 창을 열기 위해서는 툴바 오른쪽 끝에 위치한 시리얼 모니터 버튼을 클릭해준다. (시리얼 통신에 대해서는 아두이노 스케치(209쪽)에서 자세히 설명한다.)

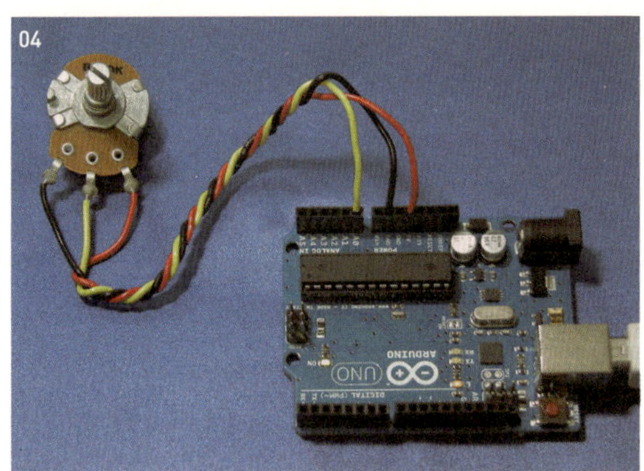


```
void setup(){
  Serial.begin(9600);
}

void loop(){
  int val = analogRead(A0);
  Serial.println(val);
}
```

04 USB 케이블로 아두이노 보드를 컴퓨터와 연결하고 위와 같이 스케치한 다음 보드에 전송한다. 시리얼 모니터 창을 열고 포텐시오미터의 중심축을 오른쪽으로 돌리면 입력 값이 커지고 왼쪽으로 돌리면 입력 값이 작아지는 것을 확인할 수 있다. 시리얼 모니터 창으로 입력되는 값을 확인하는 명령어 Serial.print()와 Serial.println()은 값을 출력하는 방식에서 차이가 있다. print()는 입력되는 값들을 같은 줄에서 오른쪽 방향으로 표시해 나가고 println()은 입력되는 첫 번째 값을 출력하고 다음 줄로 이동한 후, 두 번째 값을 출력하기 때문에 입력되는 값을 아래쪽 방향으로 표시해 나간다. 입력되는 값을 정확히 확인하기 위해서는 println()이 효과적이다.

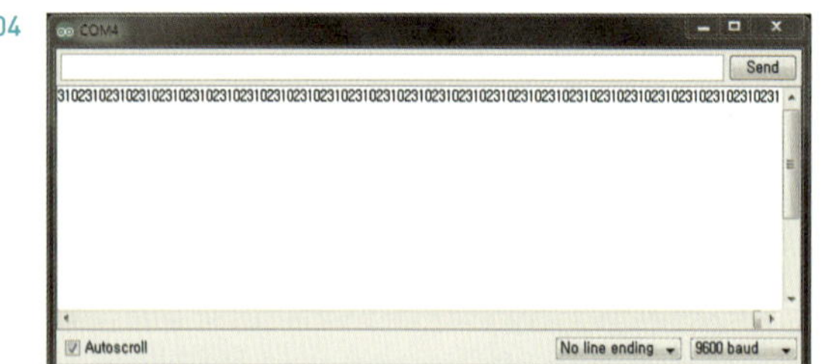

Serial.print() 모니터 창

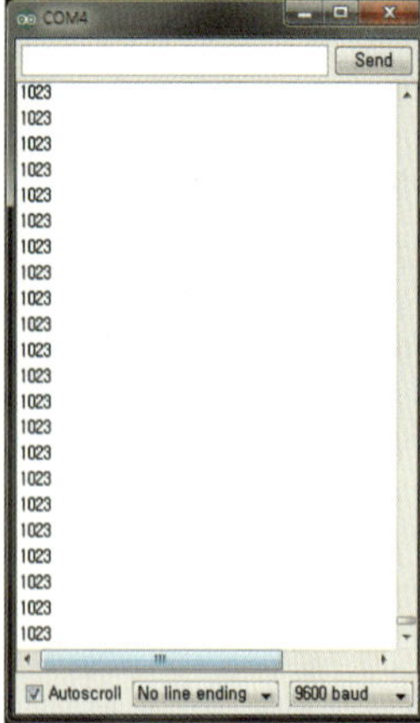

Serial.println() 모니터 창

05 다음은 포텐시오미터에서 입력되는 값에 따라 LED의 밝기가 변하는 스케치를 해보자. 파란색 투명 LED의 긴 다리(+, 양극)는 디지털 11번 핀에 꽂고 짧은 다리(-, 음극)는 GND(그라운드)에 꽂는다. 디지털 11번 핀은 PWM 기능이 있어 아날로그 출력이 가능하다. 이때 출력 값은 0~255까지이므로 입력되는 값 0~1023을 4로 나누어 변수 val 저장하고 아날로그 출력 값으로 사용한다. 아래 그림에서는 간단한 테스트를 위해 저항을 연결하지 않았지만 기본적으로 파란색 투명 LED에는 51옴 저항을 연결해야 한다. (PWM과 analogWrite()에 대해서는 잠자는 탁구공 아두이노 스케치에서 자세히 설명한다.)

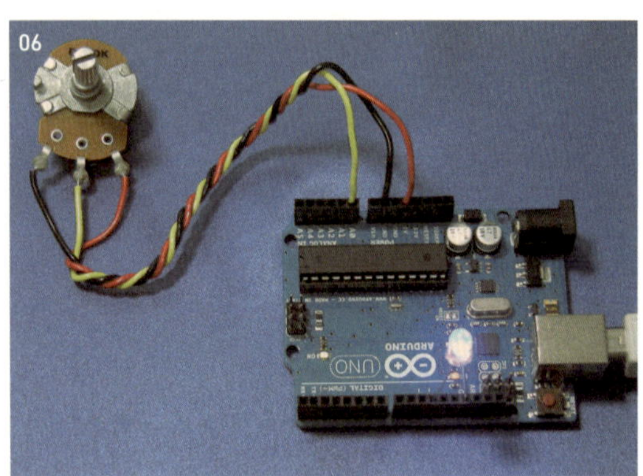

```
void setup(){
  Serial.begin(9600);
}

void loop(){
  int val = analogRead(A0)/4;
  analogWrite(11, val);
  Serial.println(val);
}
```

06 USB 케이블로 아두이노 보드를 컴퓨터와 연결하고 위와 같이 스케치한 다음 보드에 전송한다. 시리얼 모니터 창을 열고 포텐시오미터의 중심축을 오른쪽으로 돌리면 11번 핀과 연결된 LED가 밝아지고 왼쪽으로 돌리면 LED가 어두워지는 것을 확인할 수 있다.

07 여기에서 사용하게 될 포토셀은 주위의 밝기에 따라 양쪽 다리사이의 저항 값이 바뀌는 센서로, 주위가 밝으면 저항 값이 작아지고 주위가 어두우면 저항 값이 커진다. 포텐시오미터와 같은 원리로 1번과 2번 다리 사이에 해당하는 저항1에는 1K옴 고정저항을 연결하고 2번과 3번 다리 사이에 해당하는 저항2에는 포토셀을 연결해준다. 주위가 밝으면 저항2 포토셀의 저항 값이 1K옴 보다 작아져 5V에 가까운 높은 전압이 입력되고 주위가 어두워지면 저항2 포토셀의 저항 값이 1K옴보다 커져 0V에 가까운 낮은 전압이 입력되어 주위의 밝고 어두움을 숫자로 확인할 수 있다.

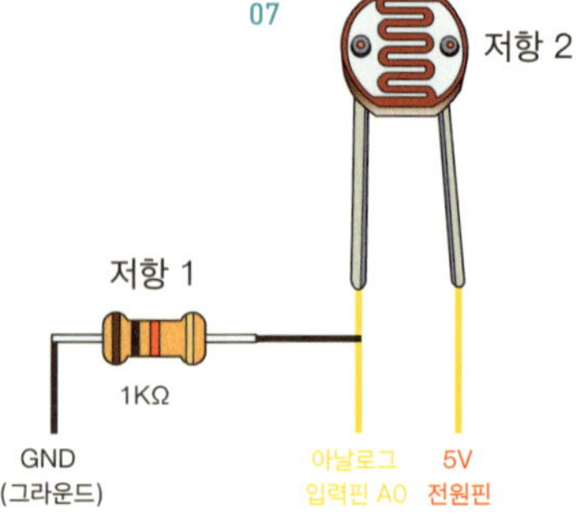

01 미니 사각 틴 박스 한쪽 면
에 아두이노 보드 USB 케
이블 연결 포트와 외부 전원
연결 잭을 꽂을 수 있도록
13mm와 8mm구멍을 뚫
어준다. 반대쪽 면에도 전선
이 나갈 수 있도록 8mm구
멍을 뚫어준다.

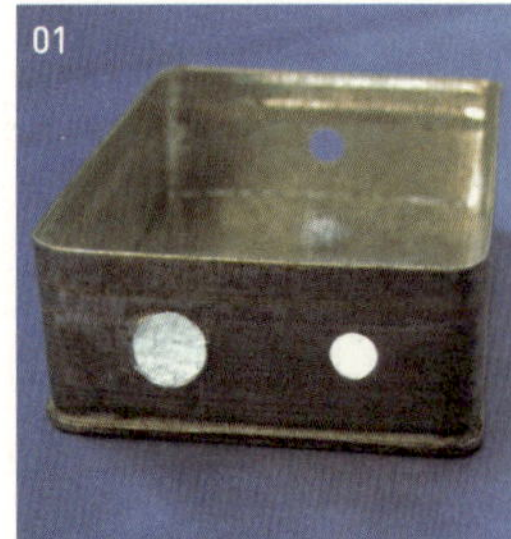

02 13mm 구멍은 사각형으로
USB 케이블 연결 포트에
맞게 니퍼로 잘라준다.

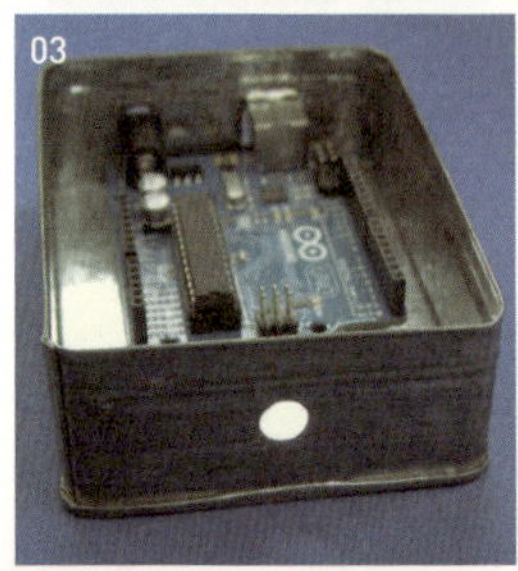

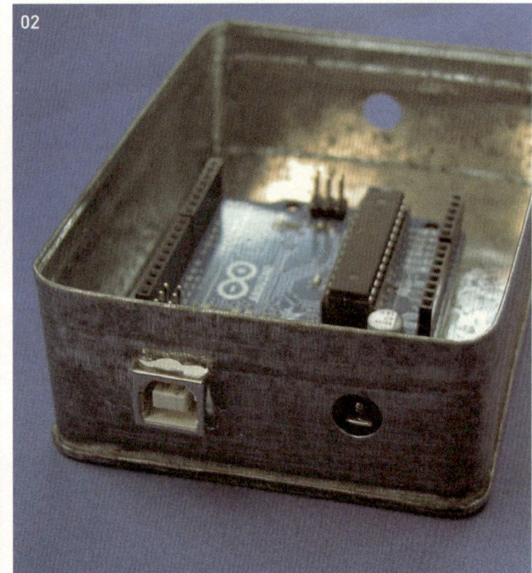

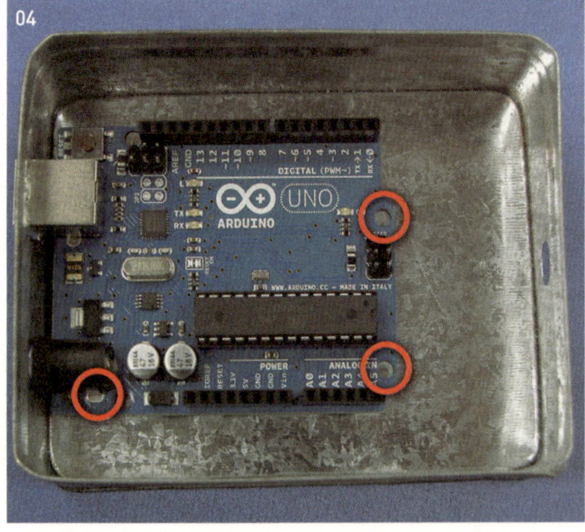

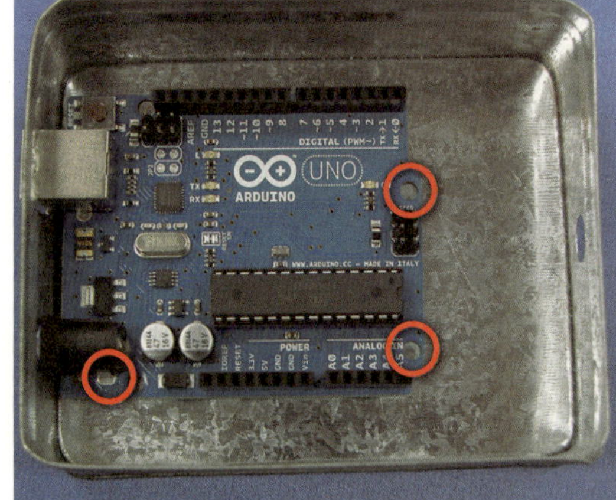

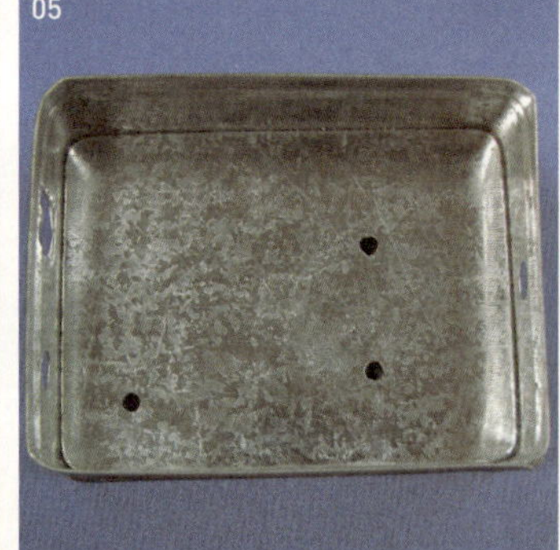

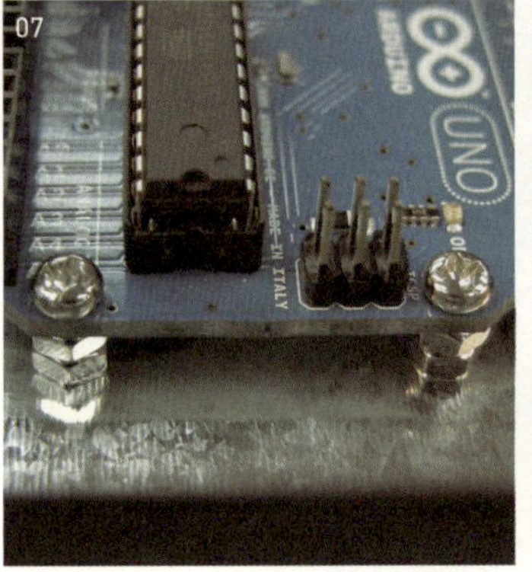

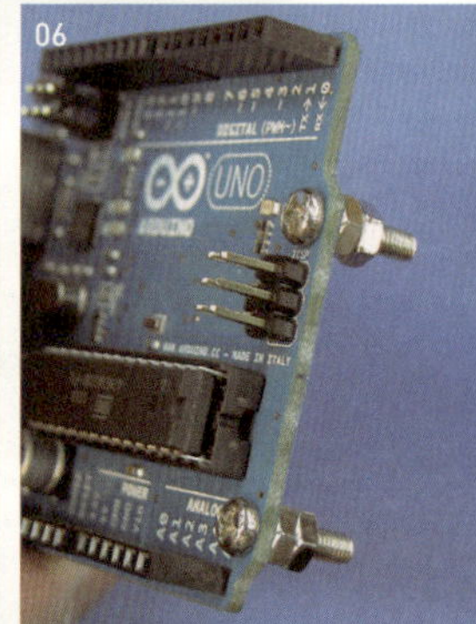

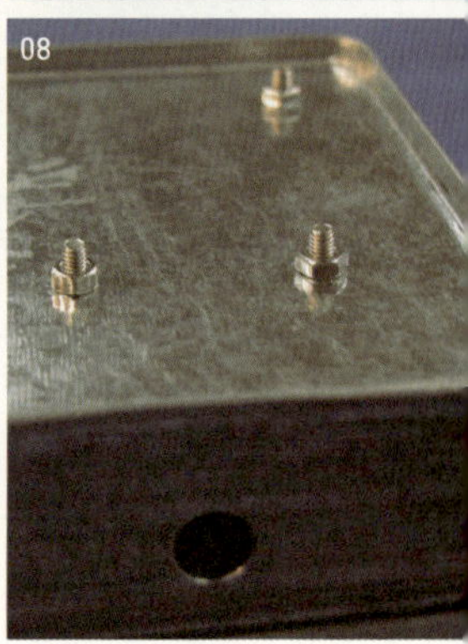

04 보드를 고정시키기 위한 볼
트 구멍을 뚫기 위해 위치
를 표시한다.

05 표시한 위치에 M3-12 볼
트를 끼우기 위해 3.5mm
구멍을 뚫어준다.

06 보드 밑면이 박스 바닥면에
닿지 않게 너트 2개를 채워
준다.

07 구멍에 맞게 볼트를 끼운다.

08 뒷면으로 나온 볼트를 너트
로 조인다.

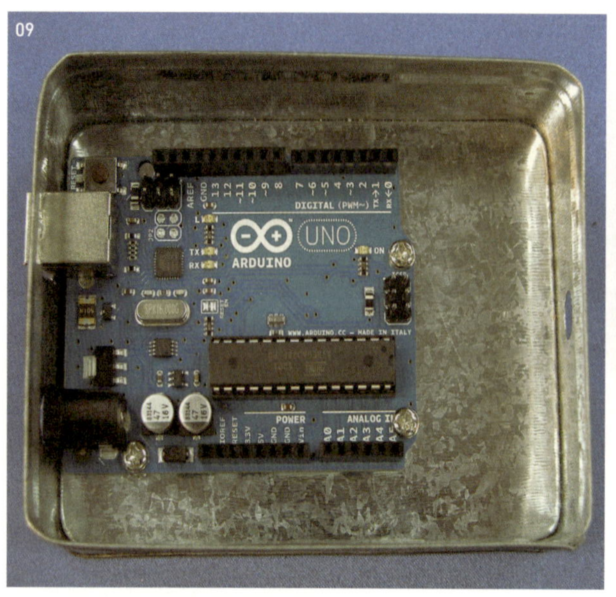

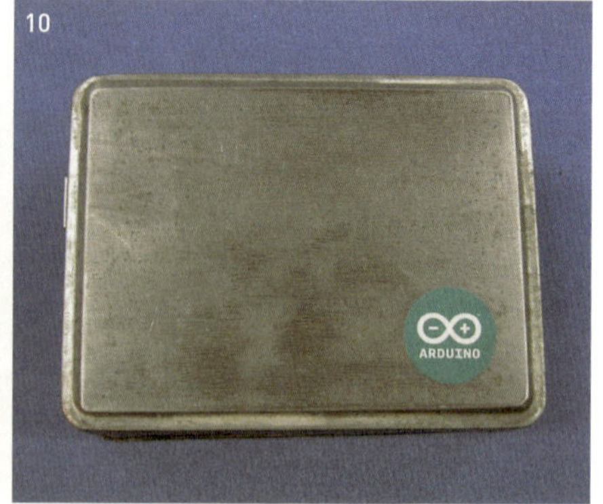

10 아두이노 보드 케이스 완성!

03 포토셀과 LED에 전선 연결하기

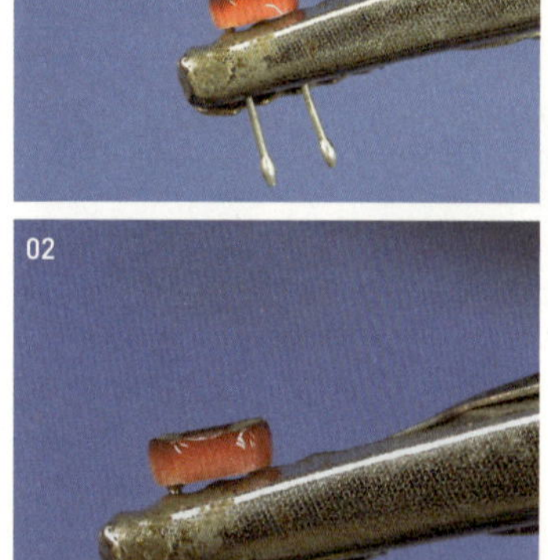

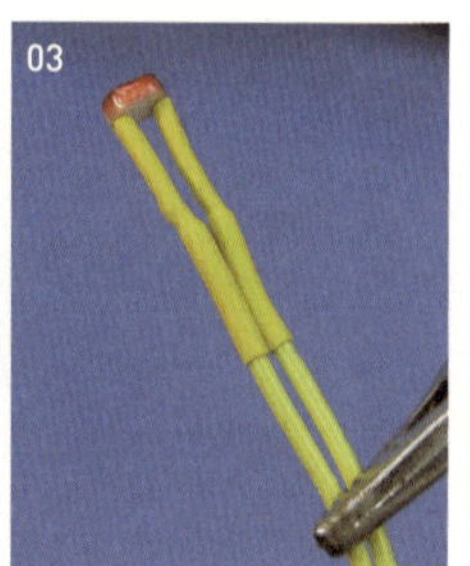

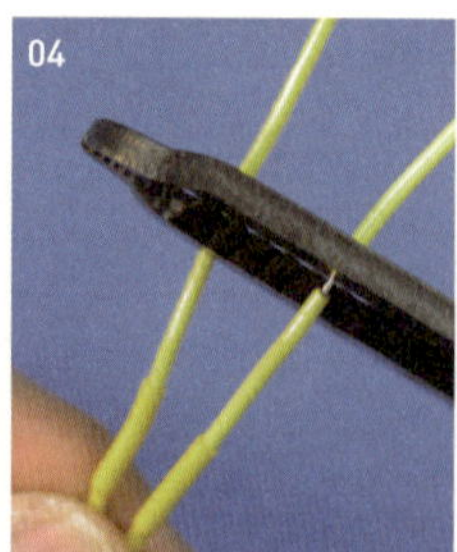

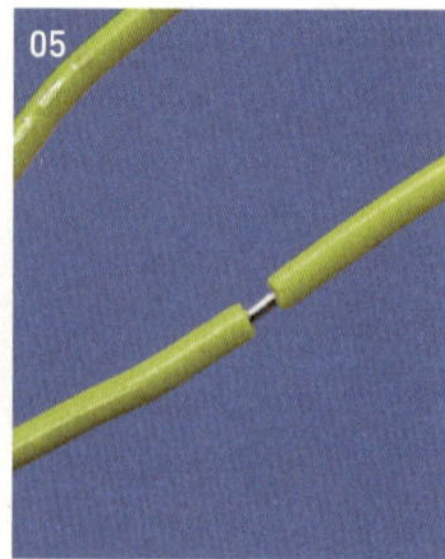

01 포토셀에 전선을 연결하기 위해 다리를 짧게 자른다.

02 전선을 포토셀의 다리에 납땜한다.

03 열수축 튜브로 납땜한 부분을 절연시킨다.

04 아두이노의 아날로그 입력 핀과 연결될 전선은 1KΩ저항을 지나 그라운드와도 연결이
되어야 한다. 저항을 달기 위해 전선을 그림과 같이 와이어 스트리퍼로 벗겨낸다.

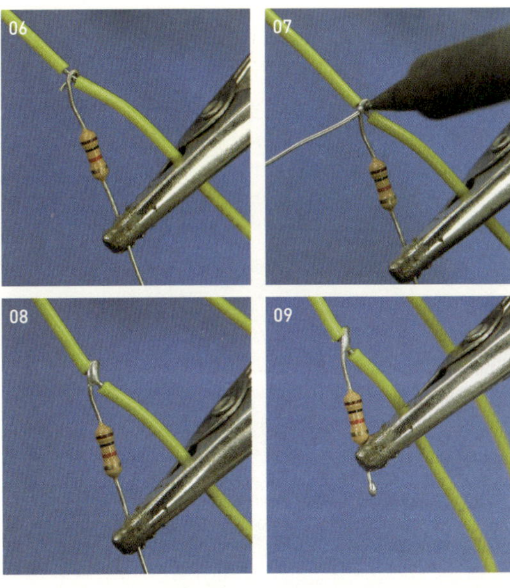

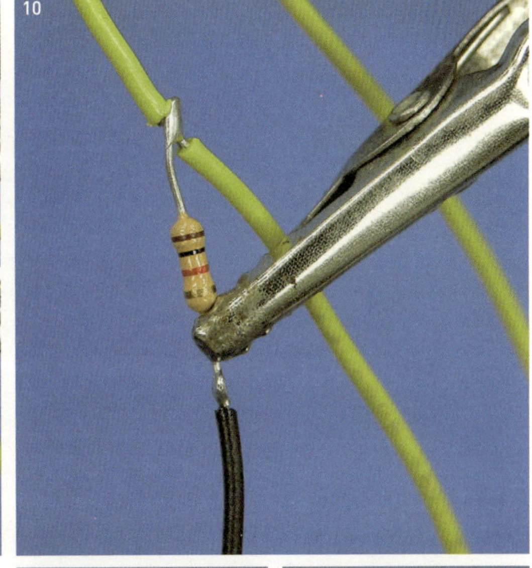

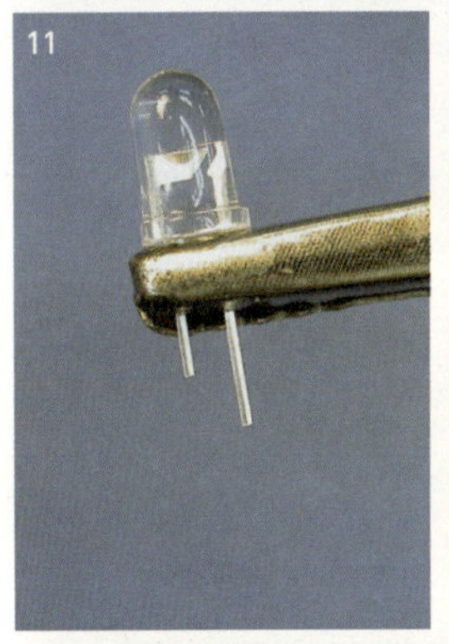

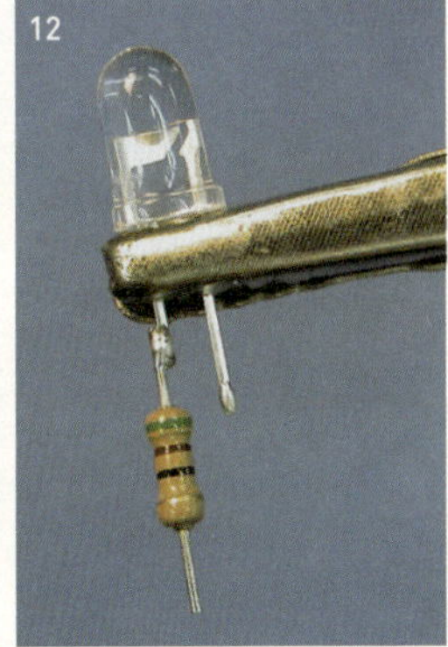

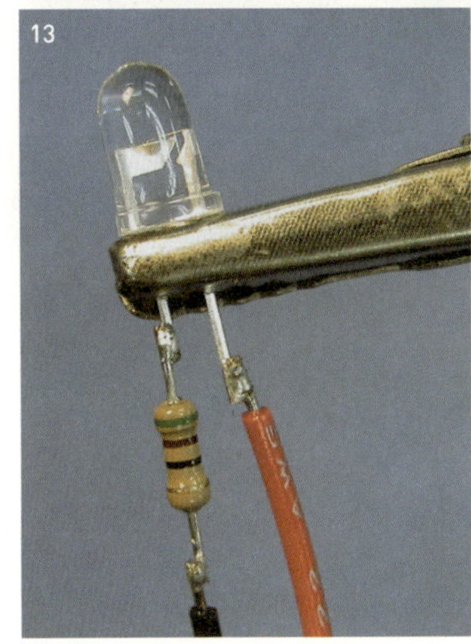

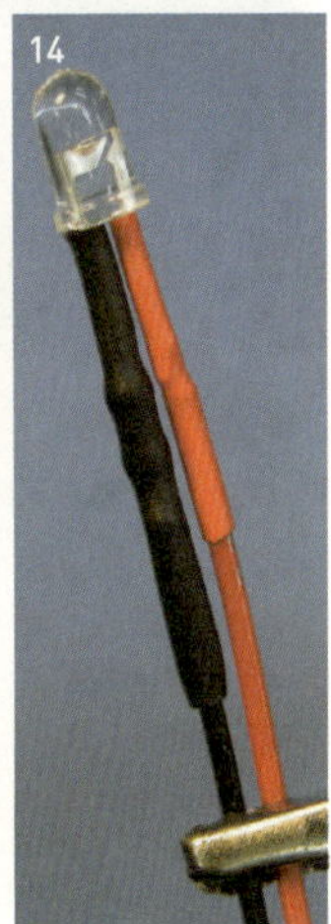

06 잘린 피복 사이로 보이는 전선 심에 저항 한쪽 다리를 걸어준다.

07 전선 심에 저항 한쪽 다리를 납땜한다. 인두기가 양쪽 피복에 닿지 않게 주의한다.

➡ 납땜 방법은 「하이퍼플럭스 LED 에 납땜하여 전선 연결하기」(80~81쪽) 참고

09 저항의 나머지 다리에도 전선을 연결하기 위해 짧게 잘라준다.

10 검은색 전선을 납땜한다. 1KΩ 저항을 달아준 노란색 전선은 나중에 찾기 쉽게 끝부분을 펜으로 표시해 놓는다.

11 LED 다리를 (+)(-) 극성에 맞추어 짧게 잘라준다.

12 LED의 음극(-) 다리에 51Ω 저항을 달아준다.

13 LED 다리의 양극(+) 다리에는 빨간색 전선을 음극(-) 다리와 연결된 저항에는 검은색 전선을 납땜한다.

14 열수축 튜브로 납땜한 부분을 절연시킨다.

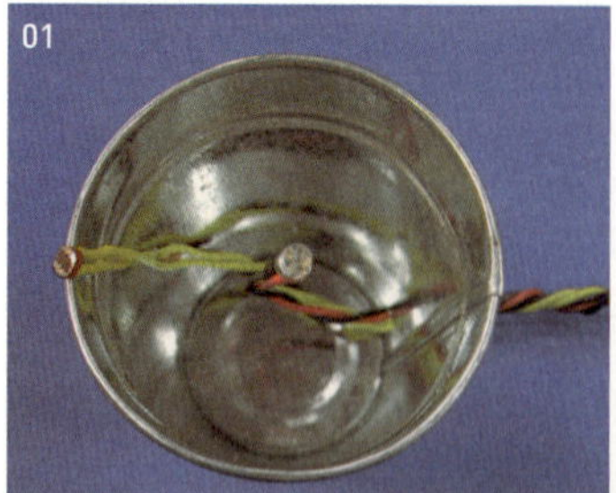
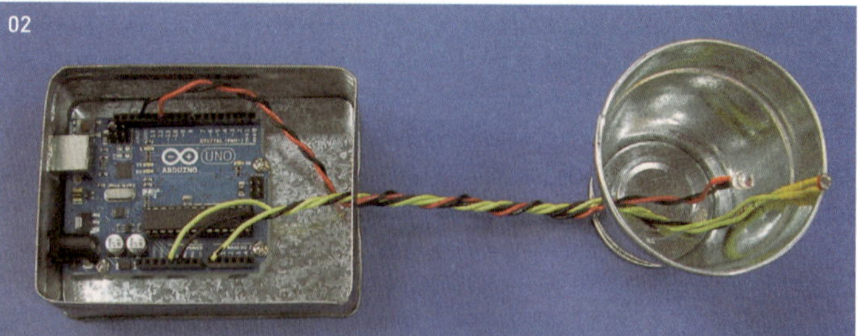
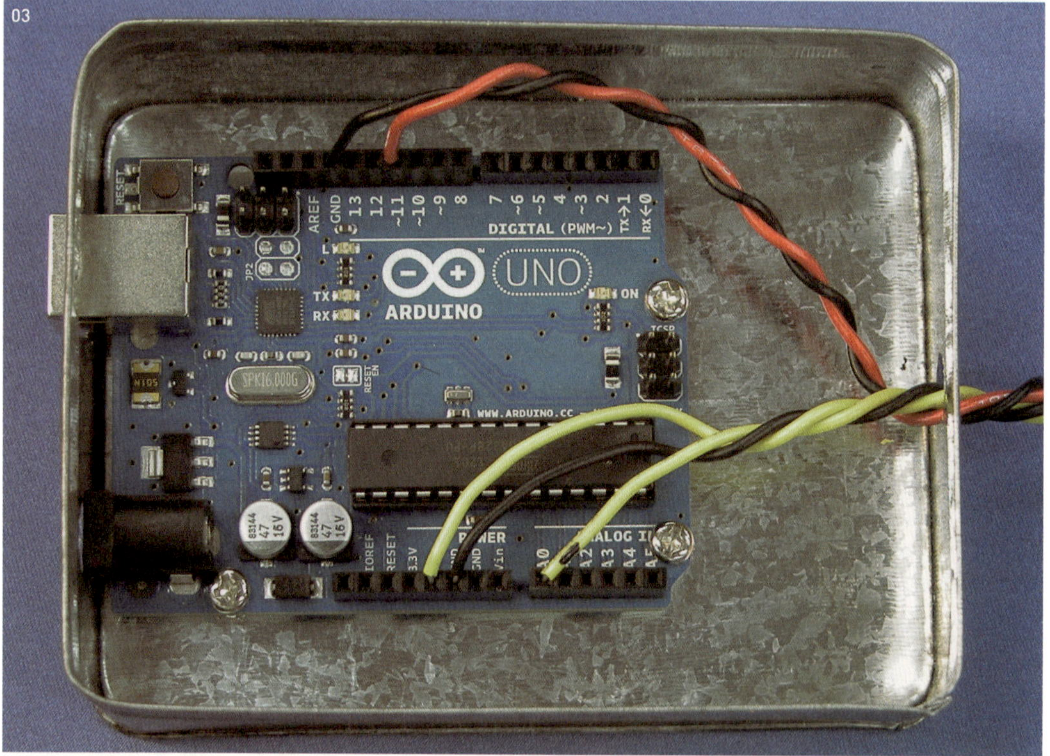

01 전선을 연결한 포토셀과 LED를 화분에 넣고 전선은 밑면 구멍으로 빼낸다.　　TIP 화분 만들기 218쪽 참고

02 LED와 포토셀을 아두이노 보드에 연결한다.

03 LED의 양극(+) 빨간색 전선은 디지털 11번 핀에 꽂고 음극(-) 검은색 전선은 그라운드(GND)에 연결한다.
1KΩ 저항을 달아준 포토셀의 노란색 전선은 아날로그 A0번 핀에 꽂고 나머지 노란색 전선은 5V파워 핀에 연결한다. 1KΩ 저항과 연결된 검은색 전선은 그라운드(GND)에 연결한다.

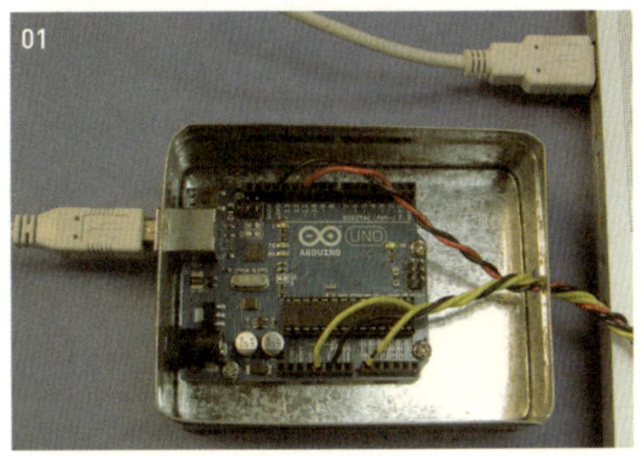

01 USB 케이블로 아두이노 보드를 컴퓨터에 연결한다.

02 pwm_1 스케치는 아날로그 입력과 출력을 제어하는 코드이다. 아날로그 입력 값은 빛 감지 센서인 포토셀에 의해 변화하고 아날로그 출력 값은 명령어 analogWrite(핀 번호, 출력 값)로 PWM(Pulse Width Moduration)을 이용하여 제어한다. PWM은 아주 짧은 시간(0.002초)동안 디지털 핀(3, 5, 6, 9, 10, 11번)으로 출력되는 0V와 5V의 시간을 조절하여 출력 값을 0~255까지 256단계로 나누는 방식이다.

첫 줄에서 변수 x를 설정했다. x는 for 구문을 통해 점점 증가하거나 감소하여 analog의 출력 값으로 사용된다. void setup()에서는 포토셀로 입력되는 아날로그 값을 체크하기 위해 아두이노 보드와 컴퓨터 사이에 시리얼 통신을 시작한다는 명령어 Serial.begin(9600)을 넣었다. 시리얼 통신은 한 번에 한 비트(0 또는 1)씩 데이터를 전송하는 방법이다. 매개변수 9600은 데이터의 전송 속도이며, 8개의 비트(bit)를 하나로 묶은 바이트(byte) 단위로 전송한다. 바이트는 컴퓨터가 처리하는 정보의 기본 단위로 256(0~255)가지 종류의 정보를 표현할 수 있다. USB 또는 RS232 케이블로 컴퓨터와 연결되는 장치는 모두 시리얼 통신을 사용한다. 아날로그 입력/출력 핀은 디지털 핀처럼 void setup()에서 따로 핀 모드를 정하지 않아도 된다.

void loop() 첫 줄에서는 analogRead를 통해 입력되는 포토셀의 값을 변수 val로 설정한다. 이때 입력되는 아날로그 값은 핀으로 입력되는 0V~5V 사이의 전압을 1024단계(0~1023)로 나누어 표현된다. if와 else 구문을 거칠 때 두 가지 경우가 나온다. if 구문의

pwm_1

```
int x;

void setup(){
  Serial.begin(9600);
}

void loop(){
  int val = analogRead(A0);
  if(val < 100){
    for (x=0; x<=255; x++){
      analogWrite(11, x);
      delay(10);
    }
    for (x=255; x>=0; x--){
      analogWrite(11, x);
      delay(10);
    }
  } else {
    analogWrite(11, LOW);
  }
  Serial.println(val);
  delay(100);
}
```

조건인 val의 값이 100 미만일 때가 참일 경우가 첫 번째 경우다. 포토셀은 주위가 어두워지면 저항 값이 올라가고 그러면 입력 핀으로 들어오는 전압이 낮아지기 때문에 val의 값이 100 미만으로 떨어진다.

for 구문은 반복적인 일을 실행할 때 사용한다. for 구문의 괄호 안에서 첫 번째 항목은 초기 값을 설정한다. 두 번째 항목은 조건을, 세 번째 항목은 갱신 방법을 설정한다.

```
for 구문의 구성
for (초기 값; 테스트 조건; 갱신 방법){
 명령어( );
 }

int x;
for (x=0; x<=255; x++){
 analogWrite(11, x);
 delay(10);
}
```

위 스케치가 실행되는 순서를 살펴보면, 먼저 변수 x에 초기 값 0을 할당하고 조건과 비교한다. 0은 255보다 작기 때문에 x는 0이라는 값으로 명령어를 한 번씩 실행한다. 그 다음 갱신 방법에 따라 값이 변한다. x++는 x에 1을 더하라는 의미다. 이제 x는 1이라는 값을 가지고 조건을 비교한다. 1은 255보다 작기 때문에 x는 명령어를 한 번씩 실행한다. 그 다음 x++을 거치면 x의 값은 2가 된다. 이렇게 x의 값은 증가할 때마다 명령어를 한 번씩 실행하고 다시 1씩 증가하는 것을 반복한다. 그러다가 x의 값이 256이 되는 순간 255보다 작거나 같지 않기 때문에 조건을 만족시키지 못하고 for 구문을 벗어난다. 이때 명령어 delay(10)은 for 구문이 너무 빠르게 진행되지 않도록 해준다. 이렇게 첫 번째 for 구문은 11번 핀의 출력 값을 1씩 증가시켜 256단계에 걸쳐 LED의 밝기를 증가시킨다. 두 번째 for 구문은 x의 초기 값

이 255이다. 첫 번째 for 구문과 마찬가지로 x의 값이 0이 될 때까지 1씩 감소하면서 256번에 걸쳐 명령어를 실행한다. 그러면 11번 핀에 연결된 LED의 밝기는 조금씩 감소한다. 이렇게 두 개의 for 구문으로 천천히 밝아졌다 어두워지는 LED를 만들 수 있다.

아두이노에서 사용되는 산술 연산자
x = x + 3 (x에 3을 더하고 x에 그 값을 넣는다.)
x = x - 3 (x에 3을 빼고 x에 그 값을 넣는다.)
x = x * 3 (x에 3을 곱하고 x에 그 값을 넣는다.)
x = x / 3 (x를 3으로 나눈 값의 몫을 x에 넣는다.)
x = x % 3 (x를 3으로 나눈 값의 나머지를 x에 넣는다.)
x += 5 (x에 5를 더하고 x에 그 값을 넣는다. x = x + 5와 같다.)
x -= 5 (x에 5를 빼고 x에 그 값을 넣는다. x = x - 5와 같다.)
x *= 5 (x에 5를 곱하고 x에 그 값을 넣는다. x = x * 5와 같다.)
x /= 5 (x를 5로 나눈 값의 몫을 x에 넣는다. x = x / 5와 같다.)
x++ (x에 1을 더한다. x = x + 1과 같다.)
x-- (x에 1을 뺀다. x = x - 1과 같다.)

if 구문의 조건인 val의 값이 100 이상일 때는 조건이 거짓이 되면서 두 번째 경우가 된다. 주위가 밝아지면 포토셀의 저항 값이 내려간다. 그러면 입력 핀으로 들어오는 전압이 높아져서 val의 값이 100 이상으로 올라가고, else 구문 안의 명령어 analog-Write(11, LOW) 실행하면 11번 핀과 연결된 LED는 꺼진다.

if와 else 구문이 끝나면 명령어 Serial.println(val)로 시리얼 모니터 창을 통해 입력되는 포토셀 값을 확인한다. 시리얼 모니터 창을 켜보면 알 수 있지만 입력되는 값은 매우 빠른 속도로 창에 표시된다. 우리가 알아 볼 수 있는 속도로 값이 출력되게 하려면 마지막에 명령어 delay(100)을 넣는다. 이렇게 하면 0.1초 간격으로 지연된다.

06 화분 만들기 및 작동 테스트

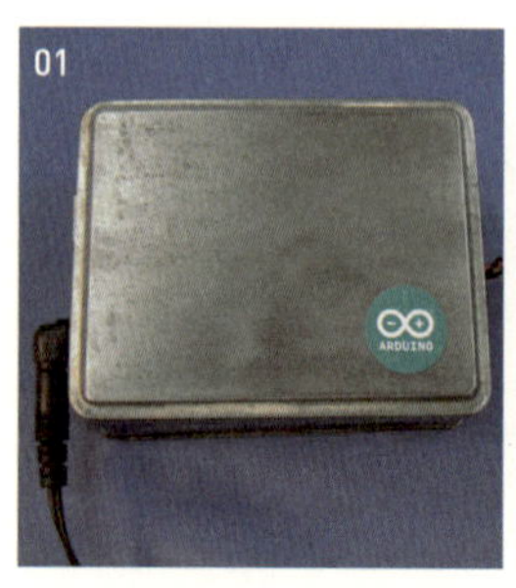
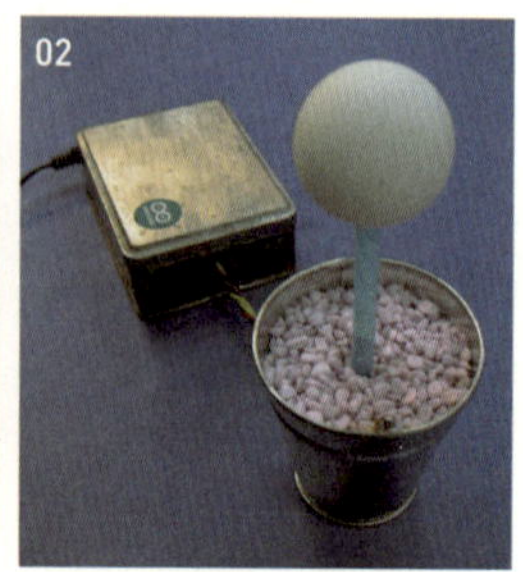

01 아두이노 보드에 9V 어댑터로 전원을 공급한다.

02 무지개 돌로 화분을 채우고 탁구공과 빨대를 LED에 꽂아준다. 주위가 밝을 때에는 LED가 켜지지 않는다. **TIP** 화분 만들기 218쪽 참고

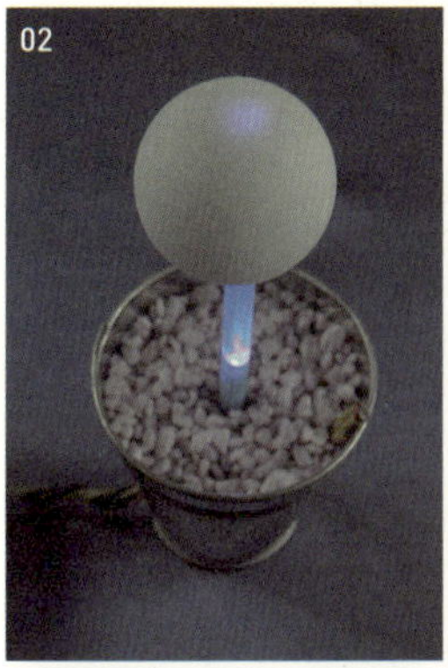

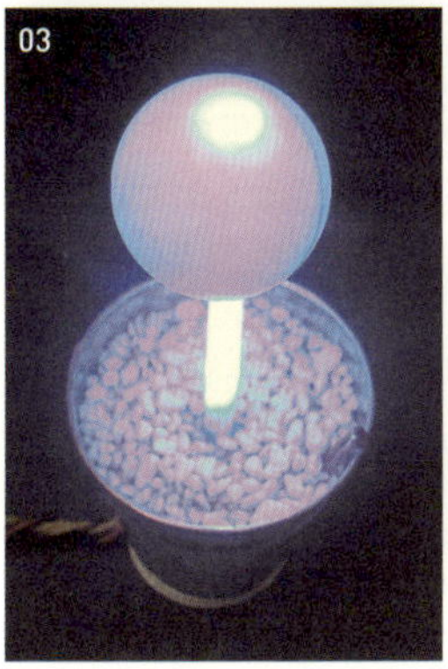

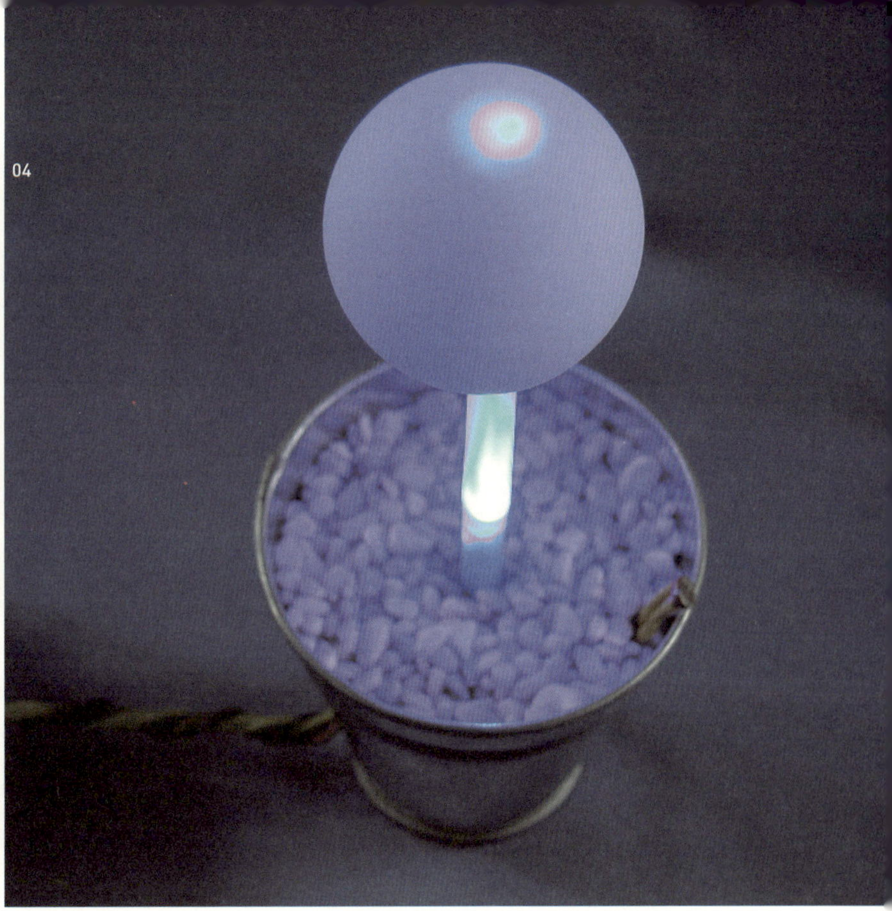

03 주위가 어두워지면 LED는 점점 밝아졌다 어두워지는 현상을 반복한다.

04 잠자는 탁구공 아두이노 버전 완성~

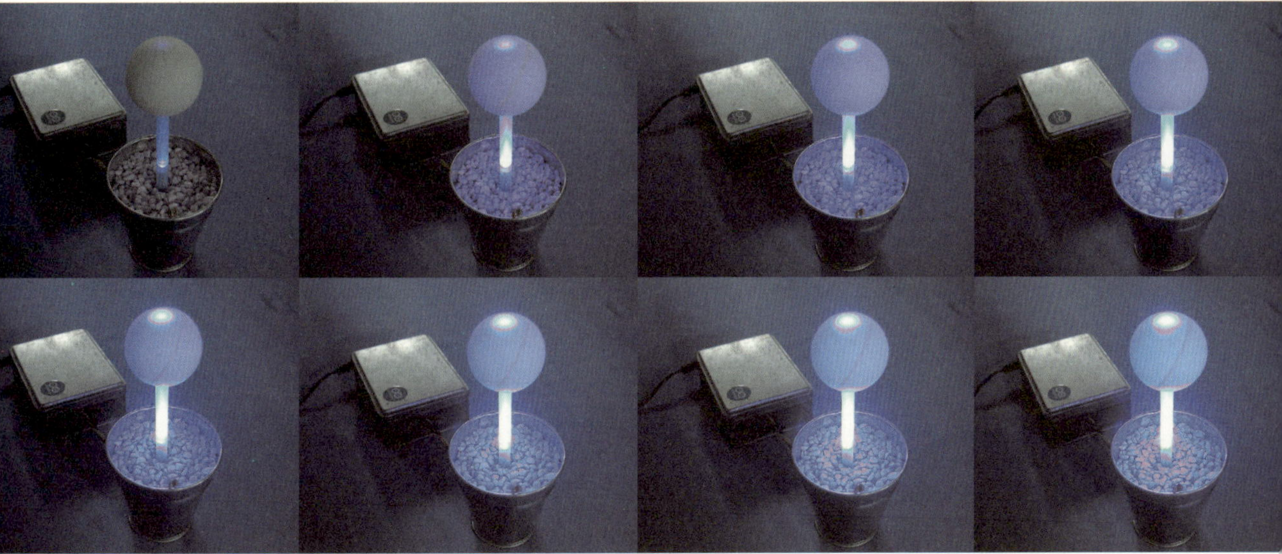

주요 제작단계 (트랜지스터 TIP122 버전)

01
파워 잭에
전선 납땜하기

02
미니 브레드보드에
회로 구성하기

03
포토셀과 LED에
전선 연결하기

04
미니 브레드보드에
포토셀과 LED
연결하기

05
화분 만들기

연결그림

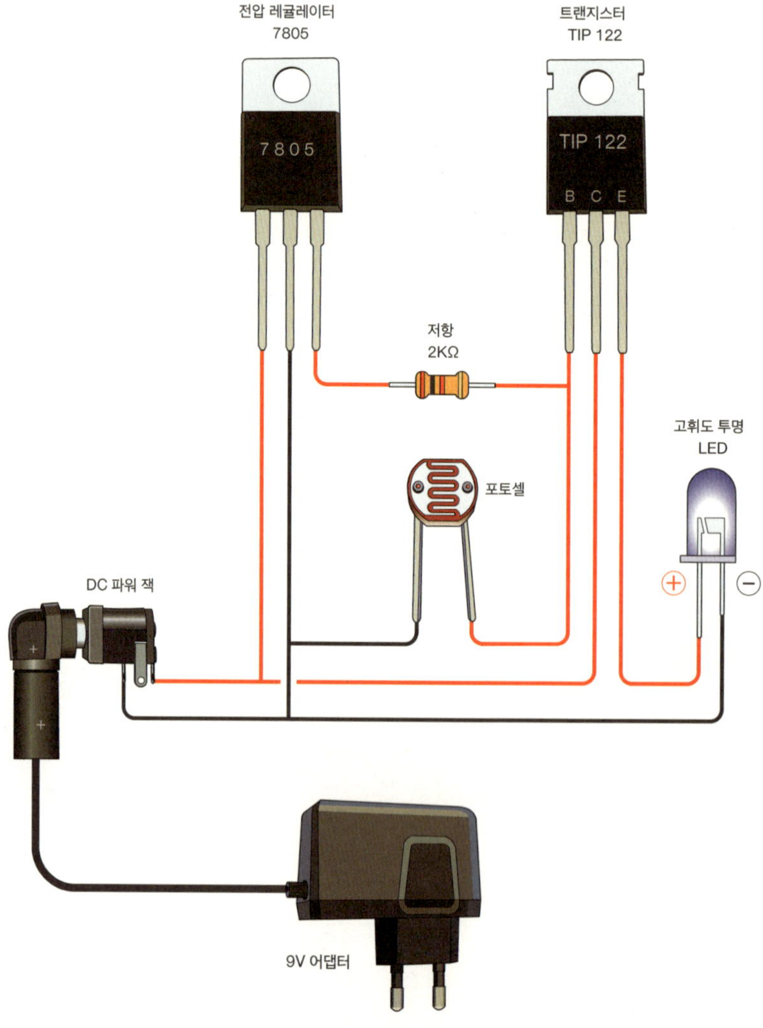

제작 과정 (트랜지스터 TIP122 버전)

01 파워 잭에 전선 납땜하기

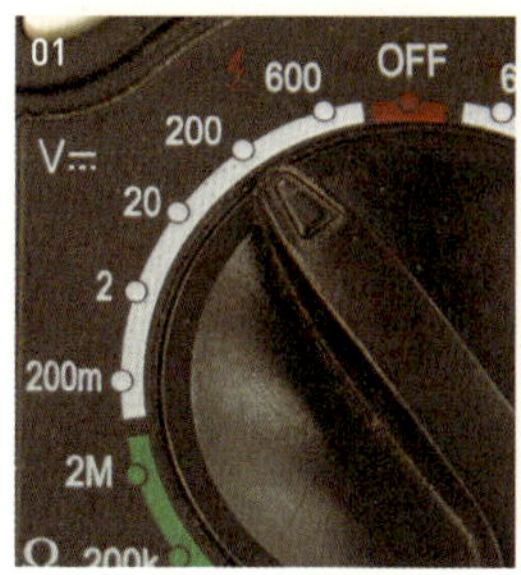

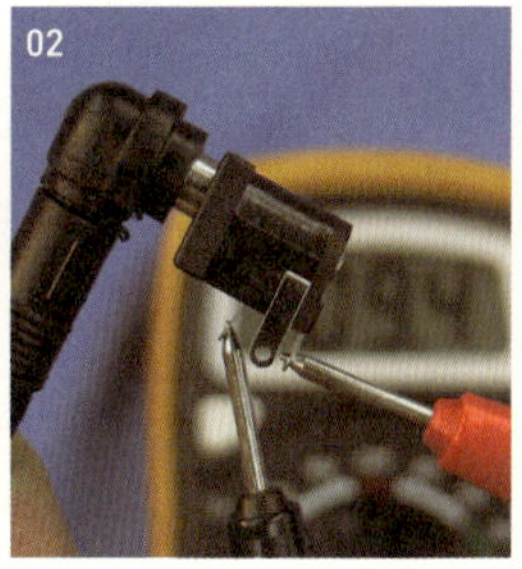

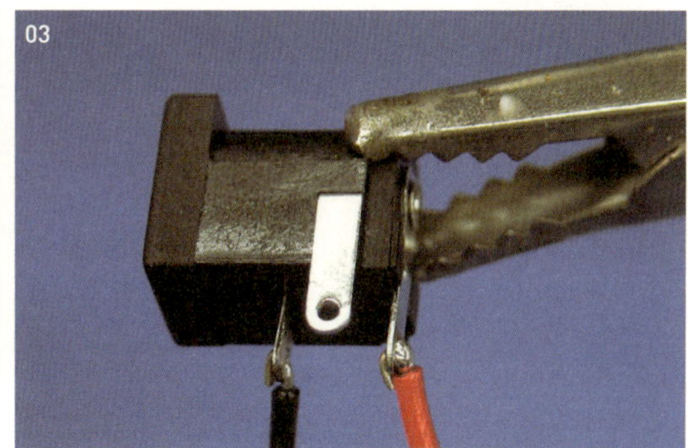

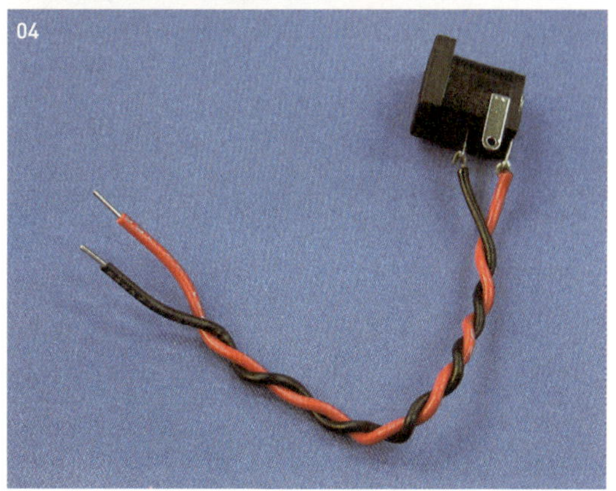

01 9V 어댑터를 브레드보드에 연결하기 위해 파워 잭을 준비한다. 우선 파워 잭의 어떤 다리에 양극(+) 또는 음극(-) 전선을 연결해야 할지 알기 위해 멀티미터를 DC전압 측정 모드로 맞춘다.

02 바깥쪽 다리에 양극(+) 시험막대를 대고 안쪽 다리에는 음극(-) 시험막대를 댔을 때 멀티미터의 값이 (+)9V이면 적당한 위치이다.

03 테스트한 위치에 맞게 양극(+) 빨간색 전선과 음극(-) 검은색 전선을 납땜한다.

04 브레드보드에 9V 어댑터를 연결할 수 있도록 만든 파워 잭

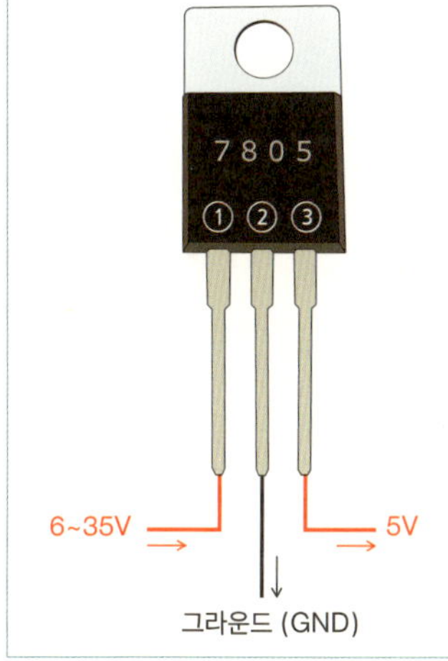

전압 레귤레이터 7805 사용 방법

전압 레귤레이터 7805는 1번 다리로 6~35V 사이의 직류 전압이 입력되면 3번 다리로 고정된 5V 직류 전압이 출력되는 부품이다. 가운데 2번 다리는 그라운드와 연결된다. 트랜지스터를 이용한 프로젝트에 많이 사용되는 5V 전압을 만들어주는 역할을 한다. 부품명 7805에서 뒤의 두 자리 05는 출력되는 전압을 의미한다. 예를 들어 7803은 고정된 3V 직류 전압이 출력되고 7812는 12V 전압이 출력된다. 전압 레귤레이터의 1번 다리로 12V 이상의 전압을 입력할 때에는 열이 많이 발생하기 때문에 방열판을 달아주면 좋다.

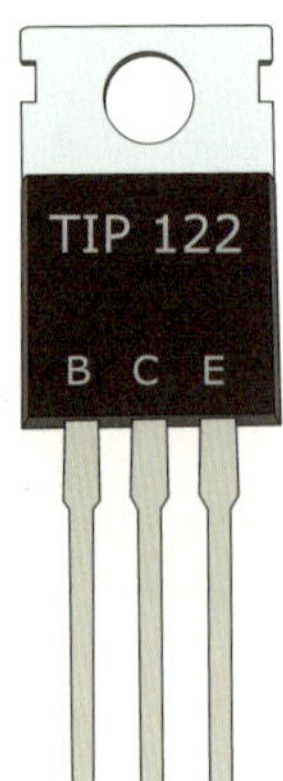

B: 베이스 (Base)
C: 컬렉터 (Collector)
E: 이미터 (Emitter)

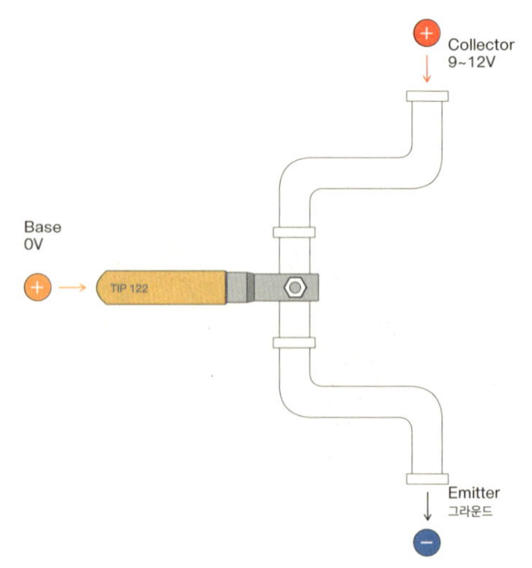

일반적인 스위치는 사람이 직접 손으로 켜는 반면 트랜지스터
는 전기 신호에 의해 작동된다. 베이스(B)로 비교적 적은 전압
의 전류를 입력시키면 컬렉터(C)에서 이미터(E)로 더 큰 전압
의 전류를 흘려보낼 수 있다. 우리는 트랜지스터의 베이스에 직
접 센서를 연결하여 LED 회로를 구성하거나 아두이노에서 출
력되는 작은 전압의 전류로 큰 전압의 전류가 필요한 모터를 구
동시키는 용도로 사용한다.

컬렉터(C)에는 9~12V 어댑터의 양극(+) 전선을 연결하고 이
미터(E)에는 어댑터의 음극(-) 전선을 연결하였을 때 베이스
(B)에는 그 중간 정도인 0~5V 전압으로 조절해준다. 베이스
(B)로 0V가 입력되면 컬렉터(C)에서 이미터(E)로 전류가 흐
르지 않는다.

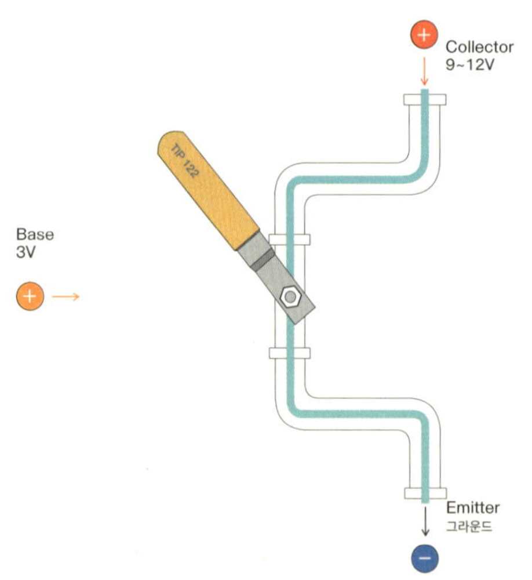

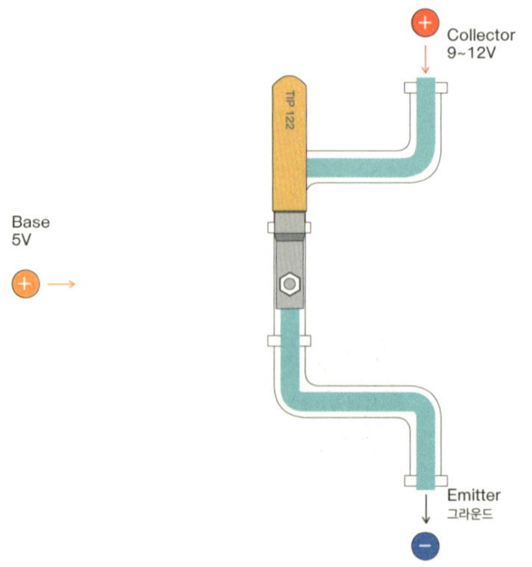

베이스(B)로 3V의 적은 전류가 입력되면 컬렉터(C)에서 이미
터(E)로 큰 전압의 전류가 흐르기 시작한다.

베이스(B)로 5V의 적은 전류가 입력되면 컬렉터(C)에서 이
미터(E)로 더 큰 전압의 전류가 흐른다. 이처럼 트랜지스터
TIP122는 전압이 아닌 전류의 양을 크게 증폭시키는 역할을
한다. 이때 베이스(B)에는 매우 적은 양의 전류를 공급해야 하
므로 반드시 저항을 연결해야 한다.

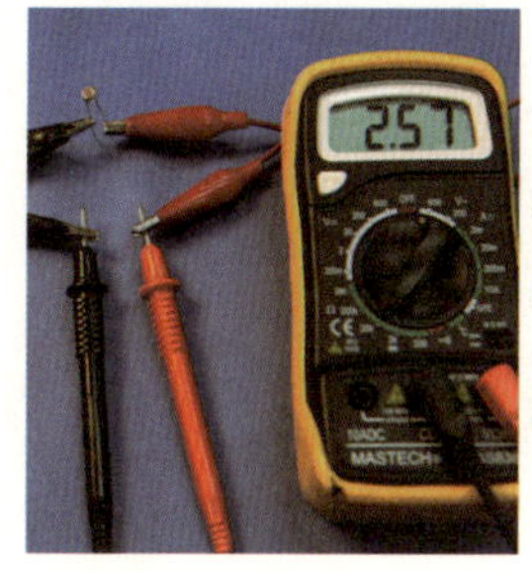

빛 감지 센서인 포토셀은 주위의 밝기에 따라 저항 값이 변하는 가변저항이다. 멀티미터를 저항 값 측정 모드에 놓고 포토셀의 양쪽 다리에 각각 시험막대를 연결해 보면 주위의 밝기에 따라 저항 값이 바뀌는 것을 확인할 수 있다.

그림처럼 평상시의 밝기에서 측정한 포토셀의 저항 값(2KΩ)에 해당하는 고정저항을 5V가 입력되는 부분에 연결한다. 주위가 밝을 때는 포토셀의 저항 값이 2kΩ보다 낮아진다. 전류는 항상 저항이 낮은 쪽으로 흐르기 때문에 트랜지스터의 베이스(B)는 1번 방향으로 그라운드와 연결되고 컬렉터(C)에서 이미터(E)로 전류가 거의 흐르지 않아 LED가 켜지지 않는다.

주위가 어두울 때에는 포토셀의 저항 값이 2KΩ보다 커지므로 트랜지스터의 베이스(B)는 2번 방향으로 5V와 연결되어 컬렉터(C)에서 이미터(E)로 전류가 흐르기 시작하고 LED가 켜진다. 이때 주위가 어두워지면 어두워질수록 포토셀의 저항 값은 더욱 커지고 LED는 점점 밝아진다. 이때 고정저항의 크기와 LED의 밝기는 작업 공간의 밝기에 따라 달라질 수 있다.

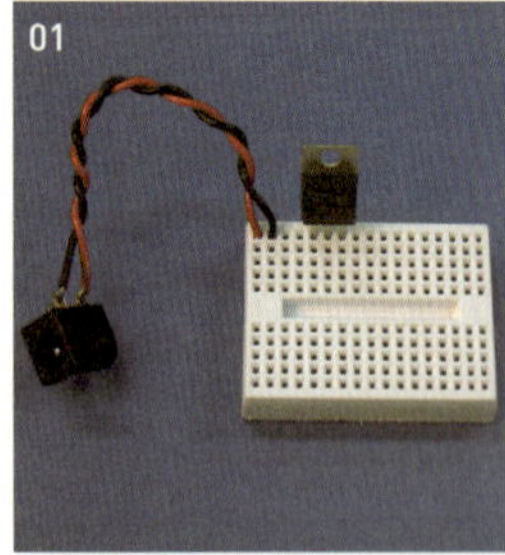

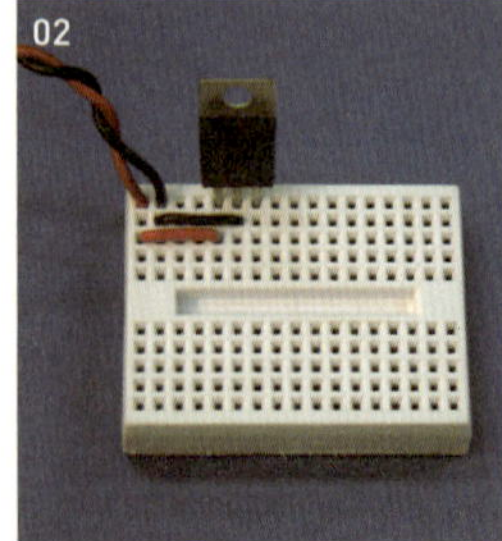

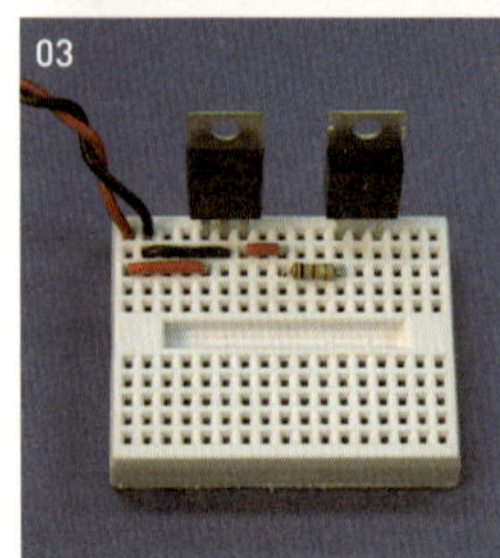

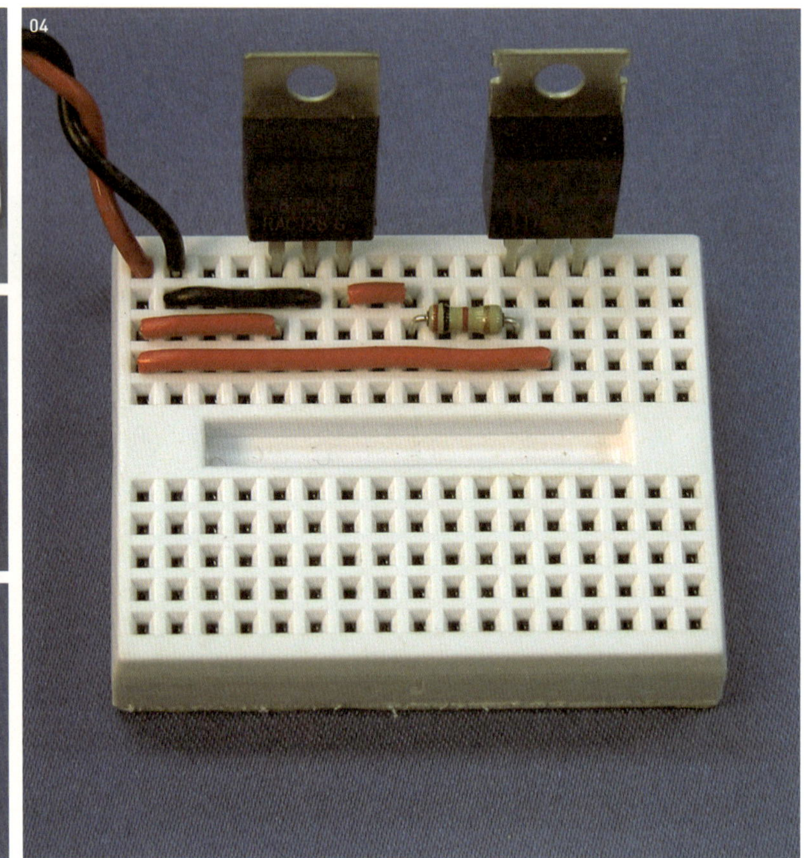

01 파워 잭과 전압 레귤레이터를 미니 브레드보드에 꽂는다.

02 파워 잭의 양극(+) 빨간색 전선은 전압 레귤레이터 왼쪽 다리에 점프선으로
연결하고 음극(-) 검은색 전선은 가운데 다리에 연결한다.

03 전압 레귤레이터 오른쪽 다리에서 출력되는 5V 전압은 저항 2K옴을 지나 트
랜지스터 TIP122의 왼쪽 다리(Base, 베이스)에 연결한다.

04 트랜지스터 TIP122의 가운데 다리(Collector, 컬렉터)에는 파워 잭에서
공급되는 9V를 연결한다.

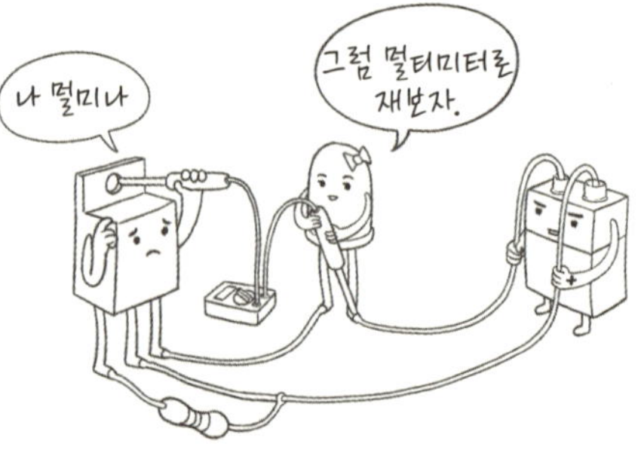

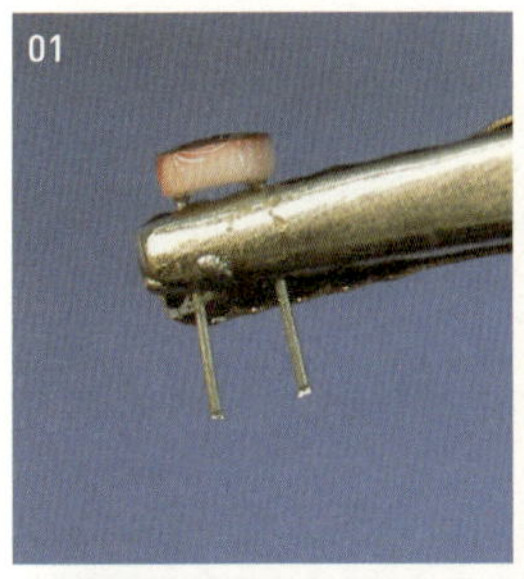

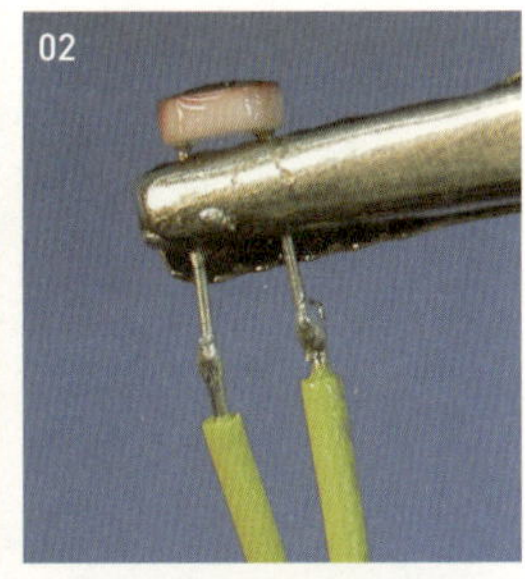

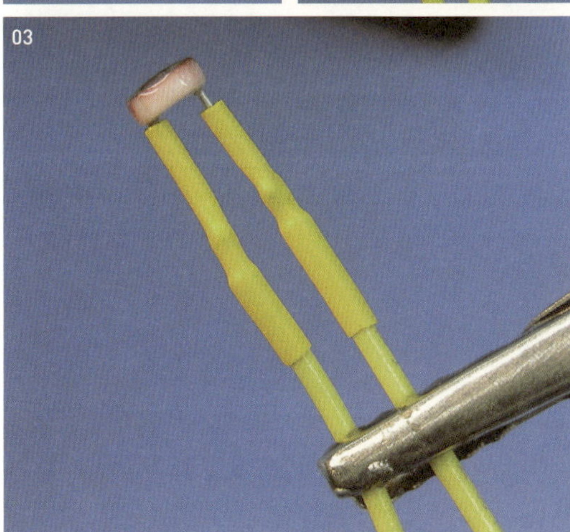

01 포토셀에 전선을 연결하기 위해 다리를 짧게 잘라준다. 포토셀은 (+)(-)극성이 따로 구별되어 있지 않다.

02 전선을 포토셀의 다리에 납땜한다.

03 열수축 튜브로 납땜한 부분을 절연시킨다.

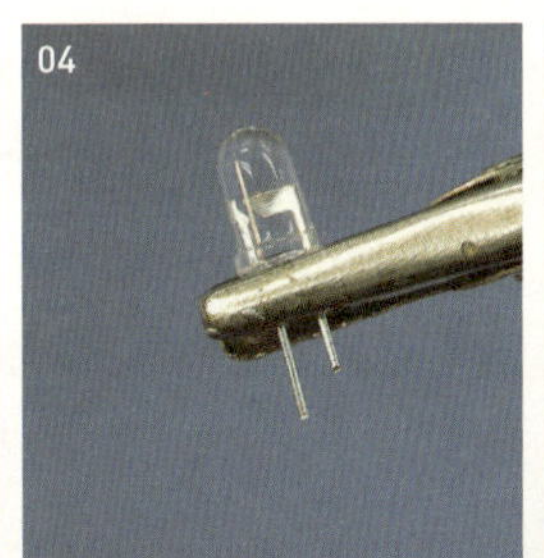

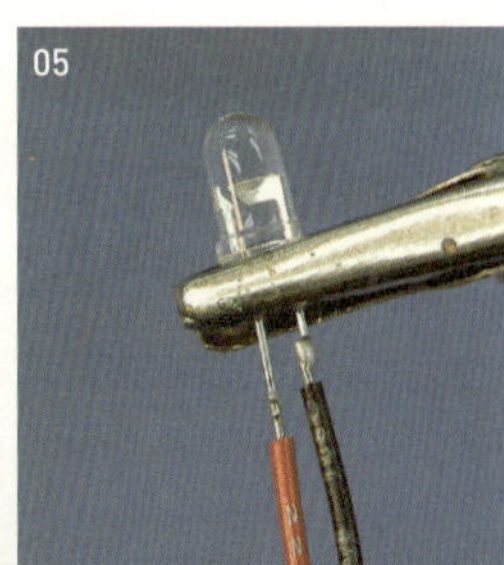

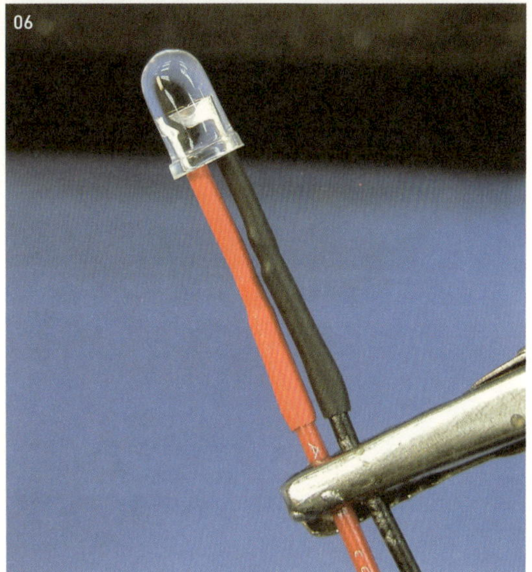

04 LED 다리를 (+)(-) 극성에 맞추어 짧게 잘라준다.

05 LED 다리의 양극(+) 다리에는 빨간색 전선을 음극(-) 다리에는 검은색 전선을 납땜한다.

06 열수축 튜브로 납땜한 부분을 절연시킨다.

04 미니 브레드보드에 포토셀과 LED 연결하기

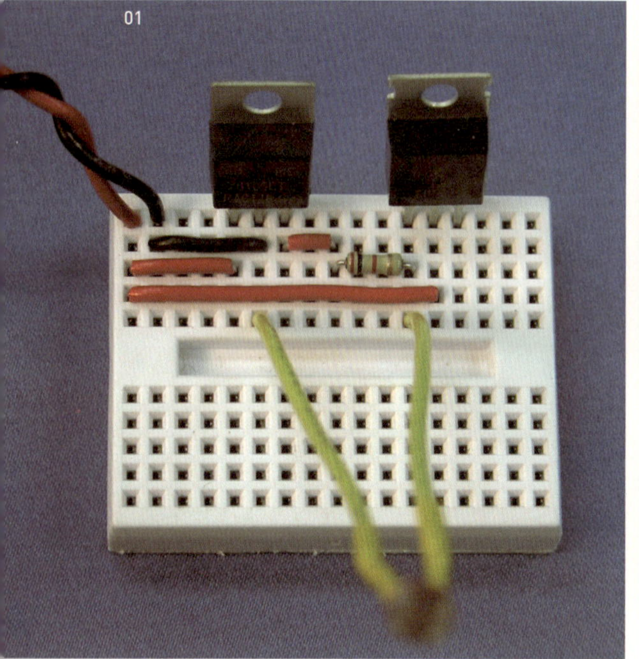
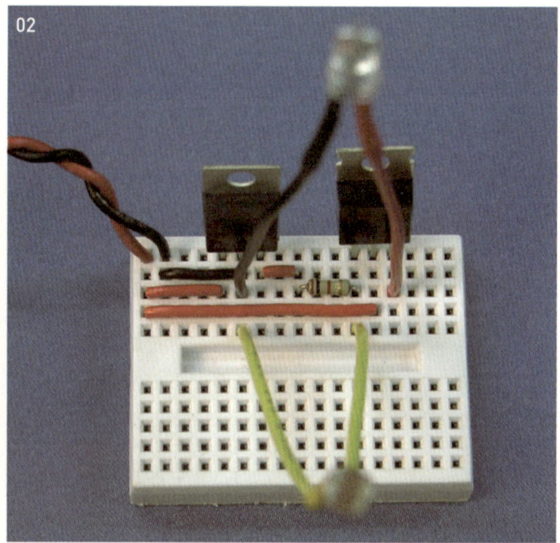
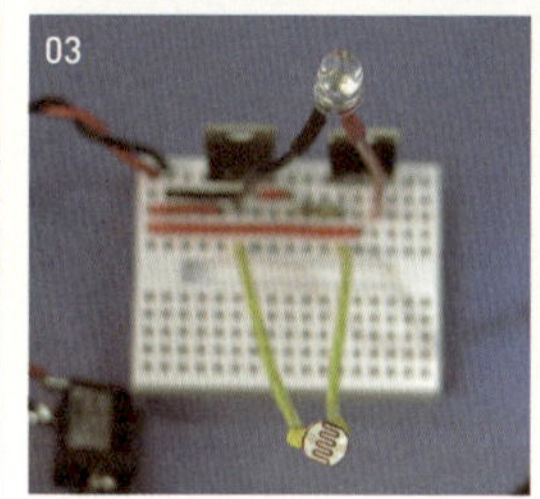
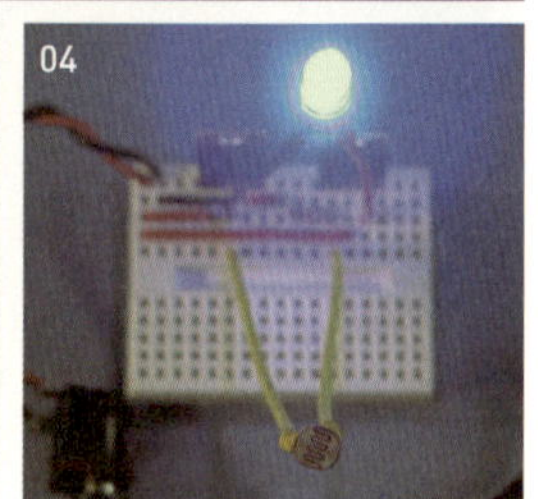

01 포토셀의 한쪽 전선은 트랜지스터 TIP122의 왼쪽 다리(Base, 베이스)에 꽂고 나머지 전선은 전압 레귤레이터 7805의 가운데 다리(그라운드, GND)에 연결한다.

02 LED의 양극(+) 빨간색 전선은 트랜지스터 TIP122의 오른쪽 다리(Emitter, 이미터)에 꽂고 음극(-) 검은색 전선은 전압 레귤레이터 7805의 가운데 다리(그라운드, GND)에 연결한다.

03 파워 잭에 9V 어댑터를 연결한다. 주위가 밝을 때에는 LED가 켜지지 않는다.

04 주위가 어두울 때에는 LED가 켜진다.

05 화분 만들기

01 내츄럴 함석 바스켓 아랫부분에 5mm 구멍을 뚫어준다.

02 파워 잭 전선을 구멍 사이로 통과시키고 브레드보드에 다시 꽂아준다. 포토셀과 LED는 화분 밖으로 향하게 한다. 이때 전선이 빠지지 않도록 주의한다.

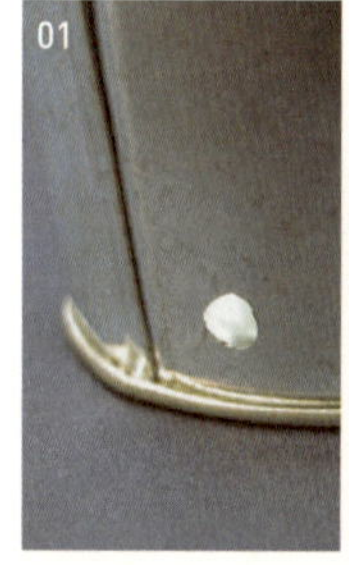
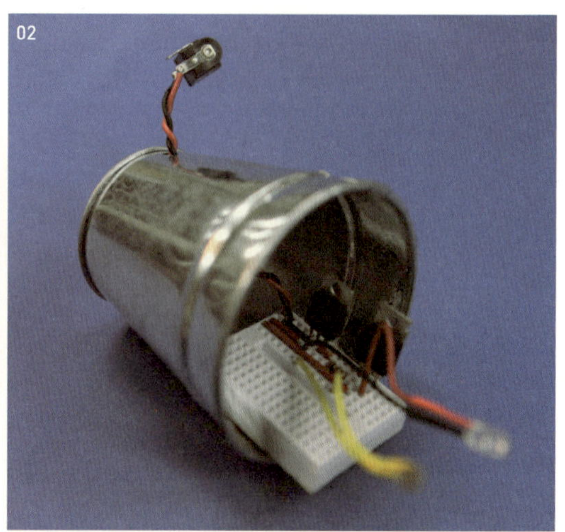

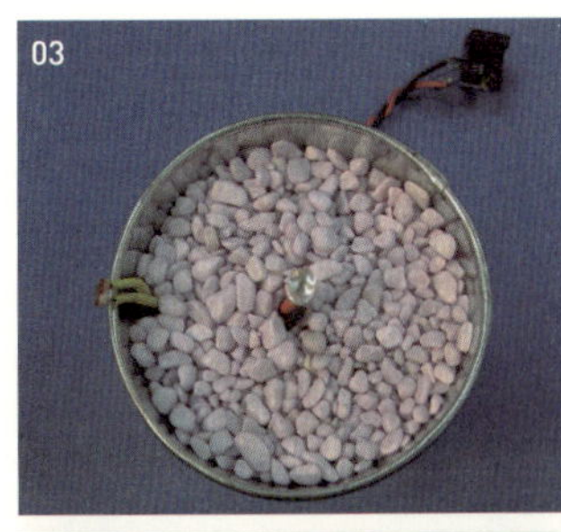

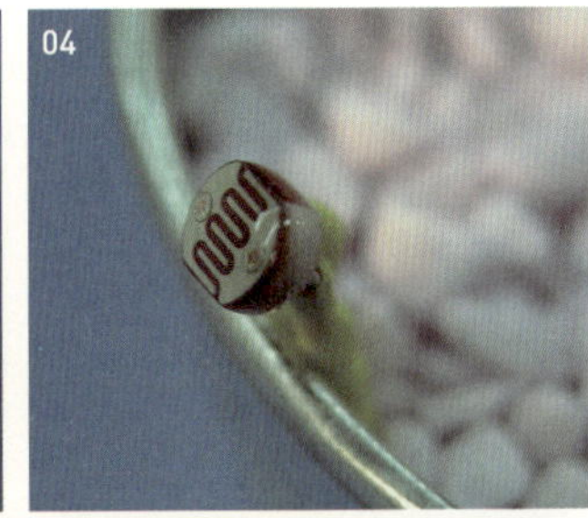

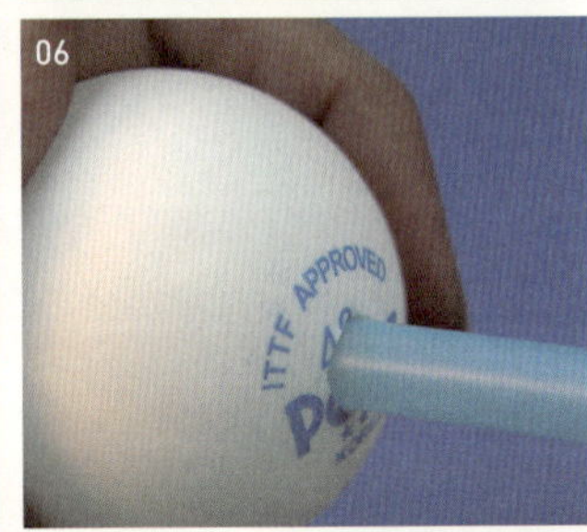

03 화분 안을 무지개 돌로 채운다.

04 포토셀의 방향을 화분 바깥쪽으로 향하게 살짝 꺽는다.

05 탁구공에 송곳으로 6mm 정도 크기의 구멍을 뚫는다.

06 빨대 끝을 살짝 오므리면서 끼운다.

07 파워 잭에 어댑터를 연결한다.

08 주위가 어두워지면 탁구공에 불이 들어온다. 잠 자는 탁구공 트랜지스터 버전 완성~

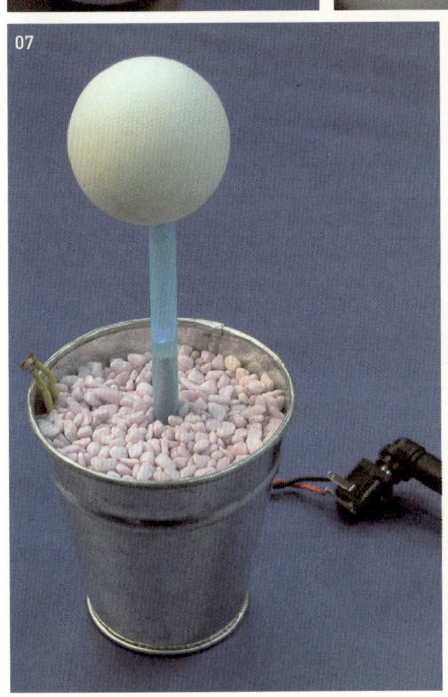

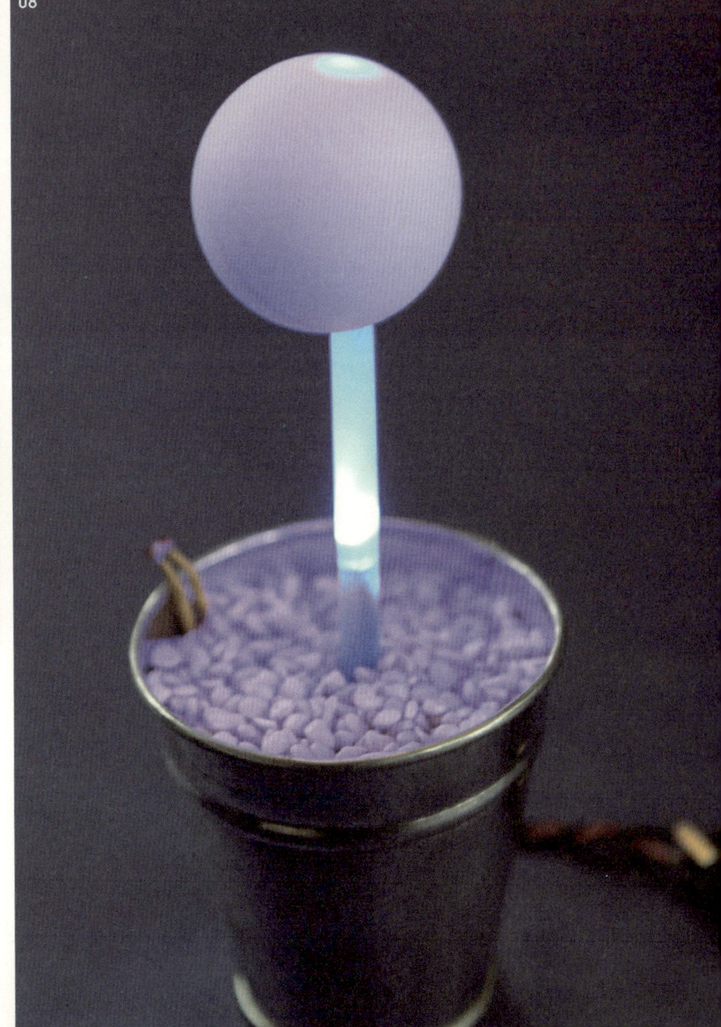

미디어의 메시지

"The Medium is The Message: 미디어는 메시지다."
라는 말로 유명한 마샬 맥루한(Marshall McLuhan,
1911~1980)은 캐나다 출신의 미디어 이론가이자
문화비평가이다. 마샬 맥루한은 1964년 『미디어의
이해: 인간의 확장』이라는 제목의 책을 발표하면서
미디어에 새로운 의미를 부여하였다. 또한 미디어
란 인간이 지닌 능력의 심리적, 육체적 확장의 산물
이라고 이야기한다. 예를 들면 "바퀴는 발의 확장,
책은 눈의 확장, 옷은 피부의 확장이고 전자회로는
중추 신경계의 확장이다"라고 말한다. 이처럼 마샬
맥루한은 TV, 라디오, 신문과 같은 대중 매체를 의
미하던 기존의 미디어 개념을 문자, 도로, 옷, 집,
돈, 시계, 자동차와 같이 인간이 사용하는 모든 사
물을 포함하는 개념으로 확장시켰다.

맥루한은 전깃불과 철도를 예로 들면서 미디어
의 메시지에 대해 설명한다. 미디어의 메시지는 미
디어가 전달하려는 '내용'이 아니라 미디어가 등장
하자 인간 사회에서 새롭게 창출된 정신적, 사회적
'변화'이다. 전깃불이라는 미디어가 던지는 메시지
는 '조명 장치로 만든 네온사인이나 간판처럼 어떠
한 브랜드의 이름'[내용]이 아니라 '전깃불이 등장하
자 새롭게 일어난 변화, 즉 야간 야구 경기, 창문이
필요 없는 건물, 밤 늦게까지 일을 하는 야근 문화'
등을 말한다. 철도라는 미디어가 던지는 메시지는
'철도가 어떤 화물이나 사람'을 운송하느냐[내용]가
아니라 '철도가 생기면서 창출된 새로운 종류의 도
시,직업, 여가 생활'을 말하는 것이다. 사람들은 미
디어의 '내용' 때문에 그 미디어 자체에 대한 순수

한 정보 또는 그 미디어가 전달하려는 메시지를 파
악하는 데 방해를 받고 있다고 말한다.

기술이 급속하게 발달하면서 빠르게 변화하는
현대에서 우리는 미디어가 전달하려는 메시지에
얼마나 귀 기울이고 있을까? 한 번쯤 생각해 볼 만
한 질문이다. 스마트폰이라는 미디어는 '다양한 기
능과 응용 프로그램'이 아닌 어떤 메시지를 우리에
게 던지고 있을까?

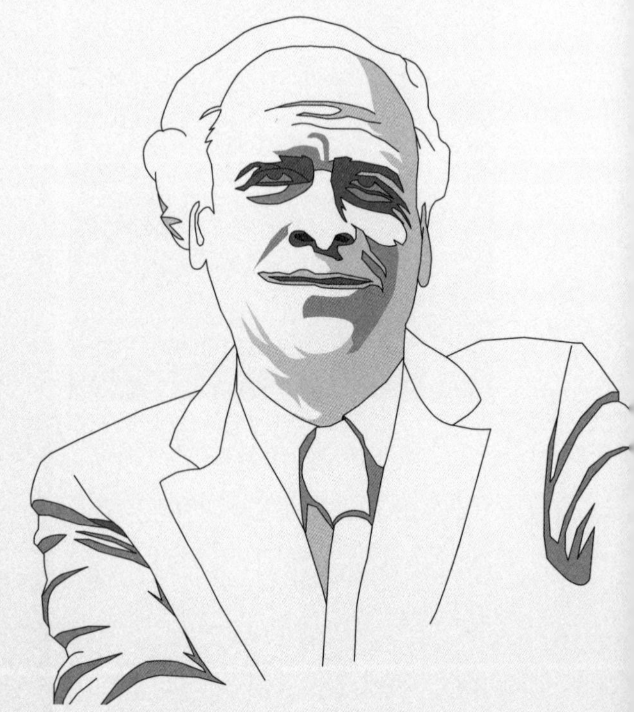

날아라~ 종이배

난이도 ■■■■□

시간 2시간 30분

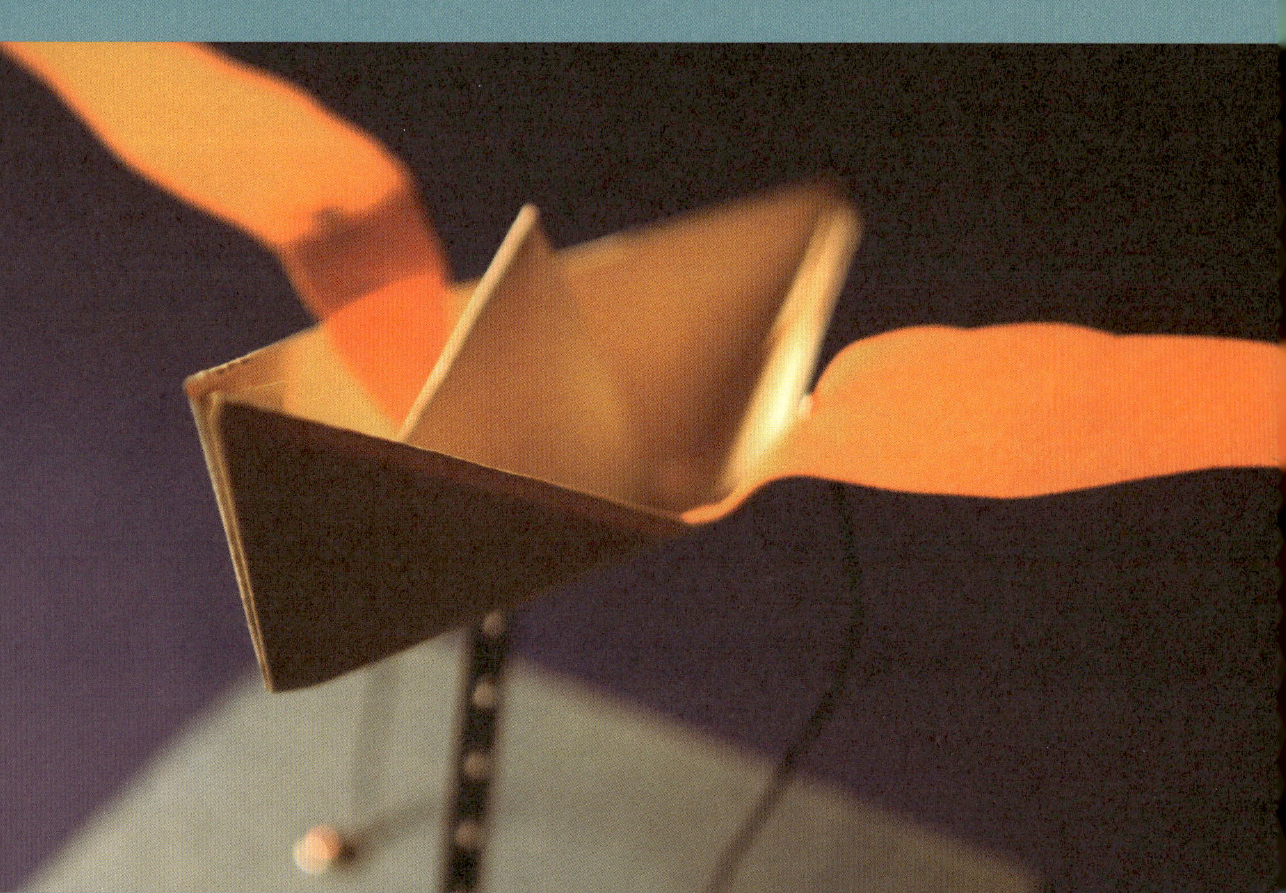

기어모터와 연결된 축에 종이배를 고정시켜 마치 하늘 위로 날아가는 듯한 움직임을 만들어 낸다.

아두이노와 연결된 기어모터는 15초 동안 움직이고 3초 동안 멈추는 움직임을 반복한다.

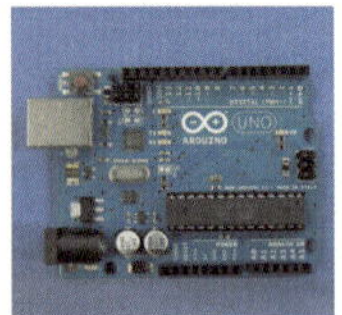

아두이노 우노 (R3)
» 온라인 (플: 100410020145,
아: TP11021D)

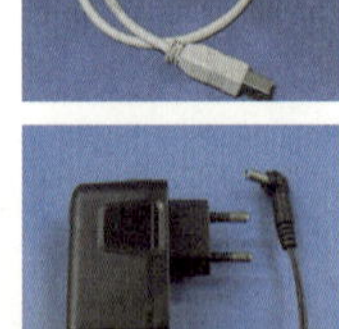

USB 케이블 (A/B 타입)
» 온라인 (플: 20081304471753_0,
엘: EPX344M9)

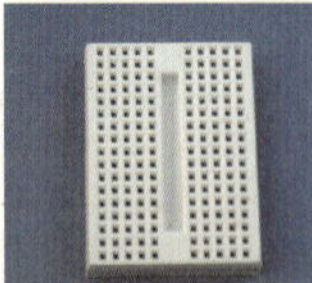

미니 브레드보드
» 온라인 (엘: EPX3C8UV, 디: 32283)

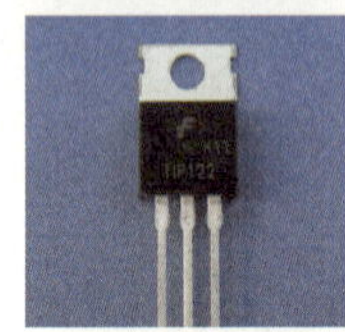

12V, 1A 어댑터
플러그 내경 2.1mm
» 온라인 (엘: EPX3X948, 디: 15178)

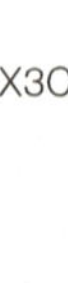

DC 파워 잭
내경 2mm, 모델명: DC-022
» 온라인 (엘: EPX33UBD, 디: 23717)

트랜지스터 TIP122
파워 TR, NPN 방식
허용 전압 및 전류: 100V, 5A
» 온라인 (엘: EPX7RDFV, 디: 14680)

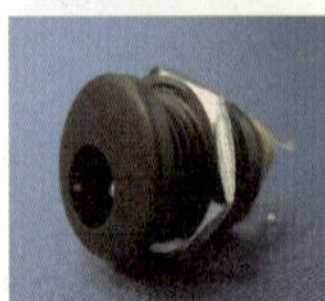

기어 모터
감속 기어 모터 RA-25GM 04TYPE (12V)
감속비 1/60
» 온라인 (모터플러스)

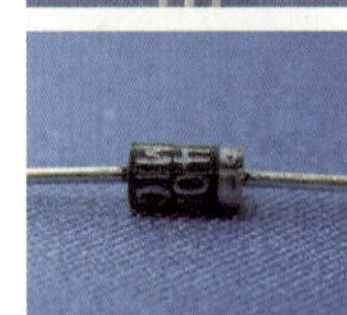

다이오드
부품명: 1N4002 (100V, 1A)
» 온라인 (엘: EPX33G6J, 디: 3009)

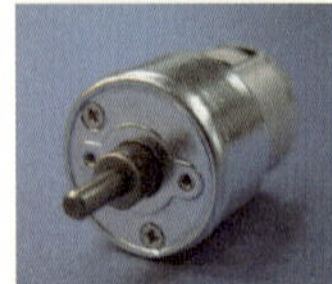

저항 1K 옴
탄소피막 막대저항 1/4W, 5%
» 온라인 (엘: EPX34LRU, 디: 876)

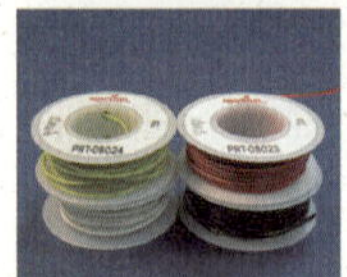

전선 (단심선)
빨간색, 검은색, 노란색
심 굵기: 0.6mm(22AWG)
» 온라인, 청계천 시장

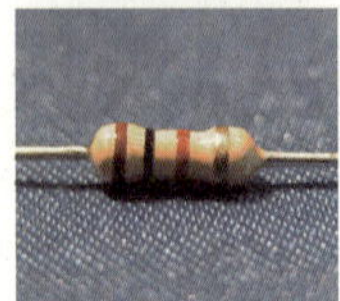

볼트
둥근머리 십자 M2-5 볼트 2개

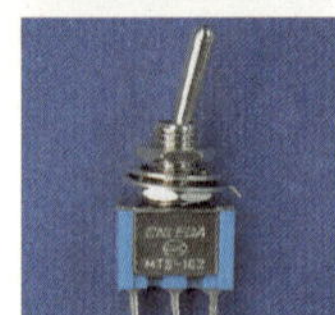

토글 스위치
2단 3P
제조사: CNLEDA, 모델명: MTS-102
» 온라인 (엘: EPX33HUR)

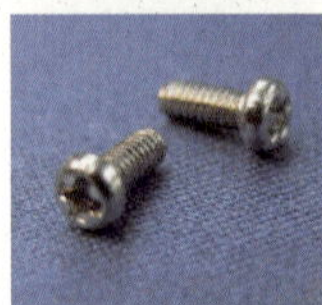

ㄱ자 브래킷
가로 50 x 세로 25 x 높이 25 (mm)
» 철물점

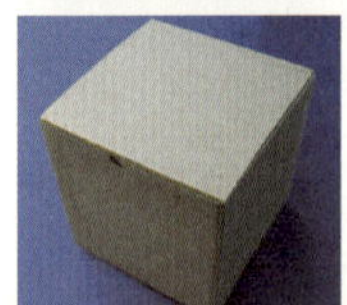

종이 상자
가로 150 x 세로 150 x 높이 150 (mm)
» 방산시장, 온라인 주문

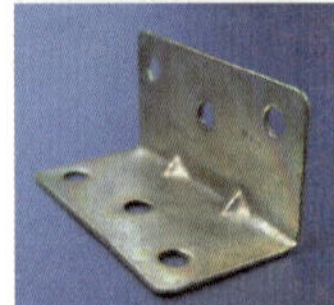

A4 도화지
아이보리색
» 화방, 문구점

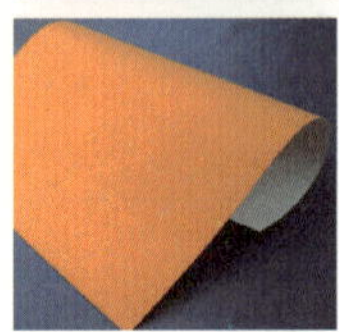

접착식 펠트지
주황색
» 화방, 문구점

과학상자 부품 (제일과학)

- 41번 볼트 0.6cm, 17개
- 42번 너트, 21개
- 1번 스트립-15, 1개
- 47번 ㄷ형 스트립-3, 2개
- 49번 ㄷ형 스트립-7, 2개

- 55번 평판(대), 2개
- 22번 축-6.5cm, 1개
- 111번 이동클립, 1개
- 40번 드라이버, 1개
- 123번 너트드라이버, 1개

- 65번 볼트 1.3cm, 3개
- 43번 와셔(소), 12개
- 106번 체인기어(대), 1개
- 48번 ㄷ형 스트립-5, 2개
- 51번 플랜지판(대), 1개

- 15번 ㄱ형 브래킷(소), 4개
- 52번 조정부싱, 2개
- 54번 멈춤나사, 5개
- 38번 스패너, 1개

공구

인두기, 땜납, 납땜 보조기구, 와이어 스트리퍼, 롱노우즈 플라이어,
니퍼, 십자 드라이버, 전동 드릴, 송곳, 칼, 가위, 자

⬡ 주요 제작단계

01
브래킷에
모터 고정하기

02
과학상자 부품으로
프레임 만들기

03
아두이노에
모터 연결하기

04
종이상자에
프레임 넣기

05
종이배와 날개
고정하기

※ 연결그림

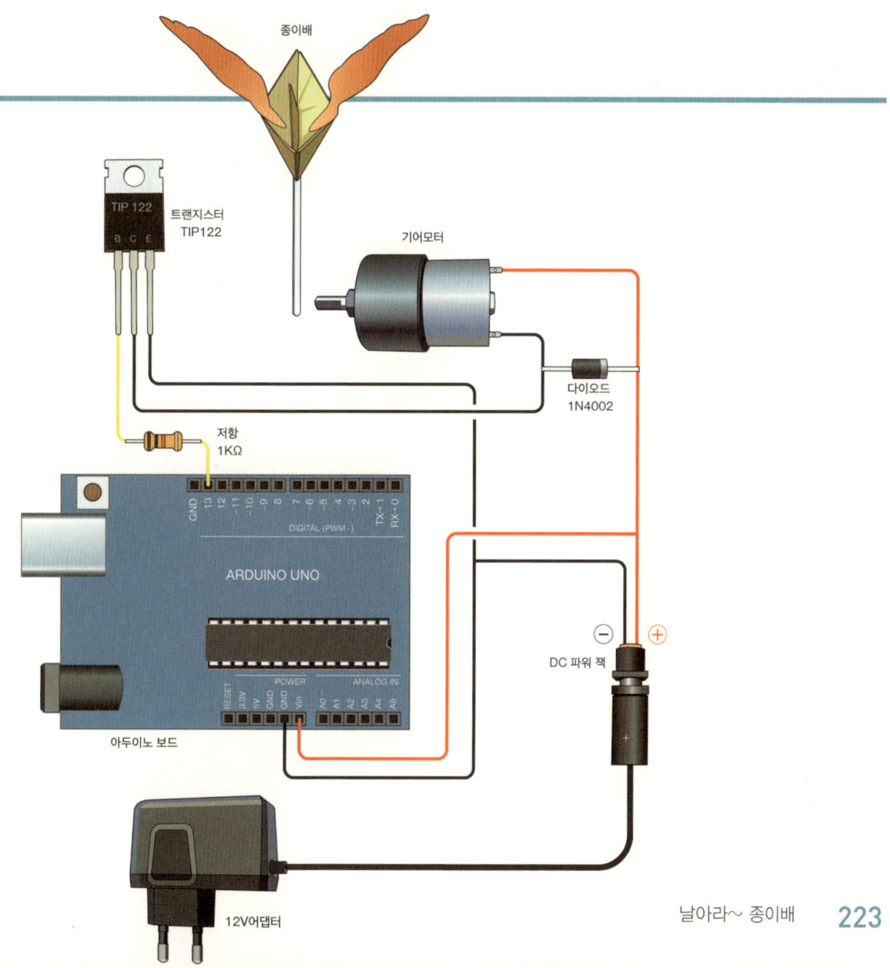

01 브래킷에 모터 고정하기

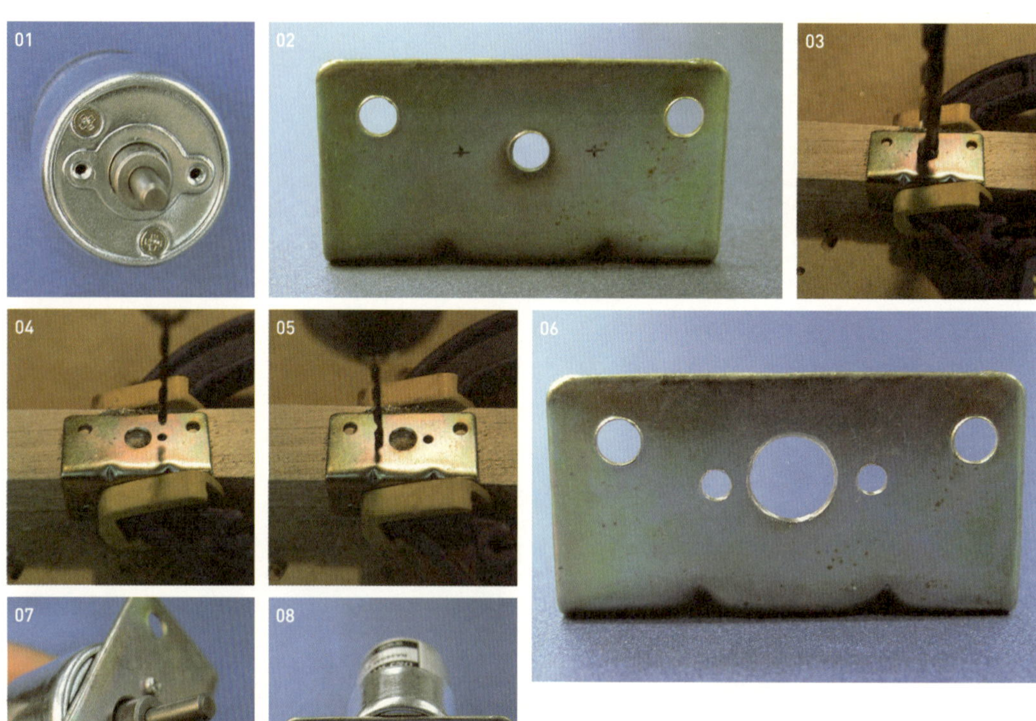

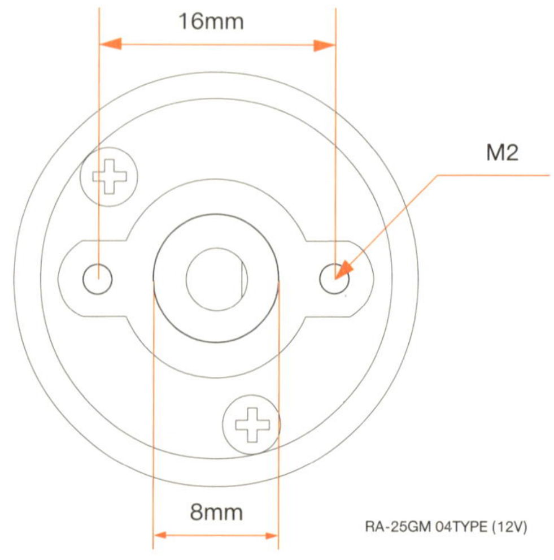

01 모터 축 양쪽에 있는 M2 볼트용 구멍을 이용하여 모터를 ㄱ자 브래킷에 고정시킨다.

02 가운데 구멍을 중심으로 간격이 16mm인 위치에 구멍을 뚫기 위한 표시를 한다.

03 가운데 구멍은 9mm 드릴 비트로 구멍을 넓혀준다.

04 양쪽 구멍은 3mm 드릴 비트로 뚫는다.

07 가운데 구멍에는 모터 축을 끼우고 양쪽 구멍 사이로 M2-5볼트를 이용하여 고정시킨다.

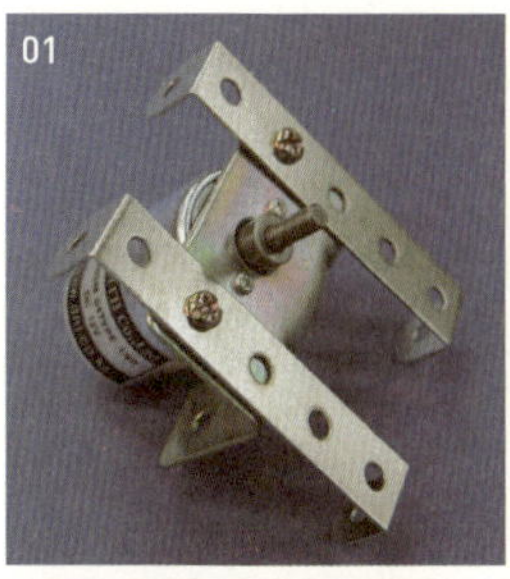
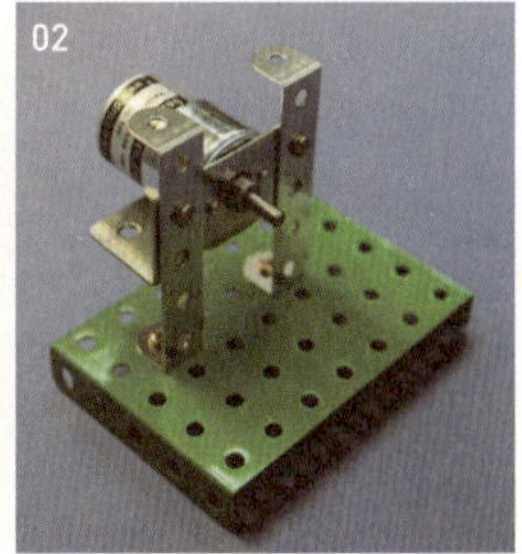
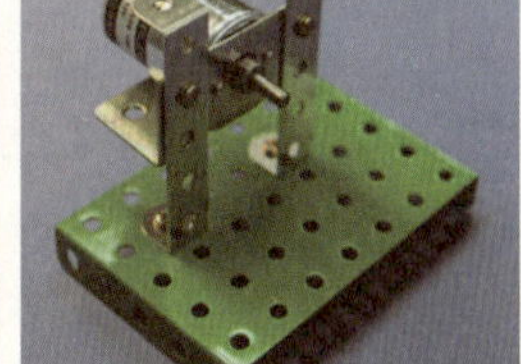

01 모터를 고정시킨 ㄱ자 브래킷 양쪽 구멍에 45번 ㄷ형 스트립-5을 각각 조립한다.

02 51번 플랜지판(대)에 45번 ㄷ형 스트립-5을 고정시킨다.

03 1번 스트립-15 끝부분 구멍에 와셔를 끼운 65번 볼트 1.3cm 넣고 와셔를 하나 더 끼운다.

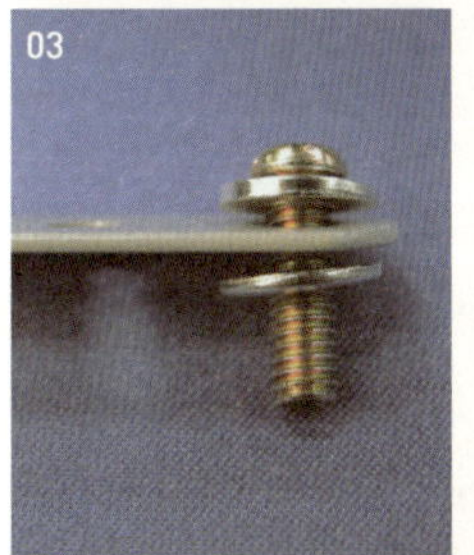
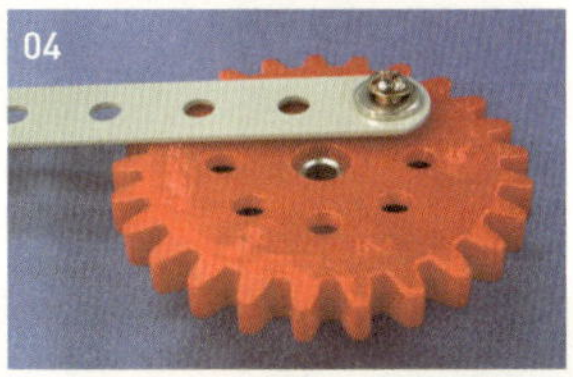

04 와셔를 끼운 65번 볼트 1.3cm을 106번 체인기어(대) 몸통에 나 있는 구멍에 끼운다.

06 106번 체인기어(대) 구멍을 통과한 볼트에 와셔를 하나 끼우고 너트가 풀리지 않도록 두 개를 채워준다.

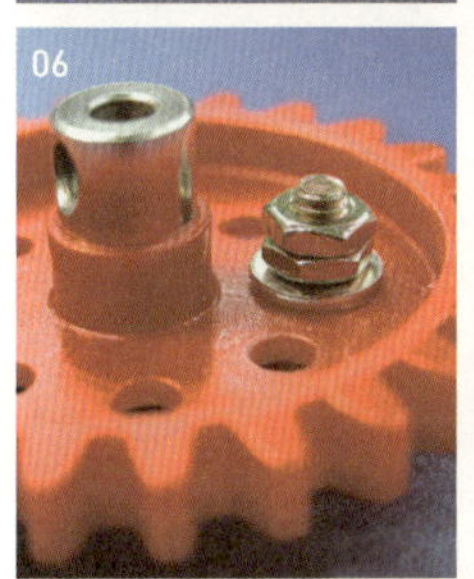
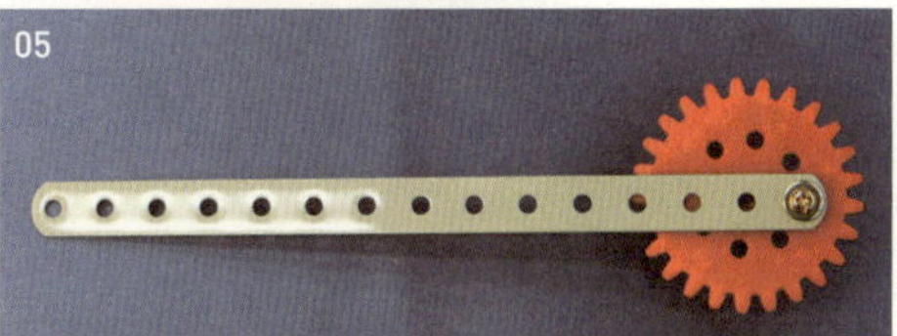
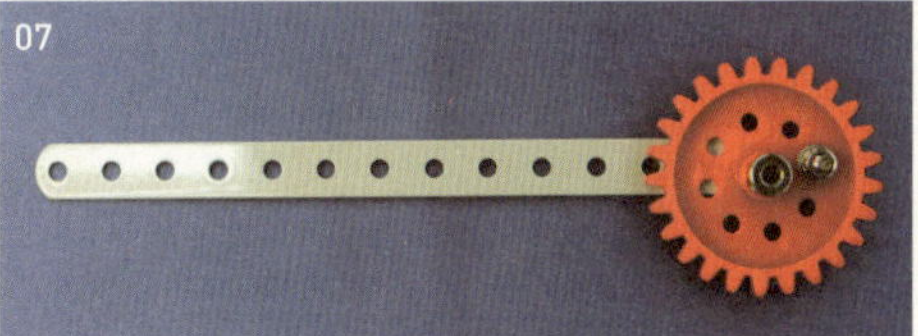
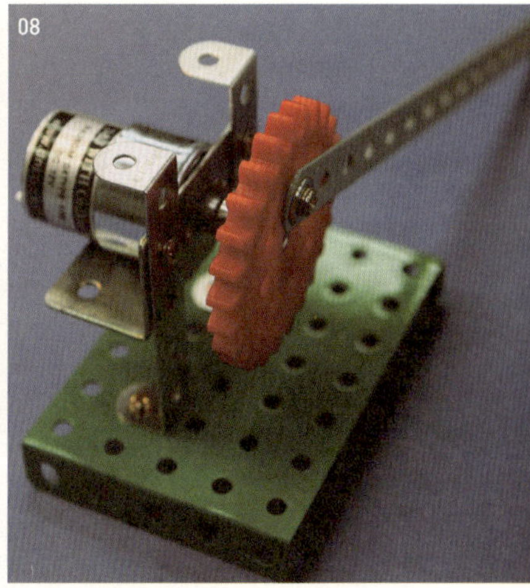

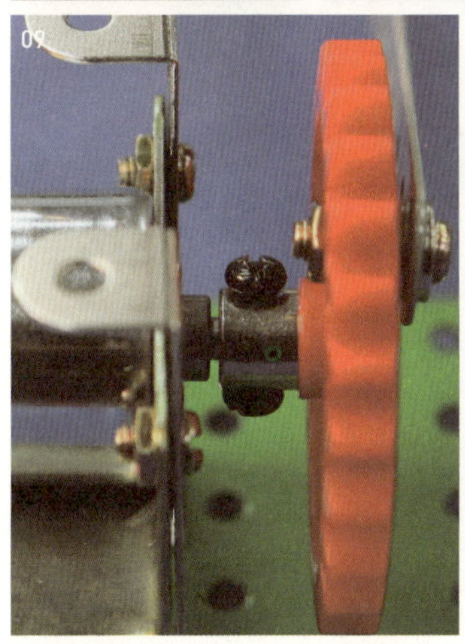
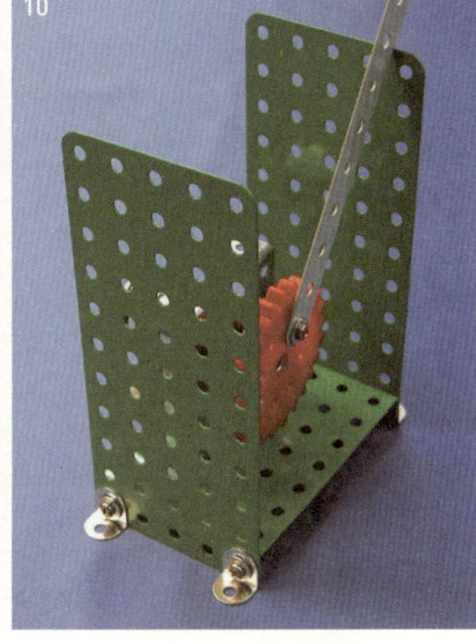

08 106번 체인기어(대)를 모터 축에 끼운다.

09 54번 멈춤나사 두 개로 체인기어를 모터 축에 고정시킨다.

10 55번 평판(대) 두 개를 51번 플랜지판(대) 양쪽으로 세워준다.

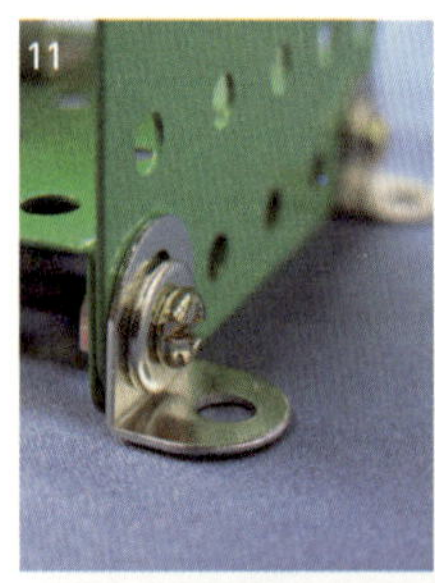
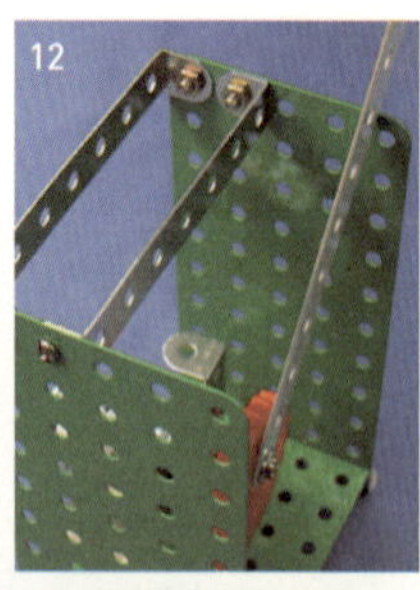
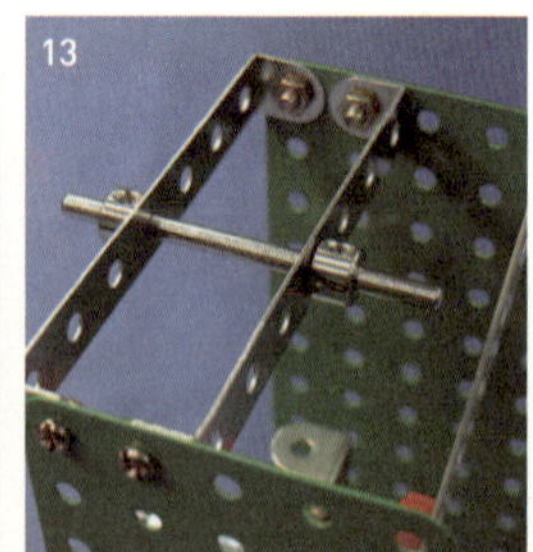

11 평판을 고정할 때는 15번 ㄱ형 브래킷 (소)을 양쪽 가장자리에 함께 달아준다.

12 22번 축-6.5cm을 고정시키기 위해 49번 ㄷ형 스트립-7 두 개를 55번 평판(대) 사이에 조립한다.

13 49번 ㄷ형 스트립-7 가운데 구멍으로 22번 축-6.5cm을 통과시키고 축이 빠지지 않도록 양쪽으로 52번 조정 부싱을 끼워준다.

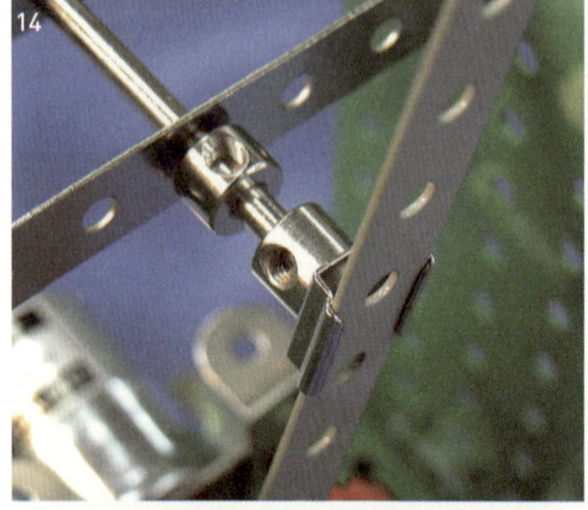
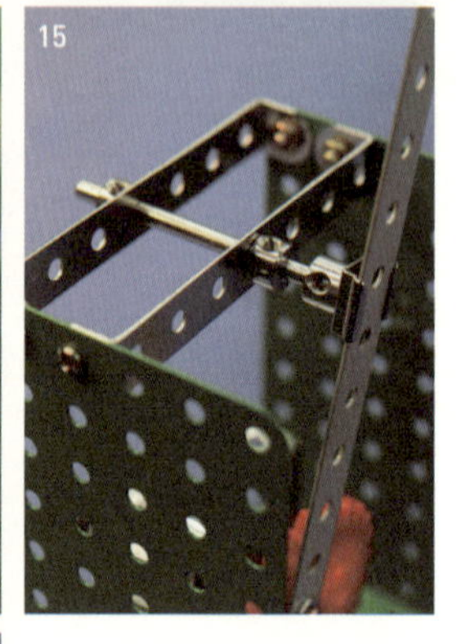

14 111번 이동 클립을 1번 스트립-15에 끼운 다음 축에 연결한다.

16 52번 조정 부싱과 111번 이동 클립을 54번 멈춤 나사로 축에 고정시킨다. (각 1개씩)

18 프레임을 상자에 고정시키기 위해 47번 ㄷ형 스트립-3을 55번 평판(대)에 조립한다.

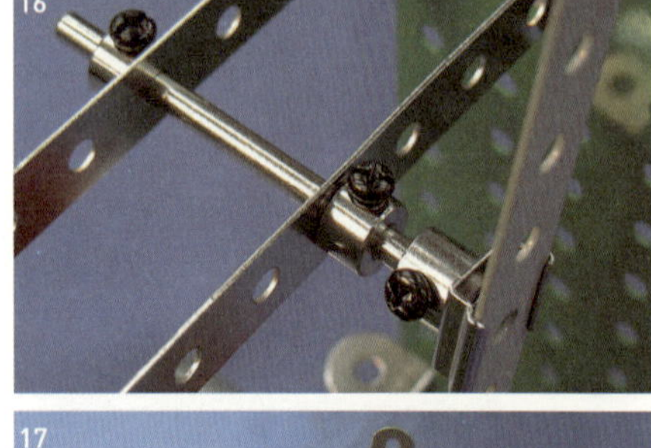

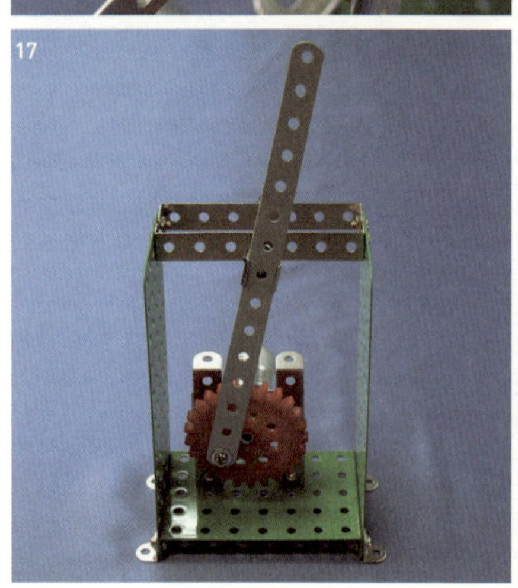

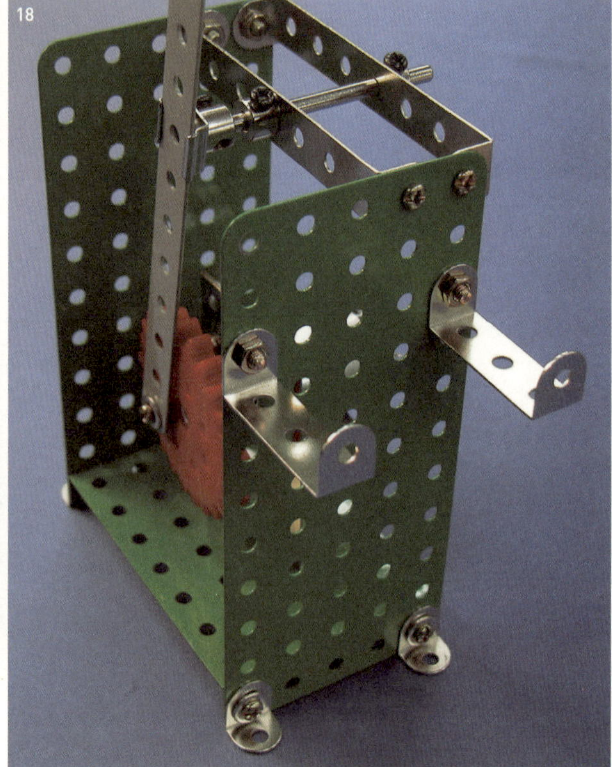

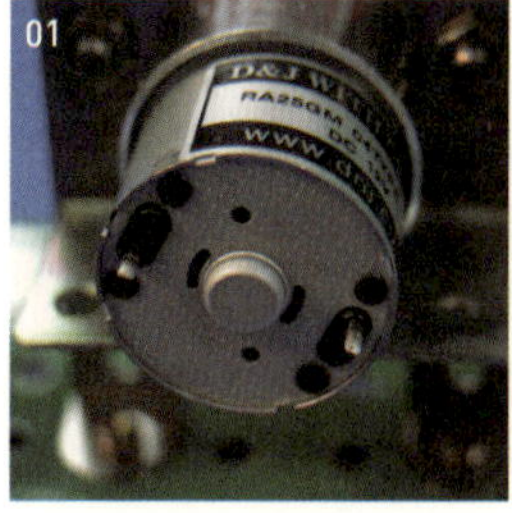

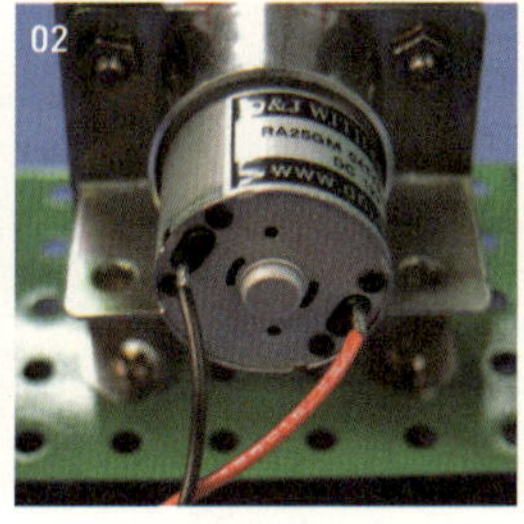

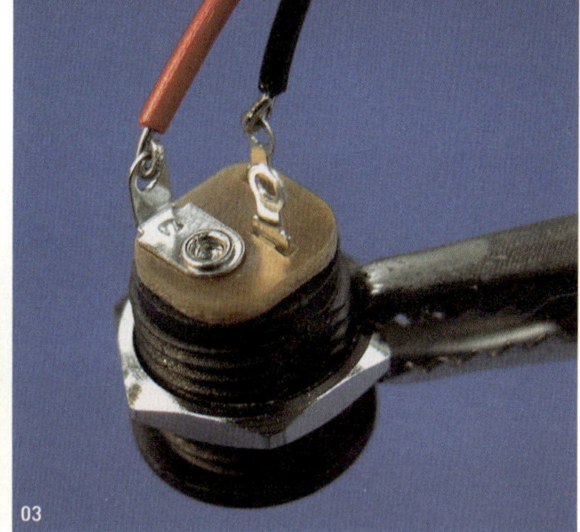

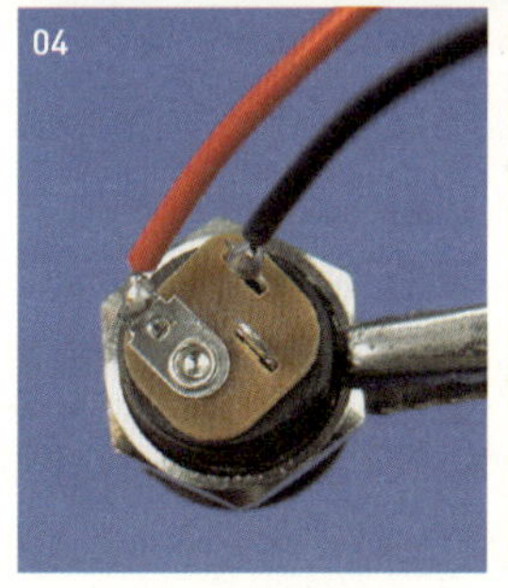

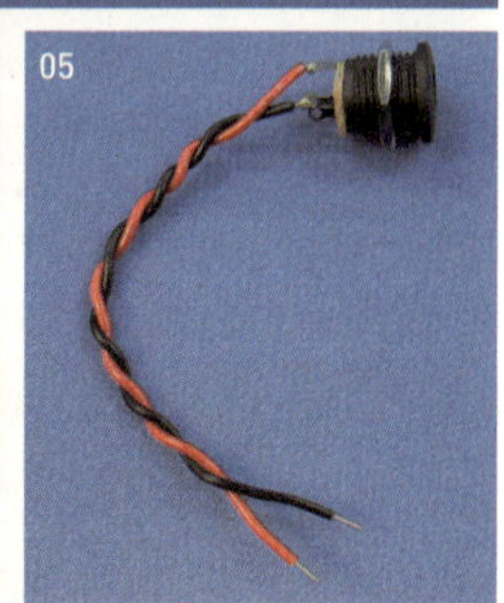

01 모터에 전선을 연결하기 위해 양쪽 다리에 납을 묻힌다.

02 모터의 양극(+) 다리에는 빨간색 전선을 음극(-) 다리에는 검은색 전선을 연결한다. (한쪽 다리 부분에 양극(+) 표시가 되어 있다)

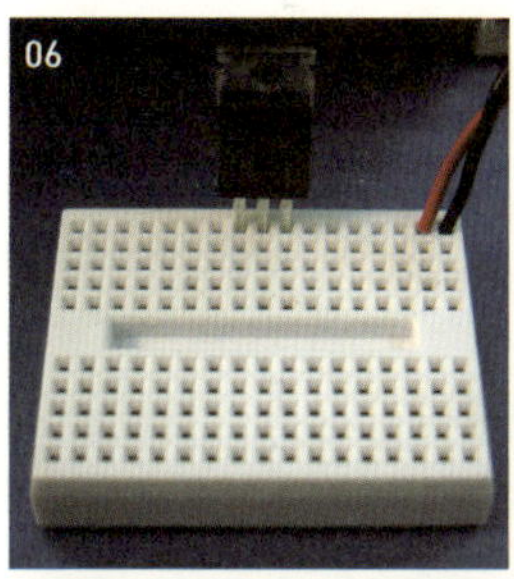

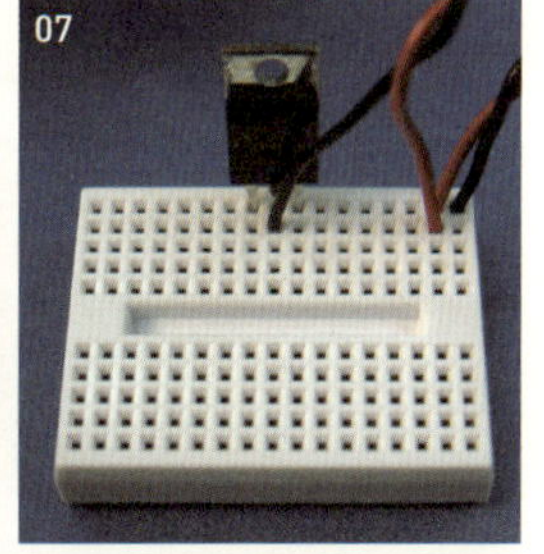

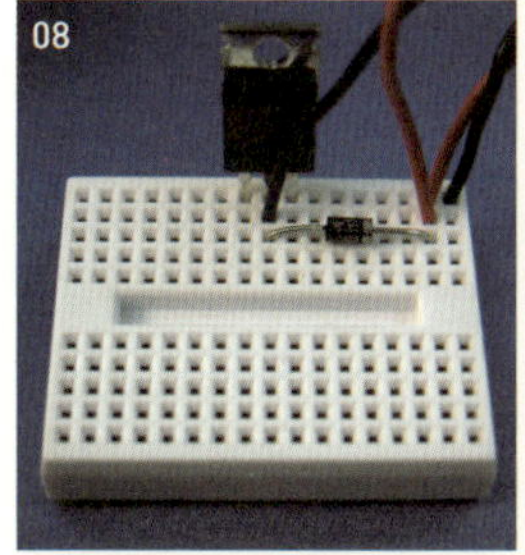

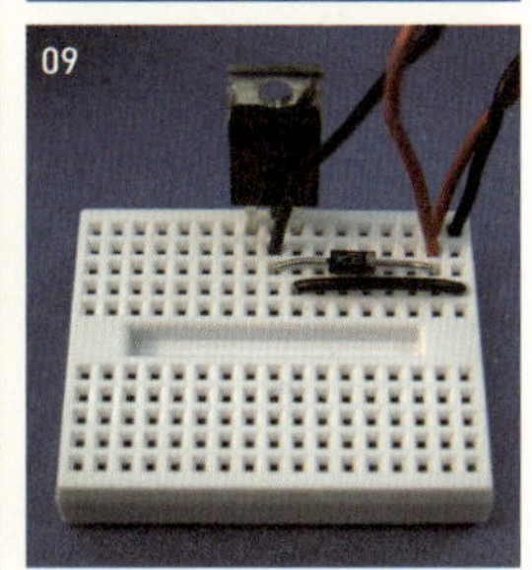

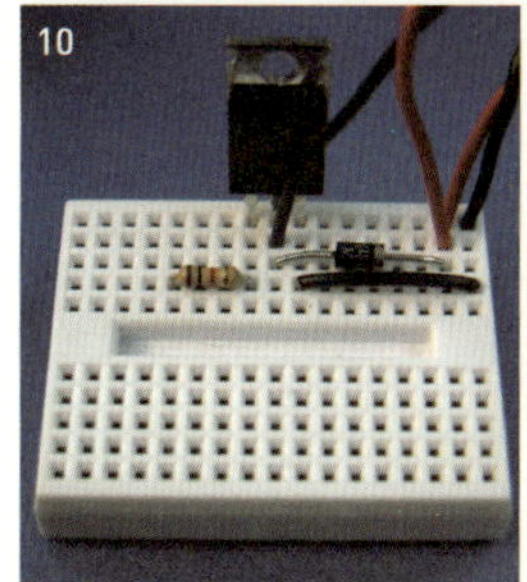

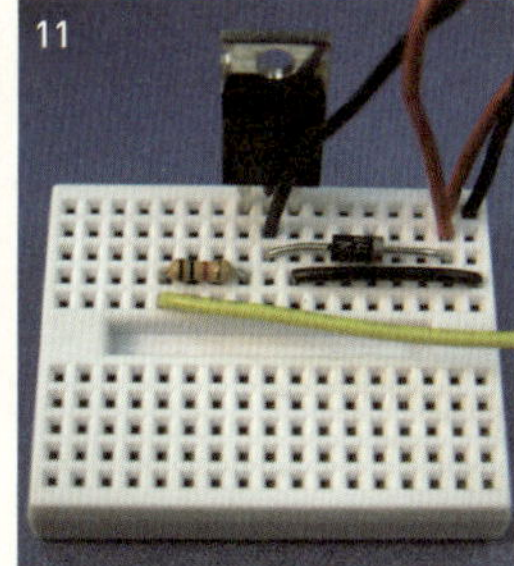

03 DC 파워 잭의 양극(+) 다리에는 빨간색 전선을 음극(-) 다리에는 검은색 전선을 납땜한다.

06 미니 브레드보드에 트랜지스터 TIP122을 꽂고 DC 파워 잭과 연결된 전선으로 브레드보드에 12V를 공급한다.

07 모터와 연결된 빨간색 전선(+)은 12V줄에 꽂고 검은색 전선(-)은 TIP122의 가운데 다리(C, 컬렉터)에 연결한다.

08 모터가 멈출 때 순간적으로 발생하는 역방향의 전류로부터 트랜지스터를 보호하기 위해 모터의 빨간색 전선(+)과 검은색 전선(-) 사이에 다이오드(1N4002)를 연결한다. 이때 다이오드의 회색 띠무늬(-, 캐소드) 즉 음극이 빨간색 전선(+)을 향하도록 꽂아야 한다.

09 트랜지스터 TIP122의 오른쪽 다리(E, 이미터)는 검은색 점프선으로 그라운드와 연결한다.

10 트랜지스터 TIP122의 왼쪽 다리(B, 베이스)에 저항 1KΩ의 한쪽 다리를 연결한다.

11 저항 1KΩ의 반대쪽 다리는 노란색 전선으로 아두이노 보드의 디지털 13번 핀과 연결된다.

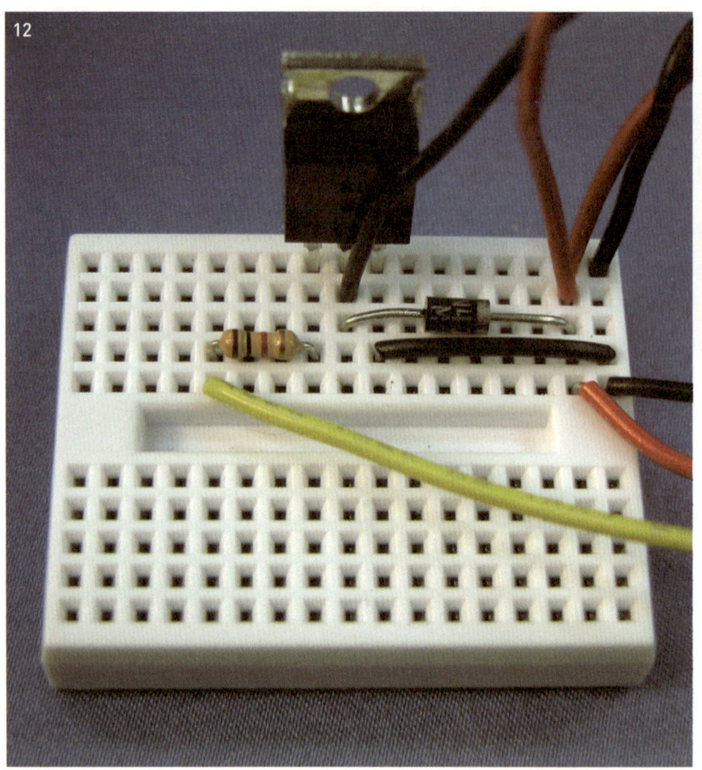

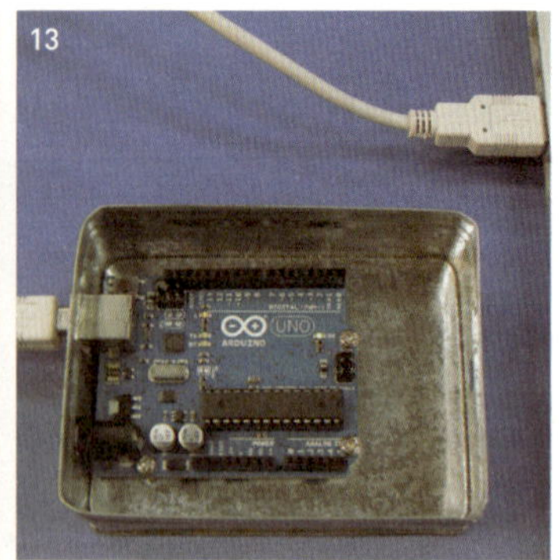

12 미니 브레드보드의 12V 전압으로 아두이노 보드에 전원을 공급하기 위해서 브레드보드의 12V 양극(+)은 빨간색 전선으로 아두이노 외부전원 입력 핀(Vin)과 연결되고 12V 음극(-)은 검은색 전선으로 아두이노 그라운드(GND) 핀과 연결된다.

13 미니 브레드보드의 전선을 아두이노와 연결하기 전에 보드에 motor_1 스케치를 업로드한다.

motor_1 스케치는 아두이노 몸풀기의 LED_1 스케치와 같이 delay 값을 조절하여 내가 원하는 시간 동안 모터를 켜고 끄는 디지털 출력 회로를 구성할 수 있다. 아두이노에 전원이 입력되면 13번 핀에서 15초 동안 출력되는 5V는 트랜지스터 TIP122의 베이스에 입력되고 이때 트랜지스터의 컬렉터와 연결된 모터가 돌아간다. 15초 동안 모터를 돌린 다음 13번 핀에서 3초 동안 0V를 출력하여 모터를 멈춘다. 그리고 다시 15초 동안 모터를 돌리고 3초 동안 멈추는 과정을 반복한다.

motor_1

```
void setup(){
  pinMode(13, OUTPUT);        // 13번 핀을 디지털 출력 핀으로 사용
}

void loop(){
  digitalWrite(13, HIGH);     // 13번 핀에서 5V 전압을 출력하여 모터를 돌린다
  delay(15000);               // 15초 동안 모터를 돌린다
  digitalWrite(13, LOW);      // 13번 핀에서 0V 전압을 출력하여 모터를 멈춘다
  delay(3000);                // 3초 동안 멈춘다
}
```

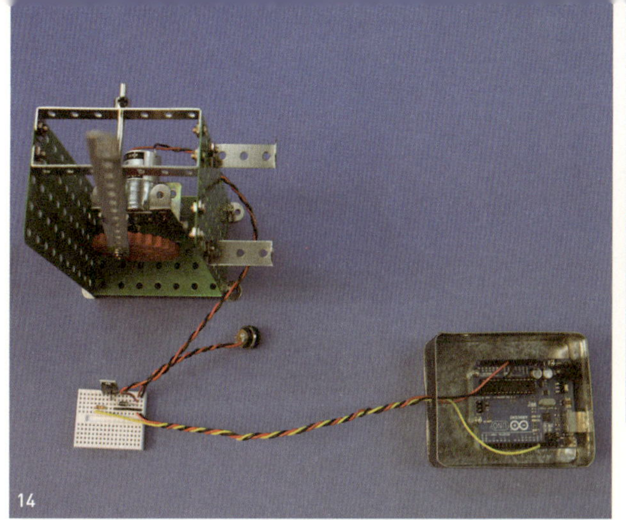

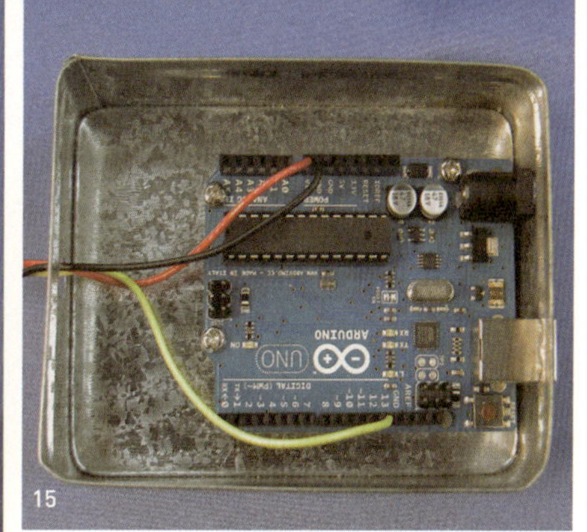

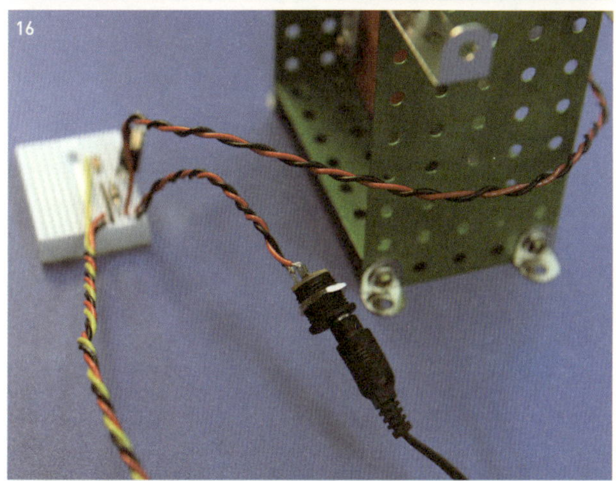

14 미니 브레드보드에서 트랜지스터 왼쪽 다리(B, 베이스)와 연결된 노란색 전선과 브레드보드의 12V 전원과 연결된 빨간색, 검은색 전선을 아두이노에 연결한다.

15 노란색 전선은 디지털 13번 핀에 연결하고 빨간색 전선은 외부전원 입력 핀(Vin)에 꽂고 검은색 전선은 그라운드(GND)에 꽂는다.

16 12V 어댑터를 DC 파워 잭에 연결한다.

17 모터가 돌기 시작한다. 모터 축에 고정된 체인기어가 돌면서 스트립을 움직인다.
테스트가 성공하였다면 미니 브레드보드에 연결된 선들의 위치를 잘 기억해 놓는다

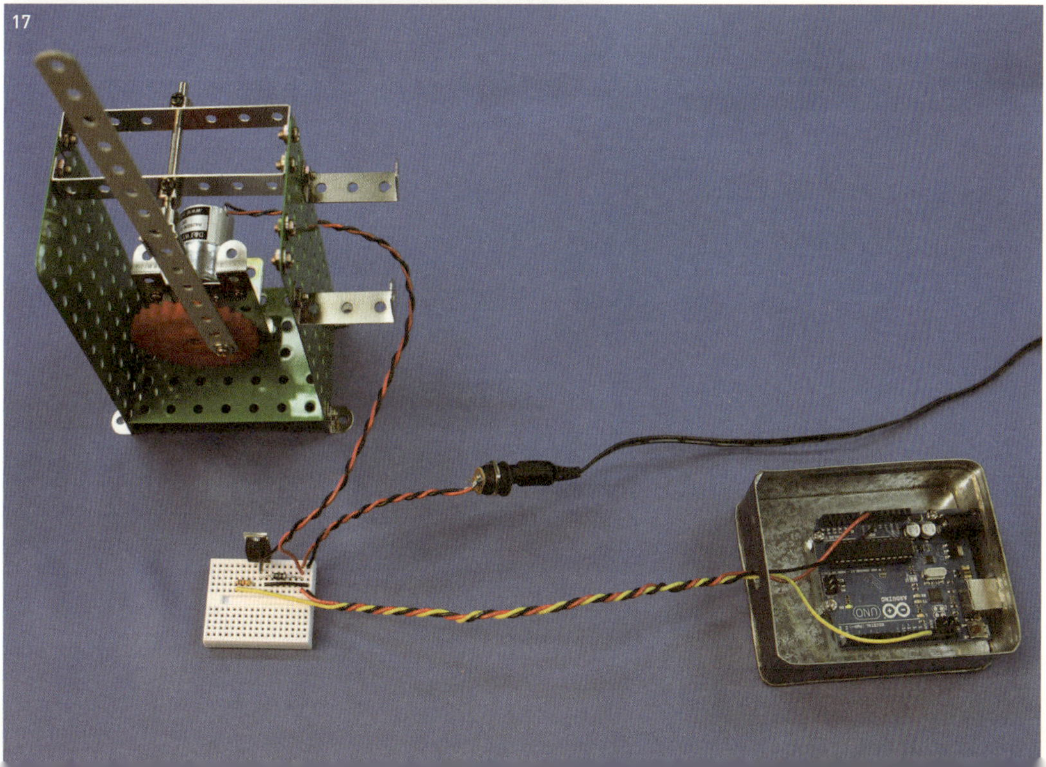

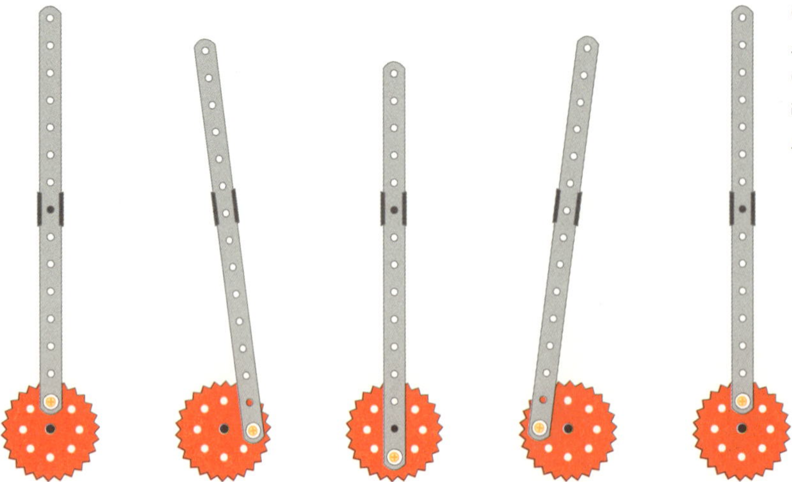

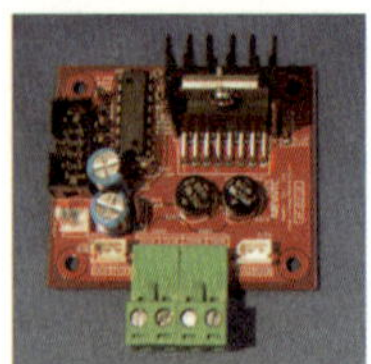

이동클립의 위치가 위로 올라가면 스트립은 위아래 방향으로 더욱 많이 움직이며 이동클립의 위치가 아래로 내려가면 스트립은 좌우 방향으로 더욱 많이 움직인다.

TIP DC 모터를 반대로 회전시키거나 속도를 제어하고 싶을 때는 DC 모터 컨트롤러를 이용하면 편리하다.

04 종이상자에 프레임 넣기

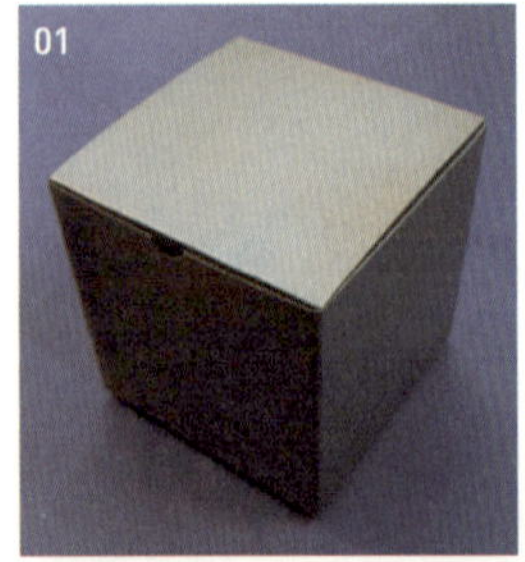

01 종이상자를 조립하고 원하는 색을 칠한다.

02 상자 윗면 가운데에는 스트립이 움직일 수 있는 직사각형 형태로 구멍을 내고 양쪽으로는 날개를 고정시켜 줄 볼트 구멍을 낸다.

상자크기: 가로 150 x 세로 150 x 높이 150 (mm)

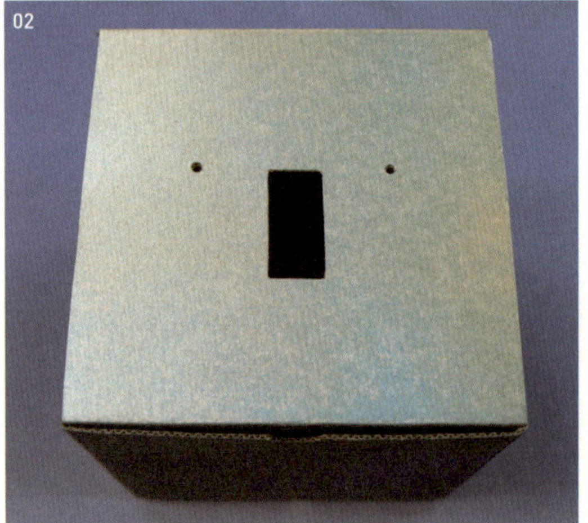

상자 윗면 구멍 위치 및 크기

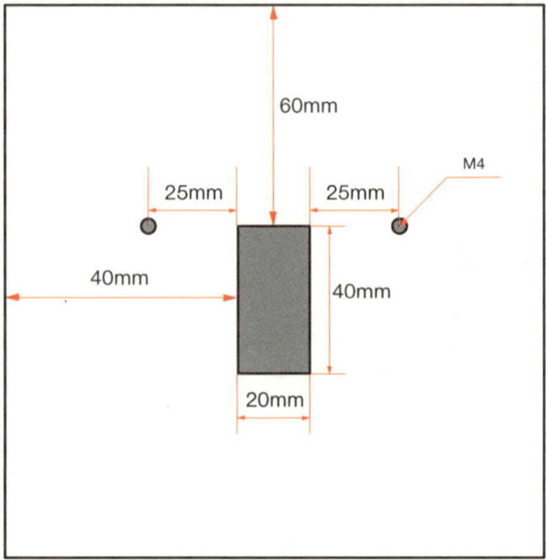

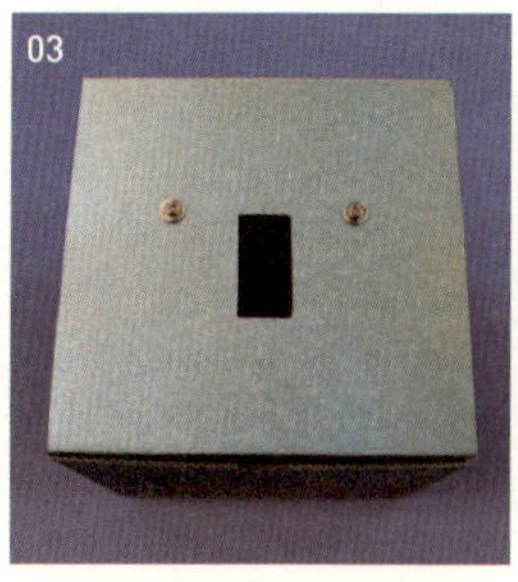

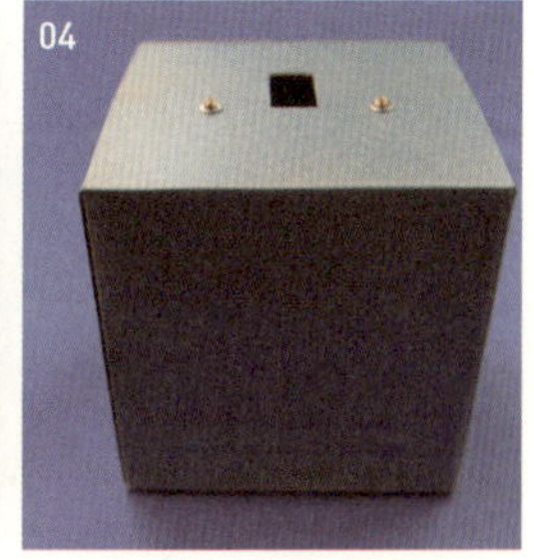

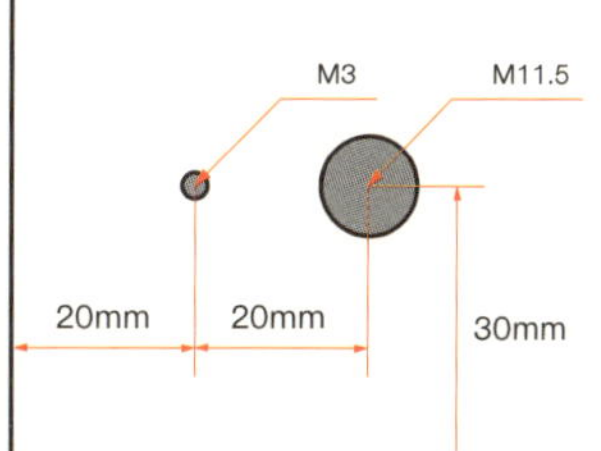

03 양쪽 구멍에는 와셔를 끼운 볼트를 조립한다.

04 상자 뒷면 아래에는 DC 파워 잭과 미니 브레드보드에서 아두이노와 연결될 전선들을 위한 구멍을 뚫어준다.

05 DC 파워 잭 구멍 중심에서 컴퍼스를 이용하여 지름 11.5mm 원을 그려준다.

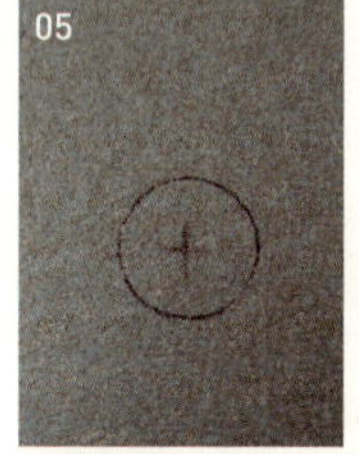

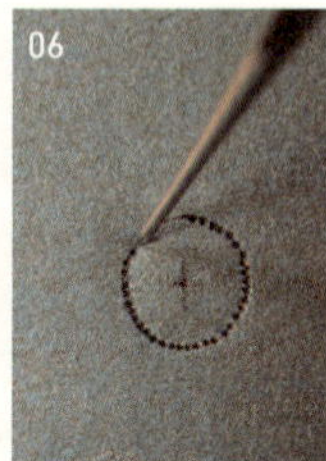

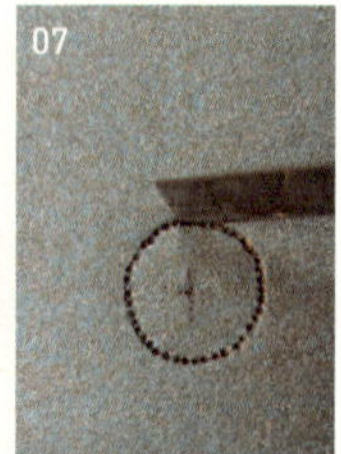

06 선을 따라 송곳으로 작은 구멍을 뚫어준다.

07 구멍을 따라 칼로 잘라낸다.

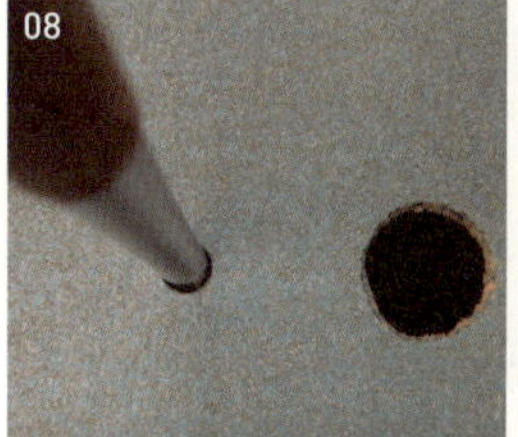

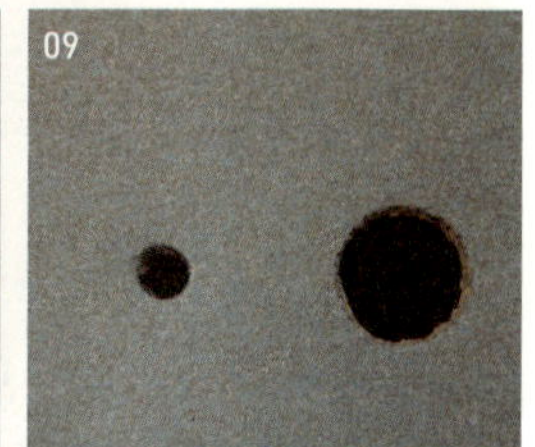

08 아두이노와 연결될 전선 구멍은 송곳으로 지름 3mm 넓이로 뚫어준다.

10 DC 파워 잭의 너트를 풀고 밖에서 안으로 전선과 함께 넣어준 다음 풀었던 너트로 상자 안에서 고정시킨다.

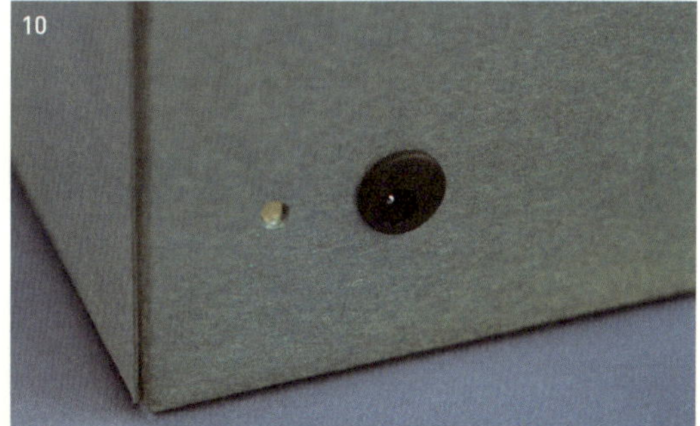

11 DC 파워 잭과 연결된 전선들은 미니 브레드보드의 12V 전원 위치에 꽂는다. 미니 브레드보드에서 아두이노와 연결된 전선들은 밖으로 빼낸다.

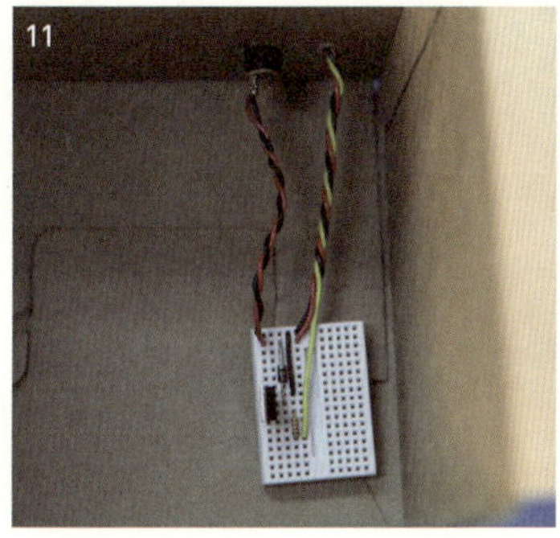

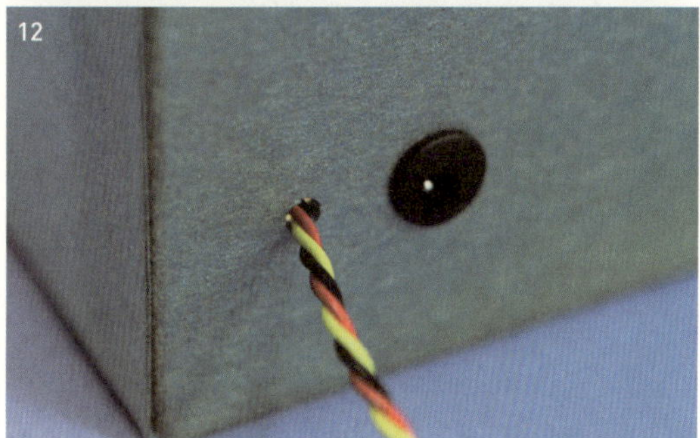

12 과학상자 부품으로 만든 프레임을 상자 안에 넣는다. 이때 스트
립의 위치를 상자 가운데로 맞춘다.

13 프레임을 상자에 고정시키기 위해 안쪽에서 볼트 위치를 송곳으
로 표시하고 밖에서 같은 장소에 지름 4mm크기의 구멍을 낸다.

14 와셔를 끼운 볼트 1.3cm를 이용하여 프레임을 고정시킨다.
(상자 바깥쪽 모습)

15 (프레임을 볼트 1.3cm로 고정시킨 상자 안쪽 모습)

16 프레임에 고정된 모터의 빨간색 전선은 미니 브레드보드의 12V
양극(+) 선에 연결하고 검은색 전선은 트랜지스터 TIP122의 가
운데 다리(C, 컬렉터)에 연결한다.

17 상자 뚜껑을 닫는다.

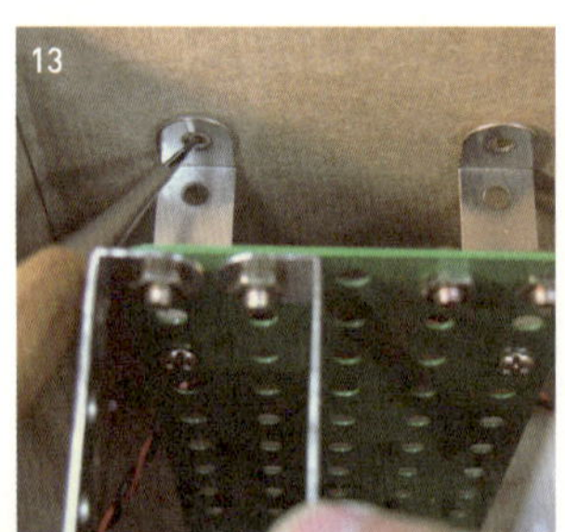

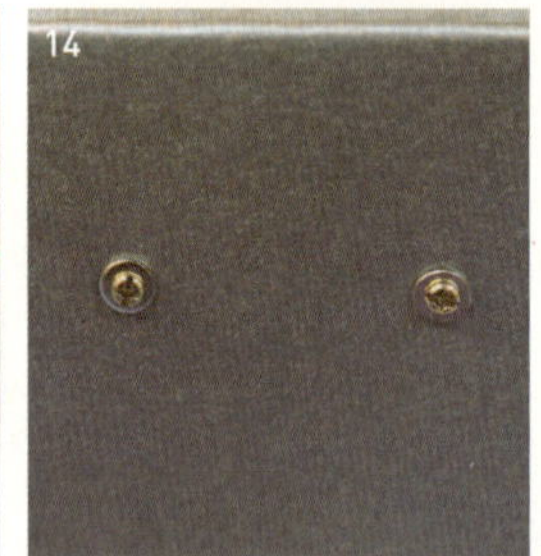

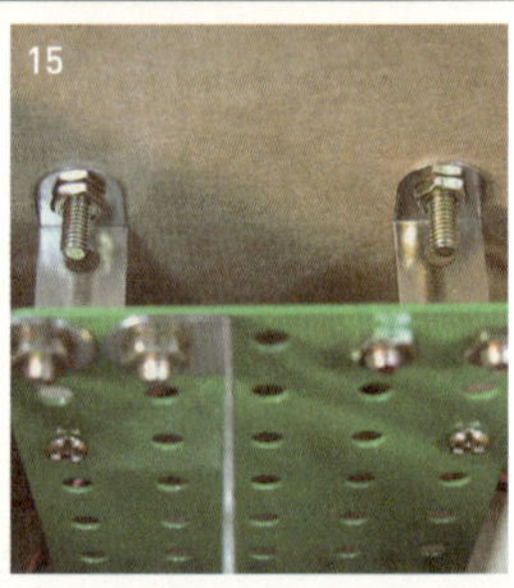

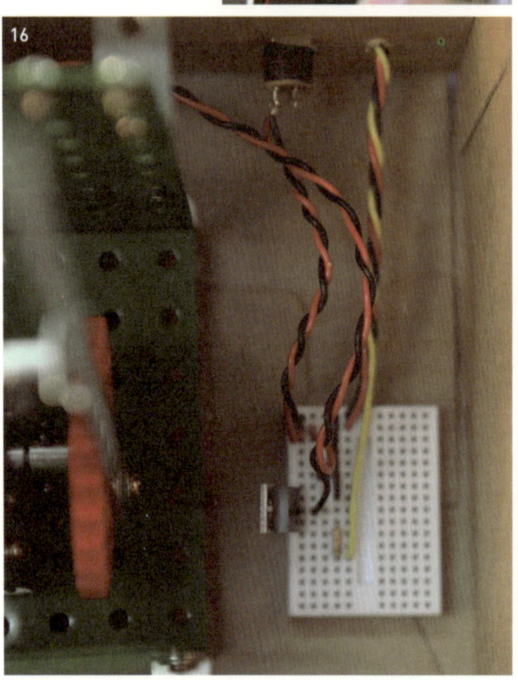

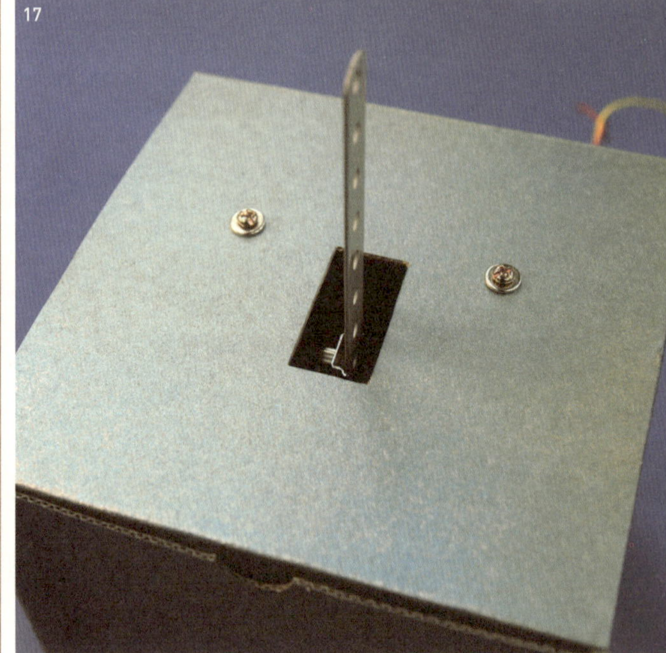

05 종이배와 날개 고정하기

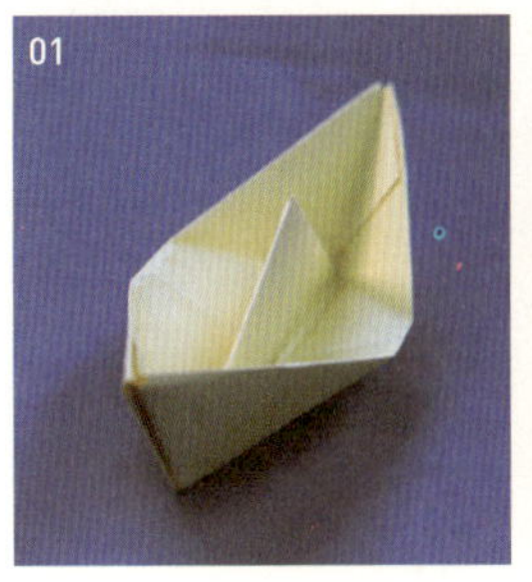

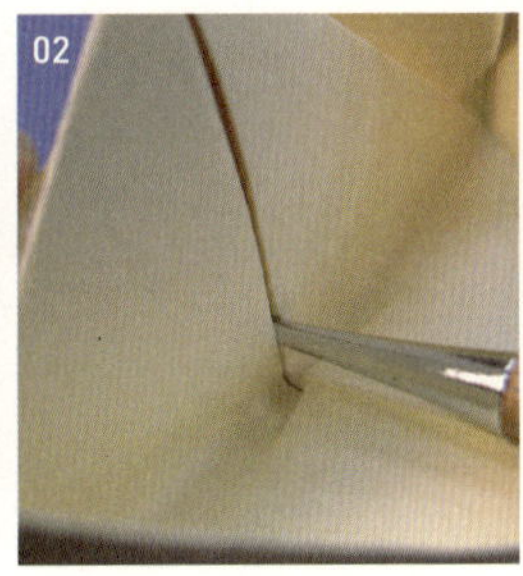

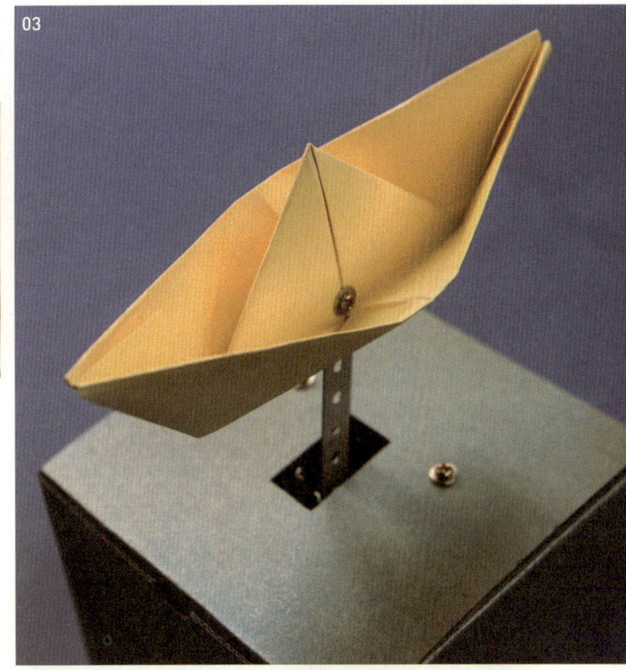

01 A4 도화지로 종이배를 접는다.

02 종이배를 스트립에 고정시키기 위해서 종이배 안쪽에 송곳으로
볼트 구멍을 낸다.

03 스트립 제일 윗구멍에 와셔를 끼운 볼트로 종이배를 고정시킨다.

04 날개 이미지를 종이에 출력한 후
가위로 오려 낸다. 안녕! 미디어아트 온라인 카페
(http://www.void.or.kr)에서
날개.ai 파일 다운로드

05 오려낸 날개 이미지를 펠트지에 대고 외곽선을 그린 다음 가위
로 오려 낸다.

06 펠트지 뒷면에 날개를 고정시킬 구멍을 낸다.

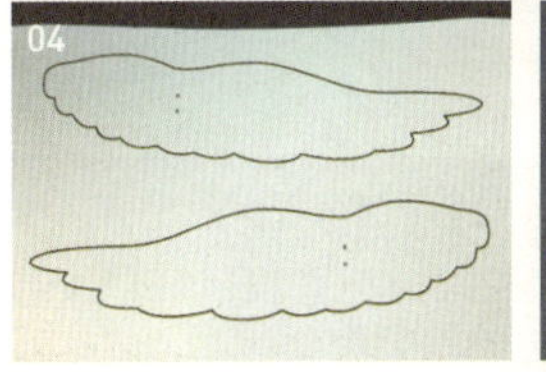

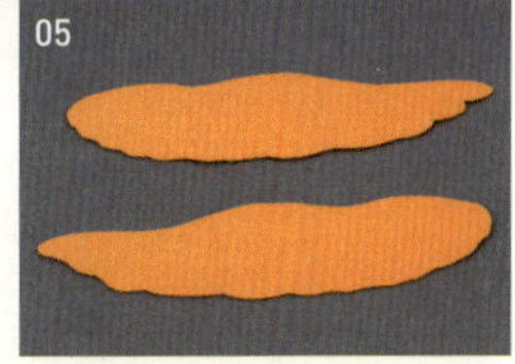

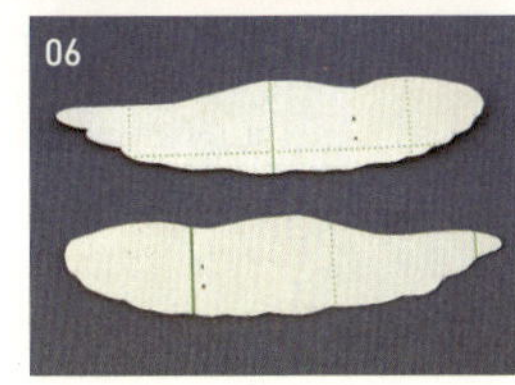

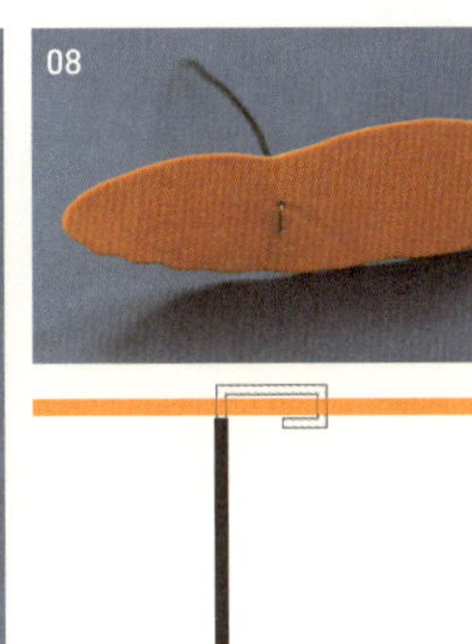

07 검은색 전선의 양쪽 피복을 벗긴다. 전 날개 아랫면
선 심을 날개의 한쪽 구멍으로 아래에서
위로 통과시킨 다음 심을 구부려 다른
구멍으로 위에서 아래로 통과시키고 아
래에서 다시 심을 꺾어 고정시킨다.

08 측면도 그림을 참고한다. 날개 윗면

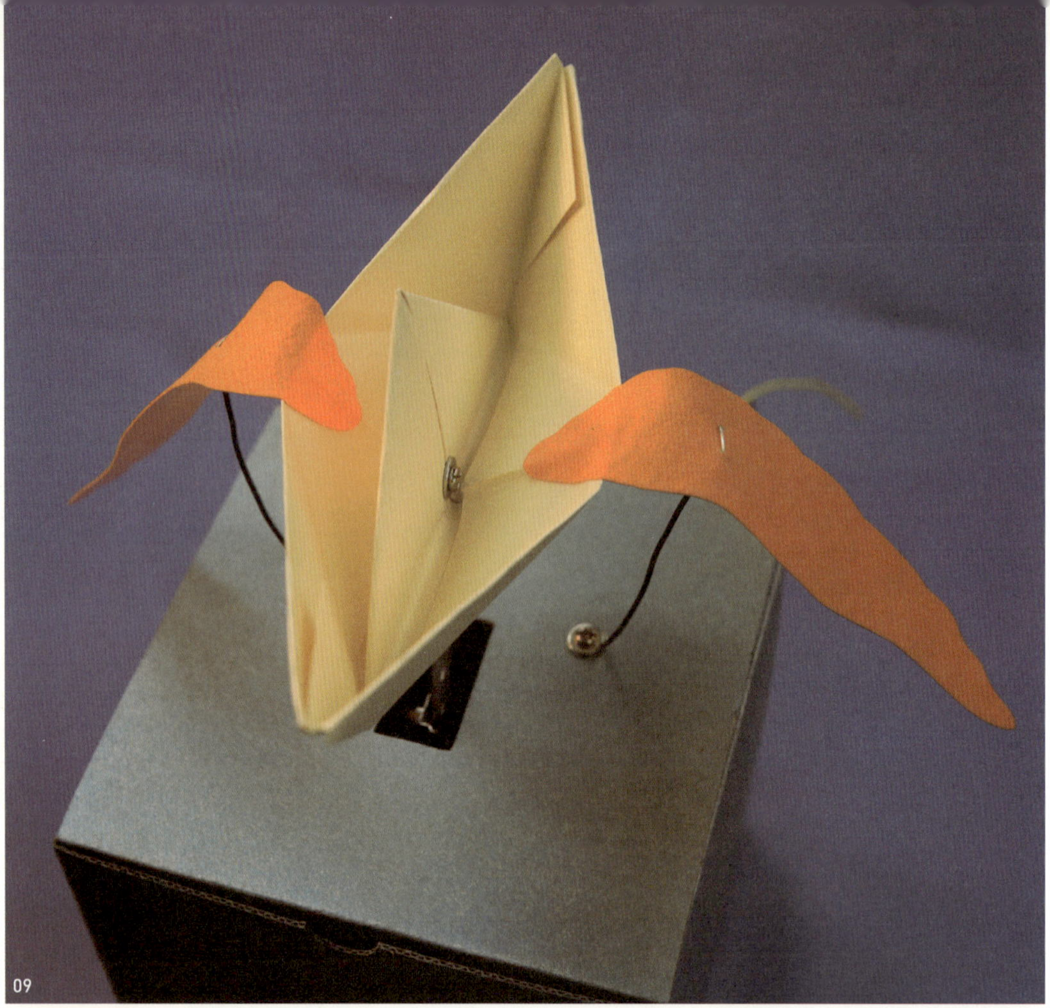

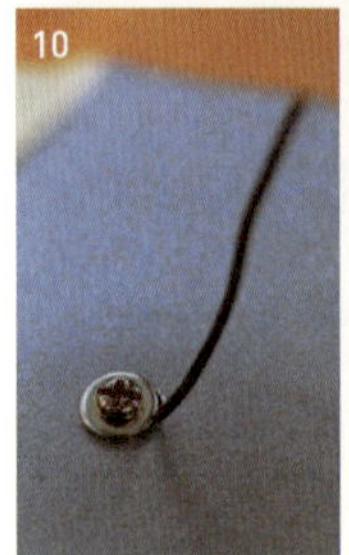

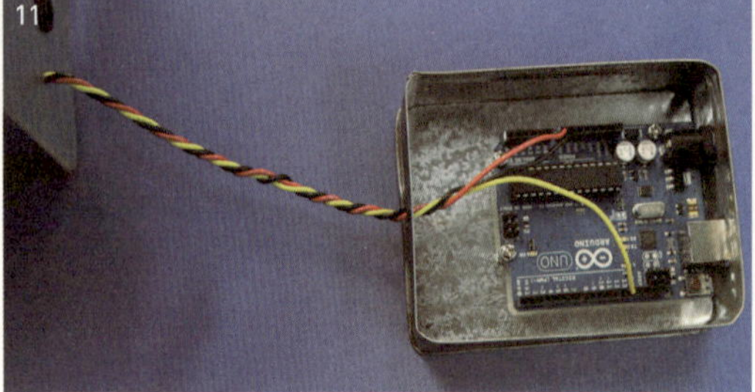

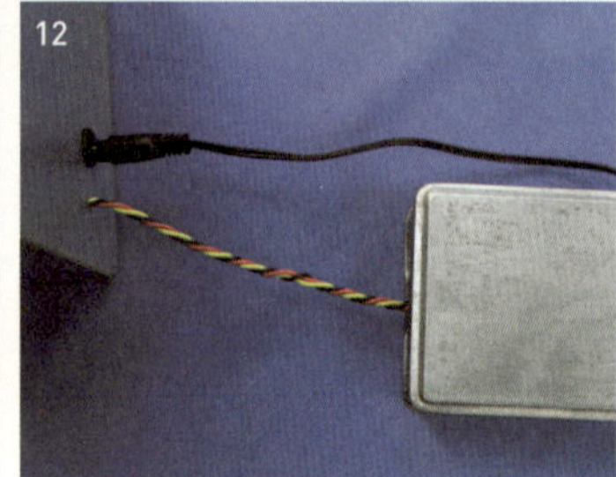

09 양쪽 날개에 전선을 고정시킨 후 날개를 종이배에 접착시킨다.

10 양쪽 날개에 고정된 검은색 전선은 볼트를 이용하여 상자에 고정
시킨다.

11 미니 브레드보드와 연결된 노란색 전선은 디지털 13번 핀에 연결
하고 빨간색 전선은 외부전원 입력 핀(Vin)에 꽂고 검은색 전선은
그라운드(GND)에 꽂는다.

12 아두이노 케이스의 뚜껑을 닫고 12V 어댑터를 DC 파워 잭에 꽂
는다.

13 종이배가 날개를 펴고 움직
이기 시작한다.

14 날아라~ 종이배 완성!

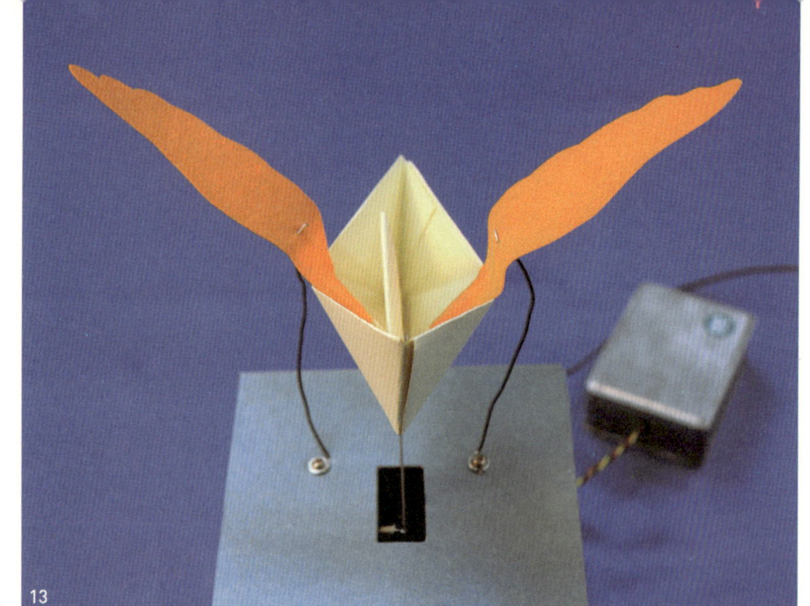

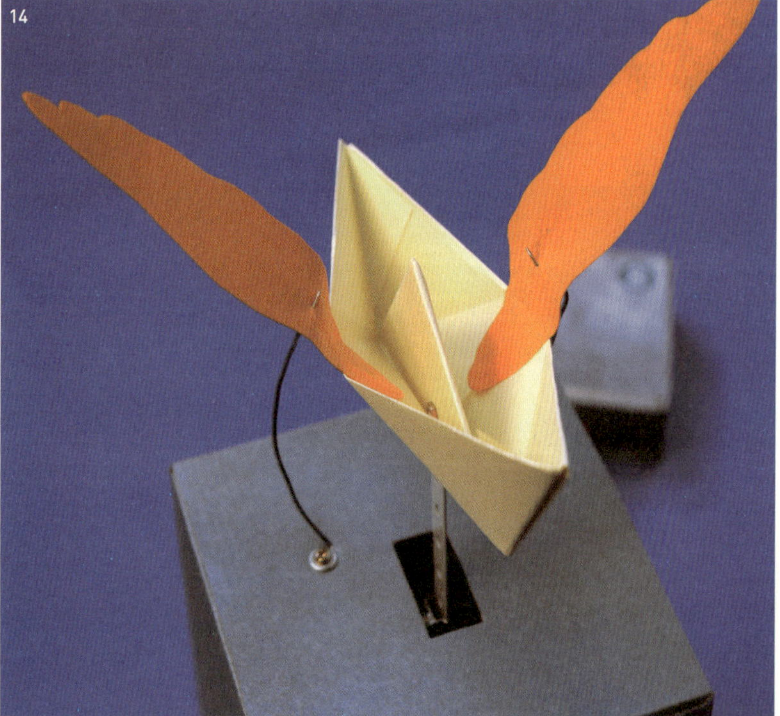

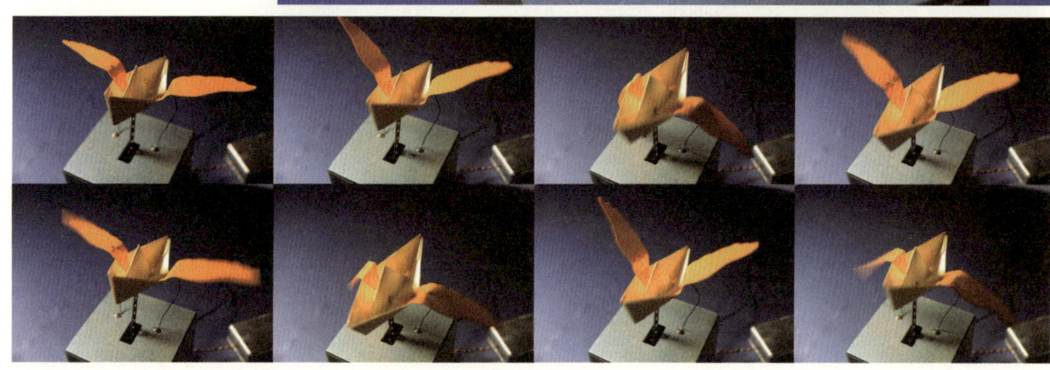

움직이는 광고 설치물

영국 런던 시내를 거닐다 우연히 여성 의류 매장 쇼윈도에 시선이 갔다. 쇼윈도에는 움직이는 광고용 설치물이 있었다. 하트 모양으로 생긴 설치물이었는데, 가운데에 있는 작은 하트가 앞뒤로 움직이고 있었다.

광고용 설치물은 대부분 조명장치 위에 기업이나 상점의 이름이 들어간 직사각형 형태의 간판이 많다. 기존의 간판과 차별화된 광고 설치물을 만들어 보는 것도 좋은 시도라고 생각한다. 상점과 관련이 있는 조형물이 재미있게 움직인다면 사람들의 호기심을 자극할 수 있다. 또한 밤에만 빛나는 조명장치에 비해 낮에도 손님들의 시선을 끌기에 유리하다. 센서를 달아서 손님들의 반응이나 움직임에 따라 설치물의 형태나 움직임이 변하게 만든다면 훨씬 효과적일 것이다.

재미있게 움직이는 광고 설치물을 만들어 보자~

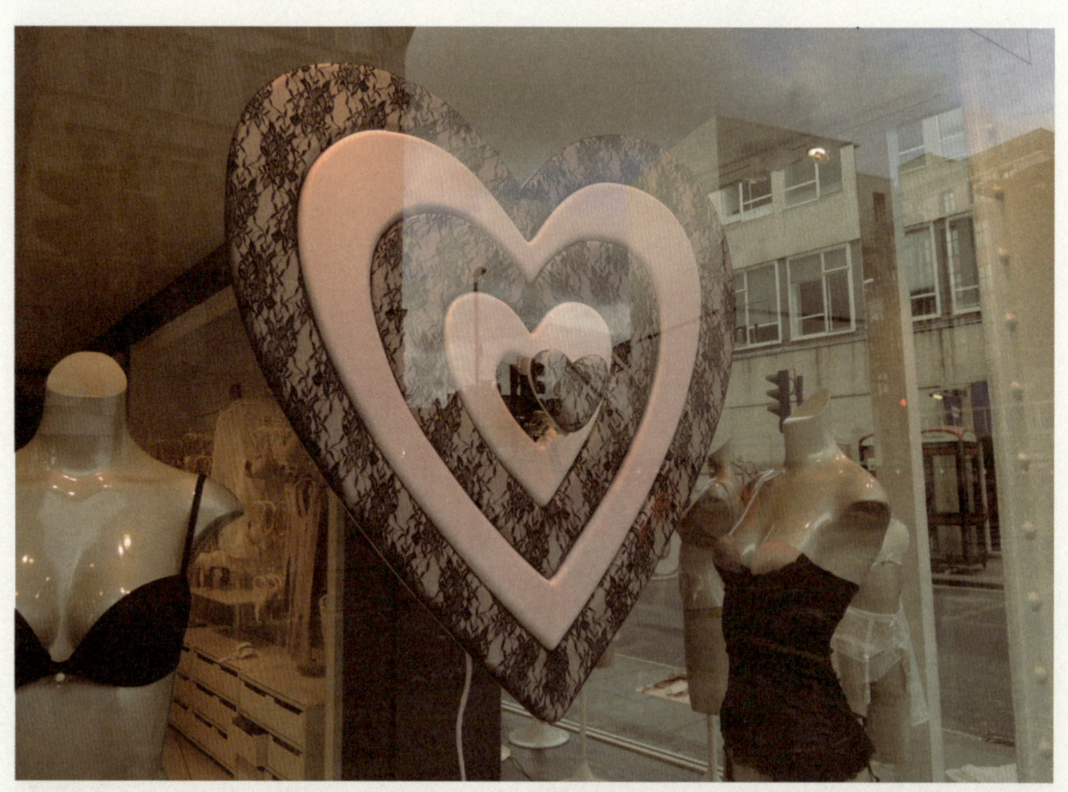

인사하는 해바라기

난이도 ■■■□□

시간 1시간 30분

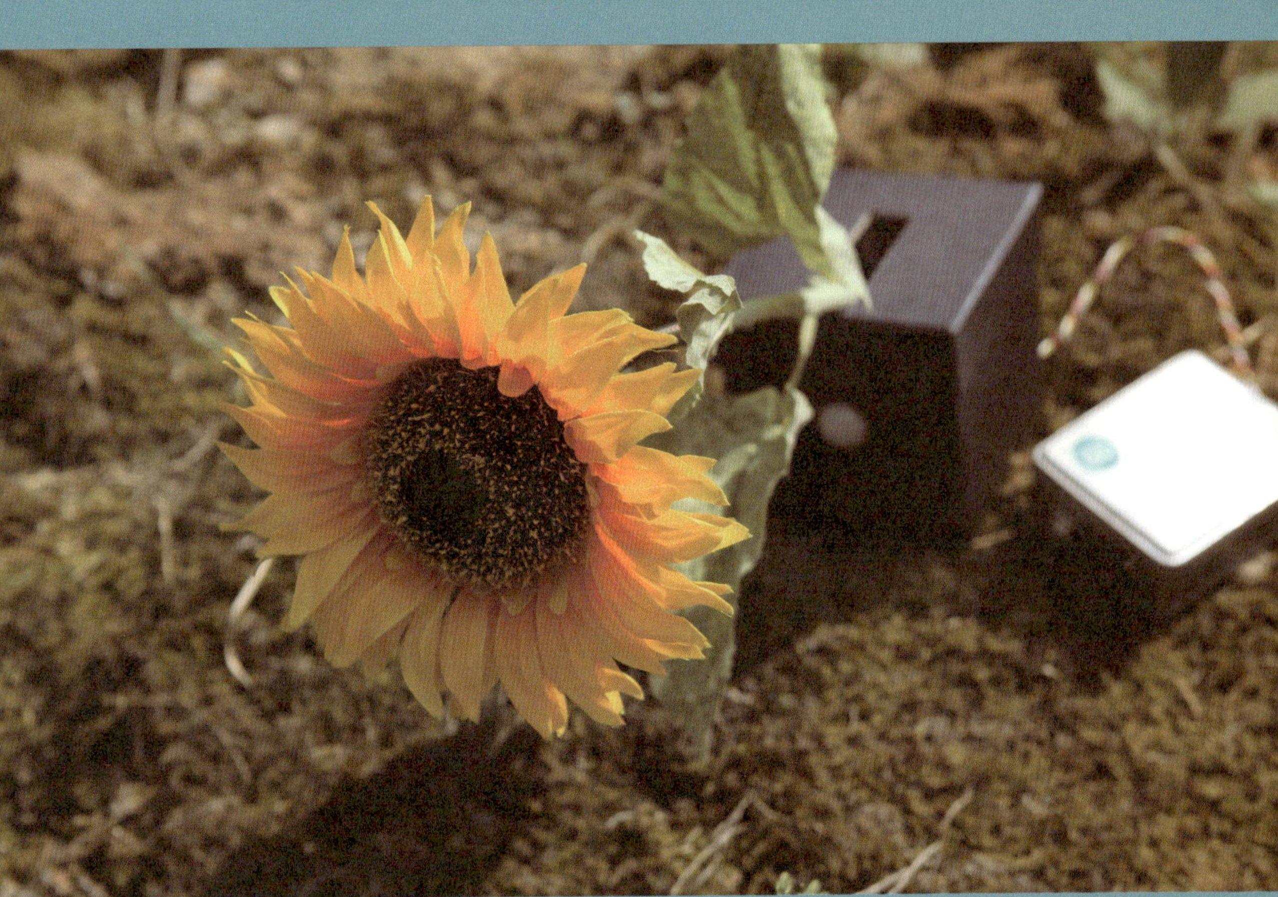

상자 앞으로 사람이 다가오면 해바라기가 45도로 인사한다. 인체감지 센서가 사람의 움직임을 감지하면 서보모터 휠 판에 고정된 해바라기가 움직이게 만든다.

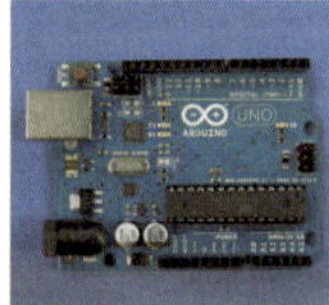

아두이노 우노 (R3)
» 온라인 (플: 100410020145,
아: TP11021D)

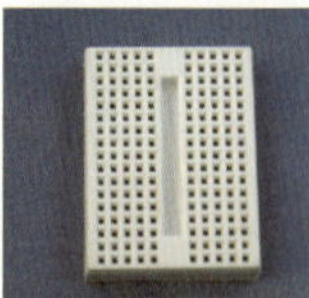

미니 브레드보드
» 온라인 (엘: EPX3C8UV, 디: 32283)

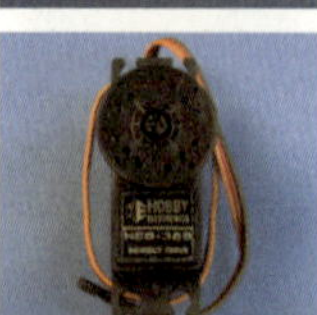

서보모터
모델명: HES-388 plastic
제조사: Sky Holic
» 온라인 (엘: EPX4UJMA, 디: 6200)
서보모터 구입 시 주의사항
- 서보형 DC모터는 우리가 다룰 서보모터가
  아님
- HES-388이 아닌 다른 모델은 크기가 달라
  모서리 브래킷이 안 맞을 수 있음

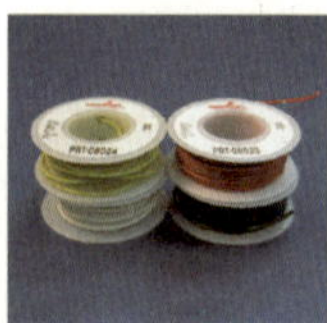

전선 (단심선)
빨간색, 검은색, 노란색, 흰색
심 굵기: 0.6mm(22AWG)
» 온라인, 청계천 시장

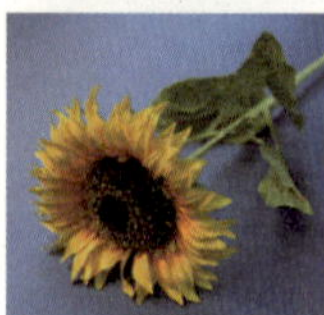

해바라기 조화
꽃:15cm, 줄기: 80cm, 한 송이
» 다이소, 청계천 시장

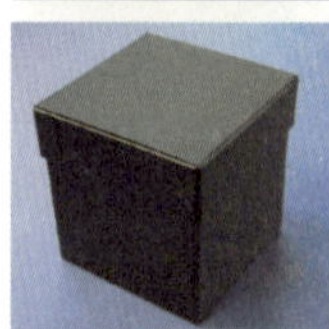

종이 상자
가로 100 x 세로 100 x 높이 100 (mm)
» 방산시장, 온라인

공구 
인두기, 땜납, 납땜 보조기구, 와이어 스트리퍼, 롱노우즈 플라이어
니퍼, 십자 드라이버, 송곳, 칼, 가위, 자

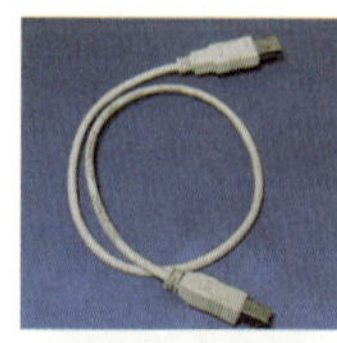

USB 케이블 (A/B 타입)
» 온라인 (플: 20081304471753_0,
엘: EPX344M9)

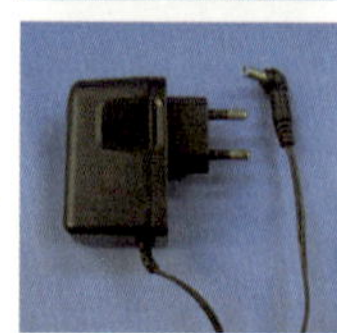

9V 어댑터
플러그 내경 2.1mm
» 온라인 (엘: EPX3X949)

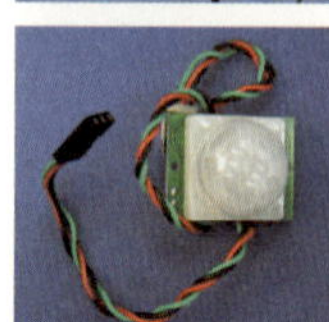

인체감지 센서
모델명: SEN0018, 제조사: DFRobot
» 온라인 (엘: EPX39C6X)
사람을 감지하면 약 9초 동안 5V를 출력하는
센서

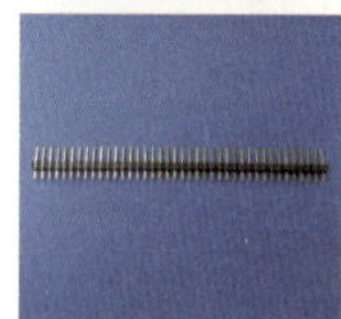

핀 헤더
1열 40핀, 2.54피치(핀 간격: 2.54mm)
» 온라인 (엘: EPX3333M, 디: 2825)

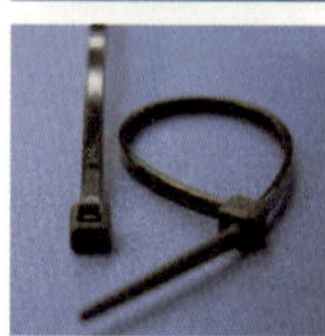

케이블 타이
검은색, 길이: 100mm, 폭: 2.5mm
» 온라인, 청계천 시장

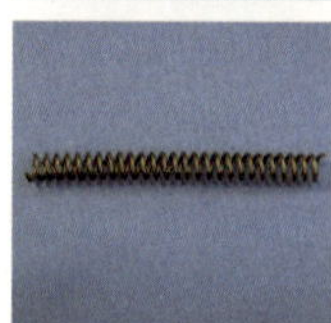

스프링
외경: 8mm, 내경: 6mm, 심굵기: 1mm
길이: 8cm (스프링은 잘라서 사용한다.)
» 청계천 시장

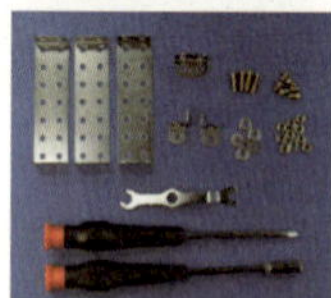

과학상자 부품 (제일과학)
- 41번 볼트 0.6cm, 6개
- 42번 너트, 10개
- 74번 모서리 브래킷(좌), 1개
- 65번 볼트 1.3cm, 4개
- 43번 와셔(소), 4개
- 75번 모서리 브래킷(우), 1개
- 132번 앵글-2, 1개
- 40번 드라이버, 1개
- 123번 너트드라이버, 1개
- 169번 플랜지판 2x7, 3개
- 38번 스패너, 1개

주요 제작단계

01
서보모터 프레임
만들기

02
아두이노에
서보모터와
인체감지 센서
연결하기

03
해바라기에
스프링 달기

04
인사하는
해바라기 종이상자
만들기

05
종이상자에
인체감지 센서와
서보모터 고정하기

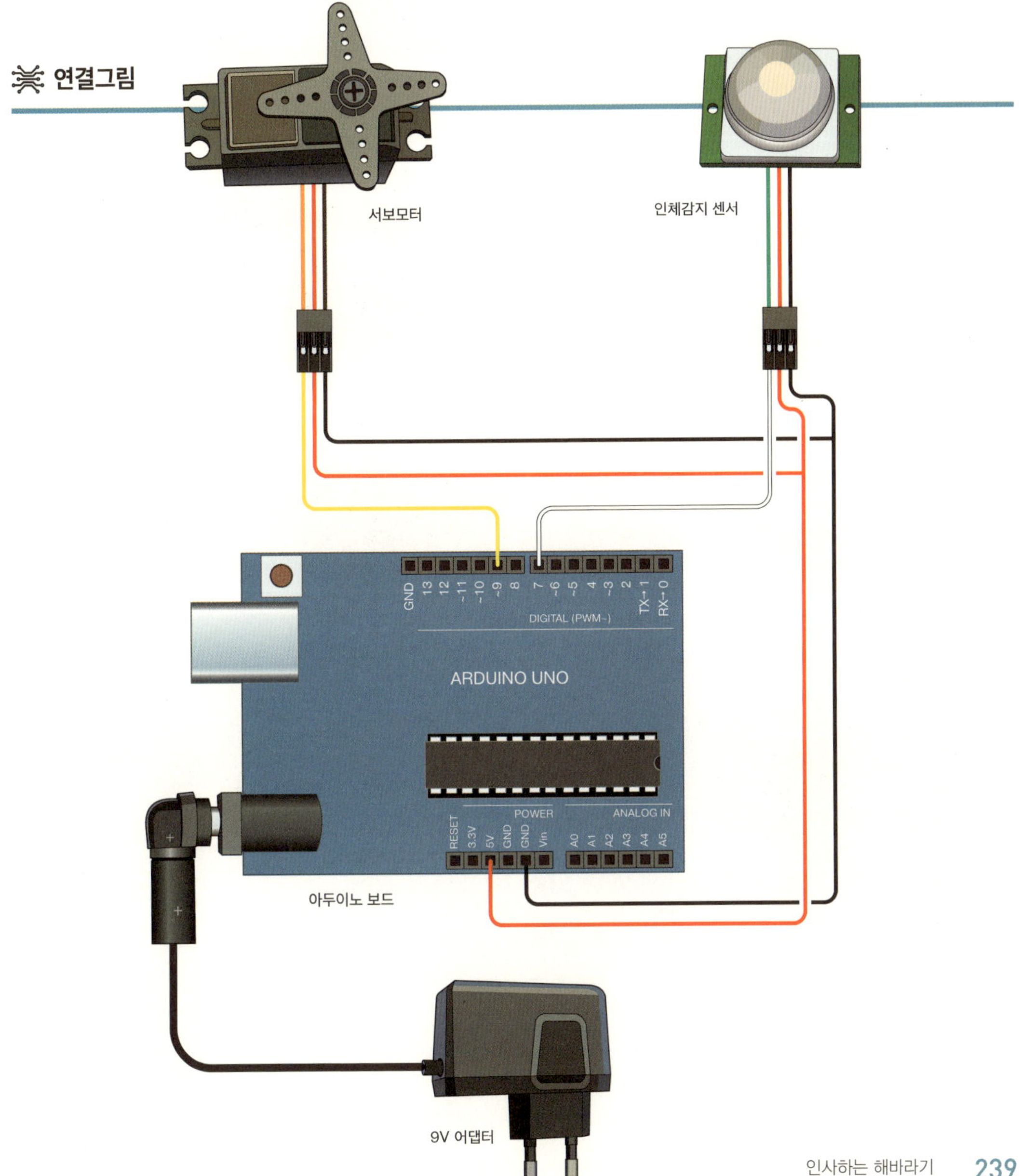

연결그림
서보모터
인체감지 센서
GND
13
12
~11
~10
~9
8
7
~6
~5
4
~3
2
TX~1
RX~0
DIGITAL (PWM~)
ARDUINO UNO
RESET
3.3V
5V
GND
GND
Vin
POWER
A0
A1
A2
A3
A4
A5
ANALOG IN
아두이노 보드
9V 어댑터

01 서보모터 프레임 만들기

01 서보모터 앞면에 부착된 둥근형 휠 판을 시계 방향으로 끝까지
돌려 시작점에 맞춘 다음 가운데 볼트를 풀고 휠 판을 빼낸다.

02 십자형 휠 판을 그림과 같은 위치에 끼우고 볼트로 다시 조인다.

03 왼쪽이 살짝 내려간 형태로 끼워진다.

04 서보모터의 양쪽 고정용 구멍에 와셔를 끼운 볼트 1.3cm로 모
서리 브래킷(좌, 우)을 조립한다.

05 서보모터 프레임을 종이상자에 고정하기 위해 플랜지판 2x7에
앵글-2를 그림과 같이 조립한다.

06 앵글-2를 조립한 플랜지판 2x7 양쪽 가장자리에 플랜지판 2x7
을 각각 세로로 조립한다. 이때 서보모터에 고정된 모서리 브래
킷도 함께 조립한다.

07 서보모터 프레임 완성

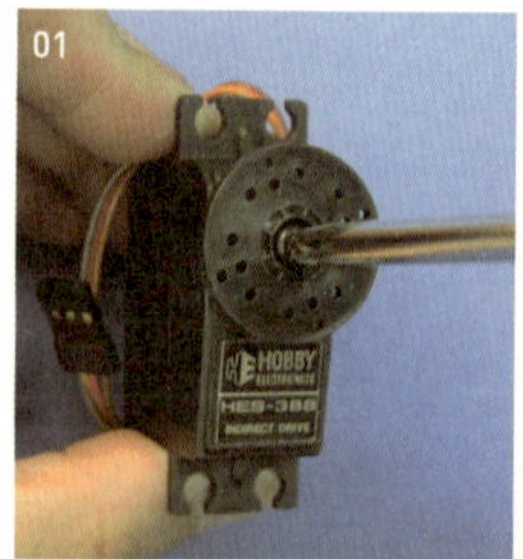
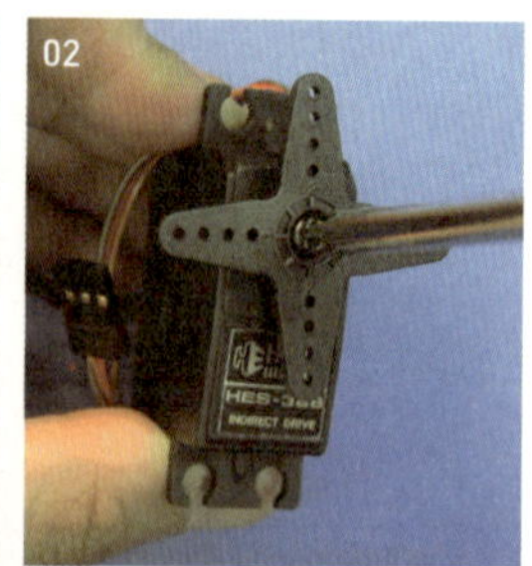
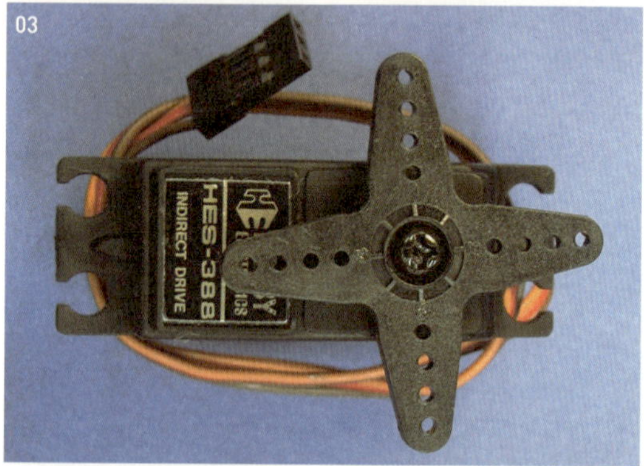
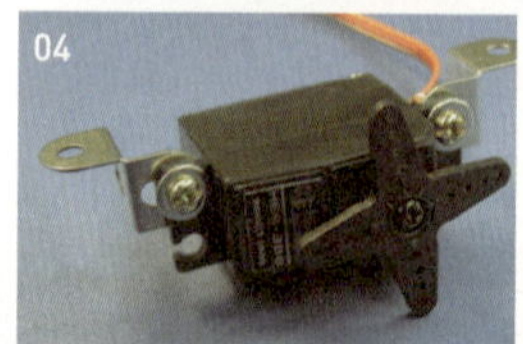
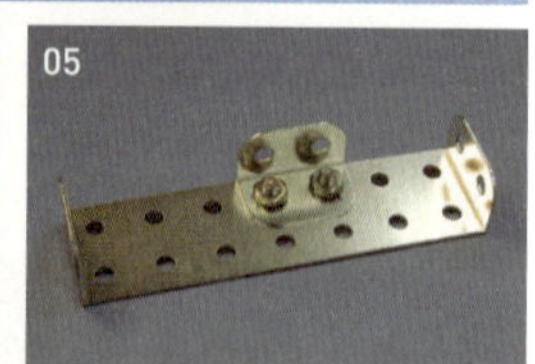
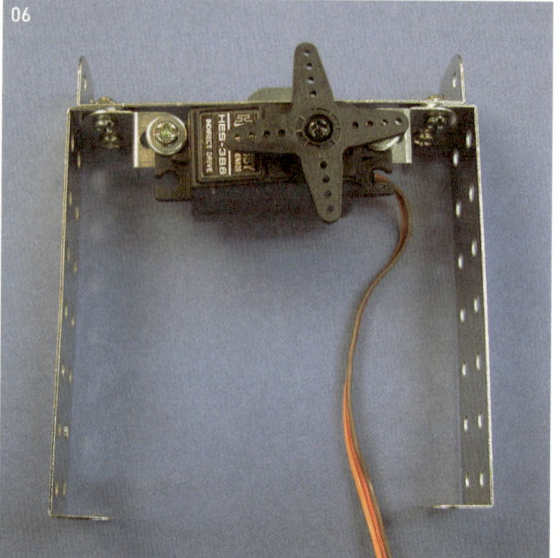
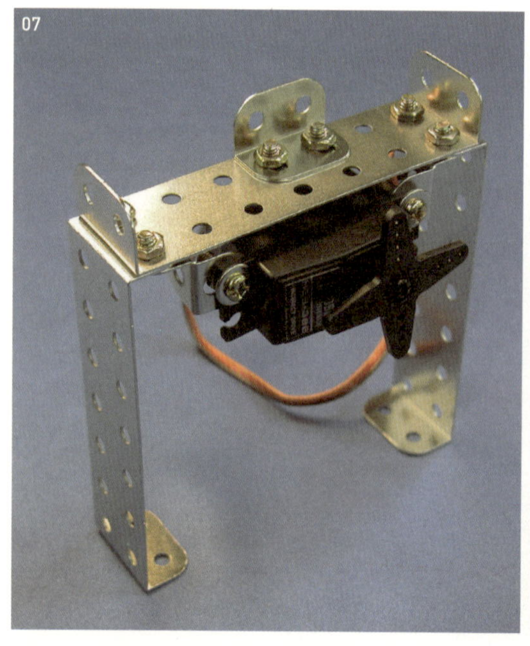

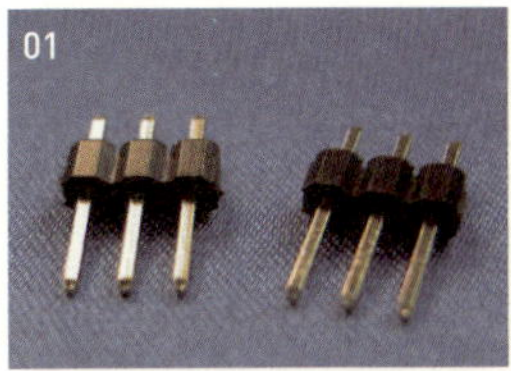

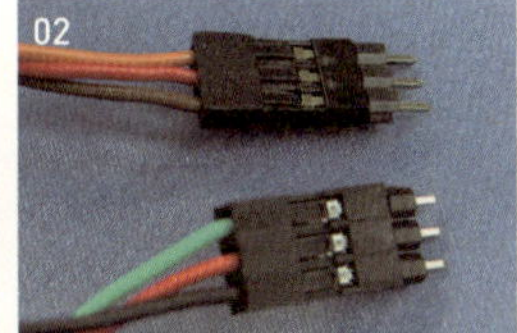

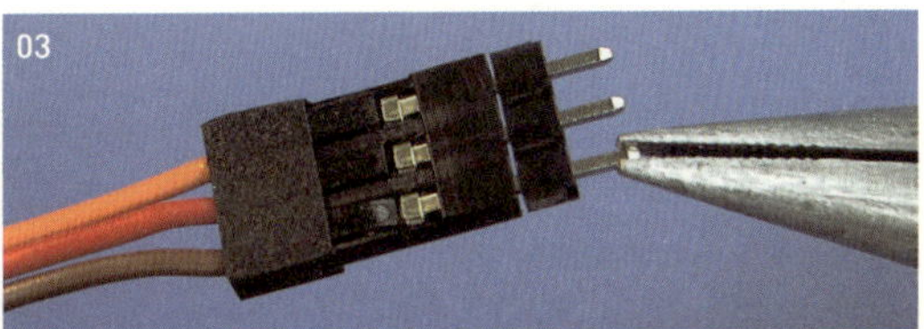

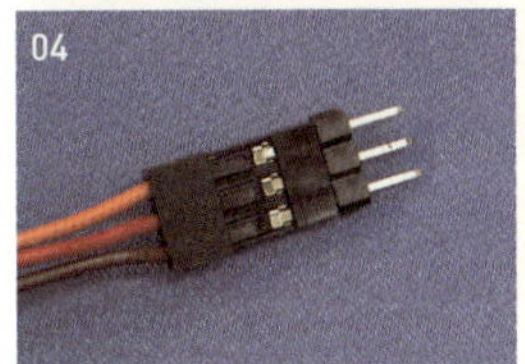

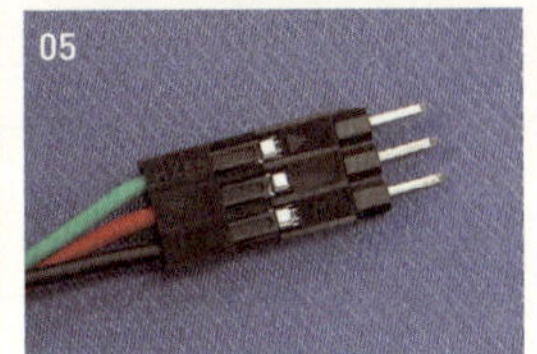

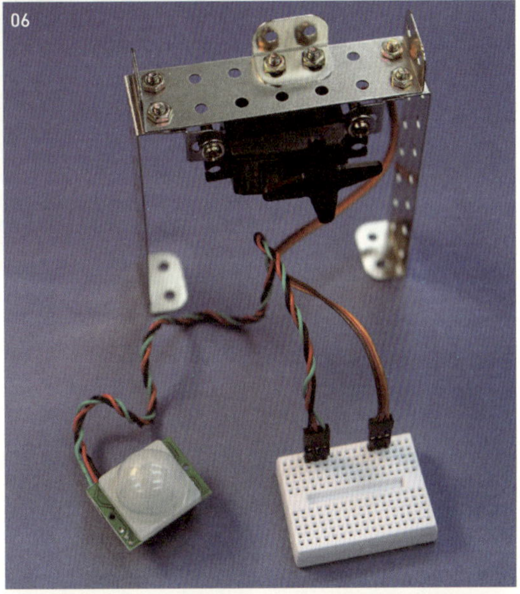

01 서보모터와 인체감지 센서를 미니 브레드보드에 꽂기 위해 핀 헤더를 3핀으로 두 개 준비한다.

02 핀 헤더의 긴 쪽 다리를 서보모터와 인체감지 센서의 커넥터에 꽂는다.

03 짧은 쪽 다리는 미니 브레드보드에 충분히 꽂히지 않기 때문에 플라이어로 핀을 잡고 살짝 뽑아준다.

04 5mm 정도 나오면 적당하다.

06 서보모터와 인체감지 센서를 미니 브레드보드에 꽂는다.

08 인체감지 센서의 검은색 전선과 서보모터의 갈색 전선을 검은색 점프선으로 연결한다.

09 인체감지 센서의 빨간색 전선과 서보모터의 빨간색 전선을 빨간색 점프선으로 연결한다.

10 인체감지 센서의 초록색 전선은 아두이노 보드의 디지털 7번 핀과 흰색 전선(30cm)으로 연결한다.

11 서보모터의 갈색 전선은 아두이노 보드의 그라운드(GND)와 검은색 전선(30cm)으로 연결한다.

12 서보모터의 빨간색 전선은 아두이노 보드의 5V 출력 핀과 빨간색 전선(30cm)으로 연결한다.

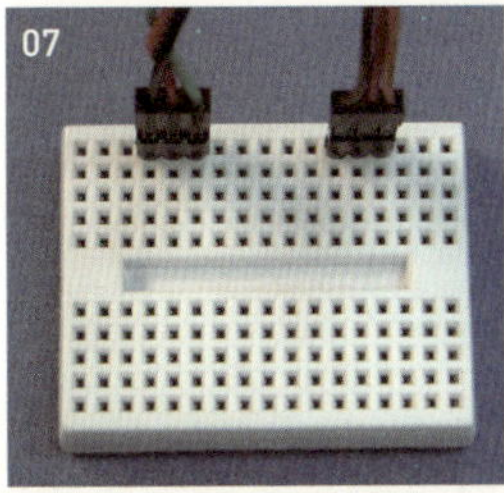

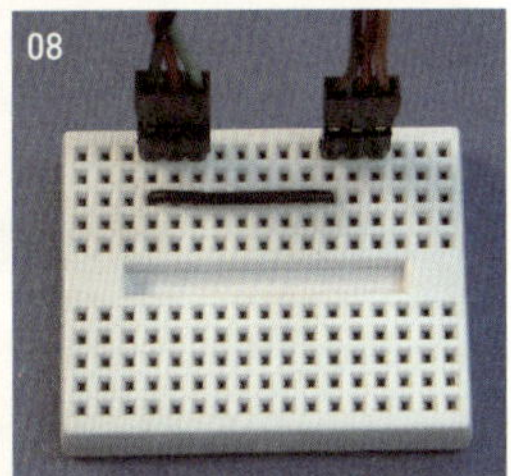

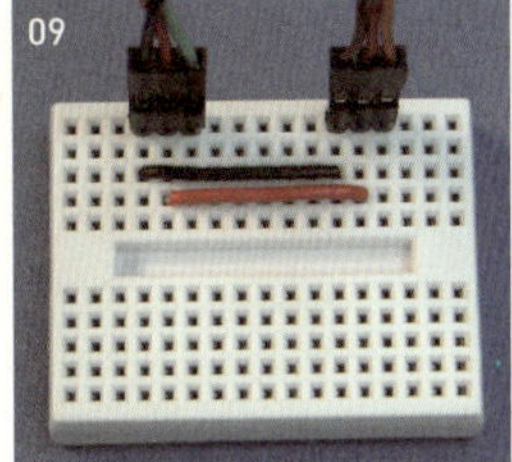

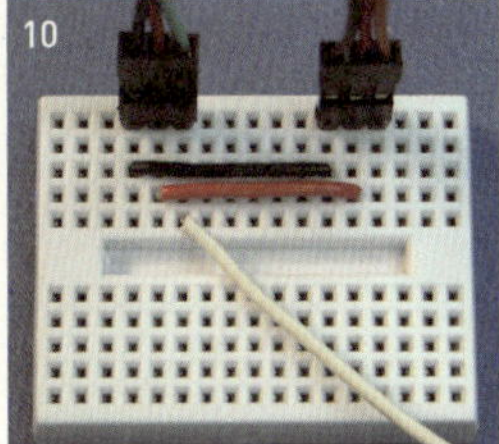

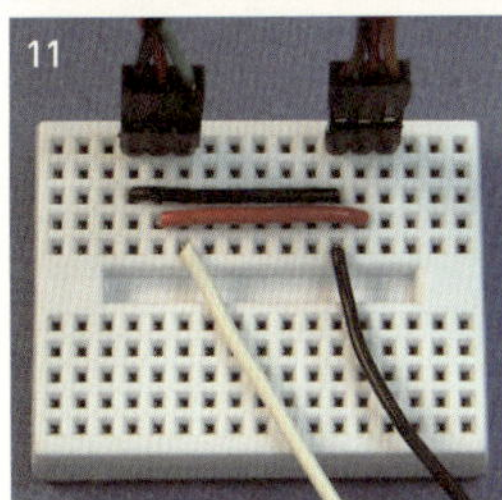

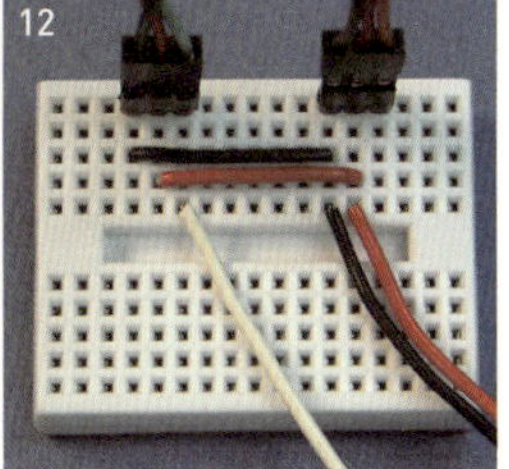

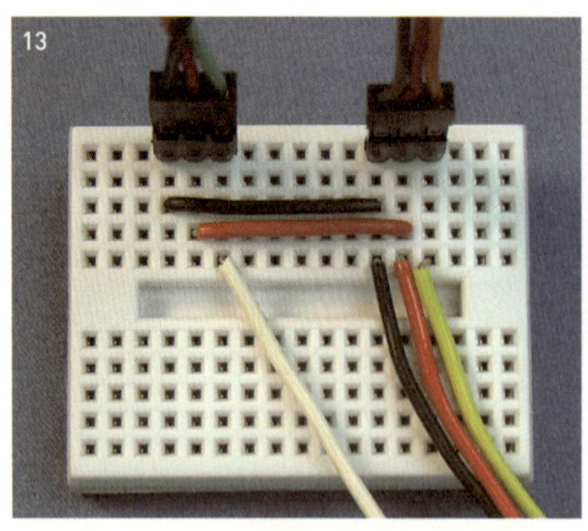

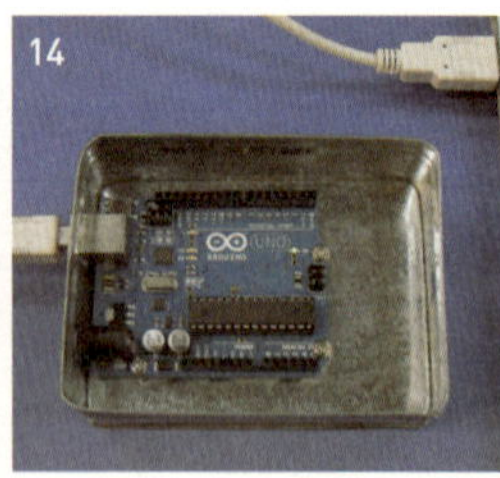

13 서보모터의 주황색 전선은 아두이노 보드의 디지털 9번 핀과 노란색 전선 (30cm)으로 연결한다.

14 아두이노 보드에 스케치 servo_1을 업로드한다.

servo_1

```
#include <Servo.h>      // 서보 라이브러리를 불러온다

Servo servo;      // 사용할 서보모터의 이름을 servo로 정해준다
int angle = 0;    // 변수 angle을 정수의 형태로 설정하고 숫자 0을 넣는다

void setup(){
  pinMode(13, OUTPUT);  // 13번 핀을 디지털 출력 핀으로 사용
  pinMode(7, INPUT);    // 7번 핀을 디지털 입력 핀으로 사용
  servo.attach(9);      // 서보모터를 디지털 9번 핀에 연결하여 제어한다
  servo.write(angle);   // 서보모터의 위치를 angle의 값(0)에 맞춘다
}

void loop(){
  if (digitalRead(7) == HIGH){  // 만약 7번 핀으로
                                // 5V(HIGH)가 입력되면
    digitalWrite(13, HIGH);     // 13번 핀에 연결된 LED를 켠다
    for(angle = 0; angle <= 45; angle++){ // angle은 0에서부터
                                          // 45까지 1씩 증가한다
      servo.write(angle);   // 서보모터의 위치는
                            // angle의 값에 따라 이동한다
      delay(30);            // 서보모터는 0.03초 간격으로 이동한다
    }
    delay(3000);        // 서보모터는 45도 위치에서 3초 동안 멈춘다
    for(angle = 45; angle >= 0; angle--){  // angle은 45부터
                                           // 0까지 1씩 감소한다
      servo.write(angle);   // 서보모터의 위치는
                            // angle의 값에 따라 이동한다
      delay(30);            // 서보모터는 0.03초 간격으로 이동한다
    }
    delay(3000);            // 서보모터는 0도에서 3초 동안 멈춘다
  } else {                  // 7번 핀으로 5V(HIGH)가
                            // 입력되지 않을 경우에는
    digitalWrite(13, LOW);  // 13번 핀에 연결된 LED는 꺼져있다
  }
}
```

servo_1 스케치는 서보모터를 숫자 값으로 간편하게 제어하기 위해 서보(Servo) 라이브러리를 사용했다. '라이브러리'는 도서관에서 필요한 책을 찾아보듯이 아두이노에서 특수한 기능을 추가하여 사용할 수 있도록 도와주는 역할을 한다. 예를 들면 아두이노를 인터넷에 연결하여 데이터를 주고받거나 원하는 만큼 모터 축이 회전하는 스탭모터를 쉽게 제어할 수도 있다. 상단 메뉴의 스케치 메뉴에서 라이브러리 가져오기를 클릭하면 기본적으로 사용할 수 있는 라이브러리가 있다. 필요한 라이브러리를 선택해 사용한다. Servo를 선택하면 첫 줄에 C 또는 C+ 프로그래밍 언어로 만들어진 Servo.h 파일이 자동으로 연결된다. 이 파일을 연결하면 간단한 명령어로 서보모터를 제어할 수 있다. 두 번째 줄에서는 사용할 서보모터의 이름을 servo로 지정해준다. 세 번째 줄은 서보모터의 위치를 지정하기 위해 변수 angle을 만들고 처음 값을 0으로 설정한다. 서보모터의 위치를 제어하는 변수 값이 커지면 시작점에서 시계 반대 방향으로 증가한 숫자 만큼의 각도로 휠 판이 돌아간다. 우리가 사용하는 서보모터는 시작점 0도에서 최대 180도까지 돌아간다.

void setup()에서 인체감지 센서가 사람을 감지한 순간을 LED로 확인하기 위해 13번 핀을 출력 핀으로 설정하고 7번 핀은 입력 핀으로 설정하여 인체감지 센서와 연결한다. servo.attach(핀 번호)는 서보모터를 연결한 디지털 핀을 설정하는 명령어로 우리는 디지털 9번 핀을 출력 핀으로 서보모터를 제어하는 용도로 사용한다. servo.write(변수)는 서보모터의 위치를 변수 값 만큼의 각도로 움직이는 명령어로 처음 스케치가 시작할 때는 항상 서보모터가 0도에서 시작하도록 한다.

void loop()에서는 인체감지 센서와 연결된 디지털 7번 입력 핀의 조건에 대해 참일 경우 두 개의 for 구문으로 움직임을 만들고 거짓일 경우에는 아무런 움직임도 일어나지 않게 한다. 참인 경우는 작품 앞으로 사람이 다가오면 인체감지 센서에서 5V가 출력되어 디지털 7번

입력 핀이 HIGH(5V)가 되는 순간이다. 그러면 13번 핀과 연결된 LED를 켜서 사람이 다가 왔음을 확인할 수 있다. 첫 번째 for 구문을 통해 각도가 0도에서 45도까지 0.03초 간격으로 1도씩 증가하는 움직임을 만들면 서보모터에 고정되어 있는 해바라기가 고개를 숙인다. 45도까지 증가한 다음 3초 정도 정지한다. 그리고 다시 45도에서 0도까지 0.03초 간격으로 1도씩 감소하는 움직임을 만들면 해바라기가 고개를 든다. 작품 앞에 사람이 없으면 인체감지 센서에서 0V가 출력되고 디지털 7번 입력 핀이 LOW(0V)가 되어 if 구문의 조건에 대해 거짓인 경우에 해당하며 13번 핀과 연결된 LED는 꺼진 상태다.

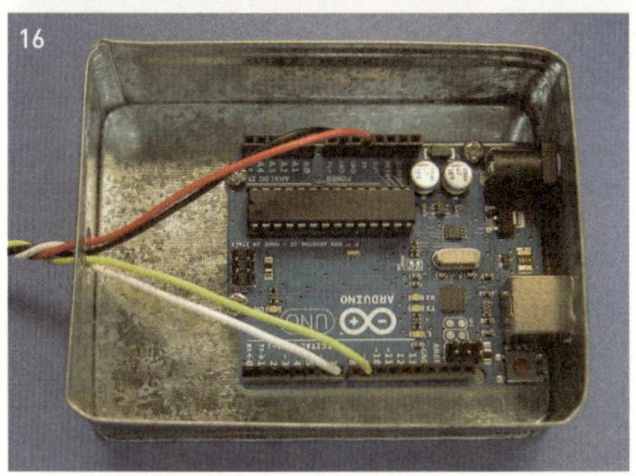

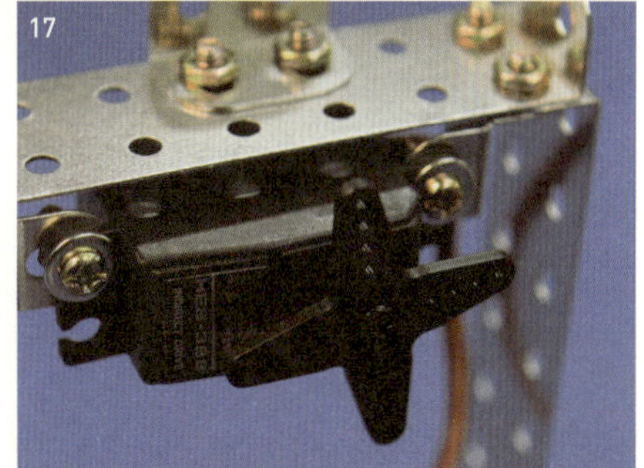

15 미니 브레드보드에서 나온 전선들을 아두이노에 연결한다.

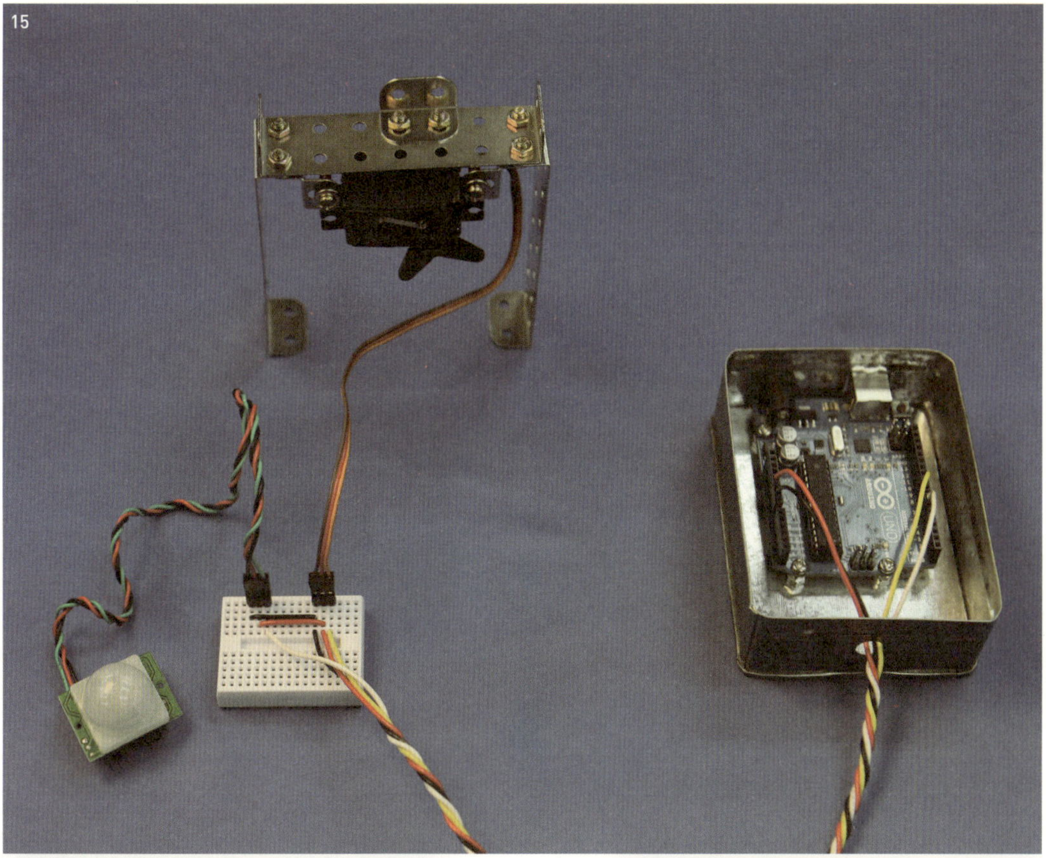

16 빨간색 전선은 5V 출력 핀에 꽂고 검은색 전선은 그라운드(GND)에 꽂는다.
노란색 전선은 디지털 9번 핀에 꽂고 흰색 전선은 디지털 7번 핀에 꽂는다.

17 아두이노 보드에 전원을 연결하고 인체감지 센서 앞에서 움직이면 서보모터
가 45도 기울어졌다가 다시 0도로 돌아온다.

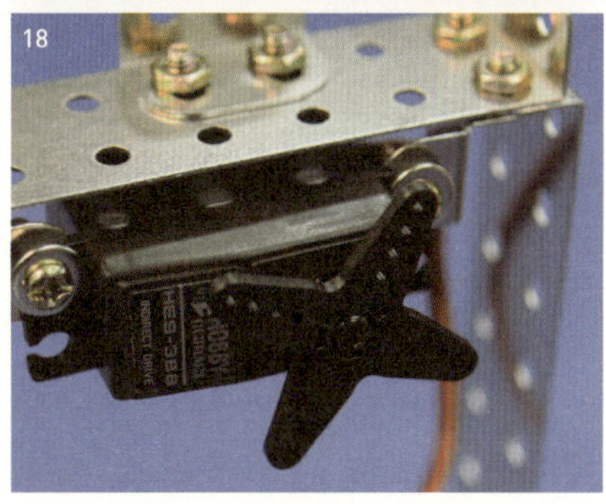

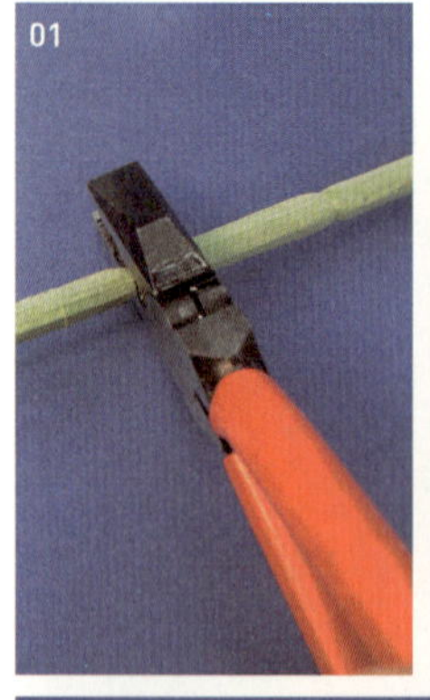
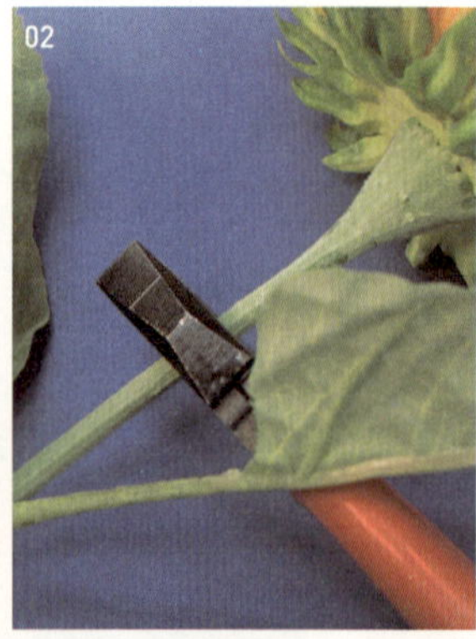

01 해바라기 줄기를 35cm 정도 남기고 나머지 부분은 잘라준다.

02 해바라기 머리에서 8cm 정도를 잘라준다.

03 해바라기가 인사할 때 자연스러운 동작을 만들기 위해 스프링을 달아준다.

04 머리 부분 줄기를 돌려가면서 스프링에 끼운다.

06 해바라기의 목 부분에 스프링을 끼운 모습

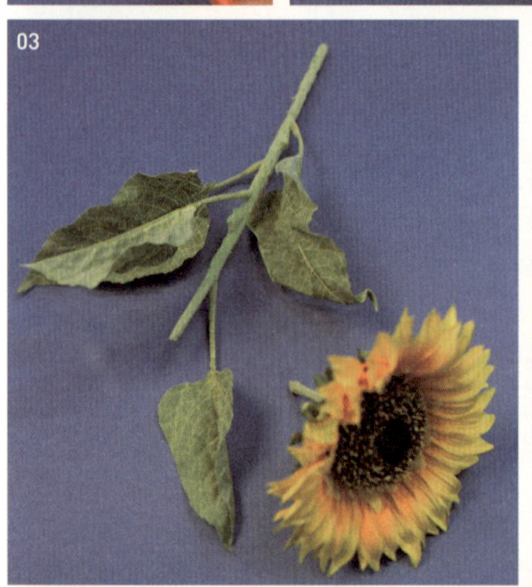
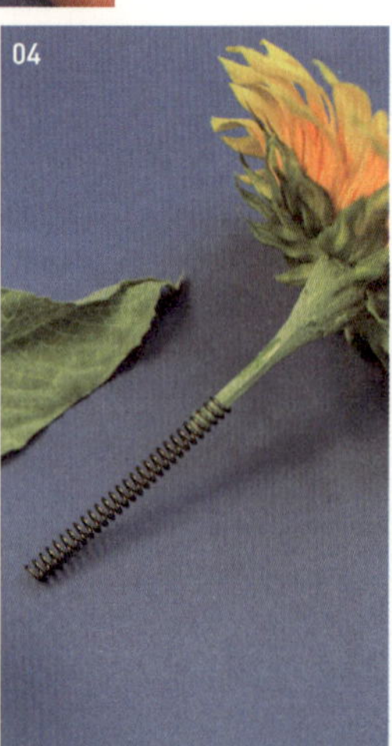
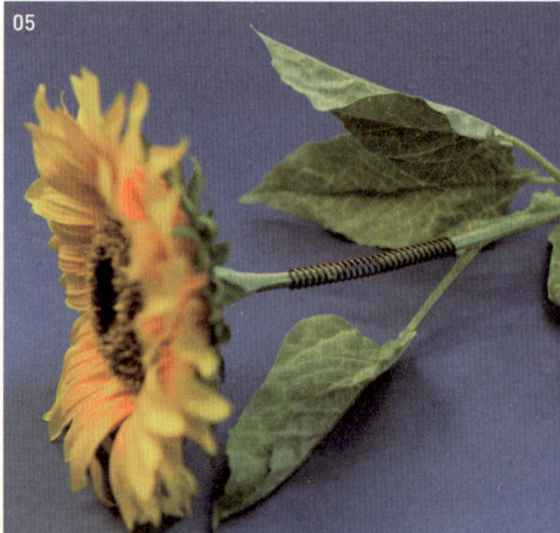

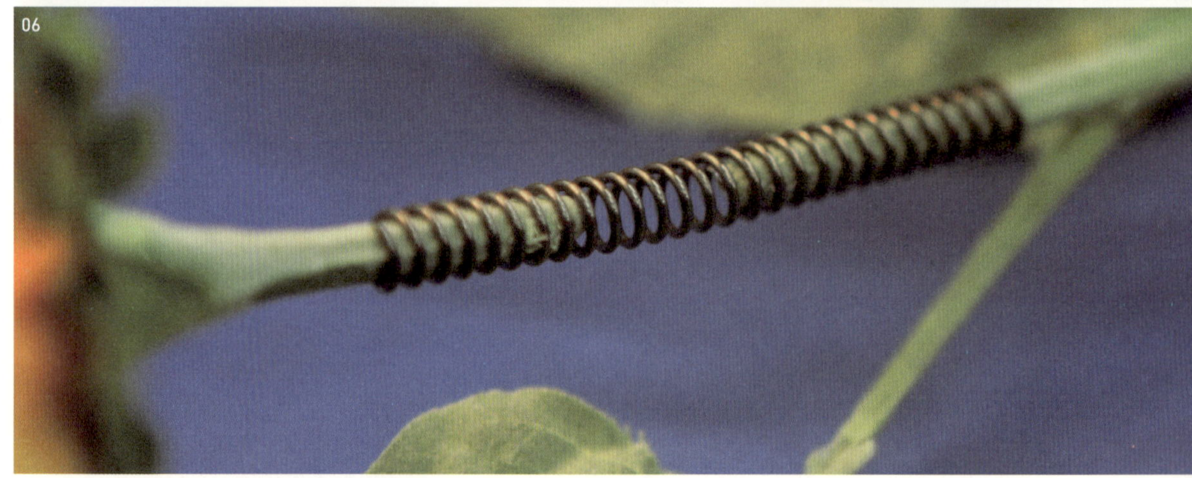

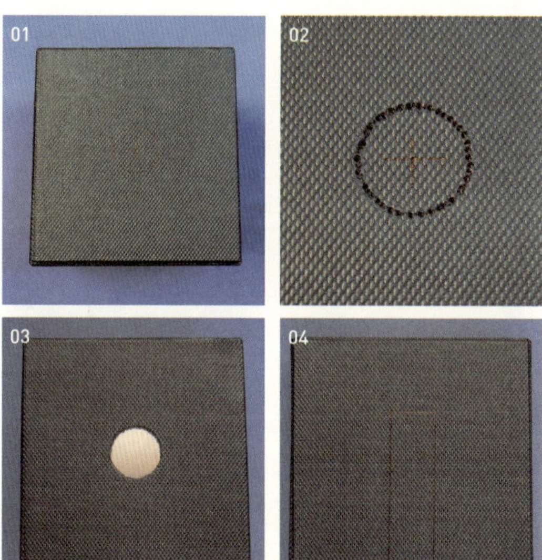

01 인체감지 센서를 고정하기 위해 상자 앞면 가운데에 지름 22mm짜리 구멍을 낸다.

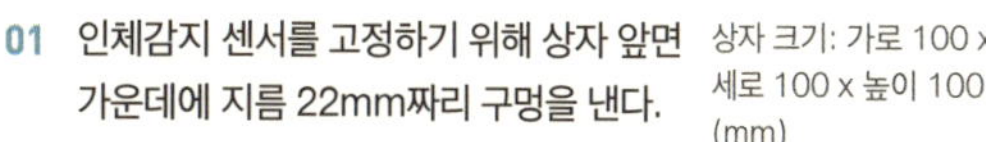

상자 크기: 가로 100 x 세로 100 x 높이 100 (mm)

02 컴퍼스로 지름 22mm 원을 그리고 선을 따라 송곳으로 촘촘하게 구멍을 낸 다음 칼로 도려낸다.

04 상자 뚜껑에 해바라기가 움직일 수 있게 직육면체 구멍을 낸다.

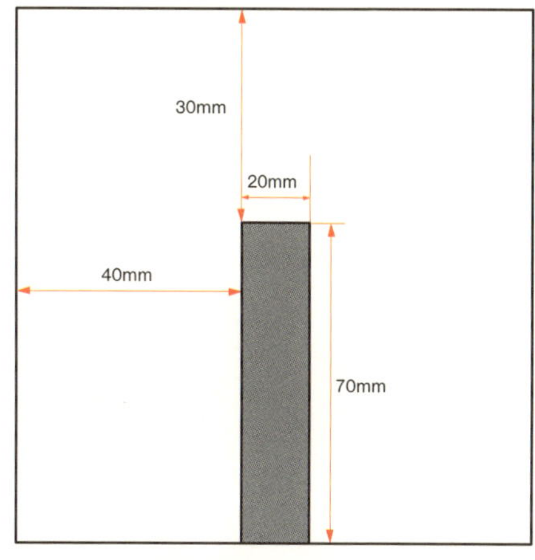

상자 윗면 구멍 위치 및 크기

05 칼로 선을 따라 여러 번 그어가면서 잘라낸다.

06 상자 뒷면 왼쪽 아랫부분에는 지름 6mm 구멍을 낸다.

08 서보모터 프레임을 상자 안에 넣고 고정시키기 위한 지름 4mm 구멍을 볼트 위치에 뚫어준다.

09 와셔를 끼운 볼트 1.3cm로 프레임을 고정시켜준 다음 다시 볼트를 풀고 프레임을 빼낸다.

10 인사하는 해바라기 종이상자 완성

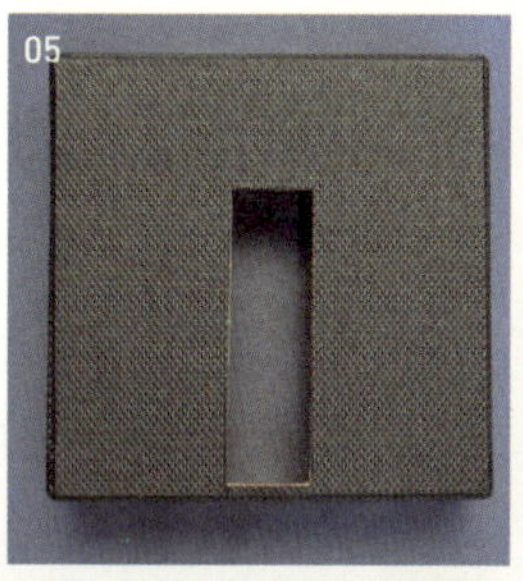
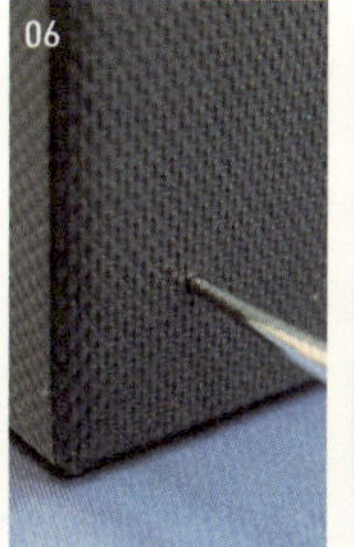
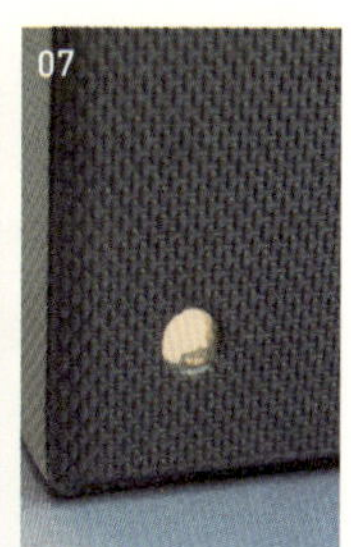

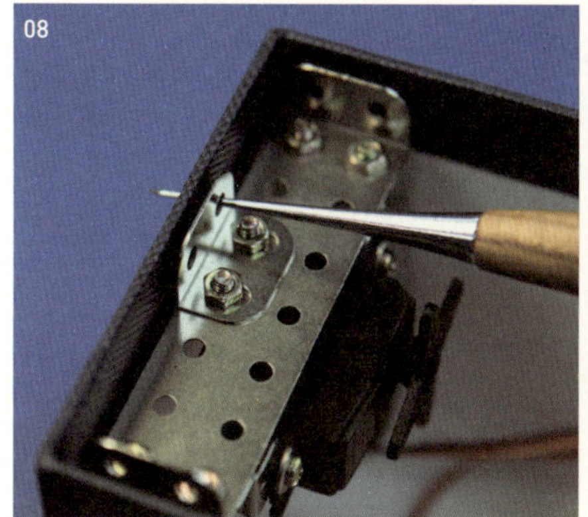
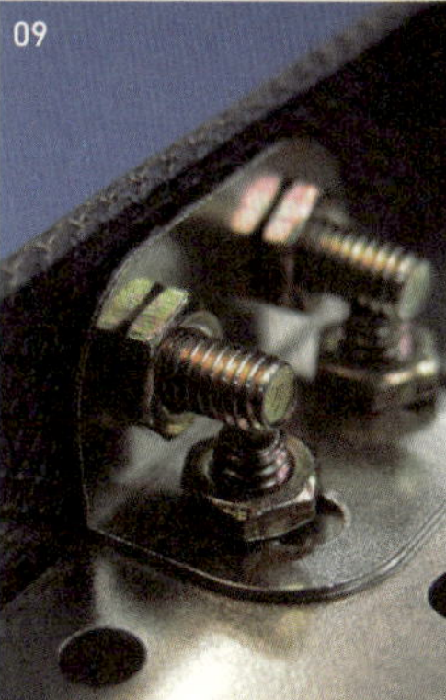
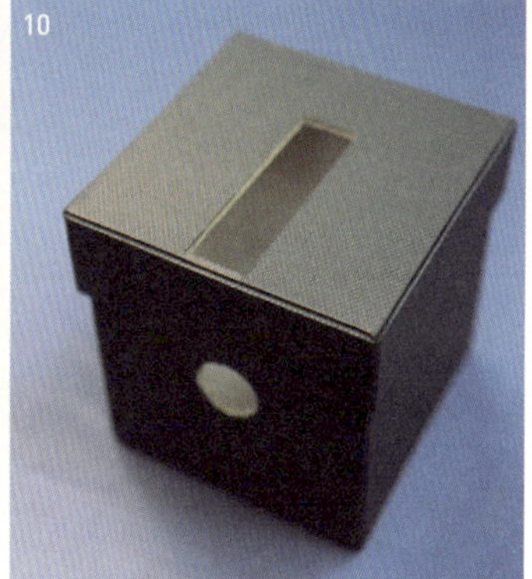

01 상자 안에 미니 브레드보드를 넣고 아두이노와 연결할 전선들은 뒷면 구멍으로 빼낸다.

02 인체감지 센서 앞면 네모서리에 글루건을 쏜다.

03 플라스틱 캡이 안쪽에서 바깥쪽으로 향하게 센서를 고정시킨다.

05 인체감지 센서 커넥터를 미니 브레드보드에 꽂는다.

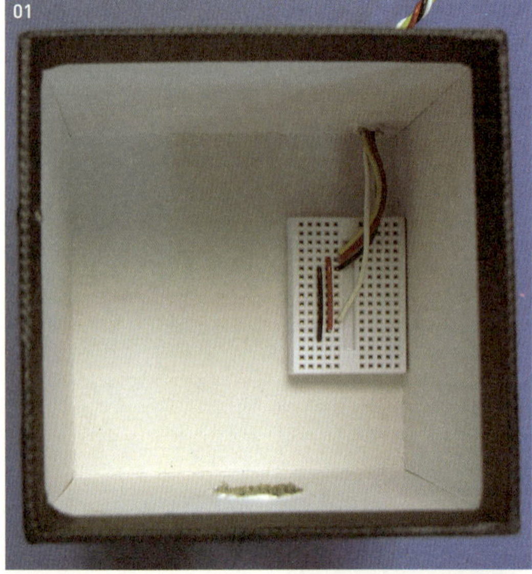

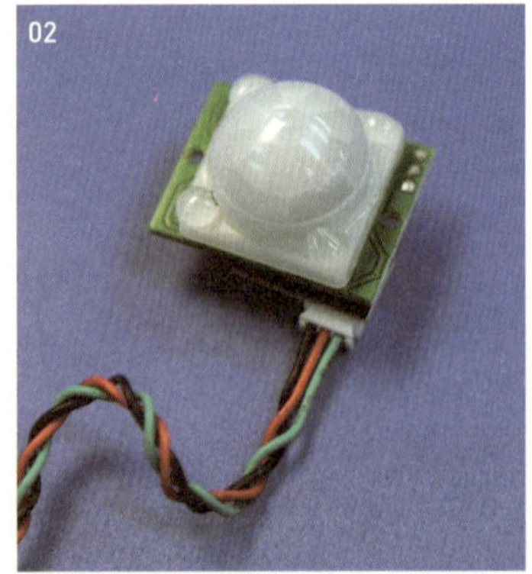

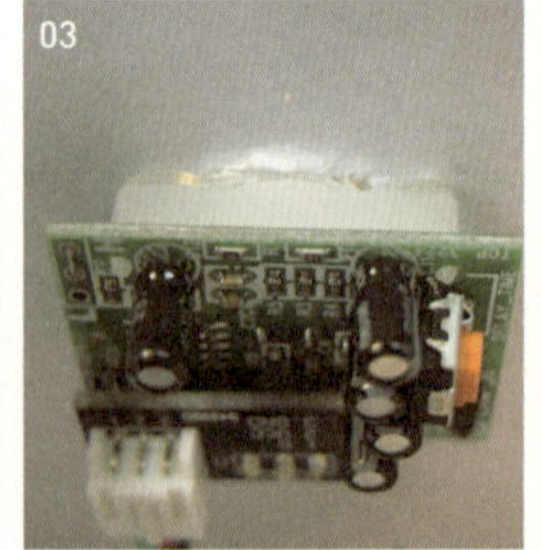

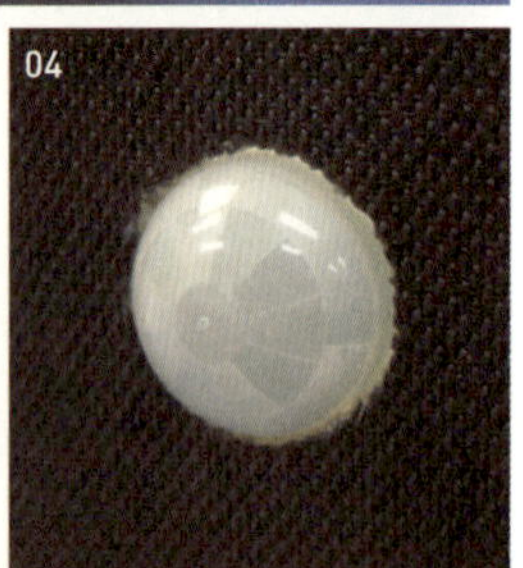

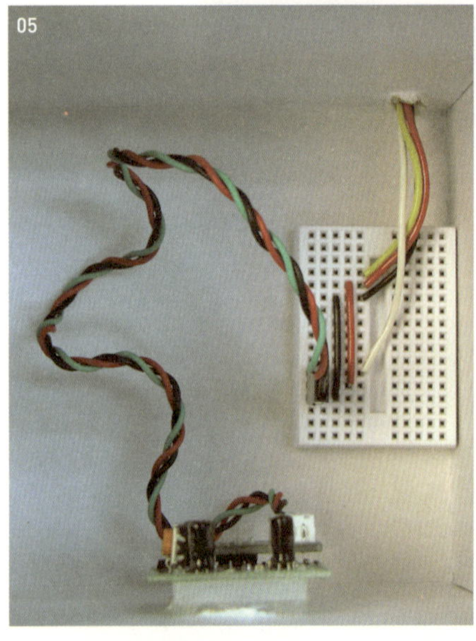

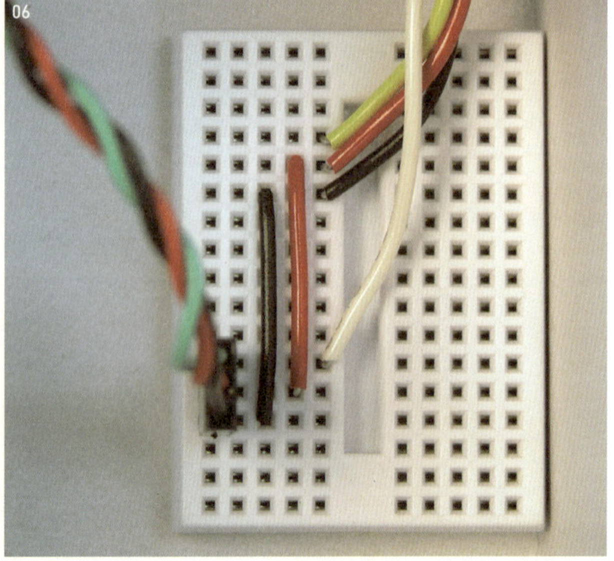

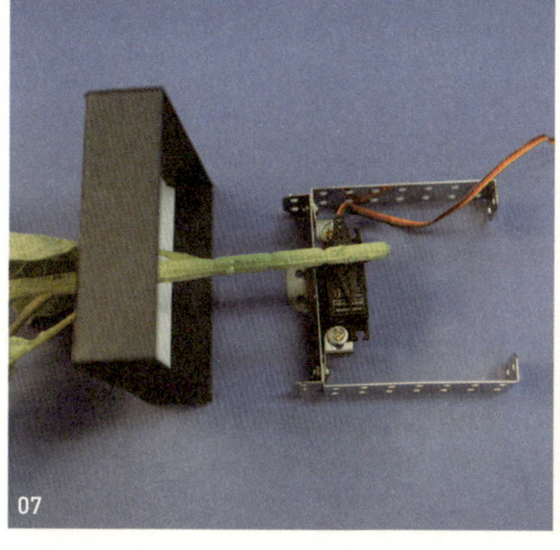

07

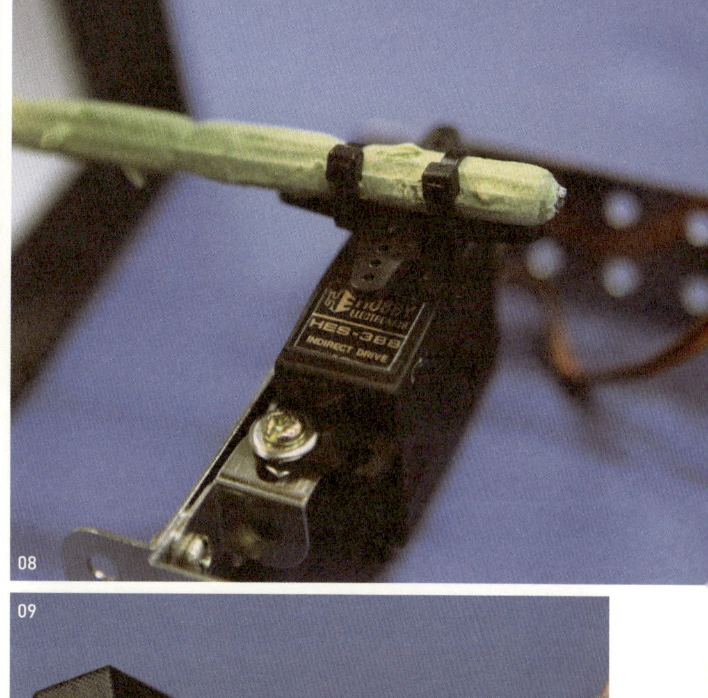

08

07 해바라기 줄기에 상자 뚜껑을 먼저 끼우고 줄기 끝
부분을 서보모터에 고정시킨다.

08 케이블 타이를 이용하여 줄기를 서보모터 휠 판에 단
단하게 조인다.

10 서보모터 커넥터를 미니 브레드보드에 꽂는다.

11 서보모터 프레임을 종이상자에 넣고 볼트 1.3cm
로 상자에 고정시킨다.

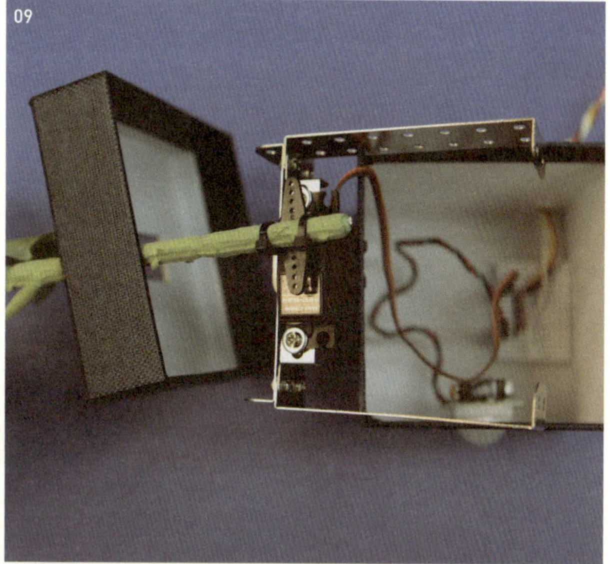

09

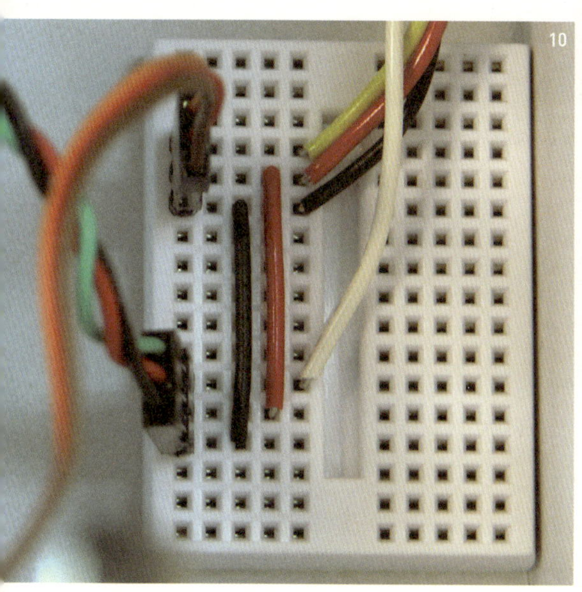

10

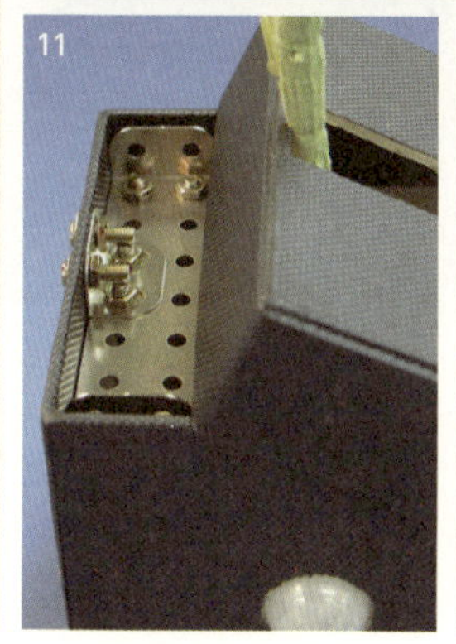

11

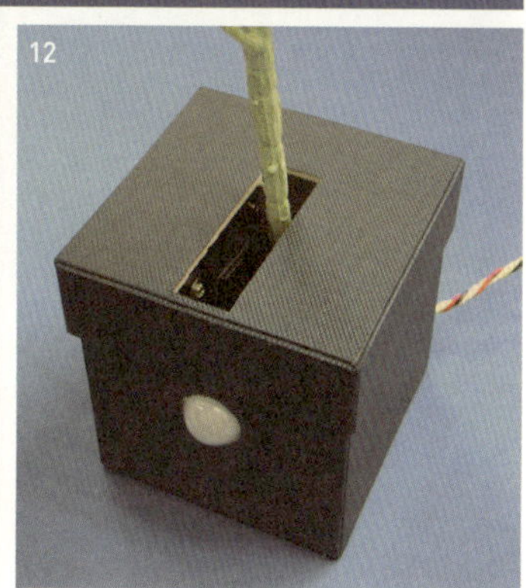

12

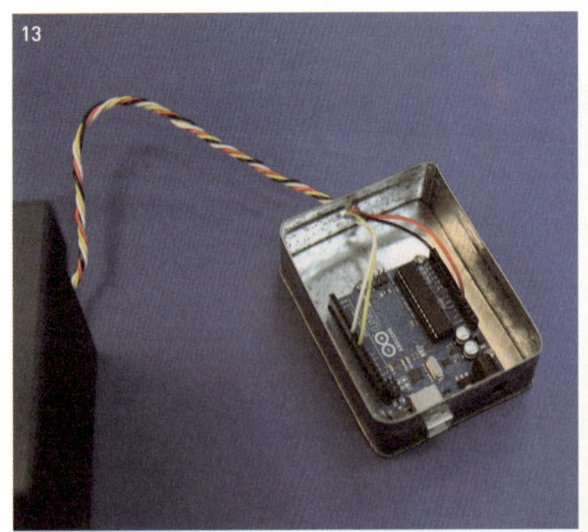

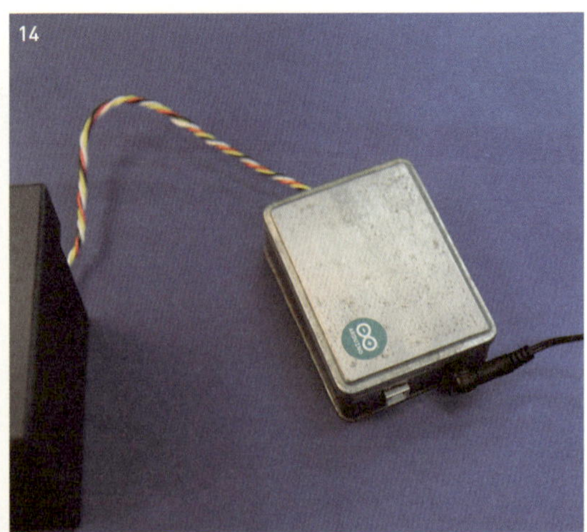

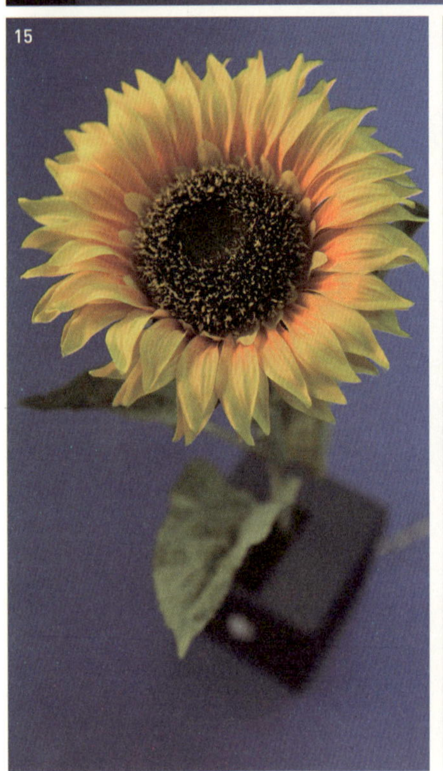

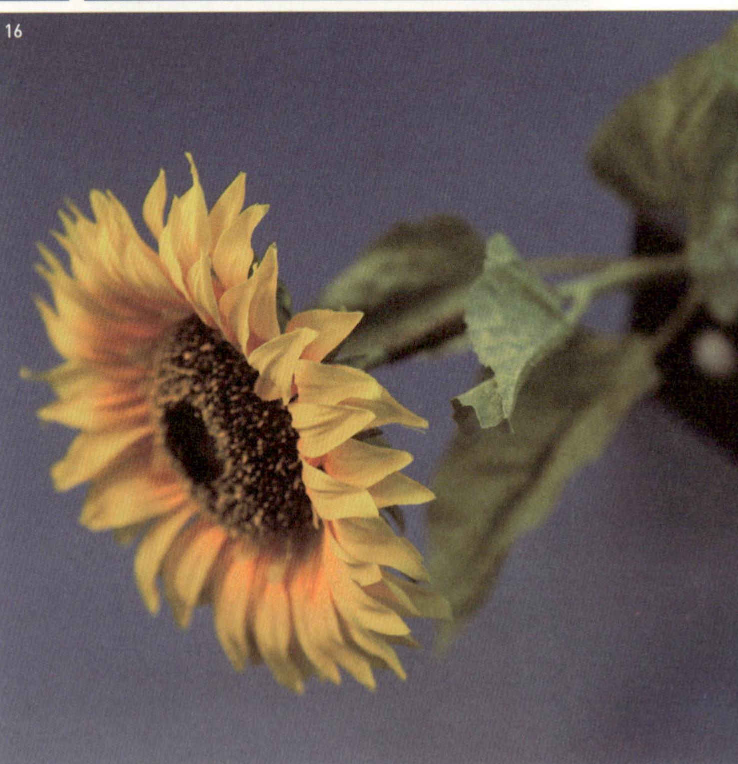

13 미니 브레드보드와 연결된 전선들을 아두이노 보드에 꽂는다.

14 아두이노 케이스의 뚜껑을 닫고 전원을 연결한다.

15 인사하는 해바라기 완성~

16 상자 앞으로 사람이 다가오면 해바라기가 기울어지면서 인사를 한다.

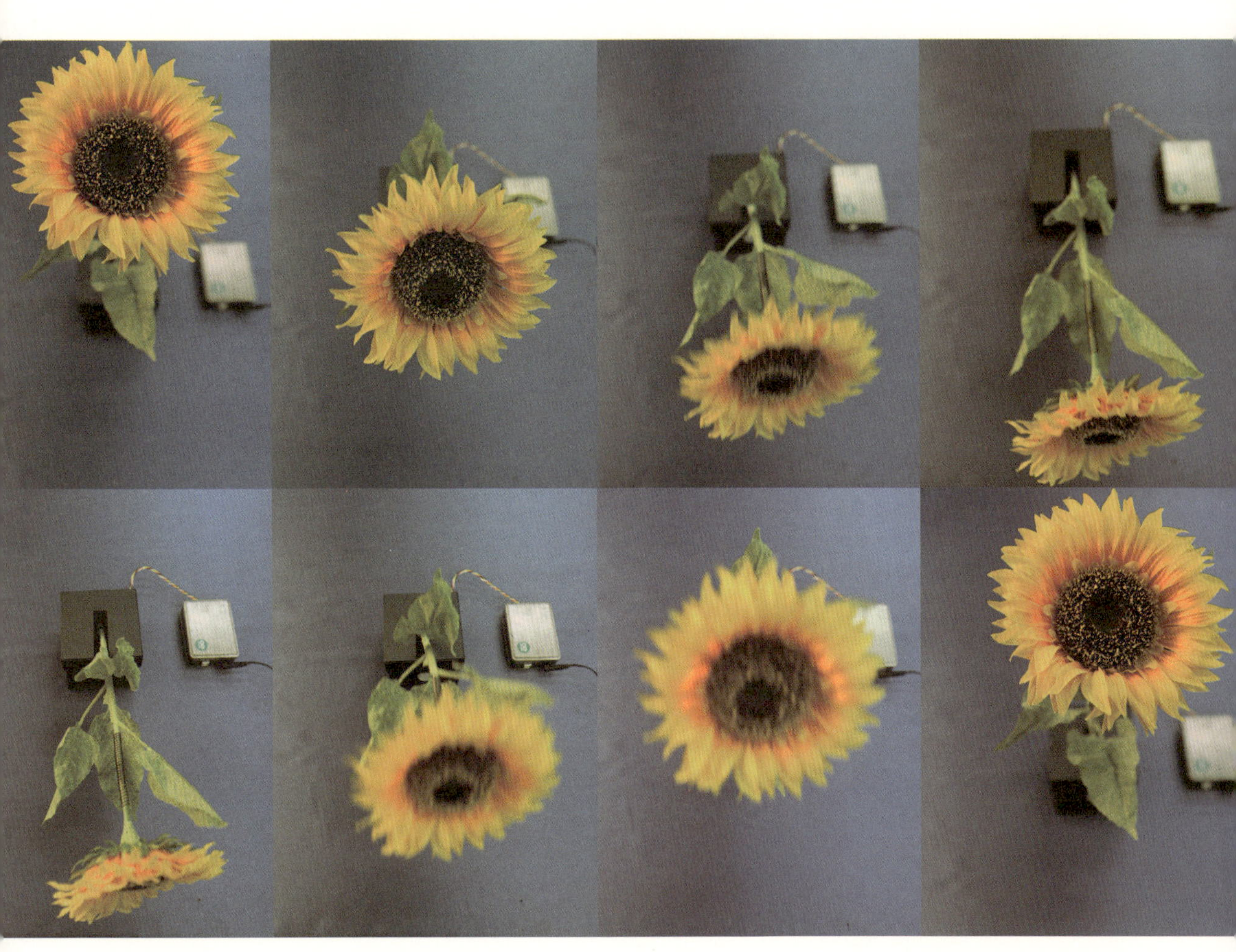

자연의 아름다움

매년 4월이면 구름처럼 뭉게뭉게 피어오르는 벚꽃, 노란 비단을 깔아 놓은 듯한 유채꽃 밭, 지리산 정상에서 바라본 힘찬 봉우리들, 울긋불긋 아름다운 빛을 발하는 단풍나무, 그리고 안개 낀 날 나지막한 언덕 위에서 내려다본 바다의 모습은 한 폭의 수묵화를 연상시킨다. 이처럼 원래 모습 그대로가 경이로운 자연을 마주할 때면 말이 필요 없다는 표현이 떠오른다. 이해할 필요 없이 직관적으로 아름다움을 느끼기 때문이다.

눈앞에 펼쳐진 광경이 시각이라는 감각 기관을 통해 감지된 후 복잡한 신경계를 지나 뇌에 전달된 다음 아름답다는 판단을 내린 뒤에야 말로 표현이 되는 사유의 과정을 거쳐서 느껴지는 아름다움이 아니다. 자연의 아름다움은 순수하다. 인간의 판단과 추론은 기존의 체계화된 지식이나 관습으로 굳어진 선입관에서 쉽게 벗어나기 힘들기 때문이다.

몰론 직관적인 아름다움을 자연에서만 경험하는 것은 아니다. 매년 10월이 되면 전국적으로 다양한 축제가 열리고 곳곳에서는 불꽃놀이도 많이 한다. 찰나의 순간, 어두운 밤하늘에 터지는 불꽃을 보면 또 말이 없어진다. 또는 항상 머릿속으로만 상상하던 이상형을 현실에서 마주치는 순간, 동공이 확대되고 신경계는 이 기쁜 소식을 뇌에 전달해야 하는 의무를 잊어버린 듯 온 몸이 굳어진다. 뇌는 현재의 상황을 판단할 수 없다는 불안감에 시간도 멈춰 버린다.

직관의 힘은 놀랍도록 아름답다. 가끔은 직관적으로 세상을 바라보자~!

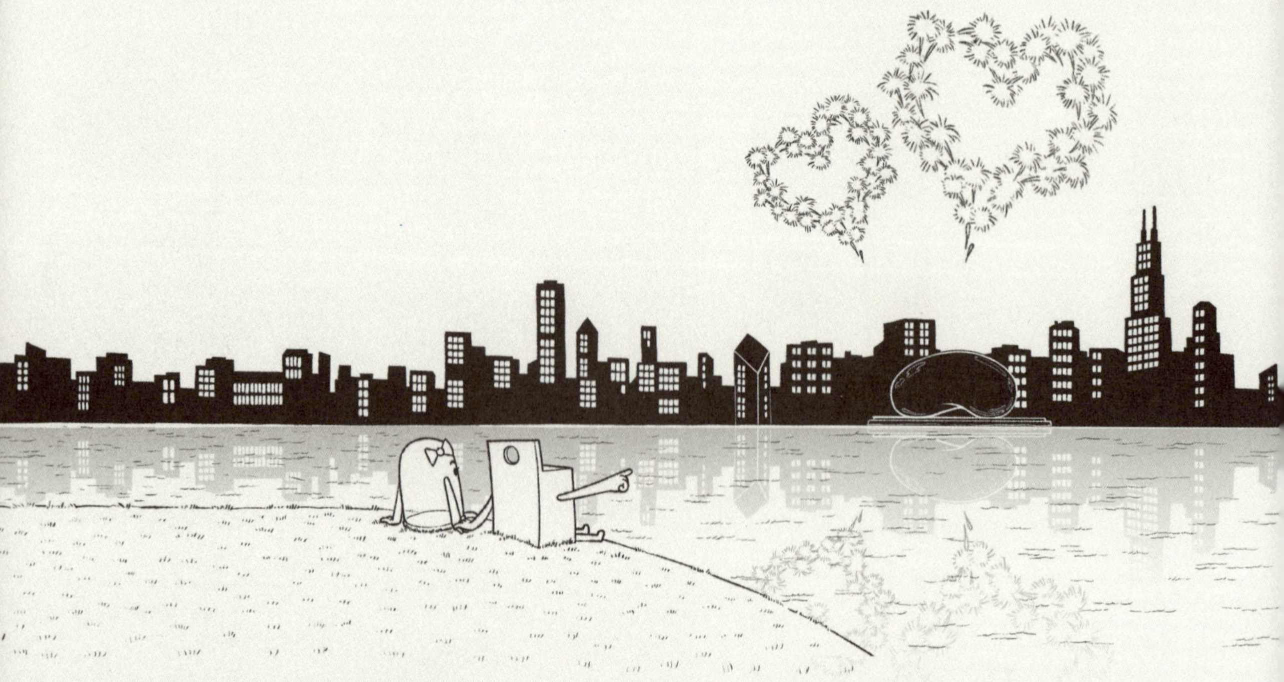

불어서 켜는 전등

난이도   ■■■■□
시간   1시간 30분

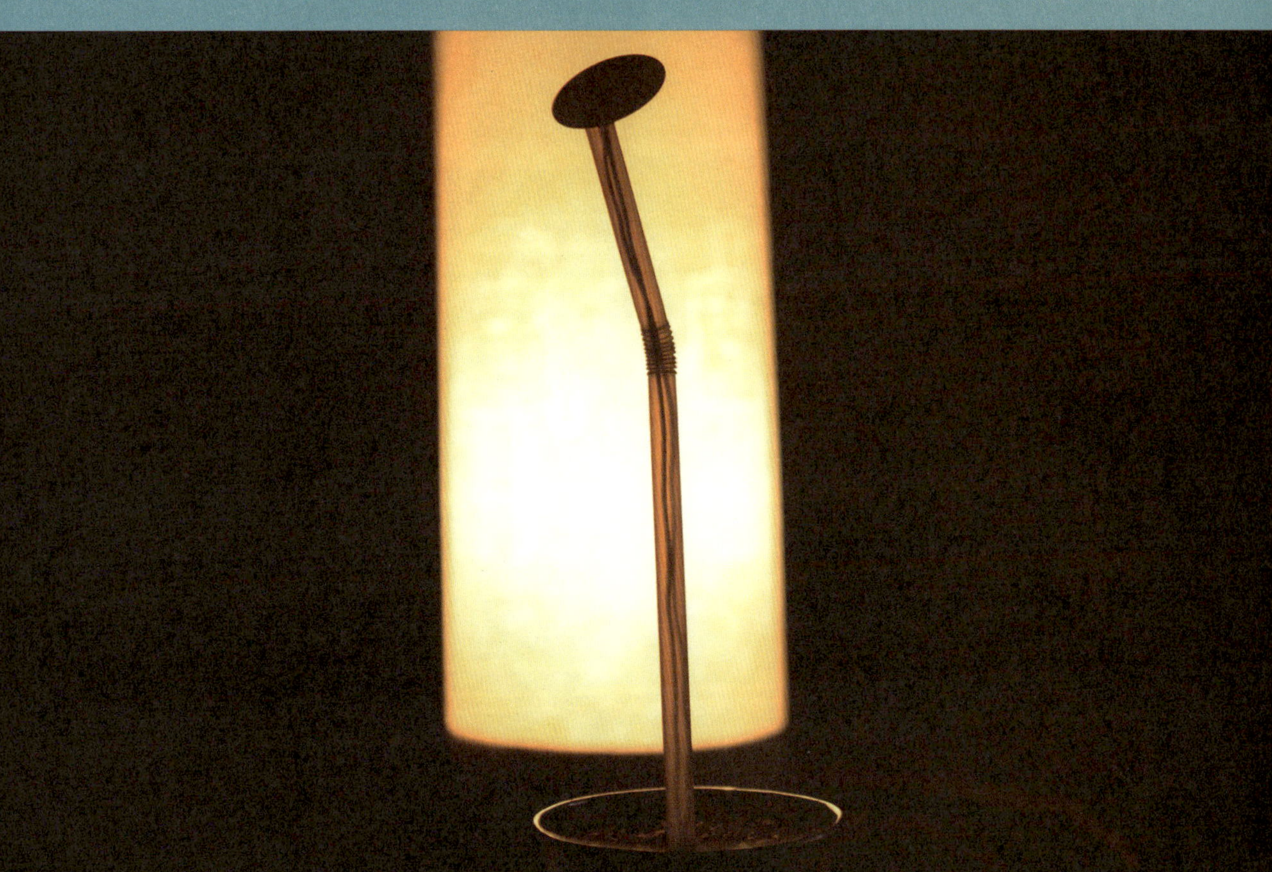

입으로 바람을 불어서 켜고 끌 수 있는 220V 전등. 둥근 형태의 피에조 센서 표면으로 전해지는 미세한 진동을 감지한다. 아두이노 출력 핀으로는 릴레이를 제어하여 220V AC로 작동하는 60W 볼 전구를 켜고 끈다.

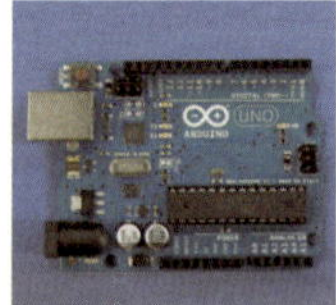
아두이노 우노 (R3)
» 온라인 (플: 100410020145,
아: TP11021D)

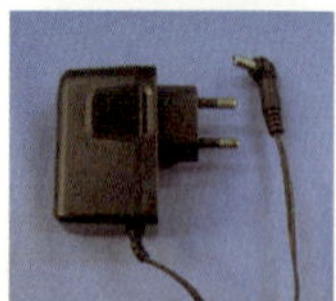
9V 어댑터
플러그 내경 2.1mm
» 온라인 (엘: EPX3X949)

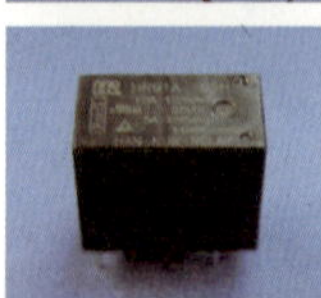
릴레이
스위칭 전압: 5V DC, 접점 용량: 250V AC,
5A, 모델명: HR91A05H, 제조사: HANKUK
RELAY
» 온라인 (ic114: HR91A05H)

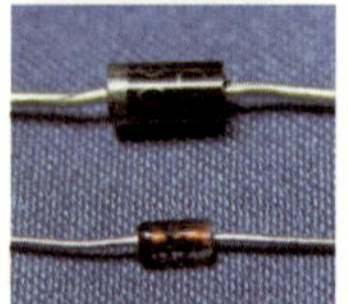
다이오드
부품명: 1N4002 (100V, 1A)
» 온라인 (엘: EPX33G6J, 디: 3009)
제너 다이오드 5.1V
» 온라인 (엘: EPX33G8W, 디: 3027)

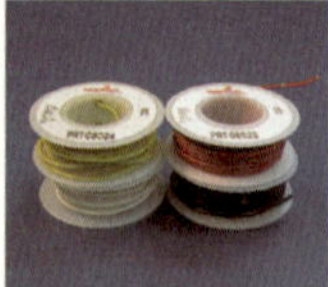
전선 (단심선)
빨간색, 검은색, 노란색, 흰색
심 굵기: 0.6mm(22AWG)
» 온라인, 청계천 시장

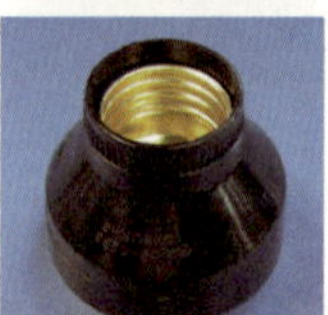
볼전구 소켓
» 온라인, 철물점

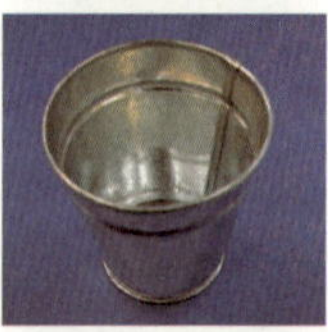
내츄럴 함석 바스켓
지름: 70mm, 높이: 70mm
» 다이소, 청계천 시장

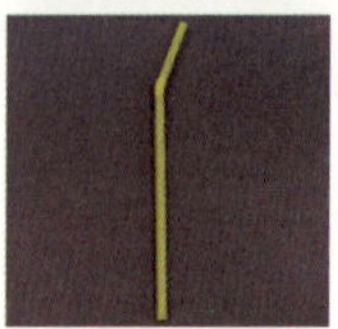
빨대
노란색, 지름: 7mm
» 방산 시장, 온라인

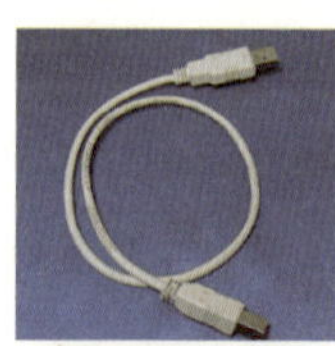
USB 케이블 (A/B 타입)
» 온라인 (플: 20081304471753_0,
엘: EPX344M9)

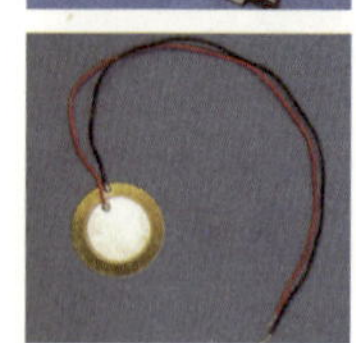
피에조
지름: 20~27mm, 전선이 납땜되어 있는 것
» 온라인 (엘: EPX3FHDW,
아: TS10293S)

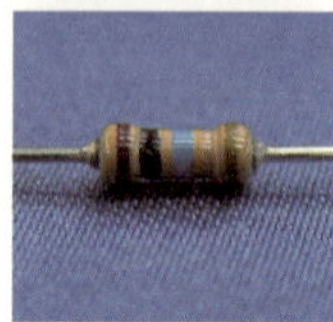
저항 10M옴
탄소피막 막대저항 1/4W, 5%
» 온라인 (엘: EPX34LVV, 디: 815)

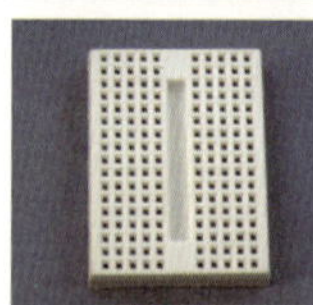
미니 브레드보드
» 온라인 (엘: EPX3C8UV, 디: 32283)

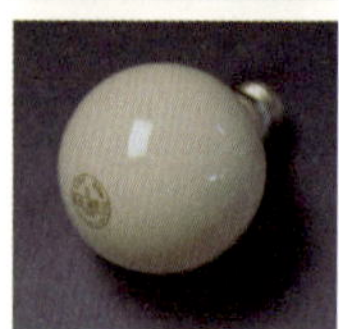
볼전구
사용 전압: 220V AC, 소비 전력: 60W
» 온라인, 철물점

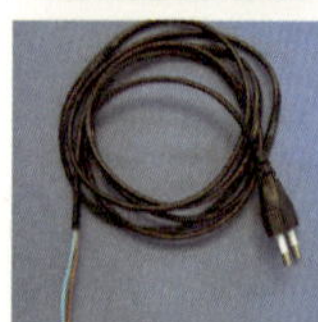
220V AC 전원 코드선
» 온라인 (엘: EPX33J7G, 디: 24813)

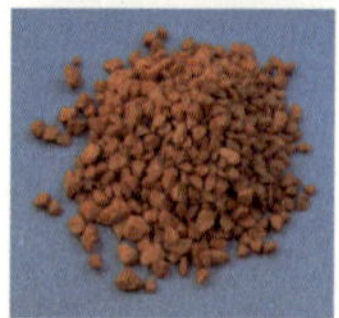
컬러 무지개 돌
» 다이소, 청계천 시장

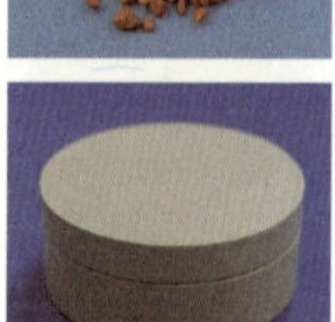
원형 종이 상자
지름: 135mm, 높이: 55mm
» 방산시장, 온라인 주문

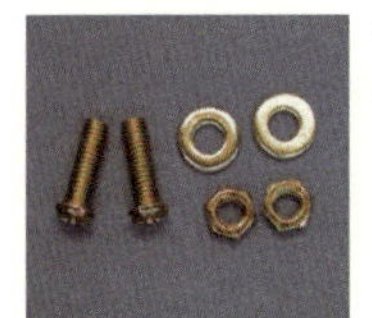

볼트, 너트, 와셔

둥근 머리 십자 M4-13 볼트 2개
M4용 너트 2개, 와셔 2개
» 온라인, 청계천 시장

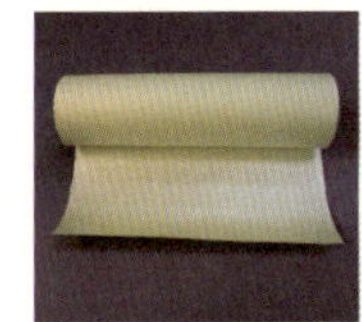

구김지

노란색, 크기: 4절
» 온라인, 화방

공구

인두기, 땜납, 납땜 보조기구, 와이어 스트리퍼, 롱노우즈 플라이어,
니퍼, 십자 드라이버, 전동 드릴, 송곳, 칼, 가위, 자, 열풍기, 절연장갑

주요 제작단계

01	02	03	04	05
피에조 센서에 전선 연결하기	아두이노에 피에조 센서 연결하기	220V AC 전원 코드선에 릴레이 연결하기	원형 종이 상자에 볼전구 소켓 고정 및 작동 테스트	전등갓 씌우기

연결그림

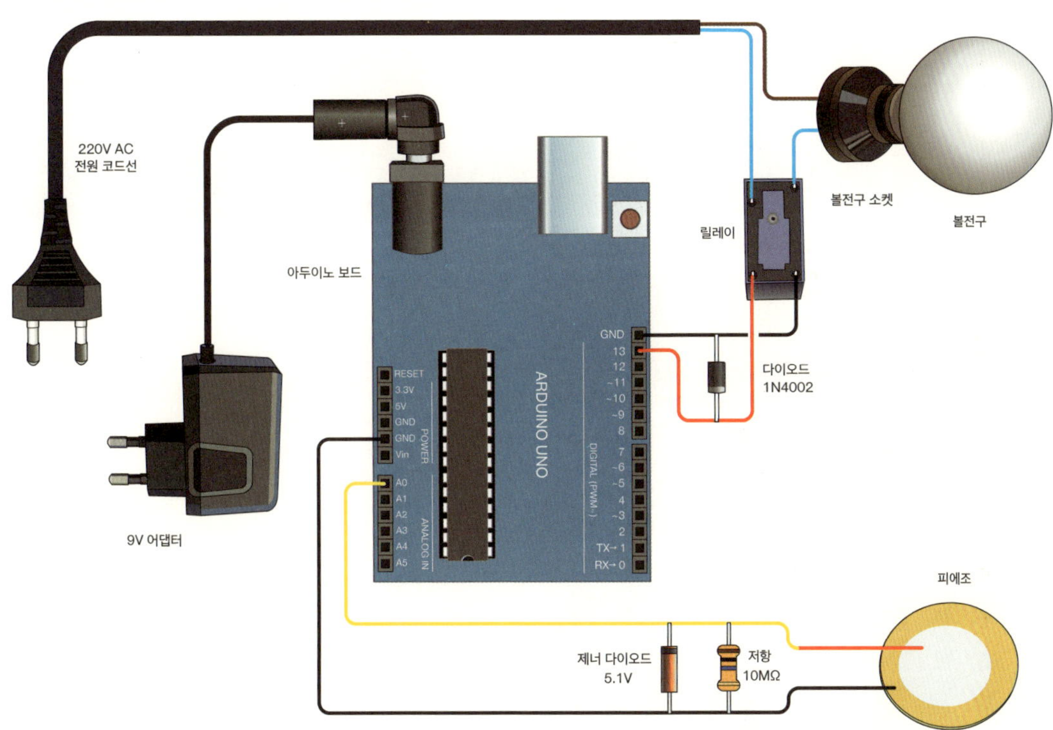

01 피에조 센서에 전선 연결하기

피에조 센서는 표면에 충격을 가하면 순간적으로 높은 전압이 발생하는 접촉 마이크로폰으로 이번 예제에서는 동그란 표면에 접촉되어 발생하는 미세한 진동을 감지하는 아날로그 입력 장치로 활용해본다.

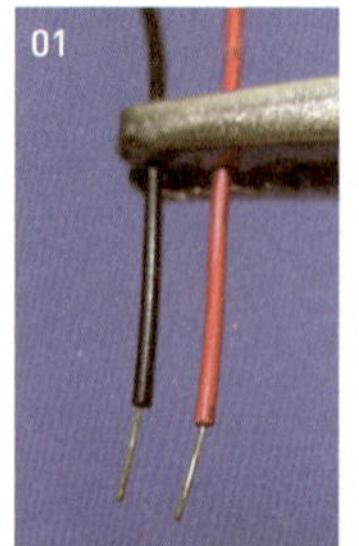
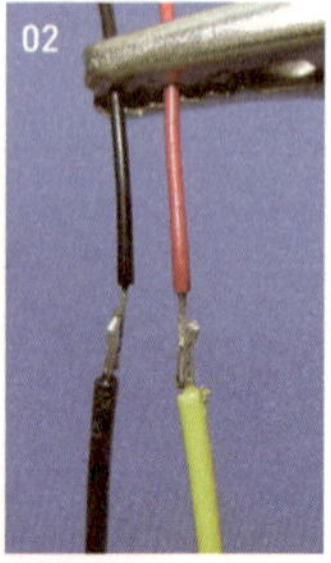
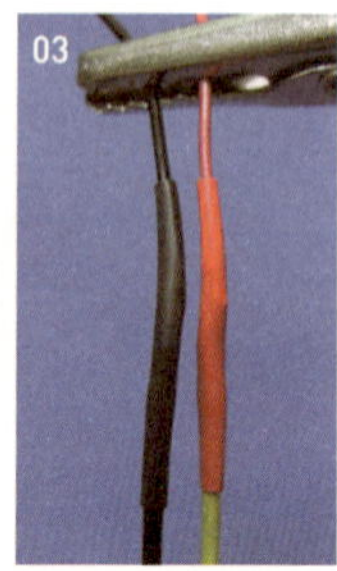

01 피에조 센서에 전선을 연결하기 위해 납땜 보조기구 클립에 물려 고정한다.

02 피에조 센서의 빨간색 전선에는 노란색 전선(10cm)을 납땜하고 검은색 전선에는 검은색 전선(10cm)을 납땜한다.

03 열수축 튜브로 납땜한 부분을 절연시킨다.

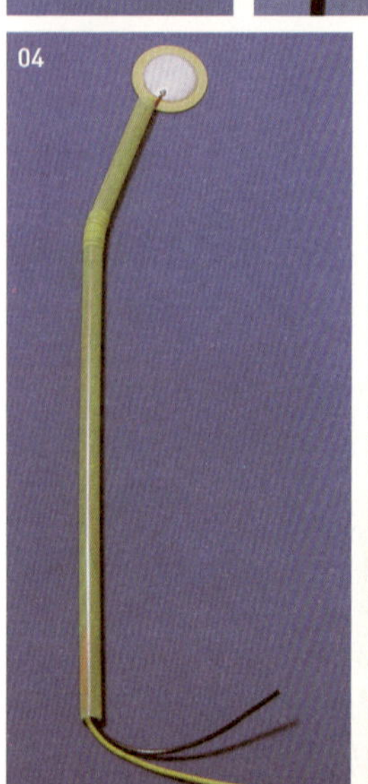
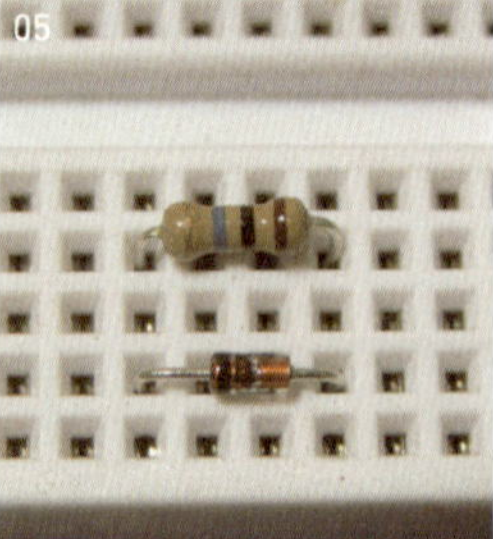
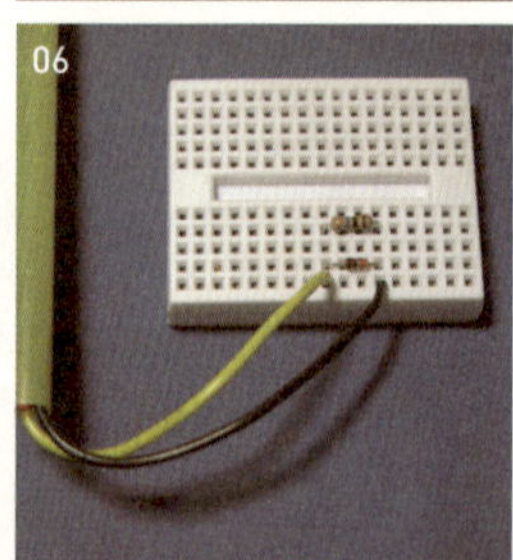
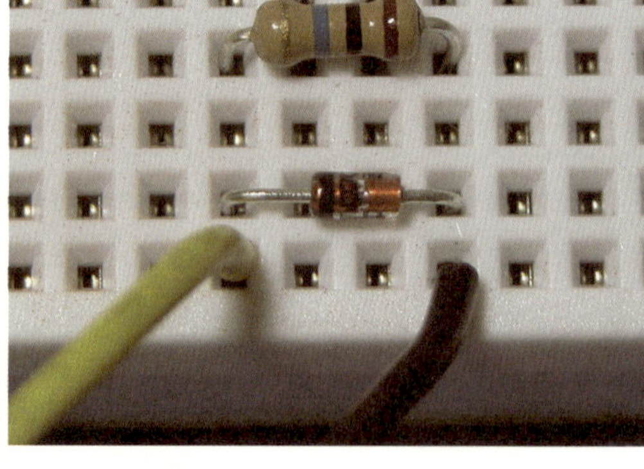

04 전선을 연결한 피에조 센서에 노란색 빨대를 끼운다.

05 미니 브레드보드에 10M옴 저항과 제너 다이오드를 병렬로 연결한다. 큰 충격을 받았을 때 피에조 센서에서 발생하는 높은 전압으로부터 아두이노 보드를 보호하기 위해 제너 다이오드를 달아준다. 이번 예제에서 사용하는 제너 다이오드는 아두이노 보드로 5.1V 이상의 전압이 입력되지 못하도록 차단한다.

06 피에조 센서와 연결된 노란색 전선은 제너 다이오드에서 검은색 띠가 둘러진 방향의 다리와 같은 줄에 꽂고 검은색 전선은 반대 다리와 같은 줄에 꽂는다. 제너 다이오드는 극성이 있으며 검은색 띠가 있는 쪽이 캐소드(-, 음극) 방향이다.

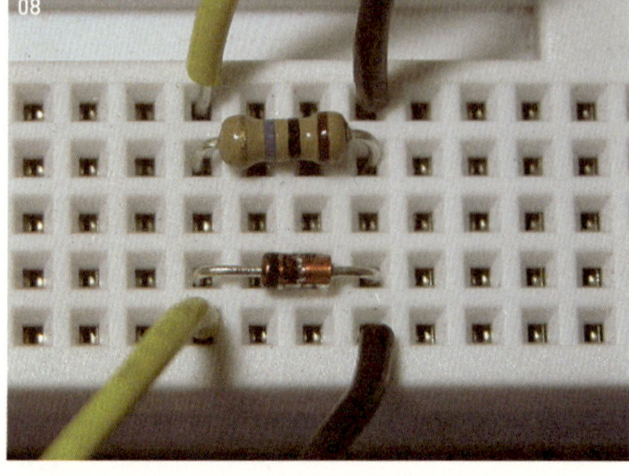

08 피에조 센서를 아두이노에 연결하기 위해 노란색 전선(30cm)을 피에조 센서와 연결된 노란색 전선과 같은 줄에 꽂고 검은색 전선(30cm)을 피에조 센서와 연결된 검은색 전선과 같은 줄에 꽂는다.

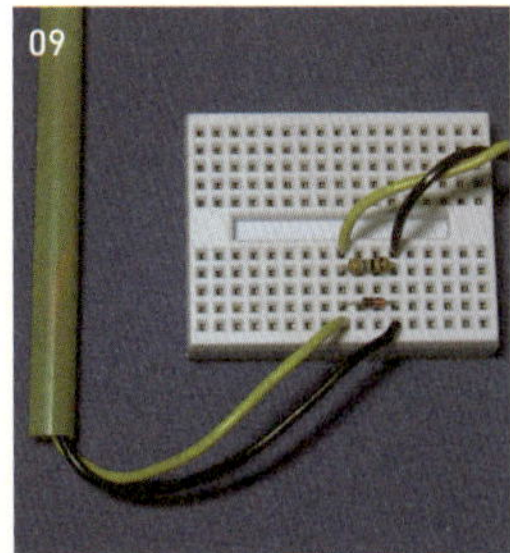

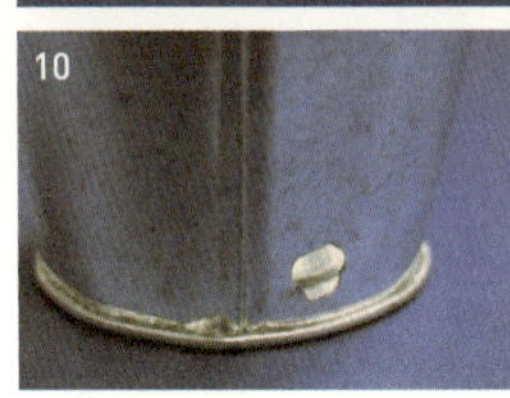

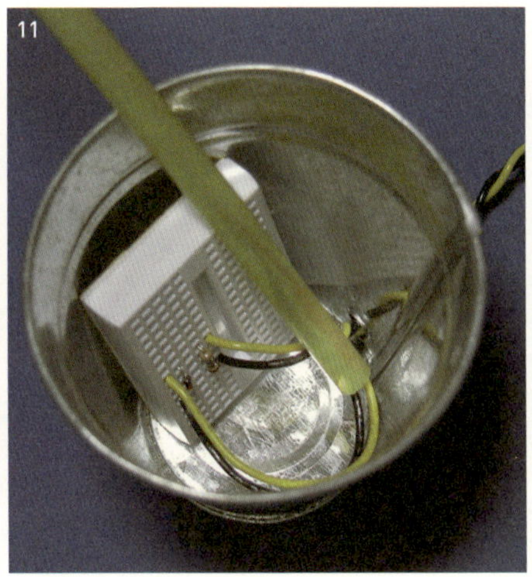

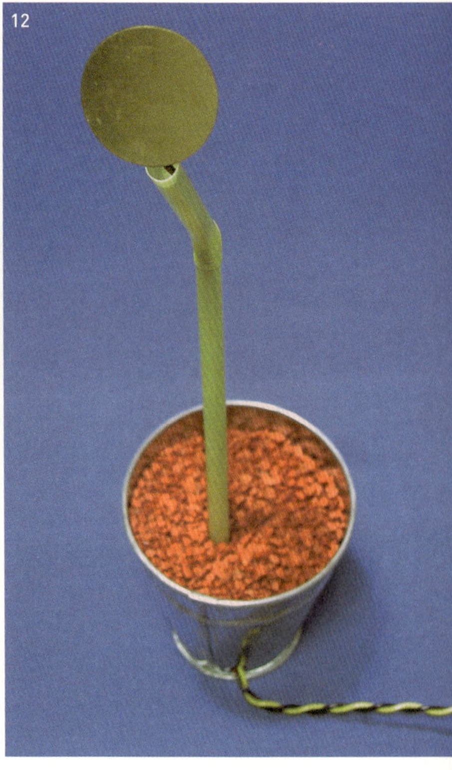

10 내츄럴 함석 바스켓 아랫부분에 5mm 구멍을 뚫어준다.

11 피에조 센서와 미니 브레드보드를 화분 안에 넣고 전선은 밑면 구멍으로 빼낸 다음 화분 안을 무지개 돌로 채운다.

브레드보드에서 전선이
빠지지 않도록 주의한다.

12 피에조 센서 준비 완료~

02 아두이노에 피에조 센서 연결하기

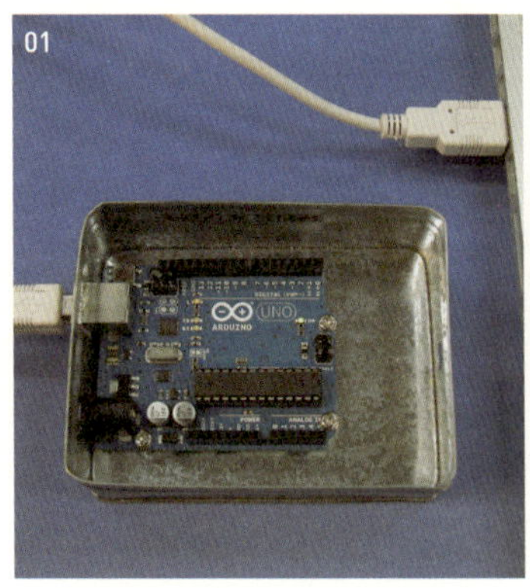

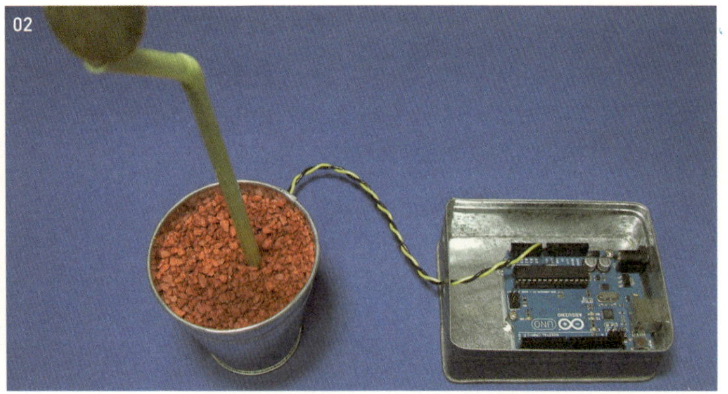

01 아두이노 보드를 USB 케이블로 컴퓨터에 연결하고 piezo_1 스케치를 업로드한다.

02 피에조 센서의 전선들을 아두이노에 연결한다.

piezo_1

```
int x = -1;               // 변수 x를 정수 형태로 설정하고 숫자 -1을 넣는다
int lastState = 0;  // 변수 lastState를 정수 형태로 설정하고
                          // 숫자 0을 넣는다

void setup(){
  pinMode(13, OUTPUT);   // 13번 핀을 디지털 출력 핀으로 사용
  Serial.begin(9600);    // 시리얼 통신을 시작한다
}

void loop(){
  int val = analogRead(A0); // 아날로그 0번 핀으로 입력되는
                            // 값을 변수 val로 설정한다
  if ((lastState == 0) && (val >= 50)){ // 만약 lastState 값이
                            // 0이고 val 값이 50보다 크면
    x = x * -1;            // 변수 x에 -1을 곱한다
    lastState = 1;         // 변수 lastState에 1을 넣는다
    delay(100);            // 0.1초 동안 멈춘다
  }
  if (val < 50){           // 만약 val 값이 50보다 작으면
    lastState = 0;         // lastState에 0을 넣는다
  }
  if(x == 1){              // 변수 x가 1이면
    digitalWrite(13, HIGH); // 13번 핀에 연결된 릴레이를 작동해
                            // 220V AC 전등을 켠다
  }
  else {                   // 변수 x가 1이 아닐 경우에는
    digitalWrite(13, LOW); // 13번 핀에 연결된 릴레이를 작동시키지
                            // 않으며 220V AC 전등이 꺼진다
  }
  Serial.println(val);  // val의 값을 시리얼 모니터 창에 출력한다
  delay(100);              // 0.1초 동안 멈춘다
}
```

piezo_1은 아날로그 입력과 디지털 출력을 위한 스케치다. 디지털 출력 핀을 제어하기 위해 변수 x를 만들어 초기 값으로 -1을 넣고 아날로그 입력 값의 상태를 확인하기 위해 변수 lastState를 만들어 초기 값으로 0을 넣는다. 그 다음 void setup()에서 릴레이를 제어하기 위해 디지털 13번 핀을 출력 핀으로 설정하고 피에조 센서로부터 들어오는 아날로그 값을 체크하기 위해 명령어 Serial. begin(9600)으로 아두이노 보드와 시리얼 통신을 할 수 있도록 준비한다.

void loop()에서 아날로그 0번 핀으로 값이 들어오기 시작하면 그 값을 변수 val에 저장한다. 첫 번째 if 구문에서 lastState 값이 0이고 동시에 val 값이 50보다 크면 변수 x에 -1을 곱하고 lastState에는 1을 넣는다. 두 번째 if구문에서는 val 값이 50보다 작으면 last-State에 0을 넣고 세 번째 if 구문에서는 x의 값에 따라 디지털 13번 핀을 켜고 끈다.

아날로그 입력 핀으로 들어오는 피에조 센서 값은 평소에는 0~10사이에 머물러 있다가 센서 표면에 진동이 생기면 50~100 사이로 값이 크게 증가한다. 센서 표면에 바람을 불어 입력 값이 50보다 크게 증가하면 첫 번째 if 구문의 두 조건을 만족시키게 된다. lastState의 초기 값이 0이기 때문에 첫 번째 조건이 참이 되고, val의 값이 50보다 커졌기 때문에 두 번째 조건도 참이 된다. 첫 번째 if 구문은 참이 되면 안에 있는 명령어를 실행한다. x의 초기 값이 -1이었으므로 -1을 곱하면 x는 1이 되고 세 번째 if 구문을 통해 디지털 13번 핀과 연결된 릴레이를 작동시켜 전등을 켠다. 첫 번째 if 구문에서 lastState에 1을 넣는 이유는 피에조 센서의 값이 50보다 크게 증가한 다음 바로 50 밑으로 떨어지지 않기 때문에 처음으로 50이 넘은 순간부터 50 밑으로 떨어지기 전까지 lastState를 1로 만들어 첫 번째 if 구문이 실행되지 못하게 하여 x의 값을 고정시키기 위해서다. 센서 값 val이 50보다 작아지면 다시 lastState를 0으로 만들어 첫 번째 if 구문이 실행되도록 한다. 특정 조건이 성립될 때만 작동하는 푸시버튼 스위치(택트 스위치)와는 다르게, 조건이 성립될 때 작동시킨 방향으로 고정되는 토글 스위치(예: 집안 형광등 스위치)처럼 회로를 구성할 수 있다.

A && B (A and B는 A와 B 두 조건을 모두 만족해야 참이 된다.)
A || B (A or B는 A와 B 두 조건 중에서 하나만 만족해도 참이 된다.)

입력되는 val의 값을 명령어 Serial.println()을 이용해 시리얼 모니터 창으로 확인할 수 있다. 만약 센서에 바람을 불었을 때 값이 50만큼 증가하지 않으면 첫 번째 if 구문의 조건 값을 50에서 조금 줄이고 입력 값이 50보다 훨씬 크면 조건 값을 50보다 조금 높인다.

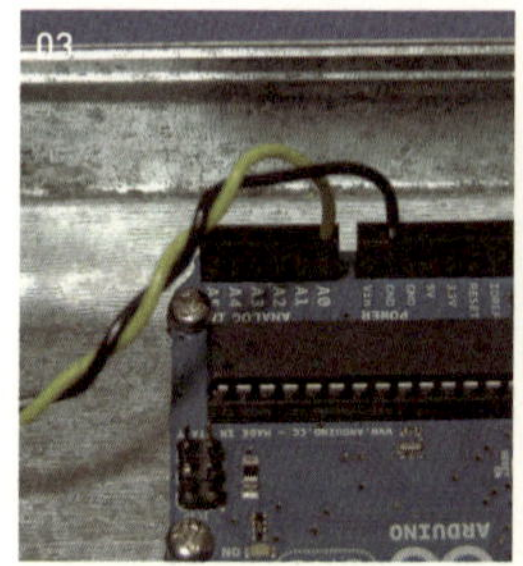
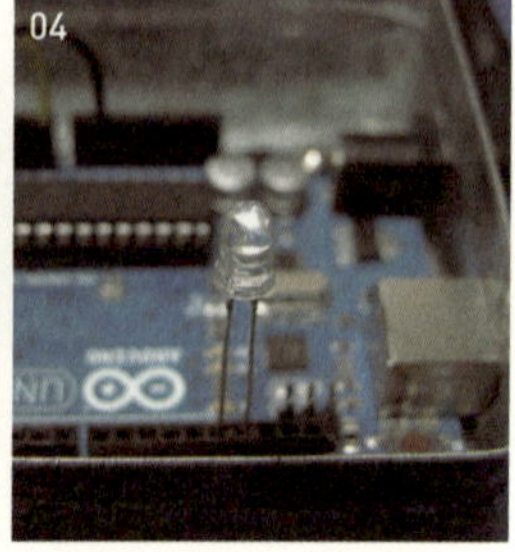

03 노란색 전선은 아날로그 A0번 핀에 꽂고 검은색 전선은 그라운드(GND)에 꽂는다.

04 아두이노 보드에 외부 전원을 연결하고 13번 핀으로 5V가 잘 출력되는지 확인하기 위해 파란색 LED의 긴 다리는 13번 핀에 꽂고 짧은 다리는 그라운드에 꽂는다.

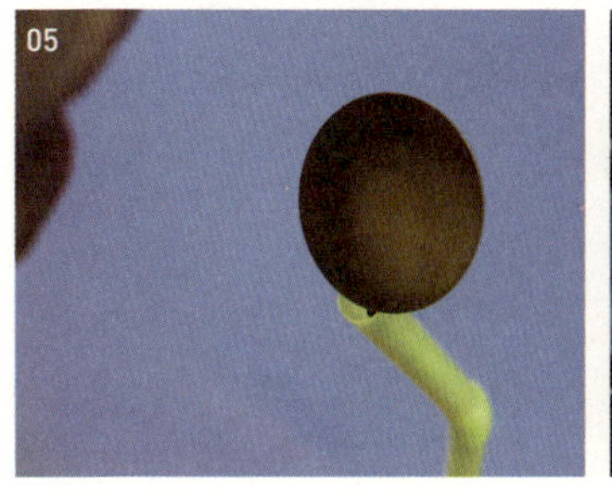

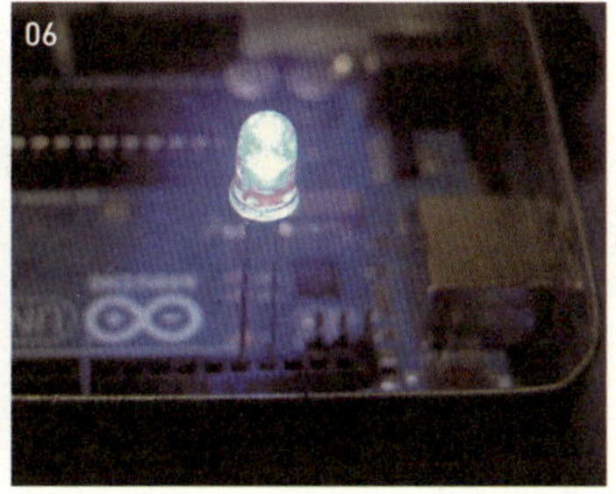

03 220V AC 전원 코드선에 릴레이 연결하기

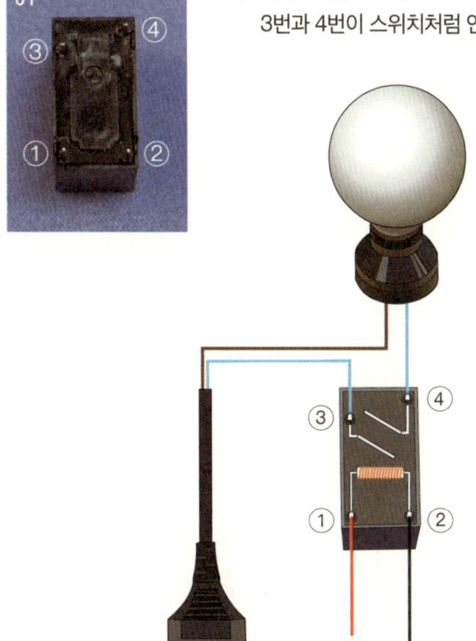

01 1번과 2번으로 아두이노에서 출력되는 5V DC를 흘려보내주면 3번과 4번이 스위치처럼 연결되면서 220V AC가 흐른다.

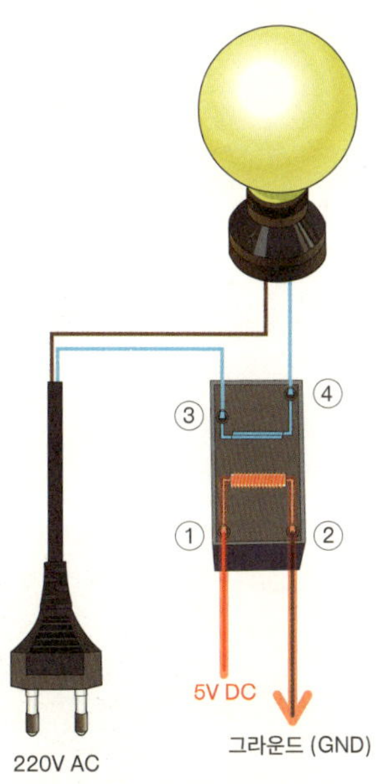

아두이노 보드의 디지털 핀과 연결된 1번으로부터 5V가 입력되지 않으면 3번과 4번 핀은 연결되지 않는다.

1번과 2번 핀으로 5V가 흐르면 릴레이 내부에 있는 전자석에서 전자 기력이 발생하고 옆에 있는 3번과 4번 핀이 딸깍하는 소리를 내며 연결된다. 3번과 4번이 하나로 연결되면 220V AC가 흐르고 볼 전구에 불이 들어온다. 이때 릴레이 내부에 있는 전자석을 작동시키는 데 필요한 전압을 코일 전압 또는 작동 전압이라고 하며 3번과 4번으로 흘려보낼 수 있는 최대 전류를 접점 용량 또는 허용 전류라고 부른다. 릴레이를 구입할 때는 이 두 가지 값을 확인하고 자신이 사용할 회로에 적합한지 확인해야 한다.

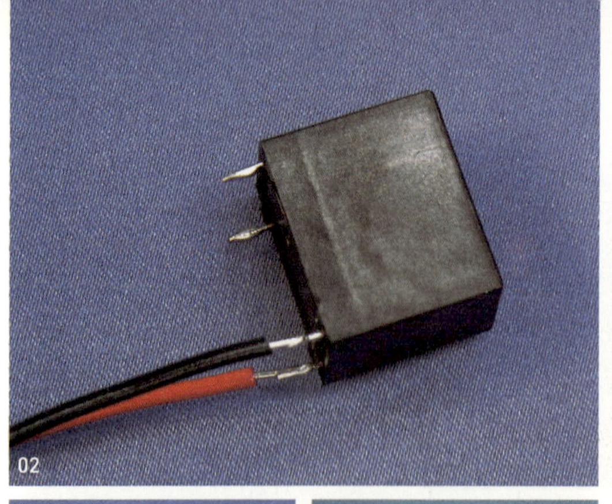

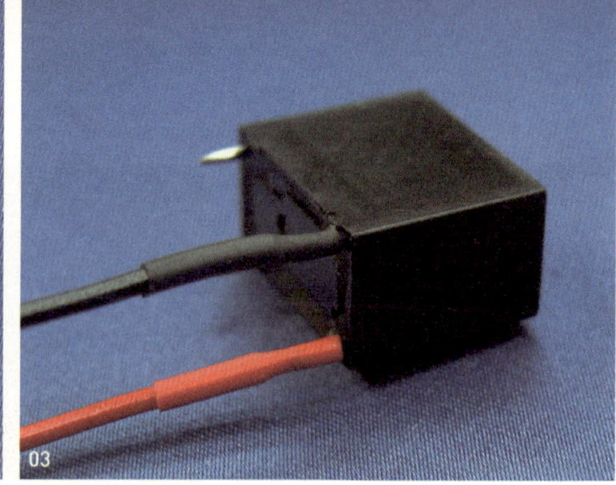

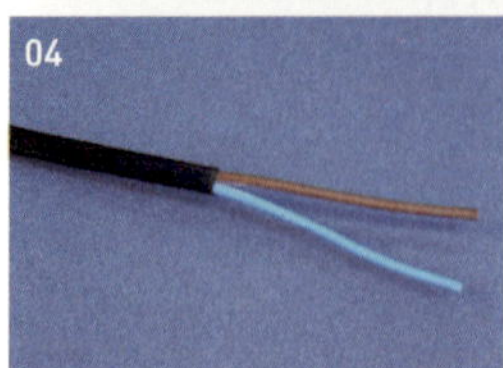
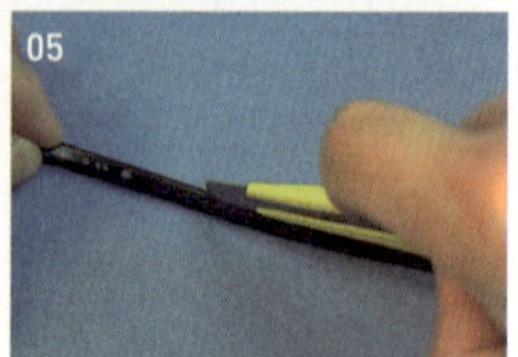
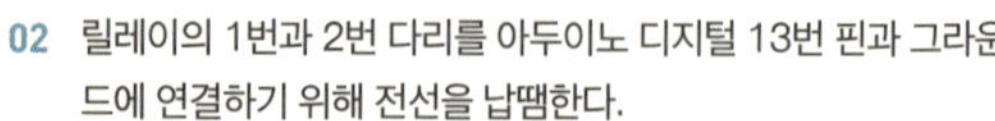

02 릴레이의 1번과 2번 다리를 아두이노 디지털 13번 핀과 그라운드에 연결하기 위해 전선을 납땜한다.

03 열수축 튜브로 납땜한 부분을 절연시킨다.

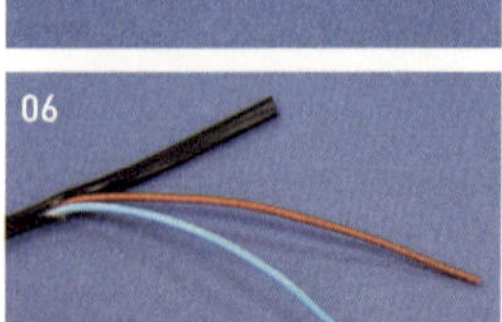
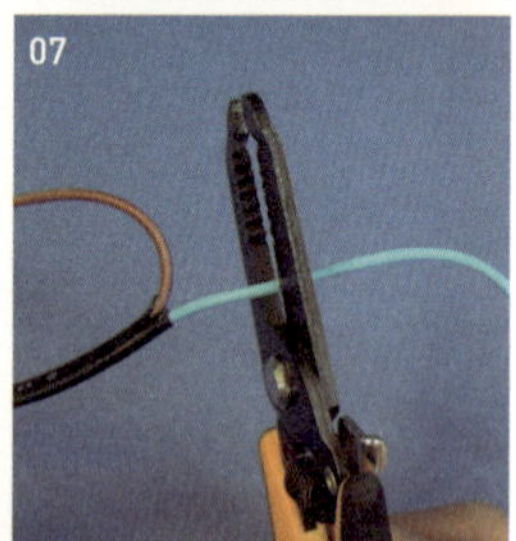
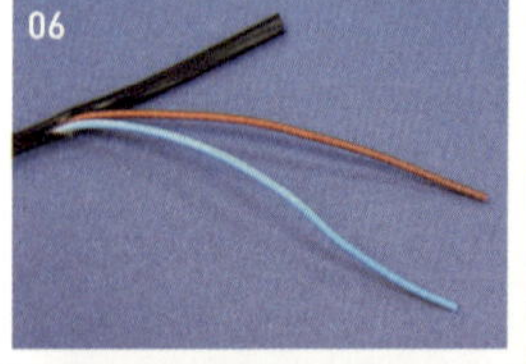
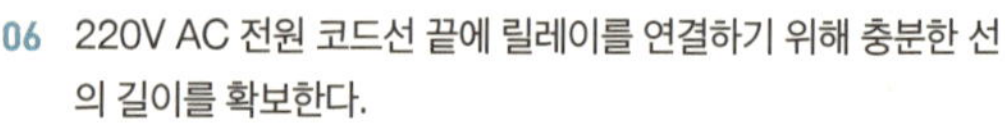

06 220V AC 전원 코드선 끝에 릴레이를 연결하기 위해 충분한 선의 길이를 확보한다.

07 한쪽 전선을 절단한다.

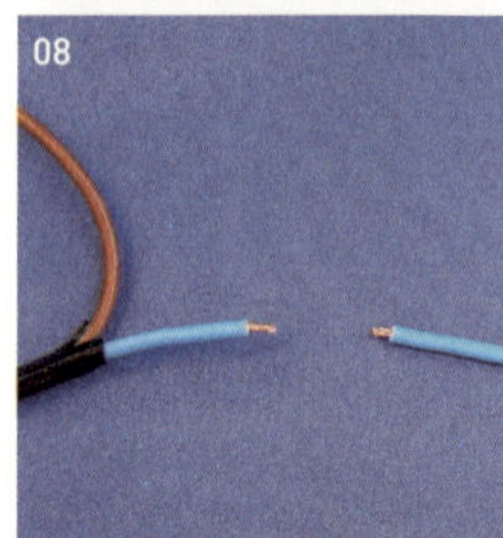
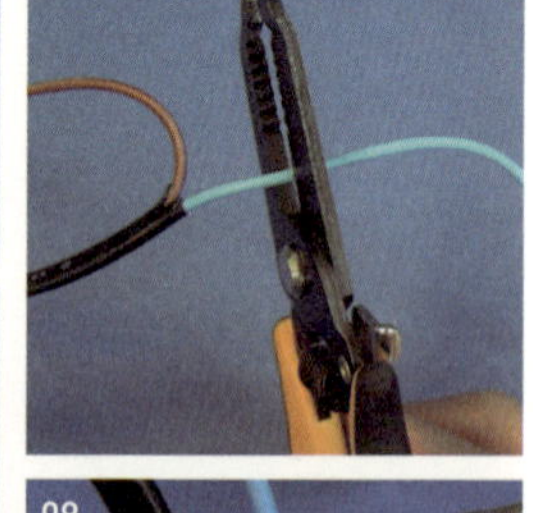
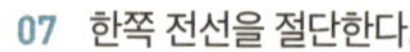
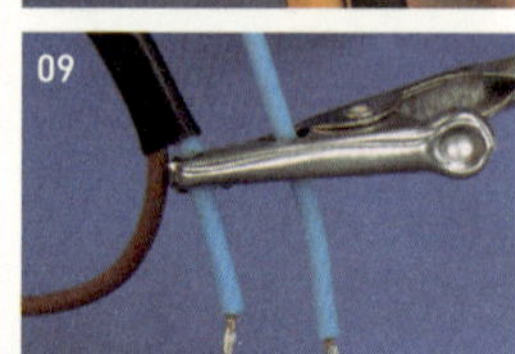

08 절단한 전선을 릴레이에 연결하기 위해 와이어 스트리퍼로 3mm 정도 피복을 벗겨준다.

09 피복을 벗긴 전선에 땜납을 묻혀준다.

10 릴레이의 3번과 4번 다리에 절단한 전선 두 가닥을 납땜하기 전에 열수축 튜브를 끼운 다음 릴레이에 납땜한다.

11 열수축 튜브로 납땜한 부분을 절연시킨다.

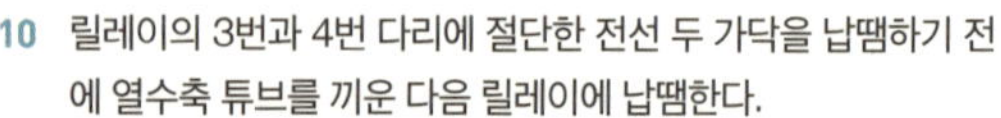
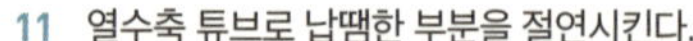
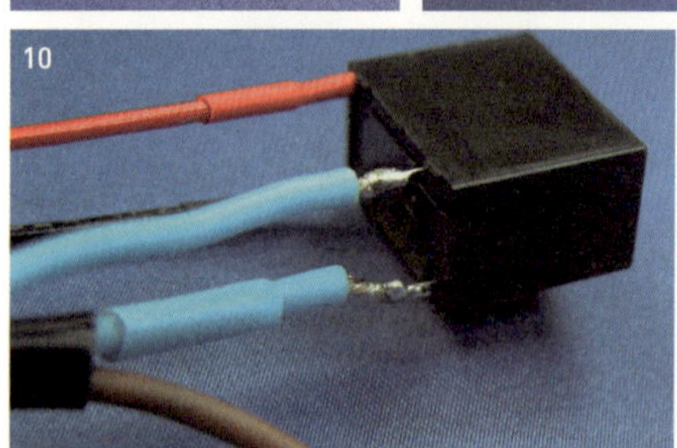
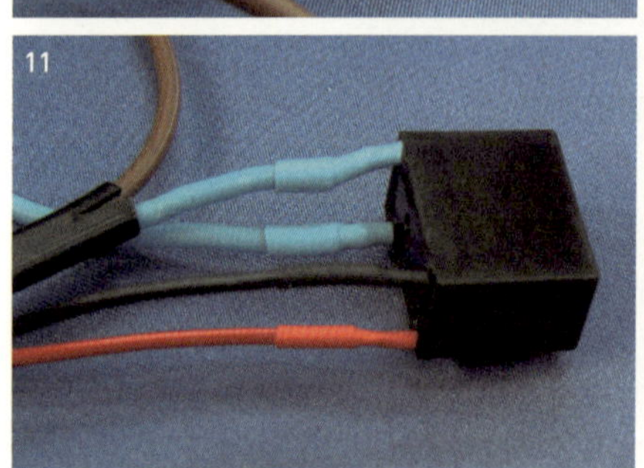
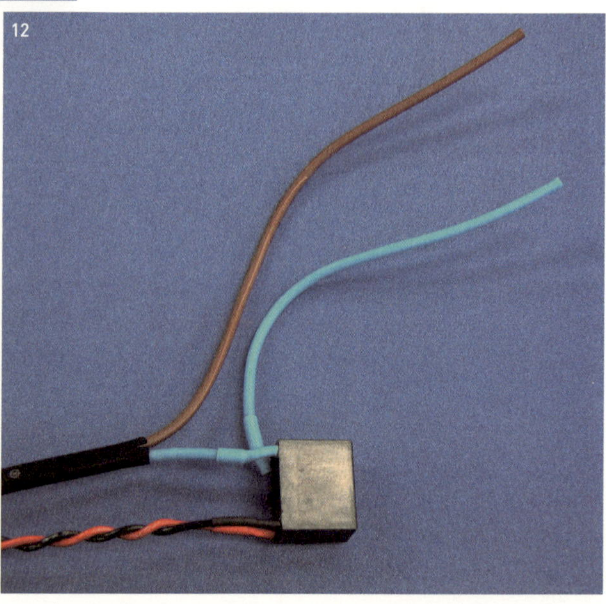

01 원형 종이 상자 뚜껑에 볼전구 소켓을 고정하기 위해 고정용 볼트 구멍과 전선 연결용 구멍의 위치를 표시한다.

02 표시한 위치에 지름 4mm 크기의 구멍을 뚫어준다.

03 220V AC 전원 코드선을 상자 안으로 넣기 위한 공간을 만든다.

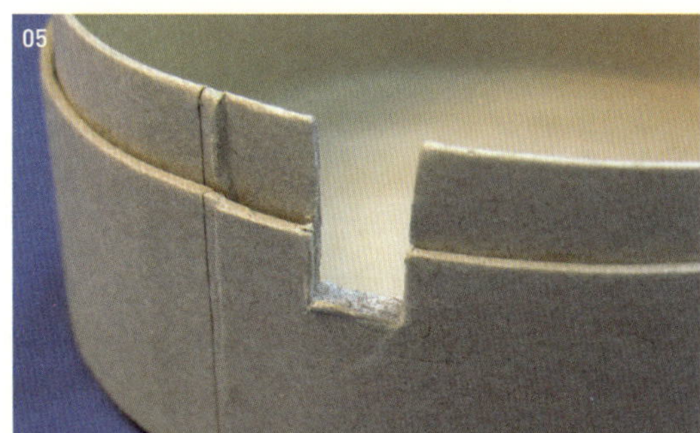

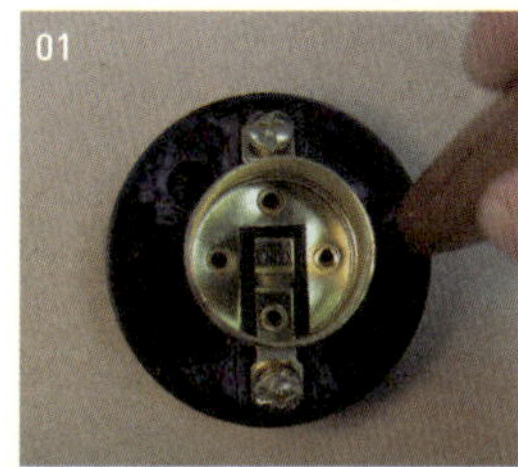

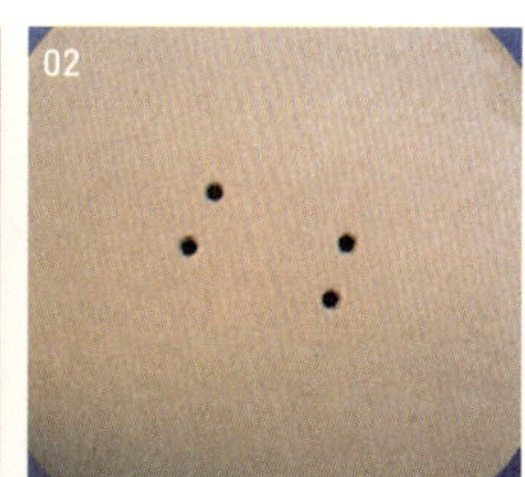

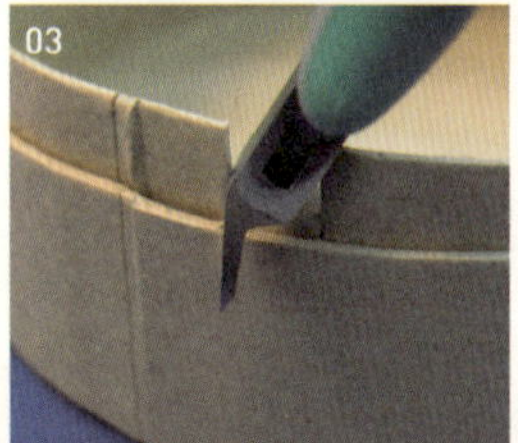

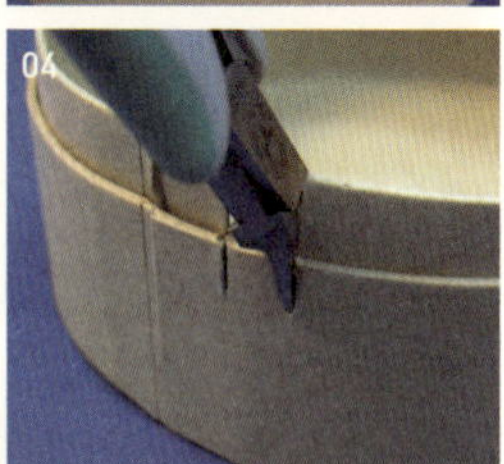

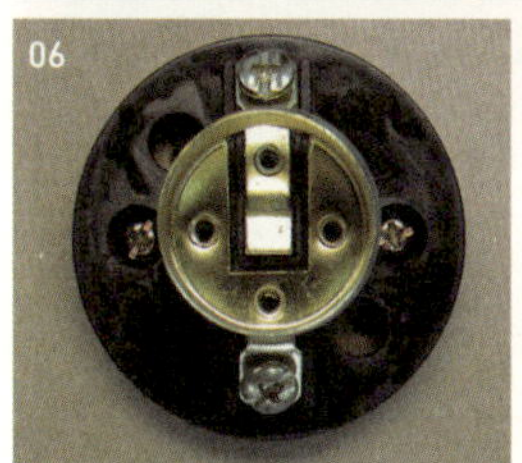

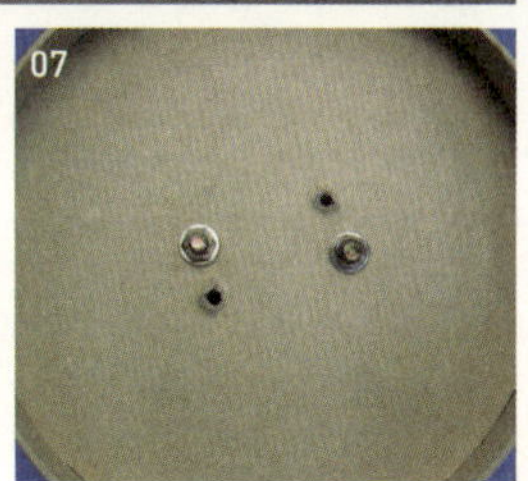

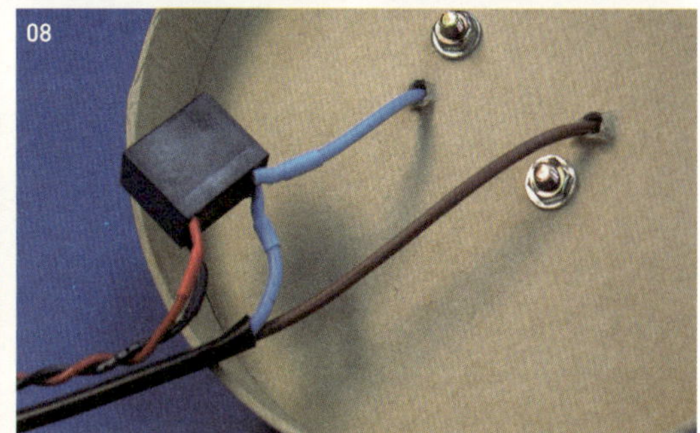

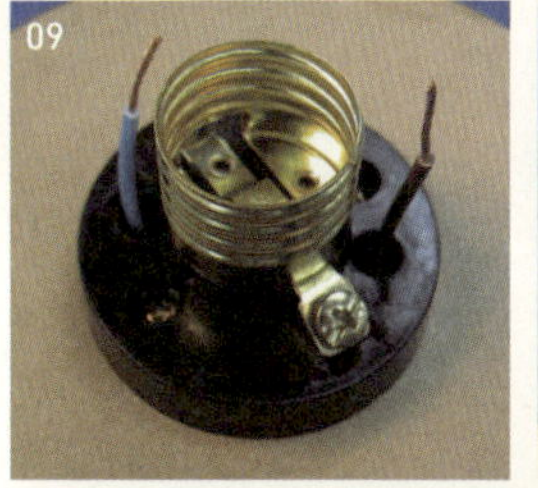

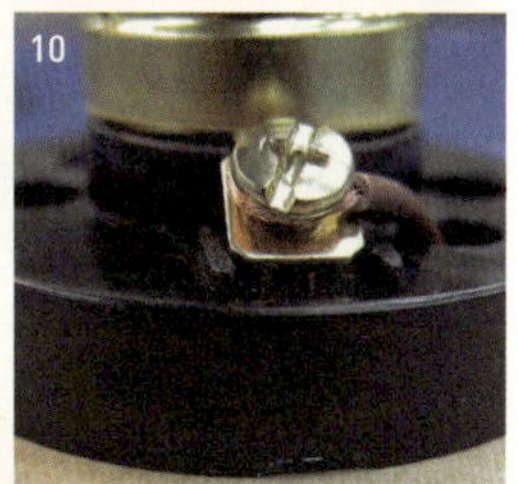

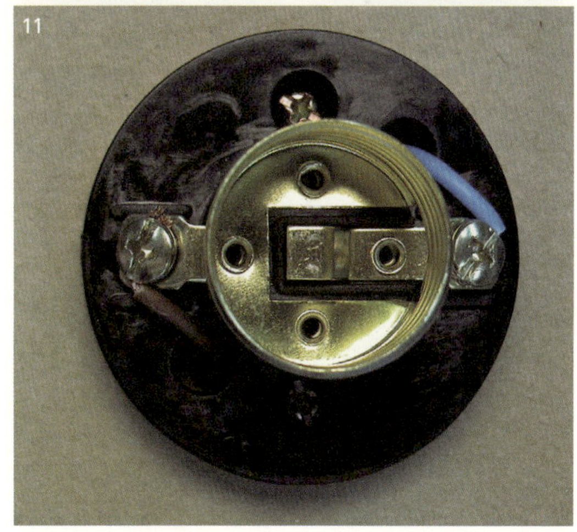

06 볼전구 소켓을 M4-13볼트로 고정한다.

07 밑면에서는 와셔를 끼우고 너트로 조여 준다.

08 볼전구 소켓에 전선을 연결하기 위해 밑면에서 윗면으로 전선을 통과시킨다.

09 고정용 볼트에 전선을 연결하기 위해 와이어 스트리퍼로 15mm 정도 피복을 벗긴다.

10 볼트가 조여지는 시계 방향으로 전선을 감은 다음 볼트로 조인다.

11 볼전구 소켓에 220V AC 전원 코드선이 연결된 모습

12 상자 뚜껑을 덮고 전원 코드선은 밖으로 빼낸다.

13 볼전구를 소켓에 끼운다.

14 릴레이와 연결된 빨간색 전선은 아두이노 보드 디지털 13번 핀
    에 꽂고 검은색 전선은 13번 핀 옆에 있는 그라운드(GND) 핀
    에 꽂는다.

15 릴레이 안의 코일에서 발생하는 역전류로부터 아두이노를 보
    호하기 위해 빨간색 전선(+)과 검은색 전선(-) 사이에 다이오드
    (1N4002)를 연결한다. 이때 다이오드의 회색 띠무늬(-, 캐소
    드)가 빨간색 전선(+)을 향하도록 납땜한다.

16 아두이노 보드 케이스 뚜껑을 닫고 다시 외부 전원을 연결한다. 릴
    레이에서 2~3초 동안 딸깍딸깍하는 소리가 난다.

17 220V AC 전원 코드선을
    220V 멀티탭에 꽂는다.

아두이노 보드에 스케치를 수정하여 업
로드할 때는 220V AC 전원 코드선을
뽑아주는 것이 좋다.
⚠ 220V AC를 다룰 때는 반드시 절연
장갑을 착용한다.

18 피에조 센서에 후~ 하고 짧고 굵게 바람을 불어준다.

19 번쩍! 볼전구에 불이 들어온다.

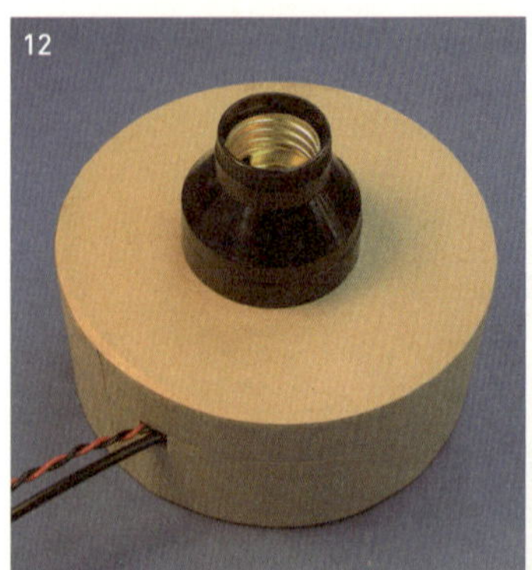

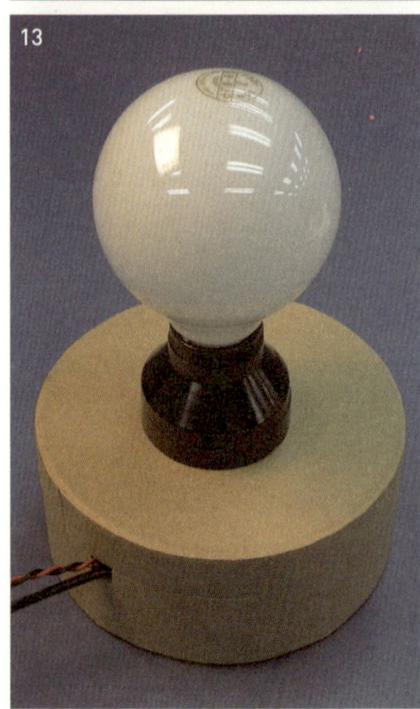

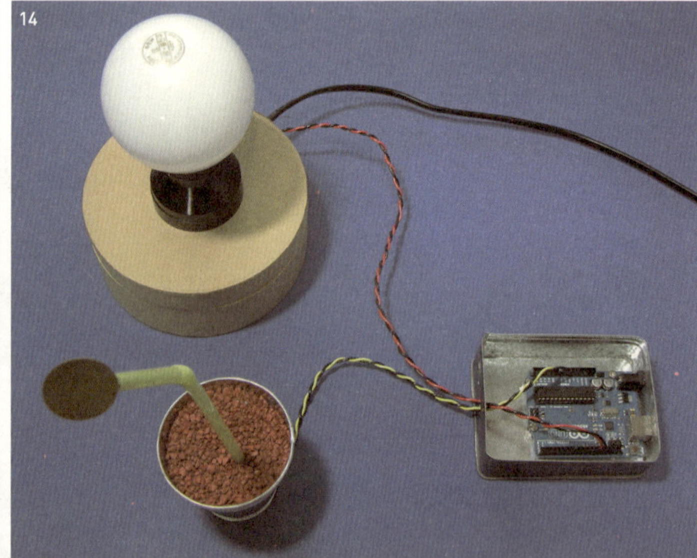

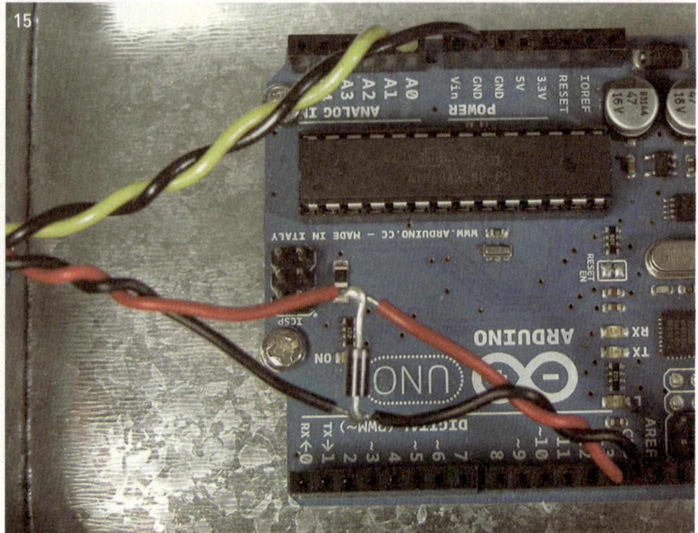

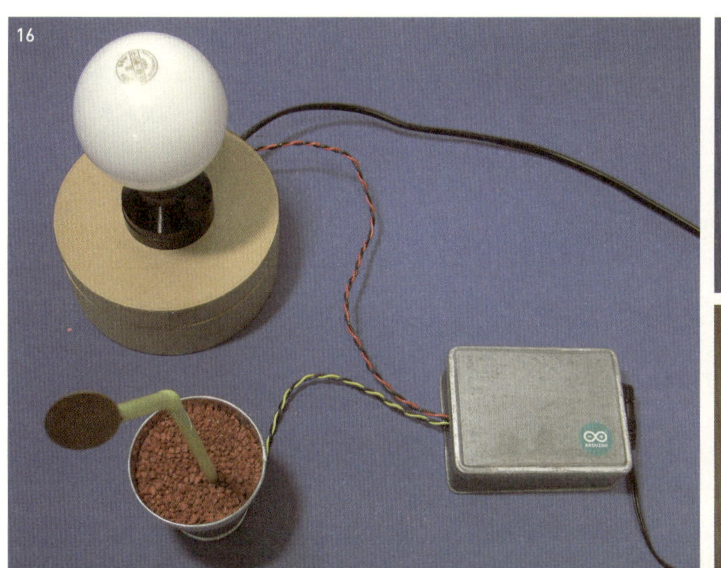

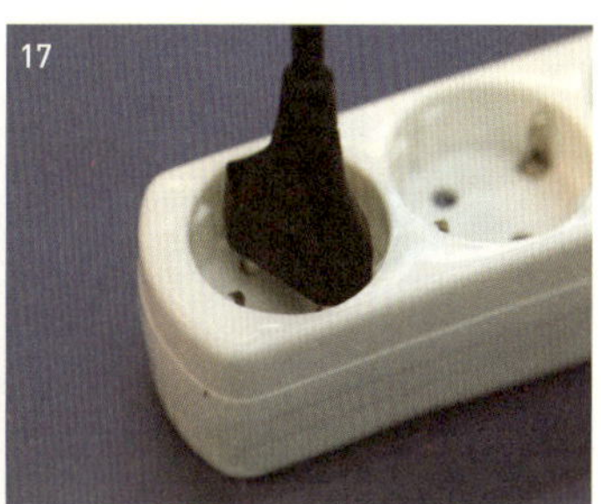

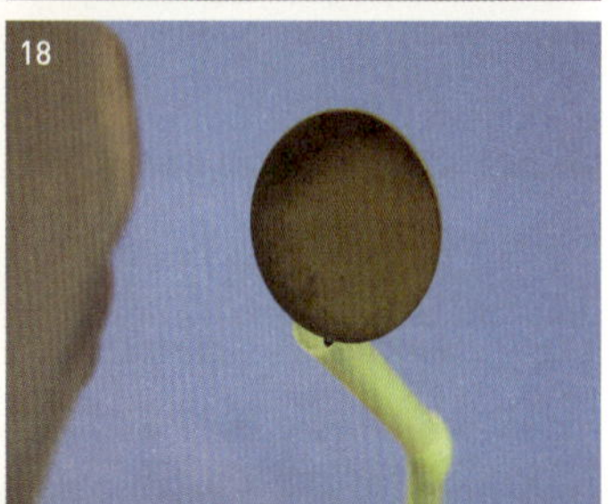

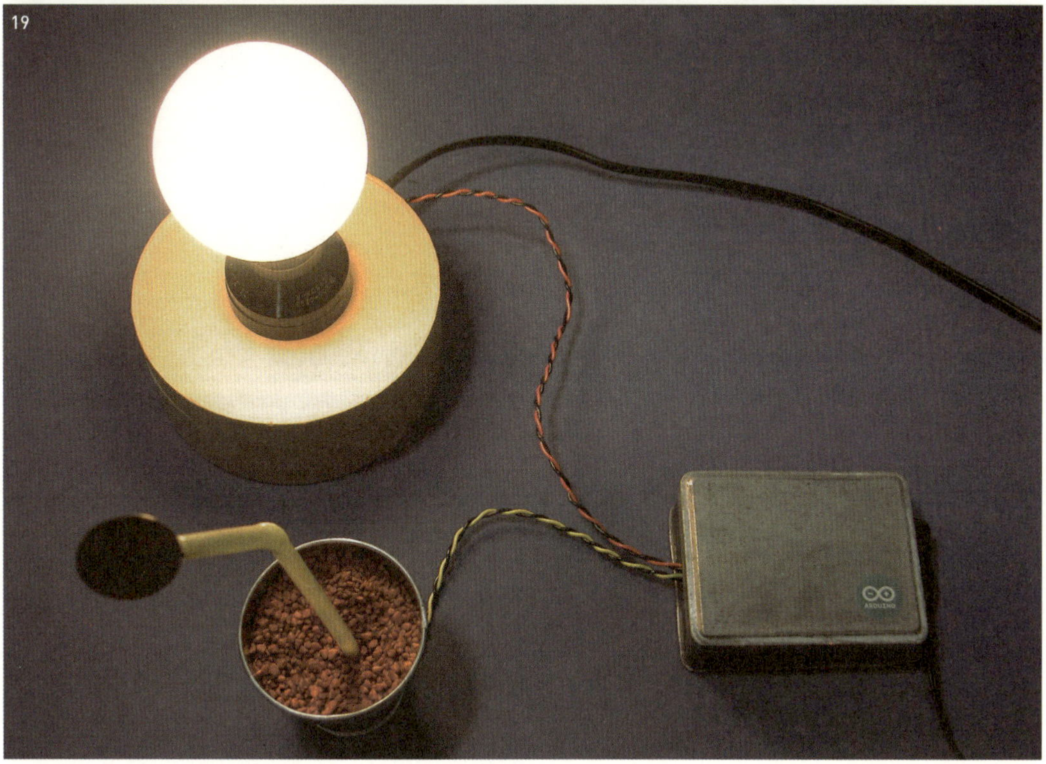

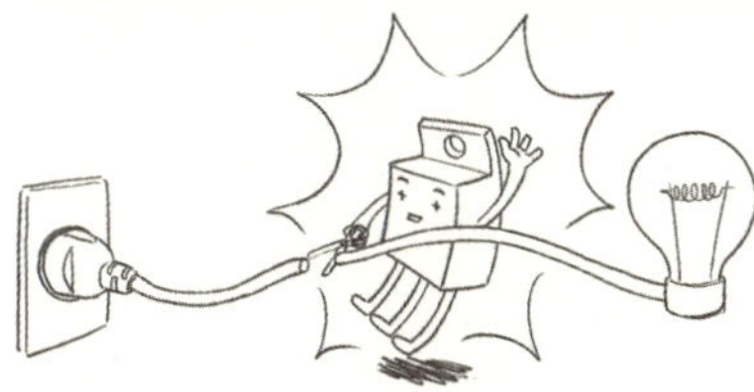

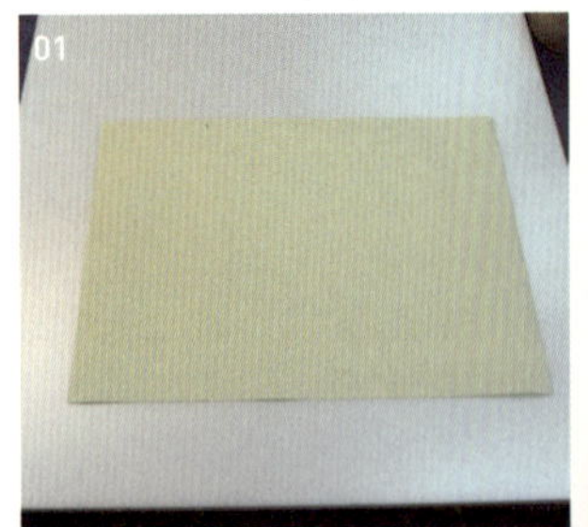
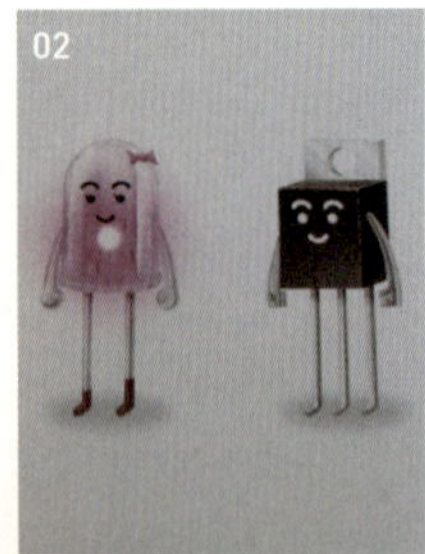
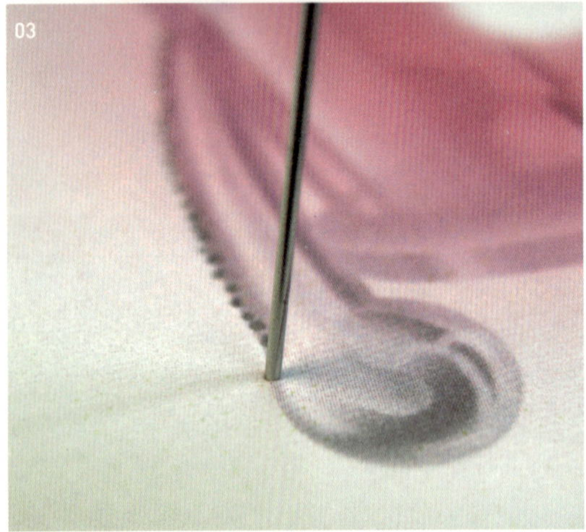
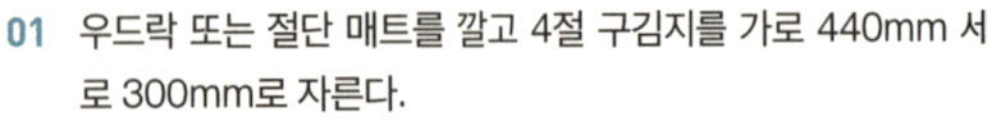
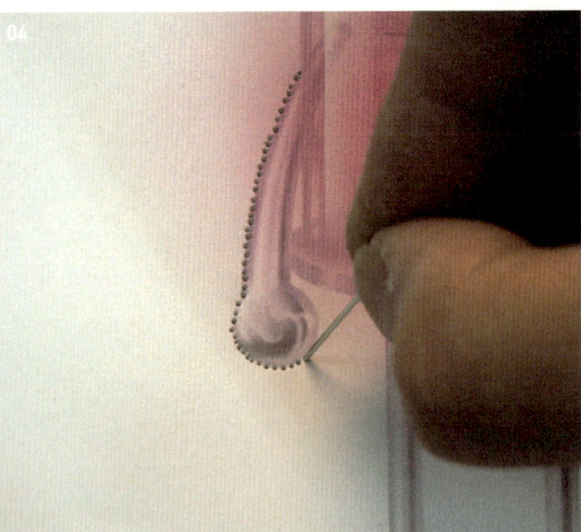
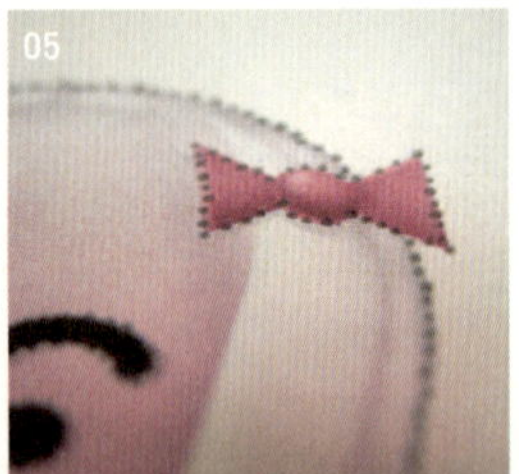
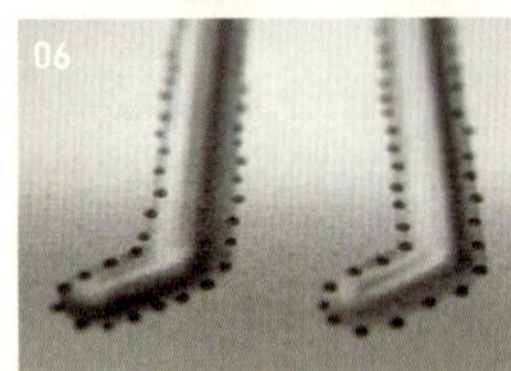
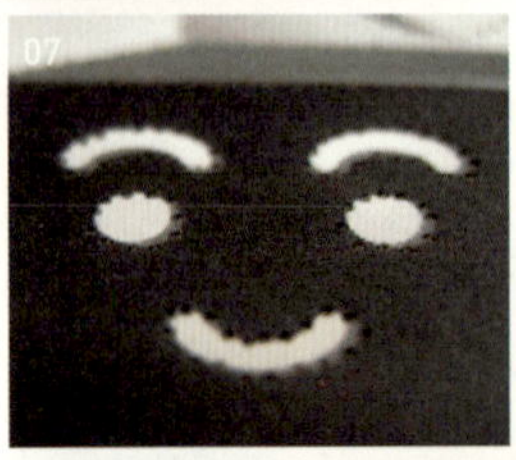
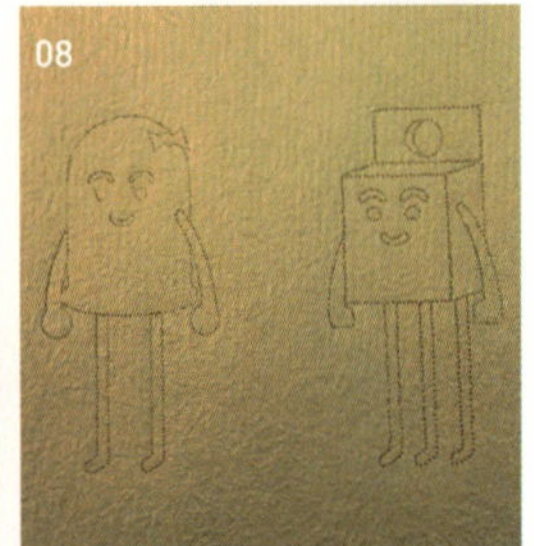
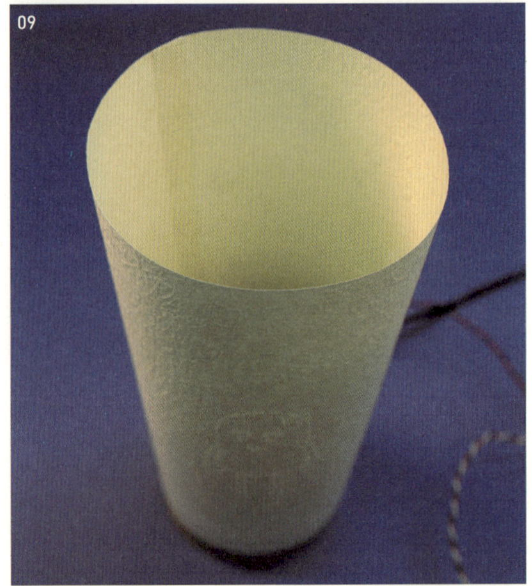

01 우드락 또는 절단 매트를 깔고 4절 구김지를 가로 440mm 세로 300mm로 자른다.

02 구김지 위에 자신이 좋아하는 그림을 놓고 네 모서리를 침핀으로 고정한다.

03 그림에 있는 외곽선을 따라 침핀 또는 송곳으로 구멍을 낸다. 이때 그림 밑에 있는 구김지까지 함께 뚫는다.

08 구멍을 다 뚫었으면 그림을 걷어낸다. 구김지에 L양과 T군이 그려져 있다.

09 구김지를 원형 종이 상자에 맞추어 감은 다음 끝부분을 풀로 붙여 고정한다.

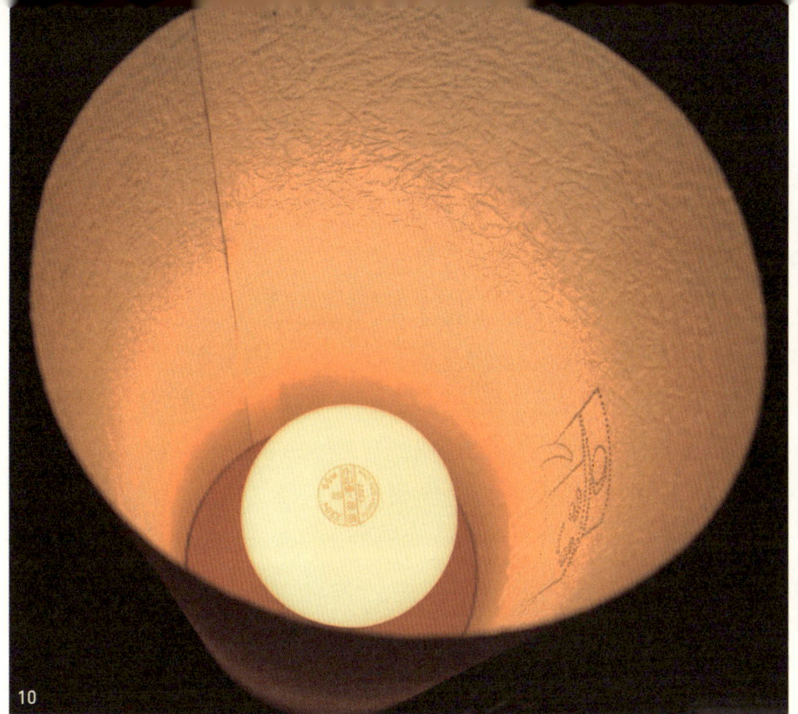

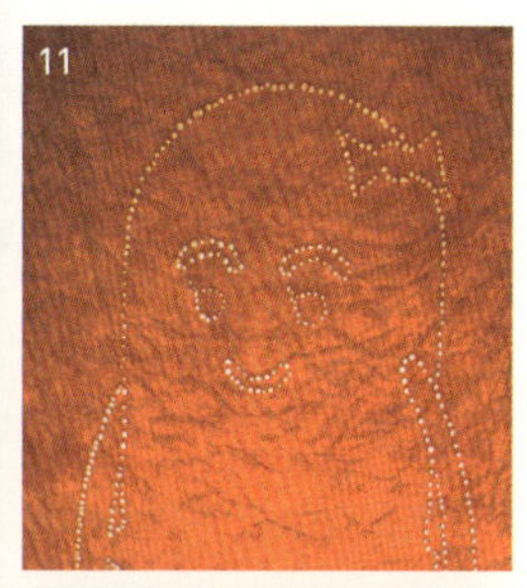

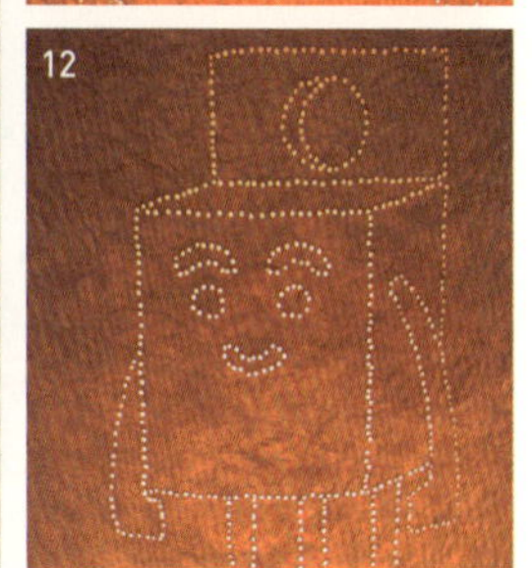

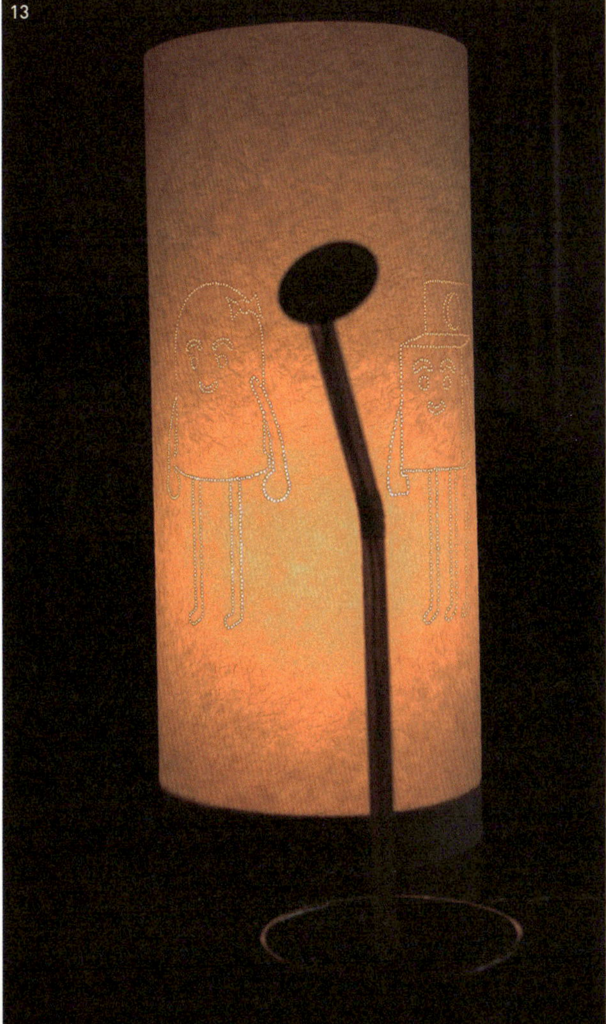

10 ⚠ 종이는 백열전구의 열에 약하므로 종이가 전구에 닿지 않도록 주의해야 한다.

11 볼전구에 불이 켜지면 구멍을 뚫은 자리로 빛이 세어 나오면서 귀여운 L양이 드러난다.

12 늠름한 T군도 보인다.

13 불어서 켜는 전등 완성~

비빔밥에 참기름

유학 시절, 보스턴에서 개최된 시그라프 2006 아트 갤러리(SIGGRAPH 2006 Art Gallery)에 참가했다. 전시 주제는 'Intersections(교차함, 가로지름)'으로 새로운 영역을 개척하거나 기존의 체계화된 학문 사이의 벽을 허무는 창의적인 시도를 엿볼 수 있는 작품으로 구성되었다. 컨퍼런스가 진행되는 5일 동안 워크샵과 강연을 통해 다양한 분야의 과학자, 기술자, 프로그래머, 디자이너, 예술가를 만나볼 수 있었다. 무엇보다 좋았던 점은 매일 저녁마다 열리는 파티와 공연이었다. 한자리에 모인 참가자들은 즐거운 분위기 속에서 서로의 관심 분야에 대해 자연스럽게 이야기를 나눴다. 서로 다른 분야를 전공하는 사람들의 생각과 의견을 공유할 수 있었던 특별한 시간이었다. 특히 자연에 관심이 많았던 나에게 자연의 아름다움을 수학적으로 표현했던 참가자는 많은 질문을 던져 주었다.

1994년 강렬한 색상으로 영상을 상영하는 TV 브라운관과 신기한 사운드를 뿜어내는 커다란 스피커로 가득 찬 어느 전시장에서 우연히 Interaction 이라는 용어를 처음 접했다. 그 이후 예술과 과학의 만남, Convergence, Interdisciplinary, Intermedia 등 다양한 주제와 학문 간의 융합을 통한 새로운 기술이나 경험에 대한 관심이 점점 커져 나갔다. 하지만 대부분의 시도는 융합이라기보다는 협력에 가까웠다. 서로 다른 분야의 전공자로 한 팀을 만들고 하나의 과제를 풀어 나가는 방식이 많은데, 각 팀원이 결국 각자 자신의 전공을 살린 부분만 맡아서 최종 결과물을 만들어 내는 것에 그치기 때문에 아쉬움이 남는다.

진정한 융합이란 미술 전공자가 프로그래밍 언어에서 사용되는 다이어그램을 분석해보고, 공학 전공자가 도심 속 거리로 나가 벽화를 그려보는 것처럼 자신이 경험해 보지 않았던 영역에 도전할 수 있는 기회의 장이 되어야 할 것이다. 그리고 이러한 시도를 위해서는 열린 자세로 자신의 생각을 공유할 수 있는 여유와 용기가 필요하다. 맛있는 비빔밥을 만들려면 김이 모락모락 피어오르는 흰 쌀밥 위에 신선한 나물을 올리고 고소한 참기름을 넣은 후 구석구석 비벼야 한다. 빨간 고추장만으로는 맛있는 비빔밥을 만들 수 없다.

두근두근 빛나는 심장

난이도 ■■■■■
시간 2일

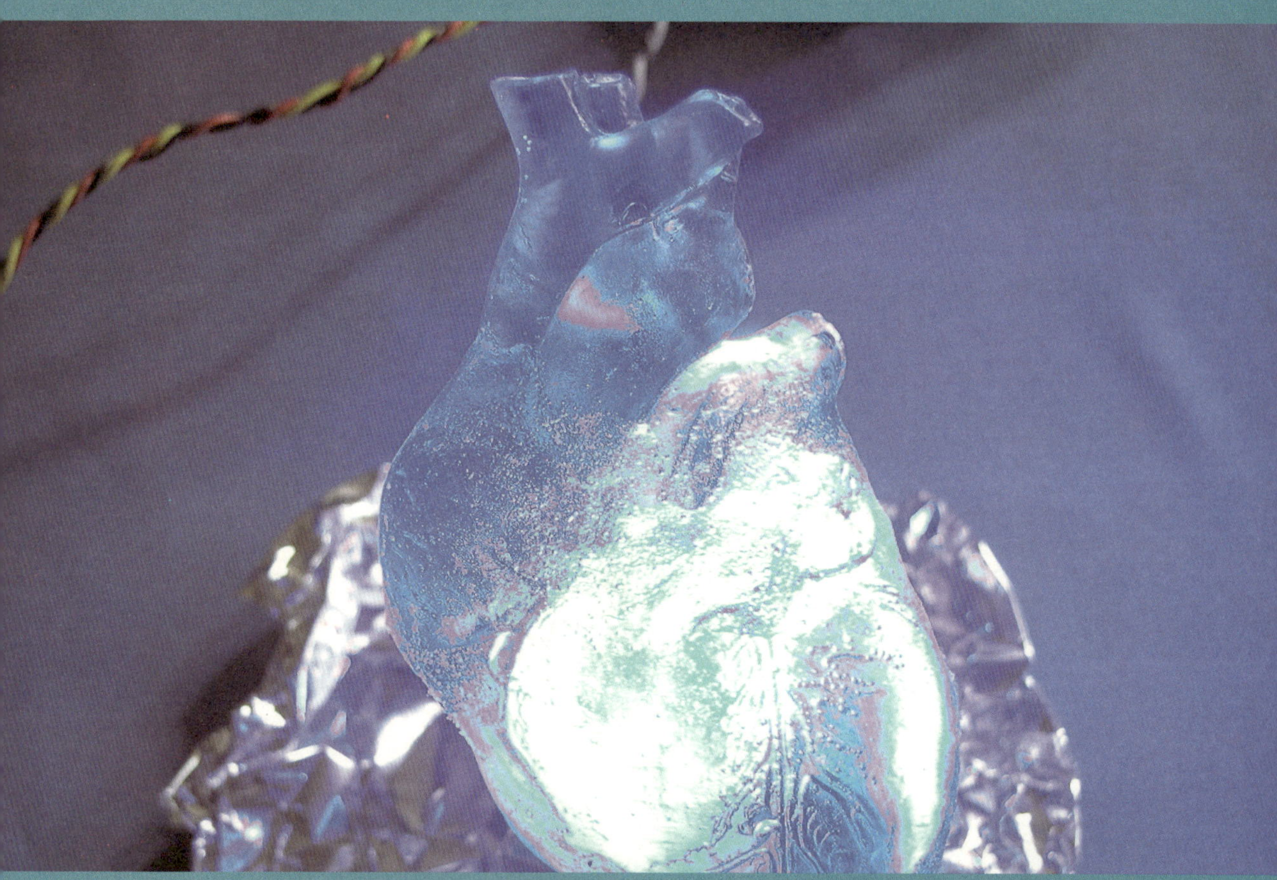

심장이 뛸 때마다 빛이 나는 투명한 모형 심장. 심장 박동 센서를 귀 안쪽에 착용하고 아두이노 보드에 연결하여 입력 센서로 활용한다. 심장이 뛸 때마다 아두이노 보드로 입력되는 값이 변한다. LED가 켜졌다가 꺼지는 모습을 보면서 자신의 심장 박동을 직접 빛으로 확인할 수 있다.

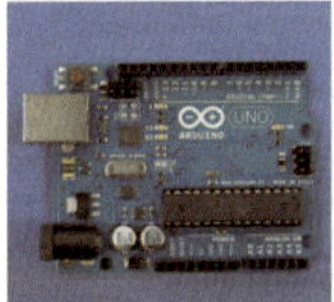

아두이노 우노 (R3)
» 온라인 (플: 100410020145,
아: TP11021D)

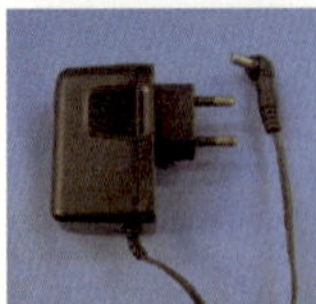

9V 어댑터
플러그 내경 2.1mm
» 온라인 (엘: EPX3X949)

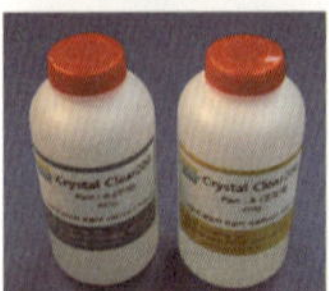

경질 투명우레탄 (1세트)
모델명: Crystal Clear 200 (0.86kg)
제조사: Smooth-on
» 온라인(협신물산)

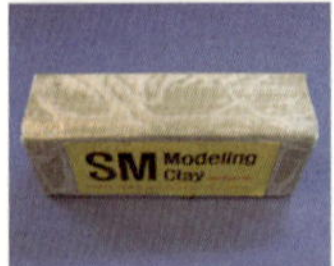

유토 (1개)
SM Modeling Clay
» 온라인(협신물산)

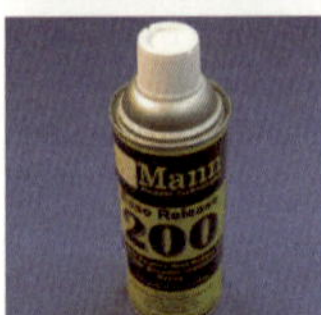

실리콘 이형제 (1개)
모델명: ER-200, 제조사: Smooth-on 또는
모델명: KF96, 제조사: 신에츠
» 온라인 구매

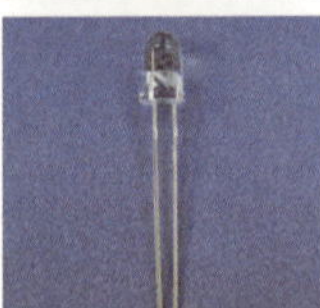

고휘도 LED
5파이, 파란색
작동전압: 3.4~4V, 소비전류: 20mA
» 온라인 (엘: EPX33DPN, 디: 189)

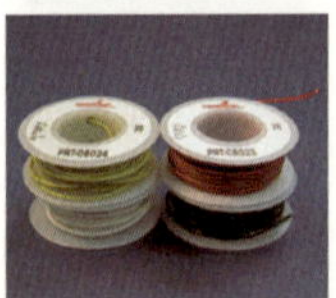

전선 (단심선)
빨간색, 검은색, 노란색, 흰색
심 굵기: 0.6mm(22AWG)
» 온라인, 청계천 시장

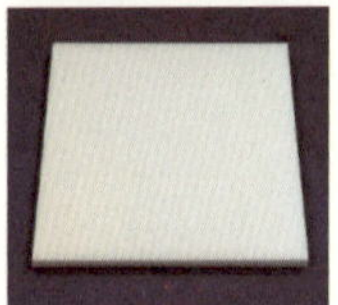

우드락
크기: 가로 600 x 세로 900 x 두께 10(mm)
» 온라인, 화방

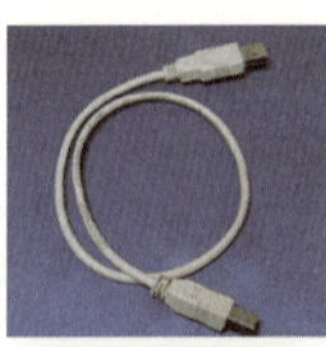

USB 케이블 (A/B 타입)
» 온라인 (플: 20081304471753_0,
엘: EPX344M9)

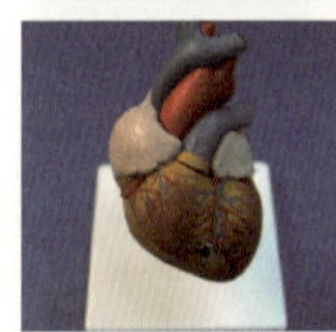

모형 심장
모델명: G08, 제조사: 3B
크기: 가로 12 x 세로 12 x 높이 19(cm)
» 온라인, 청계천 시장

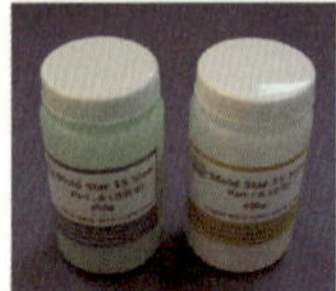

형틀용 실리콘 (2세트)
모델명: Mold Star 15 (0.99kg)
제조사: Smooth-on
» 온라인(협신물산)

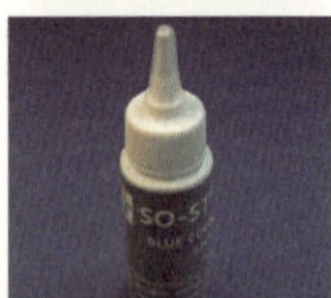

우레탄 안료 (1개)
모델명: So-Strong(Blue)
제조사: Smooth-on
» 온라인(협신물산)

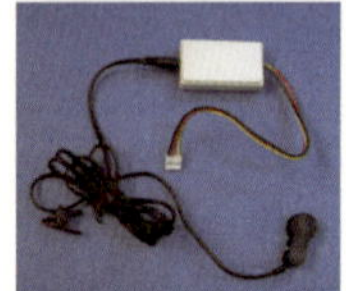

심장 박동 센서
모델명: Grove-Ear-clip Heart Rate
Sensor(귀 착용형),
제조사: SEED Studio
» 온라인 구매 (아: TE03212PMED)

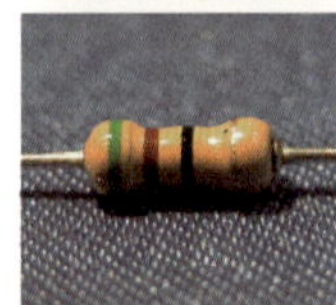

저항 51 옴
탄소피막 막대저항 1/4W, 5%
» 온라인 (엘: EPX34LP4, 디: 902)

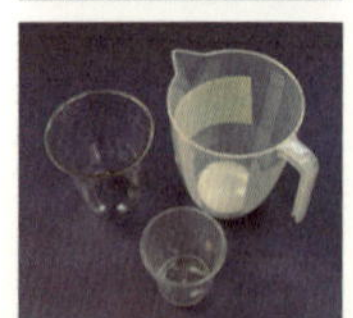

플라스틱 컵
용량: 190ml (20개), 430ml (20개)
1L (3개)
» 온라인, 마트

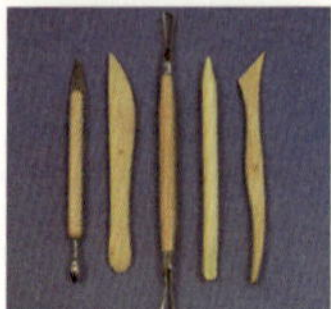

조소 용구
» 온라인, 화방

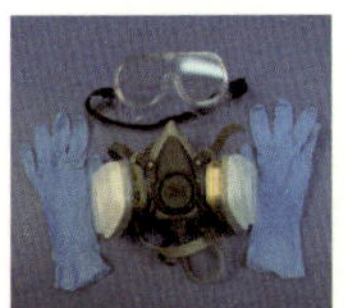

안전용품 3세트

니트릴 장갑, 보안경, 방독 마스크

》 온라인, 청계천 시장

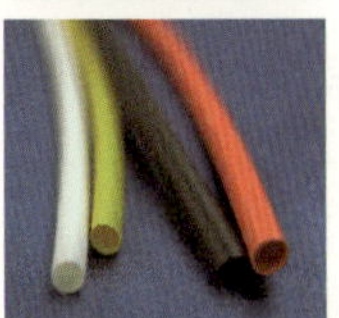

열수축 튜브

흰색, 노란색, 빨간색, 검은색, 지름 3mm

》 온라인, 청계천 시장

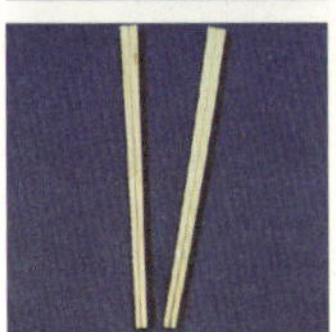

나무 젓가락

》 온라인, 마트

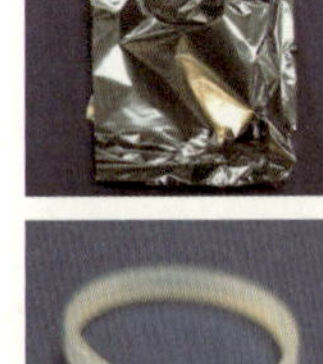

알루미늄 호일

》 온라인, 마트

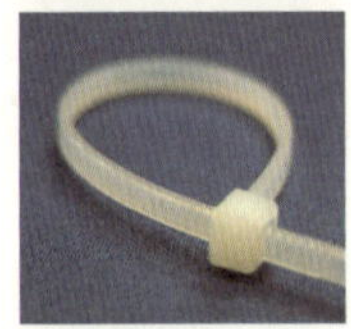

케이블 타이

흰색, 길이: 8cm

》 온라인, 청계천 시장

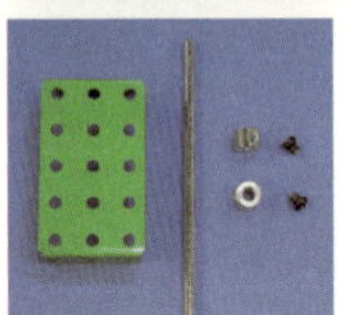

과학상자 부품 (제일과학)

- 20번 축-10cm, 1개
- 50번 플랜지판(소), 1개
- 52번 조정 부싱, 2개
- 54번 멈춤나사 set, 2개

공구

인두기, 땜납, 납땜 보조기구, 와이어 스트리퍼, 롱노우즈 플라이어,
니퍼, 칼, 가위, 자, 글루건, 열풍기, 저울, 볼펜, 진공 탈포기

주요 제작단계

01	02	03
모형 심장 형틀 만들기	투명 우레탄으로 모형 심장 캐스팅하기	심장 박동 센서 연결하기

연결그림

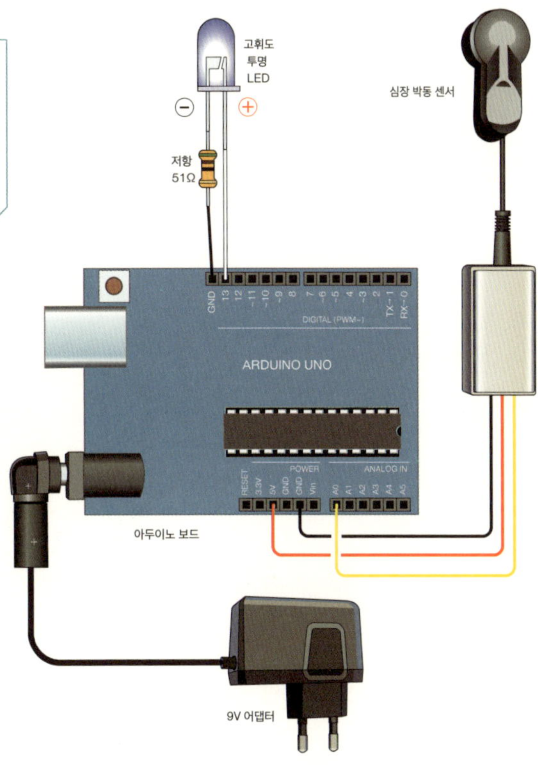

01 모형 심장 형틀 만들기

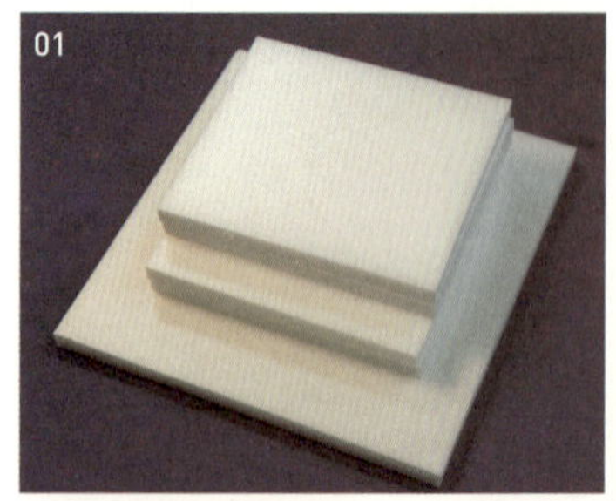
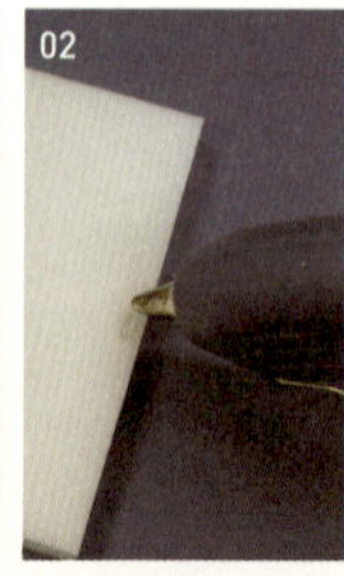
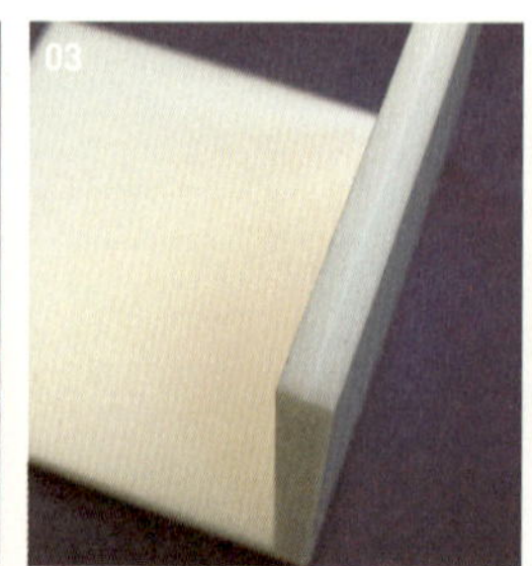
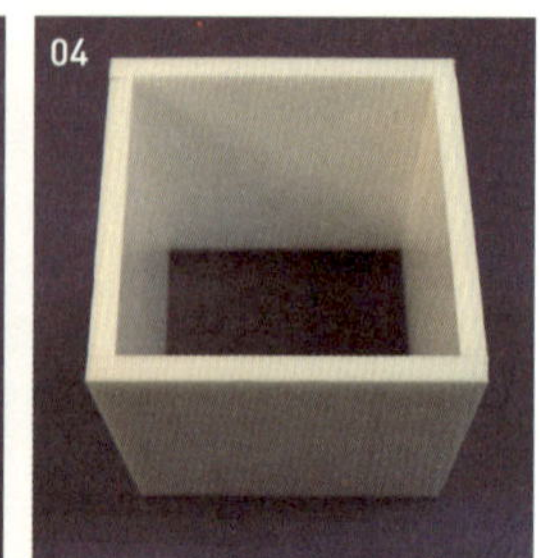

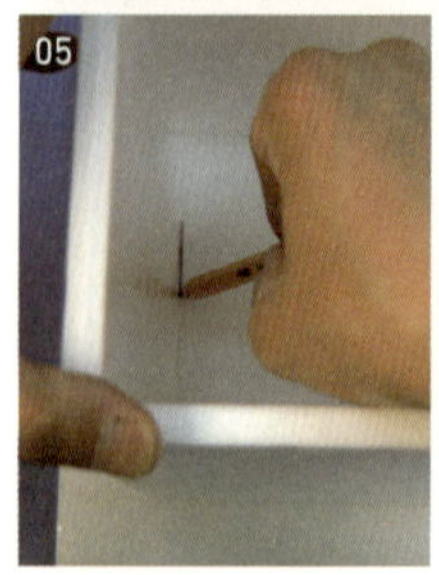
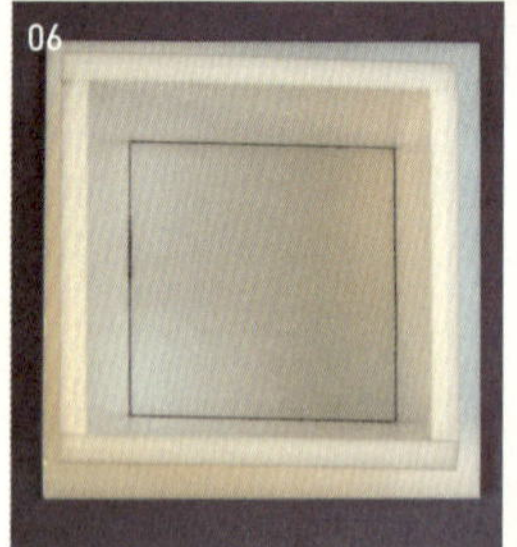
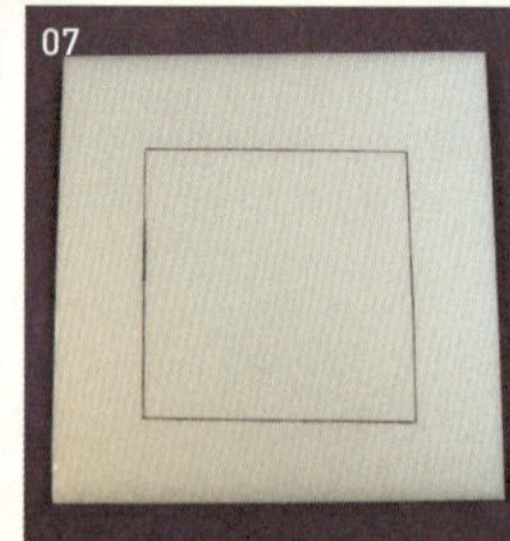
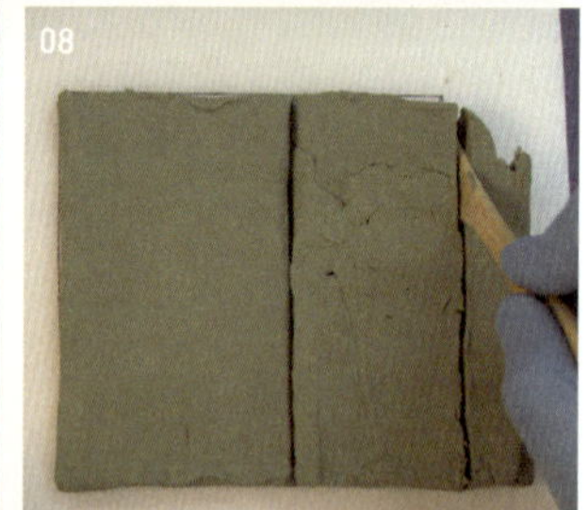

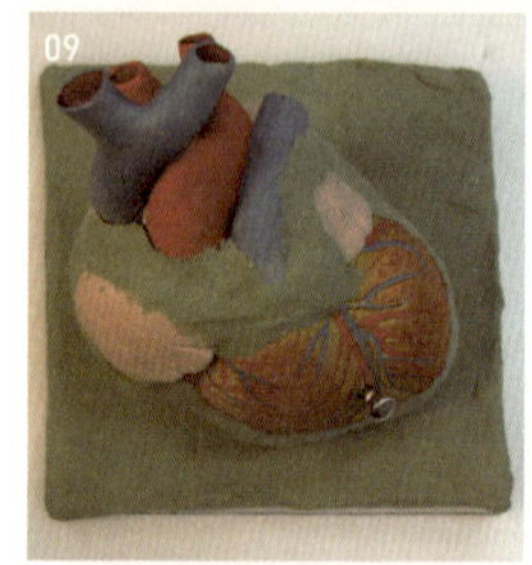
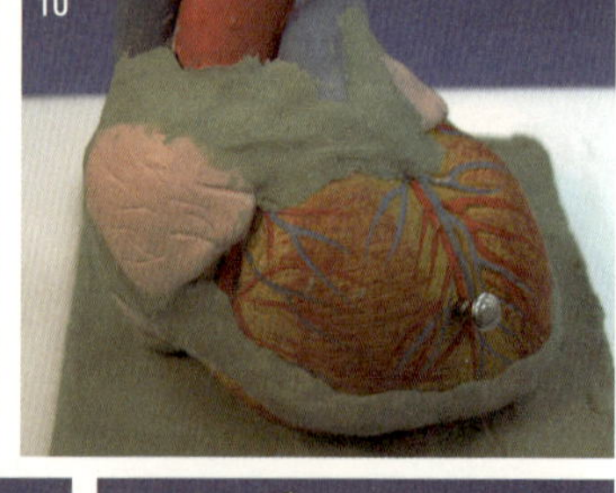

01 형틀을 만들기 위해 아래와 같이 우드락을 준비한다.
  1. 바닥판: 200 x 200 (mm)
  2. 앞뒷면: 140 x 140 (mm) 2개
  3. 옆면: 120 x 120 (mm) 2개

02 글루건으로 옆면을 붙여 사각박스를 만든다.

05 조립한 사각박스를 바닥면에 놓고 안쪽에 볼펜으로
위치를 그려준다.

08 유토를 바닥면에 표시한 네모 안에 1cm 정도 깔아
준다.

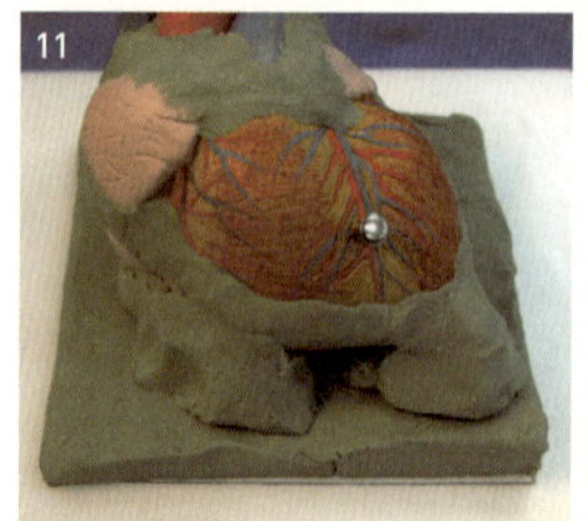
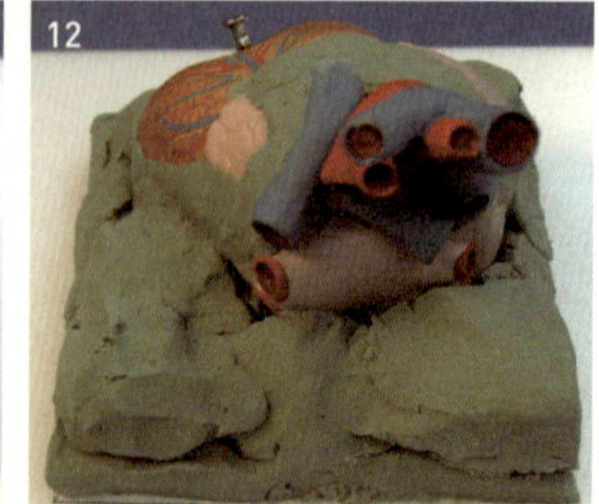

09 모형 심장을 올려 놓는다.

10 모형 심장의 틈새로 실리콘이 들어가지 않도록 유토
로 메운다.

11 모형 심장의 중간 높이까지 유토를 쌓는다.

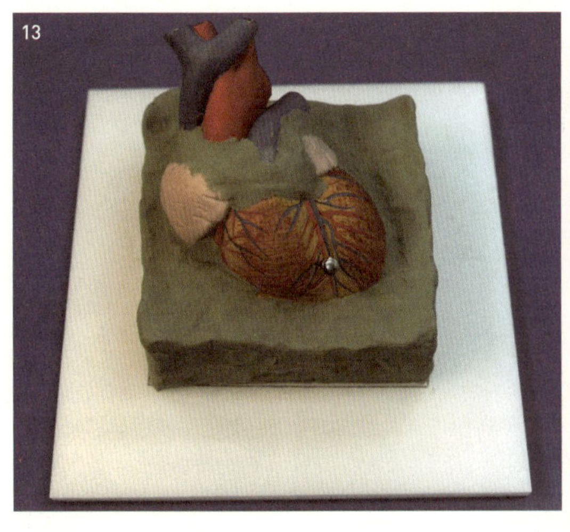

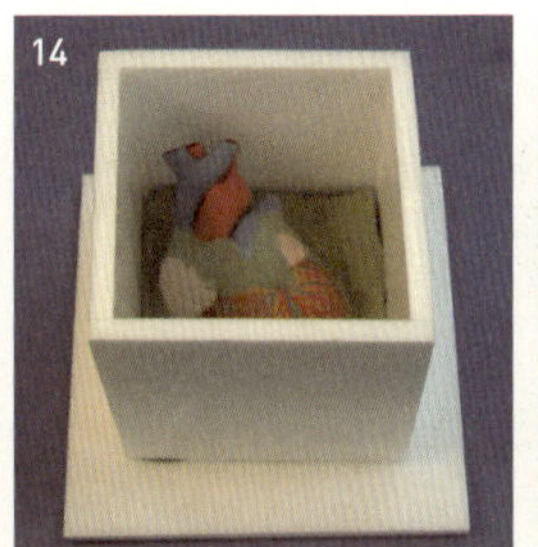
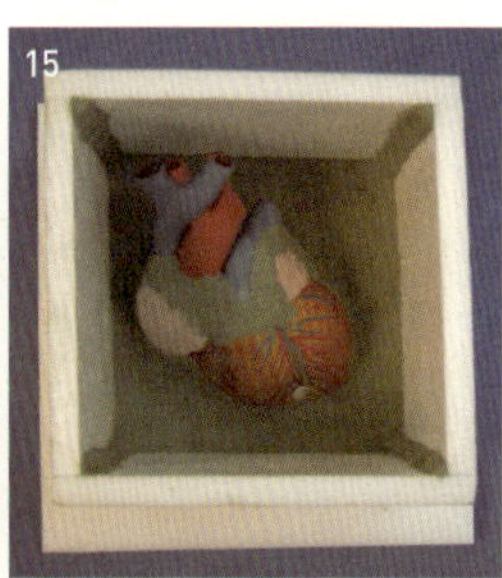

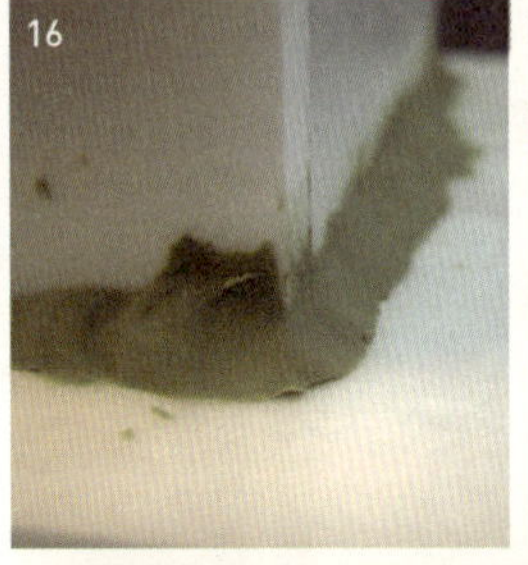
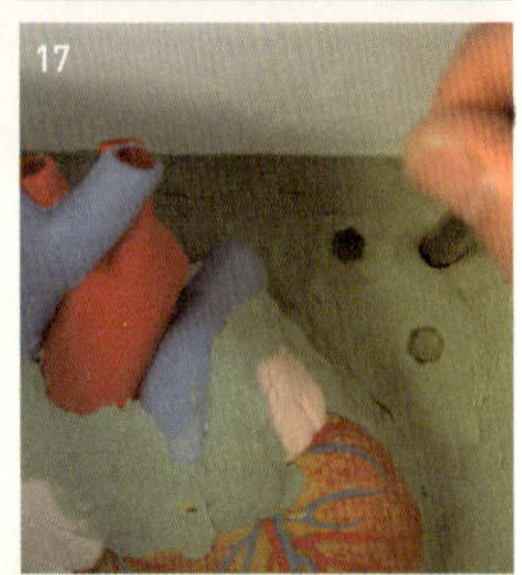

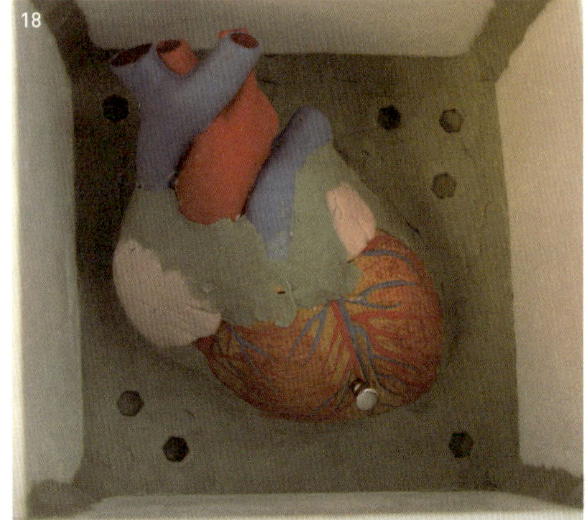

14   사각박스를 끼운다.

15   유토와 사각박스 사이 틈새를 유토로 메워준다. 사각박스의 네 모서리 조립 면에도 유토를 발라준다.

16   바닥면과 사각박스 사이 틈새에도 유토를 발라준다.

17   연필이나 볼펜 뒷부분을 이용하여 0.5cm 깊이로 구멍을 판다.

18   그림과 같이 여러 군데 파준다.

19   ⚠ 모형 심장을 캐스팅할 때는 반드시 안전용품 3세트(니트릴 장갑, 보안경, 방독 마스크)를 착용하고 작업해야 합니다.

20   Mold Star 15를 섞기 전에 각각 나무젓가락으로 저어준다.

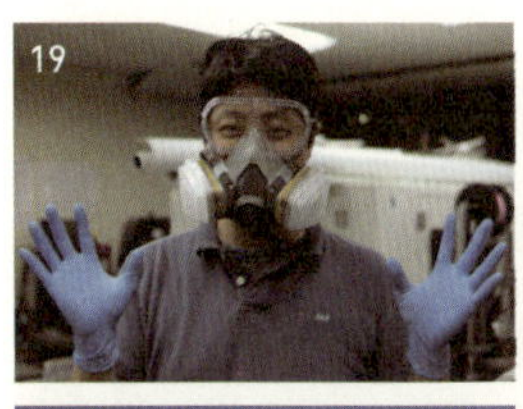
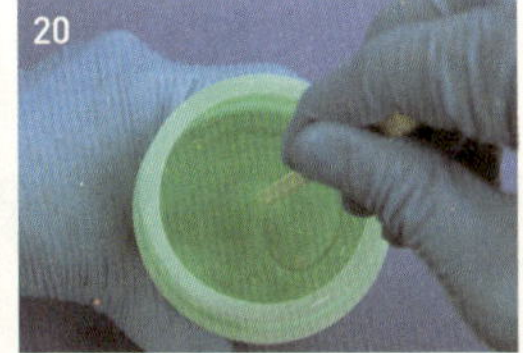
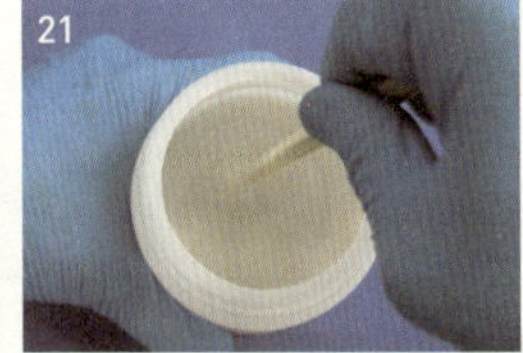
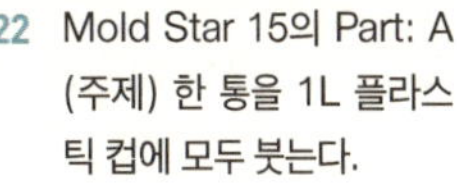

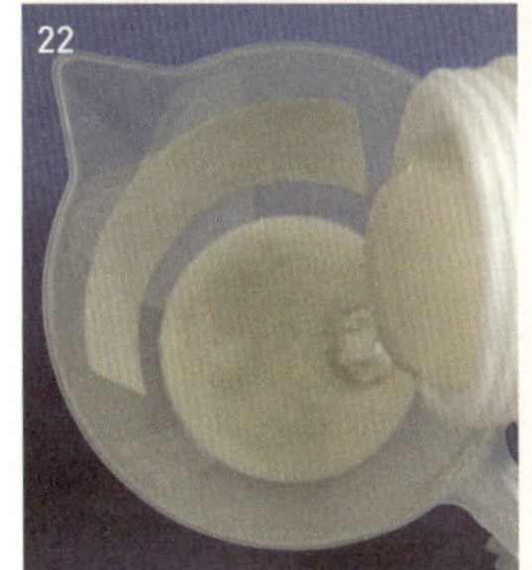
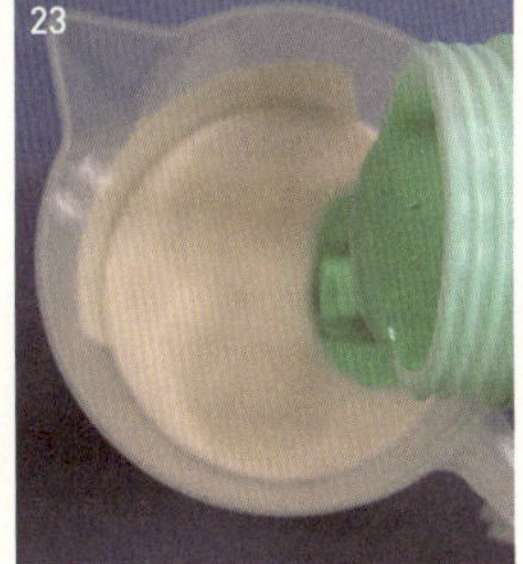
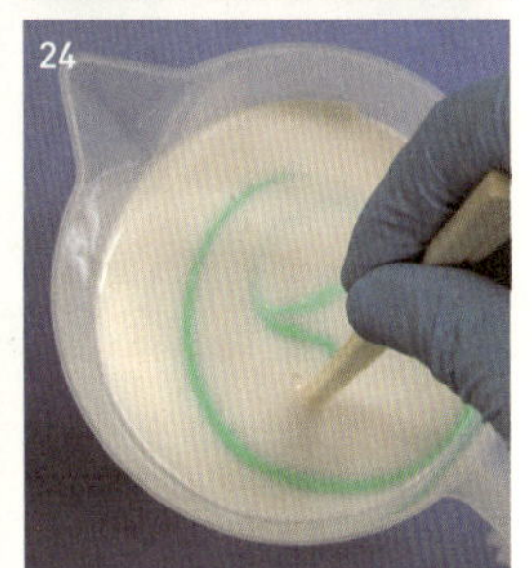

22   Mold Star 15의 Part: A (주제) 한 통을 1L 플라스틱 컵에 모두 붓는다.

23   Mold Star 15의 Part :B(경화제) 한 통을 같은 컵에 모두 붓는다.

24   나무젓가락으로 두 용액을 충분히 섞어준다.

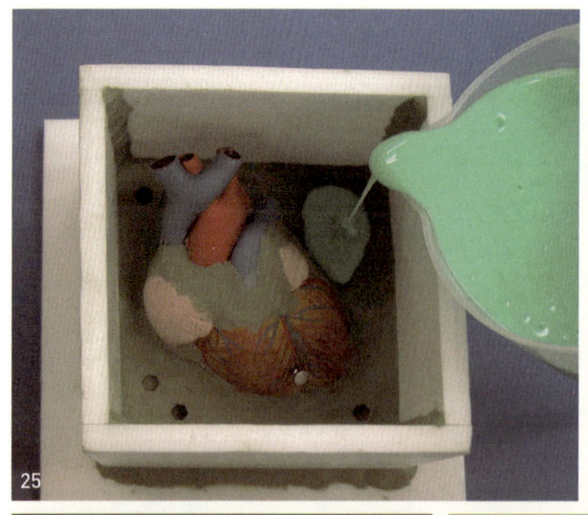 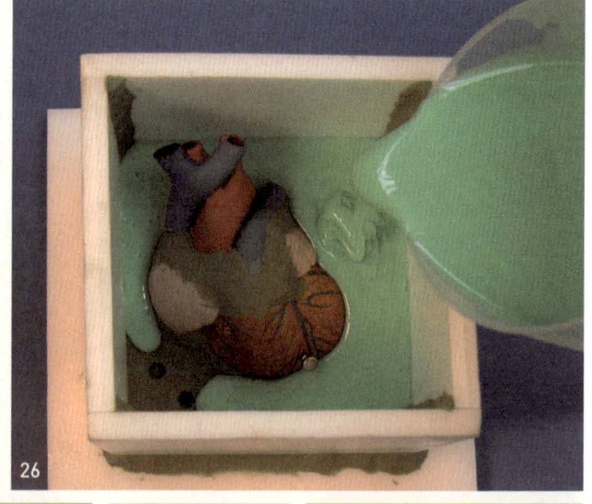

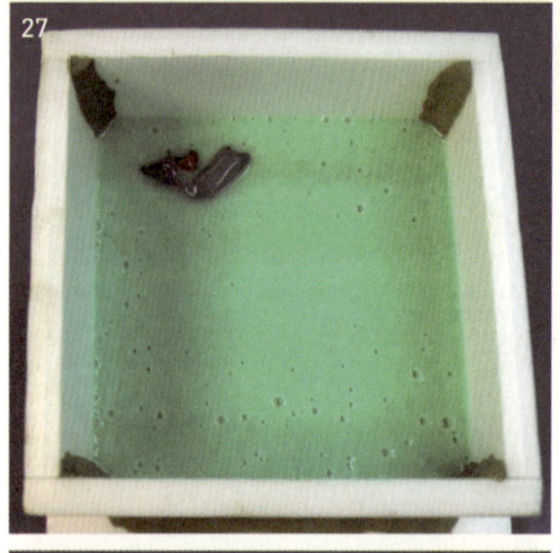 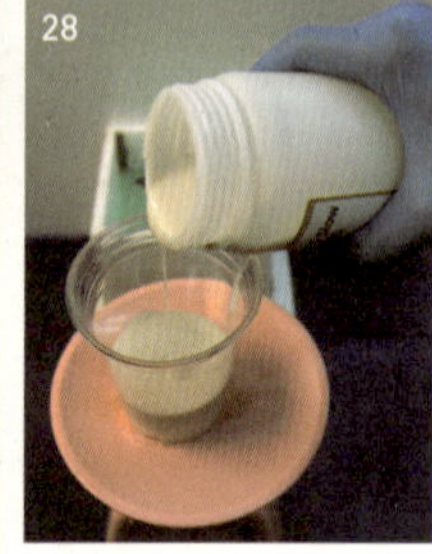 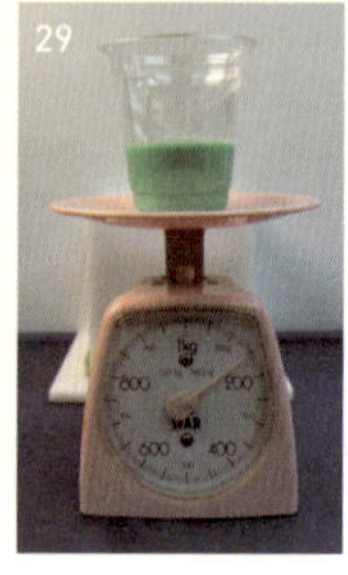 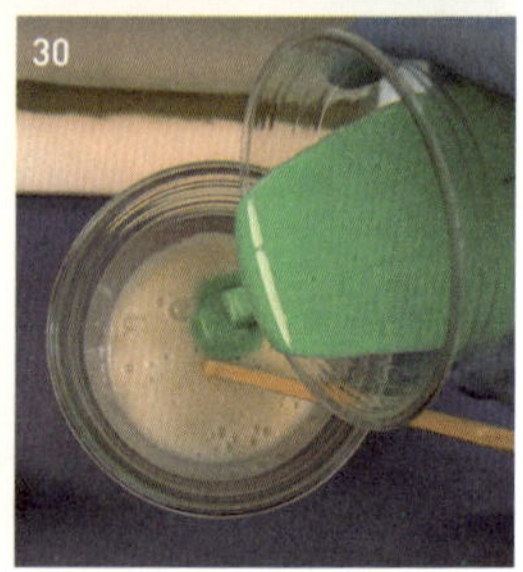

25 섞은 두 용액을 바닥면부터 부어준다.

27 모형 심장이 모두 잠길 때까지 계속 붓는다.

28 Mold Star 15의 Part: A (주제) 150g을 준비한다.

29 Mold Star 15의 Part: B (경화제) 150g을 준비한다.

30 두 용액(300g)을 충분히 섞은 다음 다시 붓는다.

31 모형 심장이 모두 잠긴 것을 확인하고 4시간 동안 기다린다.

32 4시간이 지나 윗면 형틀이 모두 굳은 것을 확인했으면 줄로 사각박스 밑면을 절단한다.

34 사각박스를 그대로 뒤집어 놓는다.

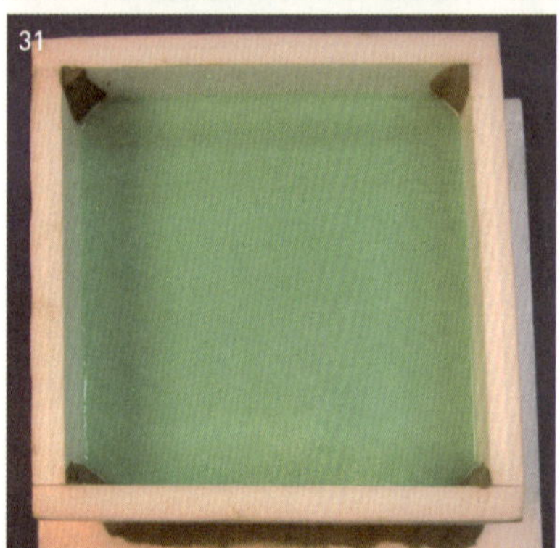

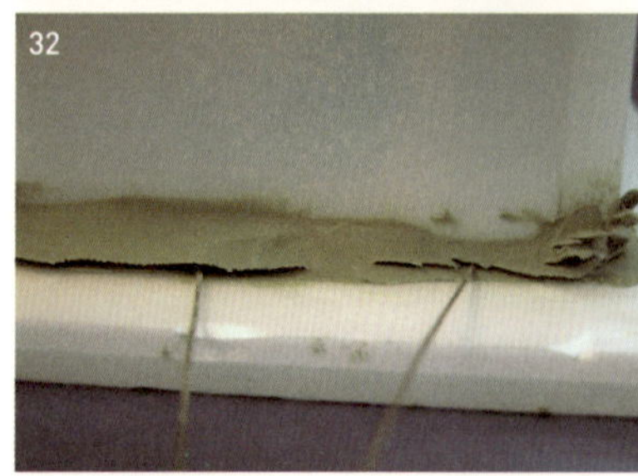 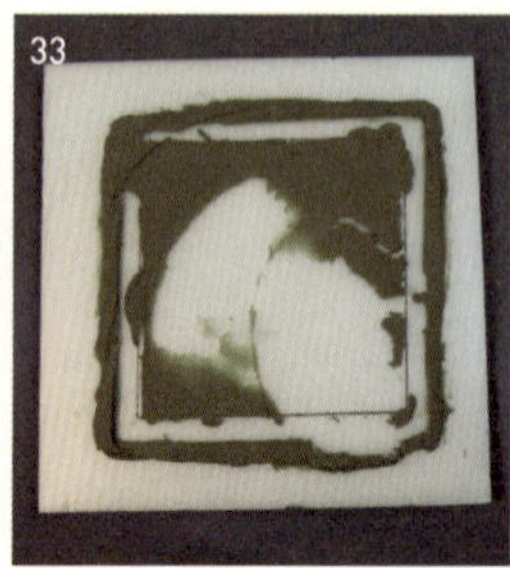 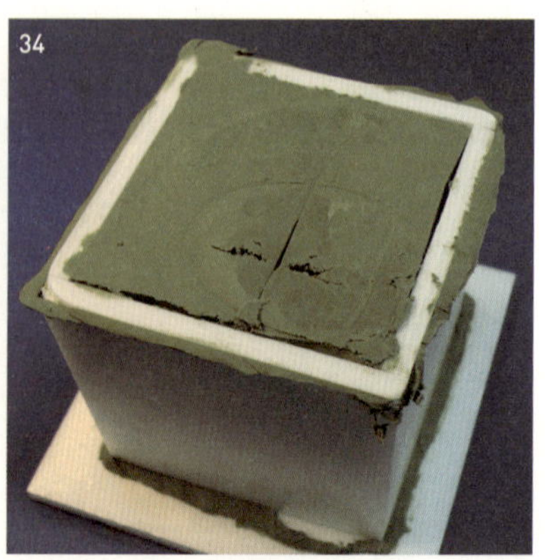

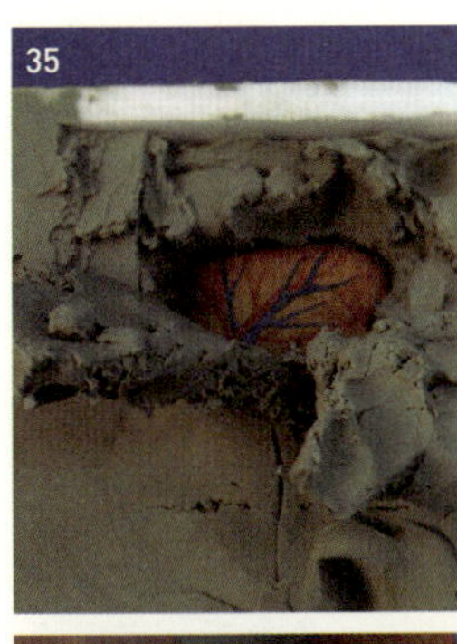

35 유토를 모두 제거한다.

36 조소 용구로 남은 유토를 모두 제거한다.

37 모형 심장의 틈새를 유토로 막는다.

38 형틀 안으로 투명 우레탄을 붓기 위해 가운데 지름 2cm 크기의 원기둥을 유토로 만들어 붙인다.

39 실리콘 이형제를 사각박스 면과 윗면 형틀 실리콘, 모형 심장에 충분히 뿌린다. 약 5회(1분 간격으로) 넘게 많이 뿌린다.

40 Mold Star 15의 Part: A (주제) 300g과 Part: B (경화제) 300g을 섞어서 붓는다.

41 4시간 동안 기다린다.

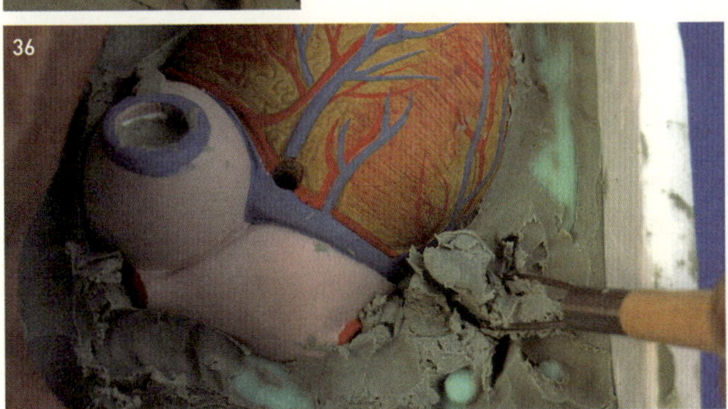

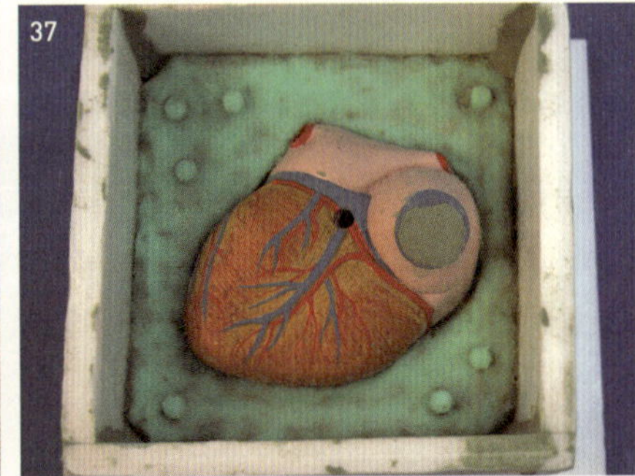

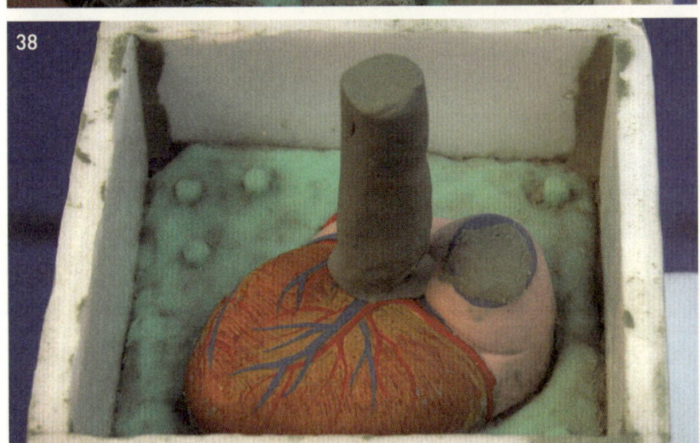

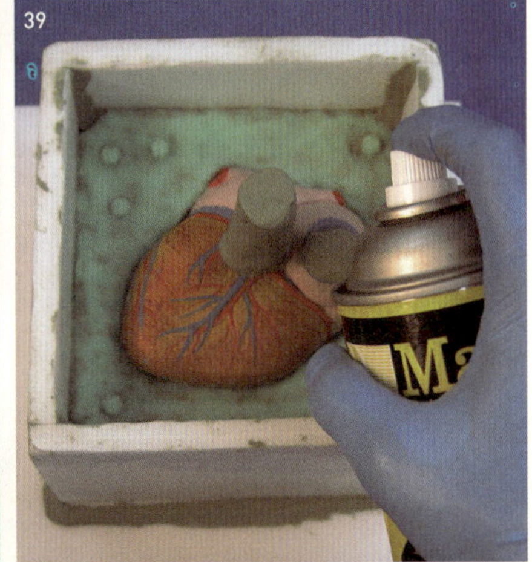

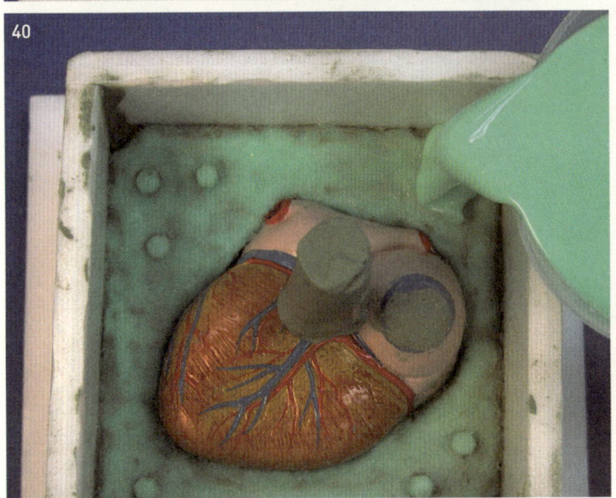

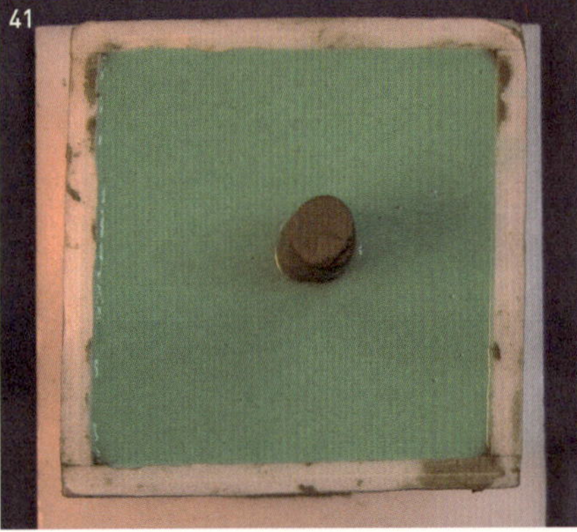

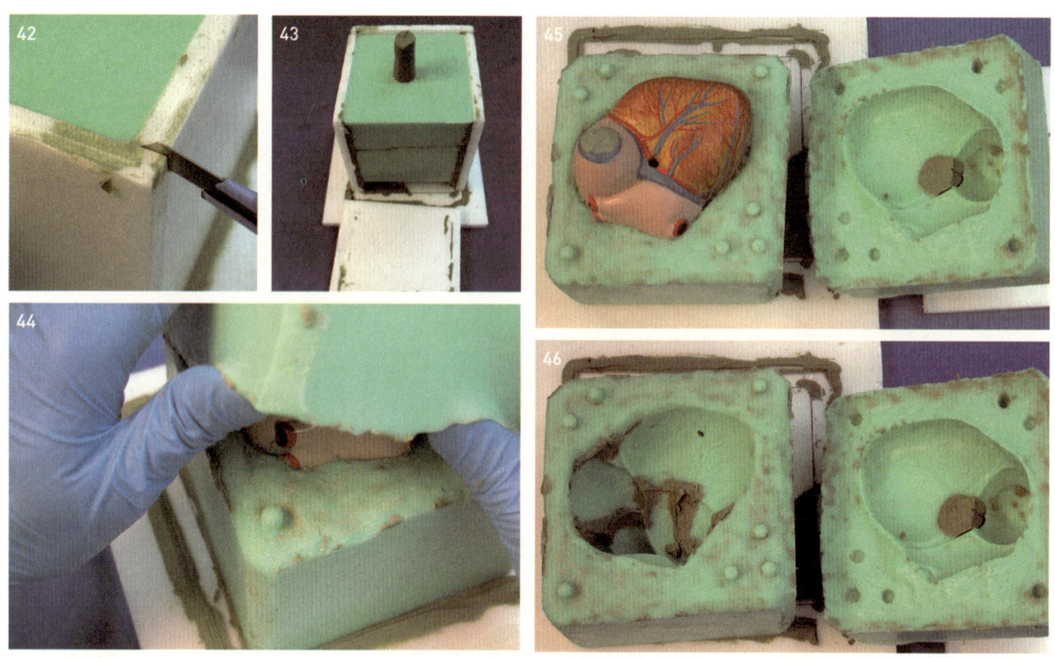

42 밑면 형틀 실리콘이 모두 굳은 것을 확인했으면 칼로 우드락 네 면을 형틀에서 분리한다.

44 밑면 형틀과 윗면 형틀을 분리한다.

46 모형 심장 원형을 형틀에서 제거하고 남은 유토도 제거한다.

47 모형 심장 형틀 완성

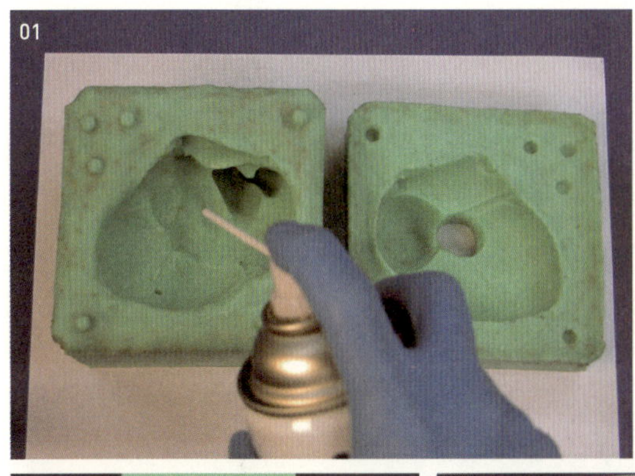

01 경질 투명 우레탄을 부어주기 전에 형틀로부터 캐스팅한 심장이 잘 분리될 수 있도록 실리콘 이형제를 뿌린다.
약 2회 (1분 간격으로)

02 Crystal Clear 200의 Part: A (경화제) 150g과 Part: B (주제) 135g을 따로 플라스틱 컵에 준비한다.

03 나무젓가락 끝에 우레탄 안료를 살짝 묻힌다. 우레탄 안료는 조금만 섞어도 매우 진하게 나오기 때문에 아주 조금만 사용해야 한다.

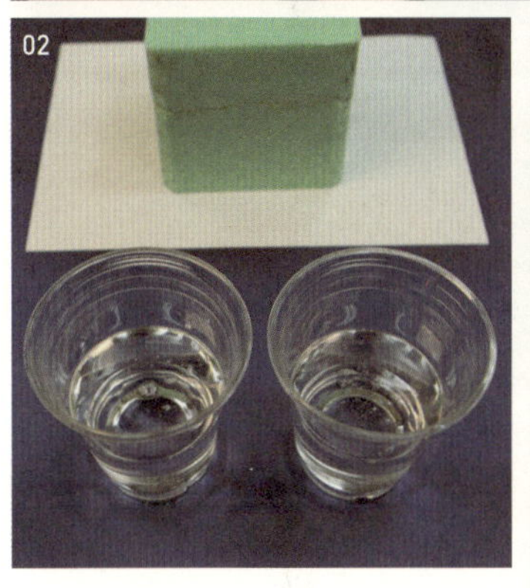

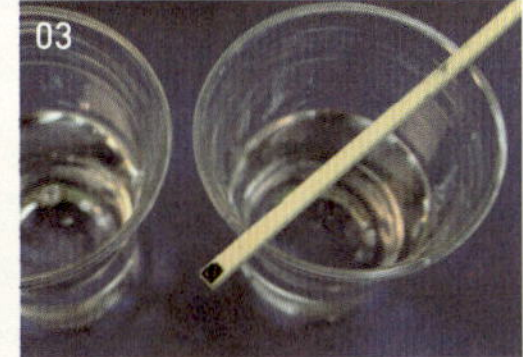

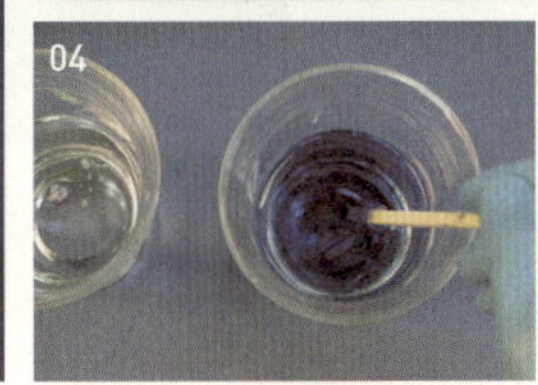

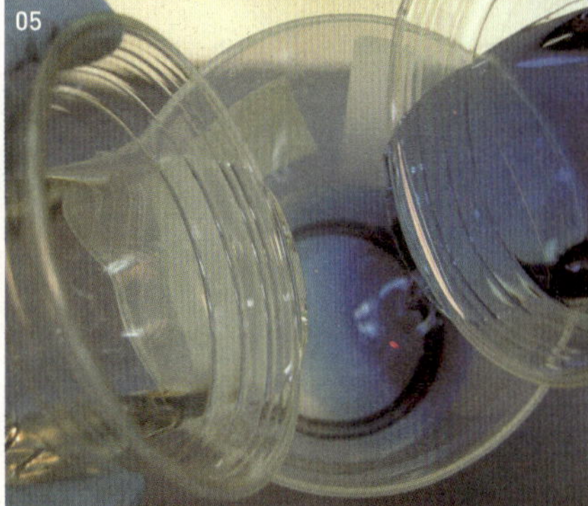

04 우레탄 안료를 Crystal Clear 200의 Part: B (주제)에 충분히 섞어준다.

05 두 용액을 1L 플라스틱 컵에 붓고 충분히 젓는다.

07 용액 안에 있는 공기 방울을 제거하기 위해 진공 탈포기에 1L 플라스틱 컵을 넣는다.

08 진공 상태가 되면 부글부글 끓어오르면서 공기방울이 제거된다.

09 맑아진 우레탄

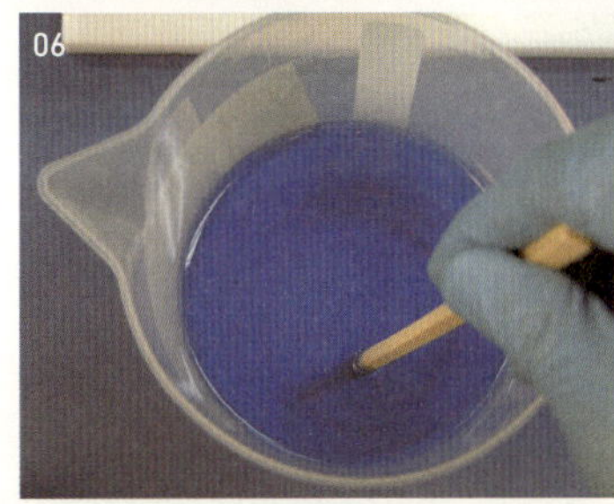

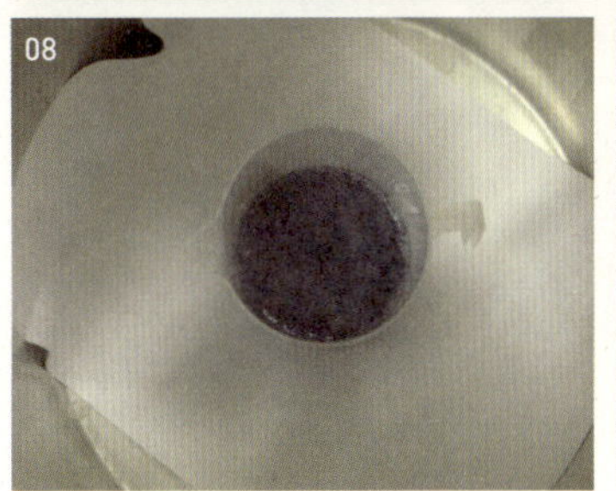

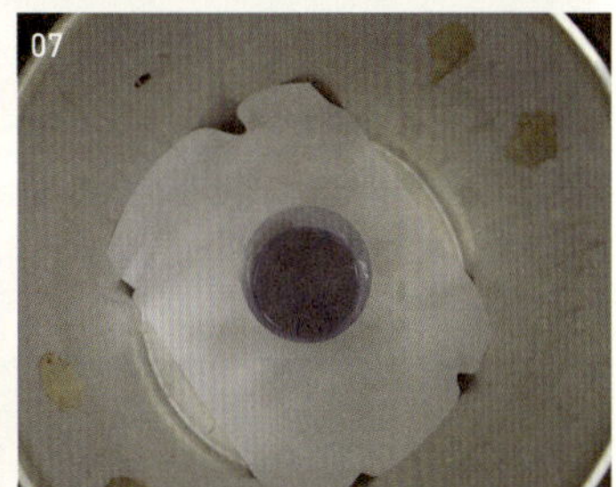

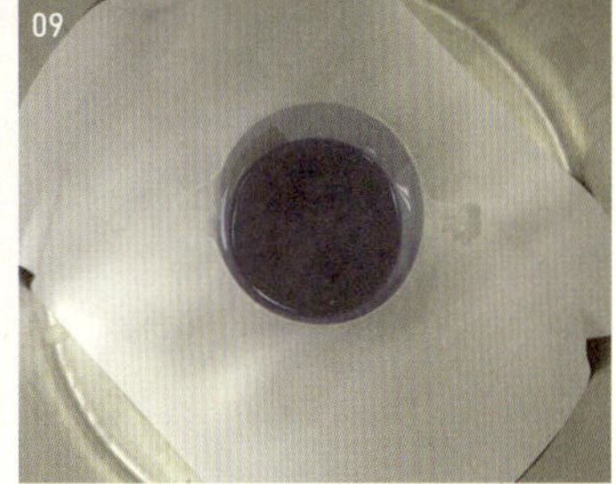

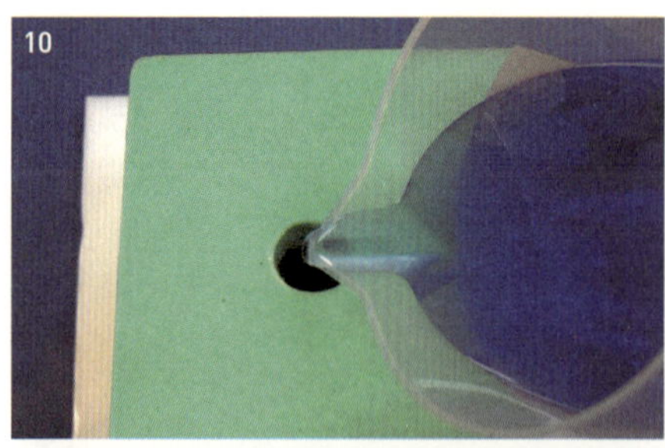

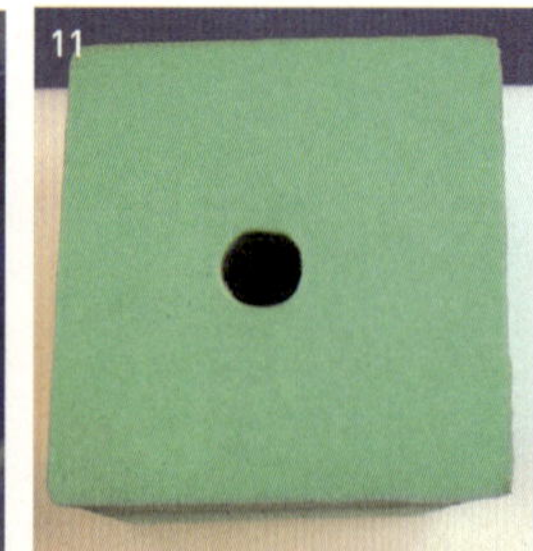

10 형틀을 다시 결합하고 밑면 구멍으로 우레탄을 구멍 끝까지 붓는다.

11 16시간 동안 기다린다.

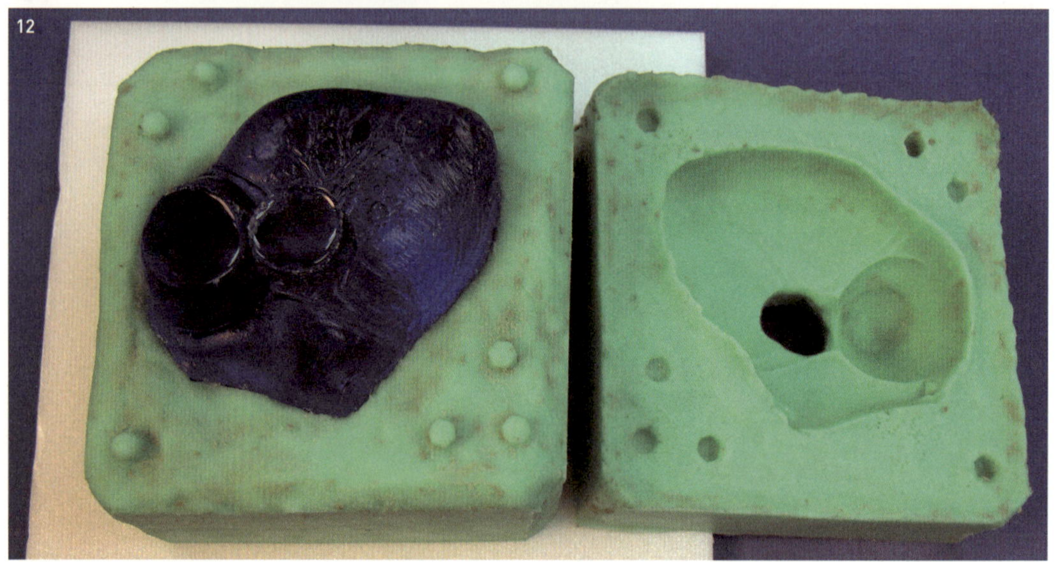

12 밑면 형틀을 들어낸다.

13 캐스팅한 심장을 빼기 전에 부어주었던 구멍 가운데 지름 4mm 고정용 구멍을 깊이 1cm 정도로 뚫어준다.

14 캐스팅한 심장을 빼낸다.

15 **TIP** 우레탄 안료를 섞지 않으면 완전 투명한 심장을 만들 수도 있다.

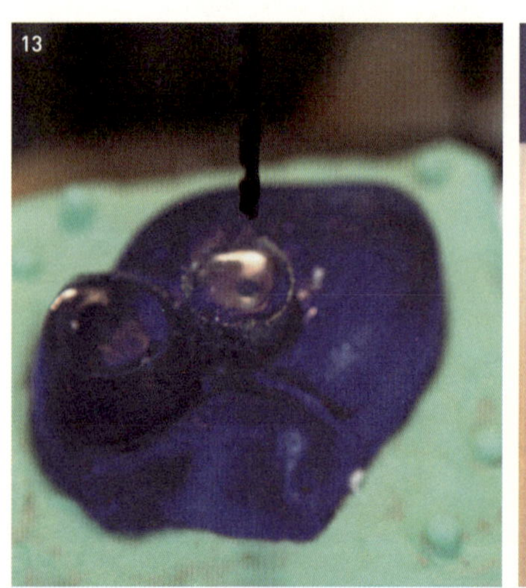

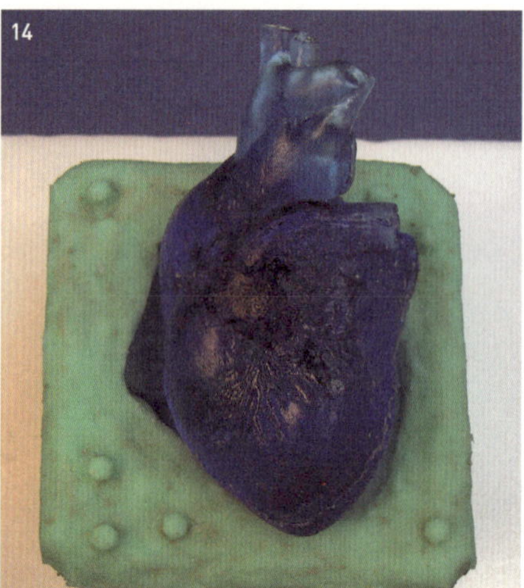

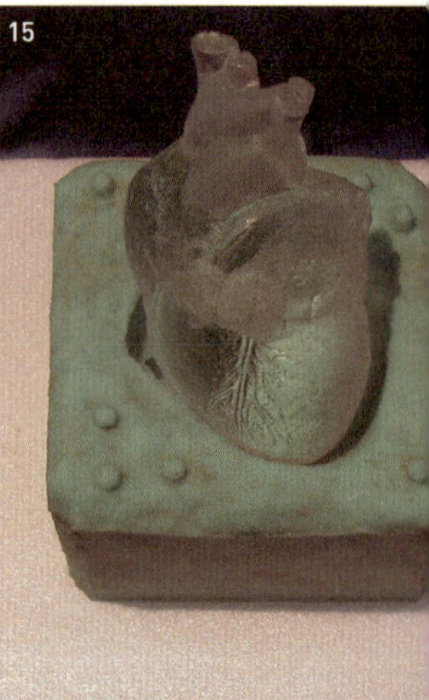

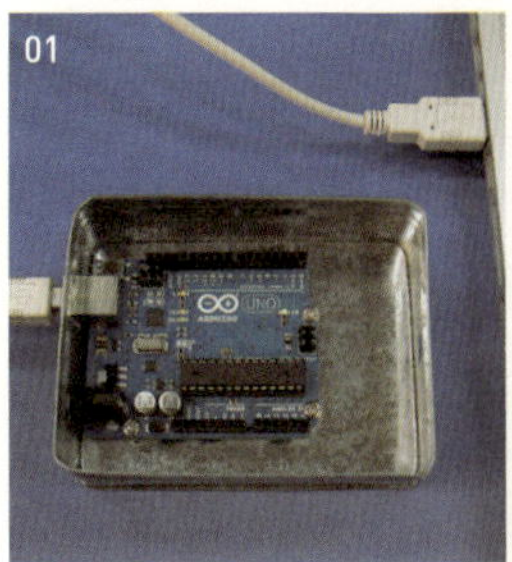
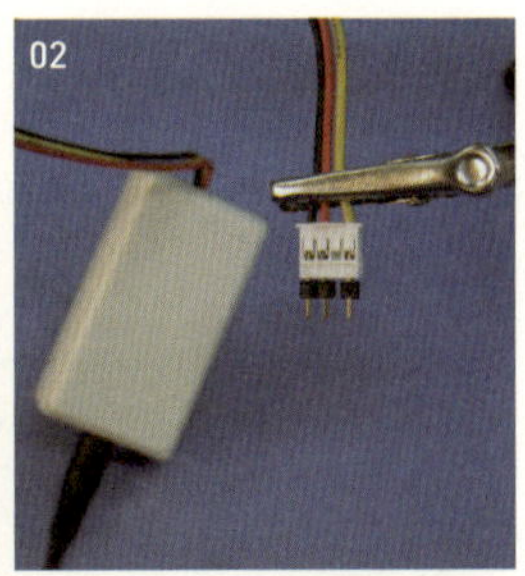
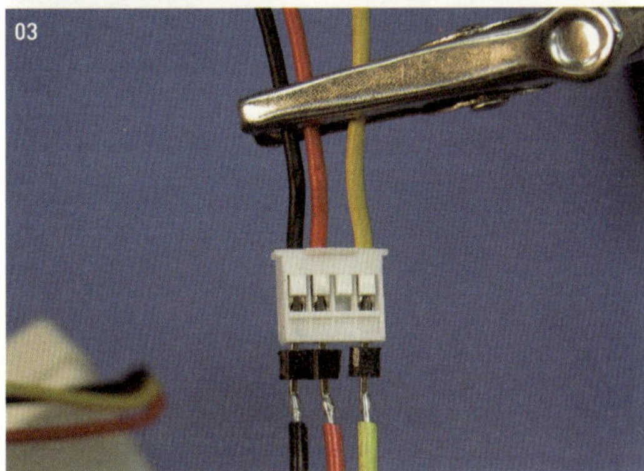
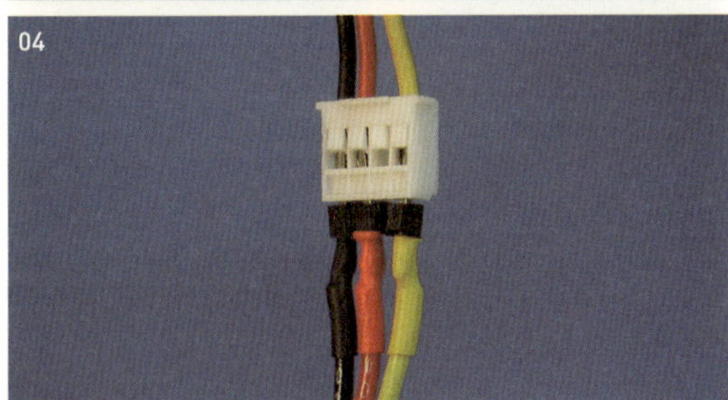
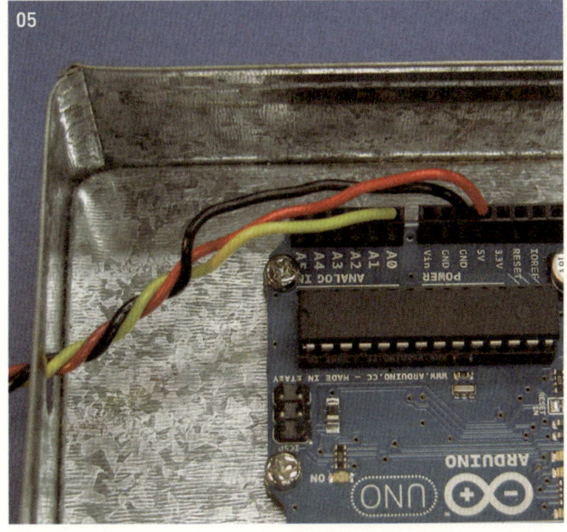

01 아두이노 보드에 스케치 heart_beat_1을 업로드한다.

02 심장박동센서 커넥터에 핀헤더를 두 개, 한 개로 나누어 꽂아준다.

03 각 핀헤더 색깔에 맞추어 전선을 납땜한다.

05 빨간색 전선은 5V 파워 전원에 연결하고 검은색 전선은 그라운드, 노란색 전선은 아날로그 입력(A0) 핀에 꽂아준다.

heart_beat_1

```
void setup() {
  pinMode(13, OUTPUT);      // 13번 핀을
                            // 디지털 출력 핀으로 사용
  Serial.begin(9600);       // 시리얼 통신을 시작한다
}

void loop() {
  int heartBeat = analogRead(A0);  // 아날로그 0번 핀으로
                                   // 입력되는 값을
                                   // heartBeat로 설정
  Serial.println(heartBeat);  // 시리얼 통신으로
                              // heartBeat의 값을
                              // 시리얼 모니터창에 출력
  if (heartBeat == 1023){   // 만약 heartBeat가 1023이면
   digitalWrite(13, HIGH);  // 13번 핀에 연결된 LED를 켠다
  } else {                  // 만약 heartBeat가 1023이 아니면
   digitalWrite(13, LOW);   // 13번 핀에 연결된 LED를 끈다
  }
  delay(10);                // 0.01초 동안 멈춘다
}
```

void setup()에서는 LED를 제어하기 위해서 13번 핀을 출력 핀으로 설정하고 시리얼 통신으로 심장 박동 센서의 아날로그 값을 체크하기 위해 명령어 Serial.begin(9600)으로 아두이노 보드와 시리얼 통신을 할 수 있도록 준비한다.

void loop()의 첫줄에서는 analogRead(핀 번호: A0)을 통해 입력되는 심장 박동 센서의 값을 변수 heartBeat에 저장한다. 이때 입력되는 아날로그 값은 핀으로 입력되는 0V~5V 사이의 전압을 0~1023 사이의 숫자로 1024단계로 나누어 표현한다. 시리얼 모니터 창을 통해 hearBeat 값을 확인해보면 심장이 뛸 때마다 값이 1023이 되는 것을 확인할 수 있다. 다음은 if와 else 구문으로 두 가지 상태를 만들어준다. 첫 번째 상태는 if 구문의 조건인 heartBeat의 값이 1023일 때로 참인 경우이다. 이때 13번 핀과 연결된 LED를 켠다. 그리고 heartBeat의 값이 1023이 아닌 거짓인 경우에는 LED를 꺼서 심장이 박동하는 모습을 빛으로 표현한다.

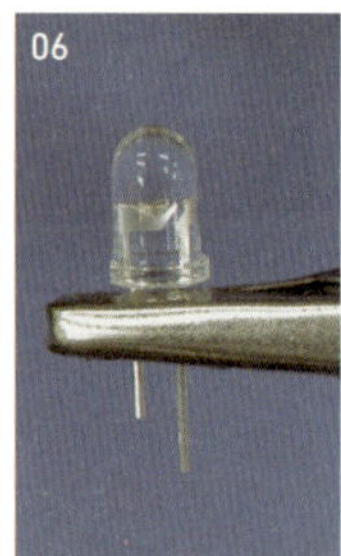

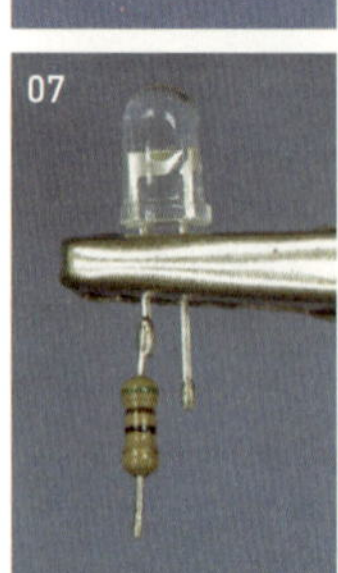

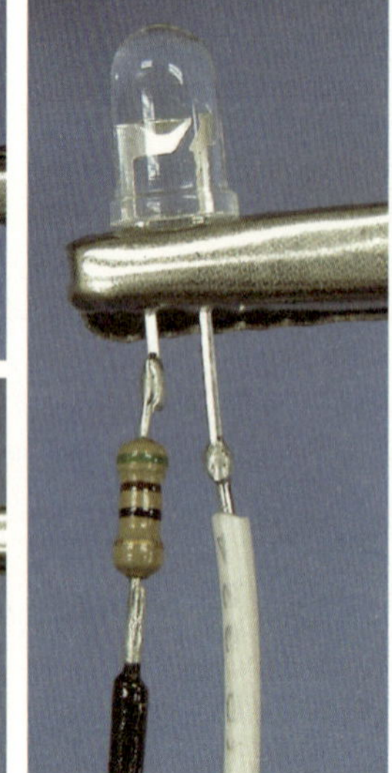

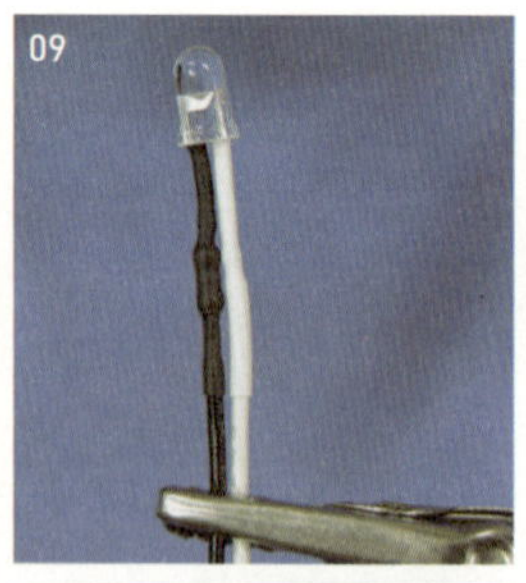

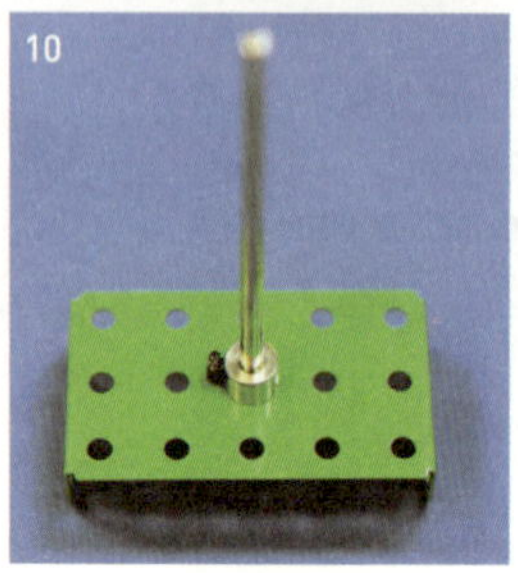

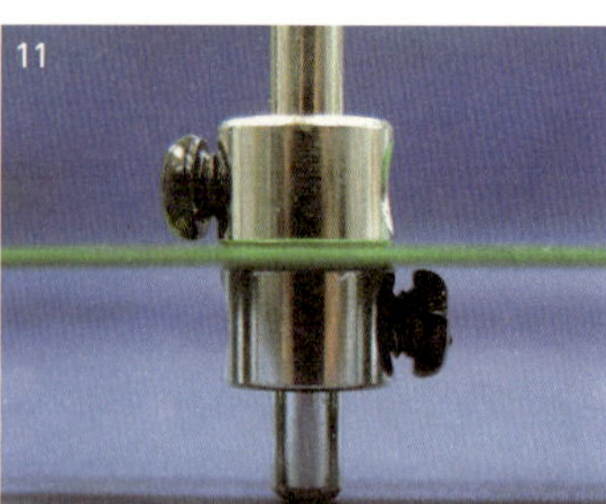

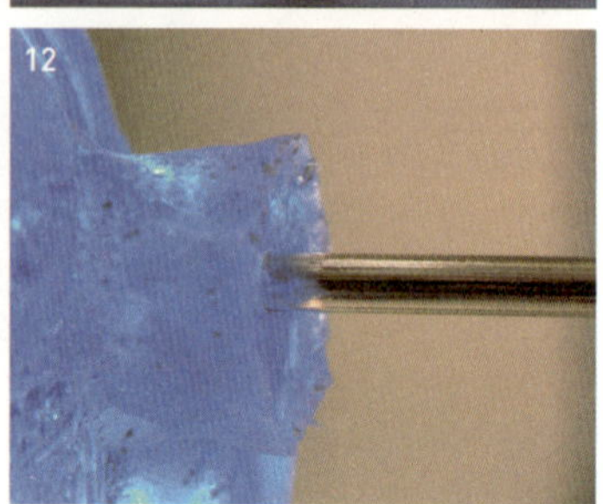

06 파란색 LED에 전선을 연결하기 위해 납땜 보조기구에 고정시키고 다리 길이를 짧게 다듬는다.

07 LED의 음극 다리에 저항 51Ω을 납땜한다.

08 파란색 LED 양극 다리에는 흰색 전선을 납땜하고 저항에는 검은색 전선을 납땜한다.

09 열수축 튜브로 납땜한 부분을 절연시킨다.

10 축 10cm를 플랜지판 가운데 꽂고 조정 부싱을 위아래로 끼우고 고정시킨다.

12 4mm 축에 캐스팅한 심장을 꽂는다.

13 심장 밑면에 LED 머리 부분이 닿도록 하고 케이블 타이로 고정시킨다.

14 LED의 흰색 전선은 디지털 13번 핀에 연결하고 검은색 전선은 그라운드에 연결한다.

15 알루미늄 호일로 플랜지판을 감싼다.

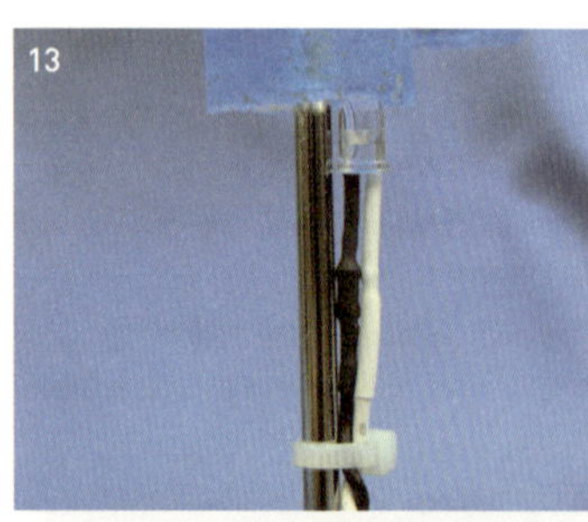

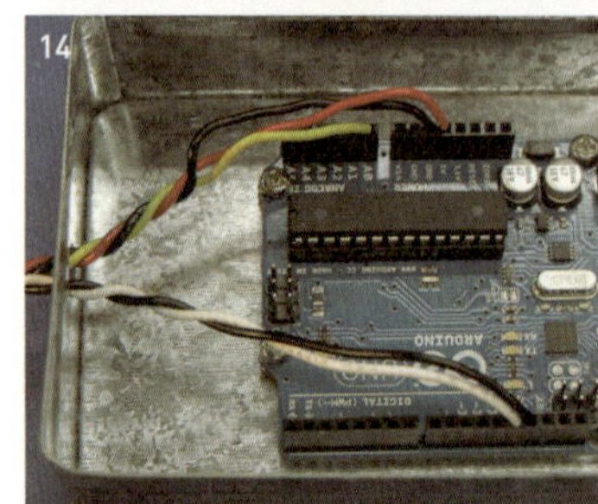

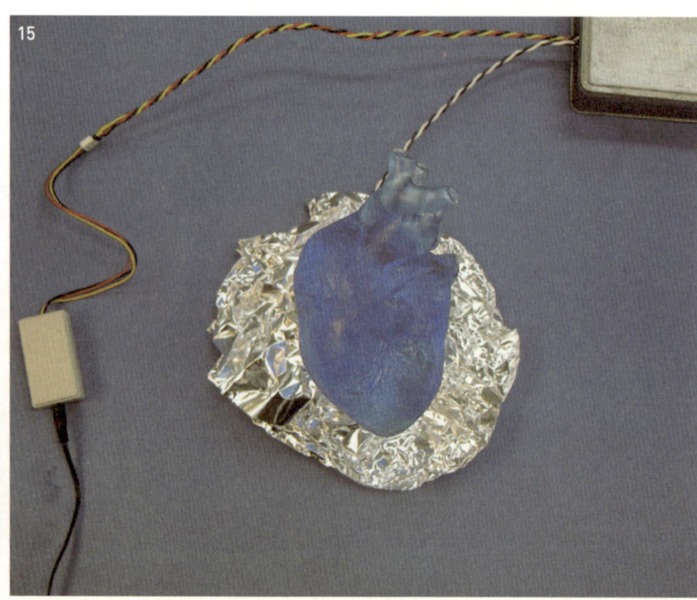

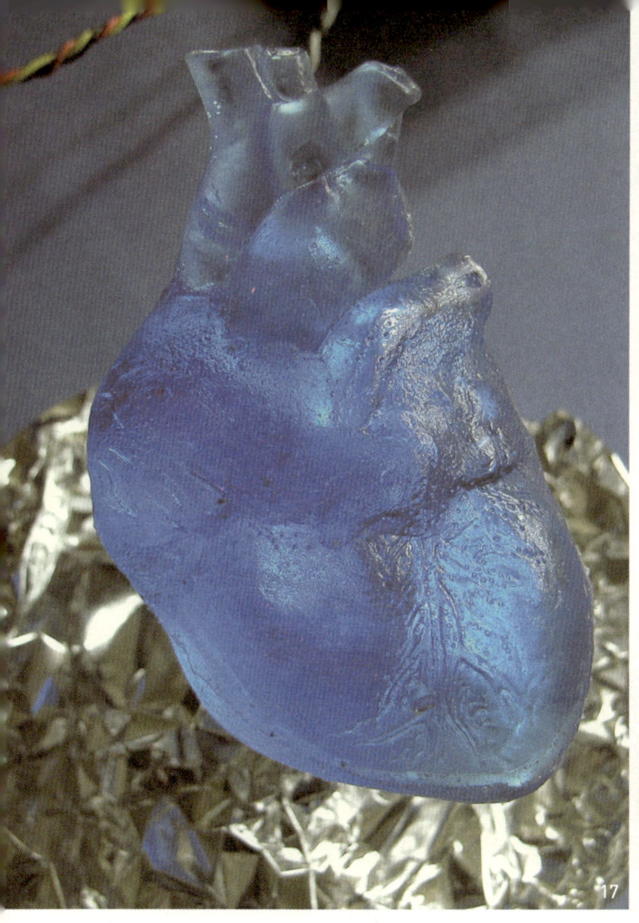

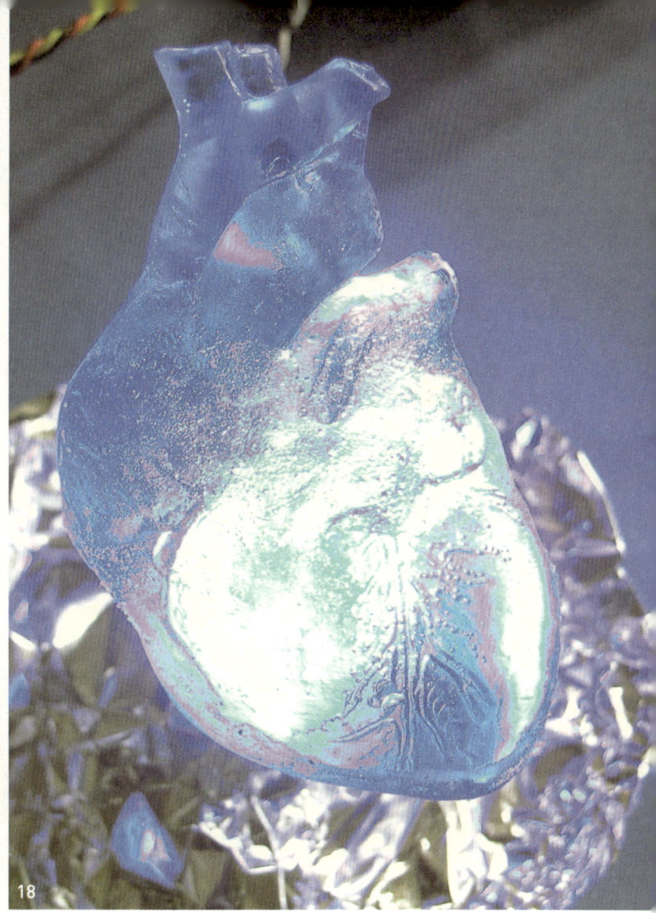

16   심장 박동 센서를 귀 안쪽에 착용한다.

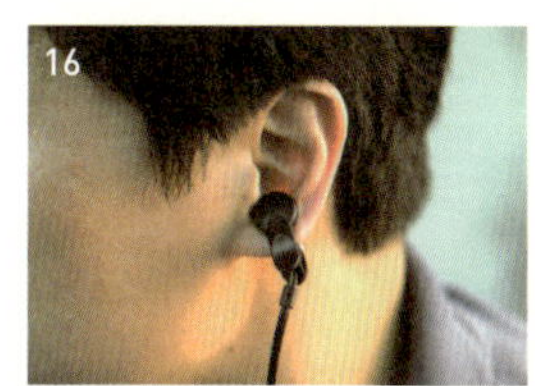

17   두근두근 빛나는 심장 완성!

18   자신의 심장 박동에 따라 불이 들어온다.

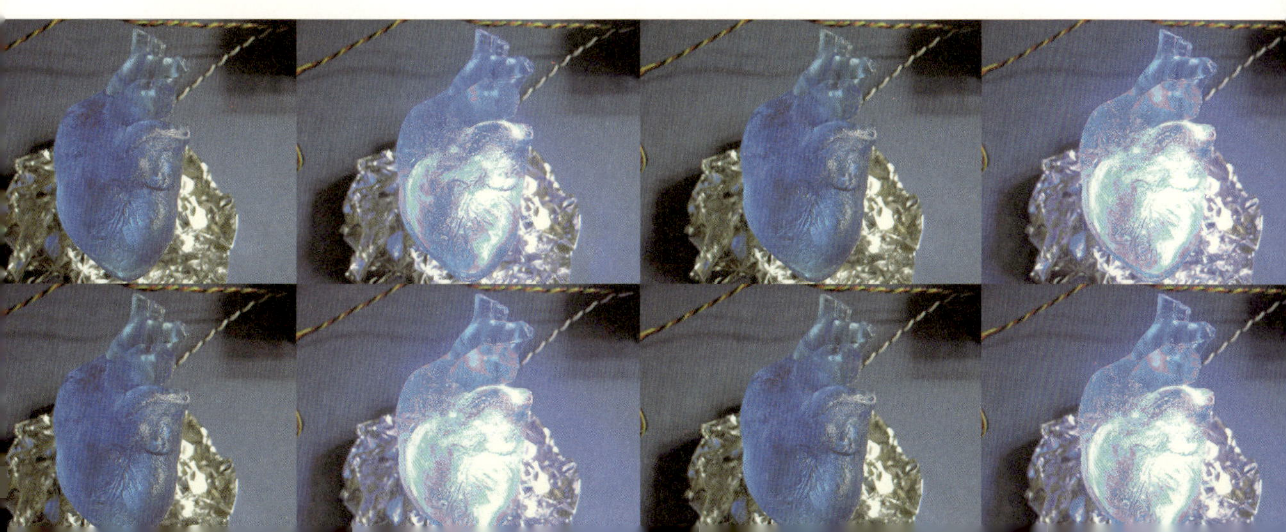

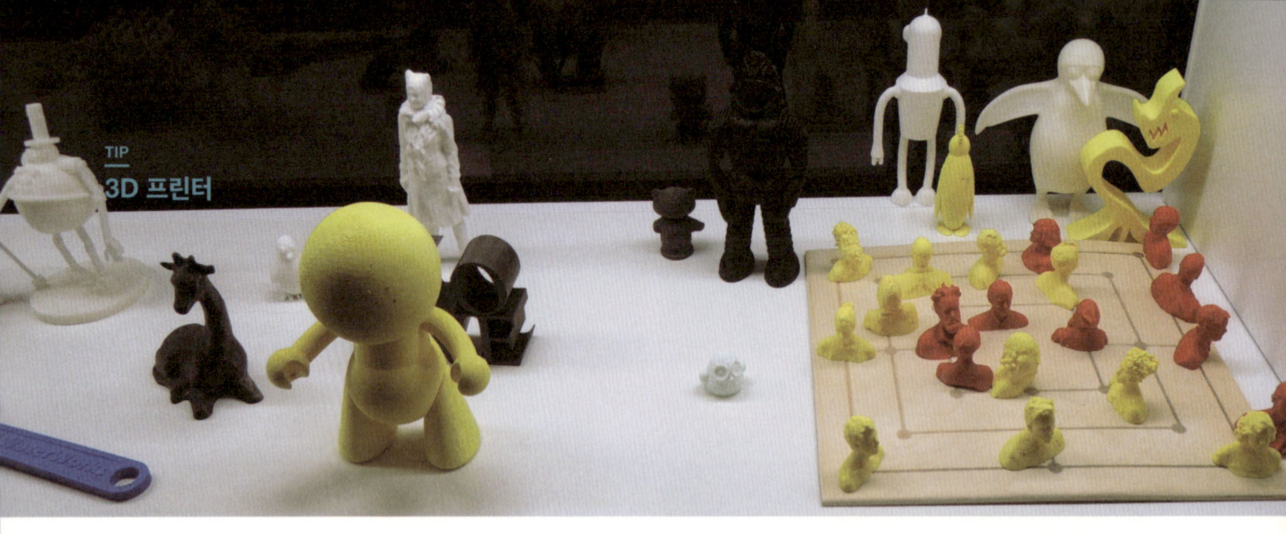

3D 프린터는 마야(Maya), 3D 맥스(3D Max), 라이노(Rhino)와 같이 3D 소프트웨어로 만든 가상의 3차원 데이터를 현실에서 입체적인 형태로 똑같이 만드는 디지털 성형 기계다. 2D 프린터가 가로 위치에 해당하는 x축과 세로 위치에 해당하는 y축을 움직여 컴퓨터 문서나 이미지를 종이 위에 인쇄하는 방식이라면 3D 프린터는 높이에 해당하는 z축을 추가하여 3차원 데이터를 입체적인 물건으로 인쇄하는 것이다.

　3D 데이터로 이루어진 물체를 가로로 잘게 자르면 수많은 레이어(Layer)가 나온다. 이렇게 분석한 각 레이어를 물체의 아랫면에서부터 윗면까지 단면을 한 층씩 쌓아 올리는 방식으로 인쇄한다. 이때 한 레이어의 두께가 얇으면 얇을수록 더욱 정교한 물체를 만들 수 있다. 3D 프린터는 주로 형태를 만드는 재료에 따라 분류하는데, 미세한 녹말가루(파우더), 빛을 받으면 굳어지는 액체 플라스틱, 높은 열에 녹는 플라스틱 실을 현재 가장 많이 사용한다. 이외에도 나일론, 금속, 티타늄 가루로도 제작한다.

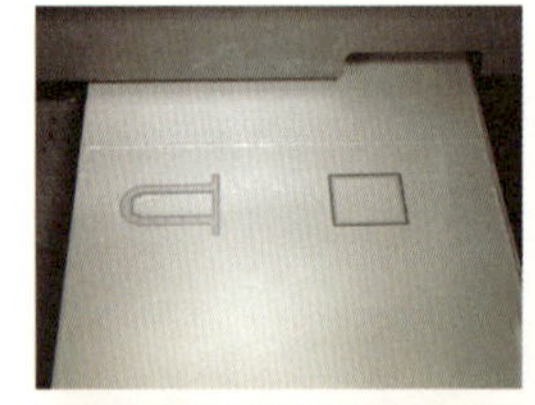
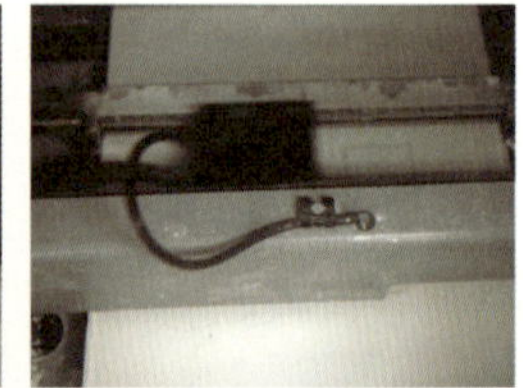
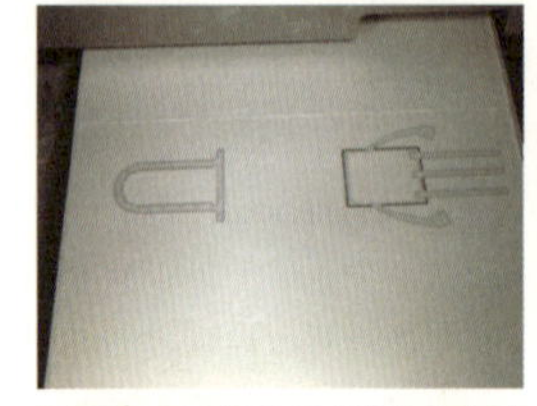
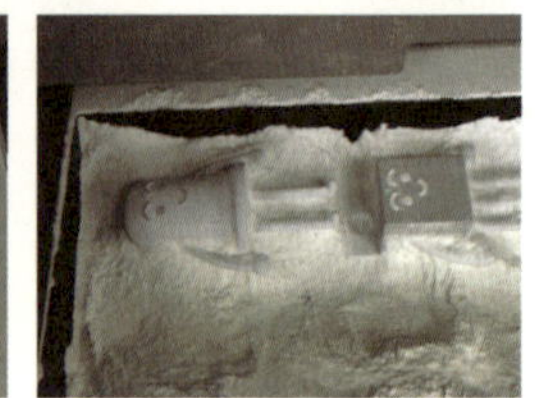
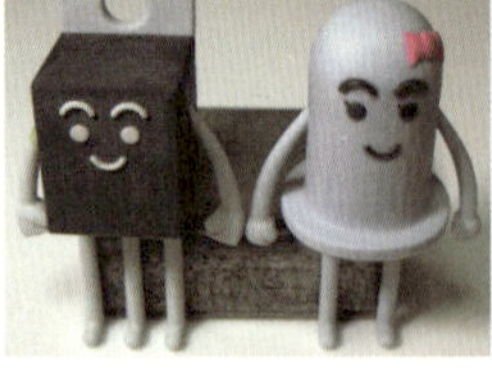

1. 녹말가루(파우더): 프린터 헤드로 미세한 가루를 얇게 깐 다음, 그 레이어에 해당하는 형태로 접착제를 뿌리고 다시 가루를 덮는다. 접착제를 뿌린 부분의 가루는 시간이 지나면 딱딱하게 굳으면서 레이어를 한 층 만든다. 다시 그 위에 가루를 덮고 그 다음 레이어의 형태로 접착제를 뿌리는 과정을 계속 반복하여 아랫면에서 윗면까지 쌓아 올린다. 접착제를 뿌릴 때 색 잉크도 함께 뿌리면 다양하게 색을 표현할 수 있다. 작업이 끝난 직

후에는 표면이 약하기 때문에 경화제로 표면을 단단하게 해야 하고 아직까지는 장비의 가격이 수천만 원 정도로 고가이기 때문에 기관 및 단체가 운영하는 연구소에서 많이 활용되고 있다.

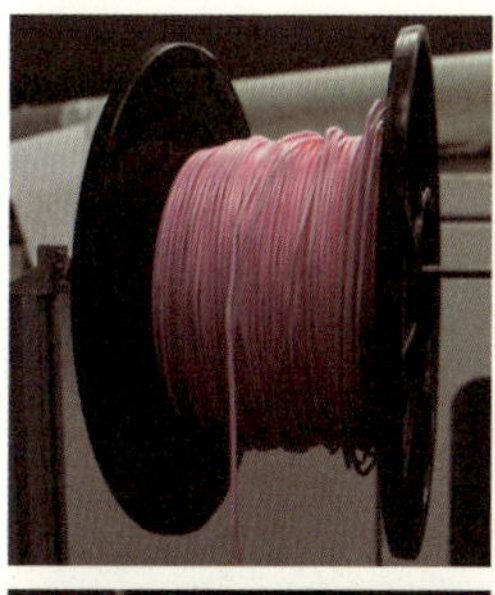

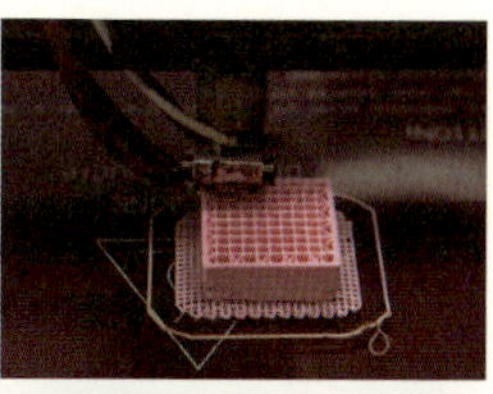

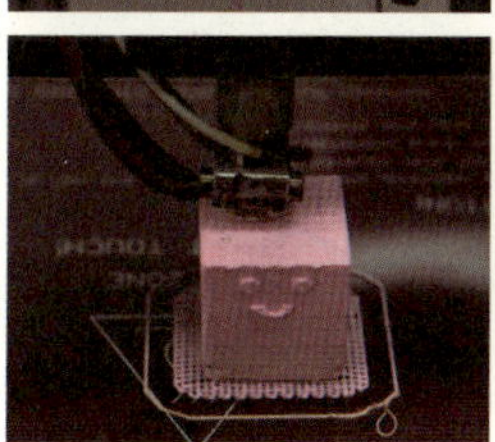

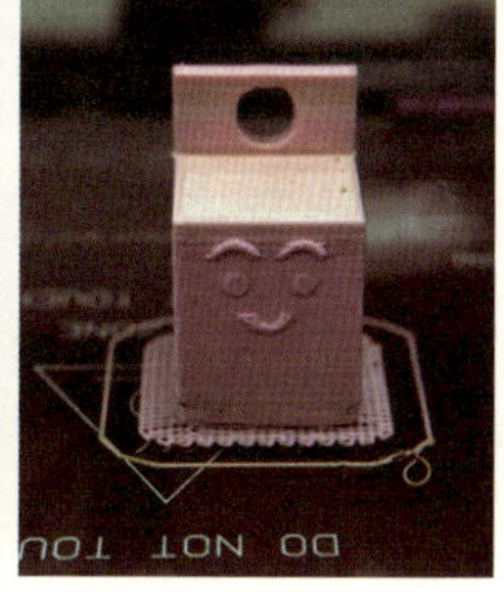

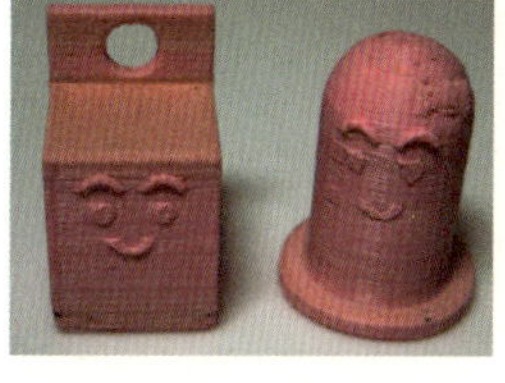

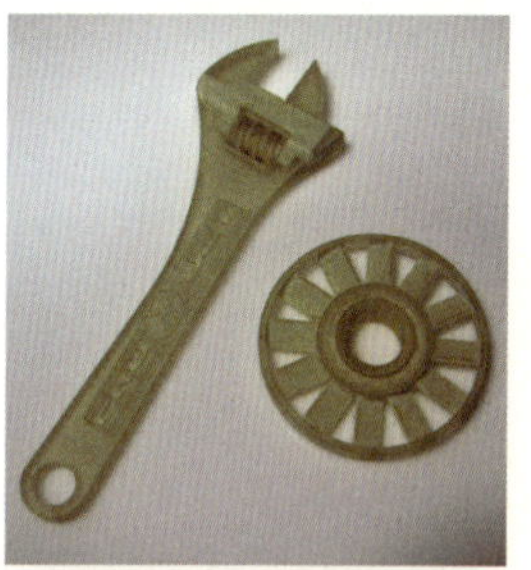

3. 액체 플라스틱

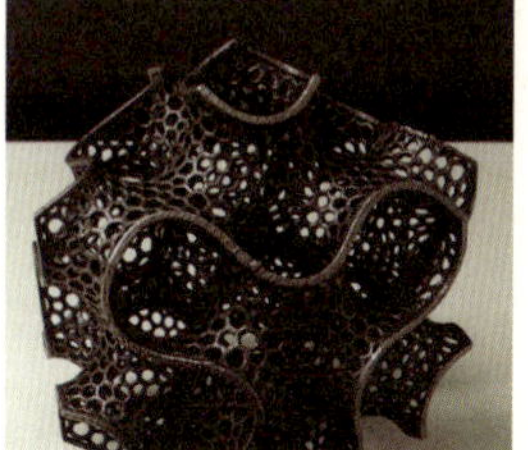

4. 금속 가루(파우더)

2. 플라스틱 실: 높은 열에 녹는 실 형태의 플라스틱을 글루건처럼 노즐 끝부분에서 녹여서 인쇄한다. 노즐은 각 레이어의 형태에 따라 앞뒤, 좌우로 이동한다. 높은 열에 녹은 플라스틱 실은 실내 온도에서는 금방 굳기 때문에 레이어를 한 층 만든 다음 다시 노즐이 그 위로 이동하여 다음 레이어를 쌓아 올린다. 플라스틱 실의 색이 한정적이라는 단점이 있다. 대신 완성품은 비교적 단단해서 바로 사용할 수 있고 백 만원대의 저가형 모델이 나와 있다.

앞으로 3D 프린터 기술이 발전하여 더욱더 정밀하고 빠르게 다양한 재료로 물건을 만들 수 있는 장비가 저렴하게 판매된다면, 내 손에 딱 맞는 볼펜이나 커피 잔, 신발, 의류, 장신구, 자전거 등 필요한 물건을 집에서 직접 3D 프린터로 만들어 사용할 수 있을 것이다. 현재 3D 프린터는 입체적인 사물을 3차원 데이터로 만들어주는 3D 스캐너와 함께 다양한 분야에서 활용된다. 가족의 얼굴을 3D 스캐너를 사용해 3차원 데이터로 만든 다음 3D 프린터로 인쇄하여 손으로 만질 수 있는 인형으로 제작하기도 한다. 3D 프린터로 자신의 얼굴을 캐스팅할 수 있는 형틀을 만든 다음 그 안에 초콜릿 용액을 부어 초콜릿으로 만든 얼굴을 선물하기도 한다. 만약 병원에서 심장을 촬영한 이미지가 있다면 3D 프린터로 인쇄하여 진짜 자신의 심장으로 '두근두근 빛나는 심장'을 만들어 볼 수도 있지 않을까?

My 캐릭터 리스트

자신의 브랜드 가치를 높이기 위해서는 나에 대한 관찰이 필요하다.

1. 나는 언제 행복감을 느끼고 기분이 좋은가? 자신이 행복감을 느꼈던 순간을 적어본다.

2. 나는 언제 불안감을 느끼고 슬퍼지는가? 자신이 슬펐던 순간을 적어본다.

3. 내가 자주 사용하는 말은 무엇이지? 주위 동료나 친한 친구들에게 물어본다.

4. 나는 여가시간을 어떻게 활용하고 있는가? 또는 내가 좋아하는 일은 무엇인가?

5. 나는 어떤 그림을 좋아하는가? 내가 좋아하는 그림을 가능한 많이 모아 벽에 붙여 놓고 공통점을 발견해 본다. (색깔, 형태, 주제, 시기, 재료 등)

6. 나는 어떤 음악을 좋아하는가? 4번과 같은 방법으로 공통점을 발견해 본다. (가수, 장르, 시기, 가사, 제목 등)

7. 나는 어떤 유명인을 좋아하는가? 또는 나의 롤모델은 누구인가? 4번과 같은 방법으로 공통점을 발견해 본다. (연예인, 운동선수, 정치인, 기업인, 과학자, 예술가 등)

8. 나의 친구들은 어떤 유형의 성격을 지니고 있는가? 또는 나는 친구들과 만나면 무엇을 하는가?

9. 나는 어떤 사물을 좋아하는가? 나와 오랫동안 함께 한 물건을 한자리에 모아 본다. (시계, 장난감, 펜, 책, 카메라, 옷 등)

10. 나에게 하루가 주어진다면 무엇을 하겠는가? 나에게 일주일이 주어진다면 무엇을 하겠는가? 나에게 한 달이 주어진다면 무엇을 하겠는가?

My 캐릭터 리스트를 완성했다면 다른 사람들과 비교해 보자. 만약 결과가 다른 사람들과 비슷하다면 좀 더 자세히 자신을 관찰해 보자. 남들과 다른 특이한 결과를 찾았다면 더욱더 그 부분을 극대화해서 자신의 캐릭터로 활용해보자.

포근한 스피커

난이도 ■■■□□
시간 1시간 30분

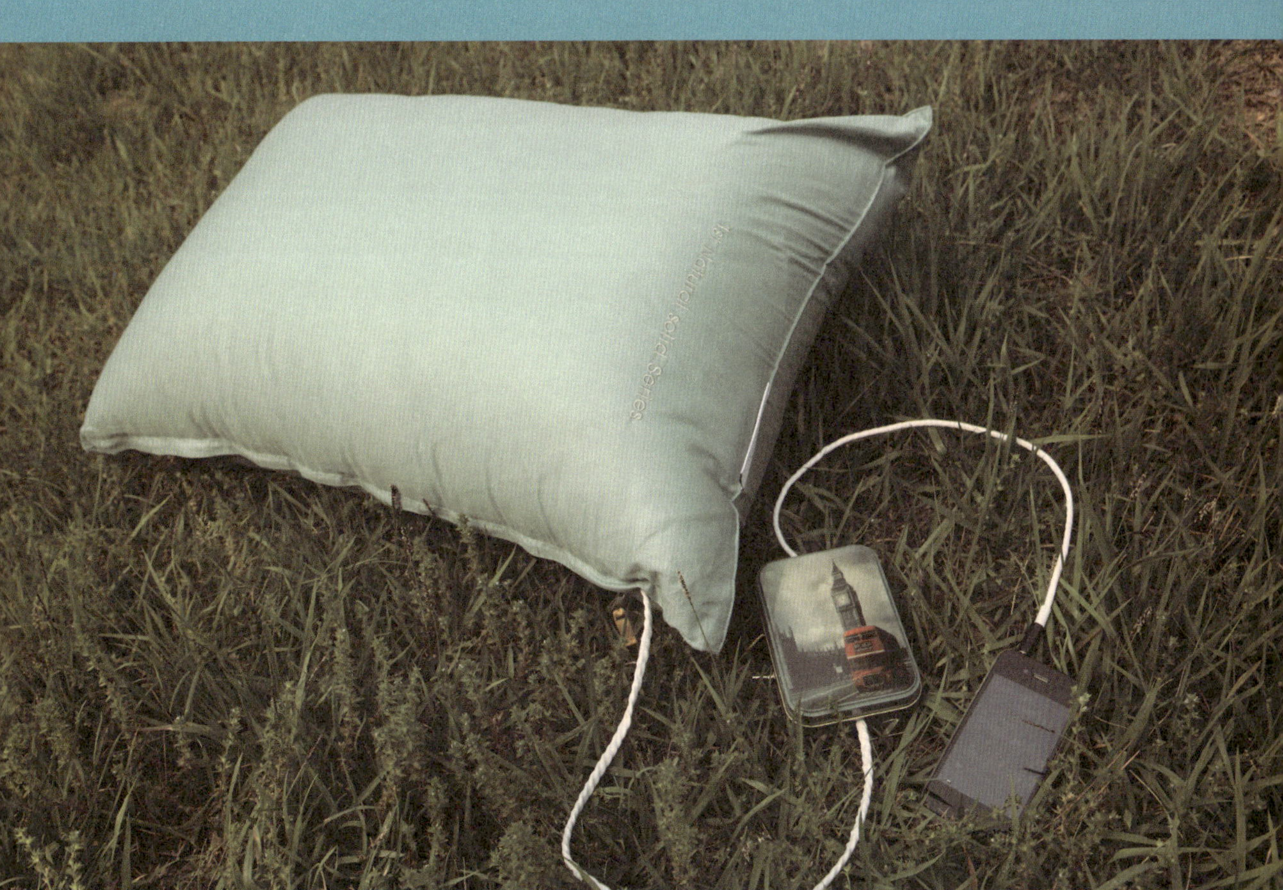

베개 안에서 음악이 흘러나오는 포근한 스피커. 사운드를 증폭시키는 앰프 회로를 만들어 음악을 재생시키고 앰프와 연결된 스피커는 베개 안에 넣는다. 베개를 베고 누우면 따뜻한 소리가 온몸으로 전해진다.

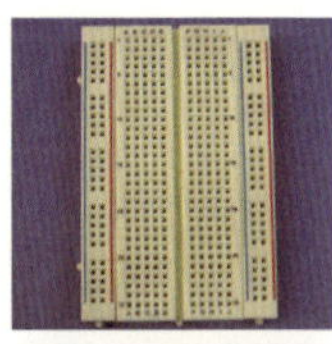
브레드보드
» 온라인 (플: 102604342213,
디: 13700)

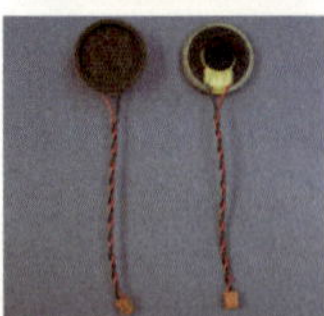
스피커
임피던스: 8Ω
출력: 0.5W, 지름: 28mm
» 온라인, 청계천 시장

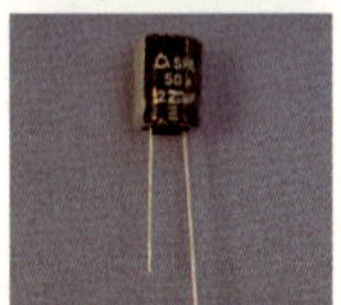
전해 커패시터 (콘덴서)
정전용량: 220µF, 허용전압: 50V
» 온라인 (엘: EPX33C4D, 디: 1321)

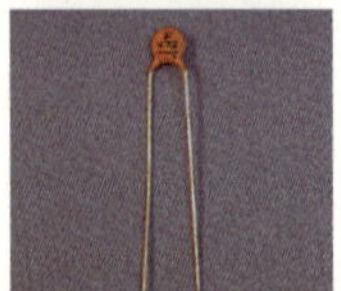
세라믹 커패시터 (콘덴서)
정전용량: 47nF(0.047µF), 허용전압: 50V
» 온라인 (엘: EPX33CHB, 디: 1345)

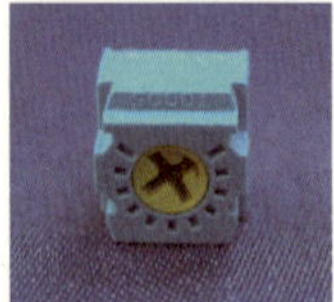
포텐시오미터 (10KΩ)
모델명: GF063P1-103, 제조사: TOCOS
» 온라인 (엘: EPX33CU6, IC114:
GF063P1-B103)

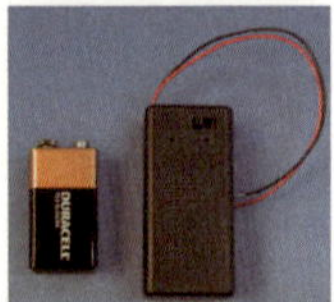
9V 건전지, 건전지 홀더
» 온라인 (엘: EPX68J6Y, IC114:
9V-HOLDER-C)

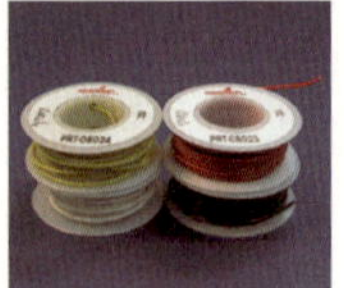
전선 (단심선)
빨간색, 검은색, 노란색, 흰색
심 굵기: 0.6mm(22AWG)
» 온라인, 청계천 시장

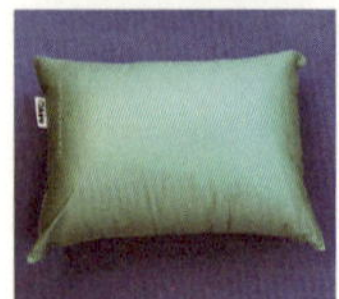
베개솜, 베개보
» 온라인, 청계천 시장

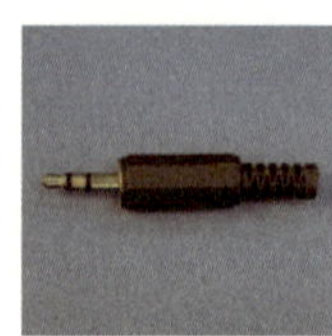
오디오 플러그
스테레오, 지름 3.5mm
» 온라인 (디: 15869, IC114: ST3.5-
PLUG)

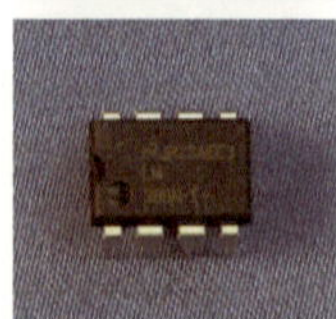
오디오 증폭기
LM386, LM386N-1, LM386L
» 온라인 (엘: EPX33DLJ, IC114:
LM386L)

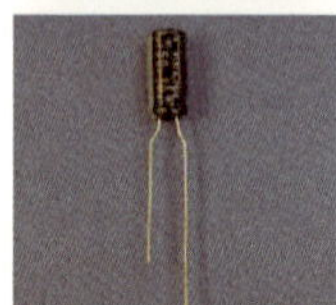
전해 커패시터 (콘덴서)
정전용량: 10µF, 허용전압: 50V
» 온라인 (엘: EPX33V84, 디: 1318)

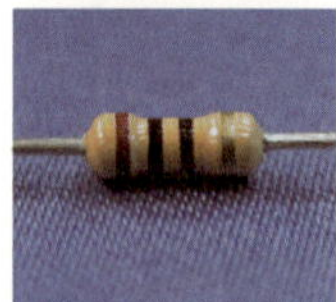
저항 10옴
탄소피막 막대저항 1/4W, 5%
» 온라인 (엘: EPX33D87, 디: 913)

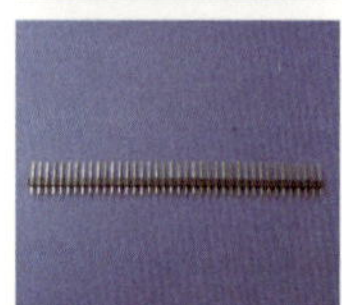
핀헤더
1열 40핀, 2.54피치(핀 간격: 2.54mm)
» 온라인 (엘: EPX3333M, 디: 2825)

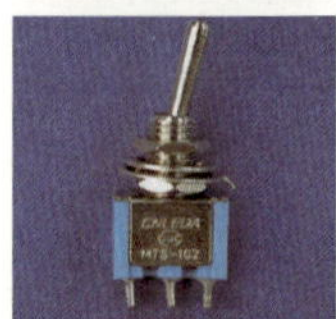
토글 스위치
2단 3P, 제조사: CNLEDA
모델명: MTS-102
» 온라인 (엘: EPX33HUR)

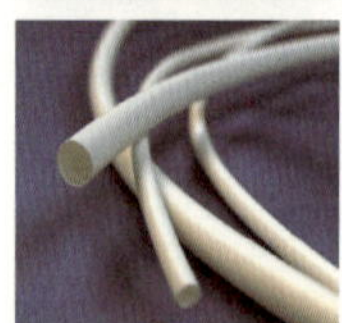
열수축 튜브
흰색, 길이: 1m, 지름: 3mm, 6mm
» 온라인, 청계천 시장

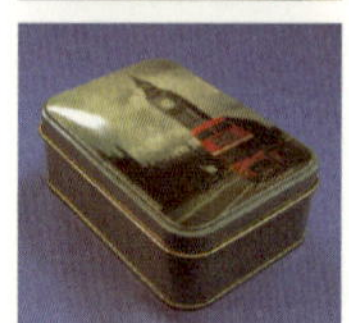
철제 틴 케이스
가로 124 x 세로 87 x 높이 45 (mm)
» 온라인, 청계천 시장

공구
인두기, 땜납, 납땜 보조기구, 와이어 스트리퍼, 롱노우즈 플라이어,
니퍼, 십자 드라이버, 전동 드릴, 자, 열풍기, 오디오 플레이어

주요 제작단계

01
오디오 플러그에
전선 연결하기

02
스피커에
전선 연결하기

03
9V 건전지 홀더에
스위치 달기

04
브레드보드에
모노 사운드 앰프
만들기

05
브레드보드에
스테레오 사운드
앰프 만들기

06
베개 안에
스피커 넣고
재생하기

연결그림

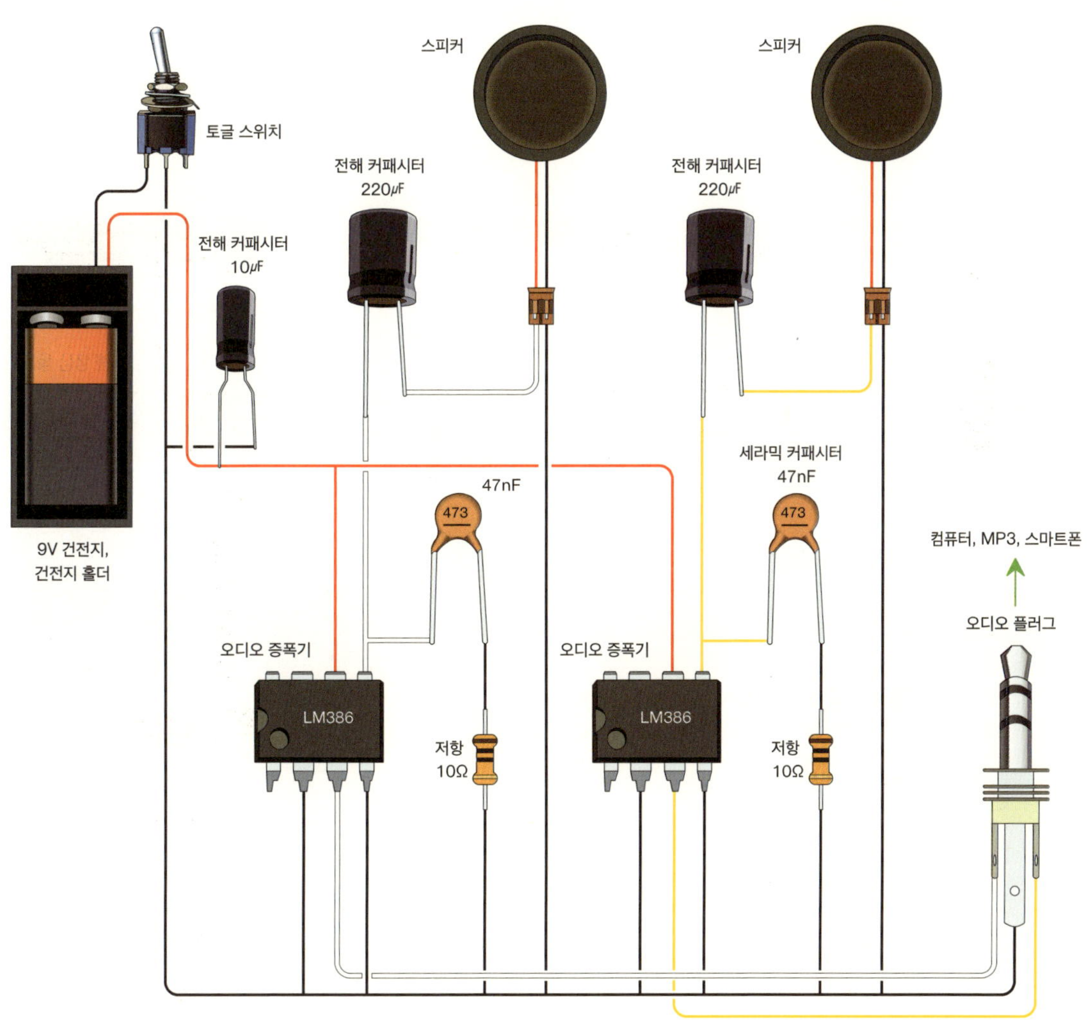
토글 스위치
스피커
스피커
전해 커패시터
220μF
전해 커패시터
220μF
전해 커패시터
10μF
9V 건전지,
건전지 홀더
세라믹 커패시터
47nF
473
47nF
473
컴퓨터, MP3, 스마트폰
오디오 플러그
오디오 증폭기
오디오 증폭기
LM386
LM386
저항
10Ω
저항
10Ω

01 오디오 플러그에 전선 연결하기

모노(mono)와 스테레오(stereo)

모노 사운드 플러그

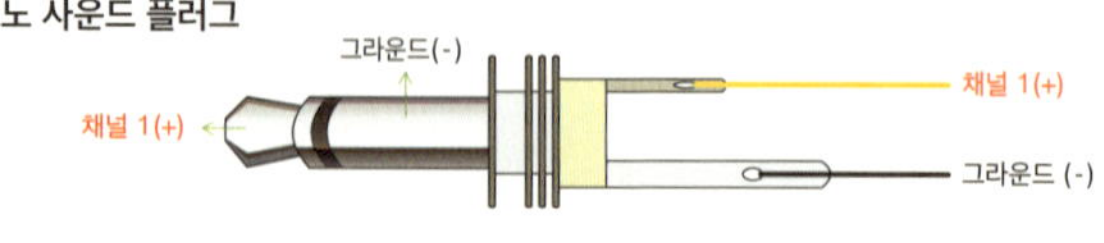

모노는 사운드 신호가 선 하나를 통해 전달된다. 채널 1에 두 개의 스피커를 달아도 하나의 소리가 난다.

스테레오 사운드 플러그

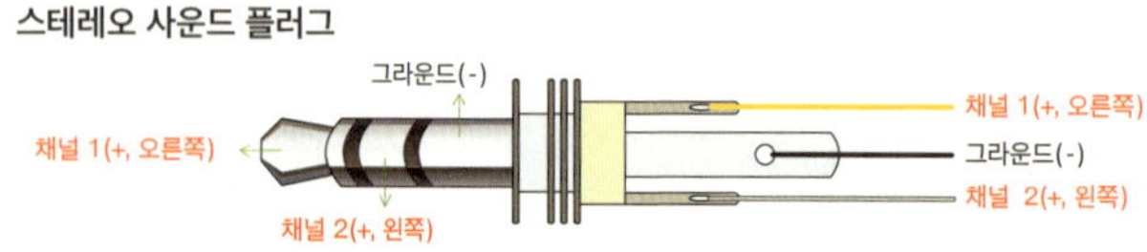

스테레오는 사운드 신호가 두 개의 선(2 채널)을 통해 전달된다. 일반적으로 두 선은 왼쪽 스피커와 오른쪽 스피커에 연결되고 각각 다른 소리를 낼 수 있다. 이때 2.1채널은 두 개의 스피커에 낮은 음역대를 담당하는 우퍼(woofer) 스피커가 함께 연결된 방식이다.

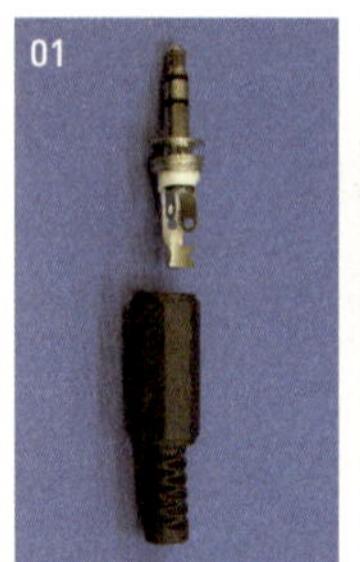
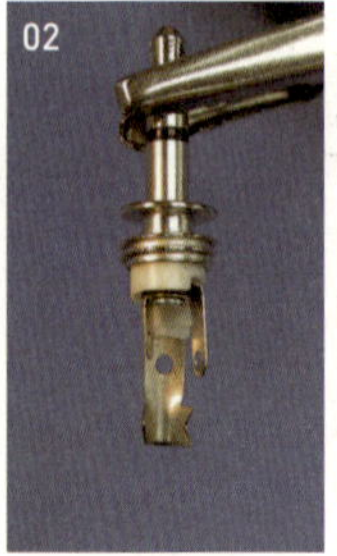
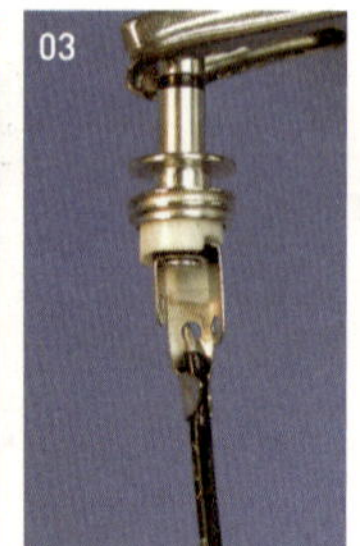
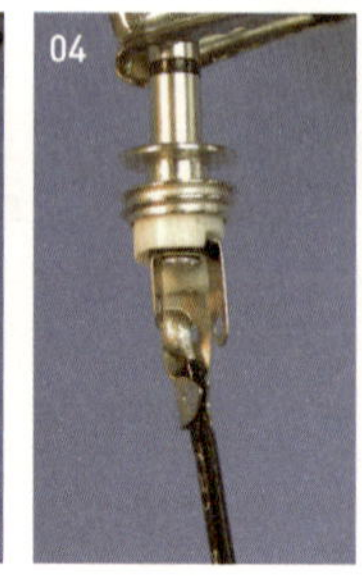
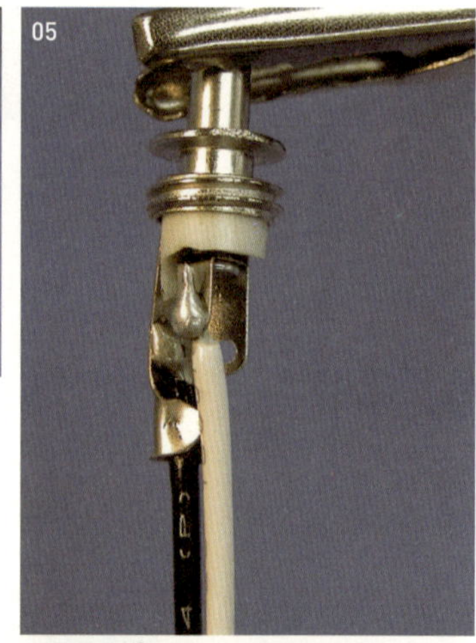
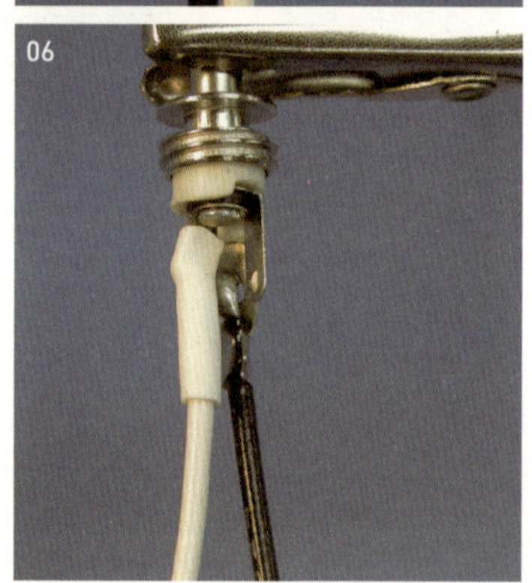

01 오디오 플러그의 몸체를 돌려서 분리한다.

02 플러그 다리에 전선을 납땜하기 위해 납땜 보조기구에 고정시킨다.

03 플러그 가운데 다리에 검은색 전선을 납땜한다. 이때 인두기를 플러그 다리에 대고 충분히 가열하여 땜납이 플러그 다리와 전선에 충분히 녹아 들어가게 한다.

05 플러그 채널 2(+, 왼쪽)에 흰색 전선을 납땜한다.

06 열수축 튜브로 납땜한 부분을 절연시킨다.

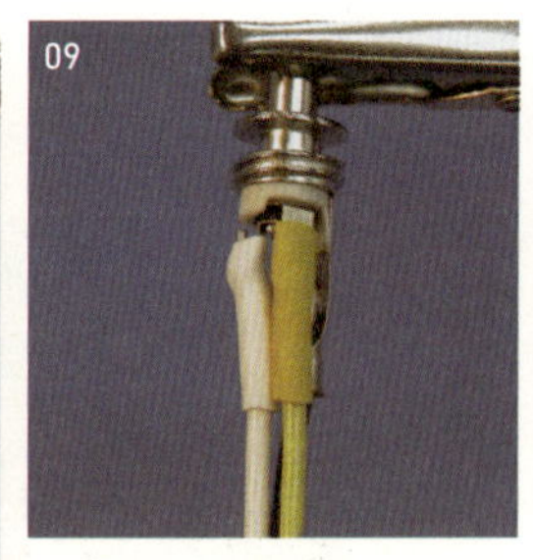

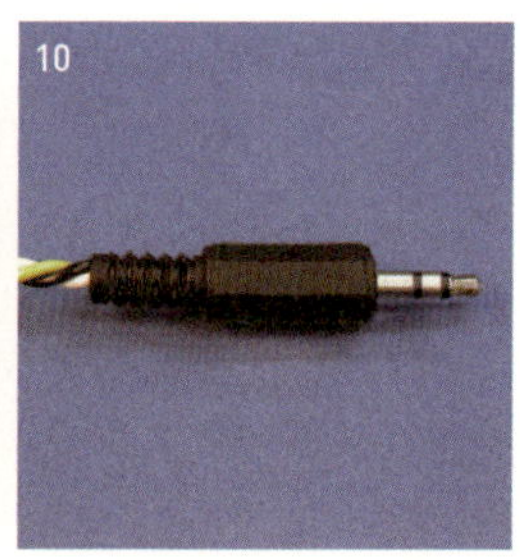

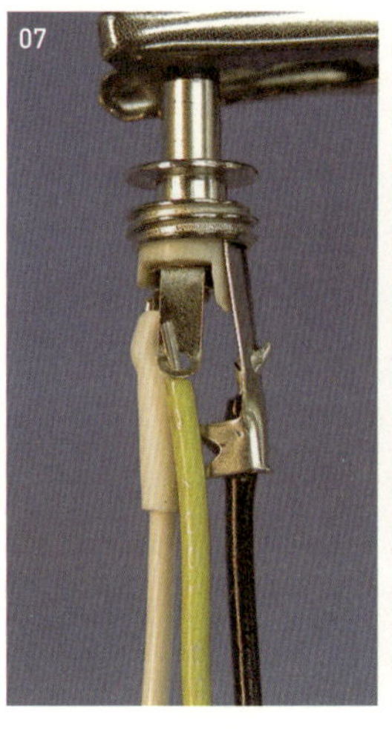

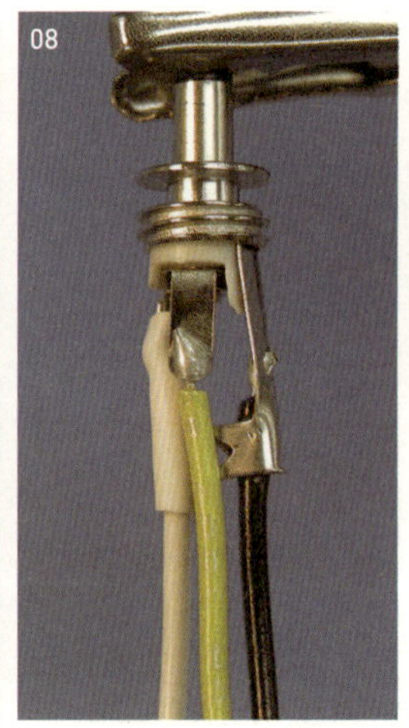

07 플러그 채널 1(+, 오른쪽)에 노란색 전선을 납땜한다.

09 열수축 튜브로 납땜한 부분을 절연시킨다.

10 플러그 몸체를 다시 결합한다.

02 스피커에 전선 연결하기

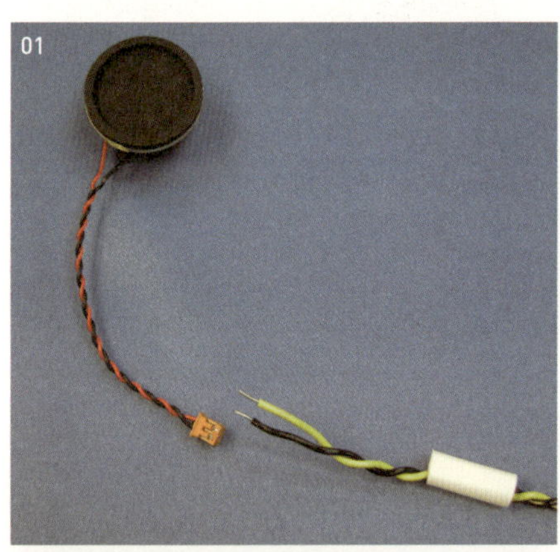

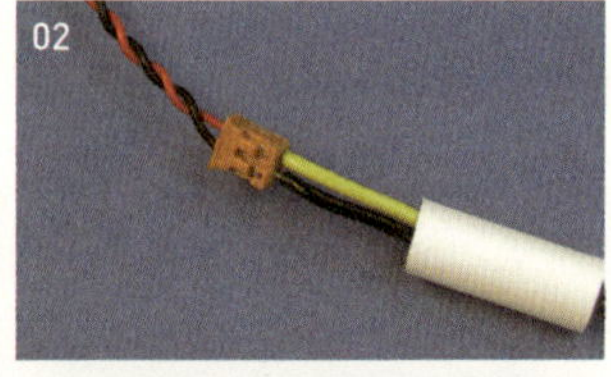

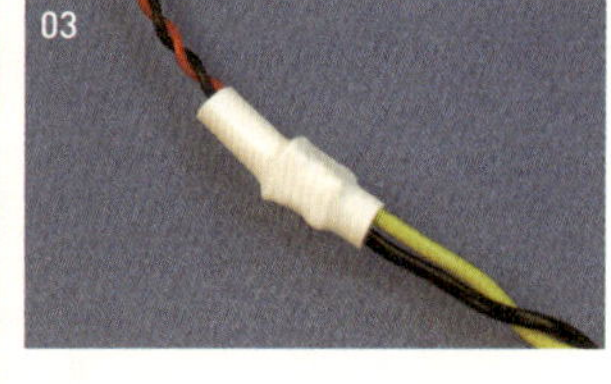

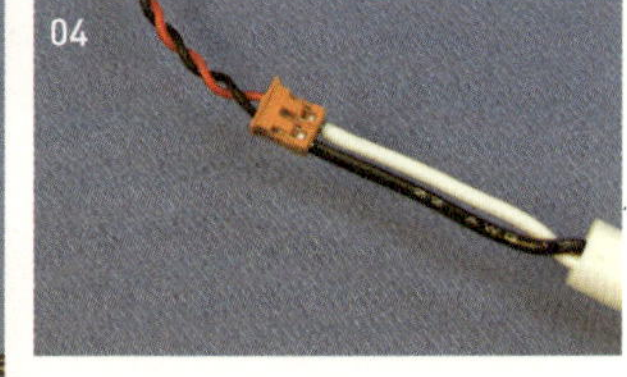

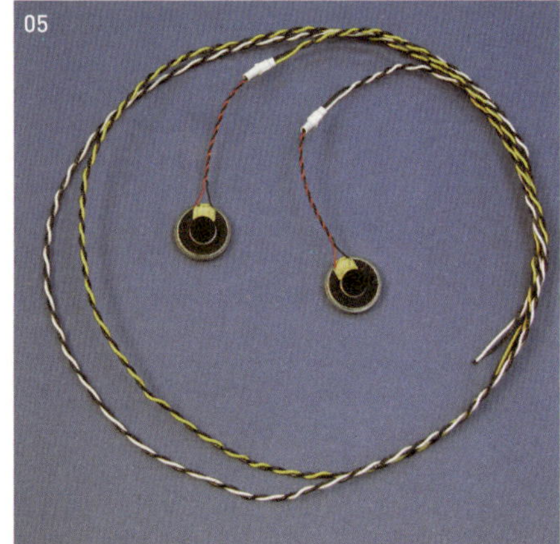

01 오른쪽 스피커를 사운드 앰프에 연결하기 위해 노란색과 검은색 전선을 1m 길이로 자른 다음 열수축 튜브를 끼우고 와이어 스트리퍼로 끝부분을 5mm 정도 벗겨준다.

02 노란색 전선은 스피커의 빨간색 전선 구멍에 끼우고 검은색 전선은 스피커의 검은색 전선 구멍에 끼운다.

03 열수축 튜브로 전선이 빠지지 않도록 조인다.

04 왼쪽 스피커는 흰색 전선과 검은색 전선으로 연결한다.

03 9V 건전지 홀더에 스위치 달기

01 9V 홀더와 연결된 검은색 전선 가운데를 잘라 스위치에 연결한다.

03 9V 홀더와 연결된 전선들을 브레드보드에 꽂기 위해 핀헤더에 납땜한다.

04 열수축 튜브로 납땜한 부분을 절연시킨다.

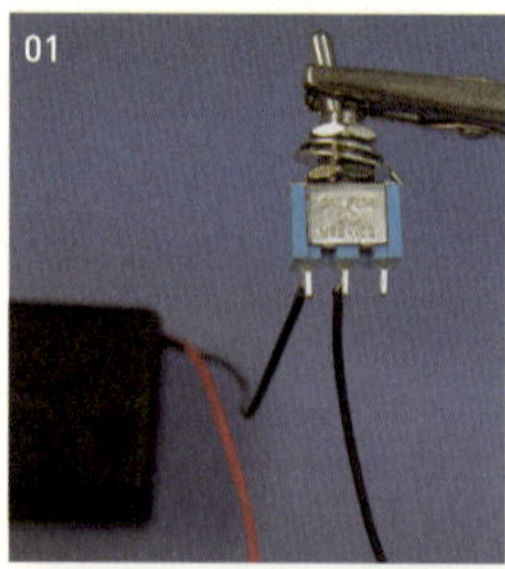

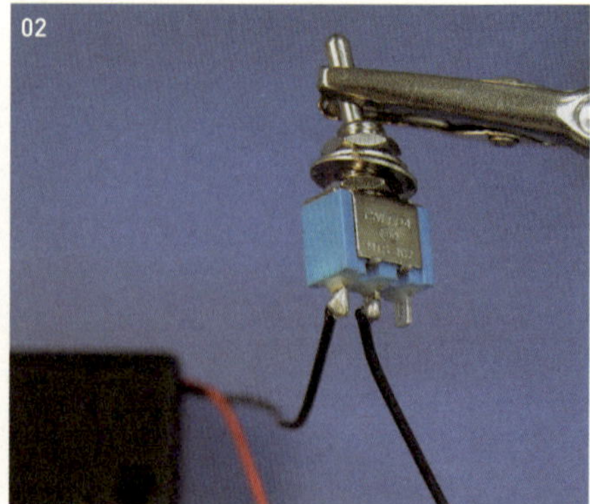

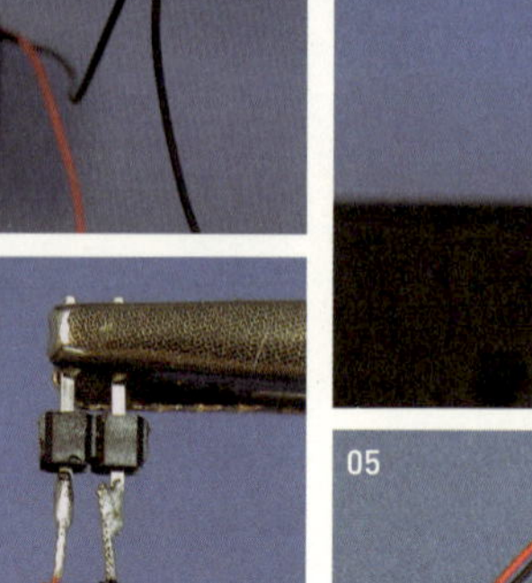

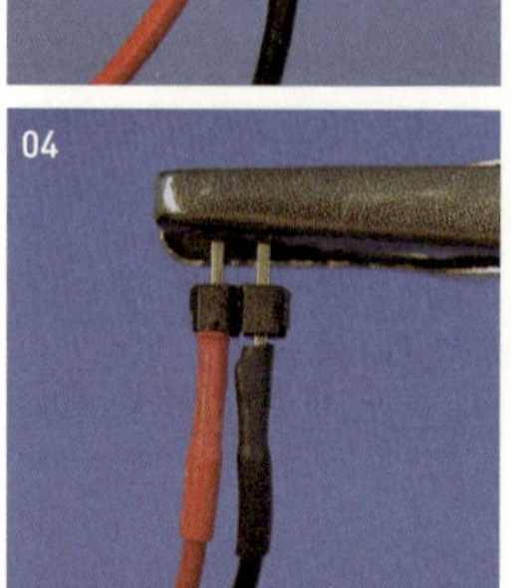

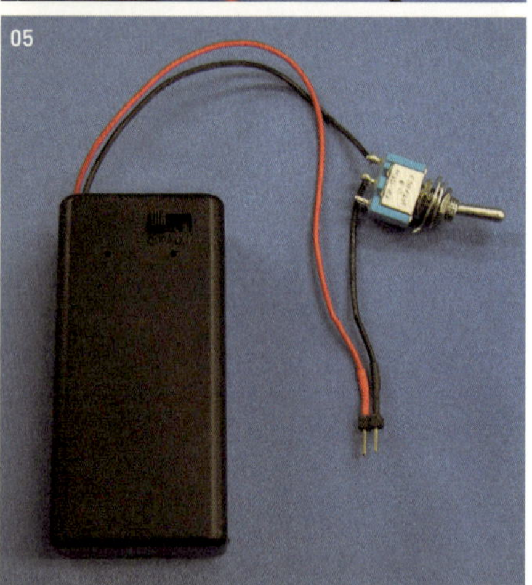

04 브레드보드에 모노 사운드 앰프 만들기

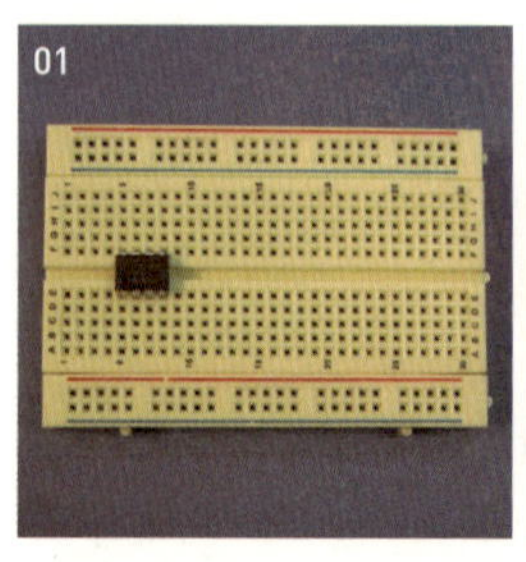

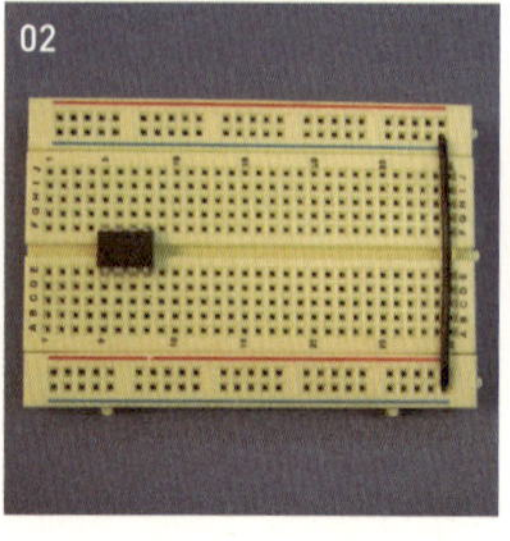

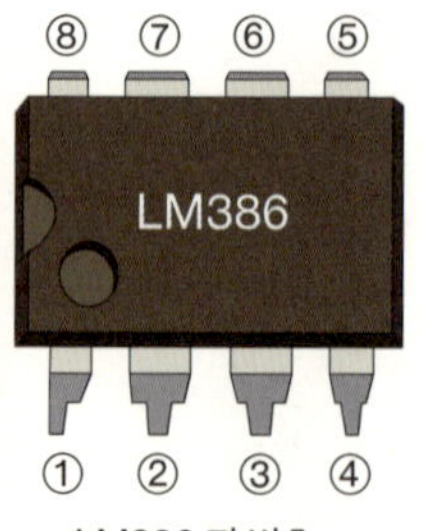

LM386 핀 번호

01 오디오 증폭기 LM386의 머리 쪽 반원 형태의 홈 부분이 왼쪽으로 향하게 꽂는다.

02 브레드보드의 위쪽 파란색 줄과 아래쪽 파란색 줄을 검은색 점프선으로 연결하여 그라운드로 만든다.

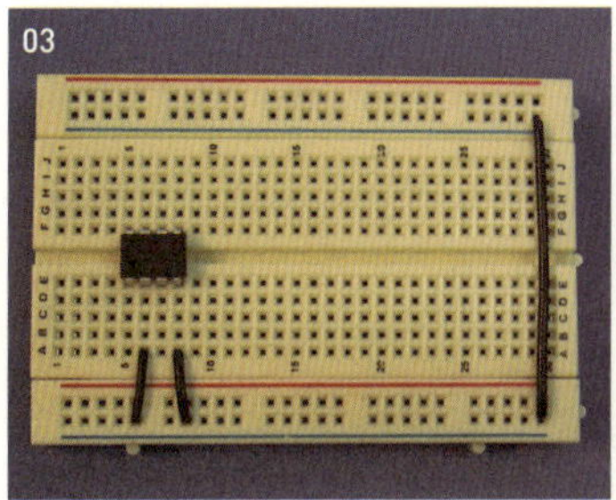

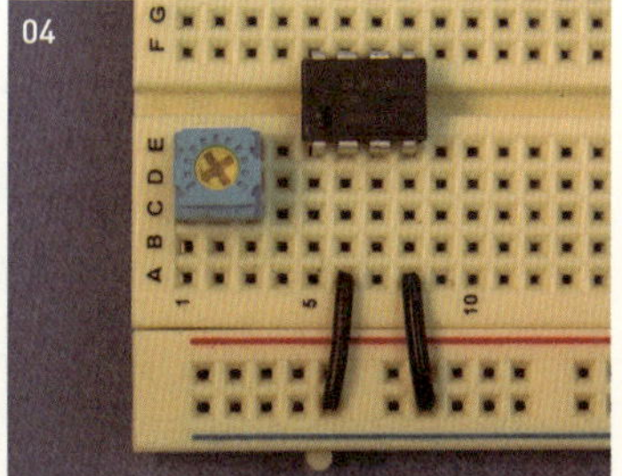

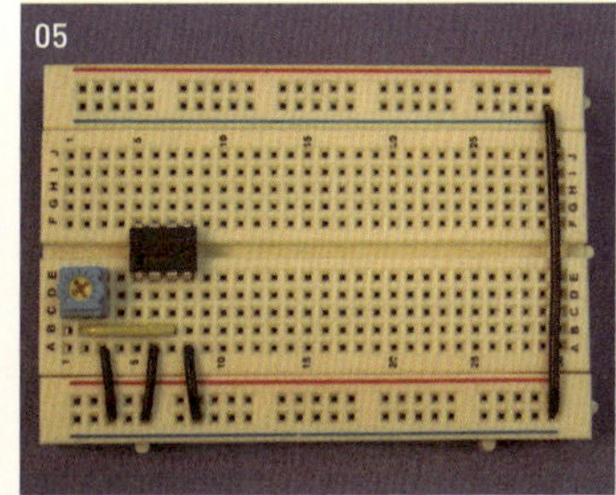

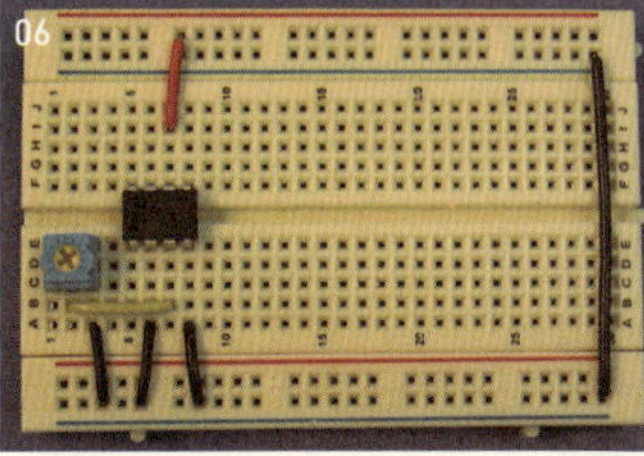

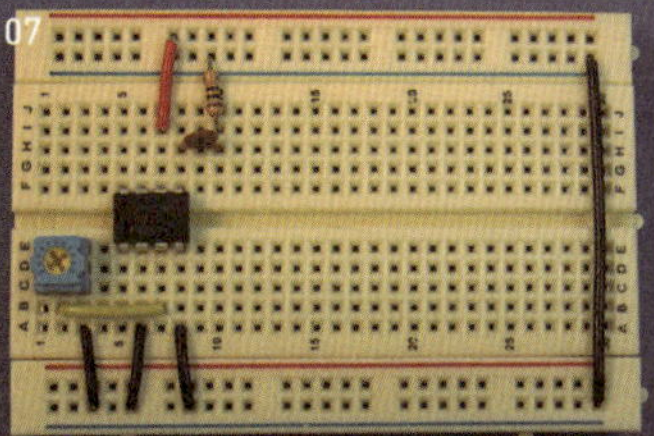

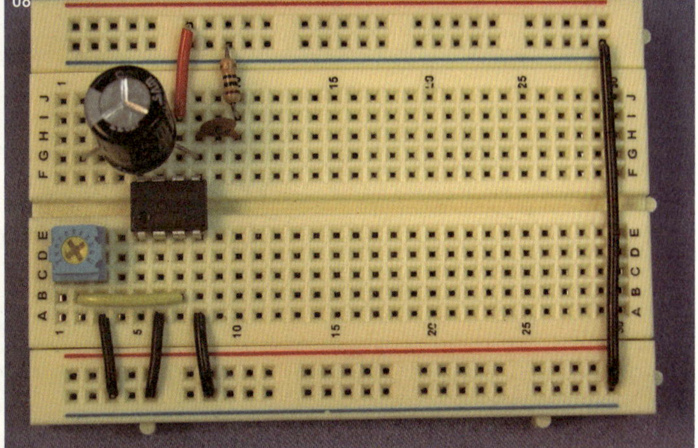

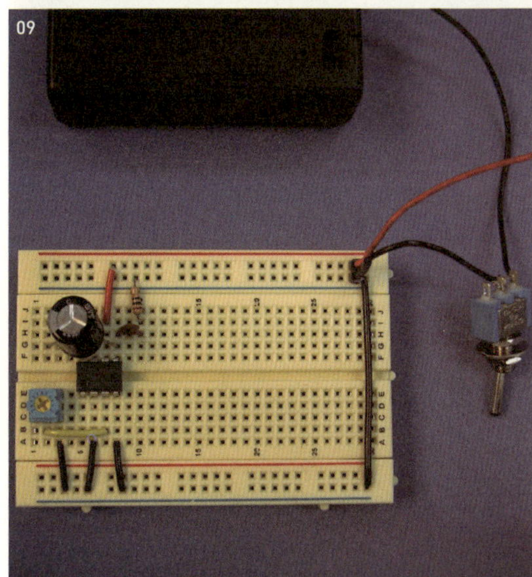

TIP 포텐시오미터의 원리는 202쪽 참고

03 LM386의 2번과 4번 핀을 그라운드와 연결한다.

04 사운드의 볼륨을 조절하기 위해 10KΩ 포텐시오미터를 그림과 같이 꽂는다.

05 포텐시오미터의 가운데 핀은 노란색 점프선으로 LM386의 3번 핀과 연결하고 포텐시오미터의 오른쪽 핀은 그라운드와 연결한다.

06 LM386의 6번 핀은 위쪽 줄 빨간색 선과 연결하여 9V 전원을 공급받는다.

07 LM386의 5번 핀은 47nF 세라믹 커페시터와 저항 10Ω을 지나 위쪽 줄 그라운드와 연결한다.

08 220μF 전해 커페시터의 양극(+) 다리는 LM386의 5번 핀에 꽂고 음극(-) 다리는 스피커와 연결하기 위해 빈 줄에 꽂는다.

09 브레드보드의 위쪽 줄에 9V 홀더와 연결된 핀헤더를 꽂는다. 빨간색 선에는 빨간색 전선의 핀헤더를 꽂고 파란색 선에는 검은색 핀헤더를 맞추어 꽂아준다.

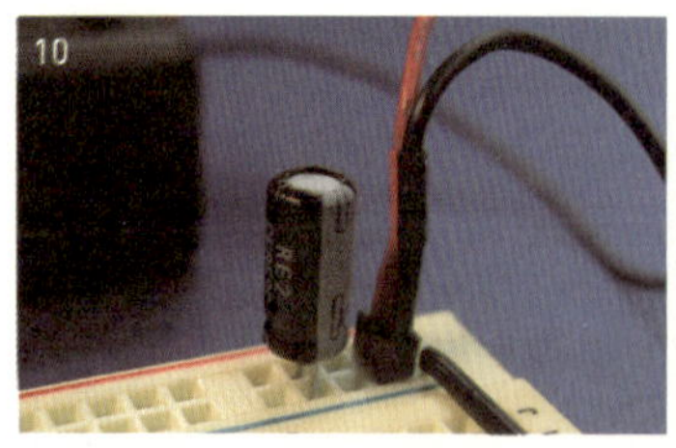

10 앰프 회로에서 발생하는 노이즈를 잡아 주기 위해 10μF 전해 커페시터의 양극 (+) 다리는 위쪽 줄 빨간색 선에 꽂고 음 극(-) 다리는 파란색 선에 꽂아준다.

11 모노 사운드 앰프는 채널이 하나이기 때문에 오디오 플러그의 채널 1(노란색, 오른쪽)과 채널 2(흰색, 왼쪽)를 모두 포텐시오미터의 왼쪽 핀에 연결하고 검은색 전선은 그라운드에 꽂는다.

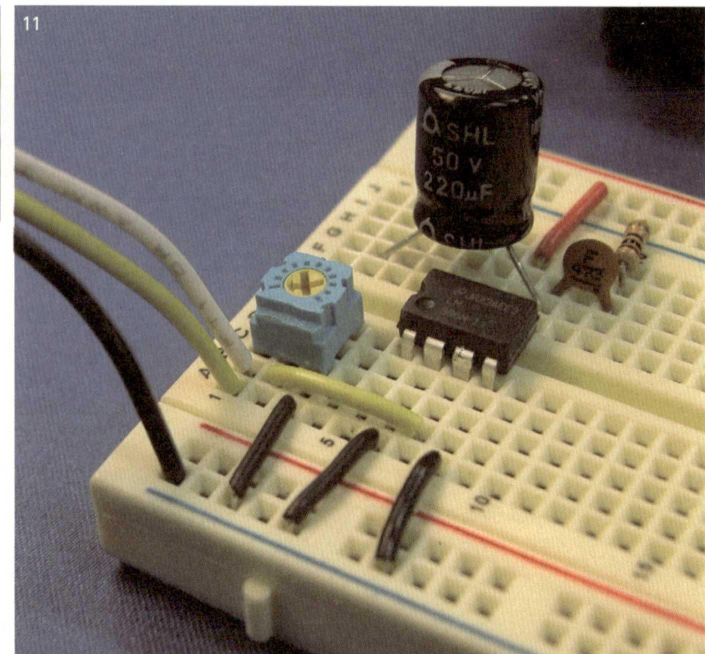

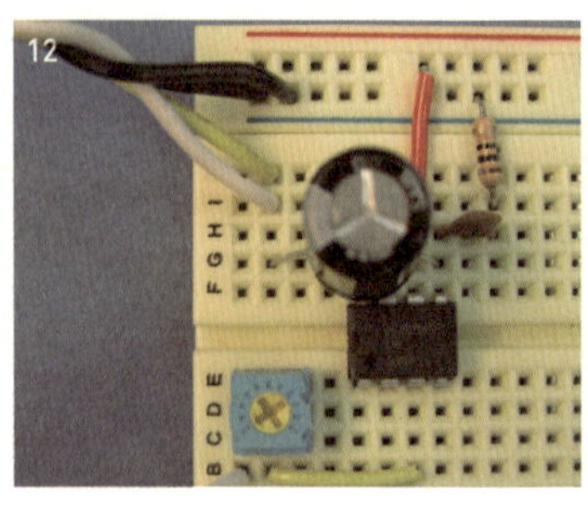

12 오른쪽 스피커의 노란색 전선과 왼쪽 스피커의 흰색 전선을 220μF 전해 커페시터의 음극(-) 다리에 연결하고 양쪽 스피커의 검은색 전선은 위쪽 줄 그라운드에 꽂는다.

13 사운드를 재생시킬 수 있는 MP3 플레이어, 컴퓨터 또는 스마트 폰의 오디오 잭에 오디오 플러그를 꽂고 사운드를 재생시킨다. 양쪽 스피커에서 같은 소리가 나는 모노 사운드를 느껴볼 수 있다. 이때 시계 드라이버로 포텐시오미터를 돌려주면 볼륨이 변하는 것을 확인할 수 있다.

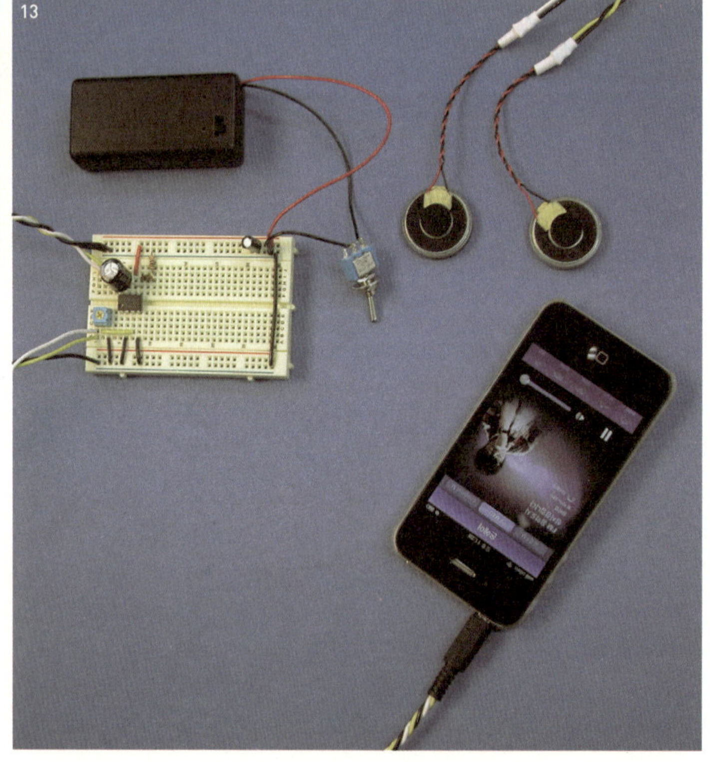

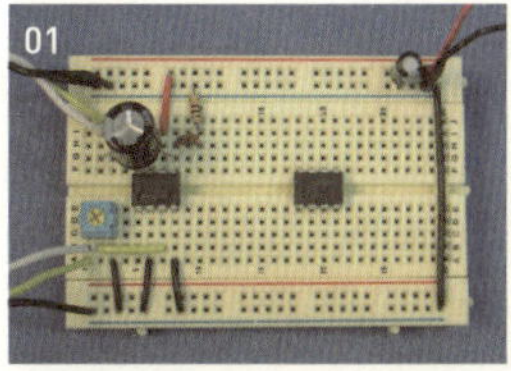 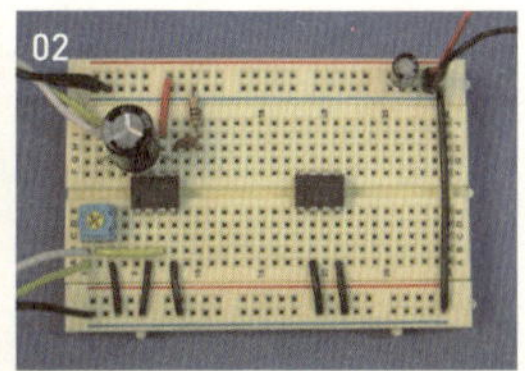
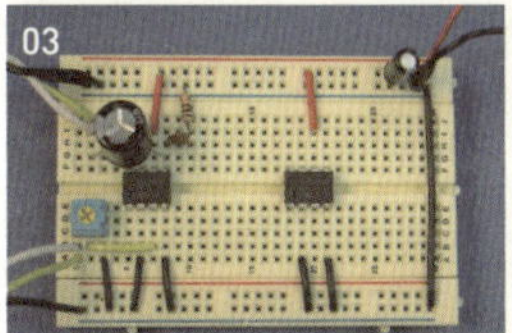 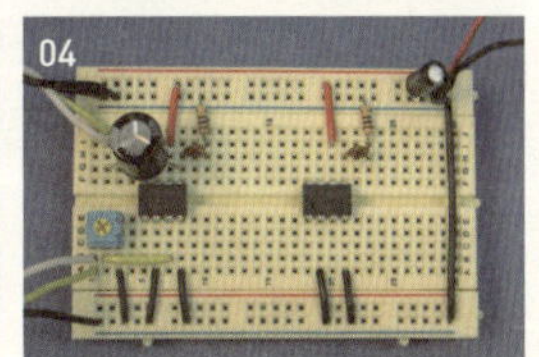 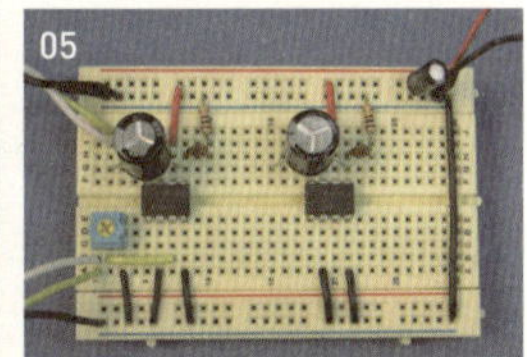
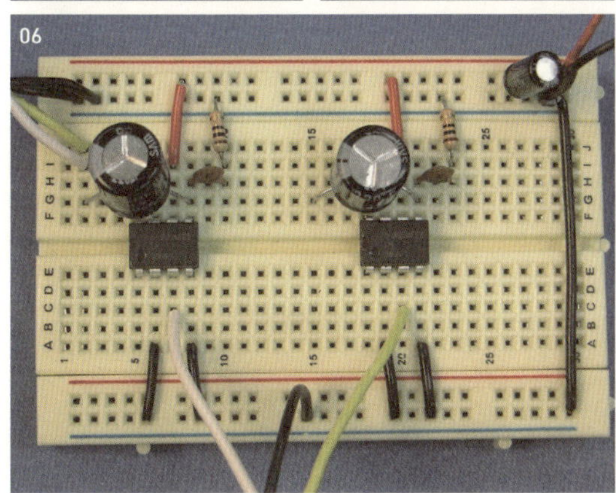 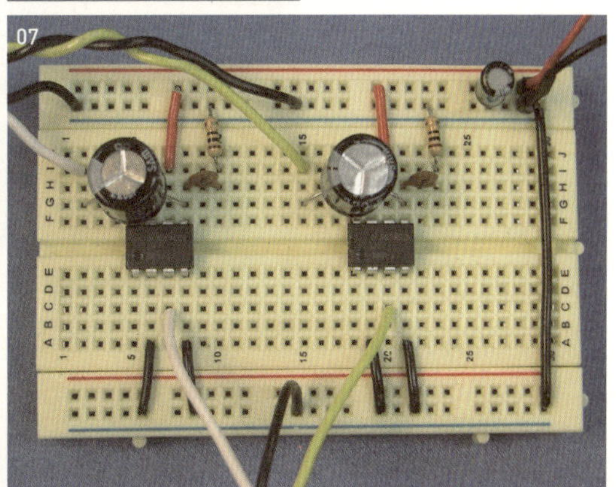

01 브레드보드의 나머지 부분에 위에서 살펴본 모노 앰프 회로와 같은 방식으로 꽂아준다.

05 스테레오 사운드 앰프는 볼륨 조절을 위해 연결하였던 포텐시오미터를 거치지 않고 오디오 플러그를 앰프에 바로 연결한다.

06 왼쪽 앰프의 LM386 3번 핀에는 오디오 플러그의 채널 2 흰색 전선을 연결하고 오른쪽 앰프의 LM386 3번 핀에는 오디오 플러그의 채널 1 노란색 전선을 연결한다. 오디오 플러그의 검은색 전선은 그라운드와 연결해 준다.

07 왼쪽 스피커의 흰색 전선은 왼쪽 앰프의 220μF 전해 커페시터의 음극(-) 다리에 연결하고 오른쪽 스피커의 노란색 전선은 오른쪽 앰프의 220μF 전해 커페시터의 음극(-) 다리에 연결한다. 양쪽 스피커의 검은색 전선은 위쪽 줄 그라운드에 연결한다.

08 오디오 플러그를 사운드 플레이어에 꽂고 사운드를 재생한다. 양쪽 스피커에서 다른 소리가 나는 스테레오 사운드를 느껴볼 수 있다. 사운드 볼륨은 플레이어에 있는 볼륨 조절기로 제어한다.

9V 건전지 홀더에 있는 스위치와 전선에 연결된 스위치를 모두 ON시킨다.

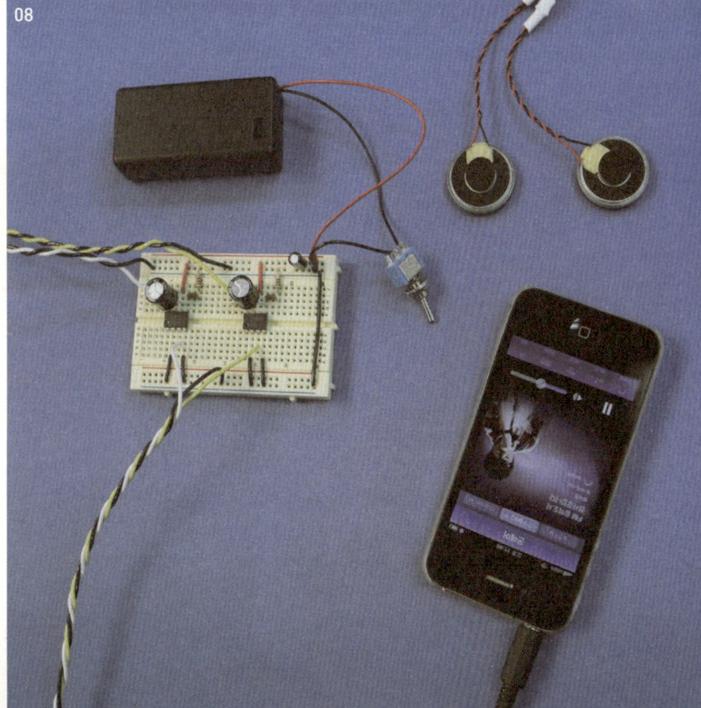

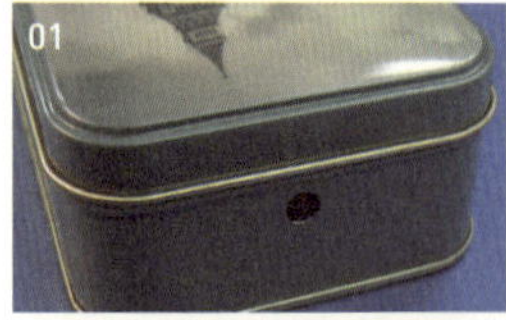

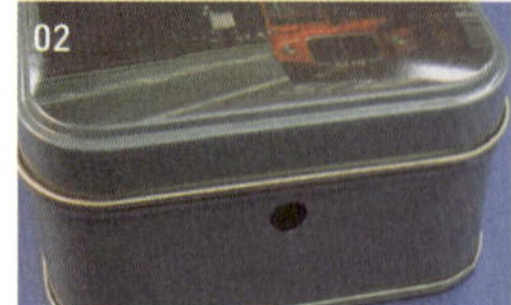

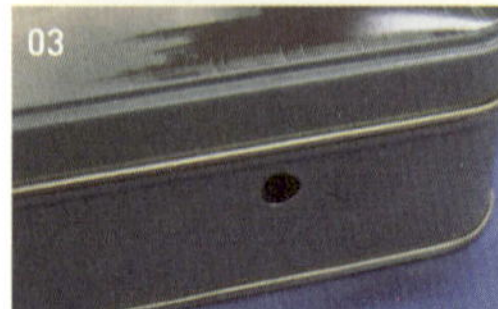

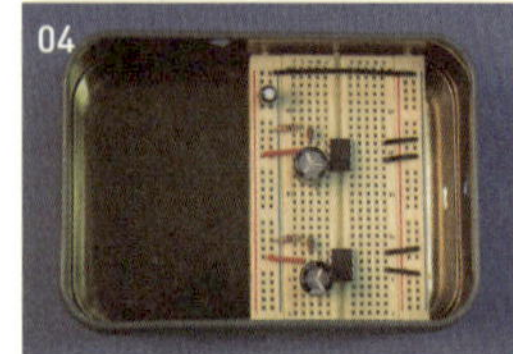

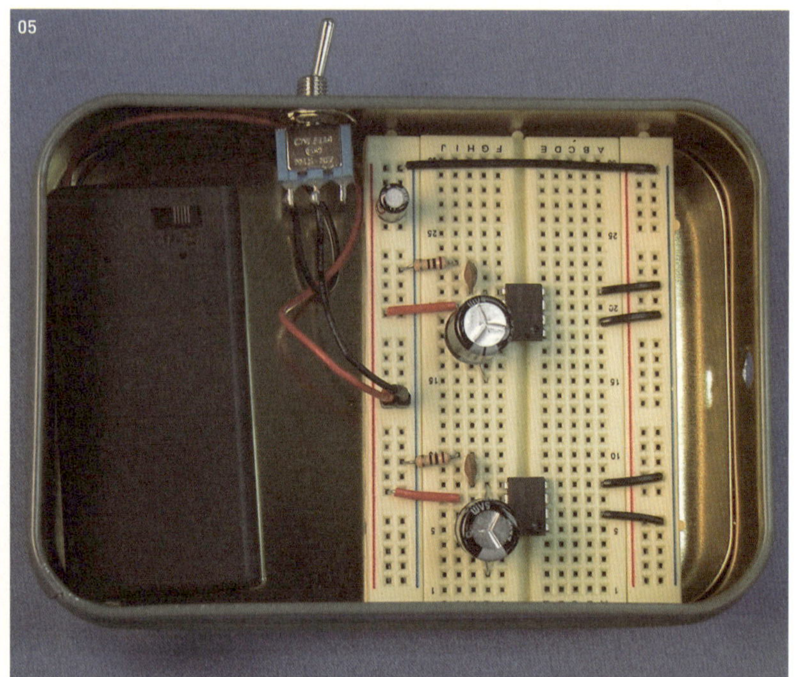

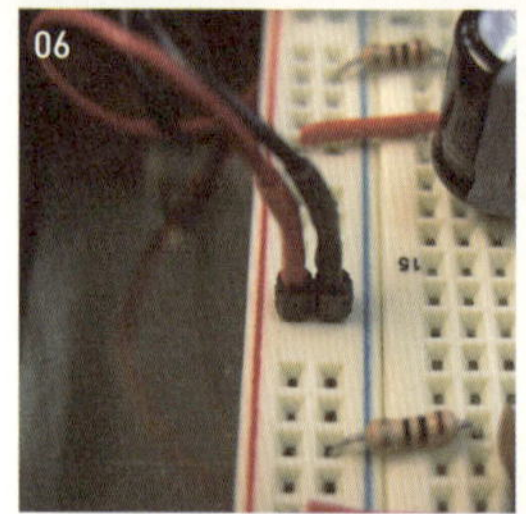

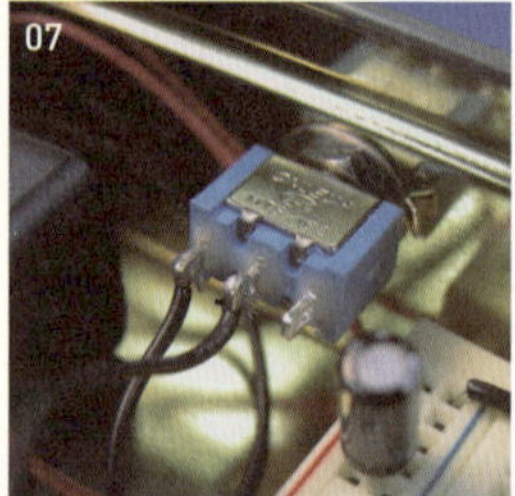

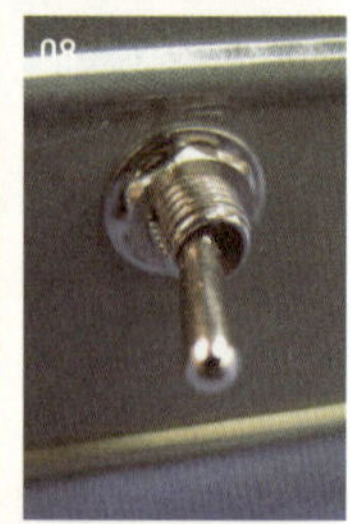

01 틴 케이스의 측면 세 군데에 지름 6mm 구멍을 뚫어준다.

04 브레드보드를 틴 케이스 안에 넣는다.

05 스위치를 연결한 9V 건전지 홀더를 틴 케이스 넣는다.

06 9V 건전지 홀더의 빨간색 전선은 브레드보드 빨간색 선에 꽂고 검은색 전선은 브레드보드 파란색 선에 꽂는다.

07 스위치는 틴 케이스 옆 구멍에 고정시킨다.

09 오디오 플러그의 흰색 전선은 왼쪽 LM386의 3번 핀에 연결하고 노란색 전선은 오른쪽 LM386의 3번 핀에 연결한다.

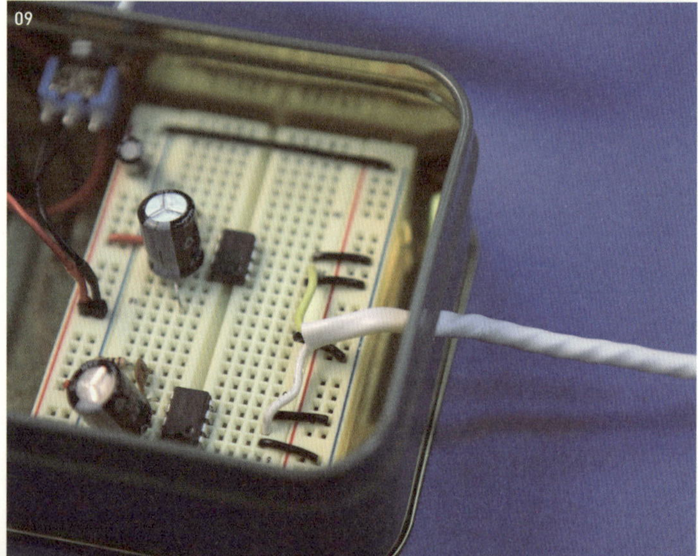

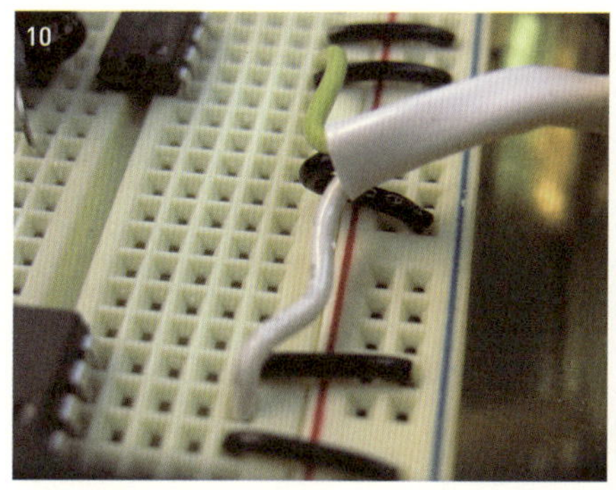

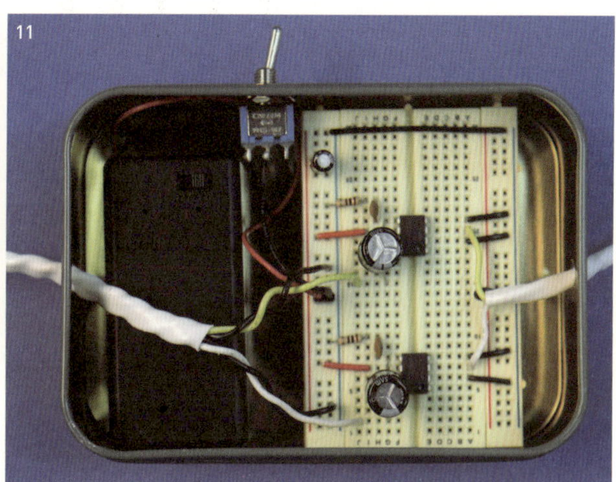

11 왼쪽 스피커의 흰색 전선은 왼쪽 LM386의 220
µF 전해 커페시터 음극 다리에 연결하고 검은색 전
선은 브레드보드의 파란색 그라운드 선에 연결한다.
오른쪽 스피커의 노란색 전선은 오른쪽 LM386의
220µF 전해 커페시터 음극 다리에 연결하고 검은색
전선은 브레드보드의 파란색 그라운드 선에 연결한다.

12 9V 건전지 홀더의 스위치를 ON시키고 오디오 플
러그를 스마트폰에 꽂고 음악을 재생시키면 양쪽 스
피커에서 소리가 나온다.

13 베개보의 지퍼를 열고 왼쪽 스피커와 오른쪽 스피커
를 각각 베개솜 아래 양쪽에 놓는다.

16 베개보 지퍼를 잠그고 베개를 바로 뒤집는다.

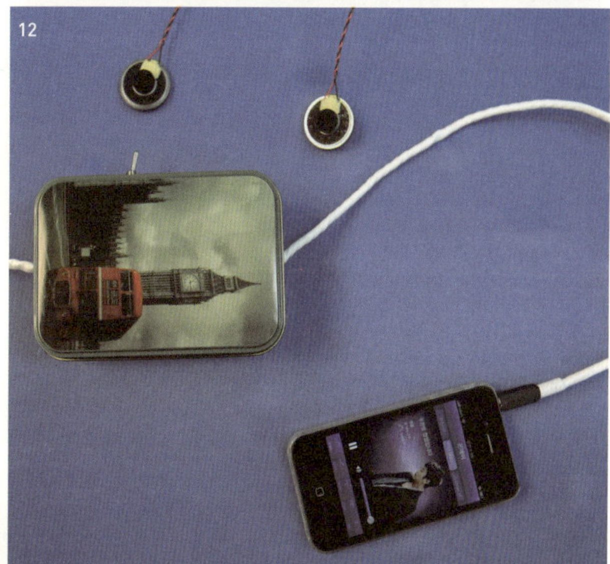

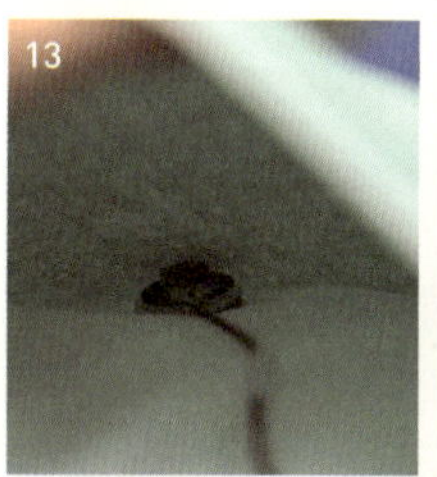
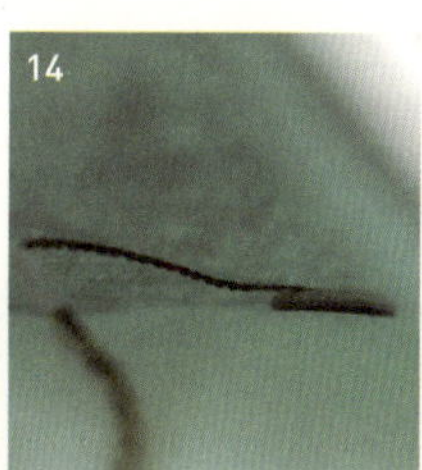

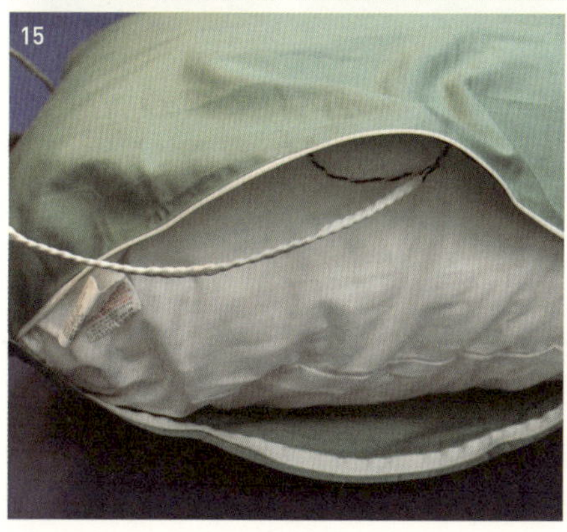

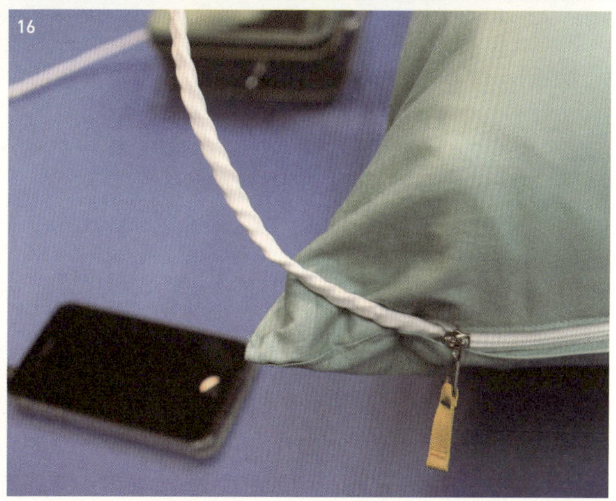

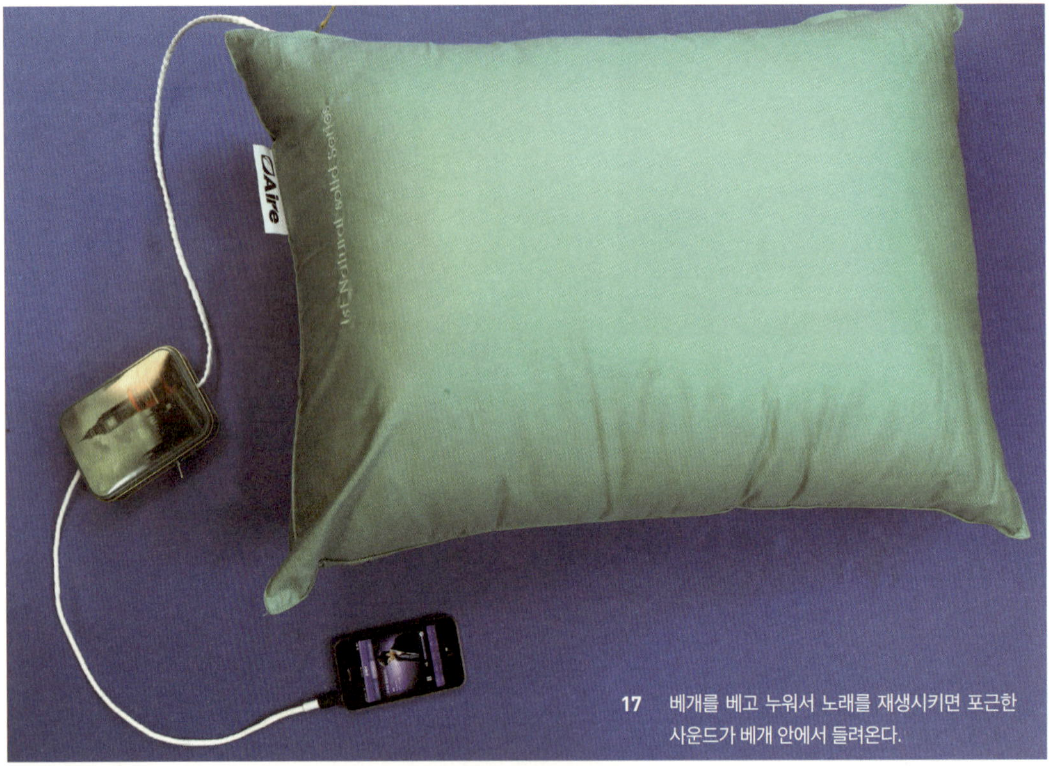

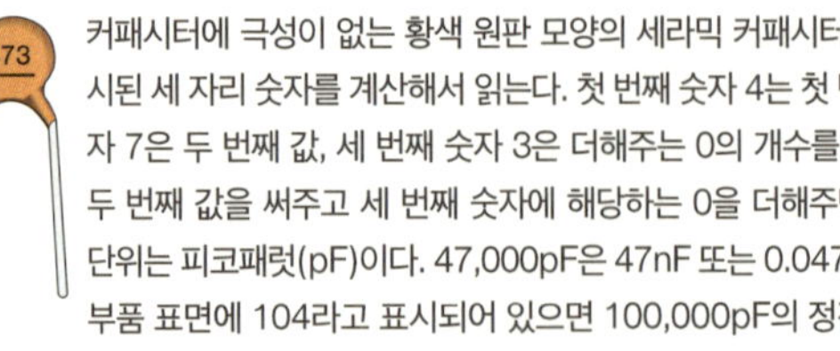

17 베개를 베고 누워서 노래를 재생시키면 포근한 사운드가 베개 안에서 들려온다.

커패시터(콘덴서) 정전용량 값 읽기

커패시터가 얼마나 많은 전하를 저장할 수 있는지를 나타내는 정전용량(Capacitance)의 단위는 패럿(F. farad)이지만 실제로 사용되는 커패시터의 용량은 매우 적기 때문에 10^{-6}패럿인 1마이크로 패럿(mF 또는 μF) 이나 10^{-12}패럿인 1피코 패럿(pF)을 많이 사용한다.

1마이크로 패럿 (mF 또는 μF)	10^{-6} 패럿	0.000001 패럿
1나노 패럿(nF)	10^{-9} 패럿	0.000000001 패럿
1피코 패럿(pF)	10^{-12} 패럿	0.000000000001 패럿

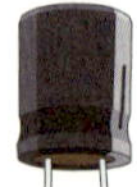

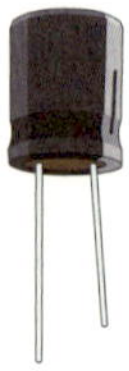

커패시터에 (+)(-)극성이 있는 원통 모양의 전해 커패시터는 부품 표면에 정전용량 값이 적혀있다. 220μF은 220,000nF 또는 220,000,000pF으로 변환하여 읽을 수 있다.

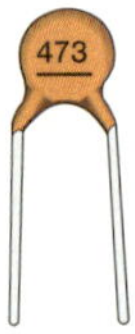

커패시터에 극성이 없는 황색 원판 모양의 세라믹 커패시터는 부품 표면에 표시된 세 자리 숫자를 계산해서 읽는다. 첫 번째 숫자 4는 첫 번째 값, 두 번째 숫자 7은 두 번째 값, 세 번째 숫자 3은 더해주는 0의 개수를 나타낸다. 첫 번째 두 번째 값을 써주고 세 번째 숫자에 해당하는 0을 더해주면 47,000이 되고 단위는 피코패럿(pF)이다. 47,000pF은 47nF 또는 0.047μF으로 변환된다. 부품 표면에 104라고 표시되어 있으면 100,000pF의 정전용량을 나타내며 100nF 또는 0.1μF으로 변환하여 읽을 수 있다.

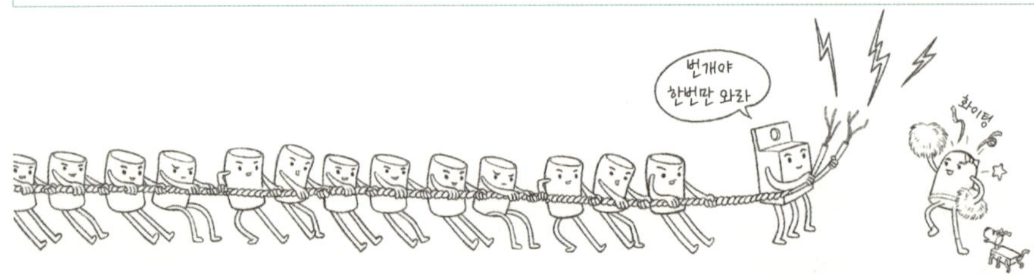

칼스루에 성, Schloss Karlsruhe

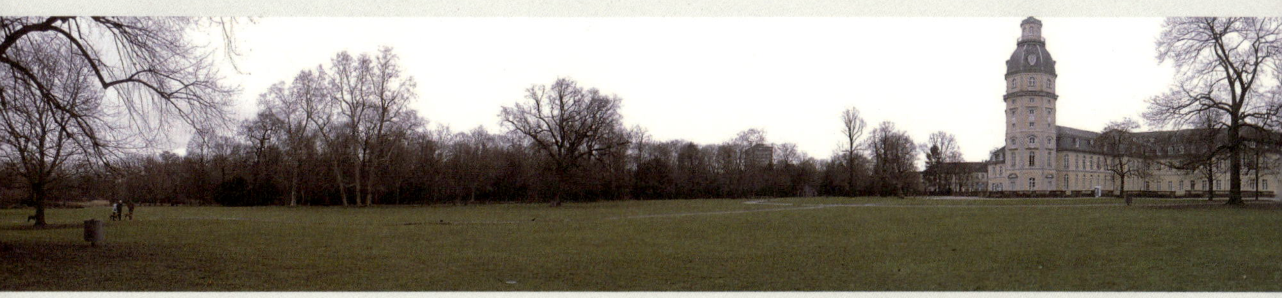

세계적으로 유명한 미디어아트 센터인 ZKM(on1.
zkm.de/zkm/e)은 독일의 남부 도시 칼스루에
(Karlsruhe)에 있다. 개장 시간 전에 도시 중심부에
있는 칼스루에 성을 방문했다.

　시원하게 펼쳐진 넓은 정원은 생각하는 시간을
아름답게 보내도록 해준다.

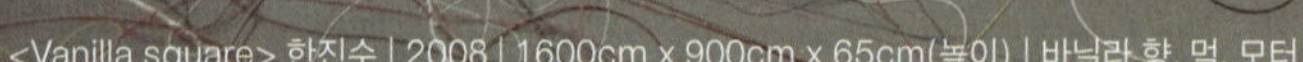

바닐라 향이 나는 흰색 물웅덩이 가장자리로 100여 개의 소형모터가 설치되어 있다. 소형모터는 작은 먹 조각을 움직여 먹물과 거품을 만들어 백색을 끊임없이 오염시킨다. 움직임을 통해 불규칙하지만 자연스러운 변화를 보여주는 키네틱 아트(Kinetic Art) 작품이다. 김광섭 시인의 〈성북동 비둘기〉에서 영감을 얻어 제작된 이 작품은 급속한 산업화로 인한 현대문명의 상실감을 잘 표현했다.

〈Vanilla square〉 한진수 | 2008 | 1600cm x 900cm x 65cm(높이) | 바닐라 향, 먹, 모터

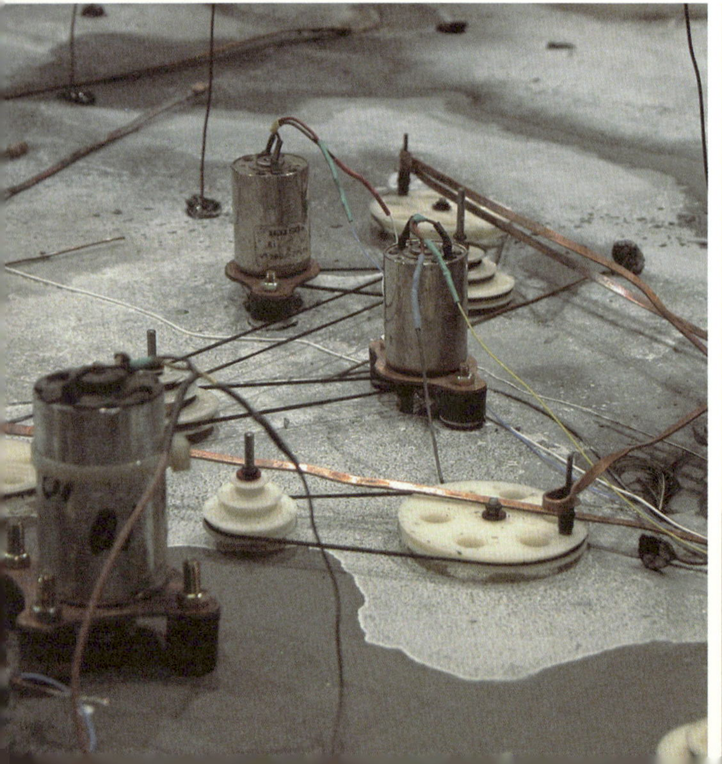

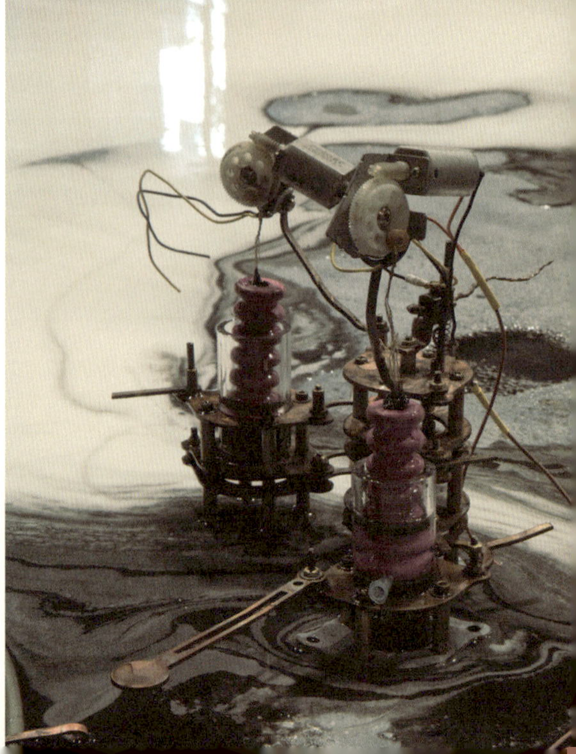

〈Sound Looking-Rain〉은 "관음보살을 간절히 소리 내어 부르면 보살이 즉시 듣고 해탈하게 만든다(法華經 普門品)"라는 문구를 본 후 觀(see)音(sound)의 의미를 다시 생각하며 '소리를 어떻게 볼 수 있을까'를 주제로 작업한 사운드 아트(Sound Art) 작품이다. 천장에 매달린 96개의 스피커에서는 1998년 봄, 서울에 있는 종묘에서 녹음한 빗소리가 재생된다. 편안한 빗소리를 들으며 관객들은 머릿속으로 자신만의 비 내리는 풍경을 떠올릴 수 있다.

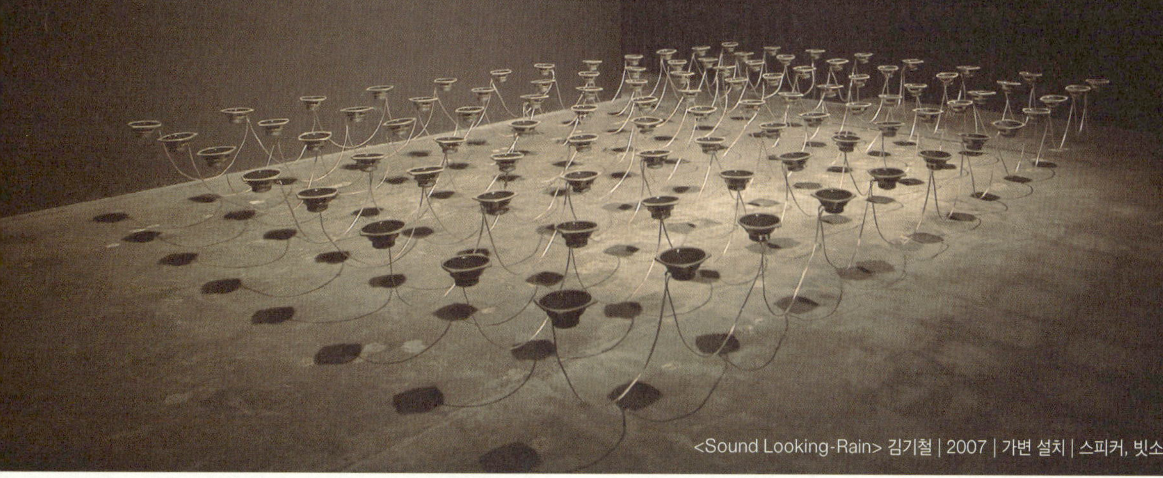

<Sound Looking-Rain> 김기철 | 2007 | 가변 설치 | 스피커, 빗소리

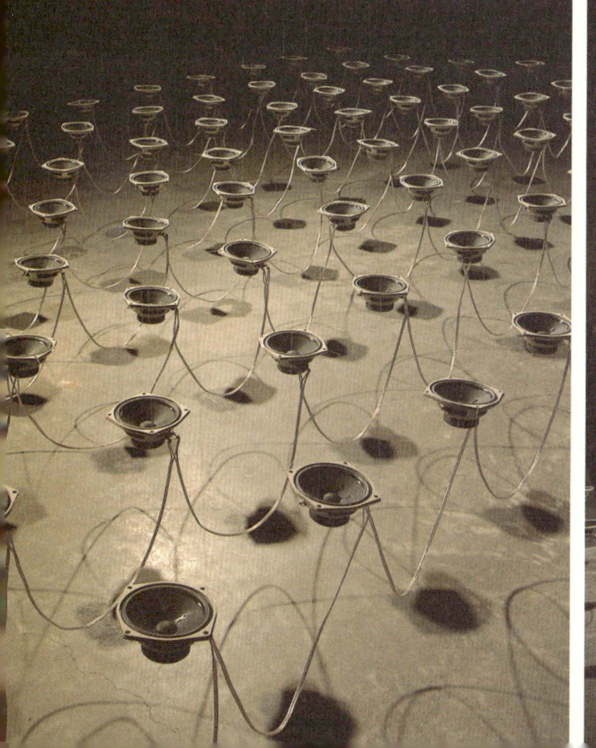

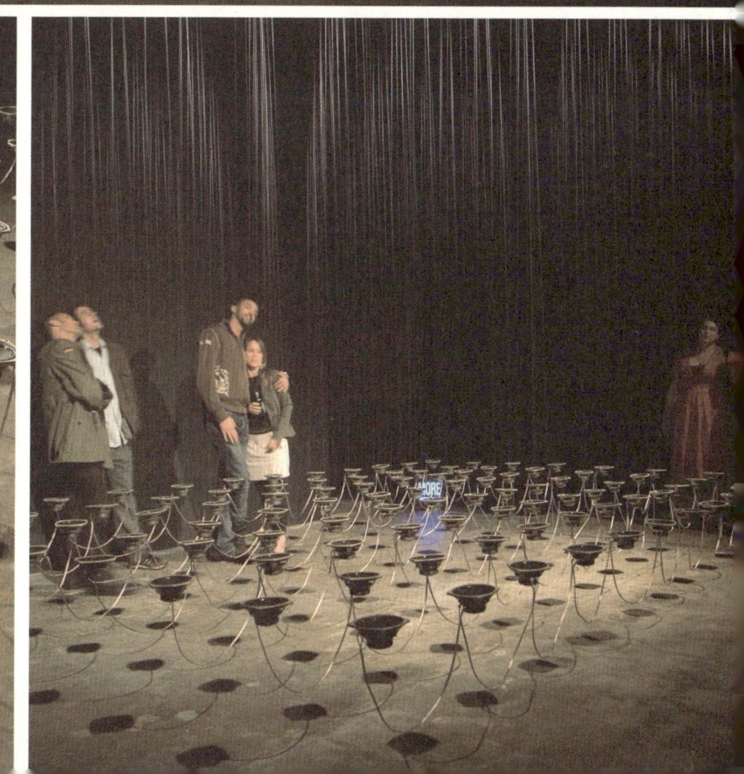

프로세싱과 세 걸음 나아가기

그림을 그리는 언어인 프로세싱과
아두이노를 연결하여
실시간으로 변화하는 이미지를
만들어보자!

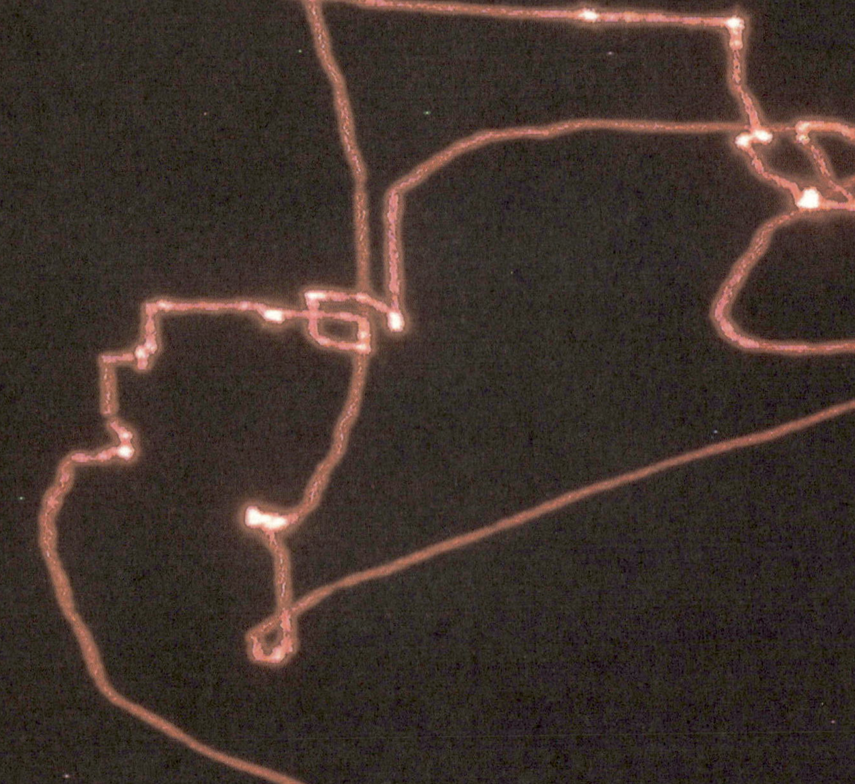

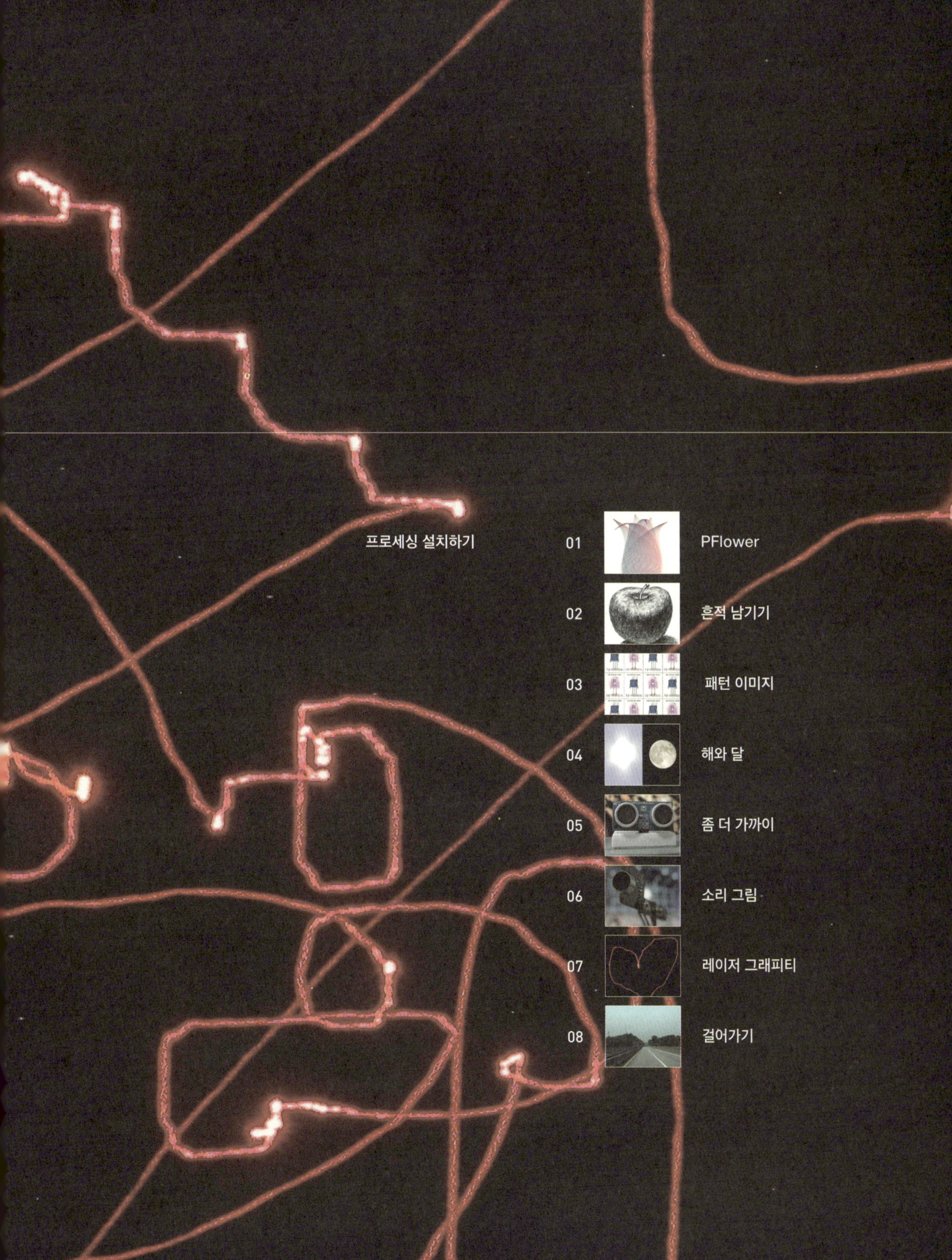

프로세싱
설치하기

프로세싱은 그림을 그리는 프로그래밍 언어로 현재 많은 미디어아트 작가들이 사용한다. 2001년부터 MIT 미디어랩에서 케이시 리이스(Casey Reas)와 벤 프라이(Ben Fry)가 개발하기 시작했다.

일반적인 그림 그리기 소프트웨어에서는 연필 또는 붓 도구를 선택하고 마우스나 타블렛 펜을 움직여가며 그림을 그리는 반면, 프로세싱은 스케치 편집창에 직접 키보드로 문자와 숫자를 입력하여 그림을 그린다. 이러한 작업 방식으로 반복적인 패턴 이미지, 실시간으로 형태와 색이 변하는 이미지, 사운드와 영상등을 제어한다. 아두이노와 함께, 프로세싱은 피지컬 정보를 이용한 인터랙티브 영상을 만드는 데 효과적이다.

프로세싱은 누구나 무료로 다운로드하여 사용할 수 있는 오픈소스다. 프로세싱을 실행시켜 보면 이미 기본적인 도형 그리기에서부터 복잡한 움직임을 제어하는 프로그래밍까지 기본적으로 많은 예제 파일을 제공하고 있다. 웹사이트를 통해 다양한 기능을 갖춘 라이브러리와 튜토리얼도 공유한다.

프로세싱 홈페이지

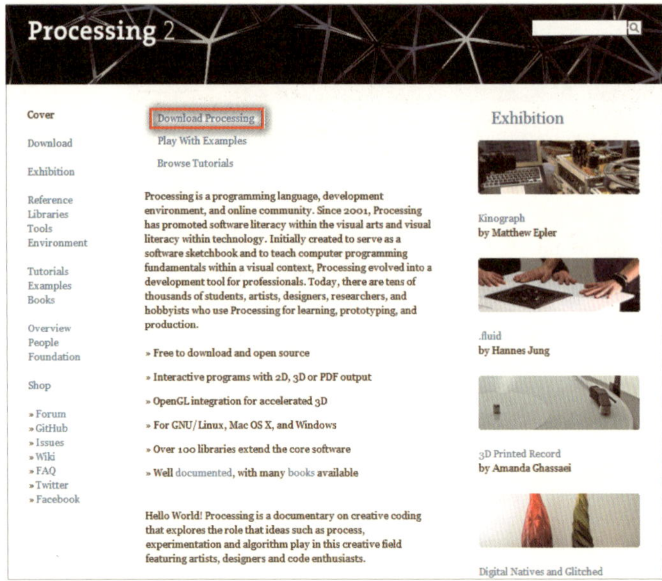

프로세싱 홈페이지(http://www.processing.org/)에서 다운로드 페이지로 이동한다.

프로세싱 다운로드를
위한 기부 페이지

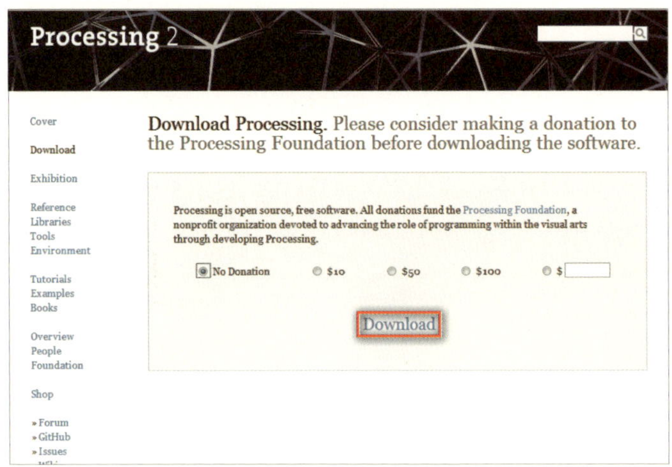

다운로드 페이지로 가기 전에 프로세싱 설립단체에 자율적으로 기부할 수 있는 페이지가 나온다. 기부할 금액을 선택하면 결제 창으로 이동하여 결제한다. 기부를 원치 않으면 첫 번째 항목(No Donation)을 선택하고 다운로드 버튼을 클릭한다.

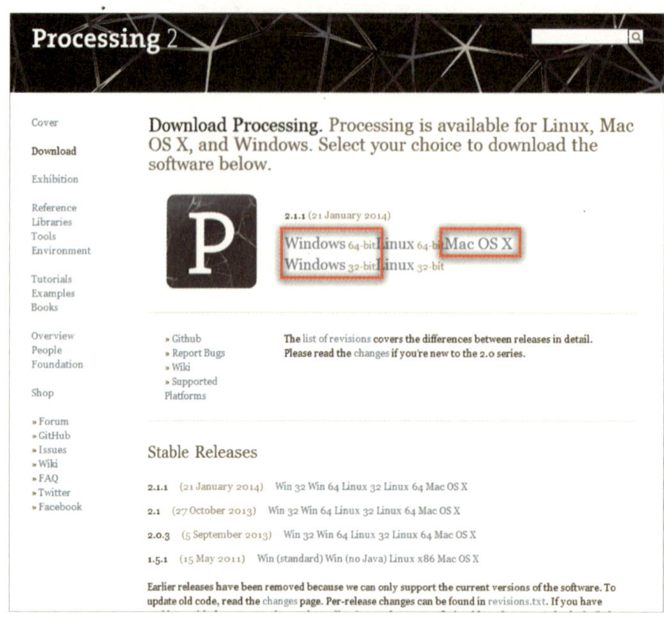

프로세싱 2.1.1 버전
다운로드 링크

윈도 사용자는 컴퓨터 사양에 맞게 Window(32-bit, 64-bit)를 클릭하여 다운로드한다. 바탕화면 또는 프로그램 폴더 안에 압축을 풀고 processing.exe 파일을 더블클릭하여 실행한다. 프로세싱은 자주 업데이트되기 때문에 최신 버전을 다운로드하여 사용하자.

맥 사용자는 Mac OS X을 다운로드하여 압축을 풀면 프로세싱 아이콘이 생성된다. 아이콘을 데스크탑 또는 응용 프로그램(Application)폴더로 옮긴 다음 더블클릭하여 실행한다.

프로세싱 소프트웨어 살펴보기

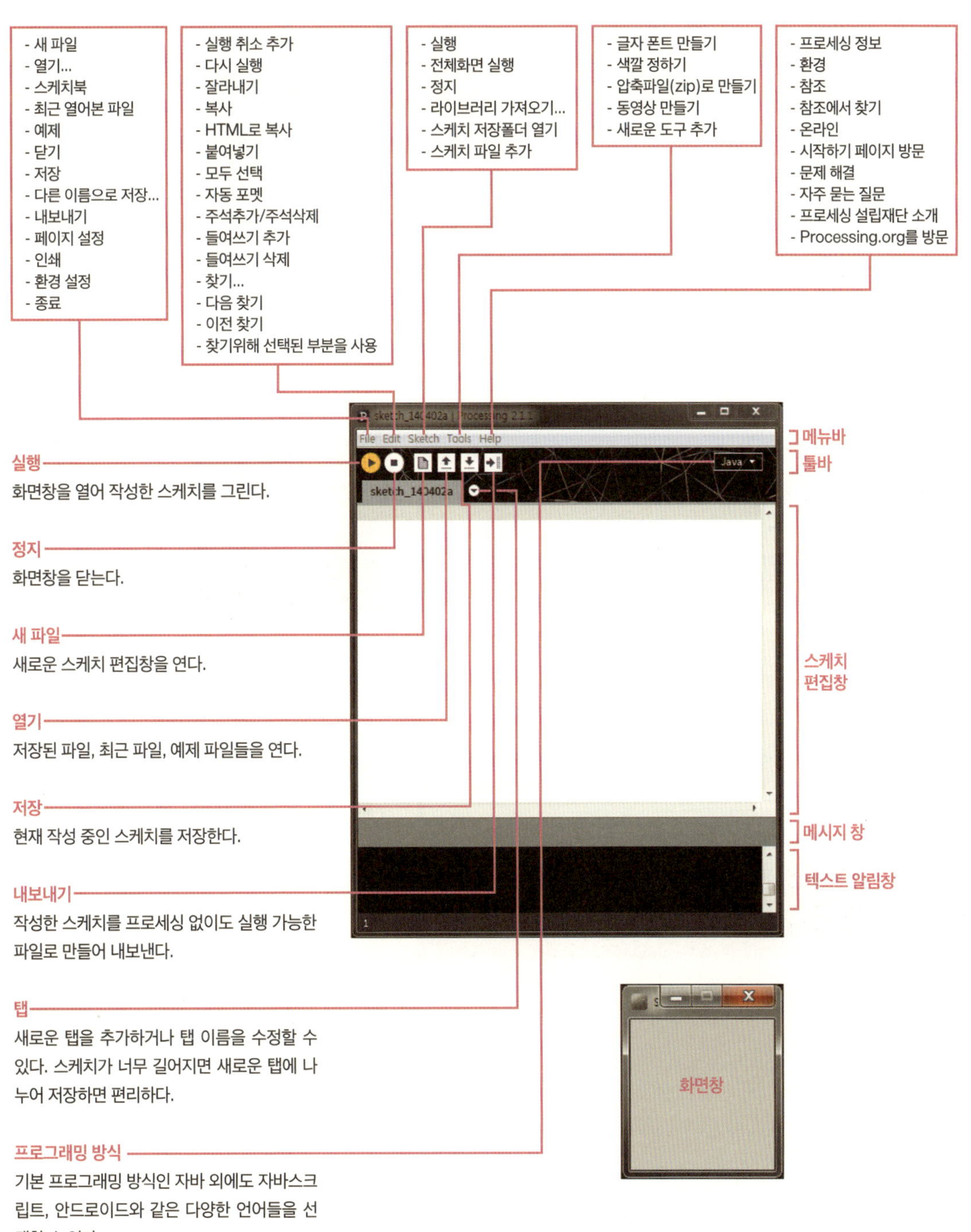

실행

화면창을 열어 작성한 스케치를 그린다.

정지

화면창을 닫는다.

새 파일

새로운 스케치 편집창을 연다.

열기

저장된 파일, 최근 파일, 예제 파일들을 연다.

저장

현재 작성 중인 스케치를 저장한다.

내보내기

작성한 스케치를 프로세싱 없이도 실행 가능한 파일로 만들어 내보낸다.

탭

새로운 탭을 추가하거나 탭 이름을 수정할 수 있다. 스케치가 너무 길어지면 새로운 탭에 나누어 저장하면 편리하다.

프로그래밍 방식

기본 프로그래밍 방식인 자바 외에도 자바스크립트, 안드로이드와 같은 다양한 언어들을 선택할 수 있다.

프로세싱 실행하기

스케치 편집창에 다음 명령어를 입력하고 툴바에 있는 실행 버튼을 누르면 화면
창이 열리고 가운데 원이 그려진다. 프로세싱도 아두이노와 마찬가지로 명령어
를 실행시키기 위해서는 반드시 각 명령어 뒤에 세미콜론(;)을 찍어야 한다.

intro

```
size(200, 200);          // 화면창의 크기를 가로 200픽셀 세로 200픽셀로 설정한다
background(50);          // 화면창의 바탕색을 짙은 회색으로 한다
smooth();                // 원의 외곽선을 부드럽게 만든다
fill(255, 0, 255);       // 원의 색을 자주색으로 설정한다
ellipse(100, 100, 100, 100);  // x 좌표 100, y 좌표 100에 지름이 100인 원을 그린다
print("안녕! 미디어아트");         // 텍스트 알림창에 "안녕! 미디어아트"를 출력한다
```

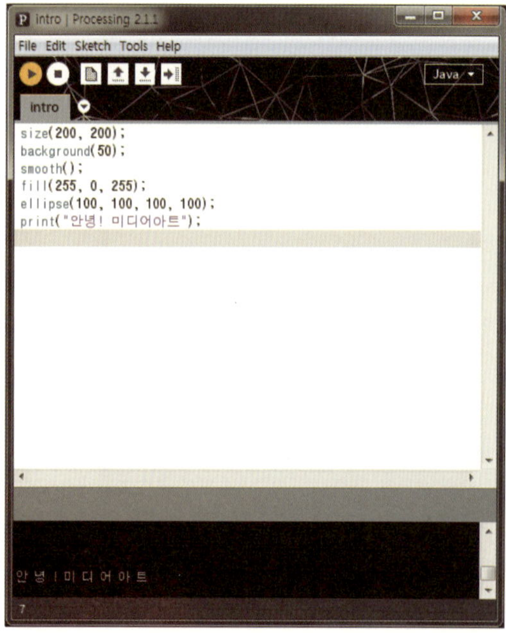

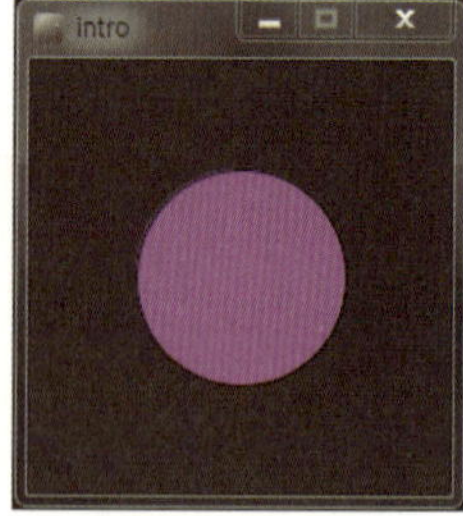

PFlower

난이도 ■■□□□

시간 2시간

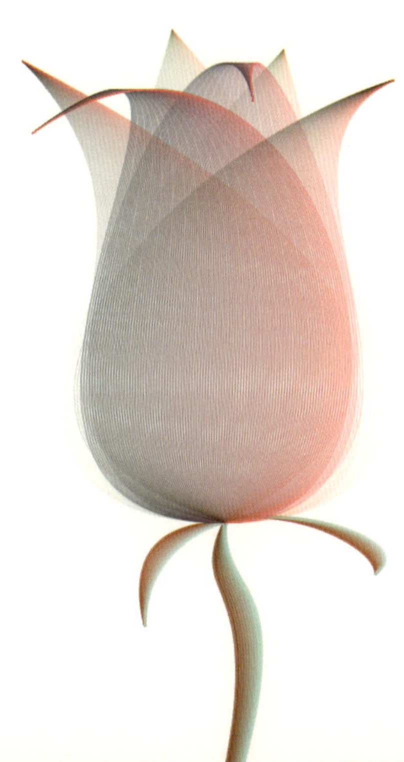

베지어 곡선을 이용하여 프로세싱에서 꽃을 스케치해보자.

1 점 그리기

명령어: point(x, y)

프로세싱 이미지들은 픽셀이라고 하는 매우 작은 정사각형의 점들로 이루어져 있다. 포토샵에서 이미지를 열고 돋보기 도구로 최대한으로 확대해 보면 무수히 많은 픽셀을 볼 수 있다. 만약 자신이 사용하는 모니터의 해상도가 가로, 세로 1600픽셀 × 900픽셀이라고 하면 모니터는 총 1,440,000개의 픽셀로 구성되어 있는 것이다.

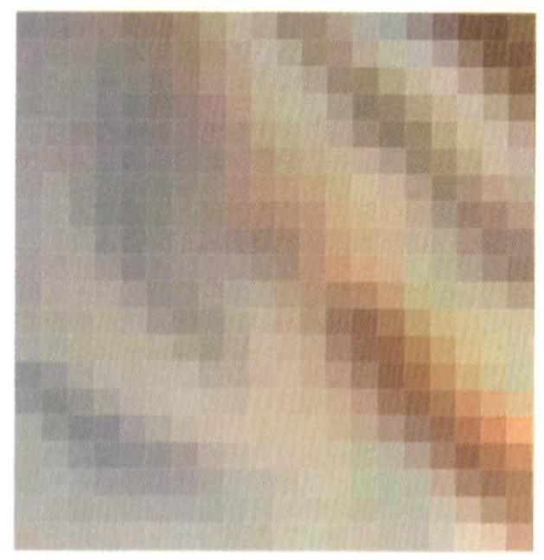

가로 20픽셀, 세로 20픽셀 확대 이미지

점 그리기를 하기 전에 먼저 자신이 그릴 화면창의 크기를 정해주어야 한다. 화면창의 크기는 명령어 size(가로 픽셀 수, 세로 픽셀 수)로 정한다. 만약 size(600, 400)이면 가로 600픽셀에 세로 400픽셀의 화면창이 만들어진다. 그리고 화면창의 바탕색은 background(0~255)로 정한다. 0은 완전히 검은색을 의미하며 255는 완전히 흰색을 의미하고 0과 255의 가운데 숫자인 127은 회색이다. 값이 127에서 작아지면 어두운 회색이 되고 커지면 밝은 회색이 된다.

size

```
size(600, 400);
background(0);
```

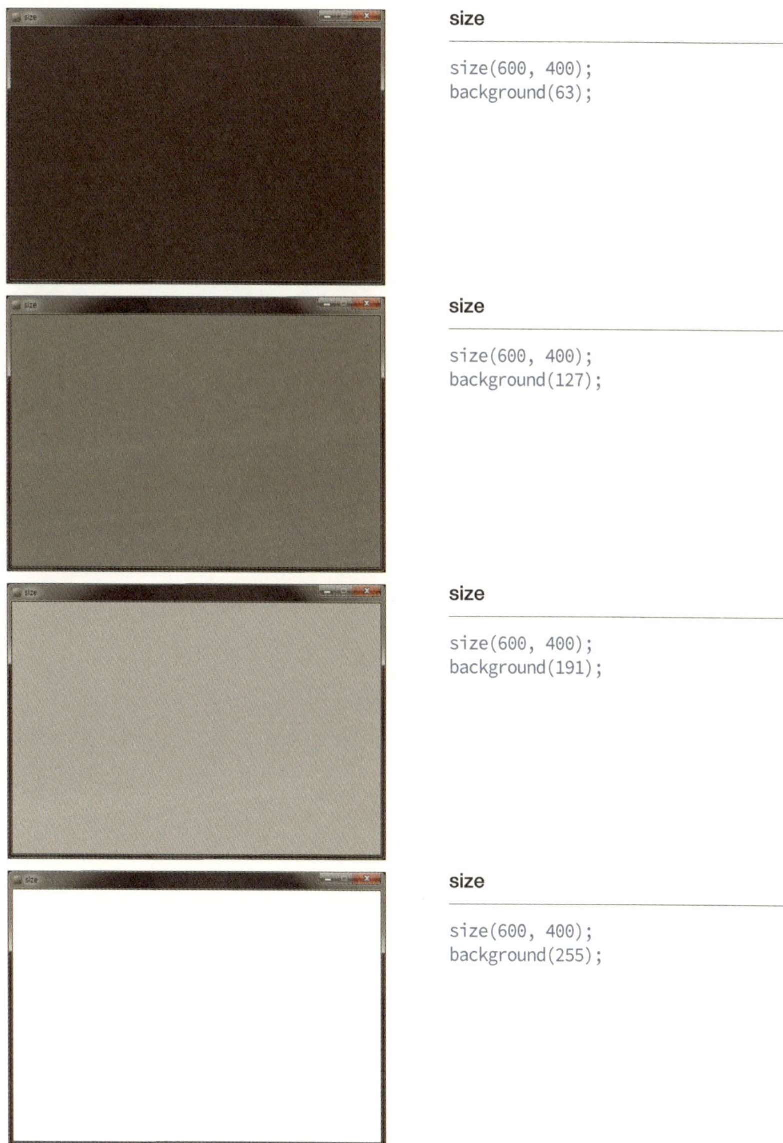

점은 하나의 픽셀에 그려지므로 크기가 매우 작아 실제 화면창에서는 잘 보이지 않는다. 점은 명령어 point(x, y)로 그린다. 좌표 값 x, y는 점의 위치를 나타낸다. 프로세싱에서 좌표 값은 화면창의 왼쪽 위가 기준점 0, 0이다. 기준점에서 오른쪽으로 이동하면 x 좌표 값이 커지며 왼쪽으로 이동하면 값이 작아진다. y 좌표 값은 기준점에서 아래로 이동하면 값이 커지며 위로 이동하면 값이 작아진다.

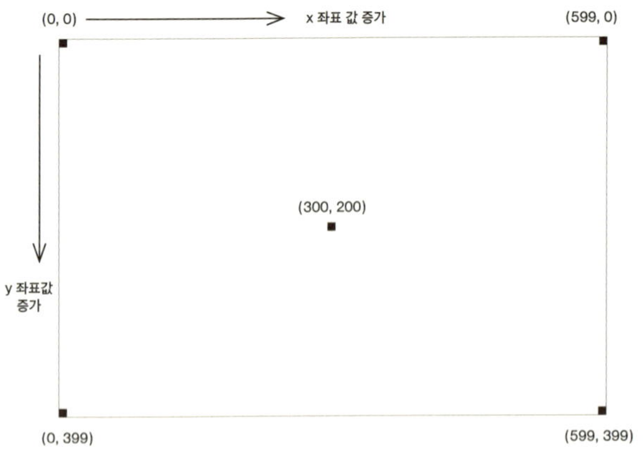

2 선 그리기

명령어: line(x1, y1, x2, y2)

선 그리기 명령어 line(x1, y1, x2, y2)에서 처음 좌표 값 x1, y1은 첫 번째 점의 위치를 나타내고 뒤에 좌표 값 x2, y2는 두 번째 점의 위치를 표시한다. 첫 번째 점과 두 번째 점 사이에 선이 그려진다.

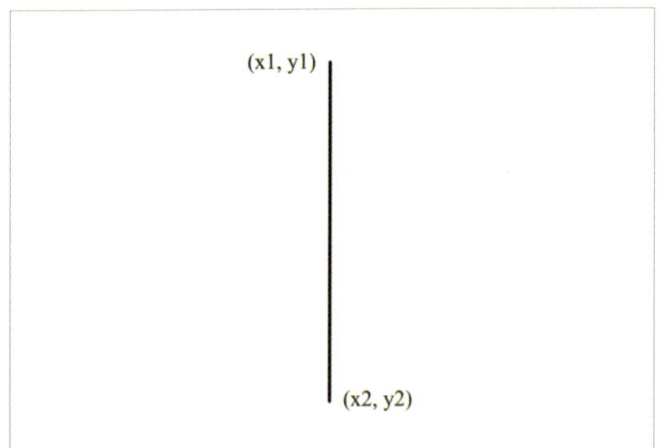

선의 색깔은 명령어 stroke( )로 바꿀 수 있다. 명령어 stroke의 괄호 안에 입력되는 매개변수의 개수와 값의 크기에 따라 색이 변한다.

```
stroke(gray)                // 매개변수가 한 개일 때는 회색을 지정한다. 값 0은 검은색, 255은 흰색
stroke(gray, alpha)         // 매개변수가 두개일 때는 회색을 지정하고 투명도를 조절한다
                            // 투명도에서 값 0은 완전한 투명, 255은 완전한 불투명
stroke(v1, v2, v3)          // 매개변수가 세 개일 때는 V1은 R(red: 빨간색) 또는
                            // H(hue: 색상) 값을 나타내고, V2는 G(green: 초록색) 또는
                            // S(saturation: 채도), V3은 B(blue: 파란색) 또는
                            // B(brightness: 명도)를 의미한다. 프로세싱은 처음에
                            // 0~255사이의 값으로 RGB의 비율을 조절하여 색을 표현하는 방식으로
                            // 정해져 있기 때문에 HSB 방식을 사용하고 싶을 때는
                            // 명령어 colorMode(HSB, 360, 100, 100)을 입력해야 한다
stroke(v1, v2, v3, alpha)   // 매개변수가 네 개일 때는 V1, V2, V3는 RGB 또는 HSB 값을
                            // 나타내며 마지막 값으로 투명도를 제어한다
```

색을 정할 때는 상단 메뉴의 Tools(도구) 아래에 있는 Color Selector(색깔 정하기)를 클릭하면 자신이 원하는 색의 RGB 또는 HSB 방식의 값을 쉽게 찾아볼 수 있다.

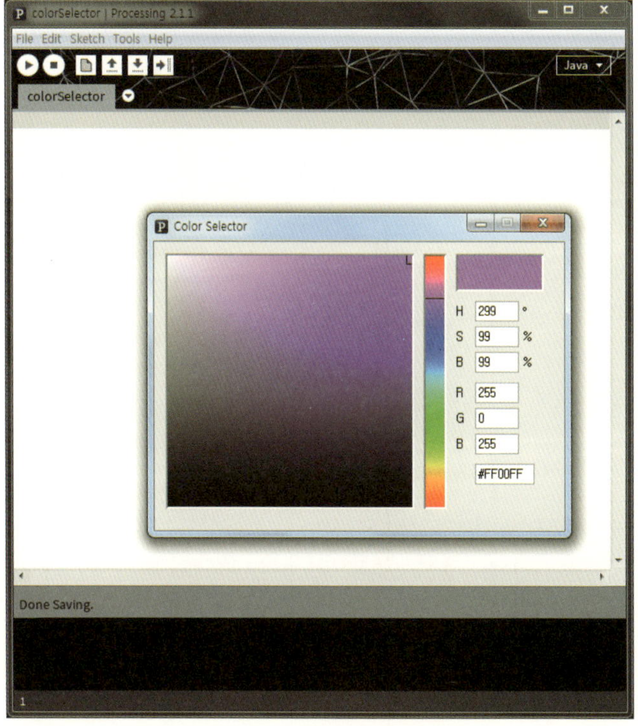

선의 굵기를 조절하는 명령어는 strokeWeight()로 원하는 굵기의 픽셀 값을 입력한다. 픽셀 값이 커지면 커질수록 굵은 선이 그려진다. strokeWeight(3)이면 3픽셀 굵기의 선이 그려지고 strokeWeight(10)이면 10픽셀 굵기의 선이 그려진다.

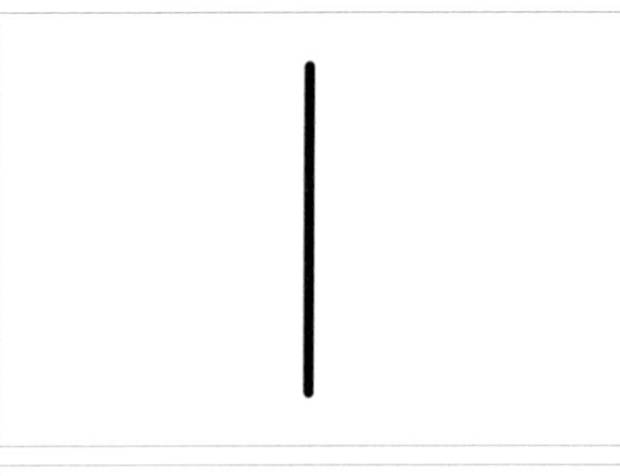

line_1

```
size(600, 400);
background(255);

stroke(0);
strokeWeight(10);
line(300, 50, 300, 350);
```

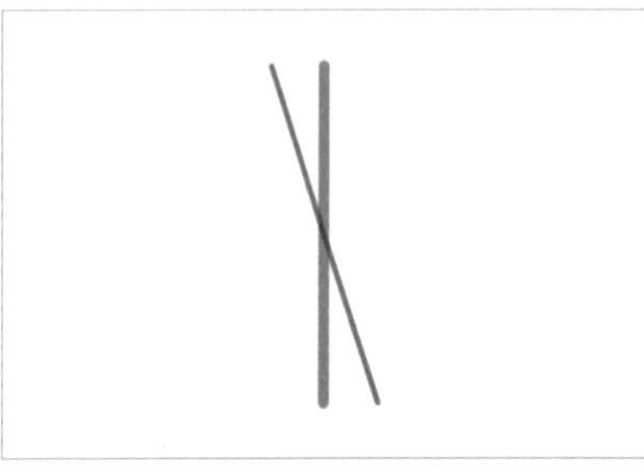

line_2

```
size(600, 400);
background(255);

stroke(0, 100);
strokeWeight(10);
line(300, 50, 300, 350);

stroke(50, 150);
strokeWeight(5);
line(250, 50, 350, 350);
```

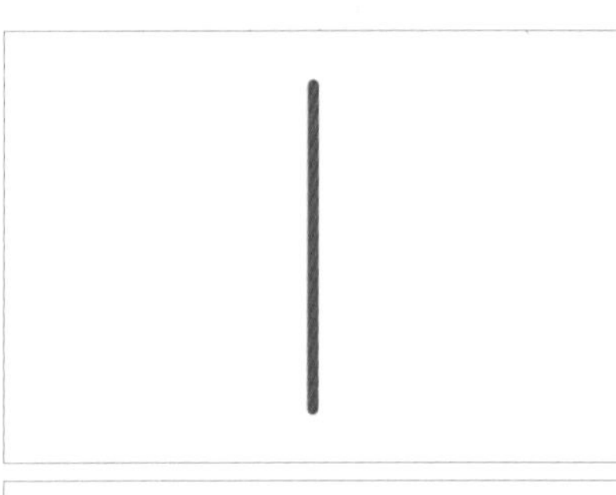

line_3

```
size(600, 400);
background(255);

stroke(255, 0, 255);
strokeWeight(10);
line(300, 50, 300, 350);
```

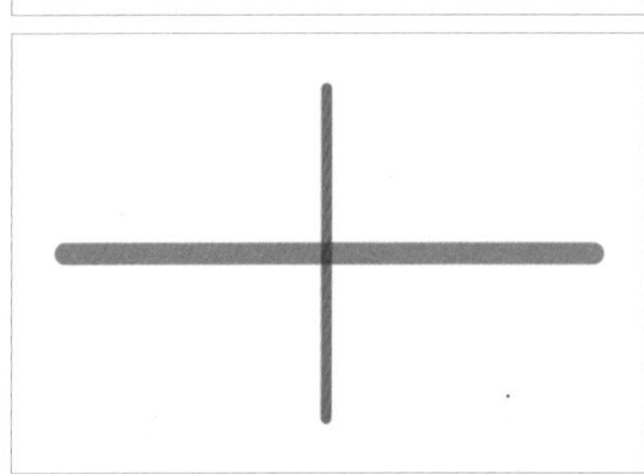

line_4

```
size(600, 400);
background(255);

stroke(255, 0, 255, 150);
strokeWeight(10);
line(300, 50, 300, 350);

stroke(0, 0, 255, 100);
strokeWeight(20);
line(50, 200, 550, 200);
```

3 면 그리기

삼각형 명령어: triangle(x1, y1, x2, y2, x3, y3)

사각형 명령어: rect(x, y, width, height)

타원형 명령어: ellipse(x, y, width, height)

원호 명령어: arc(x, y, width, height, start, stop)

자유형 명령어: beginShape(), vertex(), endShape()

삼각형 그리기 명령어 triangle(x1, y1, x2, y2, x3, y3)에서 처음 두 개의 매개변수 x1, y1는 삼각형의 첫 번째 꼭지점의 위치를 나타내며 세 번째, 네 번째 매개변수 x2, y2는 삼각형의 두 번째 꼭지점의 위치를, 다섯 번째, 여섯 번째 매개변수 x3, y3은 삼각형의 세 번째 꼭지점의 위치를 표시한다.

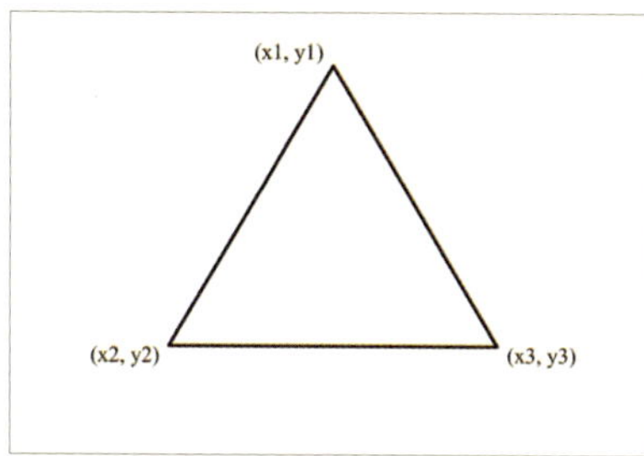

triangle_0

```
size(600, 400);
background(255);
triangle(300, 50, 150, 300, 450, 300);
```

삼각형 안쪽 면에 색깔을 채우고 싶을 때는 명령어 fill()을 사용하고 매개변수 값은 stroke()와 마찬가지로 R, G, B 색을 0에서부터 255 사이의 값으로 지정한다. 삼각형 외곽선의 색은 stroke()로 정할 수 있으며 외곽선의 굵기도 strokeWeight()로 조절할 수 있다. 만약 안쪽 면에 색을 채우고 싶지 않다면 명령어 noFill()을 사용하고 외곽선을 그리고 싶지 않다면 명령어 noStroke()를 입력하면 된다.

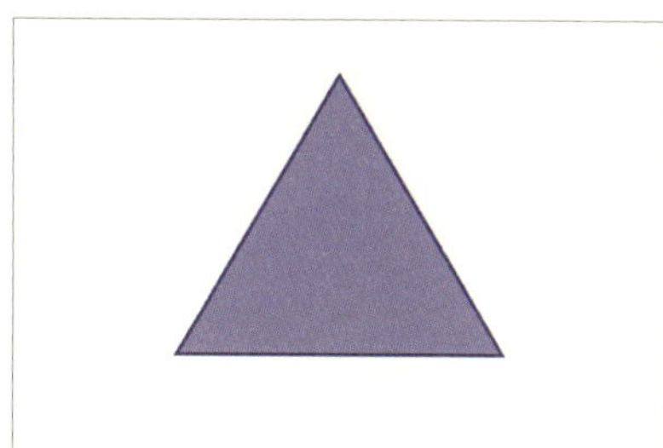

triangle_1

```
size(600, 400);
background(255);

fill(0, 0, 255, 100);
stroke(0, 0, 255);
strokeWeight(3);
triangle(300, 50, 150, 300, 450, 300);
```

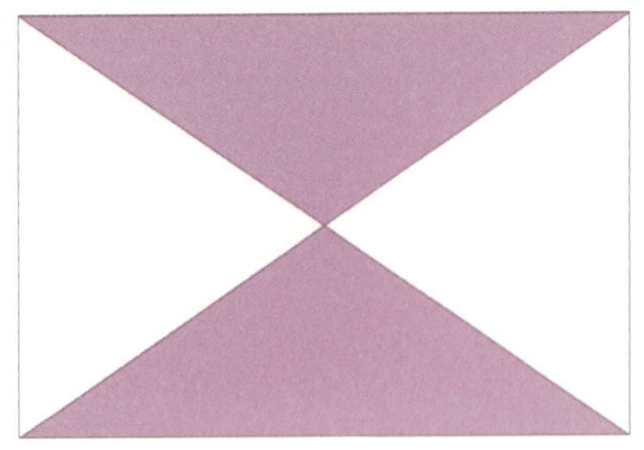

triangle_2

```
size(600, 400);
background(255);

fill(255, 0, 255, 100);
stroke(255, 0, 255);
strokeWeight(1);
triangle(0, 0, 300, 200, 600, 0);

triangle(0, 400, 300, 200, 600, 400);
```

사각형 그리기 명령어 rect(x, y, width, height)에서 처음 두 개의 매개변수 x, y 는 사각형의 왼쪽 윗부분으로 도형이 시작되는 기준점의 좌표 위치를 나타내고 세 번째는 기준점에서 가로 너비를, 네 번째는 세로 높이를 표시한다.

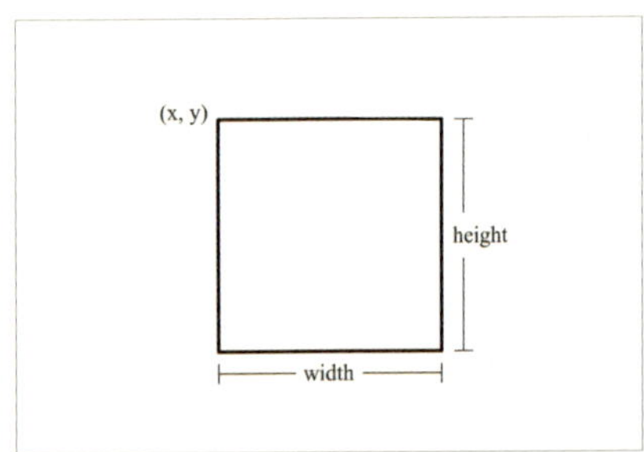

rect_0

```
size(600, 400);
background(255);

rect(200, 100, 200, 200);
```

rect_1

```
size(600, 400);
background(255);

fill(0, 0, 255, 100);
rect(10, 10, 285, 185);
rect(305, 10, 285, 185);

rect(10, 205, 285, 185);
rect(305, 205, 285, 185);
```

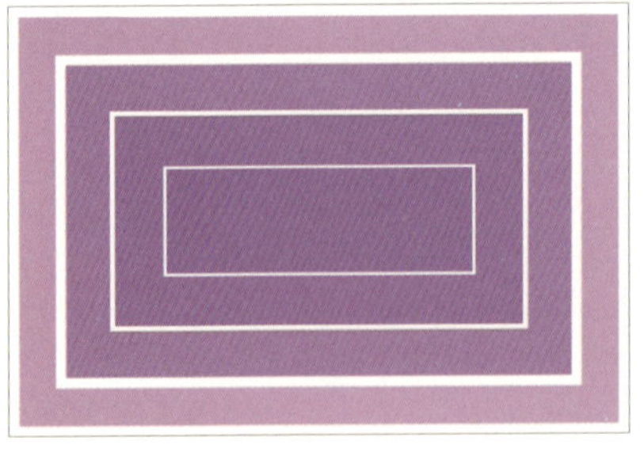

rect_2

```
size(600, 400);
background(255);

fill(255, 0, 255, 100);
stroke(255);
strokeWeight(20);
rect(0, 0, 600, 400);

strokeWeight(10);
rect(50, 50, 500, 300);

strokeWeight(5);
rect(100, 100, 400, 200);
```

```
strokeWeight(3);
rect(150, 150, 300, 100);
```

타원형 그리기 명령어 ellipse(x, y, width, height)에서 처음 두 개의 매개변수 x, y는 타원형의 중심인 기준점의 좌표 위치를 나타내고 세 번째는 타원형의 가로 너비를, 네 번째는 세로 높이를 표시한다.

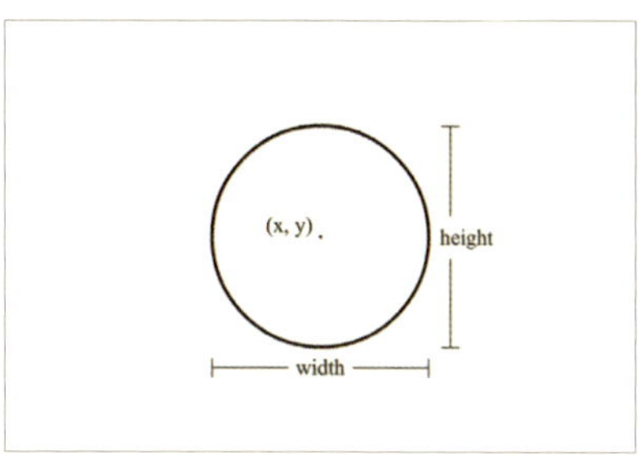

ellipse_0

```
size(600, 400);
background(255);
ellipse(300, 200, 200, 200);
```

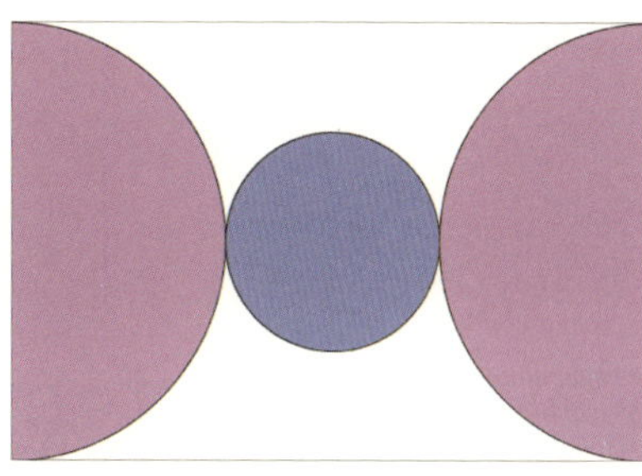

ellipse_1

```
size(600, 400);
background(255);

fill(255, 0, 255, 100);
ellipse(0, 200, 400, 400);
ellipse(600, 200, 400, 400);

fill(0, 0, 255, 100);
ellipse(300, 200, 200, 200);
```

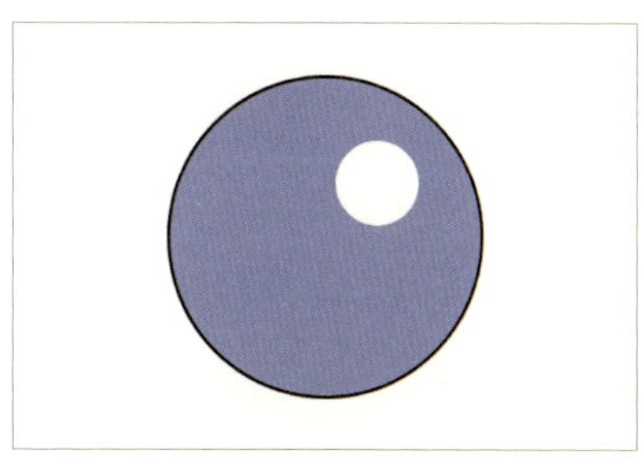

ellipse_2

```
size(600, 400);
background(255);

fill(0, 0, 255, 100);
strokeWeight(3);
ellipse(300, 200, 300, 300);

fill(255);
noStroke();
ellipse(350, 150, 80, 80);
```

원호 그리기 명령어 arc(x, y, width, height, start, stop)에서 처음 두 개의 매개변수 x, y는 원호의 중심인 기준점의 좌표 위치를 나타내고 세 번째는 원호의 가로 너비를, 네 번째는 세로 높이를 표시한다. 다섯 번째는 원호가 시작되는 호도 값이고, 여섯 번째는 원호가 끝나는 호도 값이다.

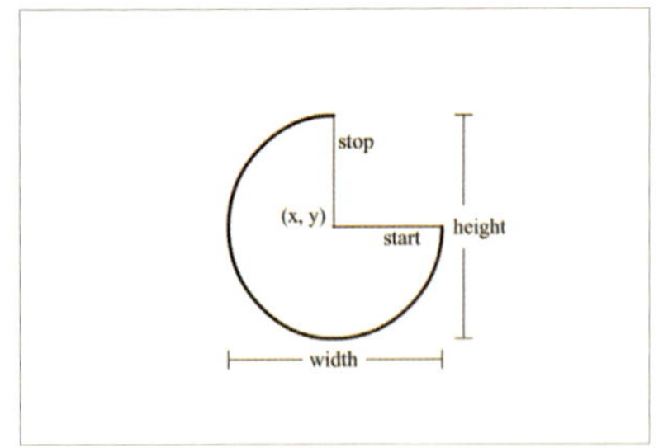


```
size(600, 400);
background(255);
arc(300, 200, 200, 200,
    radians(0), radians(270));
```

호도 값은 명령어 radians(각도)을 이용하여 나타낸다. 시계의 숫자 중에 3시 방향이 각도가 시작하는 0도이고 0도에서 시계 방향으로 각도 값이 증가하고 다시 3시 방향으로 오면 360도가 된다. 프로세싱에서는 자주 쓰는 호도 값을 특수한 명칭으로도 표시한다.

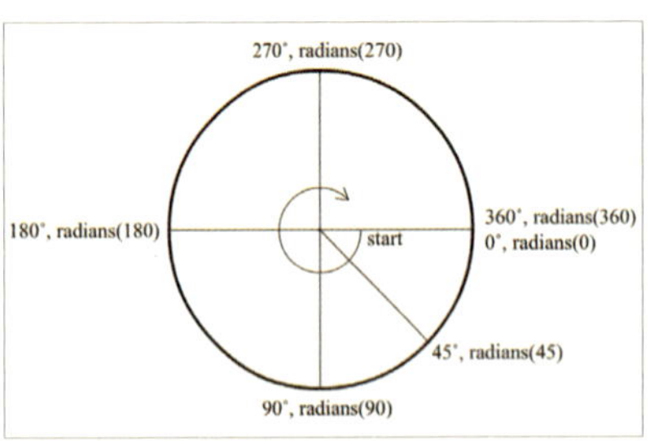


```
radians(45)  = QUARTER_PI (0.79)
radians(90)  = HALF_PI (1.57)
radians(180) = PI (π, 3.14)
radians(270) = PI + HALF_PI (4.71)
radians(360) = TWO_PI (2π, 6.28)
```

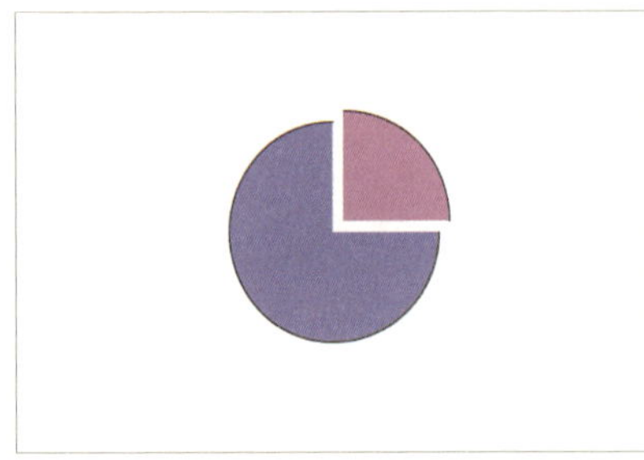


```
size(600, 400);
background(255);

fill(0, 0, 255, 100);
arc(300, 200, 200, 200,
    radians(0), radians(270));

fill(255, 0, 255, 100);
arc(310, 190, 200, 200,
    radians(270), radians(360));
```

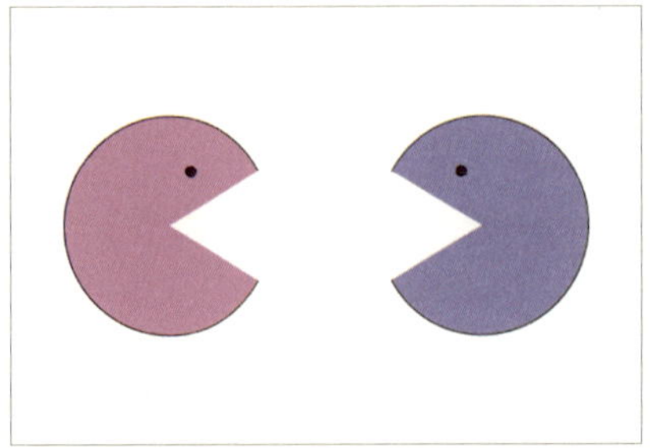


```
size(600, 400);
background(255);

fill(255, 0, 255, 100);
arc(150, 200, 200, 200,
    radians(30), radians(330));

fill(0, 0, 255, 100);
arc(450, 200, 200, 200,
    radians(210), radians(510));
```

  프로세싱과 세 걸음 나아가기

```
fill(10, 0, 90);
ellipse(170, 150, 10, 10);
ellipse(430, 150, 10, 10);
```

자유형 그리기는 명령어 beginShape()로 시작하고 도형을 이루는 꼭지점들을 명령어 vertex(x, y)을 이용하여 한 쌍씩 좌표 값을 정의해 나간다. 각 꼭지점을 선으로 이어나가며 마지막에는 명령어 endShape()로 도형을 완성하는데 이때 마지막 꼭지점과 처음 꼭지점을 연결하여 닫힌 도형을 만들고 싶을 때는 endShape(CLOSE)를 입력해야 한다.

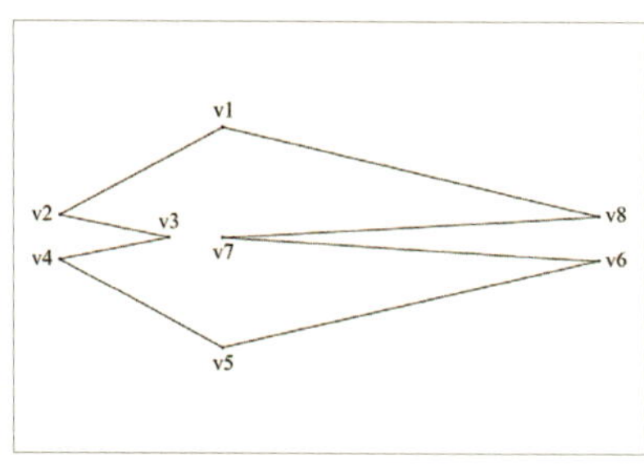

vertex_0

```
size(600, 400);
background(255);

beginShape();
vertex(200, 100);     // v1
vertex(50, 180);      // v2
vertex(150, 200);     // v3
vertex(50, 220);      // v4
vertex(200, 300);     // v5
vertex(550, 220);     // v6
vertex(200, 200);     // v7
vertex(550, 180);     // v8
endShape(CLOSE);
```

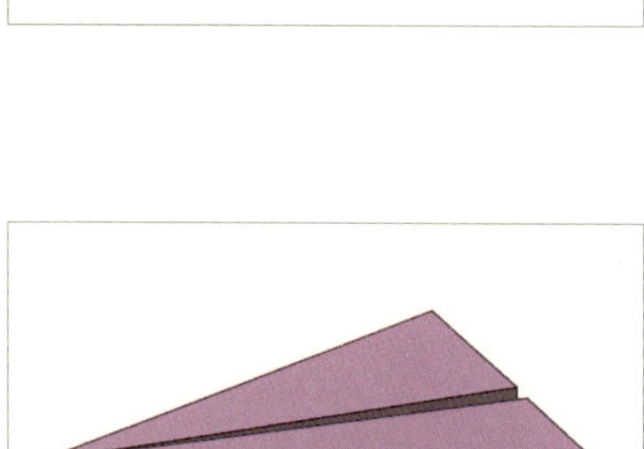

vertex_1

```
size(600, 400);
background(255);

fill(120, 80, 120);
beginShape();
vertex(30, 220);
vertex(480, 150);
vertex(480, 270);
endShape(CLOSE);

fill(255, 150, 255);
beginShape();
vertex(30, 220);
vertex(400, 80);
vertex(480, 150);
vertex(30, 220);
vertex(490, 160);
vertex(580, 240);
endShape(CLOSE);
```

명령어: bezier(x1, y1, x2, y2, x3, y3, x4, y4)

베지어 곡선은 프랑스 공학자 피에르 베지어가 자동차 디자인에 베지어 곡선을 사용하면서 널리 알려지기 시작하였으며 곡선의 시작점과 끝점에 연결된 조절자의 길이와 방향에 따라 다양한 자유 곡선을 그릴 수 있다.

명령어 bezier(x1, y1, x2, y2, x3, y3, x4, y4)에서 처음 두 개의 좌표 값 x1, y1은 곡선의 시작점 위치를 나타내고 세 번째, 네 번째 좌표 값 x2, y2는 시작점과 연결된 첫 번째 조절점의 위치이다. 다섯 번째, 여섯 번째 좌표 값 x3, y3은 끝점과 연결된 두 번째 조절점의 위치이며 일곱 번째, 여덟 번째 좌표 값은 곡선이 마무리되는 끝점의 위치를 나타낸다.

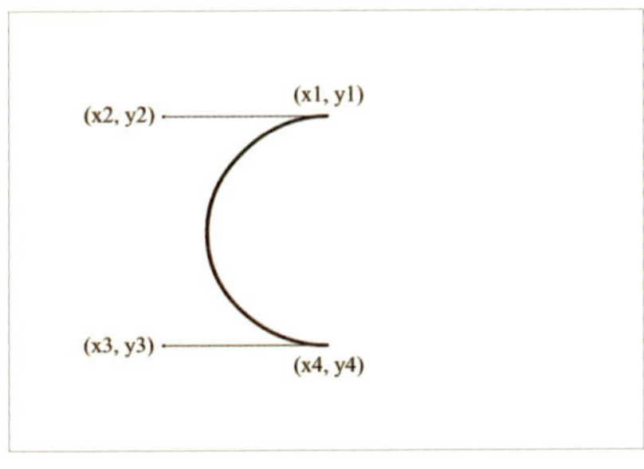

bezier_0

```
size(600, 400);
background(255);
bezier(300, 100, 150, 100, 150,
       300, 300, 300);
```

베지어 곡선 명령어에서 처음 좌표 값은 곡선의 시작점을, 마지막 좌표 값은 곡선의 끝점을 나타낸다. 가운데 두 좌표 값은 각각 시작점과 끝점을 제어하는 조절점으로써 두 점이 같은 방향이면 위의 그림처럼 곡선이 한 방향으로 볼록하게 그려진다.

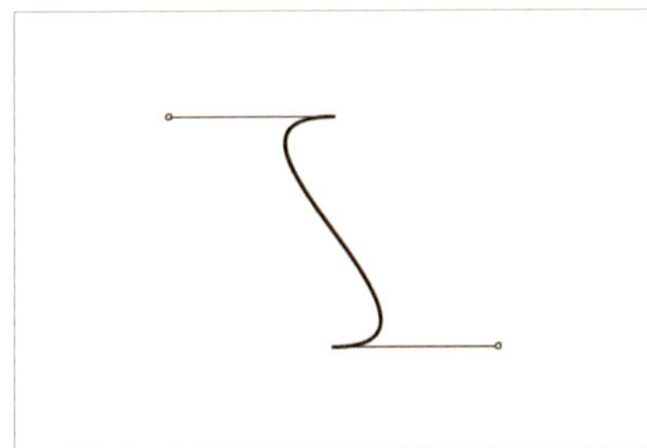

bezier_1

```
size(600, 400);
background(255);

strokeWeight(3);
bezier(300, 100, 150, 100, 450,
       300, 300, 300);

strokeWeight(1);
line(300, 100, 150, 100);
ellipse(150, 100, 5, 5);
```

```
line(300, 300, 450, 300);
ellipse(450, 300, 5, 5);
```

조절점의 방향이 반대가 되면 bezier_1 그림처럼 곡선이 두 방향으로 휘어지면서 그려진다.

베지어 곡선으로 꽃잎 그리기

바탕색이 회색인 화면창에 베지어 곡선을 그리면 아래 그림처럼 곡선의 안쪽이 흰색으로 채워지는 것을 확인할 수 있다. 이때 명령어 noFill()을 이용하여 안 쪽 면의 색깔을 채우지 않고 곡선만 표현한다.

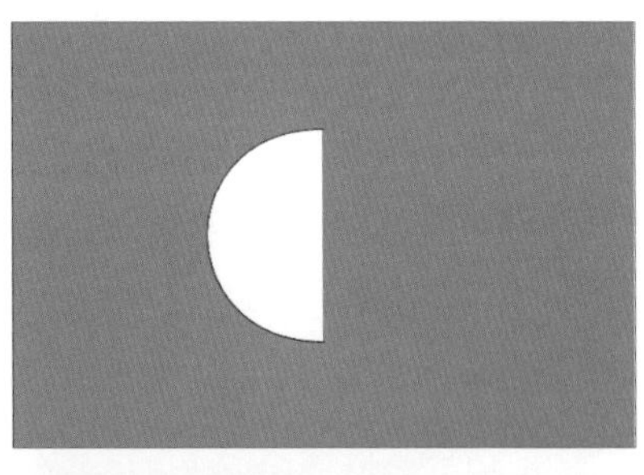

bezier_2

```
size(600, 400);
background(150);
bezier(300, 100, 150, 100, 150,
       300, 300, 300);
```

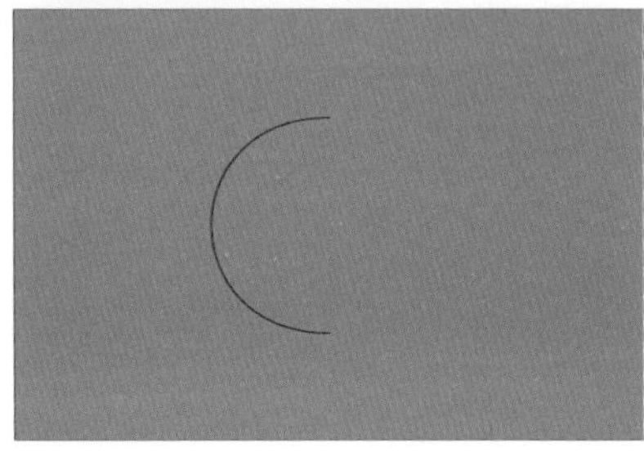

bezier_3

```
size(600, 400);
background(150);
noFill();
bezier(300, 100, 150, 100, 150,
       300, 300, 300);
```

다시 바탕색을 흰색으로 바꾸고 두 조절점의 위치를 bezier_4 그림처럼 y 좌표 값은 그대로 두고 x 좌표 값만 150에서 450으로 바꾼다. 화면 가운데 선을 기준으로 시작점과 끝점은 고정되어 있고 곡선의 방향만 정확히 반대방향으로 이동한 것을 확인할 수 있다.

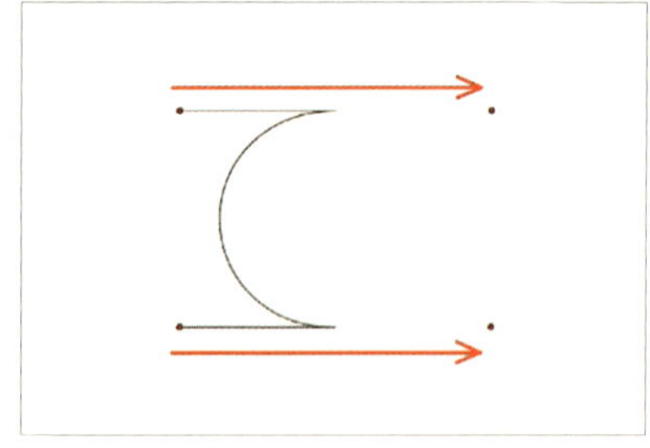

bezier_4

```
size(600, 400);
background(255);

noFill();
bezier(300, 100, 150, 100, 150,
       300, 300, 300);

fill(255, 0, 0);
line(300, 100, 150, 100);
ellipse(150, 100, 5, 5);
line(300, 300, 150, 300);
ellipse(150, 300, 5, 5);

ellipse(450, 100, 5, 5);
ellipse(450, 300, 5, 5);
```

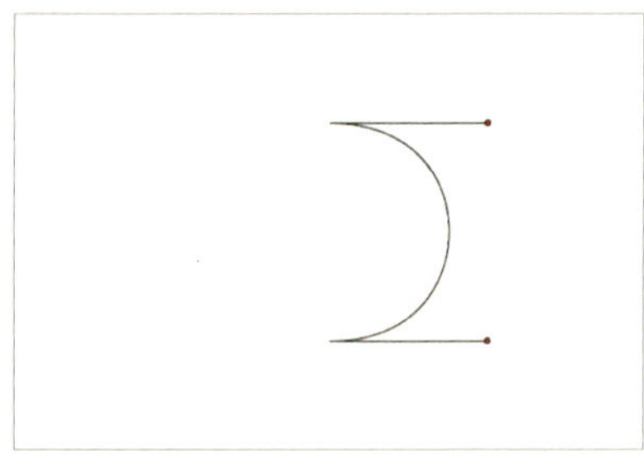

bezier_5

```
size(600, 400);
background(255);

noFill();
bezier(300, 100, 450, 100, 450,
       300, 300, 300);

fill(255, 0, 0);
line(300, 100, 450, 100);
ellipse(450, 100, 5, 5);
line(300, 300, 450, 300);
ellipse(450, 300, 5, 5);
```

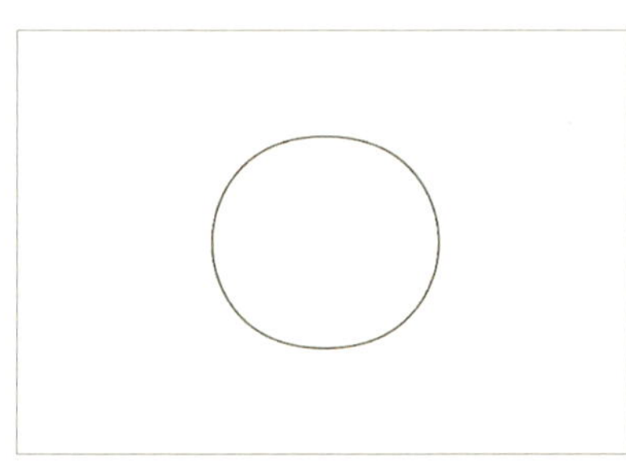

bezier_6

```
size(600, 400);
background(255);

noFill();
bezier(300, 100, 150, 100, 150,
       300, 300, 300);
bezier(300, 100, 450, 100, 450,
       300, 300, 300);
```

for 구문으로 베지어 곡선 두 개의 조절점 x 좌표의 위치를 150에서 450으로 증가하는 연속적인 곡선을 만들어보자.

for 구문의 구성

```
for(초기 값; 테스트 조건; 갱신 방법){
  명령어( );
}
```

아래 그림의 스케치에서 for 구문을 살펴보자. 정수 형태 변수 x에 초기 값으로 150을 넣는다. 150이 for 구문의 조건을 만족하는지 확인한다. 150은 450보다 작기 때문에 조건문은 참이 된다. 150이라는 값을 가지고 베지어 곡선이 하나 그려진다. 그 다음 갱신 방법(x=x+10)에 따라 x에 10을 더한다. 이제 x는 160이다. 다시 조건을 만족하는지 확인한다. 160은 450보다 작기 때문에 160이라는 값을 가지고 베지어 곡선이 하나 더 그려진다. 이렇게 계속 반복하다 보면 x는 450이 될 때까지 10씩 증가하며 베지어 곡선을 31번 그린다. 마지막 베지어 곡선을 그린 다음, x가 460이 되면 450보다 작거나 같지 않기 때문에 조건문은 거짓이 되고 for구문은 종료된다. 만약 갱신 방법에서 x에 더해지는 값을 10보다 작은 수로 정하면 31개보다 더 많은 곡선이 채워질 것이다.

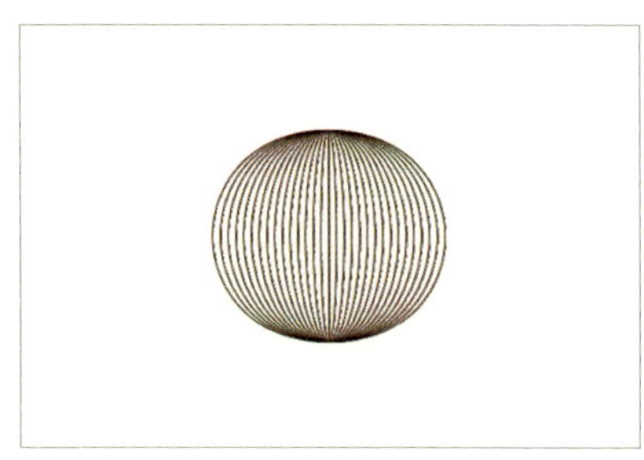

bezier_7

```
size(600, 400);
background(255);
noFill();
for(int x = 150; x <= 450; x = x + 10){
  bezier(300, 100, x, 100, x, 300, 300,
         300);
}
```

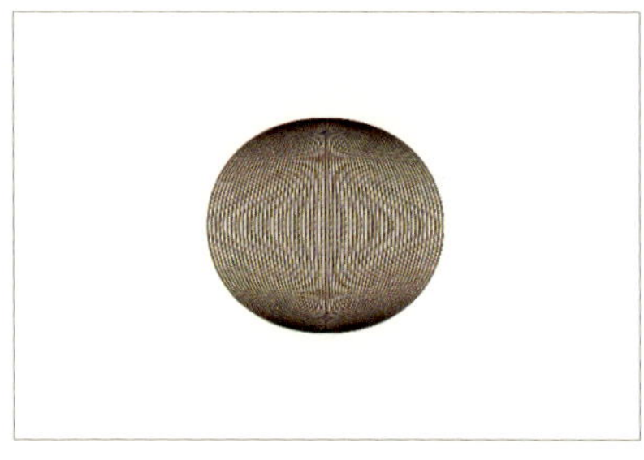

bezier_8

```
size(600, 400);
background(255);
noFill();
for(int x = 150; x <= 450; x = x + 5){
  bezier(300, 100, x, 100, x, 300, 300,
         300);
}
```

다음은 for 구문 안에서 실행되는 베지어 곡선의 두께와 색을 바꾸어보자. 색에 투명도를 주어 곡선이 겹치면서 만들어내는 농담(濃淡, gradation)을 표현한다.

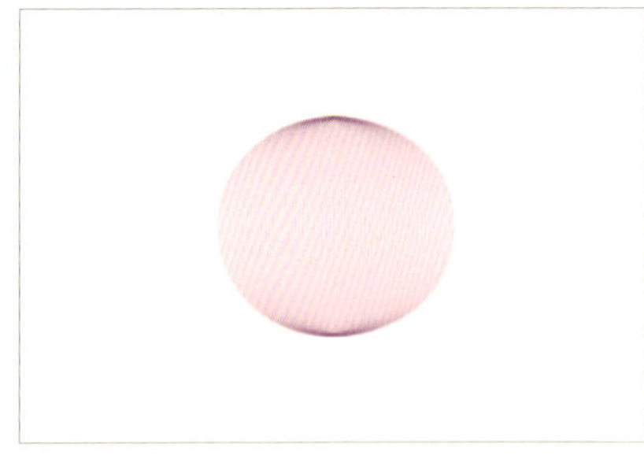

bezier_9

```
size(600, 400);
background(255);

noFill();
for(int x = 150; x <= 450; x = x + 5){
  strokeWeight(3);
  stroke(255, 0, 255, 20);
  bezier(300, 100, x, 100, x, 300, 300,
         300);
}
```

끝으로 두 개의 조절점 x 좌표 값의 이동 범위를 200부터 400까지로 살짝 좁혀 주고 곡선의 시작점과 연결된 조절점의 y 좌표 위치를 조금 아래로 이동시켜 꽃 잎처럼 좁고 갸름한 형태로 만든다.

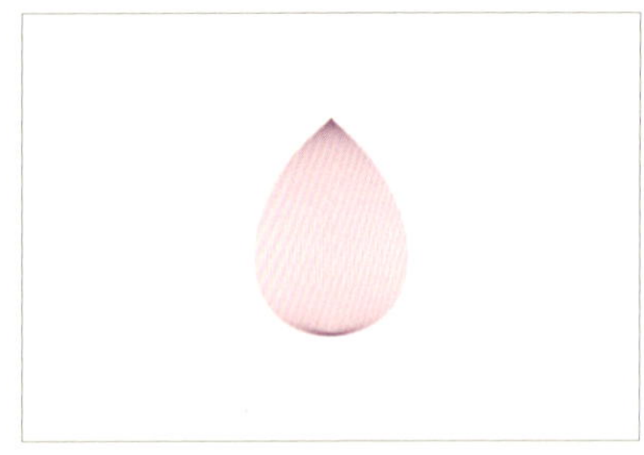

bezier_10

```
size(600, 400);
background(255);

noFill();
for(int x = 200; x <= 400; x = x + 5){
  strokeWeight(3);
  stroke(255, 0, 255, 20);
  bezier(300, 100, x, 170, x, 300, 300,
         300);
}
```

도전! 프로세싱으로 아름다운 꽃을 그려 보자~

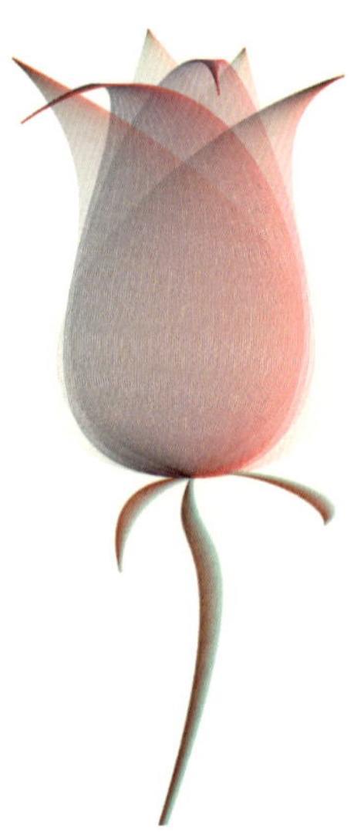

TIP

1 베지어 곡선의 시작점과 끝점의 위치를 이동시킨다.

2 for 구문의 변수 x 값을 곡선의 색깔 stroke()에도 적용 하여 색 변화를 준다.

3 for 구문의 변수 x 값에 숫자를 곱하거나 나누어서 급격히 꺾어지는 형태를 표현한다.

4 스케치 마지막 줄에 명령어 saveFrame(filename) 을 입력하면 스케치 파일을 저장한 폴더 안에 TIFF(.tif), TARGA(.tga), JPEG(.jpg), PNG(.png)와 같은 이미 지 파일을 만든다.
입력 예시: saveFrame("PFlower.jpg");

하루 한 번, 일일일작(一日一作)

어떤 일이든 반복적으로 오랫동안하면 자연스럽게 요령이 생기고 노하우가 쌓인다. 자신만의 내공을 쌓아 보면 어떨까? 아무리 작은 일이라도 좋다. 하루에 한 번씩 10분만 투자해 보자. 일상 속에서 간단하게 할 수 있는 일들을 찾아보자. 예를 들면 점심시간에 커피를 한 잔하고 매일 종이컵에 그림을 그려본다. 어떤 그림이라도 괜찮다. 처음에는 잘 그려지지 않고 이상해도 꾸준히 그려 본다. 오늘은 검은색 볼펜으로, 내일은 빨간색 볼펜으로, 낙서도 해보고 글자도 써보고 그날의 느낌에 따라 조금씩 변화도 준다. 그렇게 일 년이 지나면 365번째 그림이 그려지는데 그동안 그림은 분명히 달라져 있을 것이다.

하루에 한 번씩 스마트폰으로 영상일기를 남겨 보는 것도 재미있는 시도일 것 같다. 하루의 일과 중에서 남기고 싶은 순간을 기록한다. 출근길 풍경, 직장 동료들, 눈 오는 풍경, 친구와의 대화, 나의 독백 등 매일매일 꾸준히 찍는다. 그리고 일 년이 지나면 자신만의 훌륭한 다큐멘터리가 만들어져 있을 것이다.

이때 조금이라도 자신의 일과에 무리를 주지 않는 일을 선택하고 절대 10분을 넘기지 않으며 하루도 거르지 않는다면 분명히 그 시간은 꾸준히 쌓여 내공이라는 이자와 함께 큰 기쁨으로 돌아 올 것이다.

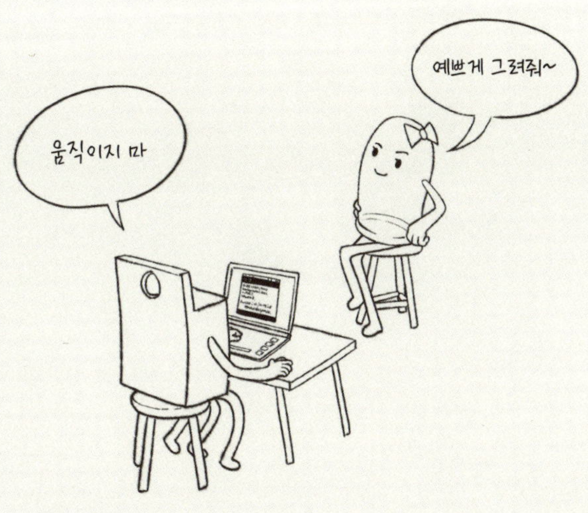

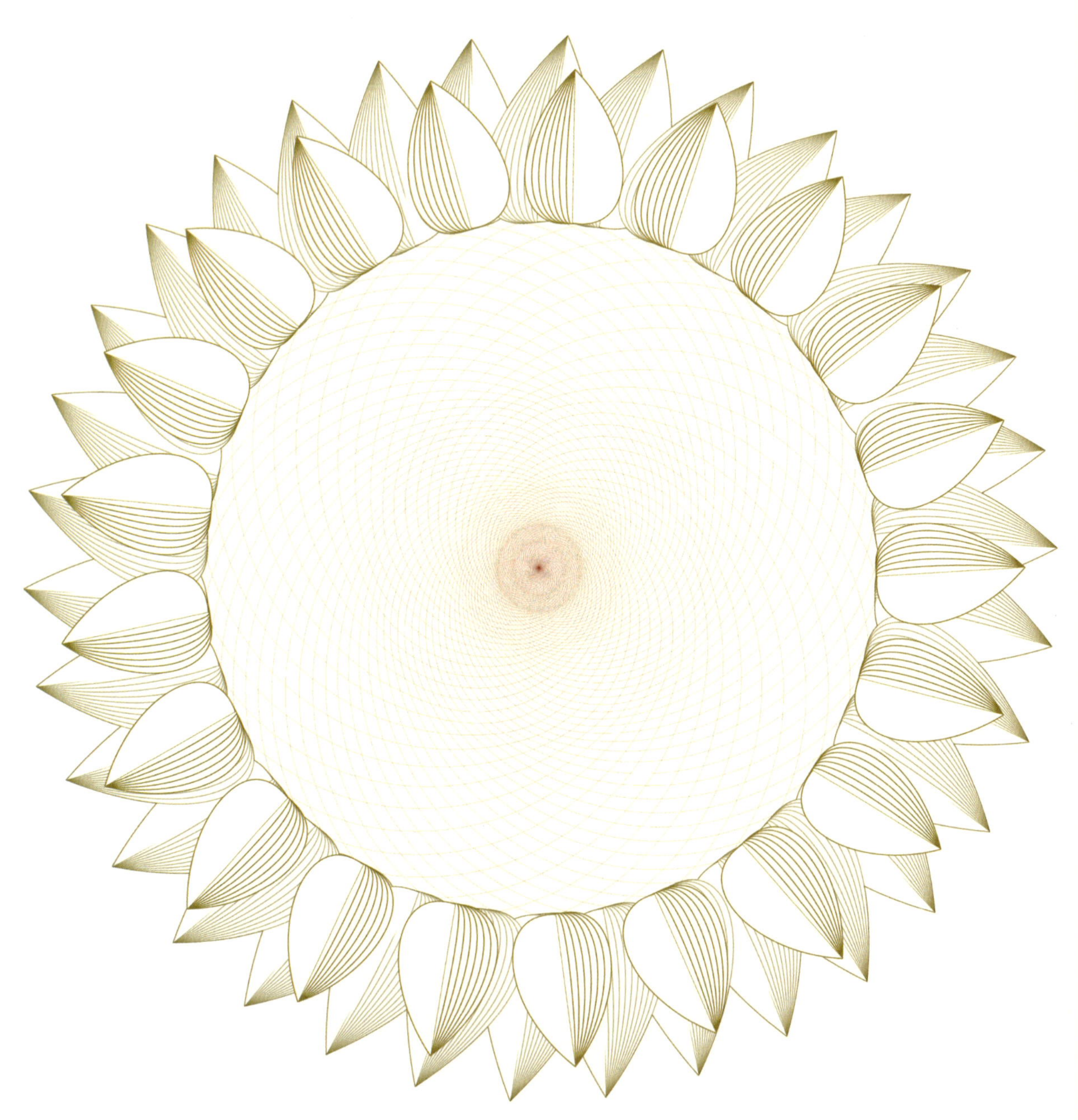

흔적 남기기

난이도 ■■□□□

시간 3시간

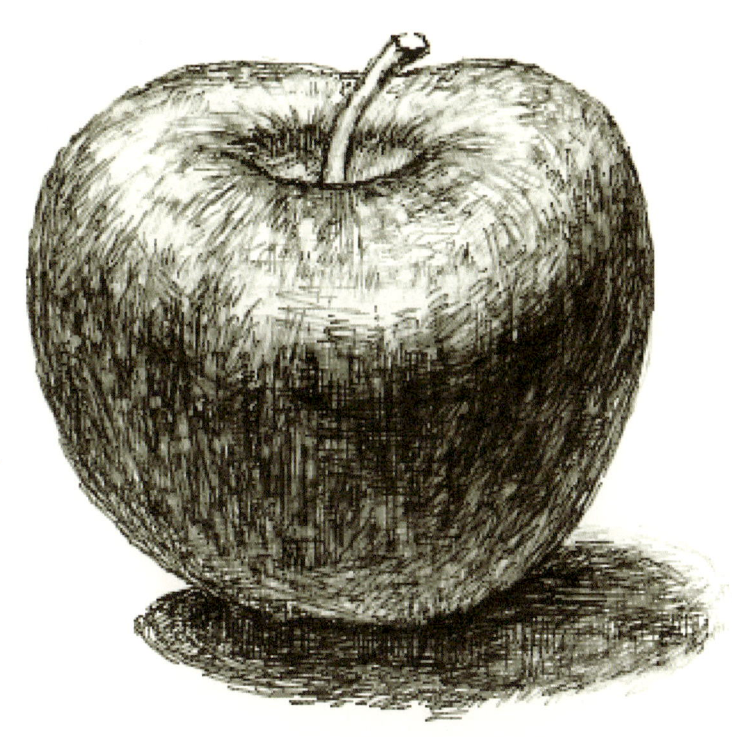

마우스나 타블렛 펜으로 프로세싱 스케치를 해보자.

void setup(), void draw()

자신이 그린 원이 왼쪽에서 오른쪽으로 이동하는 모습을 그리고 싶다면 원의
위치인 좌표 x, y 값을 바꾸면 된다. 그리고 값이 바뀔 때마다 계속 이미지가 그
려지도록 한다. 이미지를 그리기 위해서 프로세싱에서는 void draw() 함수를 이
용한다. 아두이노에서 사용했던 void loop()처럼 프로그램이 실행되면 정지 버
튼을 누르기 전까지 명령어를 계속 반복 실행하는 함수이다. 여기서는 이미지
를 그리고 다시 위로 올라가서 두 번째 이미지를 그리고 다시 위로 올라간다.
이런 과정을 1초에 60회 반복한다. 이때 이미지 한 장, 한 장을 한 프레임이라
고 하며 프레임이 변경되는 속도는 명령어 frameRate()를 이용해 바꿀 수 있다.
framRate(30)는 1초에 30번 이미지를 그린다. void setup()은 프로그램이 실행
되면 처음에 한 번만 실행시켜도 되는 명령어를 넣기 때문에 주로 화면창의 크
기나 배경색을 지정한다.

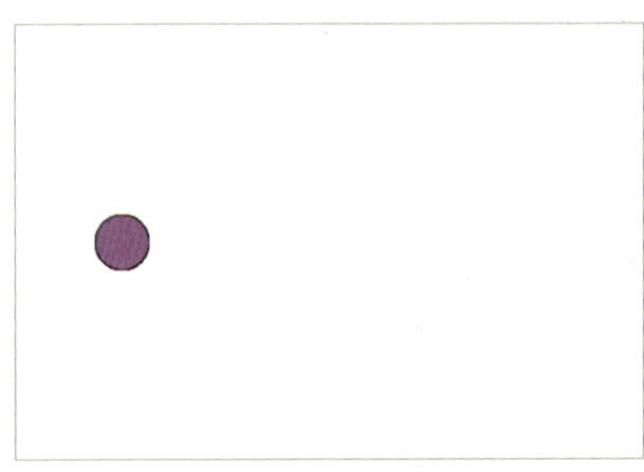

draw_0

```
void setup(){
  size(600, 400);
  background(255);
}

void draw(){
  fill(255, 0, 255);
  ellipse(100, 200, 50, 50);
}
```

위 스케치는 x 좌표 100, y 좌표 200에 지름이 50인 원을 1초에 60번 그린다. 이
원을 움직이려면 원의 x 좌표를 변수로 설정하여 계속 변하게 해야 한다. 변수 x
를 정수 형태로 설정하고 매번 이미지가 그려질 때마다 x 값이 1씩 증가하게 만
들어 보자.

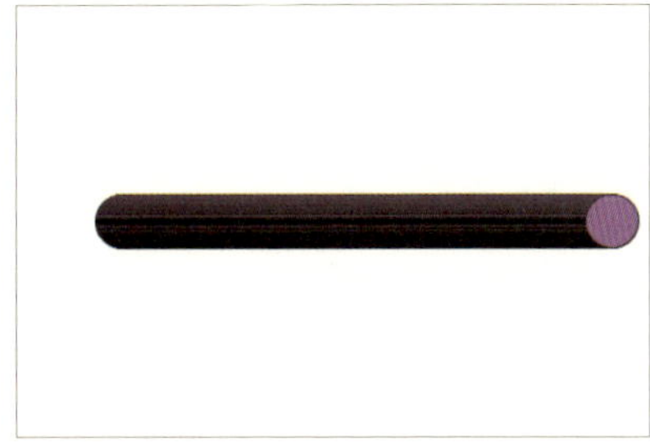

draw_1

```
int x = 100;
void setup(){
  size(600, 400);
  background(255);
}

void draw(){
  fill(255, 0, 255);
  ellipse(x, 200, 50, 50);
  x = x + 1;
}
```

원의 x 좌표 값이 1씩 증가하면서 새로운 원이 오른쪽 방향으로 끊임없이 그려지는 것을 확인할 수 있다. 이때 기존에 남아 있는 원에 새로운 원이 중첩되지 않고 하나의 원만 이동하게 하고 싶다면 명령어 background(255)를 void draw()함수 첫 줄에 입력하여 매번 이미지가 그려질 때마다 기존의 원을 지우고 새로운 화면을 만들어 주는 방법이 있다.

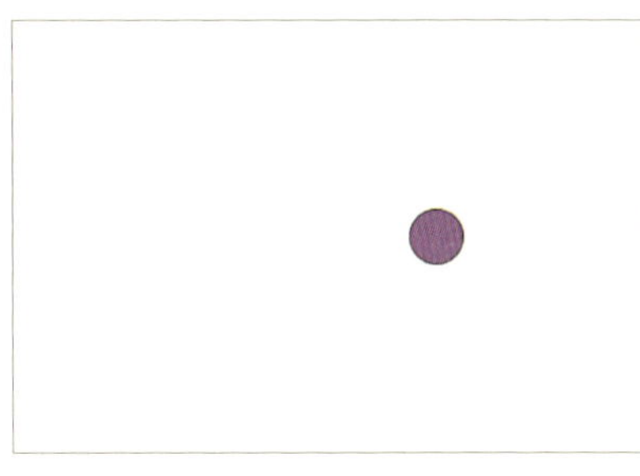

draw_2

```
int x = 100;
void setup(){
  size(600, 400);
}

void draw(){
  background(255);
  fill(255, 0, 255);
  ellipse(x, 200, 50, 50);
  x = x + 1;
}
```

위의 예제를 실행시켜 보면 원이 x 좌표 100에서 출발하여 오른쪽으로 1씩 이동하다가 x 좌표 값이 화면창의 가로 크기 600보다 커지면 원이 화면창 밖으로 빠져나가고 보이지 않는다. 이렇게 원이 화면창을 빠져나갔을 때 다시 화면 왼쪽 밖으로 이동시켜 화면창 안에서 계속 움직이는 이미지를 만들기 위해서는 조건을 테스트하는 if() 함수를 쓴다. if 구문은 괄호 안에 있는 조건을 테스트하여 참이면 {}안에 있는 명령어를 한번 실행시키고 구문을 빠져 나오며 조건을 만족시키지 못하면 {} 안에 있는 명령어를 실행하지 않는다.

```
if(조건 테스트){
  명령어( );
}
```

이때 조건은 원이 오른쪽 화면창 밖으로 완전히 빠져 나간 순간을 쓰면 된다. 원의 x 좌표는 원의 한 가운데인 중심 위치를 나타내기 때문에 원이 완전히 보이지 않는 곳의 x 좌표는 화면창의 가로 사이즈 600에 원의 반지름 25만큼을 더한 값 625이거나 이보다 큰 경우이다. 그리고 if() 구문 안의 명령어는 원을 다시 왼쪽 화면창 밖으로 이동시키는데 이때도 x 좌표가 시작하는 0에서 원의 반지름 25만큼을 빼준 값인 -25가 되어야 한다.

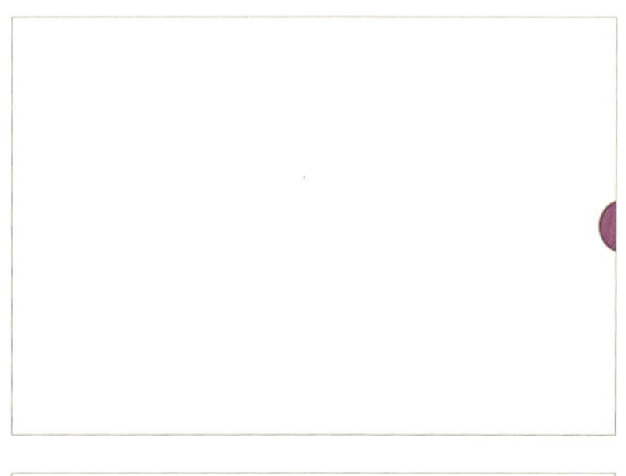

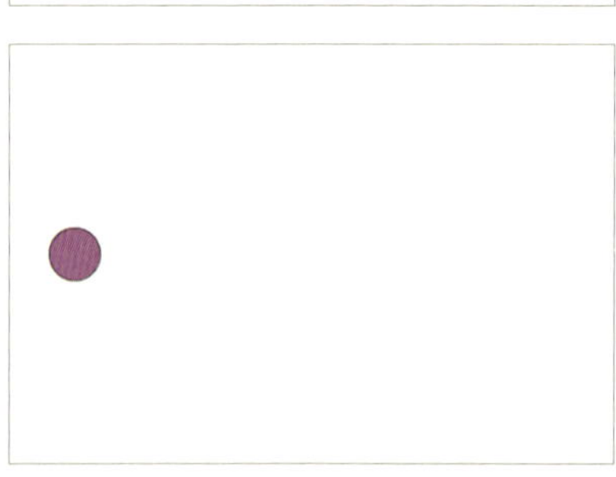

draw_3

```
int x = 100;
void setup(){
  size(600, 400);
}

void draw(){
  background(255);
  fill(255, 0, 255);
  ellipse(x, 200, 50, 50);
  x = x + 1;
  if(x >= 625){
    x = -25;
  }
}
```

이번에는 원이 오른쪽 화면창 가장자리에 부딪치면 방향이 바뀌어 왼쪽으로 이동하고 다시 원이 왼쪽 화면창 가장자리에 부딪치면 방향이 바뀌어 오른쪽으로 이동하며 화면창 안을 좌우로 왕복하며 움직이는 이미지를 만들어 보자.

우선 원의 x 좌표 값의 방향을 제어할 변수 direction을 정수 형태로 설정하고 1을 넣는다. 처음 void draw()함수에서는 변수 direction의 값이 양수이므로 원의 x 좌표가 증가하고 원은 오른쪽으로 이동한다. 그리고 if 구문으로 원이 오른쪽 가장자리에 부딪치면 if 구문의 명령어에서 direction의 값을 음수로 만들어 x 좌표 값에 더해지는 값을 -1로 바꾼다. x 좌표 값에 -1이 더해지면 x 좌표는 감소하고 원은 왼쪽으로 이동하게 된다. 그리고 다시 원이 왼쪽 가장자리에 부딪치면 direction의 값을 양수로 바꾸어 오른쪽으로 이동하게 하는 방법이다.

원이 오른쪽 가장자리에 부딪치는 순간은 x 좌표가 화면창 가로 사이즈 600에서 원의 반지름을 뺀 575가 되거나 이보다 큰 경우이다. 다음은 원이 왼쪽 가장자리에 부딪치는 순간으로 x 좌표 0에서 반지름을 더한 25이거나 이보다 작은 경우이다. 이렇게 두 가지 경우를 if 구문에서 확인한다. 두 가지 경우 중에 하나만이라도 성립하면 참이기 때문에 if 구문 안에 있는 명령어 direction = -direction을 실행시켜 방향을 바꾼다. if 구문의 조건 테스트에서 두 가지 경우 중에 하나만 만족해도 참이 되는 형태는 'A 또는 B'(A or B)인 경우이고 프로세싱에서는 A || B로 표시한다. 이와는 대조적으로 조건 테스트에서 두 가지 경우 모두 만족해야 참이 되는 형태는 'A 그리고 B'(A and B)인 경우이고 A&&B로 입력한다. (or의 기호 |는 키보드에서 시프트 키를 누르고 백스페이스 키 밑에 있는 ₩ 키를 누르면 된다.)

또한 원의 움직임을 빠르게 하고 싶을 때는 x 좌표 값에 더하는 숫자 값을 증가시키면 된다.

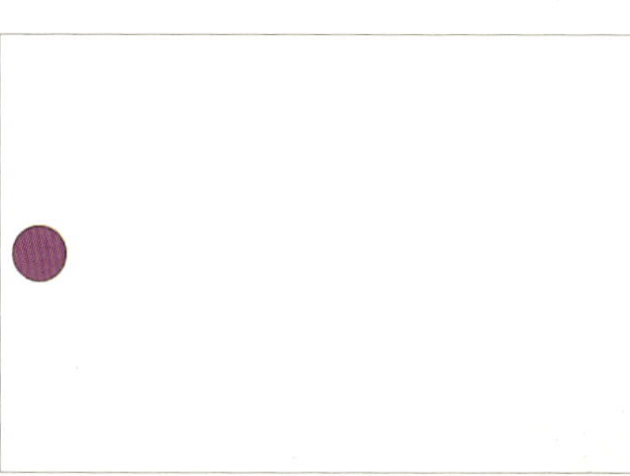

draw_4

```
int x = 100;
int direction = 1;
void setup(){
  size(600, 400);
}

void draw(){
  background(255);
  fill(255, 0, 255);
  ellipse(x, 200, 50, 50);
  x = x + 1 * direction;
  if(x >= 575 || x <= 25){
    direction = -direction;
  }
}
```

random()

명령어 random()은 규칙적으로 변하는 숫자와는 달리 컴퓨터가 임의로 정하는 숫자를 만든다. 흔히 주사위를 던져 나오는 숫자처럼 랜덤 명령어를 이용하여 예상치 못하는 불규칙적인 이미지들을 만들 수 있다. 아래 예제는 1초에 한 번씩 임의의 숫자를 출력하는 방법인데 랜덤 명령어는 정수가 아닌 소수의 형태로 만들어진다. 이러한 소수 값을 정수 값으로 바꾸고 싶을 때는 랜덤 명령어를 소괄호()로 묶은 다음 앞에 정수를 선언하는 int를 붙이면 된다.

```
int(random())
random(high) // 매개변수가 한 개일 때는 최대 값을 지정하며 0에서부터 최대 값 사이에서 랜덤한
             // 소수 값을 생성한다. random(10)이면 0~10사이에서 랜덤한 소수 값들이 만들어진다
random(low, high) // 매개변수가 두 개일 때는 최소 값과 최대 값을 지정하며 최소 값에서부터 최대 값
                  // 사이에서 랜덤한 소수 값을 생성한다. random(-5, 5)이면 -5~5사이에서
                  // 랜덤한 소수 값들이 만들어진다
```

다음 스케치에서는 명령어 println()을 이용하여 텍스트 알림창에 출력되는 랜덤 값을 확인할 수 있다.

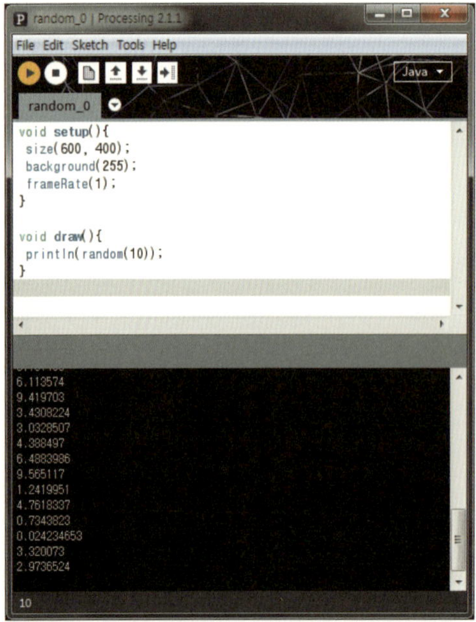

random_0

```
void setup(){
  size(600, 400);
  background(255);
  frameRate(1);
}

void draw(){
  println(random(10));
}
```

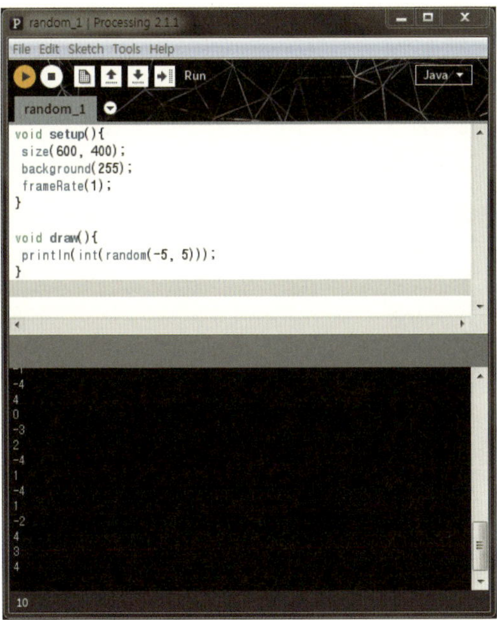

random_1

```
void setup(){
  size(600, 400);
  background(255);
  frameRate(1);
}

void draw(){
  println(int(random(-5, 5)));
}
```

다음은 랜덤 값을 이용하여 화면창에 불규칙적으로 생성되는 원을 그려보자. 원의 위치를 나타내는 x 좌표와 y 좌표를 랜덤 값으로 설정한다. 이때 x 좌표의 최대값은 화면창의 가로 크기이며 y 좌표의 최대 값은 화면창의 세로 크기이다. 화면창의 가로 크기와 세로 크기는 가로 = width, 세로 = height로 입력할 수 있으며 화면창의 크기를 명령어 size()로 바꾸더라도 항상 화면창의 가로 최대 값과 세로 최대 값을 설정할 수 있어서 편리하다.

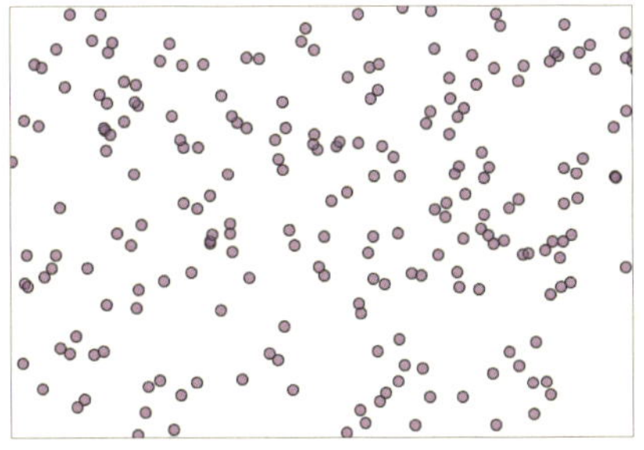

random_2

```
void setup(){
  size(600, 400);
  background(255);
}

void draw(){
  fill(255, 0, 255, 100);
  ellipse(random(width),
          random(height), 10, 10);
}
```

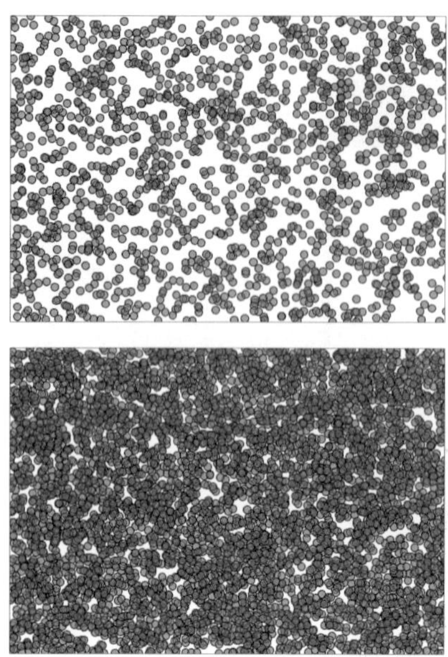

다음은 원이 화면창에 불규칙적으로 생성된 다음 배경으로 천천히 사라지는 이미지를 만들어 보자. 불규칙적으로 생성되는 원의 이미지는 랜덤을 이용하여 만든다. 천천히 사라지는 효과는 어떻게 만들 수 있을까? 우선 '1.움직이는 이미지 그리기'에서 살펴보았듯이 void draw() 함수 첫 줄에 명령어 background(255)를 입력하는 방법을 적용해보자.

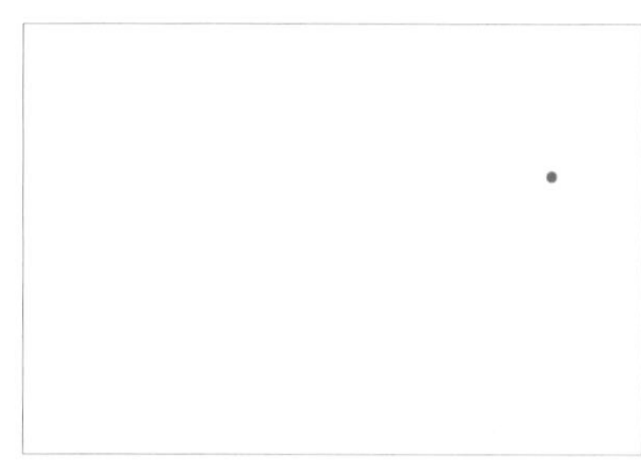

random_3

```
void setup(){
  size(600, 400);
  noStroke();
}

void draw(){
  background(255);
  fill(0, 0, 255);
  ellipse(random(width),
          random(height), 10, 10);
}
```

위의 스케치를 실행시켜보면 작은 원이 아주 빠른 속도로 아무 위치에서 보였다 사라지는 모습을 확인할 수 있다. 희미하게 천천히 배경으로 사라지는 이미지를 만들기에는 적합하지 않은 방법이다. 그렇다면 이번에는 void draw()함수 첫 부분에 투명도가 10인 흰색 직사각형을 넣어보자. 직사각형의 크기는 화면창의 크기와 같게 한다. 이번 스케치에서는 매번 원이 그려질 때마다 투명한 흰색 직사각형이 한 번씩 겹쳐진다. 그래서 마치 배경 천에 스며들어 흔적을 남기는 파란색 잉크 방울 같은 느낌을 준다.

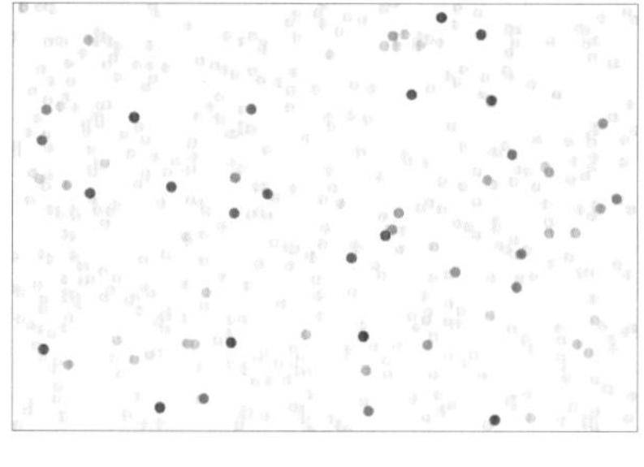

random_4

```processing
void setup(){
  size(600, 400);
  background(255);
  noStroke();
}

void draw(){
  fill(255, 10);
  rect(0, 0, 600, 400);
  fill(0, 0, 255);
  ellipse(random(width),
          random(height), 10, 10);
}
```

다음은 무작위로 길이가 바뀌는 선을 그려보자. 선의 첫 번째 점은 화면 가운데 밑면에 고정시키고 두 번째 점의 y 좌표를 무작위로 설정해 수직으로 불규칙하게 길어졌다 줄어드는 선을 표현해 본다. 이미지의 변화가 1초에 한 번씩 일어날 수 있도록 명령어 frameRate(1)로 프레임 속도를 조절한다.

random_5

```processing
void setup(){
  size(600, 400);
  frameRate(1);
}

void draw(){
  background(255);
  strokeWeight(7);
  stroke(0, 255, 255);
  line(300, 400, 300,
       random(50, 350));
}
```

다음은 for 구문을 이용하여 선을 반복적으로 그려보자. for 구문은 변수 x를 선의 첫 번째 점과 두 번째 점의 x 좌표에 대입시키고 x 값은 0에서부터 화면 가로 사이즈 끝까지 10픽셀 간격으로 증가하며 랜덤한 선을 그려 나간다.

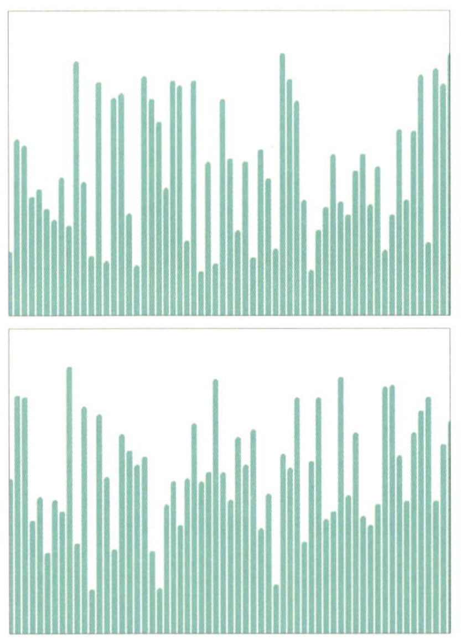

random_6

```processing
void setup(){
  size(600, 400);
  frameRate(1);
}

void draw(){
  background(255);
  for(int x = 0; x <= width; x = x + 10){
    strokeWeight(7);
    stroke(0, 255, 255);
    line(x, 400, x, random(50, 350));
  }
}
```

3　마우스로 그리기

mouseX, mouseY, pmouseX, pmouseY, mousePressed, mouseButton

mouseX, mouseY 변수는 현재 마우스의 x 좌표 값과 y 좌표 값을 나타낸다. pmouseX, pmouseY 변수에는 이전 프레임에서의 마우스 x, y 좌표 값이 저장된다. 이 변수들은 스케치가 실행되고 마우스가 움직일 때마다 매번 새로운 값으로 업데이트 된다.

　　mousePressed 변수는 현재 마우스 버튼이 눌렸는지 아닌지를 판단할 때 사용된다. 만약 마우스 버튼이 눌렸다면 mousePressed == true(참)이고 눌리지 않으면 false(거짓)이다.

　　mouseButton 변수는 현재 어떤 버튼이 눌렸는지를 점검할 수 있다. mouse-

Button은 LEFT(왼쪽), CENTER(가운데), RIGHT(오른쪽)으로 확인할 수 있고 만약 마우스 왼쪽 버튼이 눌렸다면 mouseButton == LEFT로 나타낸다.

mousePressed와 mouseButton은 if 구문과 함께 현재 마우스의 상태를 확인하여 어떤 명령어를 실행할지 판단하는 데 많이 사용된다.

다음 스케치는 원의 x 좌표를 mouseX, y 좌표를 mouseY로 지정하여 마우스가 움직이는 위치마다 원이 계속 그려지며 명령어 println()을 이용하여 텍스트 알림창에 출력되는 마우스 x, y 좌표 값을 확인할 수 있다.

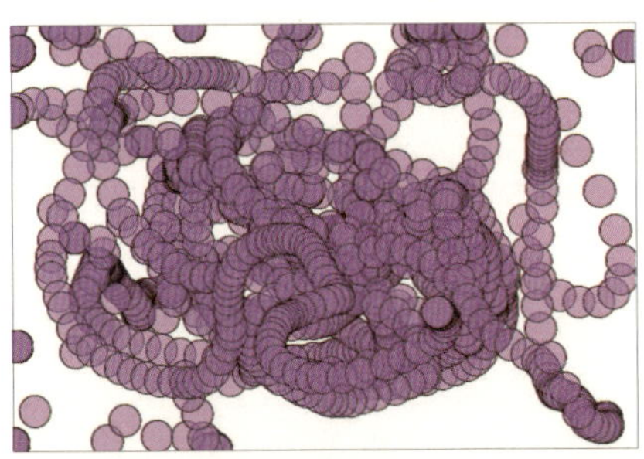

mouse_0

```
void setup(){
  size(600, 400);
  background(255);
}

void draw(){
  fill(255, 0, 255, 100);
  ellipse(mouseX, mouseY, 30, 30);
  println(mouseX + ":" + mouseY);
}
```

다음 스케치는 void draw() 함수 첫 줄에 명령어 background()를 입력하여 매번 새롭게 그려지는 한 개의 원만 마우스 위치를 따라다니게 한다.

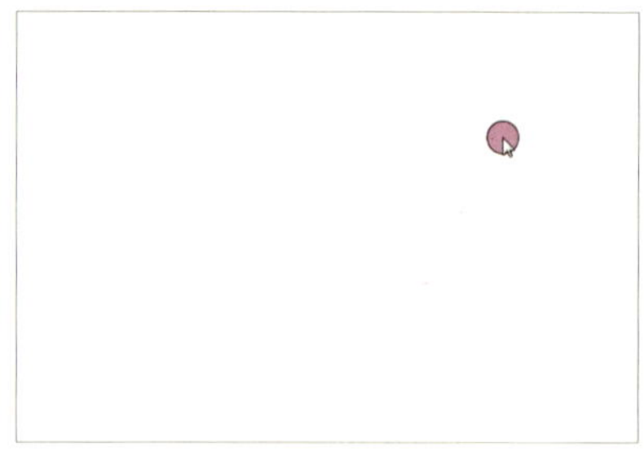


```
void setup(){
  size(600, 400);
}

void draw(){
  background(255);
  fill(255, 0, 255, 100);
  ellipse(mouseX, mouseY, 30, 30);
}
```

다음 스케치는 선의 첫 번째 점 x, y 좌표는 마우스의 x, y 좌표 값으로 하고 두 번째 점의 x 좌표는 마우스의 x 좌표 값으로 지정하고 y 좌표는 마우스 y 좌표 값에서 200픽셀을 뺀 값으로 지정한다. 스케치를 실행시켜 보면 마우스를 따라 투명한 수직선이 겹쳐지며 그려진다.

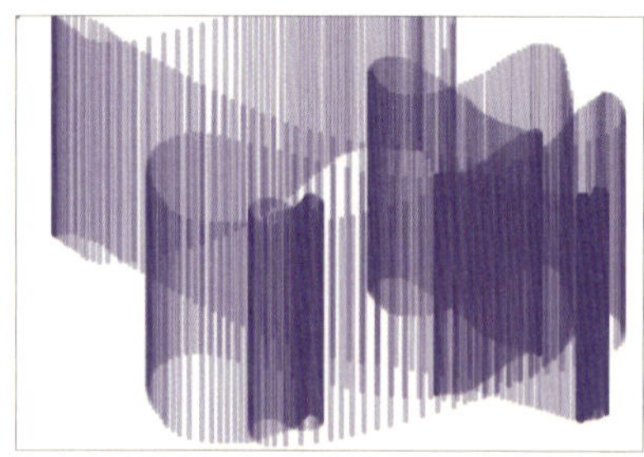


```
void setup(){
  size(600, 400);
  background(255);
}

void draw(){
  strokeWeight(5);
  stroke(0, 0, 255, 50);
  line(mouseX, mouseY, mouseX,
      mouseY - 200);
}
```

다음은 위의 스케치에서 선이 그려질 때마다 투명한 흰색 직사각형을 겹쳐주어 수직선이 희미하게 배경으로 사라지는 것처럼 표현해본다.

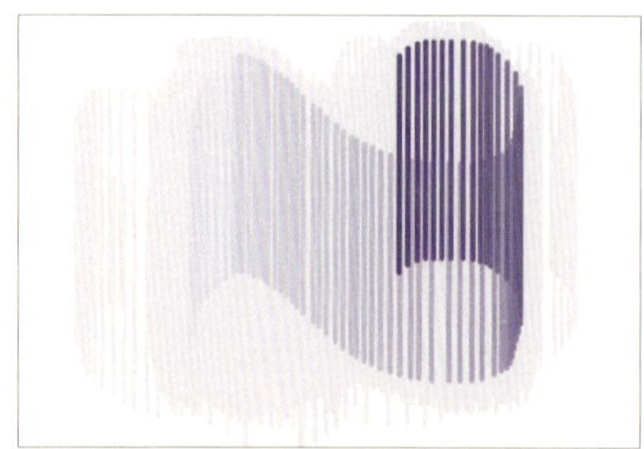


```
void setup(){
  size(600, 400);
  background(255);
}

void draw(){
  strokeWeight(1);
  stroke(255);
  fill(255, 10);
  rect(0, 0, 600, 400);
  strokeWeight(5);
  stroke(0, 0, 255, 200);
  line(mouseX, mouseY, mouseX,
      mouseY - 200);
}
```

다음은 베지어 곡선 끝점의 x, y 좌표를 마우스의 x, y 좌표로 지정하여 마우스를 움직일 때마다 곡선의 형태가 자연스럽게 변하는 스케치이다. 선의 색깔을 지정하는 명령어 stroke()의 세 번째 Blue(파란색) 값도 마우스의 위치에 따라 변하게 하였다. 마우스 x 좌표 값의 범위는 0에서부터 화면창의 가로 크기인 600까지이므로 mouseX 변수를 3으로 나누어 Blue의 범위를 0에서부터 최대 값 200으로 만들어 준다.

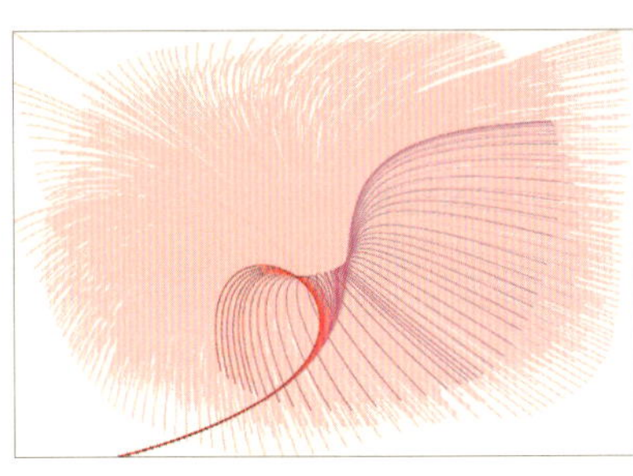

mouse_4

```
void setup(){
  size(600, 400);
  background(255);
}

void draw(){
  stroke(255);
  fill(255, 5);
  rect(0, 0, 600, 400);
  stroke(255, 0, mouseX/3, 200);
  bezier(100, 400, 500, 300, 150,
         100, mouseX, mouseY);
}
```

다음은 타블렛 펜으로 그림을 그릴 수 있는 스케치를 만들어 보자. 첫 번째는 펜이 움직이는 자리마다 점이 그려지는 점 그리기를 이용한 방식이다.

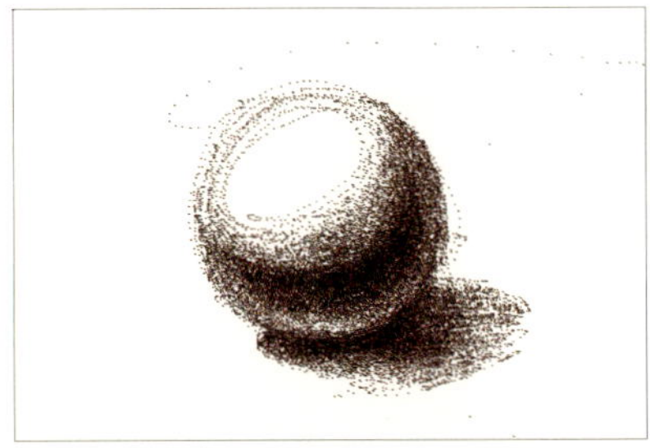

mouse_5

```
void setup(){
  size(600, 400);
  background(255);
}

void draw(){
  point(mouseX, mouseY);
}
```

점 그리기 방식은 실제 펜으로 점을 찍어서 그림을 그리는 점묘법을 펜의 움직임으로 경험해 볼 수 있어 재미있다. 하지만 구체적인 사물 표현에는 많은 시간이 걸리기 때문에 두 번째 펜이 움직이는 자리마다 선이 그려지는 선 그리기를 이용해 보자. 명령어 line() 안에서 첫 번째 점은 mouseX, mouseY로 현재 프레임에서의 마우스 위치이며 두 번째 점은 pmouseX, pmouseY로 이전 프레임에서의 마우스 위치를 지정하여 두 점 사이에 선이 그려진다.

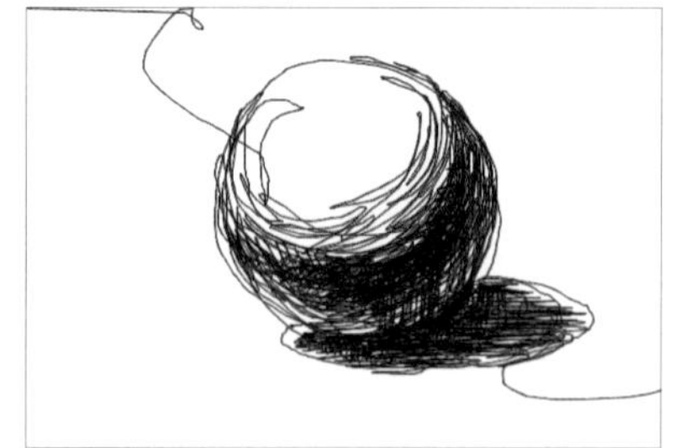


```
void setup(){
  size(600, 400);
  background(255);
}
void draw(){
  line(mouseX, mouseY, pmouseX,
      pmouseY);
}
```

선 그리기 스케치를 실행시켜보면 펜이 움직일 때마다 선이 계속해서 그려져 매우 불편하다. 아래의 스케치처럼 if 구문을 이용하여 마우스가 눌렸을 때 또는 타블렛 펜이 패드에 닿았을 때만 선이 그려지도록 수정한다.

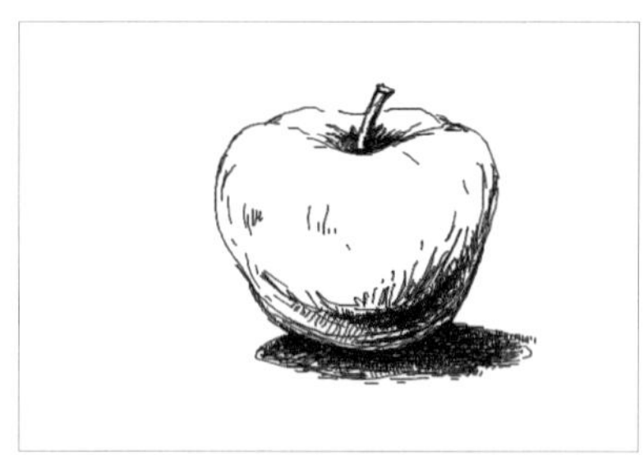


```
void setup(){
  size(600, 400);
  background(255);
}

void draw(){
  if(mousePressed == true){
    line(mouseX, mouseY, pmouseX,
        pmouseY);
  }
}
```

위의 스케치로 구체적인 사물 표현은 가능해졌지만 수정이 불가능하다는 단점이 있다. 그림 그릴 때 사용하는 지우개와 같이 선을 지울 수 있는 기능을 추가해보자. 지우개 기능을 추가하기 위해서 두 가지 경우로 if 구문을 만든다. 첫 번째 if 구문에서는 마우스가 눌려 있고 누른 마우스의 버튼이 왼쪽이면 검은색 선으로 그림을 그린다. 두 번째 if 구문에서는 마우스가 눌려 있고 누른 마우스의 버튼이 오른쪽이면 흰색 선으로 지우는 역할을 한다. 각 if 구문에서 조건을 테스트할 때는 A&&B로 두 가지 경우(마우스가 눌렸는지 그리고 버튼이 어느 쪽인지)가 모두 만족하였을 때만 참으로 if 구문 안에 있는 명령어가 실행되게 한다. 선의 색깔은 명령어 stroke(0: 검은색, 255: 흰색)로 정해 준다.

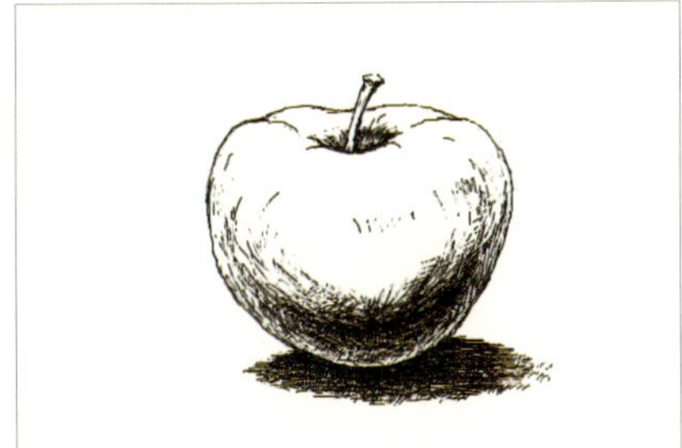

mouse_8

```
void setup(){
  size(600, 400);
  background(255);
}
void draw(){
  if(mousePressed == true &&
    mouseButton == LEFT){
    stroke(0);
    line(mouseX, mouseY, pmouseX,
        pmouseY);
  }
  if(mousePressed == true &&
    mouseButton == RIGHT){
    stroke(255);
    line(mouseX, mouseY, pmouseX,
        pmouseY);
  }
}
```

지우개 기능이 있으면 훨씬 더 자연스러운 선을 표현할 수 있다. 다음 스케치에서는 검은색 선에 투명도를 올려서 실제 연필처럼 선이 겹쳐지면 더욱 진한 선이 그려지도록 하고 지우개 기능을 하는 흰색 선에도 투명도를 주고 약간 굵게 하여 실제 지우개처럼 여러 번 문지를 때마다 점점 더 밝아지도록 한다.

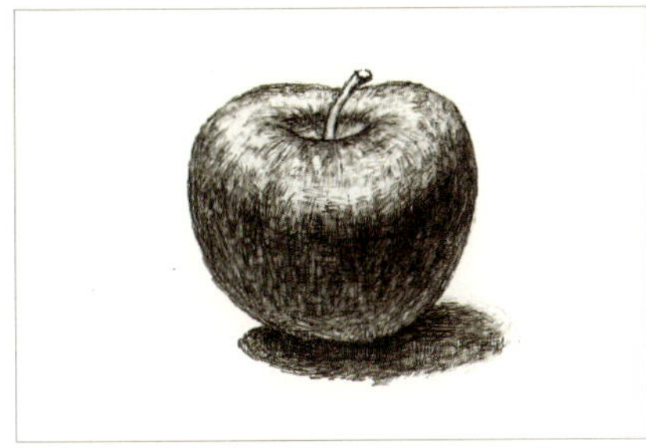

mouse_9

```
void setup(){
  size(600, 400);
  background(255);
}
void draw(){
  if(mousePressed == true &&
    mouseButton == LEFT){
    strokeWeight(1);
    stroke(0, 120);
    line(mouseX, mouseY, pmouseX,
        pmouseY);
  }
  if(mousePressed == true &&
    mouseButton == RIGHT){
    strokeWeight(5);
    stroke(255, 30);
    line(mouseX, mouseY, pmouseX,
        pmouseY);
  }
}
```

도전! 그림 그리기 스케치로 내가 좋아하는 사물이나 친구의 얼굴을 그려보자.

- 선의 굵기와 투명도, 색깔 등을 조금씩 바꾸면 더욱 다양한 표현을 할 수 있다.
- 바탕색을 검은색으로 하고 선의 색을 밝은 색으로 바꾸어 본다.

TIP 그림 그리는 과정을 동영상으로 녹화하기

void draw() 함수 마지막 줄에 saveFrame(filename)을 입력하면 스케치 파일을
저장한 폴더 안에 TIFF(.tif), TARGA(.tga), JPEG(.jpg), PNG(.png)와 같은 이미
지 파일이 실행되는 프레임 수만큼 생성된다. 저장되는 이미지는 매우 빠른 속
도로 증가하기 때문에 파일 이름에 #(해시 기호)을 넣어 기호의 개수만큼 단위
수를 정해 이미지가 차례대로 저장되게 한다. 예를 들어 saveFrame("####.jpg")
이면 파일은 0001.jpg, 0002.jpg, 0003.jpg로 순서대로 저장된다.

동영상에 사용될 이미지는 tif 또는 png 파일로 저장하면 좋은 화질을 얻
을 수 있으며 화면창 크기는 일반적으로 사용되는 화면 비율인 640 × 480으
로 조정하고 프레임 속도도 30프레임으로 맞춘다. 명령어 saveFrame("my im-
age_####.png");은 스케치가 실행되고 정지할 때까지 매번 반복적으로 이미지
를 저장한다. 만약 saveFrame() 기능을 잠시 사용하고 싶지 않을 때는 명령어
앞에 //를 붙여주면 명령어가 비활성화되고 다시 사용하고 싶을 때는 //을 지우
면 된다.

mouse_10

```
void setup(){
  size(640, 480);
  background(255);
  frameRate(30);
}
void draw(){
  if(mousePressed == true && mouseButton == LEFT){
    strokeWeight(1);
    stroke(0, 120);
    line(mouseX, mouseY, pmouseX, pmouseY);
  }
  if(mousePressed == true && mouseButton == RIGHT){
    strokeWeight(5);
    stroke(255, 30);
    line(mouseX, mouseY, pmouseX, pmouseY);
  }
  saveFrame("my image_####.png");
}
```

동영상으로 만들고 싶은 그림의 모든 이미지가 저장되었다면 상단 메뉴의
Tools 밑에 있는 동영상 만들기(Movie Maker)를 클릭한다.

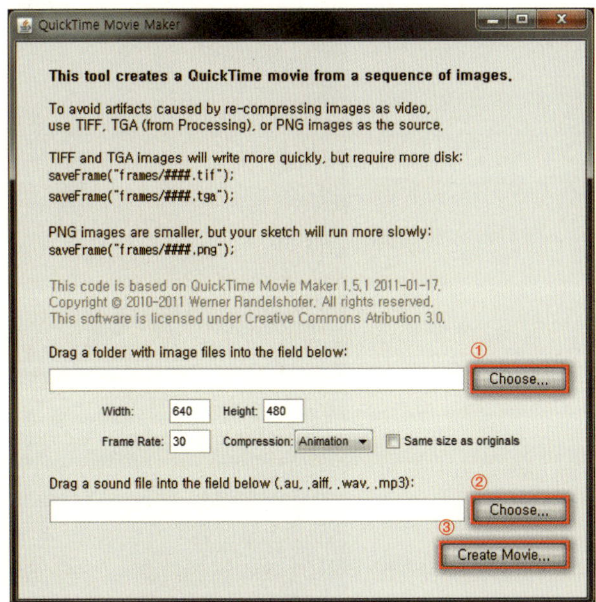

버튼 1은 이미지가 저장된 폴더의 위치를 선택한다. 이때 동영상 파일을 만들
소스 이미지 중에 마지막 이미지가 완전하게 저장되지 않았다면 삭제한다. 버
튼 2는 동영상의 배경음악으로 사용하고 싶은 사운드 파일의 위치를 선택한다.
만약 음악을 넣고 싶지 않다면 선택하지 않으면 된다. 끝으로 버튼 3을 클릭하
면 동영상 파일(mov)이 만들어진다. 퀵타임 플레이어로 동영상 파일을 재생해
보자.

얼마 전에 이사를 하면서 우연히 학부시절 제작하였던 졸업전시 DVD를 발견했다. 벌써 10년이나 지난 오래된 DVD이지만 케이스에 잘 담겨 깨끗하게 보관되어 있었다. 신기한 마음에 조심스럽게 DVD를 꺼내어 컴퓨터에 넣고 실행시켜 보았다. 한참동안 모터 돌아가는 소리만 들리고 컴퓨터가 인식을 못했다. 혹시나 하는 마음에 다른 컴퓨터에도 넣어 보았지만 마찬가지다. 졸업전시 DVD를 제작할 당시만 해도 평생 동안 DVD로 볼 수 있을 줄 알았는데… 아쉽다.

이제는 모든 자료가 디지털화되어 USB 메모리 또는 하드디스크와 같은 데이터 저장장치에 보관된다. 하지만 이러한 장치도 주기적으로 용량이 큰 하드디스크로 옮겨주지 않으면 오랫동안 내용을 보존하지는 못할 것 같다. 10년은 버틸지 몰라도 100년은 장담할 수 없을 것이다.

영국박물관에서 보았던 돌에 새겨진 문자들은 수천년 동안 보존되고 있었다. 예전에는 돌이 정보를 저장할 수 있는 최고의 미디어였을 것이다. 돌처럼 오랫동안 보존되는 디지털 저장장치를 만드는 것은 불가능할까?

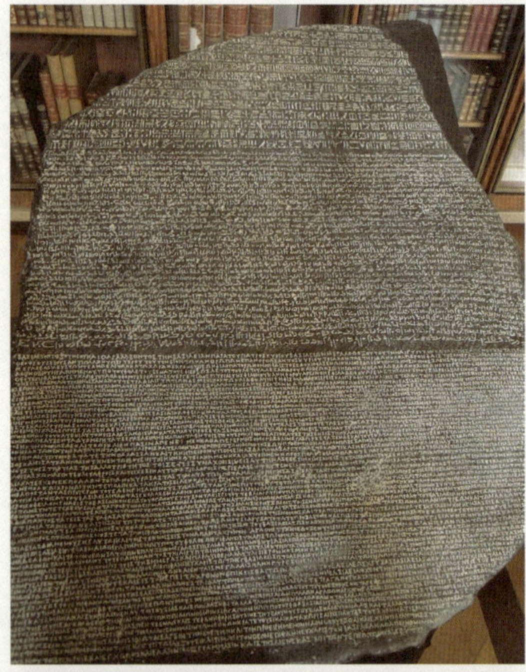

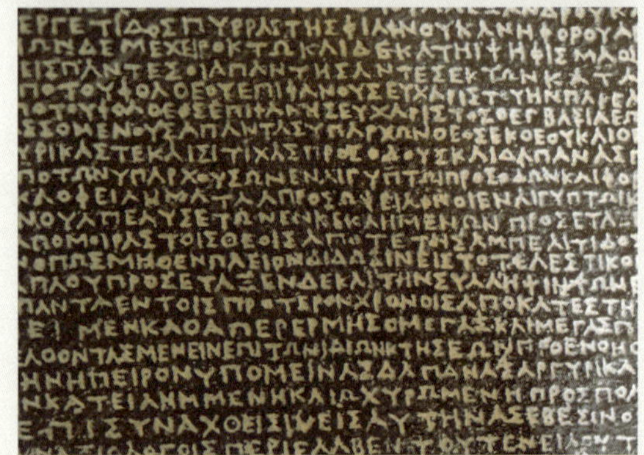

패턴 이미지

난이도   ■■□□□
시간   2시간 30분

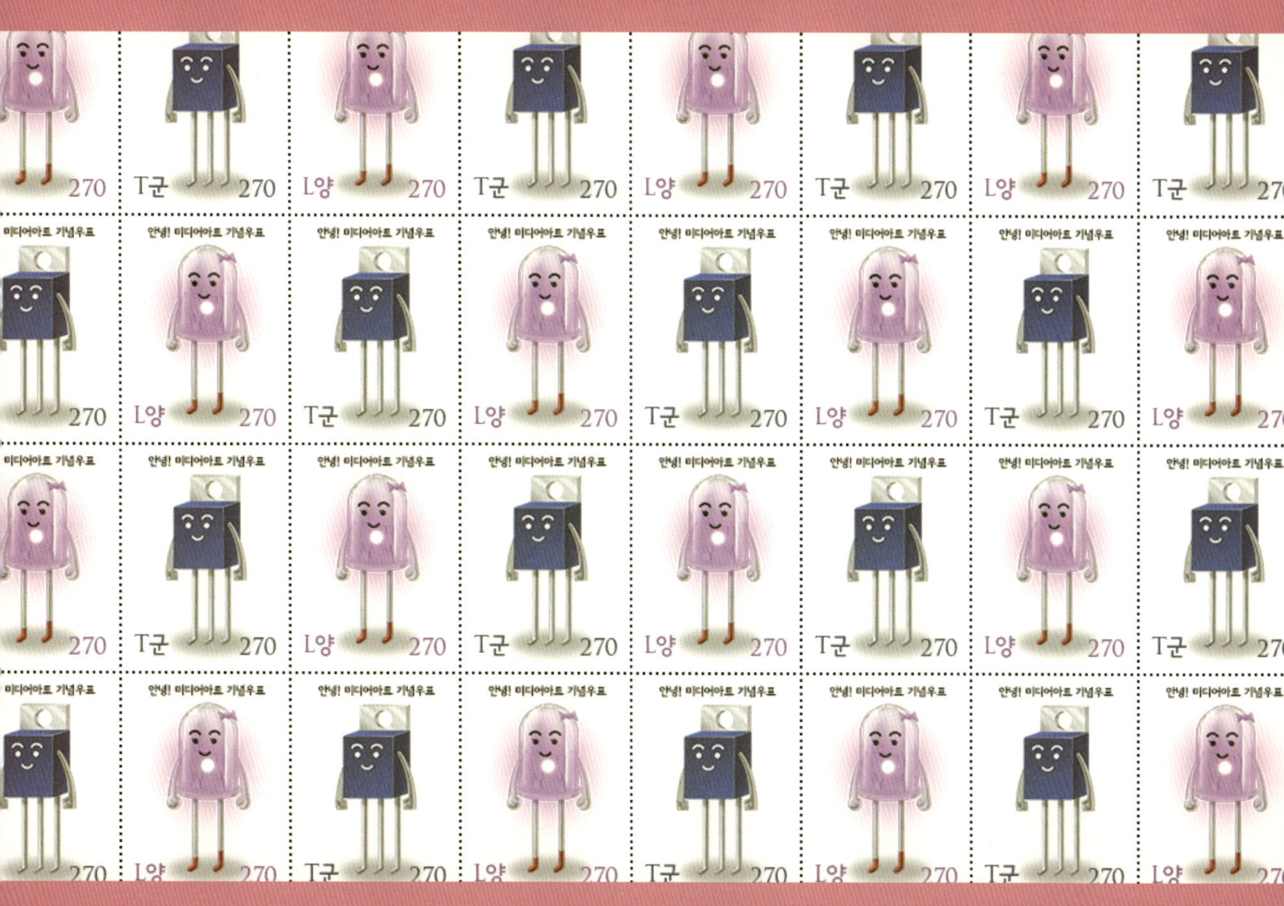

for 구문으로 반복되는 패턴 이미지를 만들어보자.

for()

도형이나 이미지를 가로세로 행렬에 맞추어 반복적으로 배열하면 바둑판 패턴을 만들 수 있다. 행렬에서 가로 줄은 행(row)이고 세로 줄은 열(column)이다. 첫 번째 행에 정사각형 10개를 그리고 싶다면 아래 나오는 첫 번째 스케치처럼 for()으로 정사각형의 x 좌표 값을 0에서부터 화면 가로 크기인 600이 될 때까지 60씩 증가시킨다. 이때 y 좌표 값은 0으로 고정한다. 두 번째 스케치는 첫 번째 열에 세로로 정사각형 10개를 그리는 예제다. for() 안에서 정사각형의 y 좌표 값을 0에서부터 화면 세로 크기인 600까지 60씩 증가시키며 10개의 정사각형을 그린다. 이때 x 좌표 값은 0으로 고정한다.

many_0

```
void setup(){
  size(600, 600);
  background(255);
  noStroke();
}

void draw(){
  for(int x = 0; x < width; x += 60){
    fill(100, 100, 255);
    rect(x, 0, 30, 30);
  }
}
```

many_1

```
void setup(){
  size(600, 600);
  background(255);
  noStroke();
}

void draw(){
  for(int y = 0; y < height; y += 60){
    fill(100, 100, 255);
    rect(0, y, 30, 30);
  }
}
```

두 스케치를 비교해 보면, 첫 번째 스케치는 x 좌표 값을 증가시켜 한 행에 10개의 정사각형을 순차적으로 그리고, 두 번째 스케치는 y 좌표 값을 증가시켜 한

열에 10개의 정사각형을 순차적으로 그린다. 그럼 두 반복문을 합쳐 보자. y 좌표 값을 증가시키는 for() 구문 안에 x 좌표 값을 증가시키는 for() 구문을 끼워 넣는다.

many_2 스케치가 진행되는 과정을 살펴보자. 먼저 y 좌표 값을 증가시키는 바깥쪽 for() 구문에서 y의 초기 값은 0이므로 600보다 작기 때문에 조건을 통과하여 밑으로 내려간다. x 좌표 값을 증가시키는 안쪽 for() 구문에서 x의 초기 값은 0이므로 역시 600보다 작기 때문에 안쪽 for() 구문 안에 있는 명령어 rect()에 따라 x 좌표 값이 0이고 y 좌표 값이 0인 위치에 가로 30, 세로 30인 정사각형을 하나 그린다. 그 다음, x는 안쪽 for() 구문에 의해 60이 증가한다. 60은 화면 가로 크기인 600보다 여전히 작기 때문에 명령어를 한 번 더 실행한다. 이때 정사각형의 x 좌표 값은 60이고 y 좌표 값은 0이다. 이렇게 y의 값은 0으로 고정되어 있기 때문에 행은 바뀌지 않고, 안쪽 for() 구문에 의해 x의 값이 600이 될 때까지 첫 번째 행에 정사각형 10개를 그린다. x가 600이 되는 순간 조건에 걸린 600보다 작지 않아지기 때문에 안쪽 for() 구문을 벗어난다. 이제는 바깥쪽 for() 구문에 따라 y에 60을 더한다. 60은 600보다 작기 때문에 다시 밑으로 내려간다. 첫 번째 행과 마찬가지로 안쪽 for() 구문에 따라 x는 0에서부터 화면 가로 크기인 600과 같거나 이상이 될 때까지 60씩 증가하며 y가 60인 두 번째 행에 정사각형 10개를 그린다. 이런 방식으로 각 행마다 정사각형 10개를 그리다가 y가 600이 되어 화면 세로 크기인 600보다 작지 않은 경우가 되면 바깥쪽 for() 구문도 벗어난다. 그러면 안쪽 for() 구문에서 10번, 바깥쪽 for() 구문에서 10번을 그리기 때문에 10x10, 총 100개의 정사각형이 화면창 안에 바둑판처럼 그려진다.

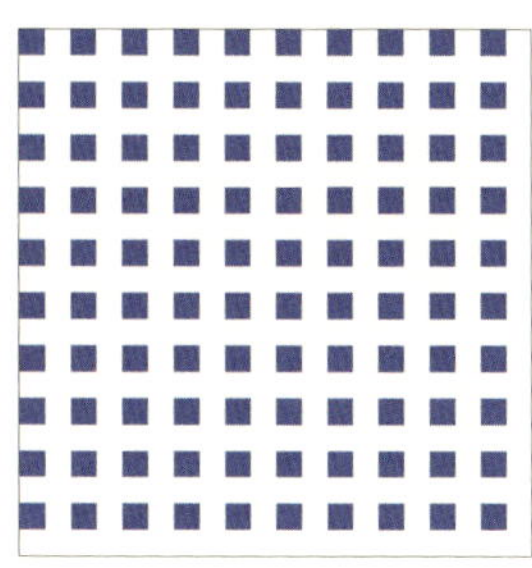

many_2

```
void setup(){
  size(600, 600);
  background(255);
  noStroke();
}

void draw(){
  for(int y = 0; y < height; y = y + 60){
    for(int x = 0; x < width; x = x + 60){
      fill(100, 100, 255);
      rect(x, y, 30, 30);
    }
  }
}
```

다음 스케치에서는 100개의 정사각형 패턴을 가운데로 이동시켜 보자. 명령어 rect()는 사각형을 그리는 함수로 처음 두 개의 매개변수 값은 사각형의 왼쪽 위 기준점의 위치를 나타낸다. 아래 스케치처럼 for 구문에서 첫 번째 정사각형의 x, y 위치를 (0, 0)이 아닌 오른쪽 아래로 조금씩 이동시킨 (15, 15)로 바꾸어 주면 100개의 정사각형 패턴이 화면창 안에 알맞게 배열되는 것을 확인할 수 있다. for 구문의 x, y 초기 값을 이동시키기 위해 입력한 숫자 15는 정사각형과 정사각형 사이의 간격인 30을 2로 나눈 값이다.

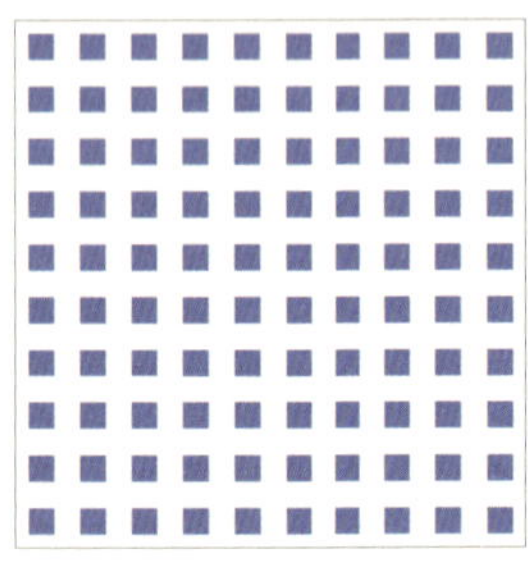

many_3

```processing
void setup() {
  size(600, 600);
  background(255);
  noStroke();
}

void draw() {
  for (int y = 15; y < height; y = y + 60) {
    for (int x = 15; x < width; x = x + 60) {
      fill(100, 100, 255);
      rect(x, y, 30, 30);
    }
  }
}
```

다음 스케치에서는 타원형을 그리는 명령어 ellipse()을 이용하여 작은 원으로 이루어진 패턴을 만들어 보자. 타원형은 사각형과 달리 처음 기준점의 위치가 타원형의 중심이다. for 구문에서 첫 번째 원의 x, y 위치가 (0, 0)이므로 아래 스케치처럼 그려진다.

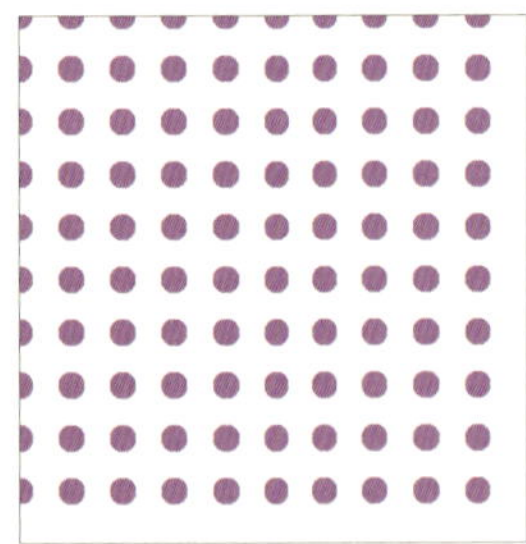

many_4

```processing
void setup() {
  size(600, 600);
  background(255);
  noStroke();
}

void draw() {
  for (int y = 0; y < height; y = y + 60) {
    for (int x = 0; x < width; x = x + 60) {
      fill(255, 0, 255);
      ellipse(x, y, 30, 30);
    }
  }
}
```

작은 원 패턴을 화면창 중심에 맞게 가운데로 이동시키는 방법에는 두 가지가 있다. 첫 번째는 타원형 기준점의 위치를 가운데에서 사각형처럼 왼쪽 위로 이동시킨 다음 원과 원 사이의 간격인 30을 2로 나눈 15만큼 for 구문의 x, y 초기 값을 오른쪽 밑으로 이동시키는 방법이다. 타원형의 기준점 위치를 바꾸는 명령어는 ellipseMode()로 어떤 명령을 내리는지에 따라 ellipse()에서 그려지는 방식이 변한다.

ellipseMode(CENTER)는 기준점 위치를 타원형 중앙으로 지정한다. 이 모드에서 ellipse() 안의 첫 번째, 두 번째 매개변수는 타원형 중앙 기준점의 위치를 나타내고 세 번째, 네 번째는 타원형의 가로 크기와 세로 크기를 나타낸다.

ellipseMode(RADIUS)는 기준점 위치를 타원형 중앙으로 지정한다. 이 모드에서 ellipse() 안의 첫 번째, 두 번째 매개변수는 타원형 중앙 기준점의 위치를 나타내고 세 번째, 네 번째는 타원형의 가로 크기와 세로 크기를 반으로 나눈 값을 나타낸다.

ellipseMode(CORNER)는 기준점 위치를 타원형의 왼쪽 위로 지정한다. 이 모드에서 ellipse() 안의 첫 번째, 두 번째 매개변수는 타원형 왼쪽 위 기준점의 위치를 나타내고 세 번째, 네 번째는 타원형의 가로 크기와 세로 크기를 나타낸다.

ellipseMode(CORNERS)는 기준점의 위치를 타원형의 왼쪽 위로 지정한다. 이 모드에서 ellipse() 안의 첫 번째, 두 번째 매개변수는 타원형 왼쪽 위 기준점의 위치를 나타내고 세 번째, 네 번째는 기준점의 반대편 점인 오른쪽 밑의 위치를 나타내고 두 점으로 만들어진 사각형 안에 타원형이 그려진다.

사각형을 그리는 명령어 rect()도 rectMode(CENTER, CORNER, CORNERS)를 이용하여 기준점의 위치와 그리는 방식을 조절할 수 있다. 그리는 방식을 따로 정해 주지 않으면 타원형은 기본적으로 CENTER가 기준점이고 사각형은 CORNER가 기준점이다. 모드를 정할 때 입력하는 매개변수는 모두 대문자로 입력해야 한다.

작은 원 패턴을 가운데로 이동시키는 두 번째 방법은 타원형 기준점의 위치를 중앙으로 유지하고 원의 반지름인 15와 원과 원 사이의 간격인 30을 2로 나눈 15로 더한 값 30만큼 for() 구문의 x, y 초기 값을 오른쪽 밑으로 이동시키는 것이다. 다음 스케치는 첫 번째 방법으로 명령어 ellipseMode()를 이용하였다.

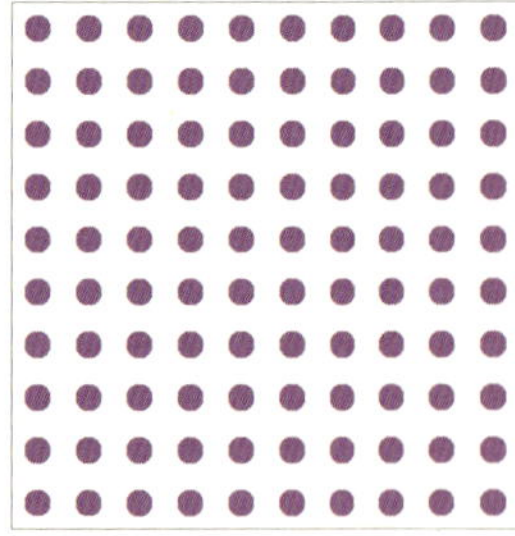

many_5

```
void setup() {
  size(600, 600);
  background(255);
  noStroke();
}

void draw() {
  for (int y = 15; y < height; y = y + 60) {
    for (int x = 15; x < width; x = x + 60) {
      fill(255, 0, 255);
      ellipseMode(CORNER);
      ellipse(x, y, 30, 30);
    }
  }
}
```

이번에는 반복적인 패턴을 만드는 두 개의 for 구문 안에 명령어 line()을 입력하여 선으로 이루어진 패턴을 그려 보자. 이때 선의 한 점은 (0, 0)에 고정하고 다른 점을 for 구문으로 반복하여 총 100개의 선으로 이루어진 패턴을 만든다. 선의 색에 투명도를 주어 선과 선이 겹치면서 진해지는 효과를 볼 수 있도록 for 구문 전체를 void setup() 구문에 넣는다.

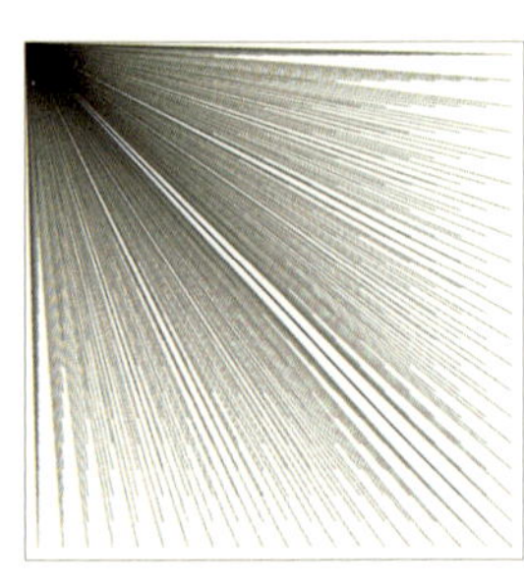

many_6

```
void setup() {
  size(600, 600);
  background(255);
  for (int y = 15; y < height; y = y + 30) {
    for (int x = 15; x < width; x = x + 30) {
      stroke(0, 100);
      line(x, y, 0, 0);
    }
  }
}

void draw() {
}
```

위의 스케치에서 선의 색을 바꾸어 보자. 선의 색을 바꾸는 명령어 stroke()에서 녹색과, 파란색, 투명도 값은 고정되어 있고 빨간색의 값을 변수 x, y를 이용하여 변화를 준다. 변수 x, y를 더한 값은 0(0, 0)에서부터 1,200(600, 600)까지 선이 그려 질 때마다 증가한다. stroke()의 첫 번째 매개변수인 빨간색의 값은 0(0%)에서부터 255(100%)까지 입력할 수 있으므로 x, y를 더한 값을 5로 나누어 0에서부터 240까지만 빨간색의 값이 증가하도록 범위를 조절해 준다. 다음 스케치를 보면 오른쪽 밑으로 갈수록 선이 밝고 붉어지는 것을 확인할 수 있다.

또한 선의 고정된 한 점의 위치를 (0, 0)이 아닌 화면창의 중앙으로 바꾸거나 베지어 곡선을 이용해도 재미있는 패턴을 얻을 수 있다.

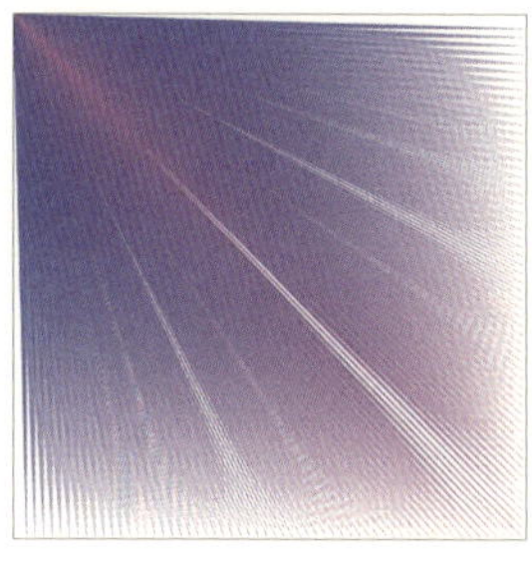

many_7

```
void setup() {
  size(600, 600);
  background(255);
  for (int y = 15; y < height; y = y + 10) {
    for (int x = 15; x < width; x = x + 10) {
      stroke((x+y)/5, 100, 200, 100);
      line(x, y, 0, 0);
    }
  }
}

void draw() {
}
```

다음 스케치는 변수 x, y를 도형의 외곽선과 안쪽 색에도 적용해 보았다. 아래 스케치를 보면 오른쪽 밑으로 내려갈수록 도형의 외곽선이 점점 밝아지고 도형의 색이 변하는 것을 확인할 수 있다. 이처럼 반복적으로 증가하는 변수 x, y를 도형의 위치뿐만 아니라 외곽선의 색, 굵기, 도형의 색깔과 크기, 간격 등에 적용하면 더욱 다양한 패턴을 그려볼 수 있다.

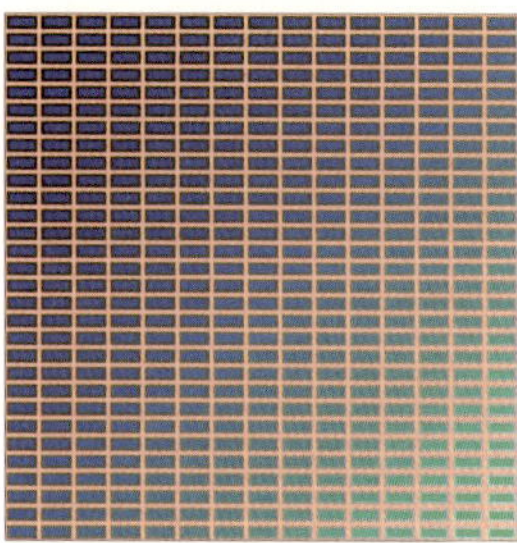

many_8

```
void setup() {
  size(600, 600);
  background(255, 200, 200);
}
void draw() {
  for (int y = 4; y < height; y = y + 20) {
    for (int x = 4; x < width; x = x + 40) {
      fill(10, (x + y)/5, 200);
      strokeWeight(3);
      stroke((x + y)/5);
      rect(x, y, 32, 12);
    }
  }
}
```

이번엔 열이 바뀔 때마다 다른 형태의 도형을 번갈아서 반복하는 패턴을 만들어 보자. 반복적인 패턴을 만드는 두 개의 for 구문 안에서 사각형과 원을 동시에 그려 나간다. 이때 두 도형의 기준점은 왼쪽 위로 맞춘다. 사각형과 사각형

사이에 원이 그려지도록 변수 x를 반복하는 안쪽 for 구문에서는 한 번에 50씩 값을 증가시킨다. 원의 x 좌표 값에는 25를 더한다.

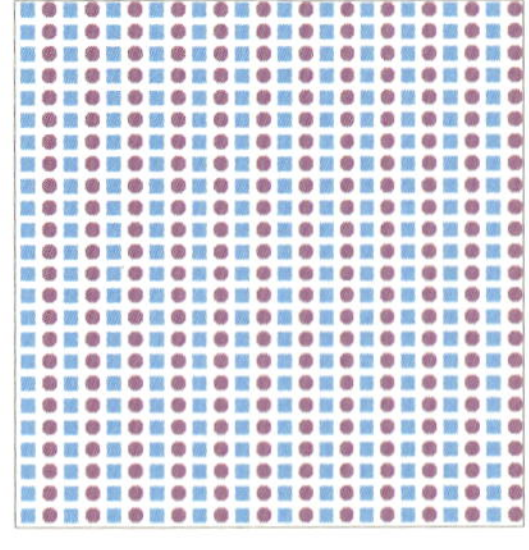

many_9

```
void setup() {
  size(600, 600);
  background(255);
  noStroke();
}

void draw() {
  for (int y = 4; y < height; y = y + 25) {
    for (int x = 4; x < width; x = x + 50) {
      fill(100, 200, 255);
      rect(x, y, 17, 17);
      fill(255, 100, 255);
      ellipseMode(CORNER);
      ellipse(x + 25, y, 17, 17);
    }
  }
}
```

다음은 행이 바뀔 때마다 다른 도형이 그려지는 패턴을 만들어 보자. 프로세싱 산술 연산자 중에 하나인 %(모듈로)를 이용한다. 모듈로는 나눗셈을 한 나머지 값을 나타낸다. 예를 들어 5 나누기 2를 했을 때 몫은 2이고 나머지는 1이다. 이 식에서 몫을 구하고 싶을 때의 식은 x = 5 / 2고 x의 값은 2가 된다. 나머지를 구하고 싶을 때의 식은 x = 5 % 2고 x의 값은 나머지인 1이 된다. 프로세싱에서는 나누어지는 값이 나누는 값보다 작을 경우 몫은 0이 되고 나머지는 나누어지는 값이 된다(5 / 10 = 0, 5 % 10 = 5). 모듈로는 어떠한 값이 계속 증가하더라도 일정한 범위 안에서 값이 반복되게 하고 싶을 때 유용하게 사용된다. 아래 스케치에서는 변수 y를 2로 나눈 값의 나머지를 if 구문에서 확인한다. 만약 y가 짝수면 나머지는 0이 되고 if 구문의 조건을 만족시키기 때문에 그 행은 사각형으로 그린다. y가 홀수면 나머지는 1이 되고 if 구문의 조건을 만족시키지 못하기 때문에 else인 경우로 그 행은 원으로 그린다. 아래 스케치를 보면 y의 초기 값은 4, 즉 짝수이므로 첫 번째 행은 사각형으로 그려진다. 그 다음 초기 값에 25를 더한 29는 홀수이므로 두 번째 행은 원으로 그려진다. 그리고 그 다음에는 54가 짝수이므로 사각형, 그 다음엔 79가 홀수이므로 원이다. 이러한 방식으로 계속 그려 나간다.

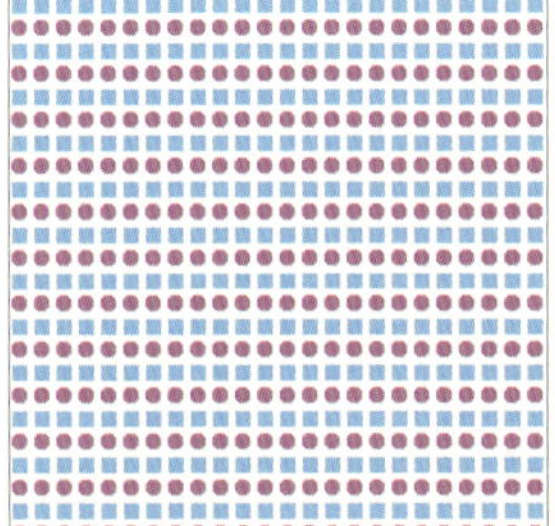


```
void setup() {
  size(600, 600);
  background(255);
  noStroke();
}

void draw() {
  for (int y = 4; y < height; y = y + 25) {
    for (int x = 4; x < width; x = x + 25) {
      if(y % 2 == 0){
        fill(100, 200, 255);
        rect(x, y, 17, 17);
      } else {
        fill(255, 100, 255);
        ellipseMode(CORNER);
        ellipse(x, y, 17, 17);
      }
    }
  }
}
```

다음 스케치는 행의 순서를 나타내는 임의의 변수 i를 만든 다음, 행이 바뀔 때마다 다른 패턴의 도형이 반복적으로 그려지도록 한다. 첫 번째 줄에서 변수 i에 숫자 값 1을 넣는다. 두 개의 for 구문 안에서 if 구문으로 i 값이 홀수인지 짝수인지를 검사한다. 만약 홀수면 사각형을 먼저 그린 다음 원을 그리는 패턴으로 행을 채운다. i가 짝수면 원을 먼저 그린 다음 사각형을 그리는 패턴으로 행을 채운다. 그리고 안쪽 for 구문으로 한 행이 채워지고 바깥쪽 for 구문으로 이동할 때마다 i에 1을 더한다. i의 초기 값은 1이며 1 % 2 = 1이므로 if 구문에 따라 첫 번째 행에는 사각형이 먼저 그려진다. 그리고 바깥쪽 for 구문으로 가기 전에 i는 2가 되고 두 번째 열은 2 % 2 = 0이므로 else의 경우로 원이 먼저 그려지는 패턴을 반복적으로 그린다.

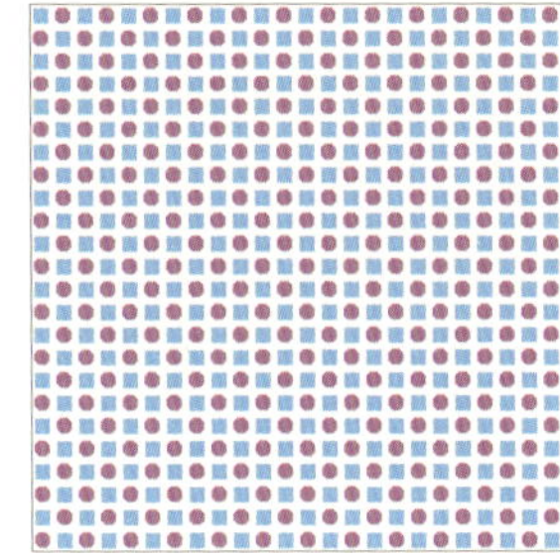


```
int i = 1;
void setup() {
  size(600, 600);
  background(255);
  noStroke();
}

void draw() {
  for (int y = 4; y < height; y = y + 25) {
    for (int x = 4; x < width; x = x + 50) {
      if(i % 2 == 1){
        fill(100, 200, 255);
        rect(x, y, 17, 17);
        fill(255, 100, 255);
```

```
            ellipseMode(CORNER);
            ellipse(x + 25, y, 17, 17);
          } else {
            fill(255, 100, 255);
            ellipseMode(CORNER);
            ellipse(x, y, 17, 17);
            fill(100, 200, 255);
            rect(x + 25, y, 17, 17);
          }
        }
      i = i +1;
    }
  }
```

2 이미지 불러오기

PImage, loadImage(), image(), tint()

이번에는 이미지 파일로 패턴을 만들어 보자. 프로세싱에서는 다양한 포맷(gif, jpg, tga, png)의 이미지를 사용할 수 있다. 이미지를 사용하는 방법은 다음 과정을 거친다.

1. 사용할 이미지를 스케치 파일이 저장된 폴더 안의 data 폴더에 저장한다.

이미지를 저장하는 첫 번째 방법은 사용할 이미지를 누른 상태로 흰색 스케치 편집창 안으로 가져다 놓는 방법이다. 이렇게 하면 저장된 폴더 안에 자동으로 data 폴더가 생성되고 이미지 파일이 저장된다. 이미지 파일이 저장되면 메시지 창에 '파일 한 개가 스케치 파일에 추가되었다'(One file added to the sketch)는 메시지가 출력된다. 두 번째 방법은 상단 메뉴에 있는 스케치(Sketch) 메뉴 아래에 있는 'Add File...'을 클릭하고 사용할 이미지를 선택하는 방법이다. 첫 번째

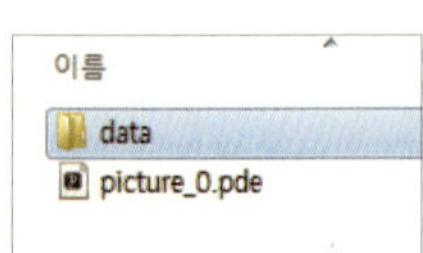

방법과 마찬가지로 자동으로 data 폴더가 생성되고 이미지가 저장된다. 세 번째 방법은 스케치 파일이 저장된 폴더 안에 새로운 폴더를 만들고 폴더 이름을 data로 바꾼 다음 사용할 이미지를 넣는 방법이다.

2. 스케치에서 사용할 이미지를 저장하기 위해 PImage 유형의 새로운 변수를 만든다.

아래 예제에서는 임의로 정한 변수의 이름 img에 이미지를 저장한다.

3. 명령어 loadImage()을 이용하여 data 폴더에서 사용할 이미지를 변수에 불러온다.

불러올 이미지의 파일명은 " "부호 안에 파일의 확장자명까지 대소문자를 구
별하여 정확하게 입력해야 한다. 파일의 확장자명이 보이지 않을 때는 윈도에
서는 제어판 → 모양 및 개인설정 → 폴더옵션에서 보기 선택, 고급설정 안에
서 "알려진 파일 형식의 파일 확장명 숨기기"를 비활성화(체크하지 않음)한다.
맥 OS X에서는 Finder 메뉴에서 Finder 아래에 있는 환경설정을 클릭하고 고급
을 선택한 후 "모든 파일 확장자 보기"를 활성화(체크 함)한다. 사용할 이미지는
void setup() 구문에서 한 번만 불러온다.

위와 같이 세 단계를 거치면 명령어 image()를 이용하여 스케치에서 이미지를
그릴 수 있다. image()에서 첫 번째 매개변수는 사용할 이미지 변수를 지정해
주고 두 번째, 세 번째 매개변수는 이미지의 왼쪽 위 기준점의 x, y 좌표 값 위치
를 나타내며, 네 번째, 다섯 번째는 이미지의 가로, 세로 크기를 조절한다. 만약
네 번째, 다섯 번째 값을 입력하지 않으면 이미지는 저장된 원본 이미지의 가로,
세로 크기 그대로 그려지며 값을 입력하면 값에 따라 가로, 세로 크기가 수정된
후 그려진다. 이럴 경우 이미지가 왜곡될 수 있기 때문에 처음부터 사용할 이미
지를 실제 화면창에서 보여질 크기에 맞추어 수정한 다음 저장해서 사용하는
것이 좋다.

```
image(name, x, y, width, height)
```

아래 첫 번째 스케치는 이미지 L.jpg 파일을 기준점(0, 0)에 가로, 세로 600픽셀
크기로 그린 예제이며 두 번째 스케치는 이미지 L.jpg 파일을 기준점(250, 250)
에 가로, 세로 300픽셀 크기로 원본 이미지를 축소하여 그린 예제이다.

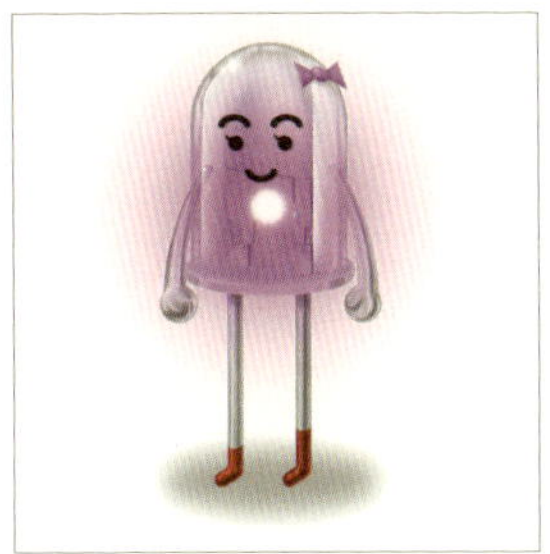

picture_0

```
PImage img;
void setup(){
  size(600, 600);
  background(255);
  img = loadImage("L.jpg");
}
void draw(){
  image(img, 0, 0, 600, 600);
}
```

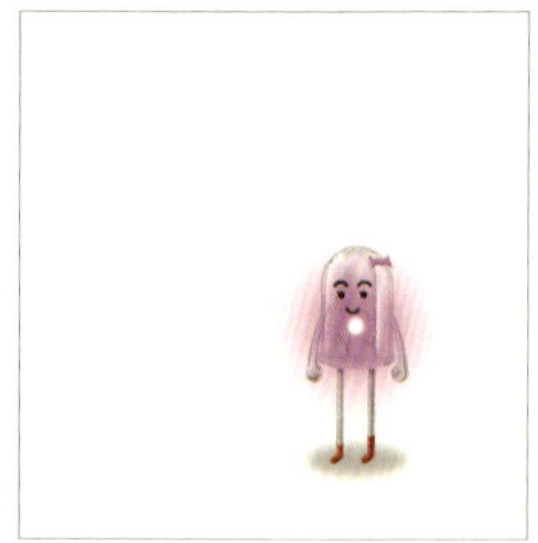


```
PImage img;
void setup(){
  size(600, 600);
  background(255);
  img = loadImage("L.jpg");
}
void draw(){
  image(img, 250, 250, 300, 300);
}
```

다음 스케치는 이미지를 저장할 변수(img1, img2)를 두 개 만들고 각 변수에 서로 다른 이미지를 로드한 다음 두 개의 이미지를 화면창에 그리는 예제이다.

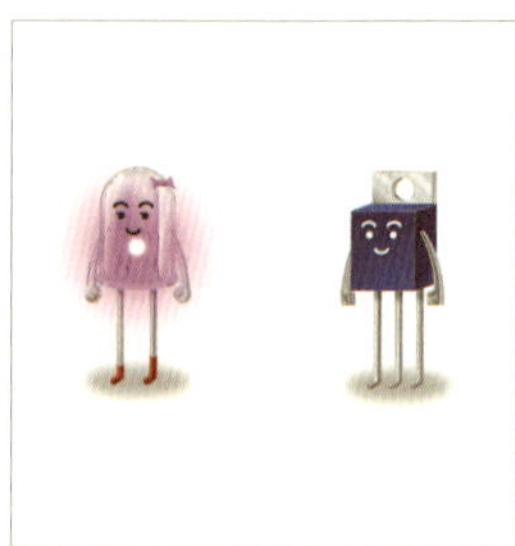


```
PImage img1, img2;
void setup(){
  size(600, 600);
  background(255);
  img1 = loadImage("L.jpg");
  img2 = loadImage("T.jpg");
}

void draw(){
  image(img1, 0, 150, 300, 300);
  image(img2, 300, 150, 300, 300);
}
```

다음 스케치는 명령어 tint()를 이용하여 이미지에 색을 입히는 예제이다. 색을 제어하는 명령어 stroke(), fill()과 같이 매개변수의 개수와 값의 크기에 따라 이미지의 색이 변하며 색의 투명도도 조절할 수 있다.

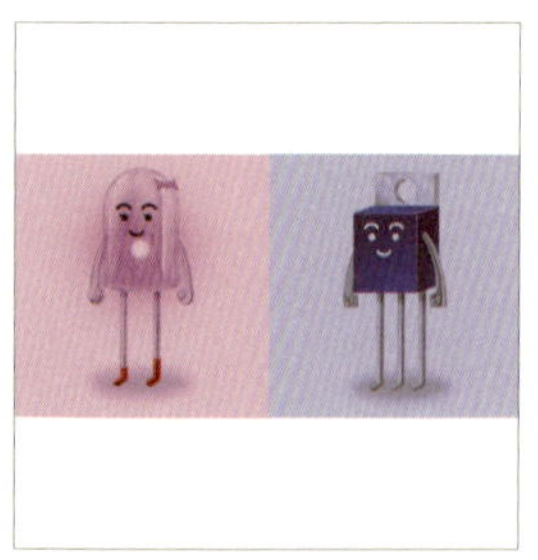


```
PImage img1, img2;
void setup(){
  size(600, 600);
  background(255);
  img1 = loadImage("L.jpg");
  img2 = loadImage("T.jpg");
}

void draw(){
  tint(255, 200, 255);
  image(img1, 0, 150, 300, 300);
  tint(200, 200, 255);
  image(img2, 300, 150, 300, 300);
}
```

다음 스케치는 화면창에서 이미지가 마우스를 따라다니는 예제이다. 이미지의 위치를 나타내는 두 번째, 세 번째 매개변수로 mouseX, mouseY를 입력한다. 이때 이미지의 기준점 위치를 왼쪽 위에서 가운데로 옮기기 위해 명령어 imageMode(CENTER)를 입력해 준다.

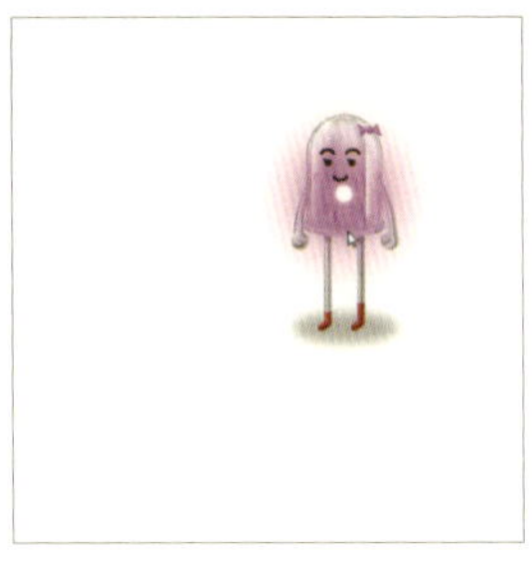

picture_4

```
PImage img1;
void setup(){
  size(600, 600);
  img1 = loadImage("L.jpg");
}

void draw(){
  background(255);
  imageMode(CENTER);
  image(img1, mouseX, mouseY, 300, 300);
}
```

다음 스케치는 마우스의 위치에 따라 이미지의 가로, 세로 크기가 변화하는 예제이다. 명령어 image()에서 이미지의 가로, 세로 크기를 제어하는 네 번째, 다섯 번째 매개변수를 mouseX, mouseY의 좌표 값으로 입력하여 마우스의 위치가 이동할 때마다 이미지의 크기가 실시간으로 변한다.

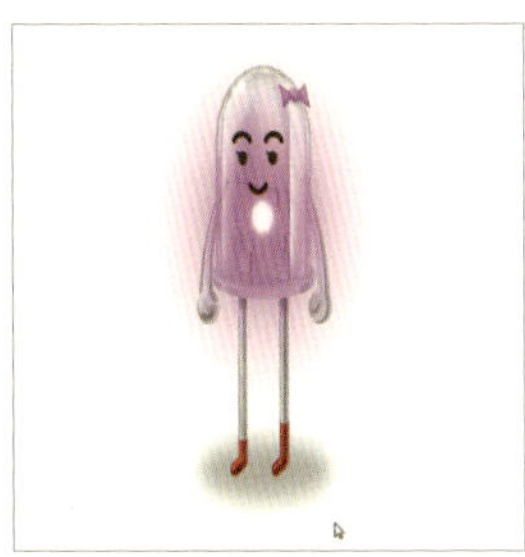

picture_5

```
PImage img1;
void setup(){
  size(600, 600);
  img1 = loadImage("L.jpg");
}

void draw(){
  background(255);
  imageMode(CENTER);
  image(img1, 300, 300, mouseX, mouseY);
}
```

다음은 화면창 안에서 마우스를 클릭할 때마다 두 개의 이미지가 번갈아서 바뀌는 예제다. 이미지를 저장할 변수(img1, img2)를 두 개 만들고 각 변수에 서로 다른 이미지를 로드한다. 화면창에 표시할 이미지의 순번을 정하기 위해 변수 i를 정수 형태로 만든 후, 초기 값으로 1을 넣는다. 그리고 void mousePressed(){ } 구문을 이용해 마우스가 클릭되는 순간을 감지한다. mousePressed()는 마우스 이벤트 명령어로, 마우스가 눌리면 다시 눌리기 전까지 한 번만 { } 중괄호 안에 있는 명령어를 실행한다. 이를 이용하여 마우스가 클릭될 때마다 변수 i의 값이 1씩 증가한다. void draw()에서는 변수 i의 값을 2로 나눈 나머지(%) 값을 if() 구문으로 검사하여 값이 홀수면 변수 img1에 저장된 이미지가 출력되고 짝수면 변수 img2에 저장된 이미지가 출력되게 한다.

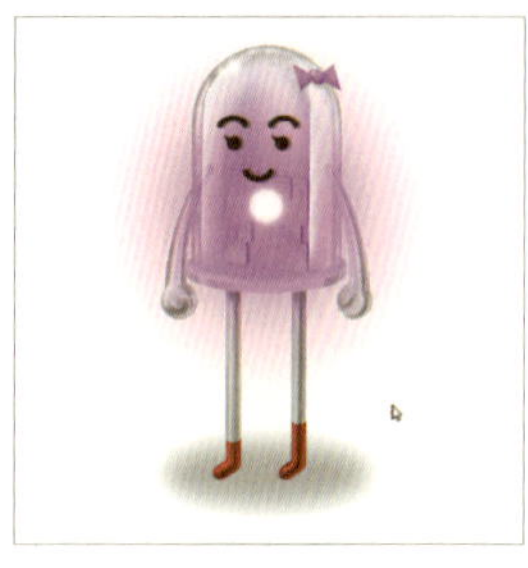

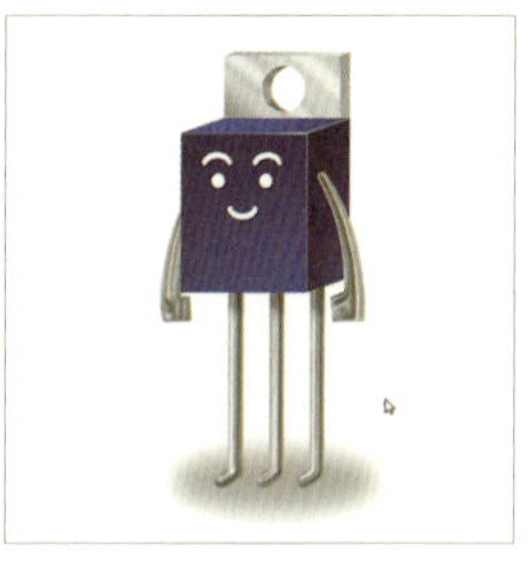

picture_6

```
PImage img1, img2;
int i = 1;
void setup(){
  size(600, 600);
  background(255);
  img1 = loadImage("L.jpg");
  img2 = loadImage("T.jpg");
}

void draw(){
  if(i % 2 == 1){
    image(img1, 0, 0, 600, 600);
  } else {
    image(img2, 0, 0, 600, 600);
  }
}

void mousePressed(){
  i = i + 1;
}
```

다음 스케치는 투명도를 지원하는 이미지 포맷인 gif 또는 png를 이용하여 이미지 안에 이미지를 넣어 패턴을 만든다. 먼저 어도비 포토샵과 같은 이미지 편집 소프트웨어로 특정 영역이 투명한 이미지를 만들어 png 파일로 저장한다. 이때 gif는 픽셀이 완전 투명하거나 또는 불투명한 두 가지 상태로밖에 표현할 수 없지만 png는 모든 영역의 투명도를 표현할 수 있다. 아래 스케치에서는 이미지 변수 img1에는 반복적인 패턴을 만들기 위해 "T.jpg"를 로드하고 변수 img2에는 몸통이 완전 투명한 "T_trans.png"을 로드한다. void draw()에서 먼저 for() 구문을 이용하여 이미지 img1로 가로, 세로 반복되는 바둑판 패턴을 만든 다음 몸체가 투명한 이미지 img2를 위에 겹쳐 준다. 스케치를 실행시켜 보면 img2에서 투명한 몸통 영역 사이로 이미지 패턴이 드러나 보인다.

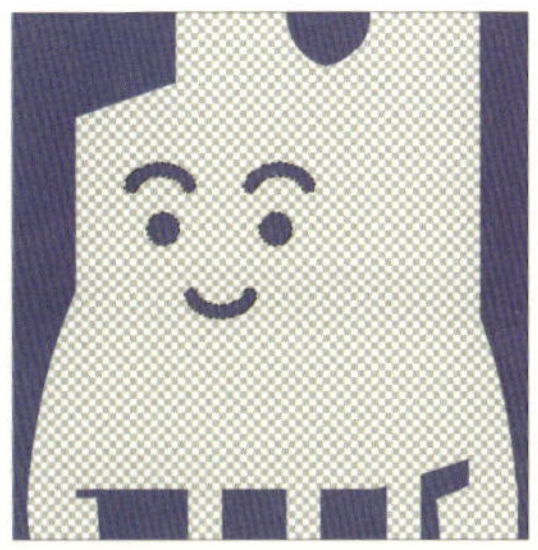
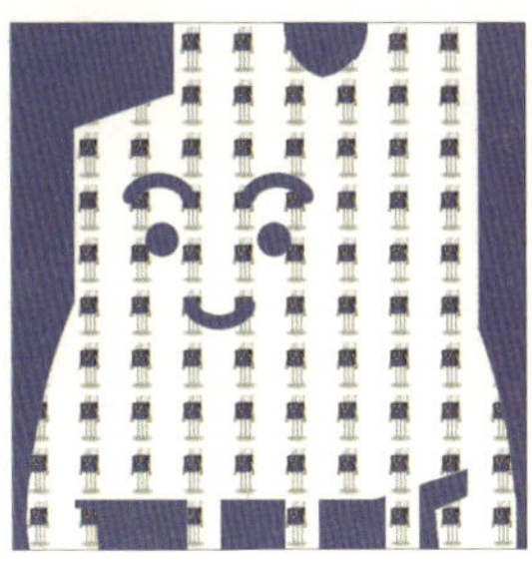

picture_7

```
PImage img1, img2;
void setup() {
  size(600, 600);
  background(255);
  img1 = loadImage("T.jpg");
  img2 = loadImage("T_trans.png");
}

void draw() {
  for (int y = 0; y < height; y = y + 60) {
    for (int x = 0; x < width; x = x + 60) {
      image(img1, x, y, 60, 60);
    }
  }
  image(img2, 0, 0, 600, 600);
}
```

3 폰트 만들어 글자 그리기

PFont, loadFont(), textFont(), text(), textSize(), textAlign()

이번에는 글자를 사용해보자. 프로세싱에서 글자를 표시하기 위해서는 컴퓨터에 설치된 폰트를 vlw 포맷으로 바꾸어야 한다. vlw 포맷은 글자를 구성하는 각각의 자음과 모음을 작은 이미지로 저장한다. 그래서 프로세싱에서는 키보드로 글자를 쓴다기보다는 이미지로 글자를 그린다고 해야 더 어울리는 설명일 듯하다. 글자를 사용하기 위해서는 다음 과정을 거친다.

1. 스케치 파일이 저장된 폴더 안에 위치한 data 폴더에 사용할 vlw 폰트를 만든다.

컴퓨터의 폰트를 vlw 포맷으로 변환하려면 상단 메뉴에 있는 Tools 아래에 'Create Font...'를 클릭한다. Create Font 창이 뜨면 변환하고자 하는 폰트의 종류를 선택하고 크기(size)와 폰트의 외곽선을 부드럽게(Smooth) 처리할 것인지를 선택할 수 있다.

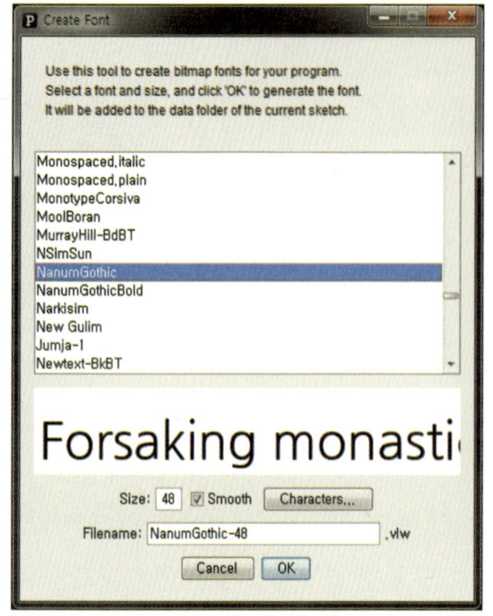

Create Font 창

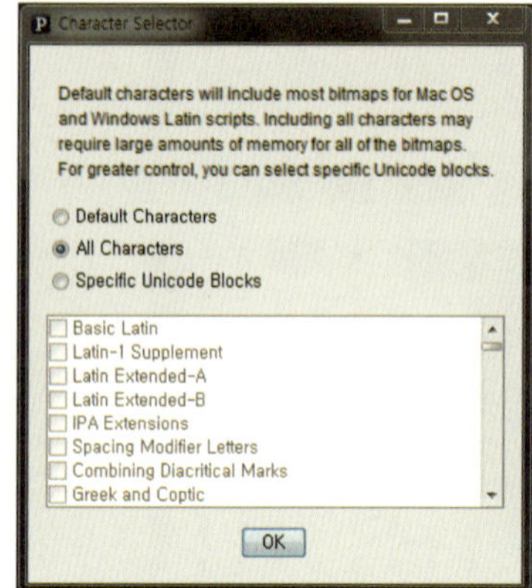

Character Selector 창

Create Font 창에서 사용할 폰트의 크기를 너무 크게 만들면 변환되는 폰트의 이미지 용량도 커지기 때문에 실제 스케치에서 사용할 크기와 동일하게 만들어 주는 것이 좋다. 이때 한글, 중국어, 일본어와 같이 비 로마 문자(non-Roman Characters)를 위한 폰트는 Create Font 창에서 'Characters…' 버튼을 누르고 All Characters를 선택한다. 그리고 OK 버튼을 누르면 이미지 파일을 저장했을 때처럼 스케치 파일이 저장된 폴더 안에 자동으로 data 폴더가 만들어지고 폴더 안에 vlw 폰트가 생성된다.

2. 스케치에서 사용할 폰트를 저장하기 위해 PFont 유형의 새로운 변수를 만든다.

다음 예제에서는 임의로 정한 변수의 이름 font에 폰트를 저장한다.

3. 명령어 loadFont()을 이용하여 data 폴더에서 사용할 폰트를 변수에 로드한다.

불러올 폰트의 이름은 " "부호 안에 파일의 확장자명까지 대소문자 구별하여 정확하게 입력해야 한다.

4. 명령어 textFont()로 실제 text() 명령어에서 사용할 폰트를 설정한다.

아래 예제에서는 변수 font에 사용할 폰트를 불러왔기 때문에 textFont(font)로 지정한다.

  프로세싱과 세 걸음 나아가기

위의 과정을 거치고 나면 명령어 text()를 이용하여 글자를 표시할 수 있다.
text()에서 첫 번째 매개변수는 화면창에 표시할 숫자, 기호, 문자를 입력한다.
이때 숫자(number)는 표시하고 싶은 숫자 그대로 입력하며 한 문자 또는 기호
(Character)일 때는 ' '부호 안에 입력하고 두 문자 이상(String)일 때는 " "부호 안
에 입력해야 한다. 두 번째, 세 번째 매개변수는 x, y 좌표 값으로 글자의 왼쪽
밑 부분을 나타낸다. 네 번째, 다섯 번째 매개변수는 사각 범위의 가로, 세로 길
이를 나타내는데 글자를 일정한 범위 안에 표시하고 싶을 때 사용한다.

```
text(data, x, y, width, height)
```

아래 스케치는 나눔고딕 폰트를 48픽셀 크기의 vlw 포맷으로 변환 한 다음 변수
font에 저장하고 (50, 100) 위치에 "안녕! 미디어아트"를 출력한 예제이다. 처음
폰트의 색깔은 흰색이므로 바탕색을 회색으로 만들어준다.

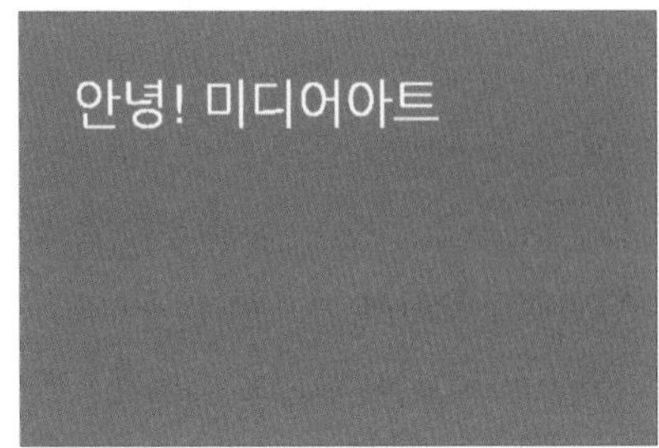

text_0

```
PFont font;
void setup(){
  size(600, 400);
  background(150);
  font = loadFont("NanumGothic-48.vlw");
  textFont(font);
}
void draw(){
  text("안녕! 미디어아트", 50, 100);
}
```

아래 스케치는 명령어 fill()을 이용하여 폰트의 색깔을 바꾸고 textSize()로 폰트
의 크기를 조절한 예제이다. 불러온 폰트의 크기보다 너무 커지거나 작아지면
이미지가 왜곡될 수 있으므로 주의해야한다.

text_1

```
PFont font;
void setup(){
  size(600, 400);
  background(255);
  font = loadFont("NanumGothic-48.vlw");
  textFont(font);
}

void draw(){
  fill(255, 0, 255);
  textSize(60);
  text("안녕! 미디어아트", 50, 100);
}
```

다음 스케치는 두 글자가 서로 다른 속도로 왼쪽에서 오른쪽으로 반복해서 이동하는 예제이다. 두 글자는 같은 폰트를 사용하기 때문에 나눔고딕 폰트를 48픽셀 크기의 vlw 포맷으로 변환한 다음 변수 font에 저장하고 첫 번째 텍스트 "느리다"와 두 번째 텍스트 "빠르다"의 x 위치에 변수 x1과 x2를 정수 형태로 각각 대입시킨다. 첫 번째 텍스트 "느리다"의 변수 x1에는 매 프레임마다 1씩 더해주고 두 번째 텍스트 "빠르다"의 변수 x2에는 5씩 더해주어 이동하는 속도를 다르게 해준다. 그리고 두 변수 모두 화면 가로 크기인 600보다 커지면 다시 왼쪽 화면창 밖으로 이동시킨다.

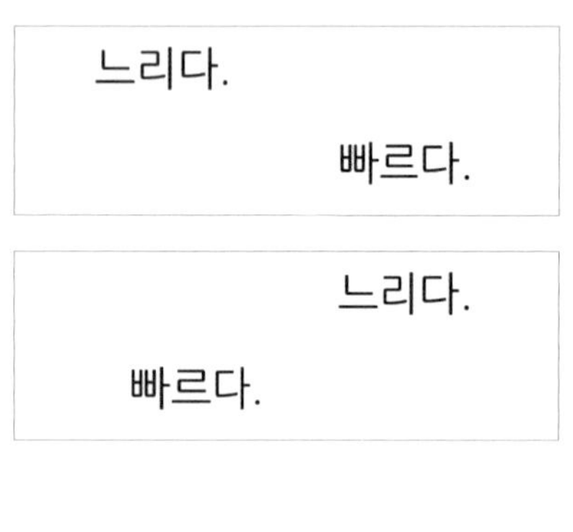

text_2

```
PFont font;
int x1 = 0;
int x2 = 0;
void setup(){
  size(600, 200);
  font = loadFont("NanumGothic-48.vlw");
  textFont(font);
}

void draw(){
  background(255);
  fill(0);
  text("느리다.", x1, 60);
  text("빠르다.", x2, 160);
  x1 = x1 + 1;
  if(x1 > 600){
    x1 = -150;
  }
  x2 = x2 + 5;
  if(x2 > 600){
    x2 = -150;
  }
}
```

다음 스케치는 글자가 화면창 안에서 랜덤한 위치에 표시되고 서서히 사라지는 예제다. 텍스트 "낙서는 자유롭다"의 x, y 위치를 각각 random(-100, 700), random(-50, 650)으로 놓고 매 프레임마다 텍스트의 위치가 임의로 정해지도록 한다. 그리고 void draw() 구문 첫 부분에는 화면창 크기만큼의 투명한 검은색 사각형을 그려서 이전 프레임에서 표시된 글자가 점점 어두워지도록 한다.

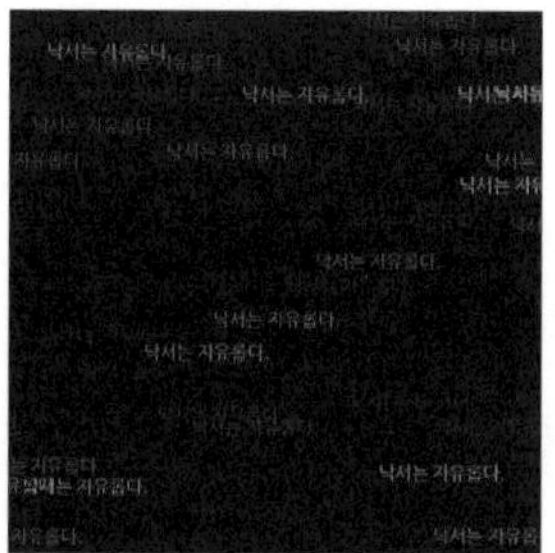
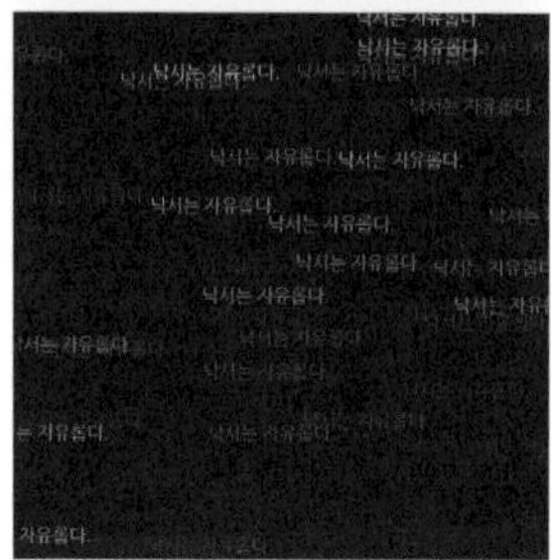


```
PFont font;
void setup(){
  size(600, 600);
  background(0);
  font = loadFont("NanumGothic-48.vlw");
  textFont(font);
}

void draw(){
  fill(0, 10);
  rect(0, 0, width, height);
  fill(255);
  textSize(20);
  text("낙서는 자유롭다.", random(-100, 700),
      random(-50, 650));
}
```

다음 스케치는 텍스트 "해가 떠오른다"가 아래에서 위로 반복적으로 이동하며 동시에 바탕화면과 텍스트의 색깔이 점점 밝아지는 예제이다. 텍스트의 위치는 변수 y로 이동시키며 초기값은 630으로 화면창 아래 밖에서 출발한다. void draw()에서 매 프레임마다 변수 y 값을 1씩 감소시켜 텍스트를 위로 이동시킨다. 이때 값이 -10이 되어 텍스트가 화면창 위 밖으로 빠져나가면 다시 변수 y 값을 630으로 지정하여 화면창 아래 밖으로 이동시켜 아래에서 위로 반복적으로 움직이는 텍스트 패턴을 만든다. 바탕화면과 텍스트 색깔을 변화시키기 위해 변수 alpha를 소수의 형태로 만들어준다. 변수 alpha 값은 변수 y 값이 630에서 -10까지 감소하는 640단계 동안 초기 값 0에서부터 0.4씩 증가하여 255.6까지 값이 변한다. 변수 alpha 값을 바탕화면의 색깔과 텍스트 색깔을 바꾸어주는 명령어 fill()의 알파 값에 넣어서 바탕화면은 검은색(0)에서 흰색(255)으로 변하고 텍스트의 붉은 색깔도 완전투명에서 불투명으로 변하는 동안 색이 점점 짙어진다. 그리고 명령어 textAlign()을 이용하여 텍스트의 정렬 방식을 바꾸어볼 수 있다. 정렬 모드는 두 개의 매개변수로 x축과 y축의 위치를 나타내며 x축은

LEFT, CENTER, RIGHT로 표시하고 y축은 TOP, CENTER, BOTTOM으로 표시한다. 만약 textAlign(LEFT, TOP)이고 text()의 위치를 나타내는 두 번째, 세 번째 매개변수가 (100, 100)이면 화면창에서 x, y 좌표 (100, 100)에서부터 오른쪽 밑으로 텍스트가 그려진다. 아래 스케치에서는 textAlign(CENTER, BOTTOM)으로 텍스트의 중심을 x 좌표 300에 맞추고 변수 y 값 위로 그린다.

text_4

```
PFont font;
float alpha = 0;
int y = 630;
void setup(){
  size(600, 600);
  font = loadFont("NanumGothic-48.vlw");
  textFont(font);
}

void draw(){
  background(alpha);
  fill(255, 0, 0, alpha);
  textAlign(CENTER, BOTTOM);
  text("해가 떠오른다.", 300,  y);
  alpha = alpha + 0.4;
  y = y - 1;
    if(y <= -10){
      alpha = 0;
      y = 630;
    }
}
```

TIP 폰트 형태

폰트는 획의 형태에 따라 크게 세리프체(serif type)와 산세리프체(sans-serif type)로 나누어진다. 세리프는 글자를 이루는 획의 끝부분에 돌출된 장식적인 삐침이 있는 형태를 말하며 명조체라고도 부른다. 세리프가 없는 서체는 산세리프체 또는 고딕체라 부른다. 세리프체는 부드러운 형태로 읽기가 편해 글의 본문에 많이 사용되며 산세리프체는 간결한 형태로 힘이 있고 눈에 잘 띄어 글의 제목이나 포스터 제작에 많이 사용된다.

세리프체
Times, Minion, 나눔명조, 서울한강

산세리프체
Helvetica, Arial, 나눔고딕, 서울남산

도전! 프로세싱으로 다양한 패턴 이미지를 그려보자.

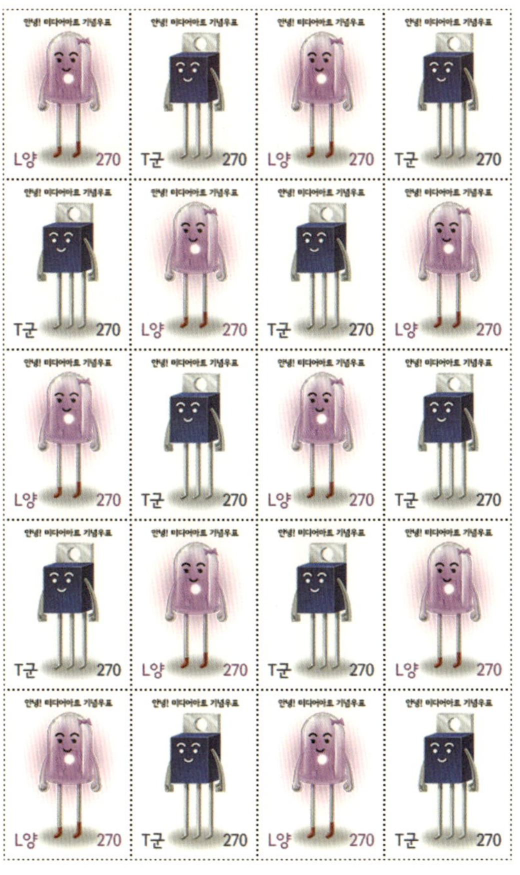

TIP

1 주위에서 패턴으로 만들어진 이미지를 찾아본다.

2 이미지는 스케치에서 실제 사용할 크기에 맞춰서 조정한다.

3 문자들이 규칙적으로 움직이는 패턴을 만들어보자.

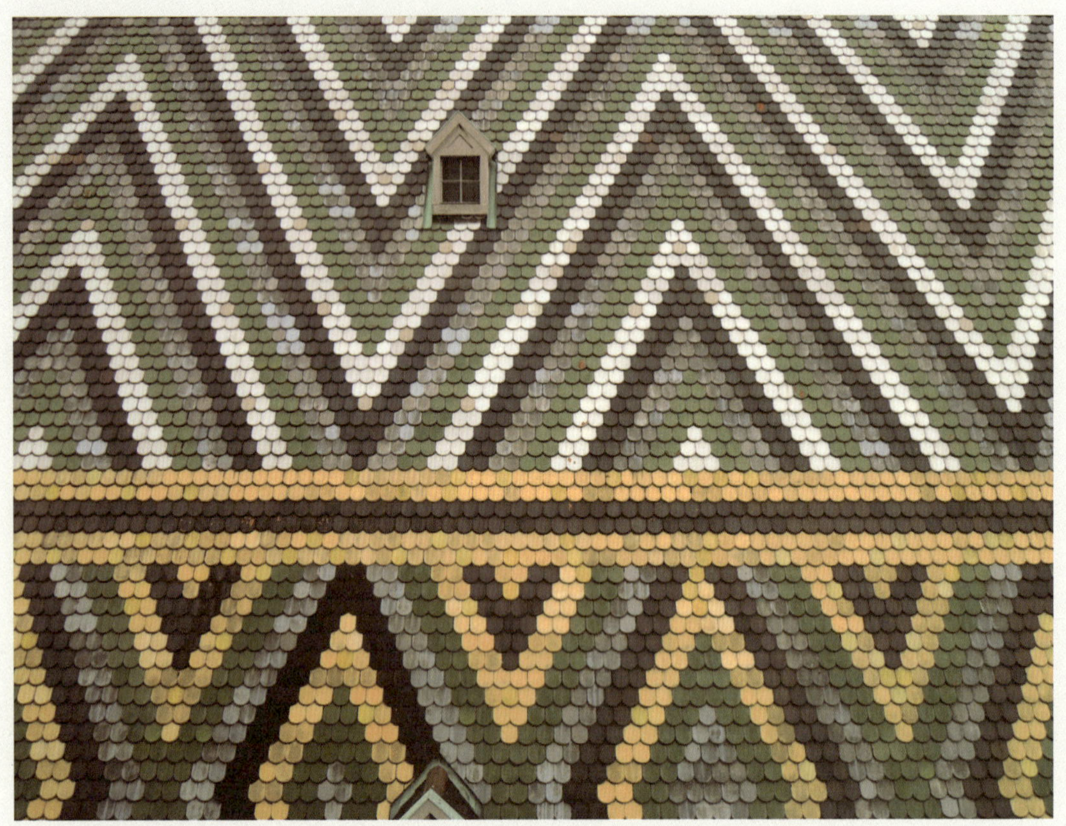

우리 주변을 살펴보면 반복적인 패턴을 쉽게 찾을
수 있다. 한옥 지붕 위에 가지런히 놓인 기와, 내방
벽지와 바닥 장판, 다양한 줄무늬 옷. 모두 같은 형
태의 요소가 반복적으로 배열되어 만들어진 패턴
이다. 우리는 일정한 규칙에 따라 질서를 지키며
배치된 패턴을 볼 때 안정감과 편안함을 느낀다.
자신만의 개성이 넘치는 패턴을 만들어 보자.

해와 달

난이도　■■■□□
시간　2시간 30분

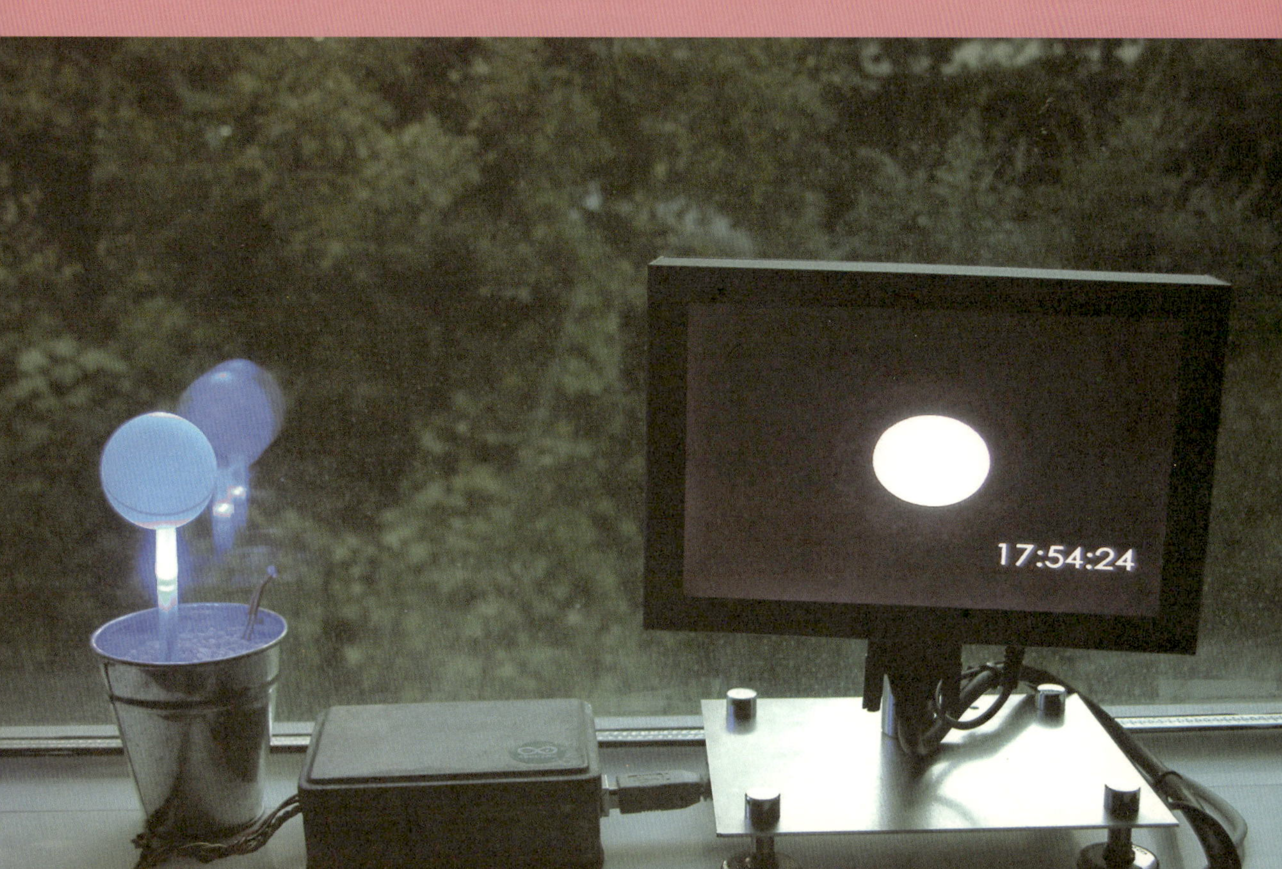

「잠자는 탁구공」을 응용한 실습이다. 낮과 밤이 바뀔 때마다
모니터에 해와 달 이미지가 출력되면서 현재 시간을 알려준다.

 ## 필요한 부품

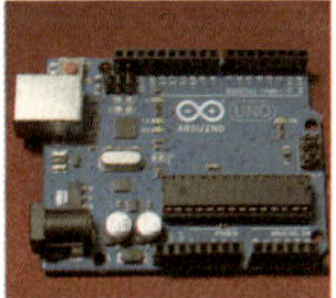

아두이노 우노 (R3)
» 온라인 (플: 100410020145,
아: TP11021D)

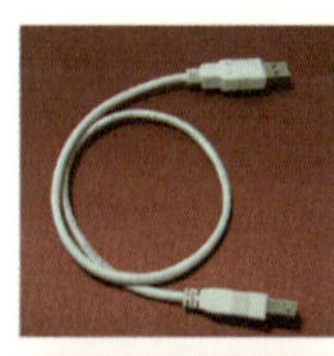

USB 케이블 (A/B 타입)
» 온라인 (플: 20081304471753_0,
엘: EPX344M9)

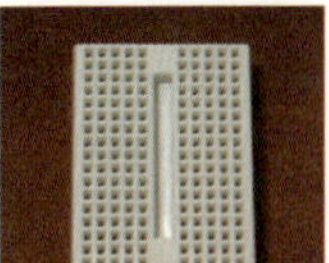

미니 브레드보드
» 온라인 (엘: EPX3C8UV, 디: 32283)

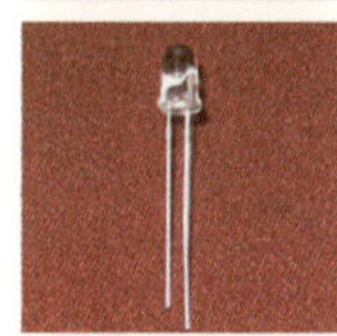

고휘도 LED
5파이, 파란색
작동전압: 3.4~4V, 소비전류: 20mA
» 온라인 (엘: EPX33DPN, 디: 189)

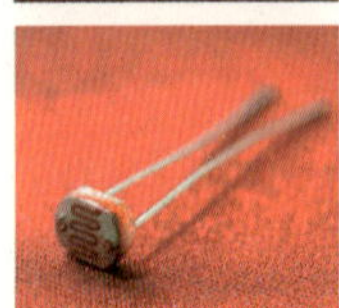

포토셀 (Cds 셀)
지름: 5mm
» 온라인 (엘: EPX36MHM, 디: 33218)

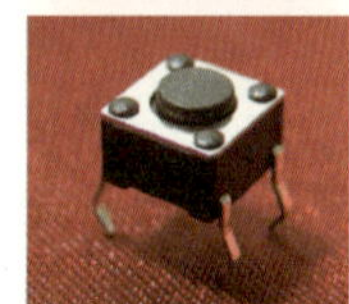

택트 스위치
가로, 세로 6mm, 높이 4.3mm
» 온라인 (엘: EPX3333N, 디: 2213)

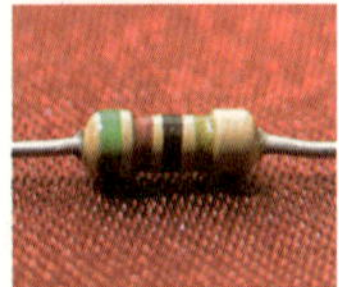

저항 51, 1K, 10K 옴
탄소피막 막대저항 1/4W, 5%
» 온라인 (51옴 엘: EPX34LP4, 디: 902,
1k옴 엘: EPX34LRU, 디: 876,
10K옴 엘: EPX3333P, 디: 856)

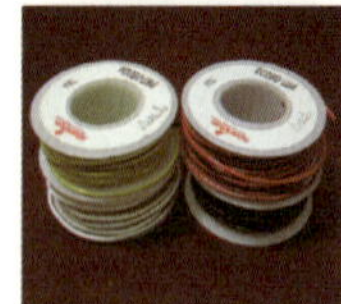

전선 (단심선)
빨간색, 검은색, 노란색, 흰색
심 굵기: 0.6mm(22AWG)
» 온라인, 청계천 시장

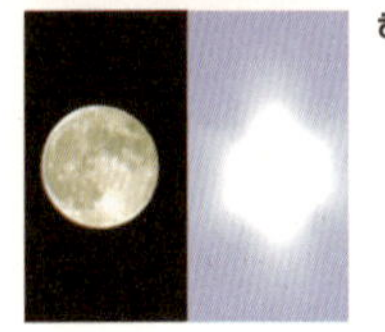

해와 달 이미지

공구
와이어 스트리퍼, 롱노우즈 플라이어, 니퍼

 ## 응답하라! 아두이노

해와 달 프로젝트를 진행하기 전에 프로세싱과 아두이노가 어떻게 통신하는지 다음 예제를 통해 살펴보자.

01	02	03	04
프로세싱: 디지털 입력 → 아두이노: 디지털 출력	프로세싱: 아날로그 입력 → 아두이노: 아날로그 출력	아두이노: 디지털 입력 → 프로세싱: 디지털 출력	아두이노: 아날로그 입력 → 프로세싱: 아날로그 출력

첫 번째 예제는 프로세싱에서 마우스를 클릭(디지털 입력)하면 아두이노 13번 핀에 연결된 LED가 켜진다(디지털 출력). 먼저 미니 브레드보드를 이용하여 아두이노 보드 13번 핀에 저항 51옴과 함께 고휘도 파란색 LED를 연결한다. 회로를 구성한 다음 USB 케이블로 컴퓨터와 연결한다.

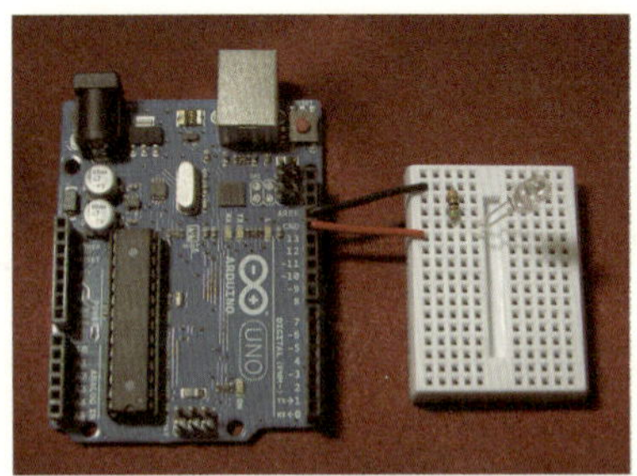

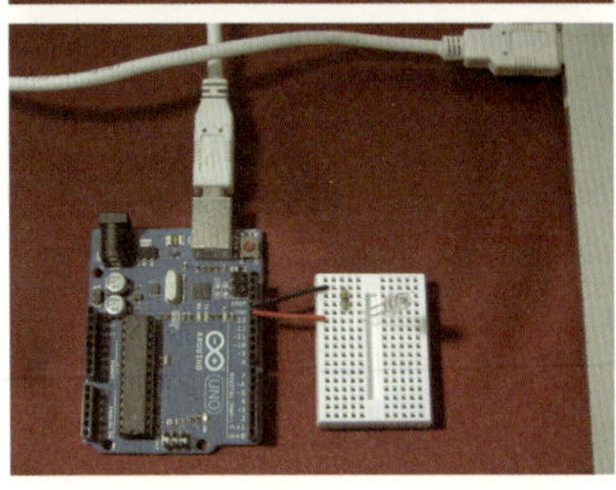

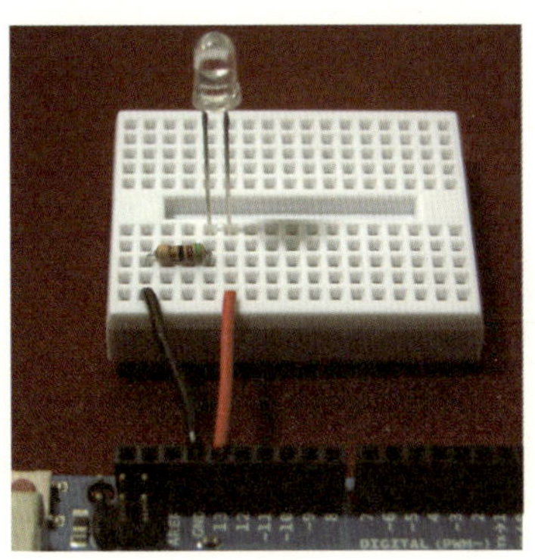

아두이노 13번 핀과 LED의 양극(+) 다리를 빨간색 점프선으로 브레드보드 같은 라인에 꽂아준다. LED의 음극(-) 다리와 저항 51옴의 한쪽 다리를 같은 라인에 꽂아 연결한다. 저항 51옴의 다른 쪽 다리는 검은색 점프선으로 아두이노 보드의 그라운드(GND) 핀과 연결한다.

　　LED의 긴 다리는 양극(+), 짧은 다리는 음극(-)이다.

다음은 아두이노 보드에 아래 스케치를 업로드한다. 프로세싱에서 입력되는 값을 변수 val에 정수 형태로 저장한다. void setup() 구문에서 아두이노 보드 13번 핀을 디지털 출력 핀으로 지정한 다음 시리얼 통신을 시작한다는 명령어 Serial.begin(9600)을 입력한다. void loop() 구문에서는 만약 프로세싱에서 시리얼 통신으로 값이 입력되면 값을 읽어들이고 변수 val에 저장한다. 그리고 만약 값이 1이면 13번 핀으로 5V를 출력하여 LED를 켜고 만약 값이 1이 아니면 13번 핀으로 0V를 출력하여 LED를 끈다.

arduino_D_0

```
// 아두이노 코드
int val;                    // 변수 val를 정수의 형태로 설정한다
void setup() {
  pinMode(13, OUTPUT);      // 13번 핀을 디지털 출력 핀으로 사용
  Serial.begin(9600);       // 시리얼 통신을 시작한다
}
```

```
void loop() {
  if (Serial.available()) {          // 만약 시리얼 통신으로 값이 들어온다면
    val = Serial.read();             // 시리얼 값을 변수 val에 저장한다
  }
  if (val == 1) {                    // 만약 변수 val의 값이 1이면
    digitalWrite(13, HIGH);          // 13번 핀과 연결된 LED를 켠다
  } else {                           // 아닐경우에는
    digitalWrite(13, LOW);           // 13번 핀과 연결된 LED를 끈다
  }
}
```

아두이노 스케치를 보드에 업로드한 다음 프로세싱을 열고 스케치한다. 먼저 아두이노 보드와 시리얼 통신을 하기 위해 시리얼(Serial) 라이브러리를 사용한다. 라이브러리는 프로세싱 스케치에 추가적으로 pdf 출력, 음악 및 비디오 재생 등과 같은 특수한 기능을 사용하기 편하게 도와주는 역할을 한다. 상단 메뉴에 있는 스케치 메뉴 아래에 'Import Library'를 클릭하면 기본적으로 사용할 수 있는 라이브러리들을 선택할 수 있다. 기본 라이브러리 중에서 serial을 클릭하면 자동으로 스케치에 시리얼 라이브러리가 추가된다.

다음은 Serial 유형의 새로운 변수 port를 만들어 프로세싱과 시리얼 통신을 할 포트를 지정한다. void setup() 구문에서 변수 port에 아두이노 보드가 연결되어 있는 시리얼 포트를 연결해 준다. 우선 아두이노 보드가 연결된 포트 이름을 String 데이터 유형으로 변수 portName에 저장한다. String은 길이가 긴 글자들을 텍스트 데이터로 변수에 저장한다. 포트 이름은 명령어 Serial.list()를 통해 알 수 있다. Serial.list()는 현재 컴퓨터에서 사용 가능한 시리얼 포트 정보들을 배열 [ ] 안에 순서대로 저장한다. 배열 [ ]에 관해서는 「4-6 소리 그림」에서 좀 더 자세히 다룬다. 다음은 아두이노 보드가 몇 번째 포트인지 알아보자. 아두이노 상단 메뉴에서 도구 밑

에 있는 시리얼 포트를 클릭한다. 만약 포트가 아래 그림처럼 하나이고 현재 아두이노 보드가 그 포트에 연결되어 있다면 Serial.list()[0]이 된다. 배열은 0번부터 순서대로 값을 저장하는데 첫 번째 값은 [0]번에 저장되고 두 번째 값은 [1]번에 저장된다.

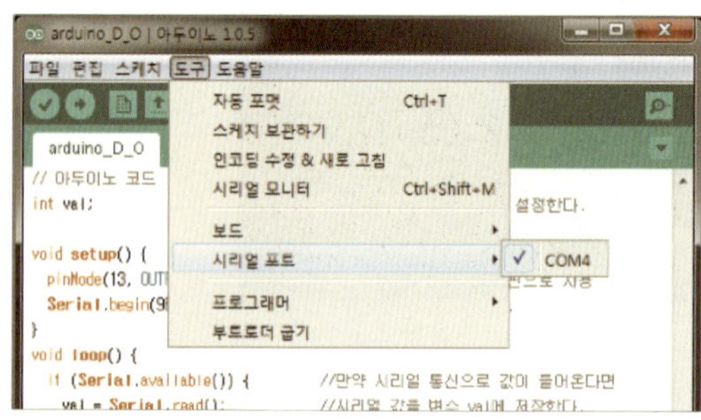

String portName = Serial.list()[0]

맥 OS에서 아래 그림처럼 10개의 포트 중에 아두이노가 "/dev/tty.USBmodem1421"에 연결되어 있다면 명령어 printArray(Serial.list())를 이용하여 아두이노가 연결된 포트 번호를 찾아준다.

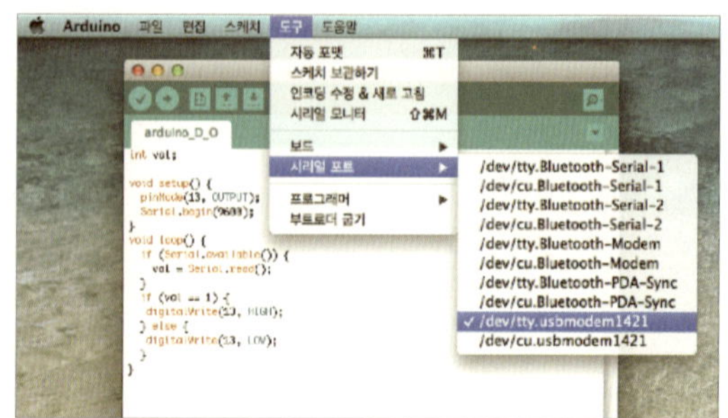

아래 스케치를 실행하면 텍스트 알림창에 모든 포트 번호와 이름이 출력된다.

```
import processing.serial.*;

void setup(){
  printArray(Serial.list());
}
```

텍스트 알림창에서 "/dev/tty.USBmodem1421" 포트가 9번째에 연결된 사실을 확인할 수 있으며 포트 이름은 String portName = Serial.list()[9] 로 배열 안의 숫자를 9로 수정해준다.

```
[9] "/dev/tty.USBmodem1421"
```

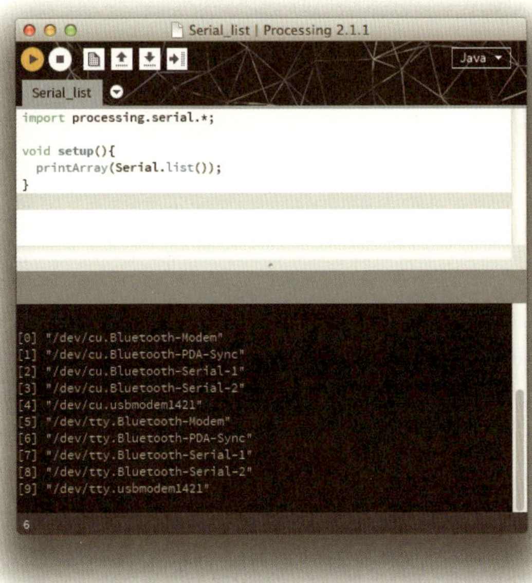

다음은 변수 port에 아두이노가 연결된 포트를 지정해주고 통신 속도는 9600으로 설정해주는 명령어 port = new Serial(this, portName, 9600)를 입력해준다. 이제 아두이노와 통신하기 위한 준비가 되었다. 아두이노로 값을 보내는 명령어는 port.write()이다. ()안에 보내고 싶은 값을 입력하면 된다. 이번 예제에서는 void draw()에서 마우스가 클릭되면 명령어 port.write(1)으로 아두이노에 1을 보내고 원의 색깔을 파란색으로 바꾼다. 마우스가 클릭되지 않으면 명령어 port.write(0)으로 아두이노에 0을 보내고 원의 색깔은 투명한 회색이 된다.

processing_D_I

```
// 프로세싱 코드
// 아두이노가 연결된 포트 번호에 맞게
// Serial.list()[ ] 안의 숫자를 수정한다
import processing.serial.*;
Serial port;

void setup() {
  size(600, 600);
  noStroke();
  printArray(Serial.list()); // 컴퓨터에서 사용 가능한
                             // 시리얼 포트 번호와
                             // 이름을 출력한다
  String portName = Serial.list()[0];
  port = new Serial(this, portName, 9600);
}

void draw() {
  background(255);
  if(mousePressed == true){
    port.write(1);
    fill(0, 0, 255, 100);
  } else {
    port.write(0);
    fill(10, 10);
  }
  ellipse(width/2, height/2, 300, 300);
}
```

프로세싱을 실행한다. 화면창에서 마우스를 클릭하면 아두이노 보드에 연결되어 있는 LED가 켜지는 것을 확인할 수 있다.

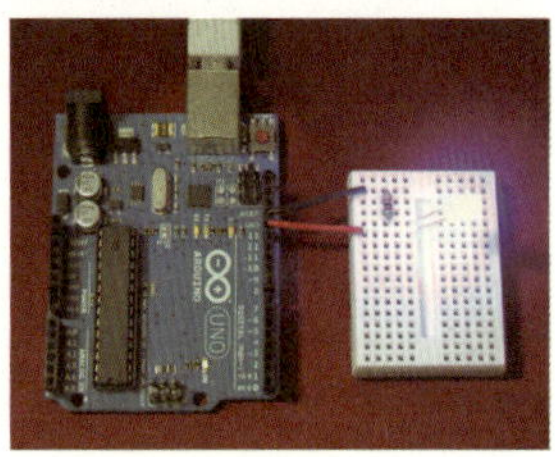

⚠️

1. 시리얼 라이브러리를 사용하는 프로세싱을 실행할 때는 아두이노 보드가 컴퓨터에 연결되어 있어야 한다.

2. 시리얼 라이브러리를 사용하는 프로세싱이 실행되고 있을 때는 아두이노 스케치를 보드에 업로드할 수 없기 때문에 프로세싱을 정지하고 업로드한 다음 다시 프로세싱을 실행시킨다.

3. 프로세싱과 아두이노를 연결하는 시리얼 통신 Serial.begin (9600)은 바이트(byte) 단위로 값을 전송하기 때문에 0~255 사이의 숫자 값을 사용해야 한다.

4. 프로세싱 void setup()에서 명령어 printArray(Serial. list());를 실행하면 컴퓨터에서 사용할 수 있는 시리얼 포트 번호와 이름이 텍스트 알림창에 출력된다. 이 중에서 아두이노가 연결된 포트 이름을 바로 변수 port에 지정해 줄 수도 있다.

```
port = new Serial(this, "COM3", 9600);
```

5. 맥 OS에서 프로세싱 시리얼 라이브러리를 처음 사용하는 경우에는 프로세싱 상단 메뉴의 도구(Tools) 밑에 있는 'Fix Serial Library'를 클릭하여 자동으로 라이브러리를 수정한 다음 프로세싱을 다시 실행시키면 된다.

6. 맥 OS에서 프로세싱과 아두이노 파일을 저장할 때는 파일명을 영문으로 하고 파일을 폴더에 저장할 때에도 폴더명을 영문으로 해야 한다. 파일명과 폴더명이 한글로 되어 있으면 라이브러리 경로나 데이터 소스의 위치를 찾지 못해 에러가 난다.

02 프로세싱: 아날로그 입력 → 아두이노: 아날로그 출력

두 번째 예제는 프로세싱에서 마우스의 x 좌표 값을 변화시키면(아날로그 입력) 아두이노 11번 핀에 연결된 LED의 밝기가 변한다(아날로그 출력). 먼저 미니 브레드보드를 이용하여 아두이노 보드 11번 핀에 저항 51옴과 함께 고휘도 파란색 LED를 연결한다. 회로를 구성한 다음 USB 케이블로 컴퓨터와 연결한다. (아두이노 보드 11번 핀은 PWM 기능이 있어 아날로그 출력이 가능하다. PWM은 「2-2 잠자는 탁구공」에 자세히 설명되어 있다.)

아두이노 11번 핀과 LED의 양극(+) 다리를 빨간색 점프선으로 브레드보드의 같은 라인에 꽂아준다. LED의 음극(-) 다리와 저항 51옴의 한쪽 다리를 같은 라인에 꽂아 연결한다. 저항 51옴의 다른 쪽 다리는 검은색 점프선으로 아두이노 보드의 그라운드(GND) 핀과 연결한다. (LED의 긴 다리는 양극(+), 짧은 다리는 음극(-)이다.)

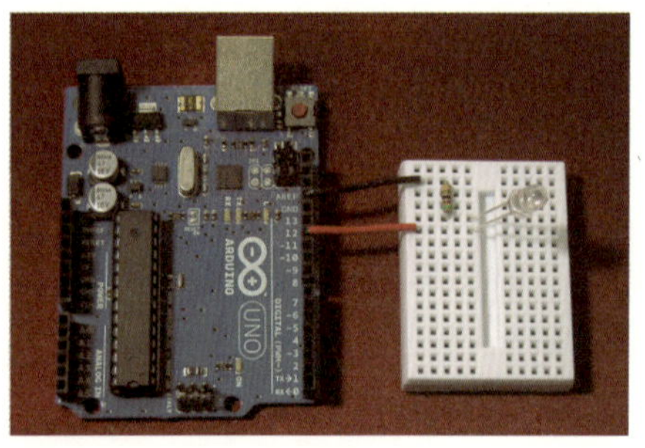

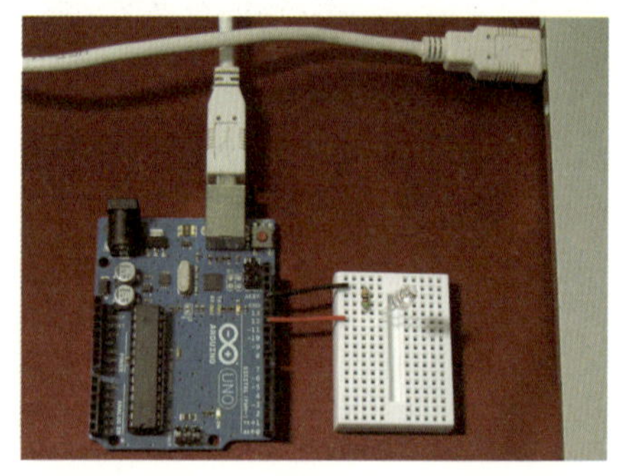

다음은 아두이노 보드에 아래 스케치를 업로드한

다. 프로세싱에서 입력되는 값을 변수 val에 정수 형태로 저장한다. void setup() 구문에서 명령어 Serial.begin(9600)을 입력하여 시리얼 통신을 시작한다. 아날로그 입력 및 출력 핀은 디지털 핀처럼 void setup()에서 핀 모드를 따로 정해주지 않아도 된다. void loop() 구문에서는 만약 프로세싱에서 시리얼 통신으로 값이 입력되면 값을 읽어 들이고 변수 val에 저장한다. 프로세싱에서 입력되는 값은 0에서부터 255 사이의 숫자 값이기 때문에 변수 val를 그대로 analogWrite의 출력 값으로 사용한다. 입력 값이 커지면 LED는 점점 밝아지고 입력 값이 작아지면 LED는 점점 어두워진다.

arduino_A_0

```
// 아두이노 코드
int val;                    // 변수 val를 정수의 형태로 설정한다

void setup() {
  Serial.begin(9600); // 시리얼 통신을 시작한다
}
void loop() {
  if (Serial.available()) { // 만약 시리얼 통신으로
                            // 값이 들어온다면
    val = Serial.read(); // 시리얼 값을 변수 val에 저장한다
  }
  analogWrite(11, val);    // 11번 핀과 연결된 LED는
                            // 변수 val값에 따라
                            // 밝기가 조절된다
}
```

아두이노 스케치를 보드에 업로드한 다음 프로세싱을 열고 스케치한다. 첫 번째 예제에서 살펴본 시리얼 라이브러리를 사용하여 void setup()에서 아두이노 보드와 시리얼 통신을 할 수 있도록 준비한다.

마우스 x 좌표 값을 아두이노 보드에 전송하기 위해 변수 val를 정수 형태로 설정한다. 마우스 x 좌표(mouseX)의 범위는 화면창의 가로 크기(width)에 따라 달라진다. 이렇게 크기가 매번 달라질 수 있는 마우스 x 좌표의 범위를 아두이노 보드에서 아날로그 출력 값으로 사용할 수 있도록 0~255 범위로 조절해 주어야 하는데 이때 명령어 map()을 사용할 수 있다.

명령어 map()은 특정한 변수가 가질 수 있는 값의 범위를 비율에 따라 계산하여 내가 원하는 값의 다른 범위로 변환해준다. map()의 첫 번째 매개변수는 변환하고 싶은 변수이고 두 번째, 세 번째 매개변수는 변환하고 싶은 변수의 최소 값과 최대 값이다. 네 번째, 다섯 번째 매개변수는 내가 원하는 범위의 최소 값과 최대 값이다. 이번 예제에서 변환하고 싶은 변수는 mouseX이며 mouseX의 최소 값과 최대 값은 0과 width(이번 예제에서는 600)이다. 내가 원하는 범위의 최소 값과 최대 값은 아두이노 보드에서 매개변수로 사용하기 편한 0과 255이므로 map(mouseX, 0, width, 0, 255)가 된다. 명령어 map()은 소수(float) 형태로 값이 계산되기 때문에 정수(int) 형태로 설정된 변수 val에 저장하기 위해서는 map()에서 계산된 값을 정수로 바꾸어야 한다. map()을 ()로 묶은 다음 앞에 int를 붙여 정수 형태로 바꾼 다음 변수 val에 저장한다. val = int(map(mouseX, 0, width, 0, 256))

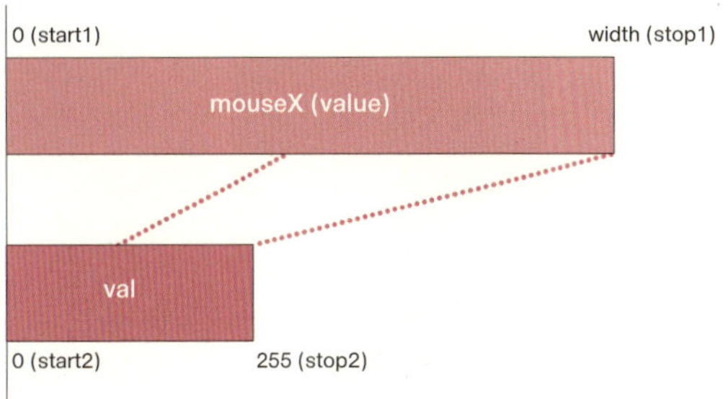

map(value, start1, stop1, start2, stop2)

명령어 map()을 이용하면 mouseX가 0이면 변수 val의 값은 0이며 mouseX가 300이면 변수 val의 값은 128이며 mouseX가 599면 변수 val의 값은 255로 변환되어 저장된다.

다음은 명령어 port.write(val)로 아두이노 보드에 변수 val 값을 보낸다. val 값은 스케치에서 원의 투명도 값으로도 사용하며 mouseX 값이 점점 커지면서 선명한 파란색 원이 그려지도록 한다.

processing_A_I

```
// 프로세싱 코드
// 아두이노가 연결된 포트 번호에 맞게 Serial.list()[ ] 배열 안의 숫자를 수정한다
import processing.serial.*;            // 시리얼 라이브러리를 불러온다
Serial port;                          // Serial 유형의 변수 port를 설정한다
int val;                              // 변수 val를 정수의 형태로 설정한다
void setup() {
  size(600, 600);                     // 화면창 크기를 가로 600픽셀, 세로 600픽셀로 만든다
  printArray(Serial.list());          // 컴퓨터에서 사용할 수 있는 시리얼 포트 번호와 이름을 출력한다
  String portName = Serial.list()[0]; // 아두이노가 연결된 포트 이름을 String 유형으로 변수 portName에 저장한다
  port = new Serial(this, portName, 9600);  // 변수 port로 시리얼 통신을 시작한다
}
void draw() {
  background(255);                    // 바탕화면 색은 흰색으로 칠한다
  val = int(map(mouseX, 0, width, 0, 256));  // 마우스 x 좌표의 범위를 0~255 사이 값으로 변환하여 val에 저장한다
  port.write(val);                    // 시리얼 통신으로 아두이노 보드에 val 값을 보낸다
  fill(0, 0, 255, val);               // 도형의 안쪽 면 투명도를 val 값에 따라 변하게 한다
  ellipse(mouseX, mouseY, 50, 50);    // 마우스의 위치에 가로 50픽셀, 세로 50픽셀 크기의 원을 그린다
  println(val);                       // 텍스트 알림창에 val 값을 출력한다
}
```

프로세싱을 실행한다. 화면창에서 마우스를 오른쪽으로 움직이면 아두이노 보드에 연결되어 있는 LED가 점점 밝아지고 왼쪽으로 움직이면 LED가 점점 어두워지는 것을 확인할 수 있다.

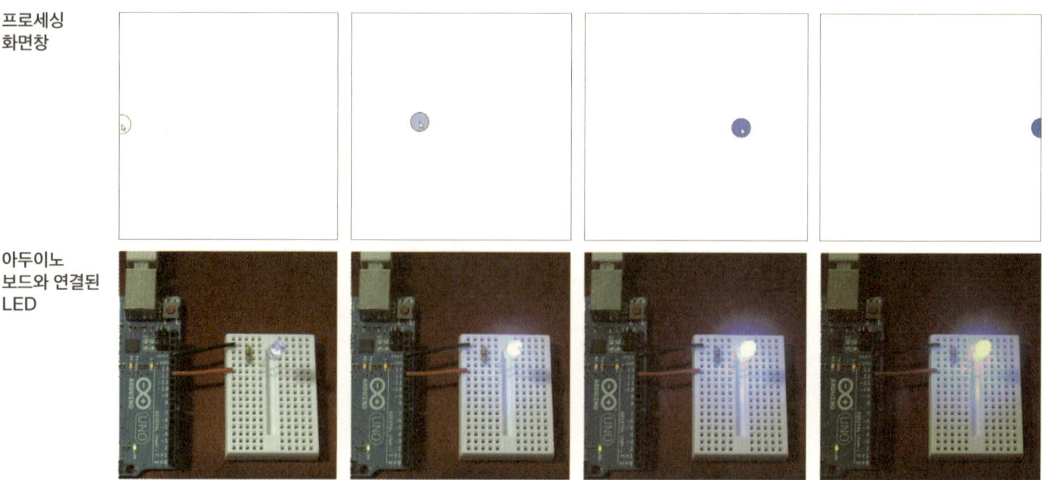

아두이노에서 스위치를 누르면(디지털 입력) 프로세싱 화면창에 그려진 원의 안쪽 면 색이 투명한 회색에서 선명한 파란색으로 변한다(디지털 출력). 먼저 미니 브레드보드를 이용하여 아두이노 보드 7번 핀에 저항 10K옴과 함께 스위치를 연결한다. 회로를 구성한 다음 USB 케이블로 컴퓨터와 연결한다.

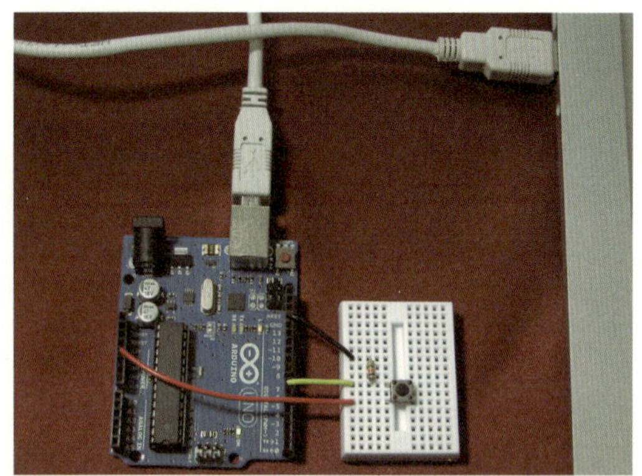

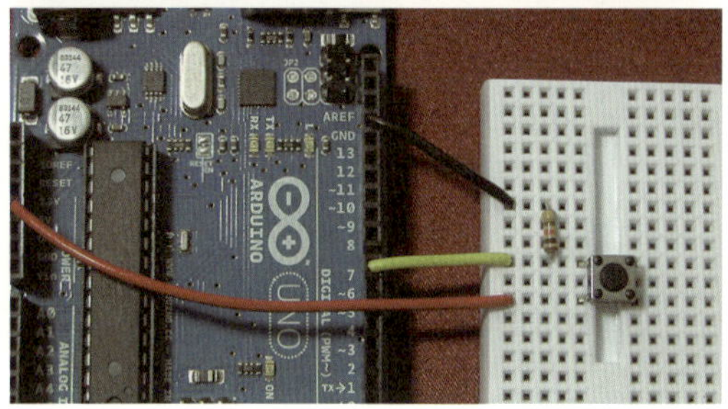

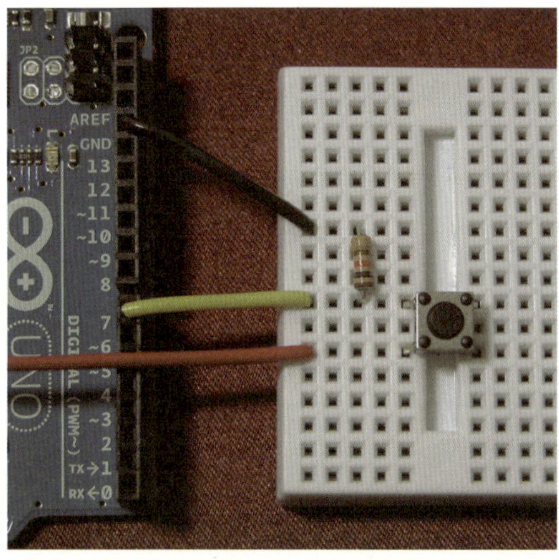

아두이노 보드에서 출력되는 5V 전압을 택트 스위치의 한쪽 다리에 빨간색 점프선으로 연결한다. 택트 스위치의 다른 쪽 다리는 아두이노 보드의 디지털 7번 핀과 노란색 점프선으로 연결하면 동시에 10K옴 저항을 지나 그라운드(GND)와도 연결된다.

아두이노 보드에 아래 스케치를 업로드한다. void setup() 구문에서 아두이노 보드 7번 핀을 디지털 입력 핀으로 지정한 다음 시리얼 통신을 시작한다는 명령어 Serial.begin(9600)을 입력한다. void loop() 구문에서는 if 구문으로 스위치가 눌리는지 확인해서 7번 핀으로 5V(HIGH)가 입력되면 시리얼 통신으로 프로세싱에 1이라는 값을 보낸다. 스위치를 누르지 않으면 7번 핀은 0V(LOW)가 되며 if 구문의 조건을 만족시키지 못하기 때문에 프로세싱에 0이라는 값을 보낸다. 아두이노와 프로세싱을 연결하는 시리얼 통신 Serial.begin(9600)은 바이트(byte, 0~255) 단위로 값을 전송하며 명령어 Serial.write()를 사용한다.

arduino_D_I

```
// 아두이노 코드
void setup() {
  pinMode(7, INPUT);                    // 7번 핀을 디지털 입력 핀으로 사용
  Serial.begin(9600);                   // 시리얼 통신을 시작한다
}

void loop() {
  if (digitalRead(7) == HIGH){          // 만약 7번 핀으로 5V(HIGH)가 입력되면
    Serial.write(1);                    // 시리얼 통신으로 프로세싱에 1을 보낸다
  }
  else {                                // 아닐 경우에는
    Serial.write(0);                    // 시리얼 통신으로 프로세싱에 0을 보낸다
  }
  delay(100);                           // 0.1초동안 멈춘다
}
```

아두이노 스케치를 보드에 업로드한 다음 프로세싱을 열고 스케치한다. 먼저 시리얼 라이브러리를 사용하여 void setup()에서 아두이노 보드와 시리얼 통신을 할 수 있도록 준비한다.

아두이노 보드에서 시리얼 통신으로 입력되는 값을 저장하기 위해 변수 val를 정수 형태로 설정한다. 그리고 void draw()에서 만약 시리얼 통신으로 값이 들어오기 시작하면 그 값을 변수 val에 저장하고 if 구문으로 val의 값이 1이면 원의 안쪽 면을 선명한 파란색으로 칠하고 1이 아닐 경우에는 원의 안쪽 면을 투명한 회색으로 칠한다.

processing_D_O

```
// 프로세싱 코드, 아두이노가 연결된 포트 번호에 맞게 Serial.list()[ ] 안의 숫자를 수정한다
import processing.serial.*;                      // 시리얼 라이브러리를 불러온다
Serial port;                                     // Serial 유형의 변수 port를 설정한다
int val;                                         // 변수 val를 정수의 형태로 설정한다

void setup() {
  size(600, 600);                                // 화면창 크기를 가로 600픽셀, 세로 600픽셀로 만든다
  noStroke();                                    // 도형의 외곽선을 없앤다
  printArray(Serial.list());                     // 컴퓨터에서 사용할 수 있는 시리얼 포트 번호와 이름을 출력한다
  String portName = Serial.list()[0];            // 아두이노가 연결된 포트 이름을 String 유형으로 변수 portName에 저장한다
  port = new Serial(this, portName, 9600);       // 변수 port로 시리얼 통신을 시작한다
}

void draw() {
  if (port.available() > 0) {                     // 만약 시리얼 통신으로 값이 들어온다면
    val = port.read();                            // 시리얼 값을 변수 val에 저장한다
  }
  background(255);                                // 바탕화면 색은 흰색으로 칠한다
  if (val == 1) {                                 // 만약 변수 val의 값이 1이면
    fill(0, 0, 255, 100);                         // 도형의 안쪽 면을 투명한 파란색으로 칠한다
  } else {                                        // 만약 변수 val의 값이 1이 아닐 경우에는
    fill(10, 10);                                 // 도형의 안쪽 면을 투명한 회색으로 칠한다
  }
  ellipse(width/2, height/2, 300, 300);           // 화면창 가운데 가로 300픽셀, 세로 300픽셀 크기의 원을 그린다
  println(val);                                   // 텍스트 알림창에 val 값을 출력한다
}
```

프로세싱을 실행한다. 아두이노 보드와 연결된 스위치를 누르면 프로세싱 화면창에 그려진 원의 색이 파란색으로 바뀌는 것을 확인할 수 있다.

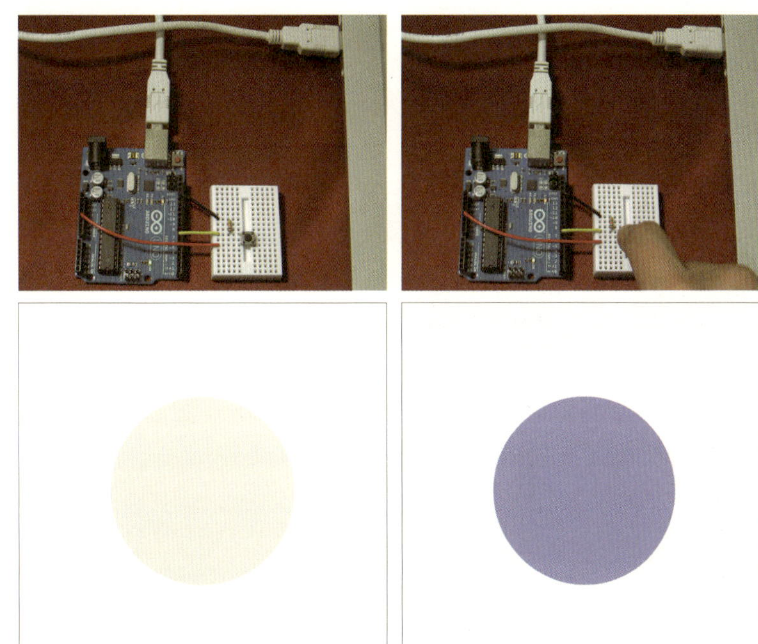

아두이노 보드와
연결된 스위치

프로세싱 화면창

04 아두이노: 아날로그 입력 → 프로세싱: 아날로그 출력

네 번째 예제는 아두이노에 연결된 포토셀 주위의 밝고 어두운 정도(아날로그 입력)에 따라 프로세싱 화면창에 그려진 원의 크기와 색깔이 변한다(아날로그 출력). 먼저 미니 브레드보드를 이용하여 아두이노 보드 아날로그 입력 핀 A0에 저항 1K옴과 함께 포토셀을 연결한다. 회로를 구성한 다음 USB 케이블로 컴퓨터와 연결한다.

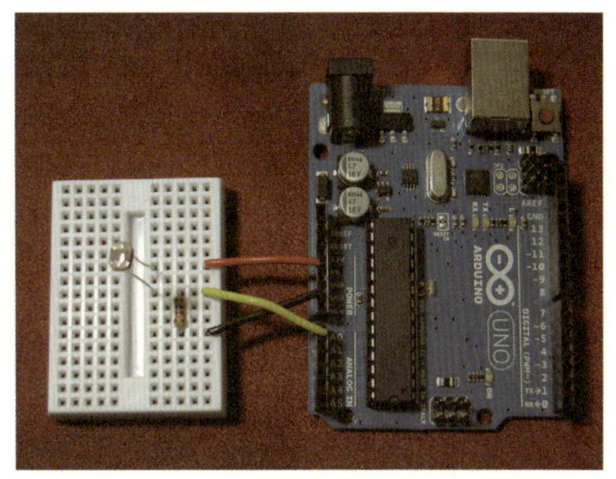

아두이노 보드에서 출력되는 5V 전압을 포토셀의 한쪽 다리에 빨간색 점프선으로 연결한다. 포토셀의 다른 쪽 다리는 아두이노 보드의 아날로그 입력 핀 A0과 노란색 점프선으로 연결하면 동시에 1K옴 저항을 지나 검은색 점프선으로 그라운드(GND)와도 연결된다.

다음은 아두이노 보드에 아래 스케치를 업로드한다. void setup() 구문에서 명령어 Serial.begin(9600)으로 시리얼 통신을 시작한다. void loop() 구문에서는 아날로그 A0핀으로 입력되는 값을 4로 나눈 다음 변수 val에 저장한다. 아날로그 핀으로 들어오는 값은 0~1023(2^{10}, 10bit)사이의 정수 값으로 입력되기 때문에 시리얼 통신의 기본 단위인 바이트(byte) 값 0~255(2^8, 8bit = 1Byte) 사이의 정수 값으로 바꾸기 위해 입력되는 값을 4로 나누어 저장한 다음 val 값을 프로세싱으로 보낸다.

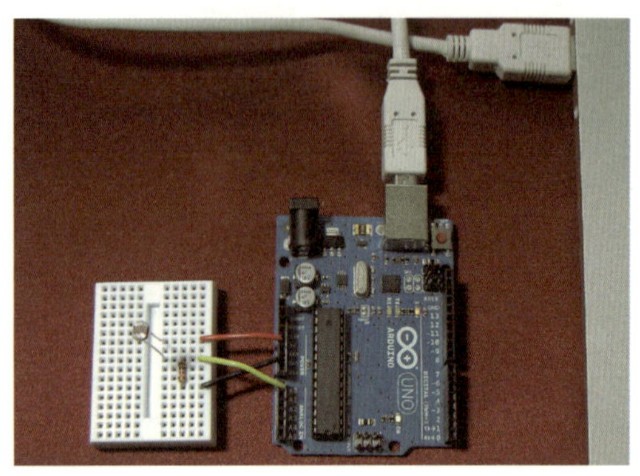

arduino_A_I

```
// 아두이노 코드
int val;                        // 변수 val를 정수 형태로 설정한다
void setup() {
  Serial.begin(9600);           // 시리얼 통신을 시작한다
}
void loop() {
  val = analogRead(A0)/4;       // 아날로그 A0핀으로 입력되는 값을 4로 나눈 다음 변수 val에 저장한다
  Serial.write(val);            // 시리얼 통신으로 프로세싱에 val 값을 보낸다
  delay(100);                   // 0.1초 동안 멈춘다
}
```

아두이노 스케치를 보드에 업로드한 다음 프로세싱을 열고 스케치한다. 먼저 시리얼 라이브러리를 사용하여 void setup()에서 아두이노 보드와 시리얼 통신을 할 수 있도록 준비한다.

다음은 아두이노 보드에서 시리얼 통신으로 입력되는 값을 저장하기 위해 변수 val를 정수 형태로 설정한다. 그리고 void draw()에서 만약 시리얼 통신으로 값이 들어오기 시작하면 그 값을 변수 val에 저장하고 val 값을 원의 안쪽 면 색과 원의 가로, 세로 크기를 제어하는 매개변수로 사용한다. val 값이 커지면 원의 안쪽 면 색이 밝아지며 원의 크기도 점점 커진다.

```
// 프로세싱 코드, 아두이노가 연결된 포트 번호에 맞게 Serial.list()[ ] 안의 숫자를 수정한다
import processing.serial.*;              // 시리얼 라이브러리를 불러온다
Serial port;                            // Serial 유형의 변수 port를 설정한다
int val;                                // 변수 val를 정수의 형태로 설정한다
void setup() {
  size(600, 600);                       // 화면창 크기를 가로 600픽셀, 세로 600픽셀로 만든다
  printArray(Serial.list());            // 컴퓨터에서 사용할 수 있는 시리얼 포트 번호와 이름을 출력한다
  String portName = Serial.list()[0];   // 아두이노가 연결된 포트이름을 String 유형으로 변수 portName에 저장한다
  port = new Serial(this, portName, 9600); // 변수 port로 시리얼 통신을 시작한다
}

void draw() {
  if (port.available() > 0) {           // 만약 시리얼 통신으로 값이 들어온다면
    val = port.read();                  // 시리얼 값을 변수 val에 저장한다
  }
  background(255);                      // 바탕화면 색은 흰색으로 칠한다
  fill(val);                           // 도형의 안쪽 면색은 val 값에 따라 변한다
  ellipse(width/2, height/2, val, val); // 화면창 가운데 가로 세로 크기가 val 값 크기만큼 원이 그려진다
  println(val);                        // 텍스트 알림창에 val 값을 출력한다
}
```

프로세싱을 실행시킨다. 아두이노 보드와 연결된 포토셀 주위가 어두워지면 프로세싱 화면창에 그 려진 원의 색이 어두워지고 크기가 작아지는 것을 확인할 수 있다.

아두이노 보드와 연결된 포토셀

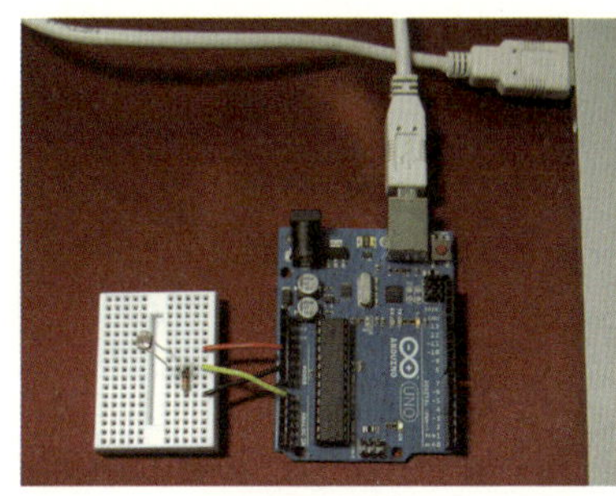
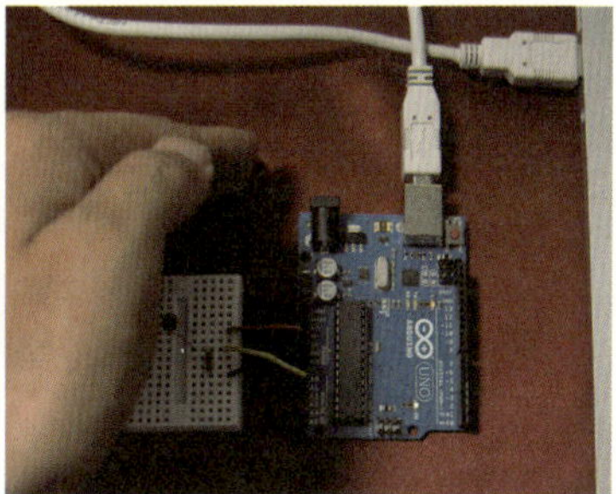

프로세싱 화면창

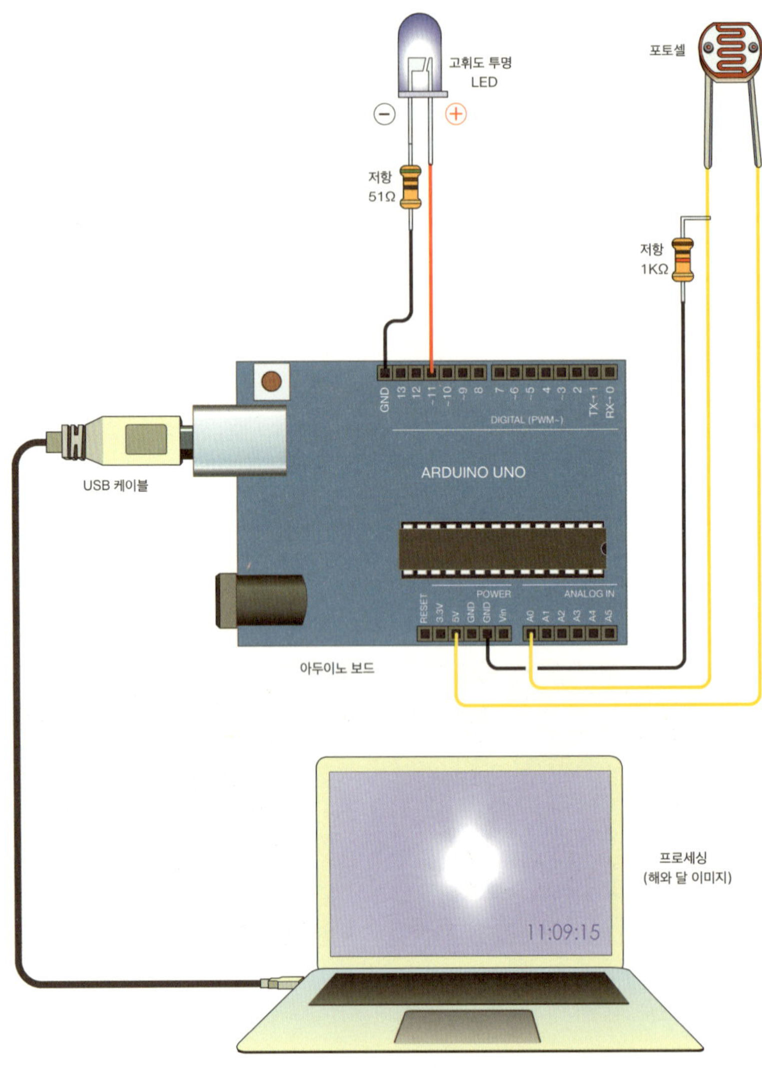

제작 과정

잠자는 탁구공 컴퓨터에 연결하기

〈아두이노로 두 걸음 옮기기〉에서 만들어 놓은 「2-2 잠자는 탁구공」을 이용하여 해와 달 프로젝트를 만들어보자. 아두이노 보드와 연결되어 있는 잠자는 탁구공의 포토셀 값을 아날로그 형태로 입력받아 프로세싱으로 보낸다. (잠자는 탁구공이 없으면 앞에서 살펴본 04 예제의 포토셀 회로를 사용해도 좋다.)

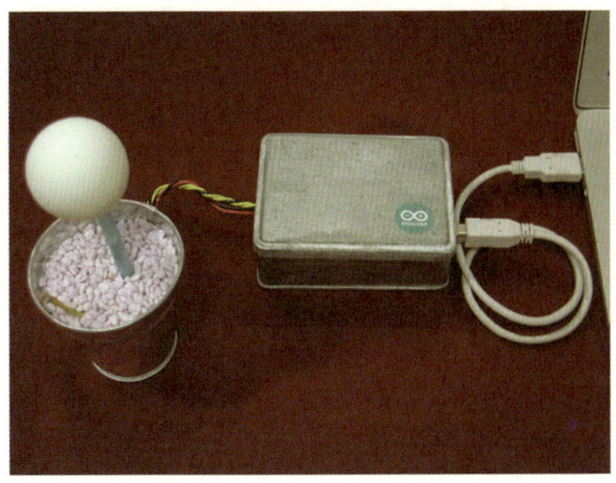

다음은 아두이노 보드에 아래 스케치를 업로드한다. 포토셀 값을 저장하기 위해 변수 val를 정수의 형태로 설정한다. void setup() 구문에서 디지털 11번 핀을 출력 핀으로 설정하고 명령어 Serial.begin(9600)으로 시리얼 통신을 시작한다. void loop() 구문에서는 아날로그 A0 핀으로 입력되는 값을 4로 나눈 다음 변수 val에 저장하고 동시에 val 값을 시리얼 통신으로 프로세싱에 보낸다. 다음은 if 구문으로 만약 포토셀 값이 40보다 작으면 디지털 11번 핀과 연결된 LED를 켜고 아닐 경우에는 LED를 끈다.

arduino_sun_moon

```
// 아두이노 코드
int val;                              // 변수 val를 정수의 형태로 설정한다
void setup() {
  pinMode(11, OUTPUT);                // 11번 핀을 디지털 출력 핀으로 사용한다
  Serial.begin(9600);                 // 시리얼 통신을 시작한다
}
void loop() {
  val = analogRead(A0)/4;             // 아날로그 A0번 핀으로 입력되는 값을 4로 나누고 변수 val에 대입시킨다
  Serial.write(val);                  // 시리얼 통신으로 val값을 프로세싱으로 보낸다
  if(val < 40){                       // 만약 val값이 40미만이면
    digitalWrite(11, HIGH);           // 11번 핀으로 5V를 출력한다
  } else{                             // 만약 val값이 40미만이 아닐 경우에는
    digitalWrite(11, LOW);            // 11번 핀으로 0V를 출력한다
  }
  delay(100);                         // 0.1초 동안 멈춘다
}
```

아두이노 스케치를 보드에 업로드한 다음 프로세싱을 열고 스케치한다. 먼저 시리얼 라이브러리를 스케치에 추가하고 아두이노 보드에서 입력되는 포토셀 값을 저장하기 위해 변수 val를 정수 형태로 설정한다. 다음은 스케치에서 사용할 해와 달 이미지를 저장하기 위해 PImage 유형의 변수 img1과 img2를 만들고 현재 시간을 표시하기 위해 PFont 유형의 변수 font를 만든다.

void setup()에서는 이미지 변수 img1과 img2에 각각 해와 달 이미지를 불러오고 텍스트 변수 font에는 data 폴더에 미리 만들어 놓은 vlw 폰트를 불러온 다음 명령어 textFont()로 실제 text() 명령어에서 사용할 폰트를 설정한다. 아두이노 보드와 시리얼 통신을 할 수 있도록 준비한다. 프로세싱에서 이미지(PImage)와 폰트(PFont)를 사용하는 방법은 「4-3 패턴 이미지」에 자세하게 설명되어 있다.

void draw()에서는 만약 시리얼 통신으로 값이
들어오기 시작하면 그 값을 변수 val에 저장한다.
그리고 if 구문으로 만약 val 값이 40보다 작으면 변
수 img2에 저장된 달 이미지가 출력되고 아닐 경우
에는 변수 img1에 저장된 해 이미지가 출력된다.
이때 명령어 fill()로 각 이미지에서 표시되는 현재
시간의 숫자 색도 바꾸어 준다.

　　다음은 현재 시간을 표시하는 방법을 알아보자.
프로세싱은 다음 명령어들로 컴퓨터의 현재 시간과
날짜 정보를 가지고 올 수 있다.

```
second() : 초(0~59)
minute() : 분(0~59)
hour() : 시(0~23)
day() : 오늘 날짜(1~31)
month(): 이번 달(1~12)
year() : 올해(2014, 2015, ...)
```

현재 시간을 표시하는 시계를 만들기 위해 변수 s
에는 초 단위 값, 변수 m에는 분 단위 값, 변수 h에
는 시 단위 값을 각각 저장한다. String 유형의 변
수 time에 텍스트 데이터를 저장하는데 이때 명령
어 nf()를 사용하여 시간을 표시한다. nf()의 첫 번
째 매개변수는 숫자 값이고 두 번째 매개변수는 0
과 함께 자리수를 나타내는데 만약 nf(5, 2)이면 숫
자 5를 두 자리 수로 표시하여 05가 되며 nf(10, 5)
이면 00010이 된다. 이번 예제에서는 시, 분, 초를
모두 두 자리 수로 표시하고 중간에 :(콜론)을 추가
하여 디지털 시계처럼 표현한다. String 유형의 변
수 time에 저장된 시계는 명령어 text()로 화면창 오
른쪽 밑에 표시한다.

processing_sun_moon

```
// 프로세싱 코드
// 아두이노가 연결된 포트 번호에 맞게
// Serial.list()[ ] 배열 안의 숫자를 수정한다
import processing.serial.*;
Serial port;
int val;
PImage img1, img2;
PFont font;

void setup() {
  size(1440, 900);
  img1 = loadImage("sun.jpg");
  img2 = loadImage("moon.jpg");
  font = loadFont("CenturyGothic-100.vlw");
  textFont(font);
  printArray(Serial.list());
  String portName = Serial.list()[0];
  port = new Serial(this, portName, 9600);
}

void draw() {
  if (port.available() > 0) {
    val = port.read();
  }
  if (val < 40) {
    image(img2, 0, 0);
    fill(200, 160, 160);
  } else {
    image(img1, 0, 0);
    fill(100, 100, 200);
  }
  int s = second();
  int m = minute();
  int h = hour();
  String time = nf(h, 2) + ":" + nf(m, 2) +
                ":" + nf(s, 2);
  text(time, 1000, 800);
  println(val);
}
```

잠자는 탁구공을 햇볕이 잘 드는 창가로 옮기고 크
기가 작은 외부 모니터를 컴퓨터에 연결한 다음 프
로세싱을 실행시킨다. 밝은 아침이면 해 이미지와
함께 현재 시간이 출력되고 해가 진 뒤 저녁이 되면
해 이미지가 달 이미지로 바뀐다.

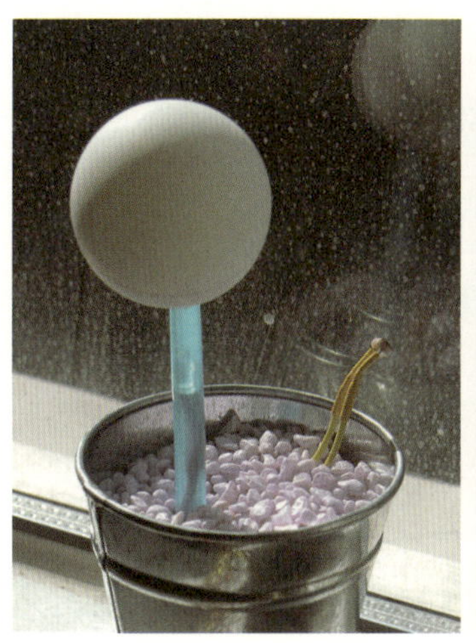
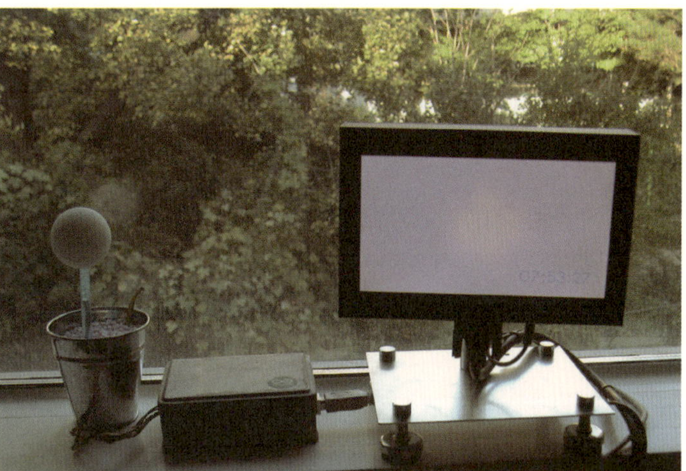
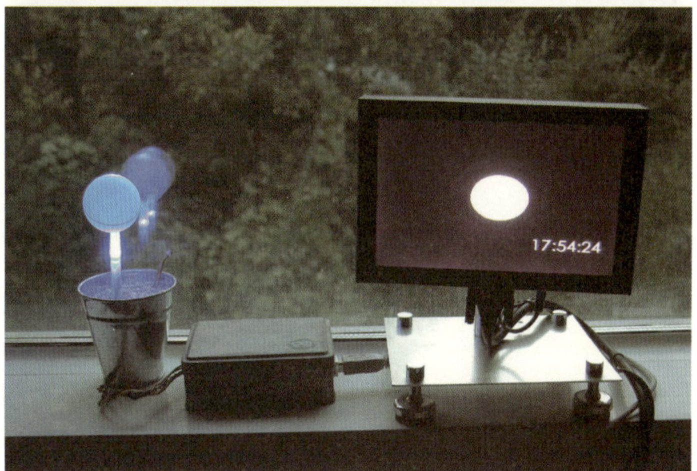

TIP 특정한 시간에 맞춰 텍스트를 출력하거나 음악을 재생하는 등 새로운 일을 추가하는 것도 가능하다. 예를 들어 아침 7시에 특정한 이벤트를 발생시키고 싶다면 프로세싱의 void draw() 안에 다음과 같이 if 구문을 추가하면 된다.

```
if(h == 7){
    화면창에 텍스트 출력, 음악 재생, 아두이노 보드와 연결된 모터 작동 등
}
```

상대의 중요성

모든 색은 아름답다. 단지 어떤 색과 함께 쓰이는 지에 따라 아름답게 보일 수도 있고 아름답지 않게 보일 수도 있다. 한 전선의 끝이 220V 양극에 연결되어 있다고 해서 전기가 통하지는 않는다. 그 전선의 반대쪽 끝이 음극(그라운드)에 연결되어야만 전류가 흐를 수 있고 여러 가지 일을 할 수 있다. 하늘을 가로지르며 날아가는 비행기의 모습만 보면 빠른 속도로 난다는 느낌이 들지 않는다. 비행기 주위에 천천히 이동하는 구름이 같이 보이면 우리는 확실하게 비행기가 빠르다고 느낀다. 나무 주변에 하늘하늘한 꽃이 피어 있으면 나무가 튼튼해 보인다. 하지만 나무를 바위와 비교하면 상대적으로 약해 보인다. 이처럼 모든 사물에 대한 평가는 상대적이며 어떤 사물과 함께 쓰이냐에 따라 느낌이 달라진다. 어울리지 않게 생긴 사물 두 가지가 의외로 훌륭하게 어울리는 결과를 낼 수도 있고, 어떤 장소에 꼭 맞는다고 생각했던 사물이 또 다른 장소에 갔을 때는 예상치 못했던 전혀 새로운 모습을 보여줄 수도 있다. 그러니 여러분도 사물을 실제로 비교해 보고 직접 느껴 보는 실험을 가능한 많이 해보길 바란다.

물성은 변하지 않는다. 단지 상대에 따라 다르게 느껴질 뿐이다.

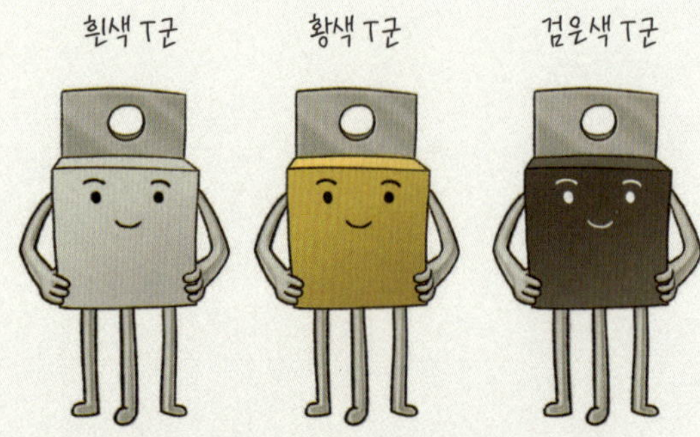

좀 더 가까이

난이도 ■■■□□
시간 1시간 30분

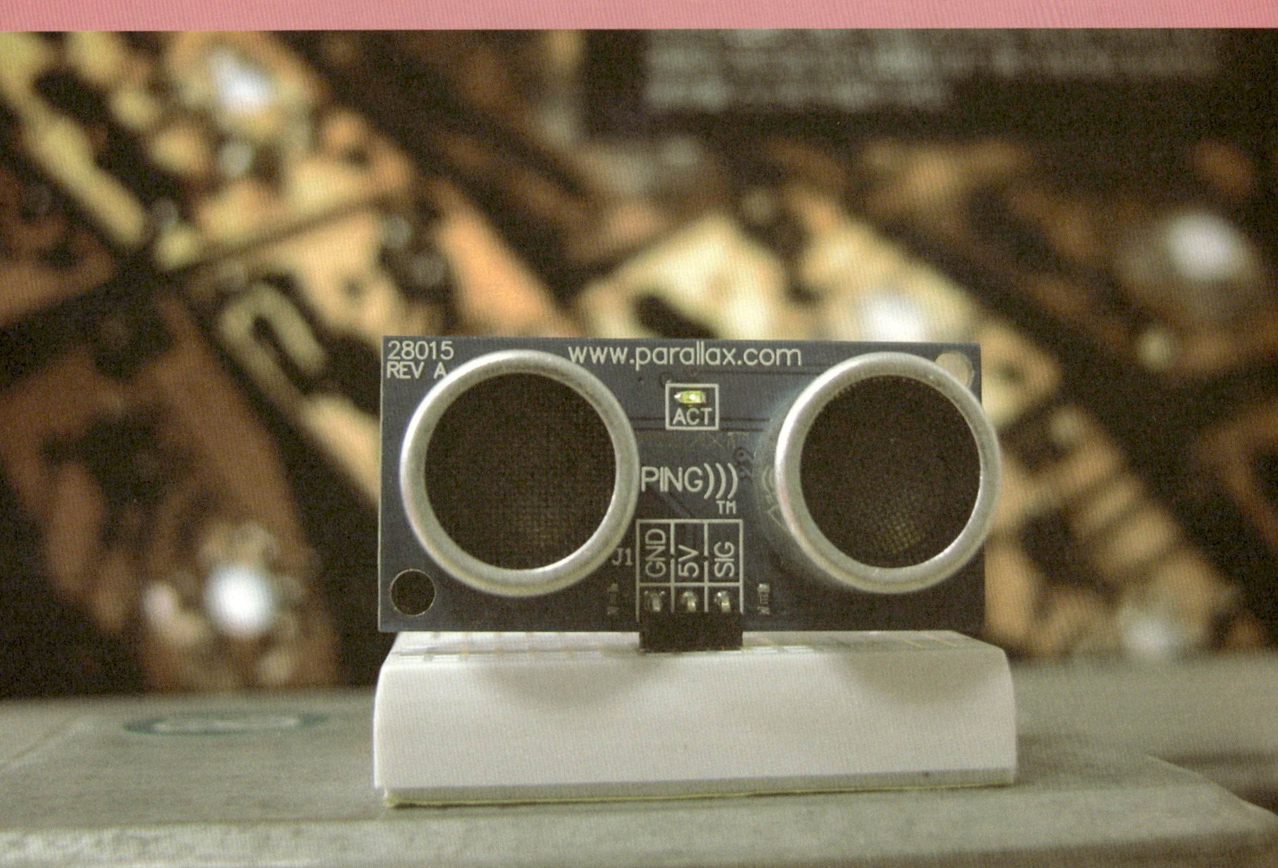

관객이 초음파 거리감지 센서 앞으로 다가가면 이미지가 점점 확대되며 이미지에 대한 자세한 설
명을 볼 수 있다.

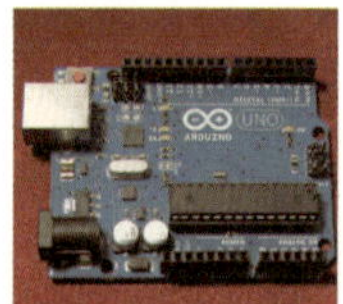

아두이노 우노 (R3)
» 온라인 (플: 100410020145,
아: TP11021D)

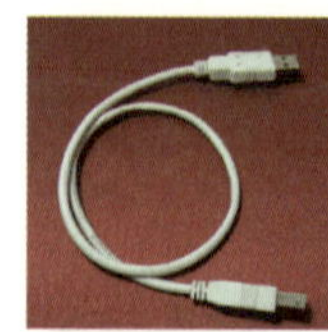

USB 케이블 (A/B 타입)
» 온라인 (플: 20081304471753_0,
엘: EPX344M9)

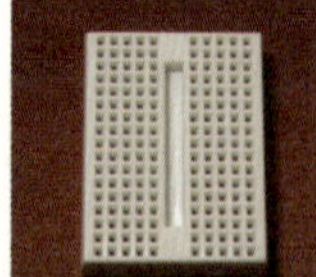

미니 브레드보드
» 온라인 (엘: EPX3C8UV, 디: 32283)

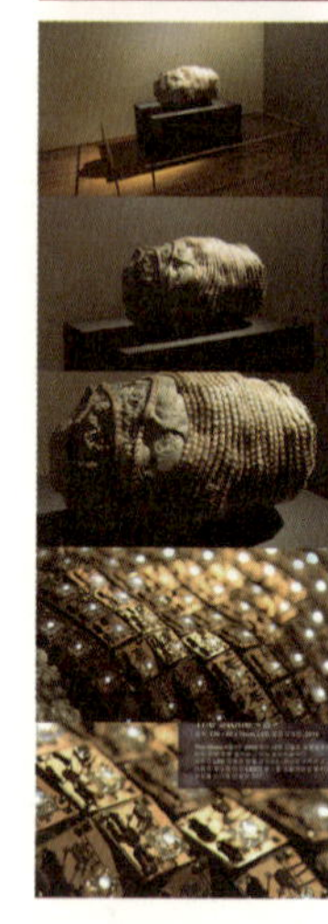

이미지 5장
초음파 거리감지 센서와 관객의 거리에 따라
이미지의 내용이 확대되거나 축소되는 연속된
이미지

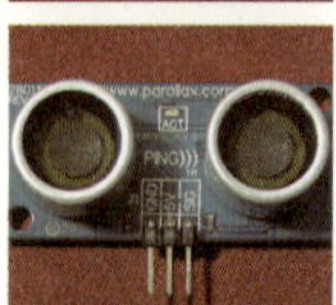

초음파 거리감지 센서
모델명: 28015, 제조사: parallax
최소 3cm에서 최대 3m 사이의 물체 감지
» 온라인 (제이알씨, http://www.jrcrobot.
co.kr, 엘: EPX497D9)

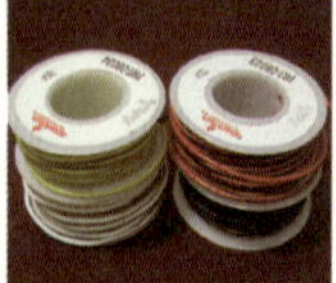
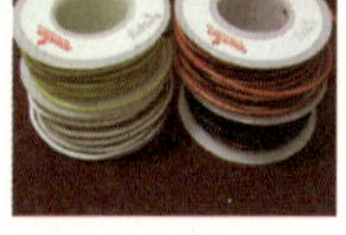

전선 (단심선)
빨간색, 검은색, 노란색, 흰색
심 굵기: 0.6mm(22AWG)
» 온라인, 청계천 시장

공구
와이어 스트리퍼, 롱노우즈 플라이어, 니퍼

주요 제작단계

01
아두이노 보드에
초음파 거리감지
센서 연결하기

02
센서 값에 따라
이미지 5장이
바뀌는 프로세싱
스케치하기

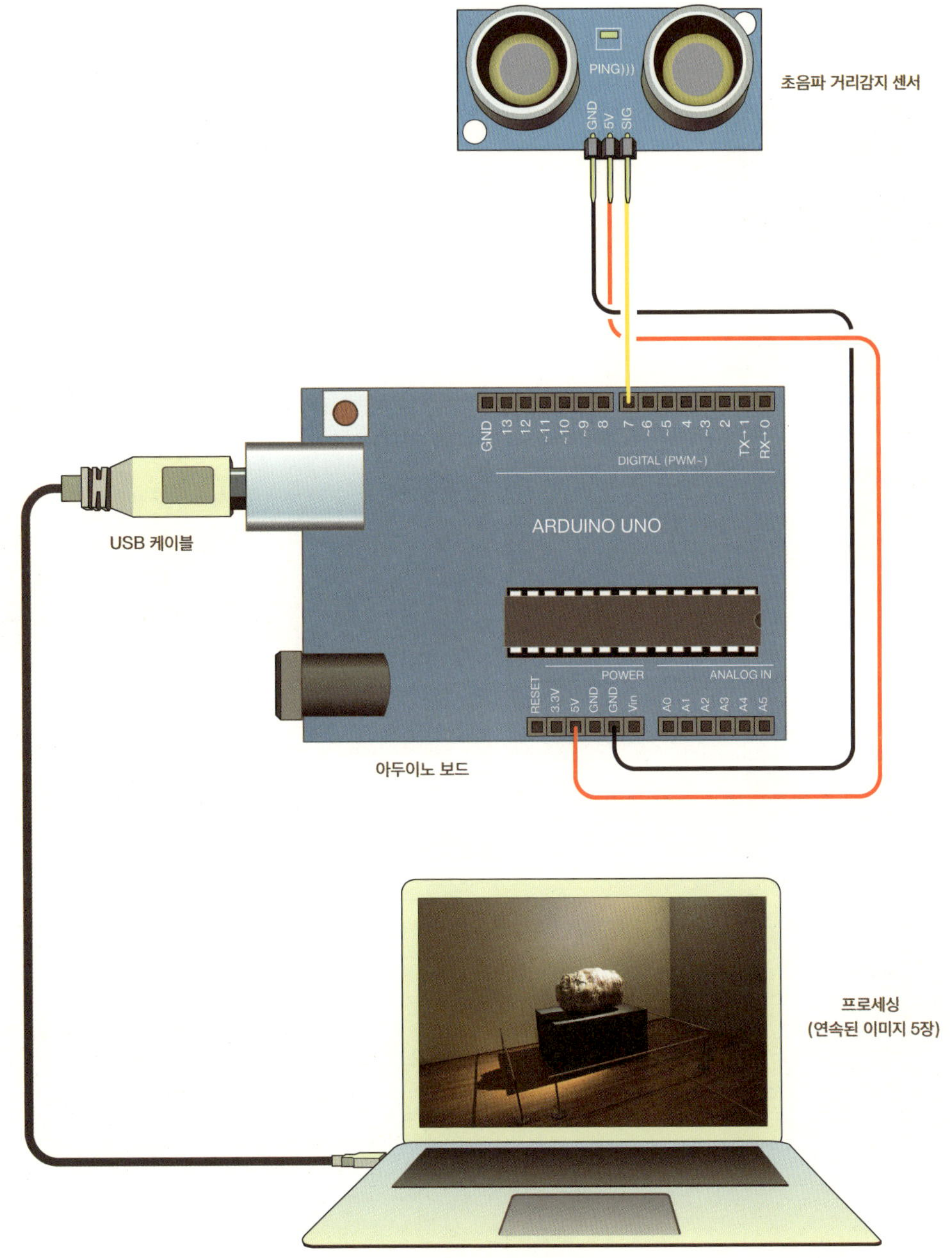

초음파 거리감지 센서
PING)))
GND 5V SIG
USB 케이블
ARDUINO UNO
GND 13 12 ~11 ~10 ~9 8 7 ~6 ~5 4 ~3 2 TX~1 RX~0
DIGITAL (PWM~)
RESET 3.3V 5V GND GND Vin A0 A1 A2 A3 A4 A5
POWER ANALOG IN
아두이노 보드
프로세싱
(연속된 이미지 5장)

01 아두이노 보드에 초음파 거리감지 센서 연결하기

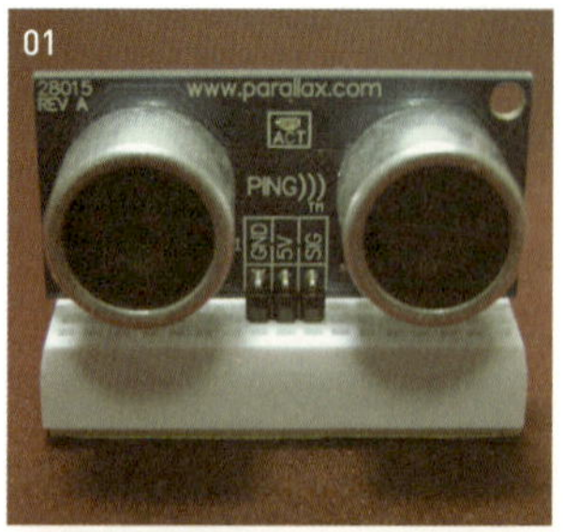

01 초음파 거리감지 센서를 미니 브레드보드에 꽂는다.

02 센서를 아두이노에 연결하기 위해 각 핀과 같은 라인에 전선을 꽂는다. 센서의 5V(전원) 핀은 빨간색 전선, GND(그라운드) 핀은 검은색 전선, SIG (Signal, 신호) 핀은 노란색 전선을 사용한다.

03 빨간색 전선은 아두이노 보드 5V, 검은색 전선은 GND(그라운드), 노란색 전선은 디지털 7번 핀에 꽂는다.

04 아두이노 보드를 USB 케이블로 컴퓨터와 연결한다

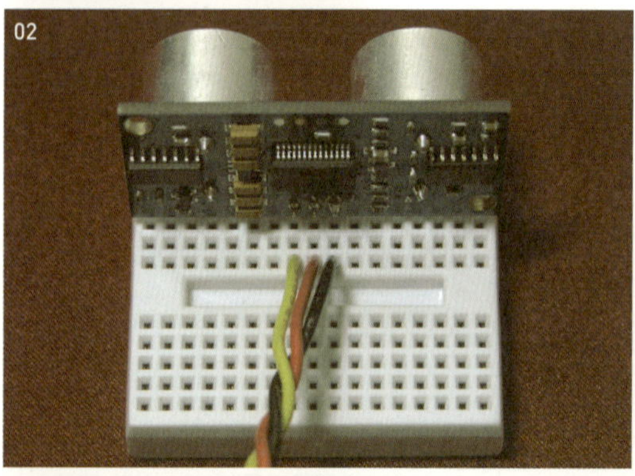

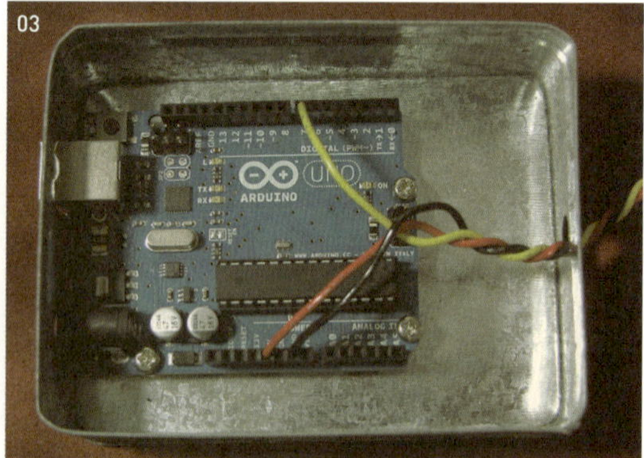

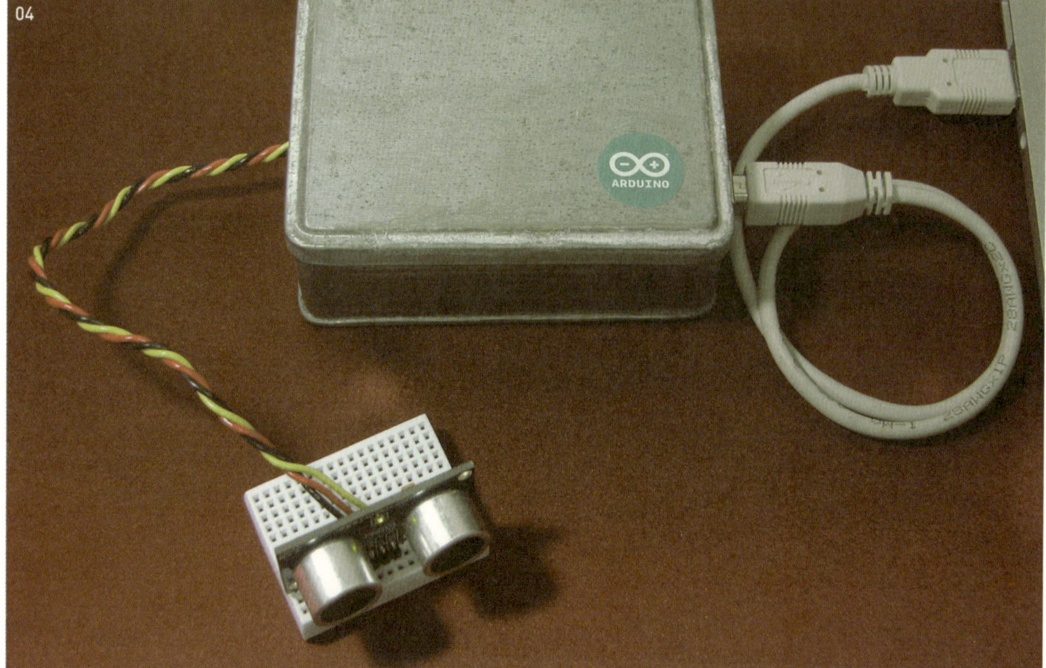

아두이노 보드에 arduino_ping 스케치를 업로드한다. 아두이노 보드 디지털 7번 핀으로 초음파 거리감지 센서와 통신하기 위해 변수 pingPin에 정수 7을 넣는다. void setup() 구문에서 명령어 Serial.begin(9600)으로 시리얼 통신을 시작한다. 초음파 거리감지 센서는 사람의 귀로는 들리지 않는 영역대의 음파를 발생시켜 그 음파가 물체에 부딪쳐 되돌아오는 데 걸린 시간을 측정하여 물체까지의 거리를 알 수 있게 해준다. 사람의 눈처럼 생긴 두 개의 원통 중에서 한쪽은 음파를 발생시키는 송신부이고 다른 쪽은 발생된 음파를 감지하는 수신부 역할을 한다. 이번 예제에서 사용하는 초음파 센서 28015는 센서로부터의 거리가 최소 3cm에서 최대 3m이내인 물체를 감지할 수 있다.

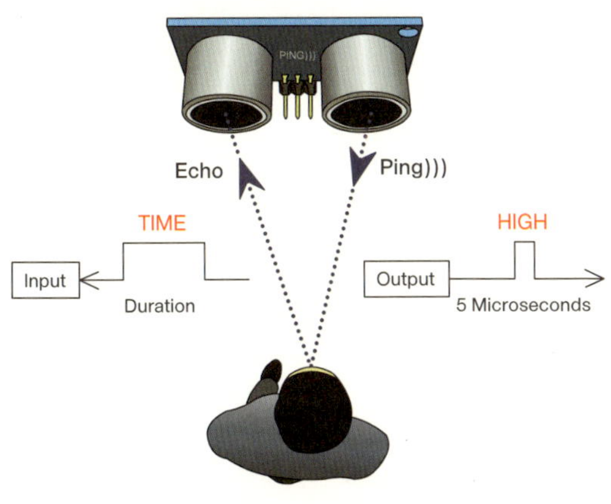

초음파 센서와 연결된 아두이노 보드의 디지털 7번(pingPin) 핀은 음파를 발생시키는 Output 기능과 음파를 감지하는 Input 기능을 void loop() 구문에서 차례대로 반복 수행한다. 먼저 음파를 발생시키기 위해 7번(pingPin) 핀을 OUTPUT 모드로 설정하고 0V(LOW)를 만든다. 다음은 명령어 delayMicroseconds(2)를 이용하여 잠시 멈춘다. 명령어 delayMicroseconds()는 마이크로세컨드(1,000,000분의 1초) 단위로 값을 입력하면 그 시간 동안 프로그램을 정지시킨다. 1,000,000마이크로세컨드가 1초이며 1마이크로세컨드는 0.000001초로 아주 짧은 시간이다. 다음은 7번(pingPin) 핀에서 5마이크로세컨드 동안 5V(HIGH)를 출력시켜 초음파 센서의 송신부에서 음파가 발생하도록 한 다음 다시 7번 핀을 0V(LOW)로 만들어 준다. 그리고 7번 핀을 INPUT 모드로 바꾸고 명령어 pulseIn()으로 송신부에서 발생된 음파가 물체에 부딪쳐 수신부로 되돌아오는 데 걸린 시간을 마이크로세컨드 단위로 변수 duration에 저장한다. 그 다음 duration 값을 알아보기 편한 cm 단위로 바꾼다. 초음파는 1cm를 가는데 29마이크로세컨드가 소요되므로 duration 값을 29로 나눈다. 또한 초음파가 물체에 닿은 다음 그 거리만큼 되돌아 온 것을 감안하여 값을 2로 한 번 더 나눈다. 이렇게 하면 실제 센서와 물체 간의 거리를 cm 단위로 얻을 수 있다. 이 값을 변수 cm에 저장한 후, 명령어 Serial.write()을 이용해 프로세싱으로 거리에 따라 출력할 이미지 번호를 보낸다.

arduino_ping

```
// 아두이노 코드
int pingPin = 7;                    // pingPin을 정수 형태로 설정하고 7을 넣는다
```

```
void setup() {
  Serial.begin(9600);                                // 시리얼 통신을 시작한다
}

void loop(){
  pinMode(pingPin, OUTPUT);                           // pingPin을 디지털 출력 핀으로 사용한다
  digitalWrite(pingPin, LOW);                         // pingPin에서 0V를 출력한다
  delayMicroseconds(2);                               // 0.000002초 동안 멈춘다
  digitalWrite(pingPin, HIGH);                        // pingPin에서 5V를 출력한다
  delayMicroseconds(5);                               // 0.000005초 동안 멈춘다
  digitalWrite(pingPin, LOW);                         // pingPin에서 0V를 출력한다
  pinMode(pingPin, INPUT);                            // pingPin을 디지털 입력 핀으로 사용한다
  int duration = pulseIn(pingPin, HIGH);             // pingPin에 5V가 입력된 후 0V가 되기 전까지의 시간을 duration에 넣는다
  int cm = duration / 29 /2;                          // duration을 29로 나누고 다시 2로 나눈 값을 cm에 넣는다
  if (cm >= 3 && cm < 30){                            // 만약 변수 cm 값이 3 이상이고 30 미만이면
    Serial.write(1);                                 // 시리얼 통신으로 프로세싱에 1을 보낸다
  }
  if (cm >= 30 && cm < 50){                           // 만약 변수 cm 값이 30 이상이고 50 미만이면
    Serial.write(2);                                 // 시리얼 통신으로 프로세싱에 2를 보낸다
  }
  if (cm >= 50 && cm < 100){                          // 만약 변수 cm 값이 50 이상이고 100 미만이면
    Serial.write(3);                                 // 시리얼 통신으로 프로세싱에 3을 보낸다
  }
  if (cm >= 100 && cm < 150){                         // 만약 변수 cm 값이 100 이상이고 150 미만이면
    Serial.write(4);                                 // 시리얼 통신으로 프로세싱에 4를 보낸다
  }
  if (cm >= 150){                                     // 만약 cm 값이 150 이상이면
    Serial.write(5);                                 // 시리얼 통신으로 프로세싱에 5를 보낸다
  }
  delay(100);                                         // 0.1초 동안 멈춘다
}
```

02 센서 값에 따라 이미지 5장이 바뀌는 프로세싱 스케치하기

아두이노 스케치를 보드에 업로드한 다음 프로세싱을 열고 스케치한다. 먼저 시리얼 라이브러리를 스케치에 추가하고 아두이노 보드에서 전송되는 숫자 값을 저장하기 위해 변수 num을 정수 형태로 설정한다. 그 다음 스케치에서 사용할 이미지를 저장하기 위해 PImage 유형의 변수 5개(img1, img2, img3, img4, img5)를 만든다.

void setup()에서는 이미지 변수 5개에 각 이미지를 불러오고 아두이노 보드와 시리얼 통신을 할 수 있도록 준비한다.

void draw()에서는 시리얼 통신으로 값이 들어오기 시작하면 그 값을 변수 num에 저장한다. 그리고 if 구문으로 만약 num이 1이면 이미지 안에 있는 작품과 가장 근접한 이미지 stone_1.jpg를 출력하고 num이 2이면 좀 더 멀어진 이미지 stone_2.jpg를 출력하게 한다. 이런 식으로 관객이 센서와 점점 멀어질수록 이미지 안에 있는 작품과도 멀어지고 센서에 가까워질수록 작품을 좀 더 자세히 볼 수 있도록 스케치한다.

processing_ping

```
// 프로세싱 코드
// 아두이노가 연결된 포트 번호에 맞게
// Serial.list()[ ] 배열 안의 숫자를 수정해준다
```

```
import processing.serial.*;
Serial port;
int num;
PImage img1, img2, img3, img4, img5;
void setup() {
  size(1440, 900);
  img1 = loadImage("stone_1.jpg");
  img2 = loadImage("stone_2.jpg");
  img3 = loadImage("stone_3.jpg");
  img4 = loadImage("stone_4.jpg");
  img5 = loadImage("stone_5.jpg");
  printArray(Serial.list());
  String portName = Serial.list()[0];
  port = new Serial(this, portName, 9600);
}
void draw() {
  if (port.available() > 0) {
   num = port.read();
  }
  if (num == 1){
    image(img1, 0, 0);
  }
  if (num == 2){
    image(img2, 0, 0);
  }
  if (num == 3){
    image(img3, 0, 0);
  }
  if (num == 4){
    image(img4, 0, 0);
  }
  if (num == 5){
    image(img5, 0, 0);
  }
  println(num);
}
```

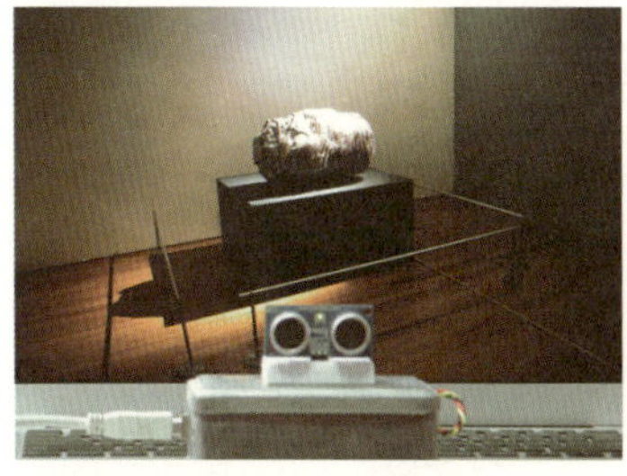

센서와의 거리가 150cm이상일 때

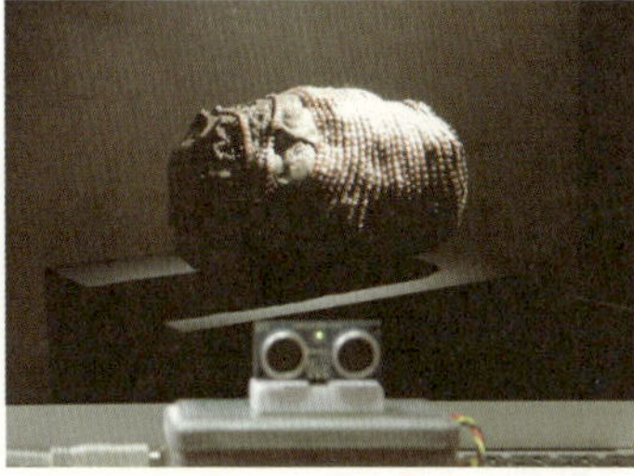

센서와의 거리가 100cm이상 150cm 미만 일 때

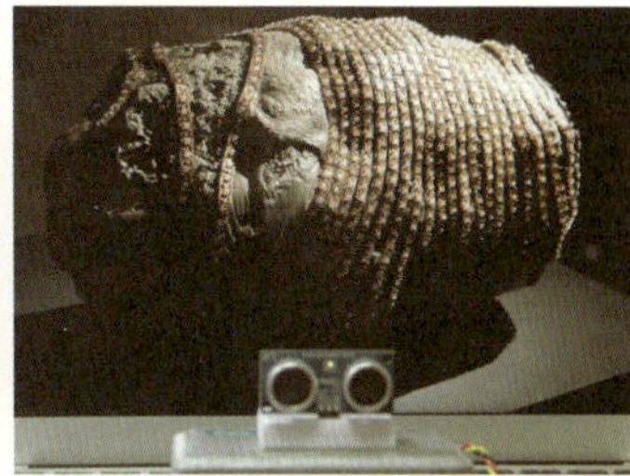

센서와의 거리가 50cm이상 100cm 미만 일 때

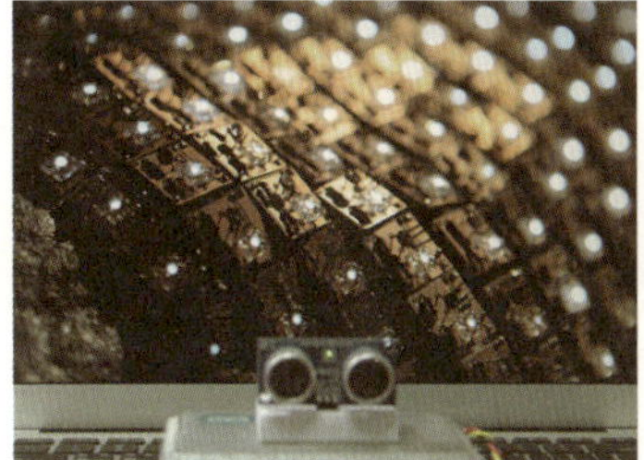

센서와의 거리가 30cm이상 50cm 미만 일 때

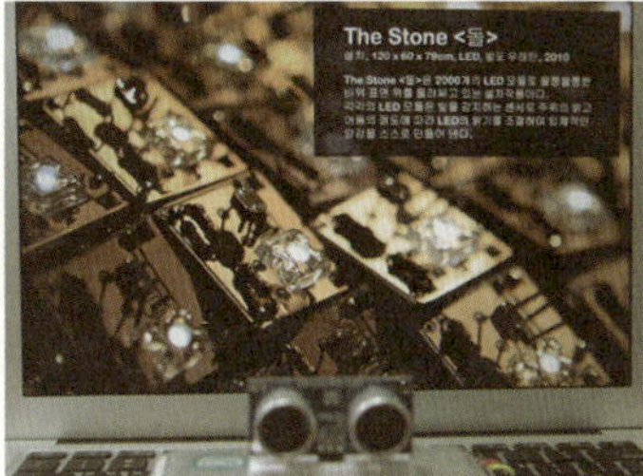

센서와의 거리가 3cm이상 30cm 미만 일 때

TIP

1. 초음파 거리감지 센서는 음파가 물체에 부딪쳐 되돌아오는 음파를 감지해야 하므로 센서 정면에 물체가 놓여 있어야 한다.

2. 초음파 거리감지 센서는 먼 거리도 감지할 수 있다는 장점이 있지만 감지할 수 있는 폭의 범위가 좁다는 단점이 있다.

3. 초음파 방식보다 넓은 폭의 범위를 감지하는 대신 감지 거리가 다소 짧은 적외선 거리감지 센서도 활용해볼 수 있다.

4. 초음파 센서를 천장에 달고 바닥을 향하게 설치하면 천장에서부터 바닥까지의 거리를 알 수 있다. 그 위치에 관객이 서면 관객의 키에 따라 입력되는 값이 달라진다. 이때 바닥까지의 거리 값에서 입력되는 값을 빼면 정확한 관객의 키를 알 수 있고 그 값에 따라 이미지가 변하는 작품을 만들어 볼 수 있다.

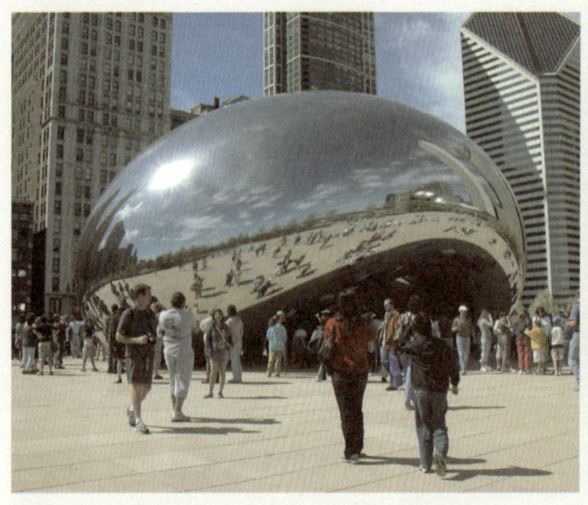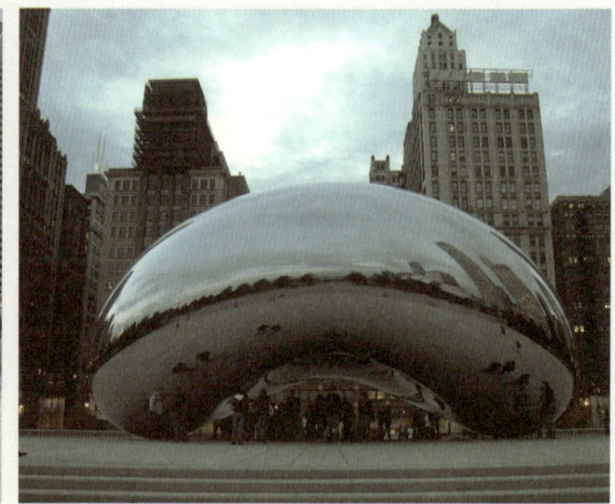

시카고 다운타운에 있는 밀레니엄 파크에는 강낭콩 모양의 재미있는 조형물이 있다. 영국작가 애니쉬 카푸어(Anish Kapoor)가 제작한 〈구름 문(Cloud Gate)〉이라는 조각 작품이다. 둘레는 20미터, 폭은 13미터에 높이가 10미터나 되는 엄청난 크기를 자랑한다. 168개의 스테인리스 스틸을 이어 붙여 콩 모양으로 만든 다음 1년 반 동안 표면을 갈아서 유리처럼 반짝이게 만들었다고 한다. 실제로 보면 도저히 철판으로 만들었다고는 믿어지지 않을 만큼 마무리가 깨끗해서 주위의 모든 사물을 거울처럼 반사한다. 마치 하늘에서 수은이 한 방울 떨어져서 굳어버린 것 같은 느낌이 드는 이 작품은 시카고의 고층 빌딩들이 만들어낸 스카이라인과 하늘 속 구름을 아름답게 반영한다.

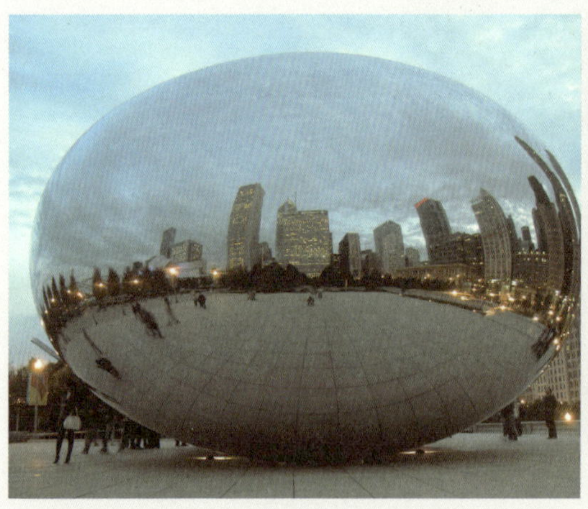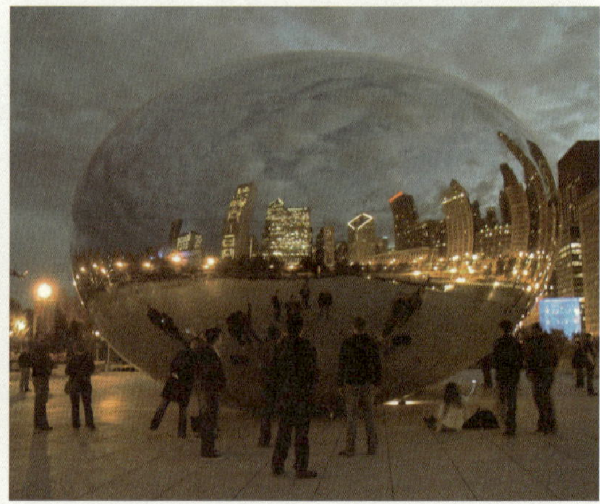

작품의 크기와 함께 이 작품이 주는 가장 큰 매력은 반사체를 이용한 거울 효과라고 할 수 있다. 특히, 작품 표면이 다양한 곡선으로 이루어져 있어 주위를 돌아다니다 보면 흥미로운 왜곡 현상을 볼 수 있다. 과학박물관에서 실제 자신의 키보다 더 커 보이거나 뚱뚱해 보이는 거울 앞에서 한참을 서성거렸던 기억을 떠오르게 한다. 카푸어의 구름 문은 왜곡 현상을 일으키는 거울 효과를 이용하여 관객들의 모습을 재미있게 비추어 주면서 자연스럽게 관객과 상호작용한다.

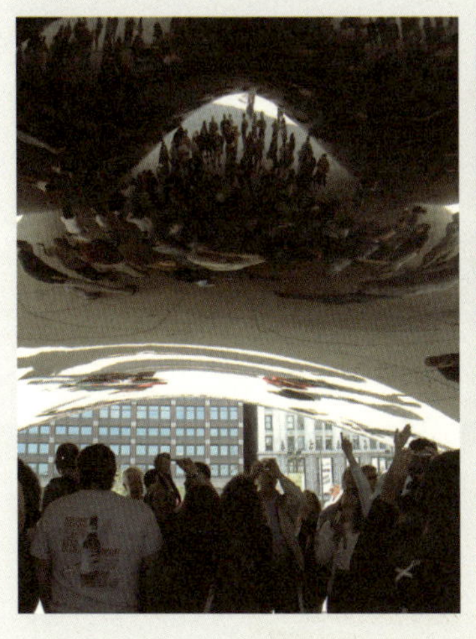
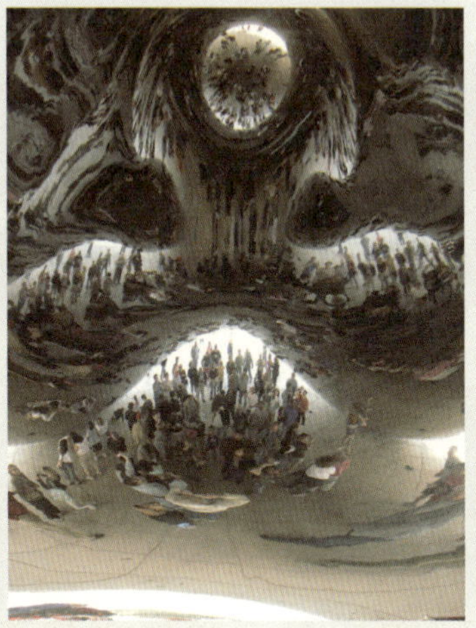
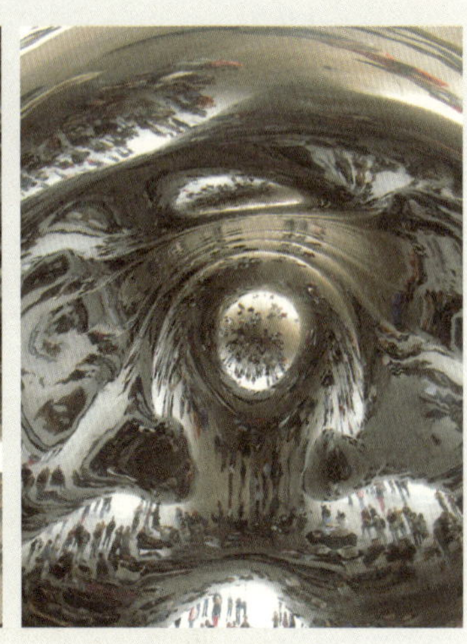

이처럼 거울은 보는 사람의 모습을 그대로 반영한다. 어떻게 보면 너무나도 당연해 보이는 현상이다. 하지만, 거울에 비친 자신의 모습을 보고 반응하는 사람들의 모습은 제각기 다른 것 같다. 다양한 표정을 지으며 자신의 얼굴을 감상하는 사람, 거울에 비친 모습이 정말 나인지 의심스러운 표정으로 팔을 벌려보거나 다리를 들어보며 자신의 모습을 확인해 보는 사람, 혹은 아무런 반응도 보이지 않고 멍하니 자신의 모습을 쳐다 보는 사람……. 개인적으로는 거울을 보면 항상 어색한 느낌이 든다. 정확한 이유는 알 수 없지만 내가 생각했던 나의 모습과 거울에 비친 나의 모습이 조금 달랐기 때문인 것 같다. 거울은 자기를 쳐다보는 사람에게 여러 가지 감정을 불러 일으키면서 자신을 더욱 신비스럽게 만든다.

이러한 거울 효과는 디지털 테크놀로지의 발달과 함께 미디어아트 분야에서도 많이 사용되고 있다. 백남준의 작품 〈TV 붓다〉와 〈TV 로댕〉을 보면 알 수 있듯이 거울 대신에 카메라로 대상을 찍은 다음 모니터를 통해서 그 영상을 보여주는 방식이다. 작품 속 불상과 로댕의 생각하는 사람은 스크린에 비친 자신의 모습을 보면서 무슨 생각을 하고 있을까? 또는 내가 만약 저 카메라 앞에 앉아 있으면 어떤 생각이 들까? 같은 흥미로운 상상도 해본다.

또 다른 작품으로는 다니엘 로진(Daniel Rozin)
의 〈나무 거울(Wooden Mirror)〉이 있다. 작품의
표면은 작은 나무 조각들로 이루어져 있으며 각 나
무 조각 뒤에는 일정한 각도 안에서 속도와 위치를
제어할 수 있는 서보모터가 연결되어 있다. 가운데
에는 조그마한 카메라가 설치되어 있어 작품 앞의
모습을 실시간으로 컴퓨터에 보내 준다. 컴퓨터는
카메라의 영상을 픽셀 단위로 나누어 분석한 다음
각 픽셀에 해당하는 서보모터를 제어하여 나무 조
각을 아래위로 움직인다. 관람자가 움직일 때마다
나무 조각들은 경쾌한 소리를 내면서 거울 앞의 모
습을 역동적으로 표현한다. 특히, 이 작품은 차가운
느낌의 반사체를 통해서 느낄 수 있었던 거울 효과
를 따뜻한 느낌의 자연 소재인 나무를 통해서 느낄
수 있어 더욱 정감이 간다. 한국에는 서울 W 호텔
로비에 1500개의 나무 조각으로 만든 다니엘 로진
의 나무 거울 작품이 전시되어 있다고 한다.

우리들은 일상생활에서 집을 나설 때마다 무의
식적으로 거울을 본다. 다른 사람들에게 나의 모습
이 어떻게 보일까 하는 조심스러운 걱정과 함께 좀
더 나은 자신의 모습을 보여주기 위해서 미리 점검
해 보는 것이다. 이처럼 거울을 본다는 것은 자신에
대한 관심과 사랑에서 나오는 행동이 아닐까 생각
된다. 물론 나르시스처럼 지나친 자기 사랑으로 너
무 자주 거울을 보는 것도 좋아 보이지는 않지만 그
래도 거울을 보자.

소리 그림

<table>
<tr><td>난이도</td><td>■■■■□</td></tr>
<tr><td>시간</td><td>2시간</td></tr>
</table>

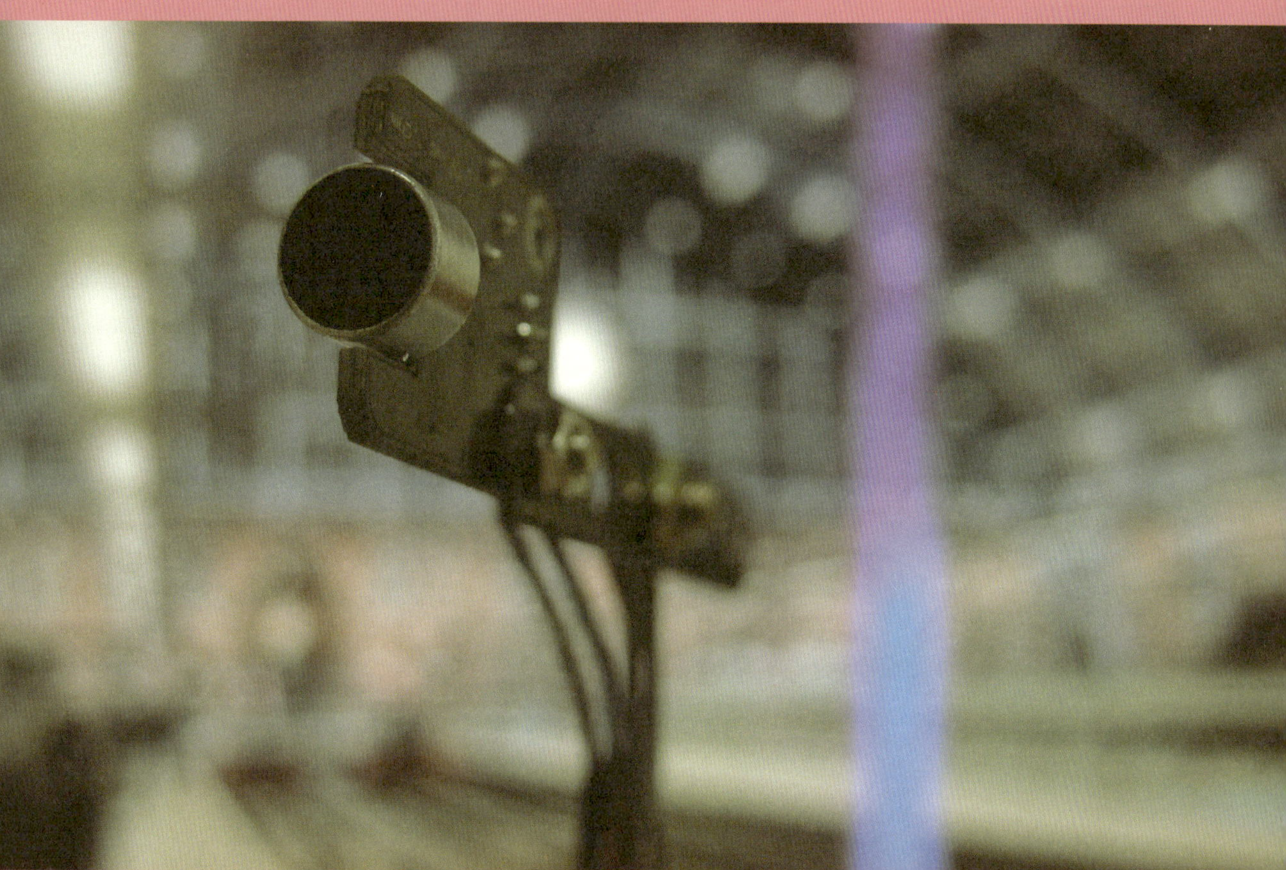

컴퓨터 화면에서 이미지 10장이 10초 간격으로 바뀌며 노래가 흘러나온다. 관객이 노래를 따라 부르면 아두이노 보드에 연결된 사운드 센서가 관객의 목소리를 감지한다. 소리 크기에 따라 화면 안에 있는 막대의 길이와 색이 실시간으로 변한다.

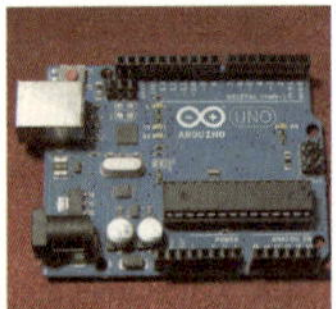
아두이노 우노 (R3)
» 온라인 (플: 100410020145,
아: TP11021D)

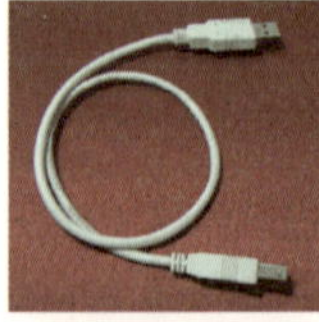
USB 케이블 (A/B 타입)
» 온라인 (플: 20081304471753_0,
엘: EPX344M9)

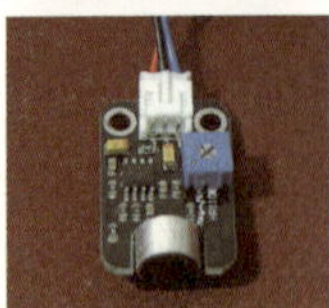
사운드 센서
모델명: DFR0034, 제조사: DFRoobot
» 온라인 (엘: EPX38H93)

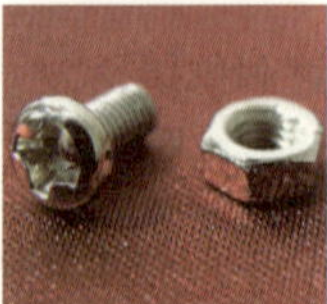
볼트, 너트
둥근머리 십자, 지름: 3mm, 길이: 6mm
» 온라인 (IC114: BOLTNUT3-6RN)

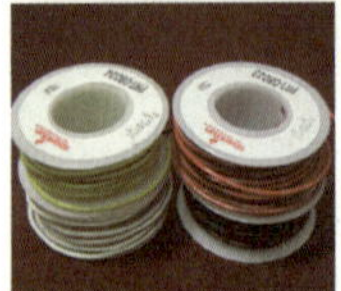
전선 (단심선)
빨간색, 검은색, 노란색, 흰색
심 굵기: 0.6mm(22AWG)
» 온라인, 청계천 시장

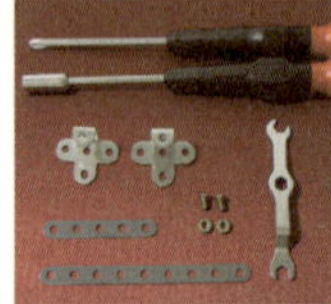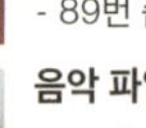
과학상자 부품 (제일과학)

- 41번 볼트 0.6cm, 2개   - 38번 스패너, 1개
- 133번 조향 브래킷, 2개   - 42번 너트, 2개
- 92번 좁은 스트립-9, 1개   - 40번 드라이버, 1개
- 123번 너트 드라이버, 1개
- 89번 좁은 스트립-5, 1개

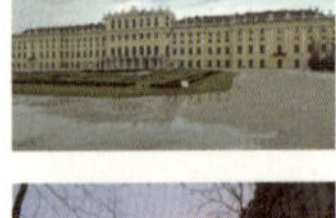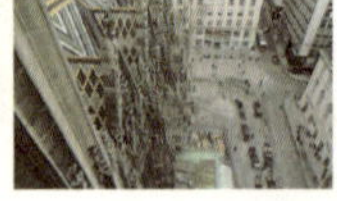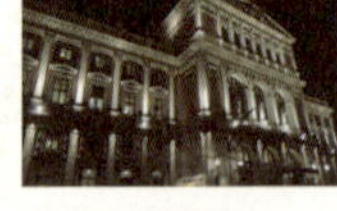
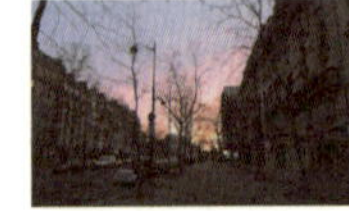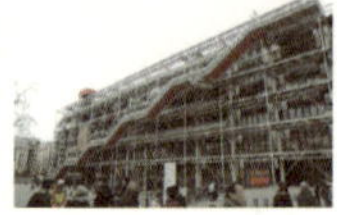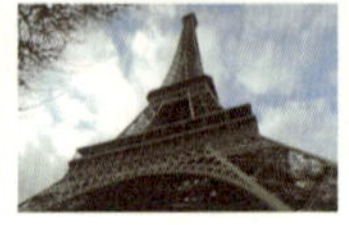

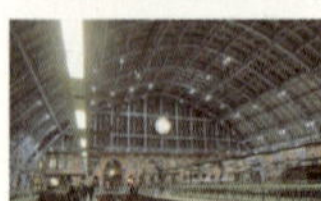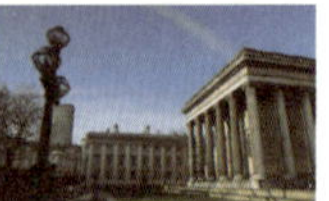
음악 파일 및 이미지 10장
프로세싱에서 실행시키고 싶은 음악 파일과
이미지 10장을 준비한다.

공구
와이어 스트리퍼, 롱노우즈 플라이어, 니퍼, 십자 드라이버

⚙️ **주요 제작단계**

01
사운드 센서
아두이노에
연결하기

02
사운드 센서 값에
따라 화면창의
막대 길이가 변하는
스케치하기

03
이미지 10장이
10초 간격으로
바뀌는 프로세싱
스케치하기

04
프로세싱으로
듣고 싶은 음악
재생하기

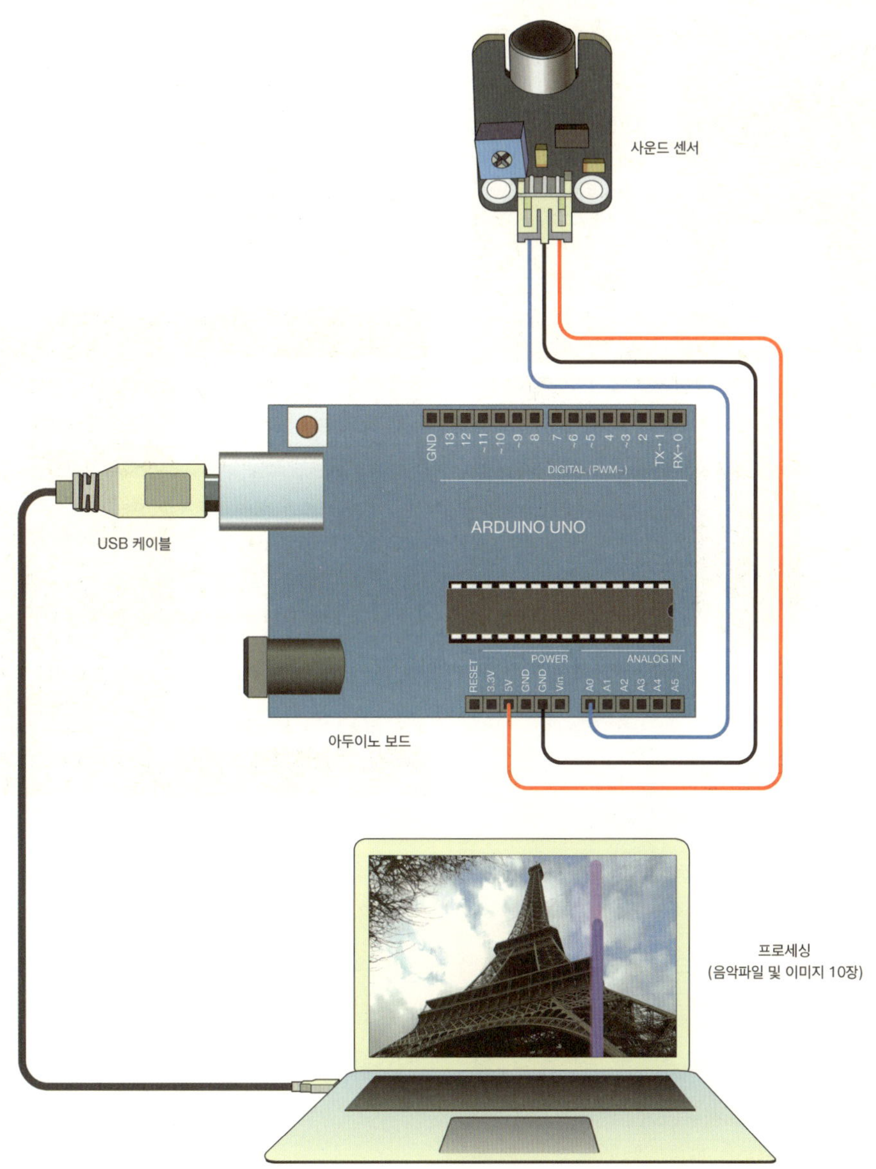

사운드 센서
USB 케이블
ARDUINO UNO
GND
13
12
~11
~10
~9
8
7
~6
~5
4
~3
2
TX→1
RX→0
DIGITAL (PWM~)
RESET
3.3V
5V
GND
GND
Vin
POWER
A0
A1
A2
A3
A4
A5
ANALOG IN
아두이노 보드
프로세싱
(음악파일 및 이미지 10장)

01 사운드 센서 아두이노에 연결하기

01 사운드 센서는 주변의 소리를 감지하여 전기적인 신호로 바꾸어 주는 역할을 한다. 이번 예제에서 사용할 사운드 센서에는 감도를 조절할 수 있는 포텐시오미터가 내장되어 있는데 미니 드라이버를 이용하여 시계 반대 방향으로 끝까지 돌려주면 훨씬 더 민감하게 소리를 감지할 수 있다.

02 사운드 센서를 좁은 스트립-5에 지름 3mm 볼트와 너트로 고정시킨다. 이때 좁은 스트립이 납땜한 부분과 닿지 않도록 한다.

03 좁은 스트립-9를 좁은 스트립-5 중앙 부분에 지름 4mm 볼트와 너트로 고정시킨다.

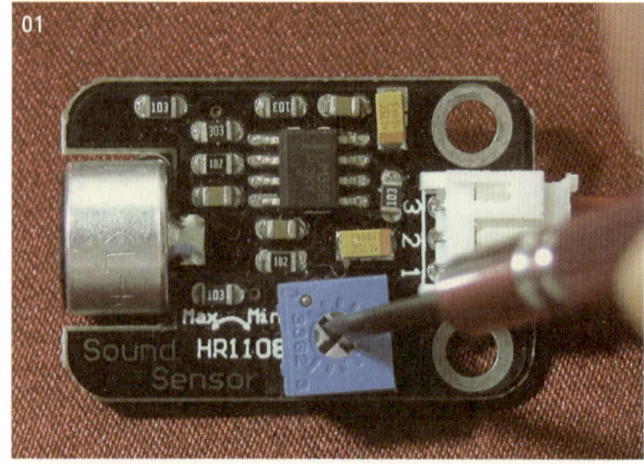

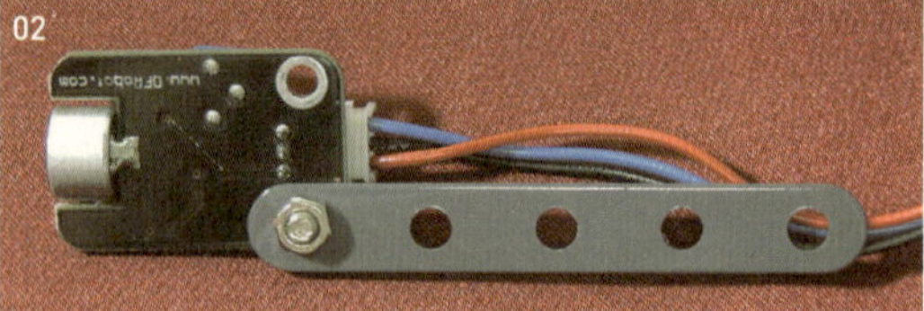

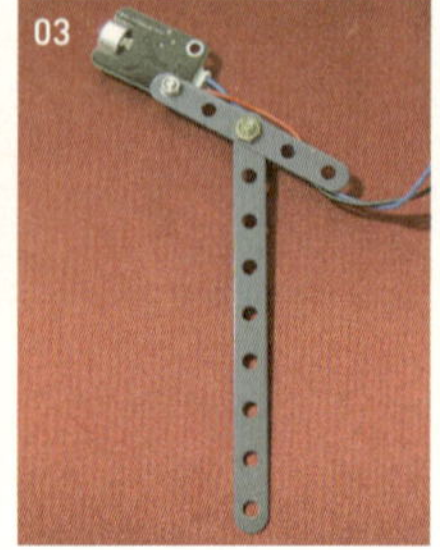

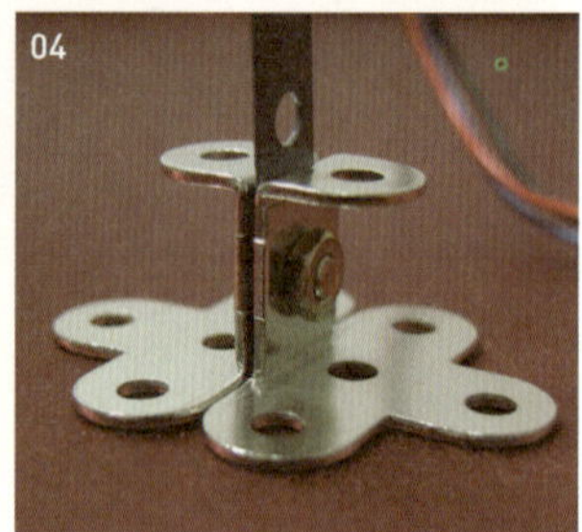

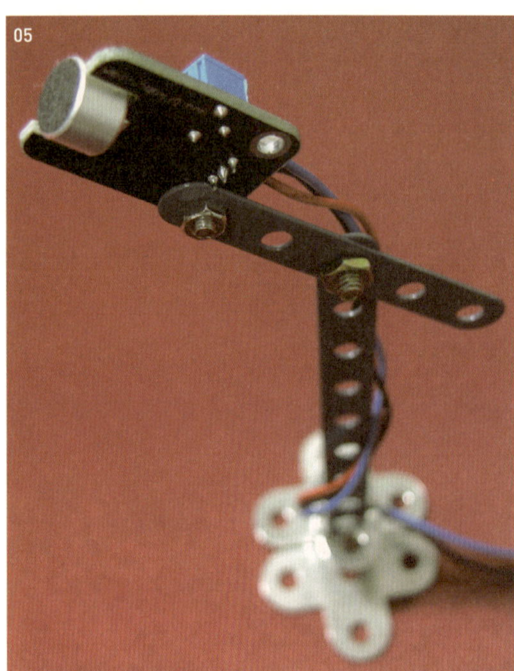

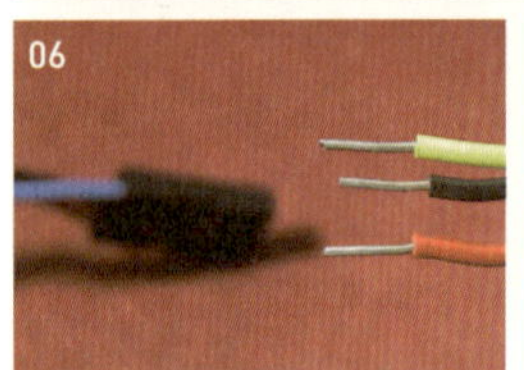

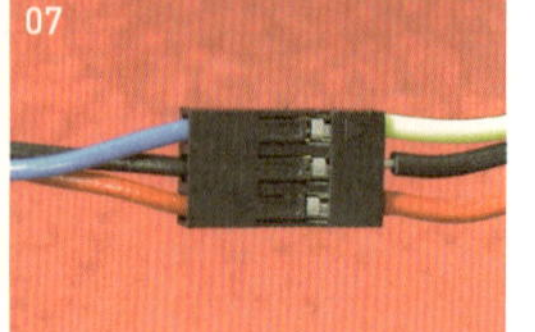

04 좁은 스트립-9 양쪽으로 조향 브래킷을 놓고 지름 4mm 볼트와 너트로 고정시킨다.

05 사운드 센서 고정대 완성~

06 사운드 센서를 아두이노 보드에 연결하기 위해 전선 세 줄을 준비한다. 사운드 센서 커넥터에 전선을 꽂기 위해 끝부분을 6mm 정도 벗겨준다.

07 사운드 센서의 1번 파란색(신호) 선에는 노란색 전선, 2번 검은색(그라운드) 선에는 검은색 전선, 3번 빨간색(전원) 선에는 빨간색 전선을 꽂아준다.

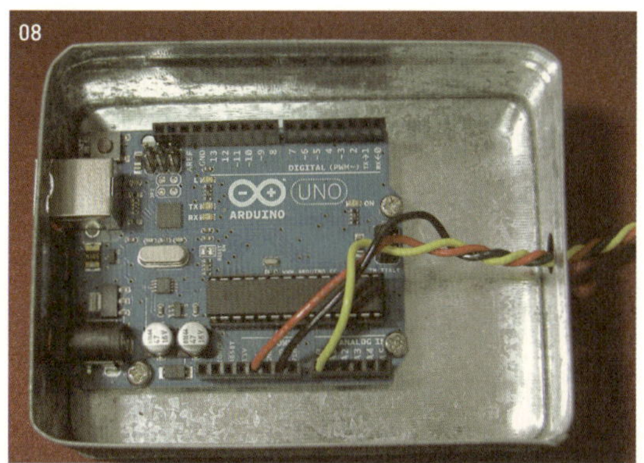

08 빨간색 전선은 아두이노 보드 5V 핀에, 검은색 전선은 그라운드 (GND) 핀에, 노란색 전선은 아날로그 A0번 핀에 꽂는다.

09 아두이노 보드를 USB 케이블로 컴퓨터와 연결한다.

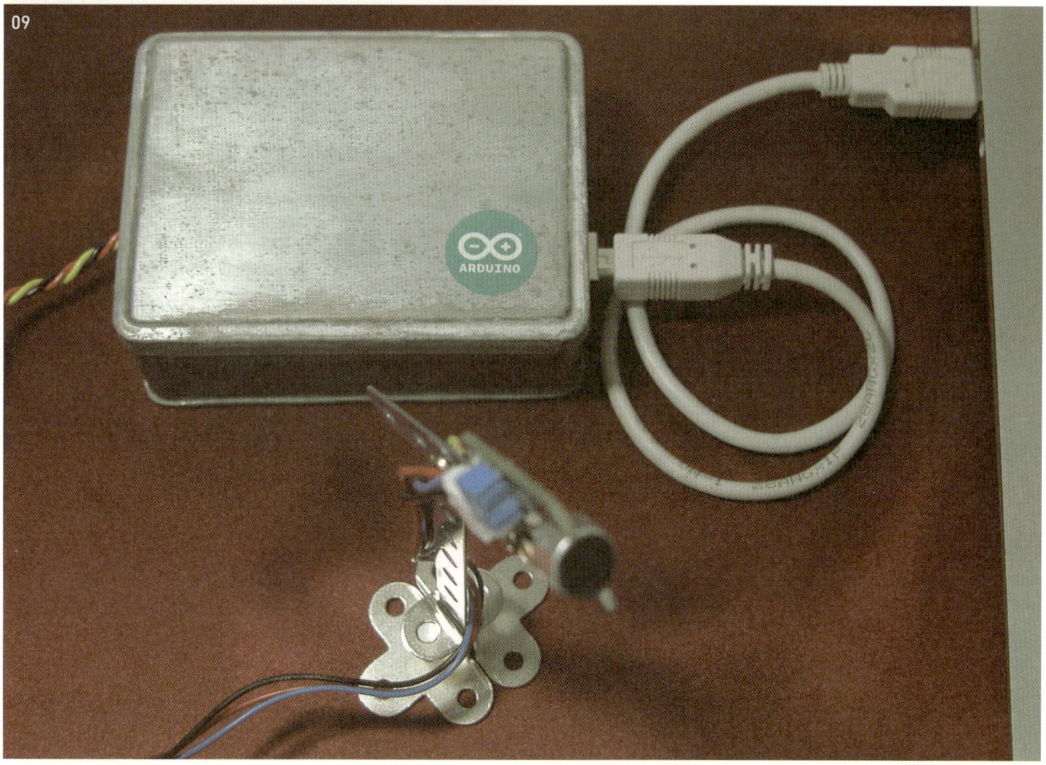

아날로그 A0번 핀으로 입력되는 사운드 센서 값을 4로 나누어 바이트(0~255) 단위로 만든 다음 변수 val에 저장하고 프로세싱으로 보낸다. 사운드 센서 주변의 소리가 커지면 입력 값도 커지고 소리가 작아지면 입력 값은 작아진다.

arduino_sound

```
// 아두이노 코드
int val;
void setup() {
  Serial.begin(9600);
}
void loop() {
  val = analogRead(A0)/4;
  Serial.write(val);
  delay(100);
}
```

아두이노 스케치를 보드에 업로드한 다음 프로세싱을 열고 스케치한다. 이번 예제는 10장의 이미지가 10초 간격으로 바뀌면서 음악이 실행되고 사운드 센서로 입력되는 값에 따라 화면창의 막대 길이가 변하는 과정이 동시에 실행되는 스케치이다. 먼저 사운드 센서 값에 따라 막대 길이를 변화시키는 방법에 대해 알아보자.

시리얼 라이브러리를 스케치에 추가한 다음 아두이노 보드에서 입력되는 사운드 센서 값을 저장하고 그 값을 변환하여 사용하기 위해 변수 val과 val2를 소수 형태로 설정한다. 막대의 x 좌표 위치 값을 변화시키기 위해 변수 x를 만들어 0을 넣고 void setup()에서는 아두이노 보드와 시리얼 통신을 할 수 있도록 준비한다.

void draw()에서는 시리얼 통신으로 값이 들어오기 시작하면 그 값을 변수 val에 저장하고 센서 값에 따라 막대의 길이를 변화시키기 위해 명령어 map()으로 val 값의 범위 0~255(입력되는 센서 값의 최대치)를 0~height(화면창의 세로 크기)로 바꾸어 val2에 저장한다. 아두이노에서 전송되는 val 값의 최대치는 목소리 크기 또는 센서와의 거리에 따라 달라질 수 있으니 텍스트 알림창에 값을 출력하여 확인해본다. 이때 출력되는 값이 너무 작으면 val 값의 범위를 0~255에서 0~실제 출력되는 최대 값으로 수정한다. 막대의 색을 정하는 명령어 stroke()의 빨간색 매개변수에 val을 넣어서 큰 소리가 입력되면 색이 파란색에서 자주색으로 바뀌게 한다. 막대의 굵기는 50픽셀로 정한다. 그

다음 명령어 line()으로 막대를 그린다. 막대의 첫 번째 점 x 좌표 값에는 변수 x를 넣고 y 좌표 값은 height(화면창의 세로 크기)로 지정하여 화면창의 아래쪽 바닥면이 된다. 두 번째 점의 x 좌표 값에도 변수 x를 대입하고 y 좌표 값은 height - val2로 만약 센서 값이 0이면 선은 바닥면에 그대로 있고 센서 값이 커지면 y 좌표 값은 작아지기 때문에 선이 바닥면에서 위로 늘어난다. 프로세싱 화면창의 기준점은 왼쪽 위가 (0, 0)이기 때문에 y 좌표 값은 위에서 아래로 내려갈수록 값이 커지고 반대로 아래에서 위로 올라갈수록 값이 작아진다. 변수 x는 매 프레임마다 1씩 증가하여 막대의 위치를 왼쪽에서 오른쪽으로 이동시키고 만약 막대가 화면 오른쪽으로 벗어나게 되면 다시 x 좌표 값을 0으로 만들어 반복한다.

```
import processing.serial.*;
Serial port;
float val, val2;
int x = 0;
void setup() {
  size(1440, 900);
  String portName = Serial.list()[0];
  port = new Serial(this, portName, 9600);
}

void draw() {
  if (port.available() > 0) {
    val = port.read();
    val2 = map(val, 0, 255, 0, height);
  }
  stroke(val, 0, 255);
  strokeWeight(50);
  line(x, height, x, height- val2);
  x++;
  if (x > width){
    x = 0;
  }
  println(val);
}
```

앞서 다룬 예제 「좀 더 가까이」에서는 이미지 5장을 void setup() 구문에서 불러온 다음 if 구문으로 조건을 검사한 후 한 장씩 출력했다. 하지만 이러한 방식으로는 제어해야 할 요소가 많아졌을 때 반복 작업이 늘어나고 스케치가 길어지는 등 불편한 점이 생긴다. 이번 예제에서는 배열(Arrays)과 반복(for)을 사용하여 많은 요소를 간편하게 제어하는 방법을 알아보자.

배열은 큰 바구니와 같다. 배열에는 정수(int), 소수(float), 문장(String), 이미지(PImage) 등 다양한 유형의 요소를 저장할 수 있다. 각 요소는 배열 0부터 순서대로 바구니의 크기만큼 저장된다.

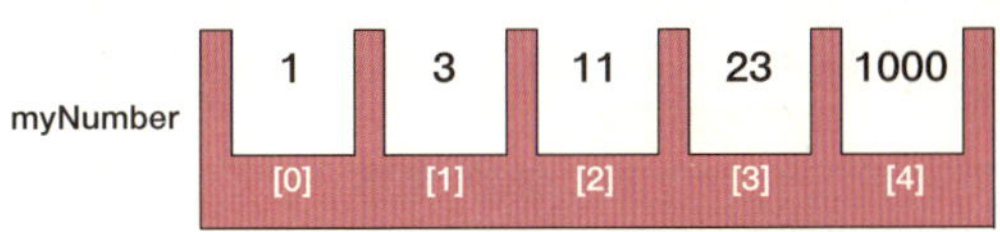

배열을 만들 때는 데이터 유형 다음에 [ ]을 추가하고 바구니의 이름을 정한다. 그리고 바구니의 크기를 설정하기 위해 키워드 new와 함께 데이터 유형을 한 번 더 쓰고 [ ] 안에 담고 싶은 요소의 개수를 적는다. 예를 들어 좋아하는 숫자 5개를 정수 형태로 담을 수 있는 바구니를 myNumber라는 이름을 붙여서 만들고 싶다면, int[] myNumber = new int[5]라고 선언하면 된다. 그 다음 void setup()에서 각각의 칸에 넣고 싶은 숫자를 정한다. 배열의 첫 번째 칸의 이름은 myNumber[0]이고 숫자 1을 넣는다. 두 번째 칸 myNumber[1]에는 3, 세 번째 칸 myNumber[2]에는 11, 네 번째 칸 myNumber[3]

에는 23, 다섯 번째 칸 myNumber[4]에는 1000을 넣는다. 그리고 void draw()에서 명령어 println (myNumber[2])로 세 번째 칸의 값을 출력하면 텍스트 알림창에 11이라는 숫자가 출력되는 것을 확인할 수 있다. 배열에서는 각 요소의 값이 [0]부터 [1],[2],[3],…으로 저장되기 때문에 배열의 크기가 5이면 마지막 다섯 번째 칸의 이름은 5보다 1이 작은 [4]가 된다.

```
int [] myNumber = new int[5];
void setup(){
  myNumber[0] = 1;
  myNumber[1] = 3;
  myNumber[2] = 11;
  myNumber[3] = 23;
  myNumber[4] = 1000;
}
void draw(){
  println(myNumber[2]);
}
```

배열을 만들고 각 요소의 값을 한 번에 지정하고 싶을 때는 { }을 사용한다. 예를 들어 String [] last-Name = {"Kim", "Lee", "Park"}이라고 선언하면 중괄호 안에 있는 요소의 개수, 즉 3이 배열의 크기가 된다. 그리고 배열의 두 번째 칸인 lastName[1]의 값을 텍스트 알림창에 출력하면 Lee가 표시될 것이다.

이번 예제에서는 10장의 이미지를 다루기 위해 PImage 유형의 배열을 만든다. 배열의 이름은 im-ages로 정하고 크기는 변수 numFrames에 10을 넣어서 사용한다. 그 다음 배열의 순번을 나타내는 변수 frame에 0을 넣고 이미지가 10초마다 바뀌는 if 구문에 사용될 변수 lastTime을 만들고 0을 넣는다.

void setup()에서는 배열 images[ ]에 10장의 이

미지를 불러오기 위해 반복문 for()를 사용한다. 이때 불러올 이미지는 현재 작성 중인 스케치와 같은 폴더 안에 있는 data 폴더 안에 있어야 한다. 배열의 순번은 0에서부터 9까지 1씩 증가하기 때문에 변수 i를 만들어 for 구문에서 1씩 증가시키고 i를 배열 images[ ]의 순서를 나타내는 용도로 활용한다. for 구문의 초기 값은 0이고 조건은 총 이미지 개수를 나타내는 numFrames의 값인 10보다 작은 경우로 정한다. 갱신 방법은 i++(i = i + 1)로 설정한다. 그 다음 불러올 이미지의 파일명을 변수 imageName에 String 유형의 문장으로 저장한다. 이미지의 파일명은 euro_00.jpg, euro_01.jpg, euro_02.jpg…처럼 가운데 숫자만 변하기 때문에 앞서 살펴본 명령어 nf()를 사용하여 첫 번째 매개변수 값에 변수 i를 대입시켜 불러올 이미지의 파일명을 완성해 준다. for 구문의 실행 과정을 살펴보면 변수 i의 초기 값이 0이므로 첫 번째 불러올 이미지의 파일명은 euro_00.jpg가 되고 배열의 첫 번째 요소이기 때문에 image[0]에 저장된다. 다음은 초기 값 0에 1을 더한 값 1을 가지고 두 번째 불러올 이미지의 파일명 euro_01.jpg를 만들고 배열의 두 번째 요소 자리인 image[1]에 저장된다. 이러한 방식으로 마지막 열 번째 이미지 euro_09.jpg까지 배열 image[9]에 불러온 후 i가 10이 되는 순간 for 구문을 빠져나온다.

void draw()에서는 명령어 image()를 이용하여 화면창에 이미지를 출력한다. 배열의 순번을 나타내는 변수 frame의 초기 값이 0이므로 배열 images[0]에 불러온 euro_00.jpg가 처음으로 출력된다. 그리고 매번 10초가 지날 때마다 frame 값에 1을 더

해서 이미지를 바꿔 주는데, 10초가 지난 시점을 알기 위해 명령어 millis()를 사용한다. 명령어 millis()는 스케치가 시작되는 시점부터 경과된 시간을 밀리세컨드(1,000분의 1초) 단위의 숫자 값으로 표현한다. 아래의 스케치를 실행시키면 경과되는 시간을 텍스트 알림창으로 확인할 수 있다. 1000이라는 값이 지나가면 현재 스케치가 시작되고 1초가 지났다는 의미다.

```
void draw(){
  println(millis());
}
```

if 구문으로 앞서 만들어 놓은 변수 lastTime으로 10초가 지난 시점을 찾는다. if 구문의 조건은 millis()에서 lastTime을 뺀 값이 10000(10초)보다 크거나 같을 때이다. lastTime의 초기 값은 0이므로 millis()가 10000이 되기 전까지는 조건을 만족시키지 못하는 거짓이므로 if 구문 안에 있는 명령어가 실행되지 않는다. 스케치가 시작되고 10초가 지나 millis()의 값이 10000이 되는 순간 if 구문의 조건을 만족하는 참이 된다. 그러면 if 구문 안에 있는 명령어를 실행하여 frame은 1을 더한 값이 되고 lastTime은 현재 millis()의 값인 10000이 된다. if 구문으로 frame 값이 0에서 1로 바뀌었기 때문에 이미지는 배열 images[1]에 불러온 euro_01.jpg로 바뀐다. if 구문의 조건도 lastTime이 10000이 되었기 때문에 다시 10초가 지나 millis()의 값이 20000이 되기 전까지는 이미지가 바뀌지 않는다. 10초가 지나 millis()의 값이 20000이 되면 frame 값에 다시 1을 더해 이미지를 바꾸고 lastTime의 값을 20000으로 바꾸어 준다. 이러한 방식으로 매번 10초가 지날 때

마다 이미지가 바뀌고 frame이 9보다 큰 10이 되는 순간 frame 값이 0이 되면서 이미지 10장이 반복적으로 출력된다.

```
int numFrames = 10;
PImage[] images = new PImage[numFrames];
int frame = 0;
int lastTime = 0;
void setup() {
  size(1440, 900);
  for(int i = 0; i < numFrames; i++){
    String imageName = "euro_" + nf(i, 2) + ".jpg";
    images[i] = loadImage(imageName);
  }
}

void draw() {
  tint(255, 30);
```

```
  image(images[frame], 0, 0);
  if((millis() - lastTime) >= 10000){
    frame++;
    lastTime = millis();
    if(frame > 9){
      frame = 0;
    }
  }
}
```

> **TIP**
>
> 1. 배열과 반복을 사용하여 간단한 움직임이 반복되는 애니메이션을 만들어 보자.
> 2. 명령어 millis()을 이용하여 특정한 시간마다 이벤트가 실행되는 프로젝트를 제작해보자.

04 프로세싱으로 듣고 싶은 음악 재생하기

이번에는 minim(미님) 라이브러리를 사용하여 프로세싱에서 음악을 실행시키는 방법을 살펴보자. minim은 프로세싱에 기본적으로 내장된 사운드 관련 라이브러리로 음원 재생뿐만 아니라 사운드 신호 분석 및 녹음, 편집, 합성 등 다양한 기능을 가지고 있다. minim 라이브러리를 사용하는 방법은 상단 메뉴에 있는 스케치 메뉴 아래에서 'Import Library'를 클릭하고 minim을 선택해 준다. minim 라이브러리를 선택하면 사용 가능한 라이브러리를 모두 불러오는데 이중에서 사운드를 제어할 수 있는 기본 라이브러리만 남겨 놓고 나머지는 지운다. minim 라이브러리를 사용하기 위해 변수 minim을 만들고 사운드를 제어할 수 있는 AudioPlayer 유형의 변수 player를 설정한다.

void setup()에서 minim 라이브러리의 기능을 스케치에서 사용할 수 있도록 추가한 다음 명령어 minim.loadFile()로 변수 player에 음원을 저장한다. minim에서는 WAV, AIFF, AU, SND, 그리고 MP3와 같은 사운드 파일을 사용할 수 있고 음원을 가지고 올 때는 파일의 확장자명(.wav 또는 .mp3)까지 대소문자를 구별하여 " " 안에 정확하게 적는다. 이때 음원 파일의 위치는 현재 작성 중인 스케치와 같은 폴더 안에 있거나 폴더 안 data 폴더 안에 있어야 한다.

키보드로 음악을 제어하기 위해 void key Pressed() 구문 안에 조건문 if를 사용한다. 키보드로 p를 누르면 명령어 play()로 음악을 재생하고 s를 누르면 명령어 pause()로 음악을 정지하고 r을 누르면 명령어 loop()로 음악을 처음부터 다시 재생한다. 이때 키보드에서 Capslock(대소문자 전환 키)이 활성화되어 있을 경우가 있기 때문에 대소문자 구분 없이 명령어가 작동하도록 if 구문의 조건을 A 또는 B 형태로 만든다.

```
import ddf.minim.*;                                        // 미님 라이브러리를 불러온다
Minim minim;                                              // Minim 유형의 변수 minim을 설정한다
AudioPlayer player;                                       // AudioPlayer 유형의 변수 player를 설정한다
void setup() {
  minim = new Minim(this);                                // Minim 라이브러리의 기능들을 스케치에 추가한다
  player = minim.loadFile("marcus_kellis_theme.mp3");     // 변수 player에 음원을 저장한다
}
void draw(){
}
void keyPressed(){
  if((key == 'p') || (key =='P')){                        // 만약 키보드에서 p가 눌러지면
  player.play();                                          // 음악이 재생된다
  }
  if((key =='s') || (key =='S')){                         // 만약 키보드에서 s가 눌러지면
  player.pause();                                         // 음악이 멈춘다
  }
  if((key == 'r') || (key =='R')){                        // 만약 키보드에서 r이 눌러지면
  player.loop();                                          // 음악이 처음부터 재생된다
  }
}
```

10장의 이미지가 10초 간격으로 바뀌고 키보드로 p를 누르면 음악이 실행되는 동시에 사운드 센서로 입력되는 소리 크기에 따라 화면창의 막대 길이가 변하는 스케치를 해보자.

processing_sound

```
// 프로세싱 코드
// 아두이노가 연결된 포트 번호에 맞게 Serial.list()[ ] 배열 안의 숫자를 수정해준다
import processing.serial.*;
import ddf.minim.*;
Serial port;
float val, val2;
int x =0;
int numFrames = 10;
PImage[] images = new PImage[numFrames];
int frame = 0;
int lastTime = 0;
Minim minim;
AudioPlayer player;

void setup() {
  size(1440, 900);
  for(int i = 0; i < numFrames; i++){
    String imageName = "euro_" + nf(i, 2) + ".jpg";
    images[i] = loadImage(imageName);
  }
  printArray(Serial.list());
  String portName = Serial.list()[0];
  port = new Serial(this, portName, 9600);
  minim = new Minim(this);
  player = minim.loadFile("marcus_kellis_theme.mp3");
}
```

```processing
void draw() {
  tint(255, 30);
  image(images[frame], 0, 0);
  if((millis() - lastTime) >= 10000){
    frame++;
    lastTime = millis();
    if(frame > 9){
      frame = 0;
    }
  }
  if (port.available() > 0) {
    val = port.read();
    val2 = map(val, 0, 255, 0, height);
  }
  stroke(val, 0, 255);
  strokeWeight(50);
  line(x, height, x, height- val2);
  x++;
  if (x > width){
    x = 0;
  }
  println(val);
}

void keyPressed(){
  if((key == 'p') || (key =='P')){
    player.play();
  }
  if((key =='s') || (key =='S')){
    player.pause();
  }
  if((key == 'r') || (key =='R')){
    player.loop();
  }
}
```

시카고에 도착하기 전에 생각했던 도시의 이미지는 마이클 조던이 활약했던 농구팀, 시카고 불스의 강렬함이었다. 하지만 막상 도착해 보니 사춘기 시절 나의 우상이였던 조던의 모습은 오래된 맥주 집에 걸려있는 낡은 사진 속에서나 찾아볼 수 있었다. 그렇게 조금씩 나는 시카고라는 도시에 대해서

싱턴 역, 시청 앞 광장에서는 파블로 피카소의 조각 작품을 만날 수 있다. 사람들에게 피카소라고 불리는 이 작품은 1961년에 제작될 당시 많은 논쟁을 불러일으켰다고 한다. 그 당시만 하더라도 공공 조각 작품에 철을 이용하는 것은 굉장히 낯설었던 데다가, 작품의 크기가 15미터에 달했기 때문이다.

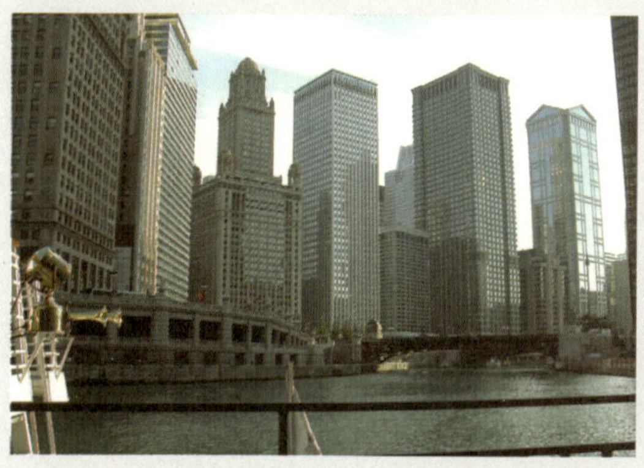
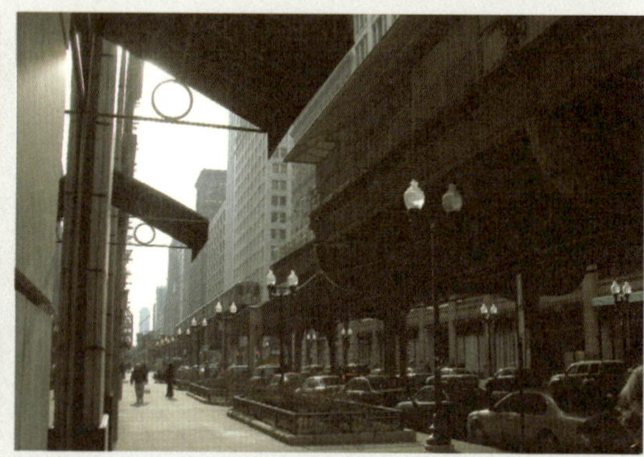

알아가기 시작했다. 하늘을 찌를 듯한 높은 건물은 저마다 사연이 있었고, 시내에는 백 년이 넘은 전철이 오래된 쇳소리를 내며 사람들 머리 위를 내달렸다. 겨울철이면 바다 같이 넓은 미시간 호수에서 뼛속까지 스며드는 차가운 바람이 불어오곤 했다. 도시를 거니는 또 다른 즐거움은 도시 곳곳에서 유명한 작가들의 조각 작품을 쉽게 접할 수 있다는 점이다. 지하철 블루 라인 워

하지만 지금은 도시를 상징하는 조각 작품으로 많은 사람들의 사랑을 받고 있다.

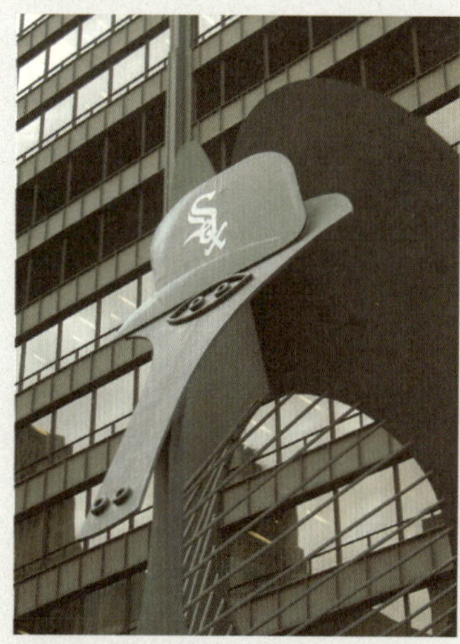
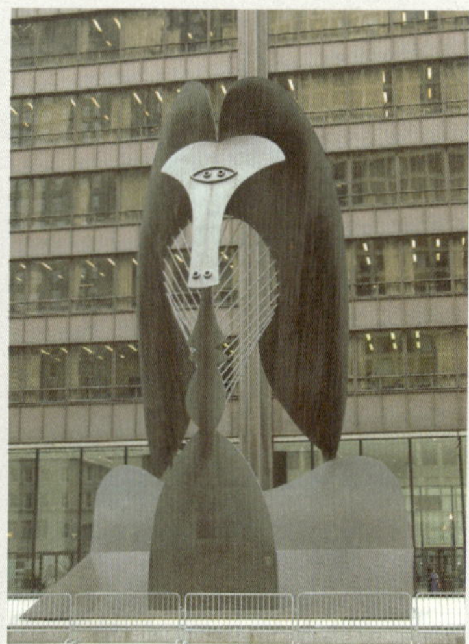

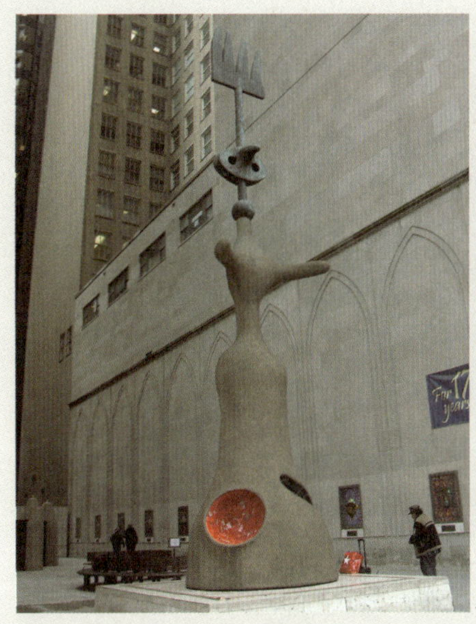

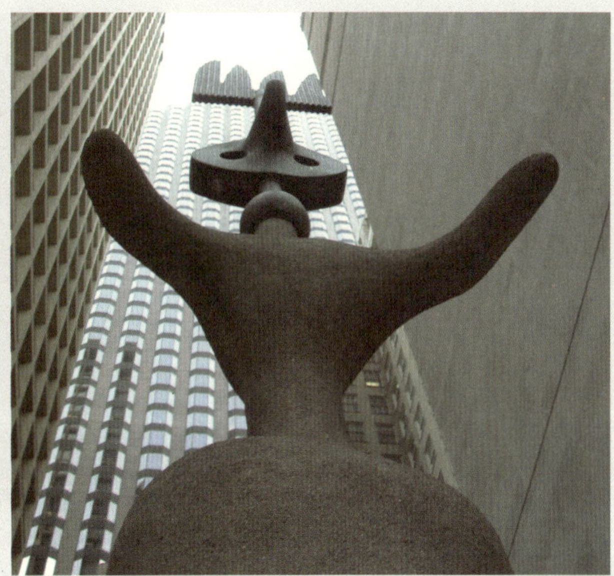

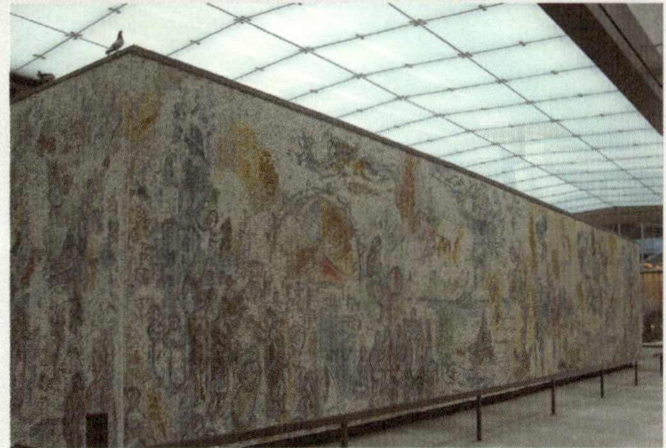

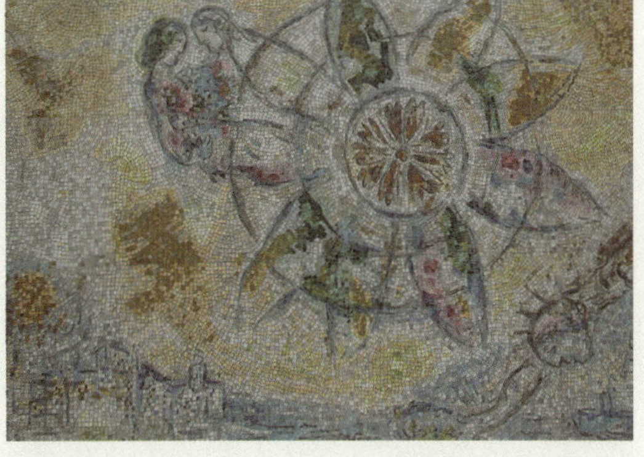

시청 앞 광장 맞은편, 빌딩 사이에 있는 조그마한 쉼터에는 호안 미로(Joan Miró)의 조각 작품이 있다. 미로는 단순한 형태와 밝은 색채를 즐겨 사용하며, 자신만의 독특한 환상 세계를 상징적인 형태로 표현한 초현실주의 작가다. 이 조각 작품은 지구와 태양을 치마 속에 감싸 안는 듯 자세를 취한 여신이 달을 상징하는 구슬을 목에 걸고 있다. 코는 갈고리 모양이고 머리에는 별과 빛을 상징하는 포크 모양의 왕관을 쓰고 있다. 개인적으로는 미로의 페인팅 작품에서 느꼈던 동화 같은 신비의 세계를 현실 속에서 잠시나마 느낄 수 있어서 좋았다.

미로의 작품을 지나 남쪽으로 한 블록 더 내려가면 마르크 샤갈(Marc Chagall)의 〈사계절(The Four Seasons)〉이란 작품이 있다. 250가지가 넘는 다양한 색의 타일로 만든 모자이크 작품이다. 이 작품에는 샤갈이 즐겨 그렸던 새, 물고기, 태양, 꽃, 하늘을 나는 연인이 묘사되어 있다. 신체적, 정신적으로 다양하게 성숙해 가는 인간의 삶을 표현했다고 한다.

샤갈의 작품이 있는 곳에서 남서쪽으로 내려가다
보면 정부 기관 건물로 둘러싸여 있는 큰 공터가 나
온다. 공터 중심에는 움직이는 조각, 모빌의 창시
자 알렉산더 칼더(Alexander Calder)의 〈홍학(Fla-
mingo)〉이라는 작품을 만날 수 있다. 칼더만의 불
그스름한 오렌지 색과 불꽃 같은 형태는 주위의 바
우하우스 스타일 건축물과 좋은 대조를 이룬다.

　이외에도, 탐슨 센터 앞에 있는 쟝 뒤비페(Jean
Dubuffet)의 조각과 아모코 빌딩 앞에 있는 헤리 베
르토이어(Harry Bertoia)의 조각 작품도 놓쳐서는
안 될 작품이다. 베르토이어의 작품은 바람이 불면
5미터의 긴 구리 막대가 서로 부딪치면서 소리를

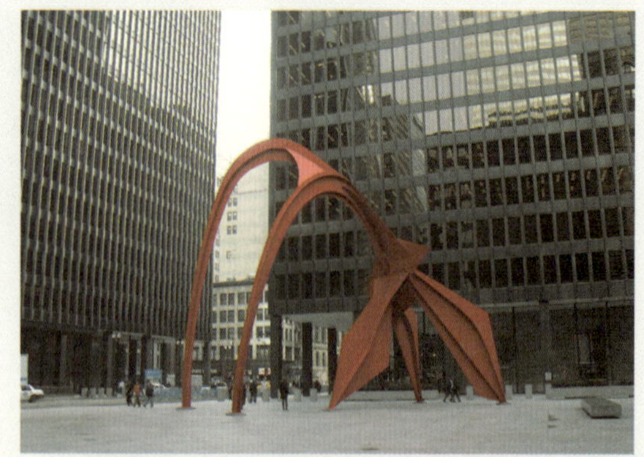

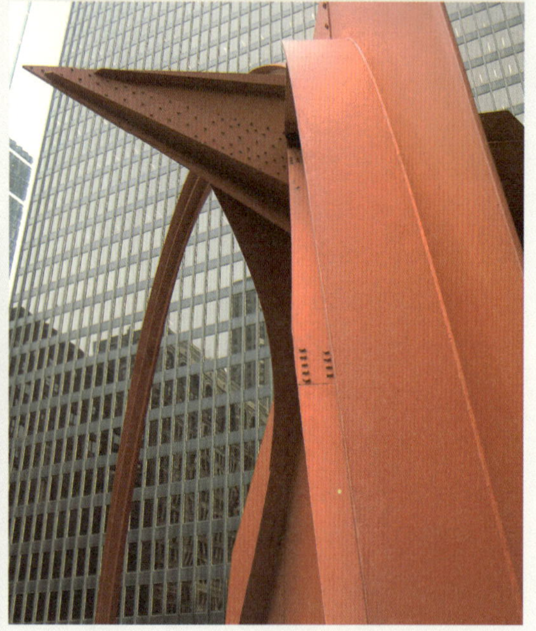

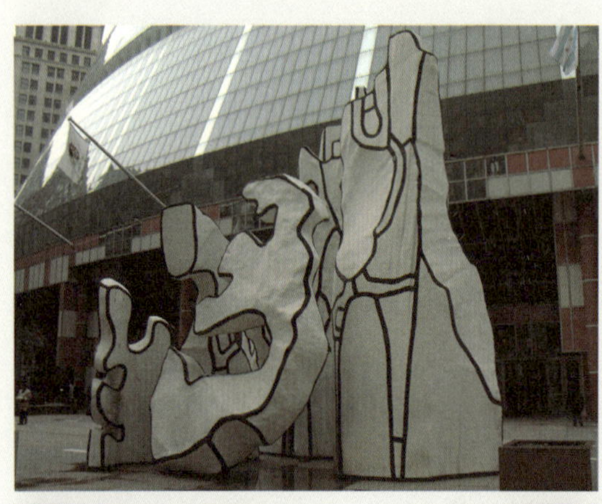

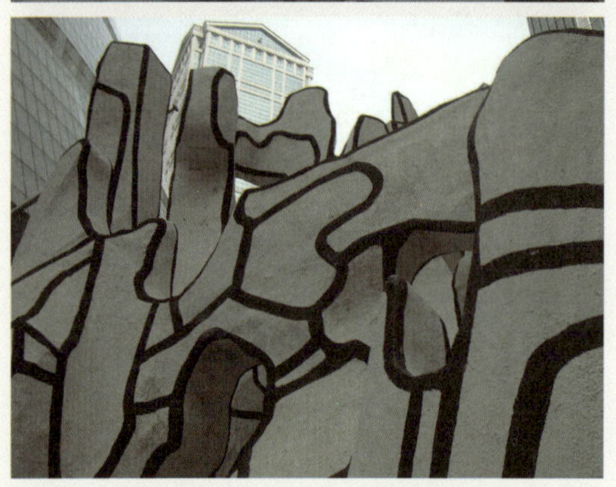

내는 조각 작품이다. 바람의 세기와 방향에 따라
다양한 화음을 만들어 내는 그의 작품을 보면 끝없
이 펼쳐진 갈대밭이 떠오른다.

　한참을 걸어가다가 '어떻게 한 도시에서 유명한
작가의 조각 작품을 이렇게 많이 설치할 수 있었을
까?'하는 의문이 문득 들었다. 피카소와 미로의 작
품은 아티스트의 많은 공헌을 통해 가능했다고 하
지만 다른 작품의 경우에는 분명 많은 예산이 필요

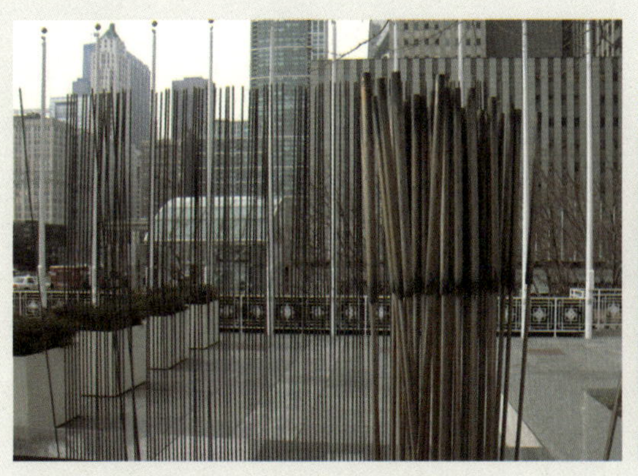 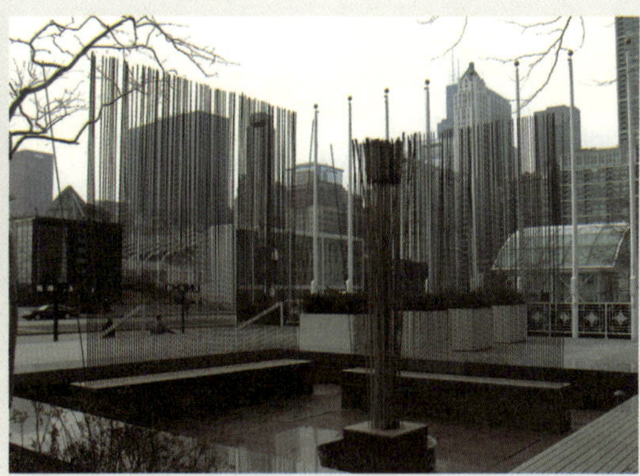

했을 것 같았다. 나중에 시카고시 홈페이지를 통해서 알게 된 사실이지만 도시의 관계 부처와 회사 그리고 민간단체와 미술협회가 공공 미술을 위한 기금을 모으기 위해 많은 노력을 했다고 한다. 이렇게 모아진 기금으로 시민 모두가 공유하는 일상 공간을 20세기 거장들의 작품으로 조금씩 채워 나가고 있었던 것이다. 그러고 보면 이러한 정부기관과 시민들의 노력이 시카고를 더욱 매력적인 도시로 만들고 있다는 생각이 든다.

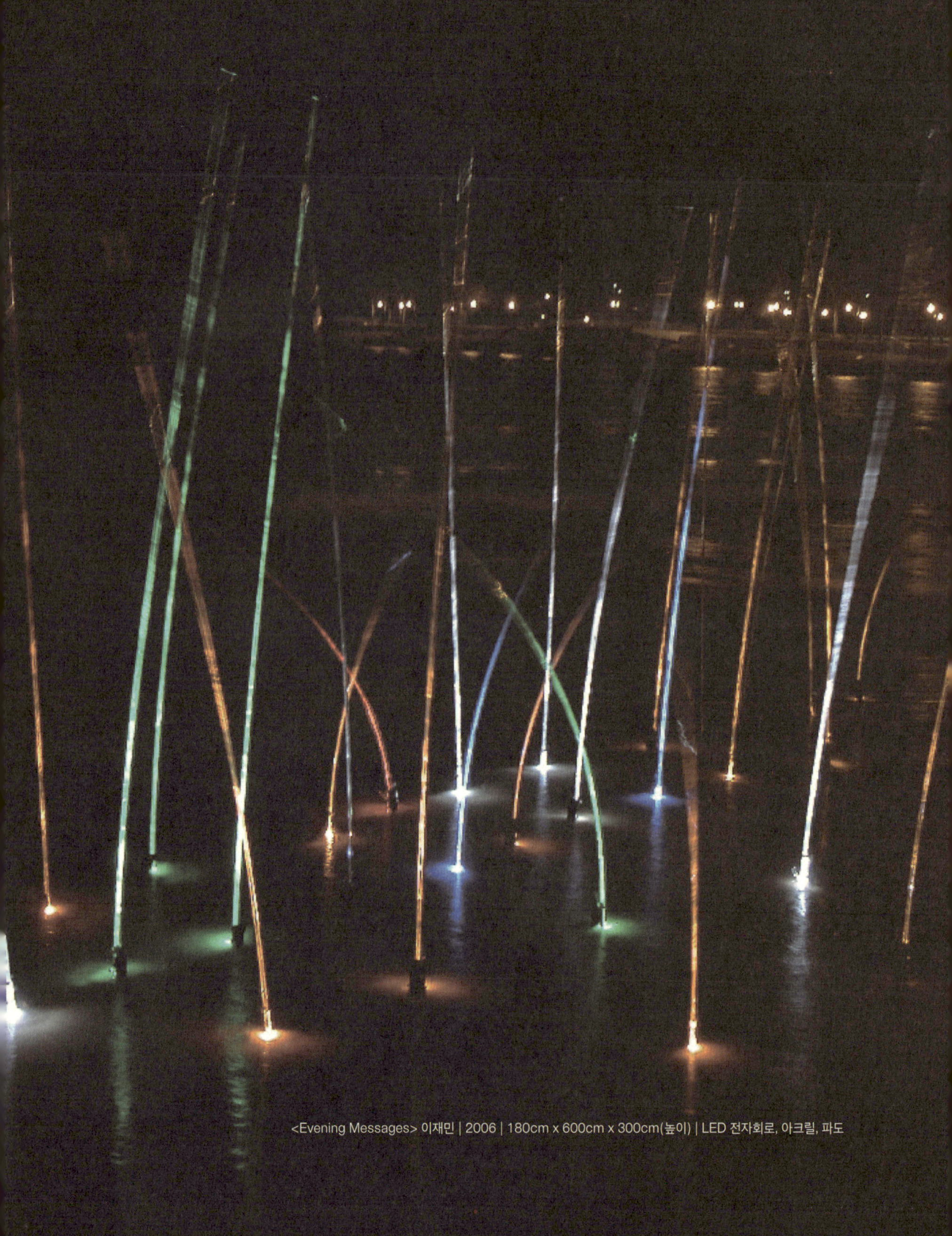

<Evening Messages> 이재민 | 2006 | 180cm x 600cm x 300cm(높이) | LED 전자회로, 아크릴, 파도

레이저 그래피티

난이도 ■■■■■
시간 2시간 30분

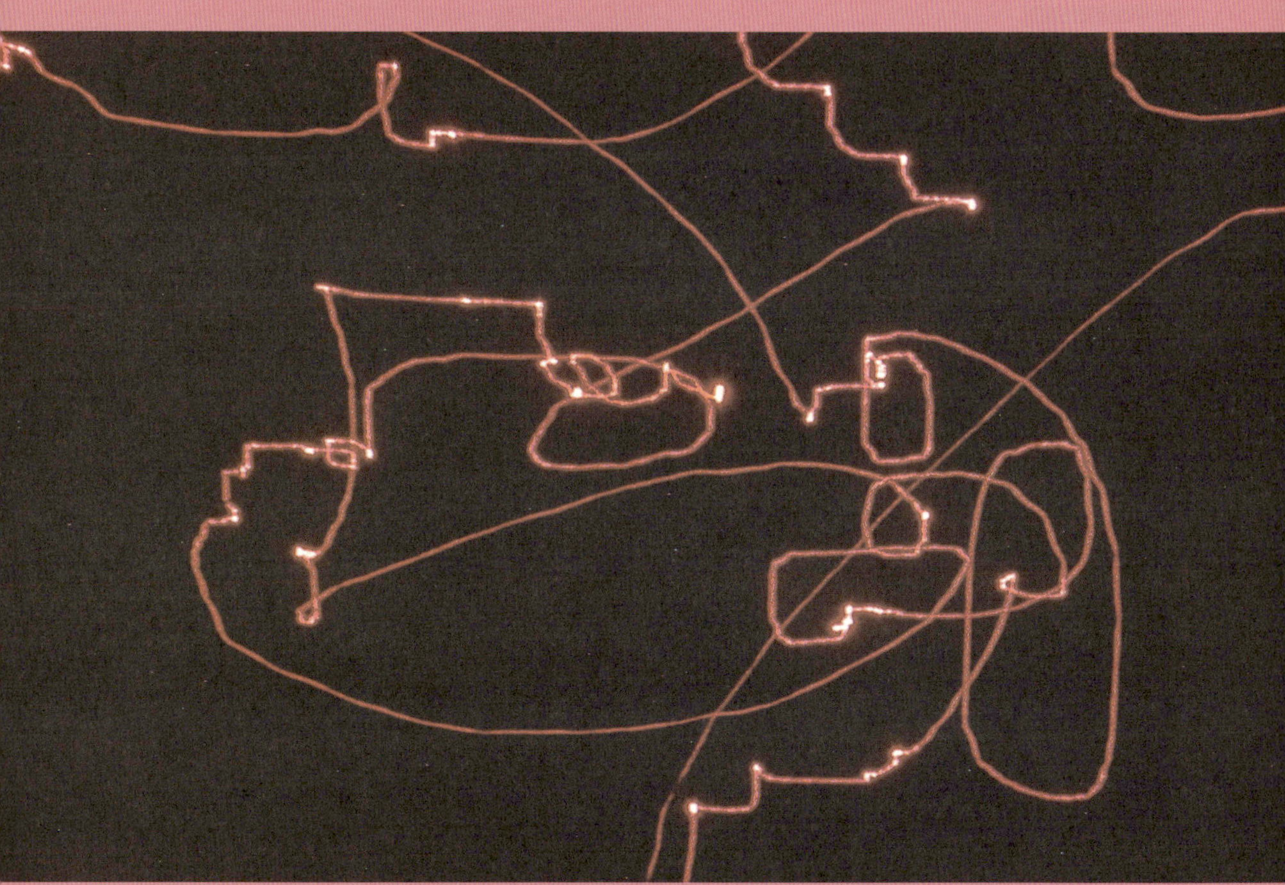

마우스의 x, y 좌표 값에 따라 이동하는 두 개의 서보모터에 레이저 모듈을 부착하여 빈 벽면에 레이저로 그림을 그리자.

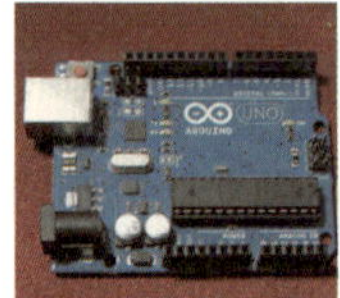
아두이노 우노 (R3)
» 온라인 (플: 100410020145,
아: TP11021D)

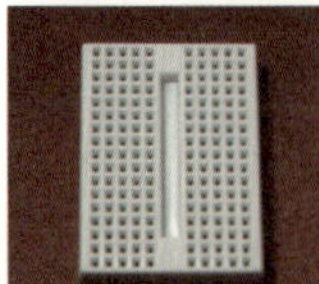
미니 브레드보드
» 온라인 (엘: EPX3C8UV, 디: 32283)

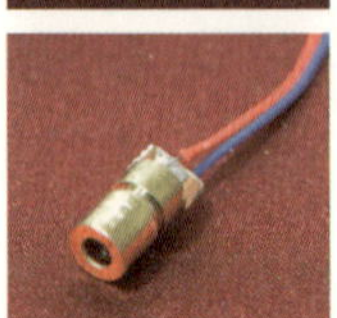
레이저 모듈
작동 전압: 5V, 색깔: 빨간색
» 온라인 (엘: EPX36FWK)

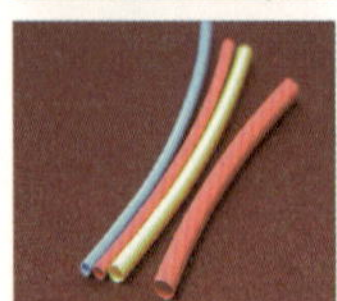
열수축 튜브
빨간색, 파란색, 길이: 1m, 지름: 3mm
» 온라인, 청계천 시장

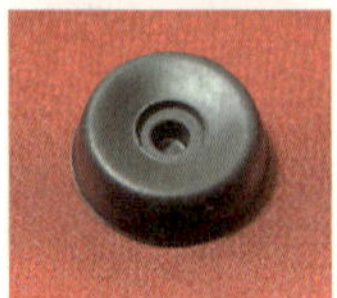
고무발 (4개)
지름: 30mm, 높이: 10mm
» 온라인, 청계천 시장

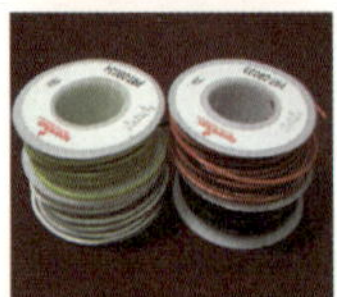
전선 (단심선)
빨간색, 검은색, 노란색, 흰색
심 굵기: 0.6mm(22AWG)
» 온라인, 청계천 시장

USB 케이블 (A/B 타입)
» 온라인 (플: 20081304471753_0,
엘: EPX344M9)

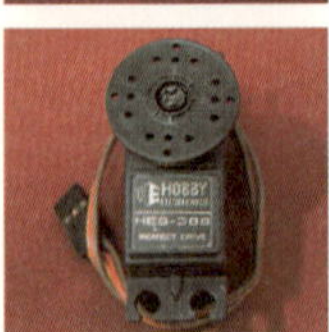
서보모터 (2개)
모델명: HES-388 plastic
제조사: Sky Holic
» 온라인 (엘: EPX4UJMA, 디: 6200)
서보모터 구입 시 주의사항
- 서보형 DC모터는 우리가 다룰 서보모터가
  아님
- HES-388이 아닌 다른 모델은 크기가 달라
  모서리 브래킷이 안 맞을 수 있음

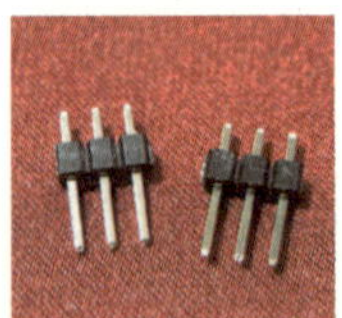
핀 헤더
1열 40핀, 2.54피치(핀 간격: 2.54mm)
» 온라인 (엘: EPX3333M, 디: 2825)

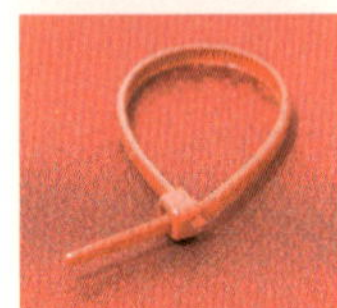
케이블 타이
빨간색, 길이: 100mm, 폭: 2.5mm
» 온라인, 청계천 시장

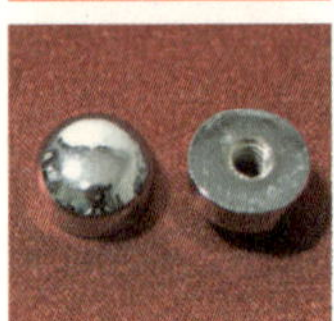
캡 너트 (4개)
지름 4mm 볼트용 캡 너트
» 온라인, 청계천 시장

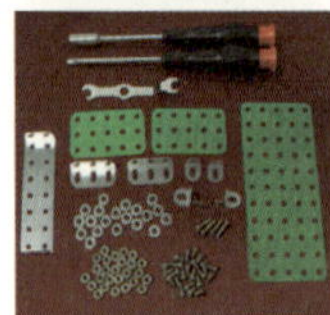
과학상자 부품 (제일과학)

- 41번 볼트 0.6cm, 23개	- 74번 모서리 브래킷(좌), 1개	- 129번 사각평판 3x5, 2개
- 11번 앵글-3, 2개	- 65번 볼트1.3cm, 4개	- 38번 스패너, 1개
- 42번 너트, 27개	- 75번 모서리 브래킷(우), 1개	- 169번 플랜지판 2x7, 1개
- 15번 ㄱ형 브래킷(소), 2개	- 55번 평판 (대), 1개	- 123번 너트 드라이버, 1개
- 43번 와셔(소), 20개	- 40번 드라이버, 1개	

공구
인두기, 땜납, 납땜 보조기구, 와이어 스트리퍼, 롱노우즈 플라이어,
니퍼, 십자 드라이버, 전동 드릴, 자, 열풍기

주요 제작단계

01
과학상자 부품으로
서보모터 프레임
만들기

02
서보모터 두 개와
레이저 모듈을
아두이노에
연결하기

03
프로세싱 스케치 및
작동 테스트

레이저 모듈
서보모터
서보모터
USB 케이블
ARDUINO UNO
DIGITAL (PWM~)
GND
13
12
~11
~10
~9
8
~7
~6
~5
4
~3
2
TX~1
RX~0
RESET
3.3V
5V
GND
GND
Vin
POWER
A0
A1
A2
A3
A4
A5
ANALOG IN
아두이노 보드
프로세싱
(마우스 위치 이동)

연결그림

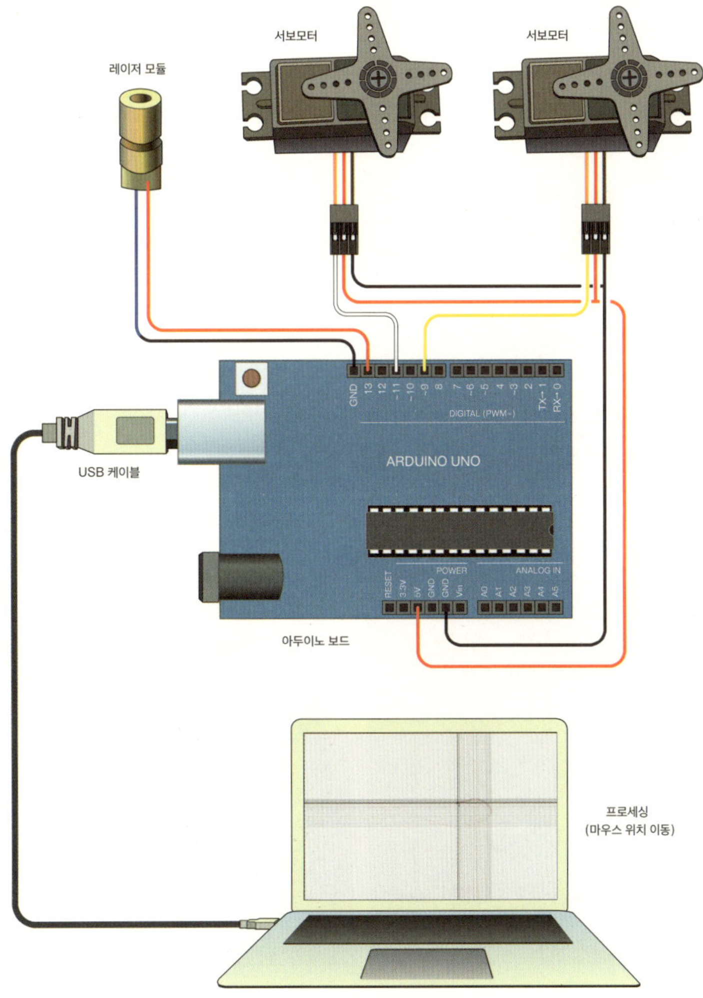

01 과학상자 부품으로 서보모터 프레임 만들기

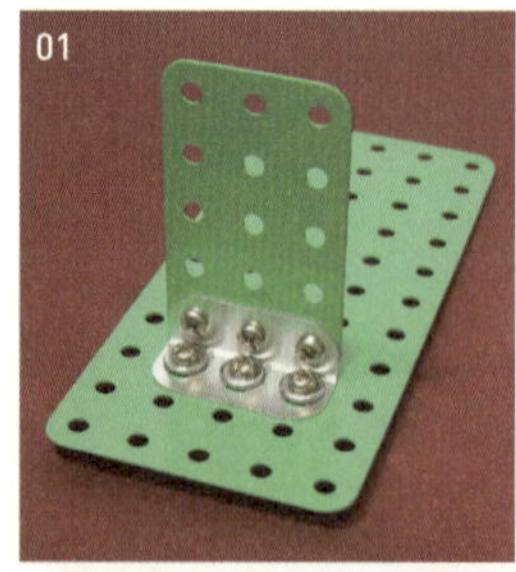

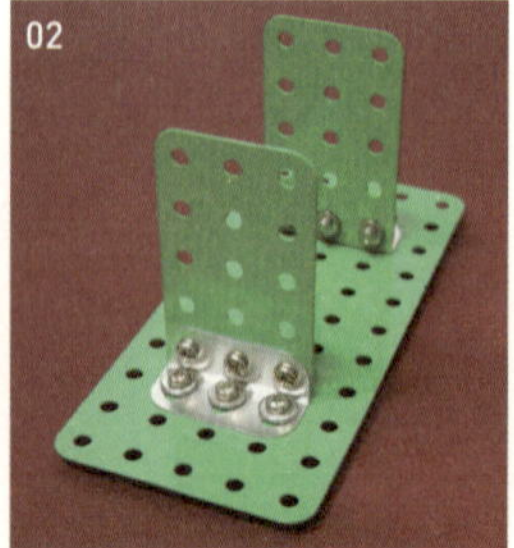

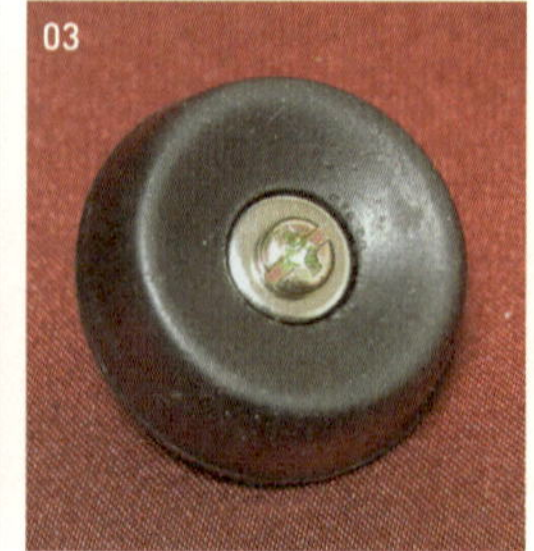

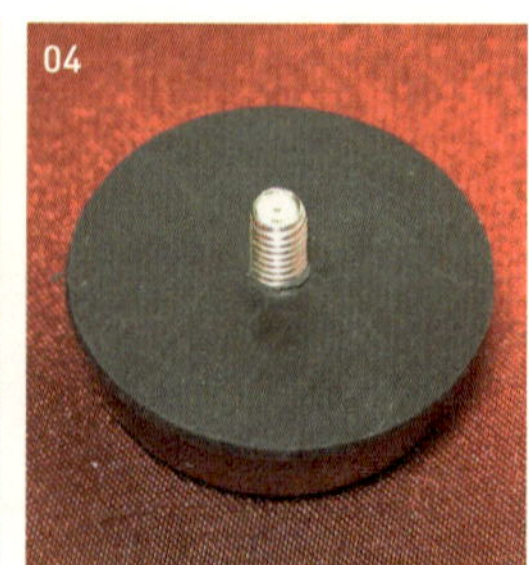

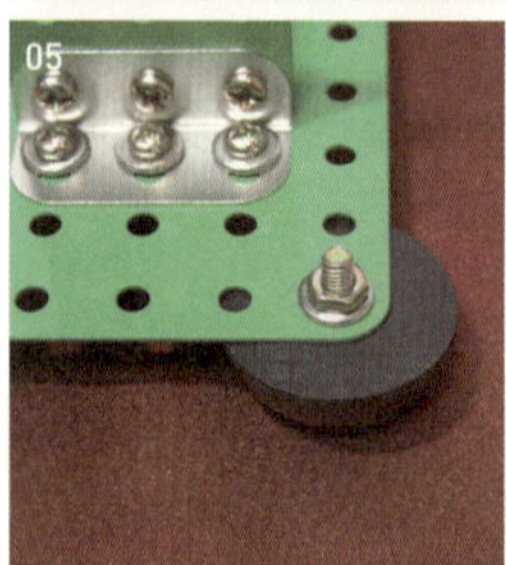

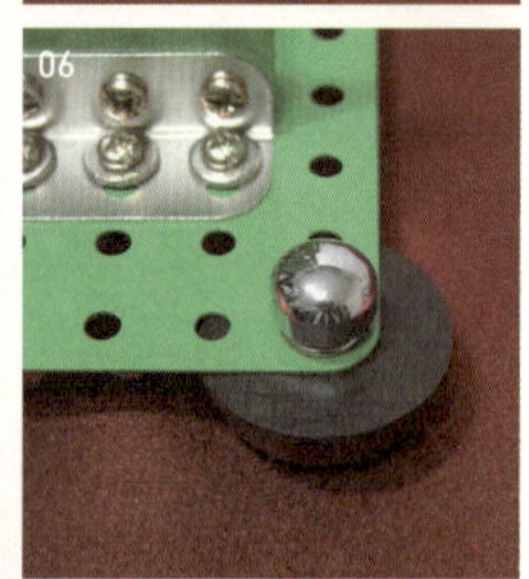

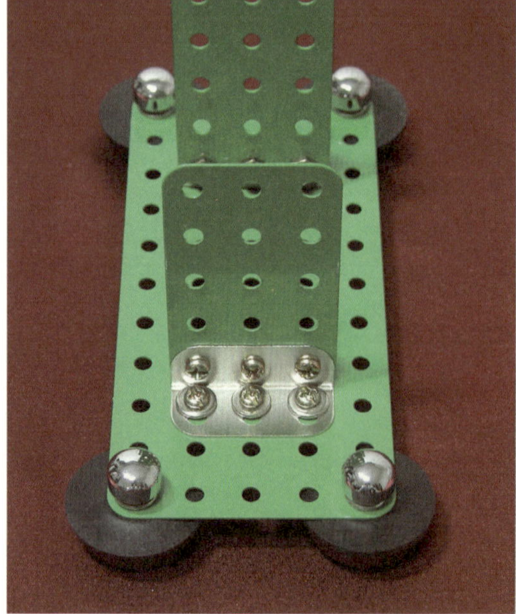

01 55번 평판(대)에 11번 앵글-3으로 129번 사각평판 3x5를 조립한다.

02 반대편 위치에도 사각평판 3x5를 조립한다.

03 65번 볼트 1.3cm에 43번 와셔(소)를 끼우고 고무발 밑면 가운데 홈 부분에 놓고 꾹 눌러 통과시킨다.

04 고무발 윗면으로 볼트가 튀어나온다.

05 평판(대) 모서리 구멍에 고무발 볼트를 끼우고 와셔와 너트로 조인다.

06 고무발 볼트가 보이지 않도록 캡 너트로 마감한다.

07 같은 방법으로 평판(대) 네 모서리에 고무발을 고정시킨다.

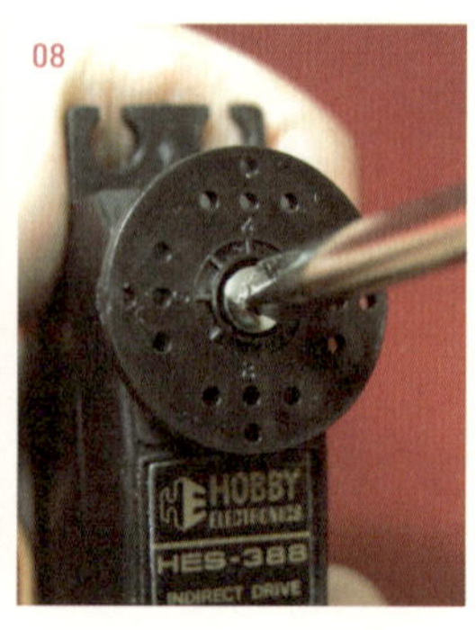

08 첫 번째 서보모터 앞면에 부착되어 있는 둥근형 휠 판을 시계 방향으로 끝까지 돌려 시작점에 맞춘 다음 가운데 고정용 볼트를 풀고 휠 판을 빼낸다. 고정용 볼트는 다시 사용해야 하므로 잘 챙겨 놓는다.

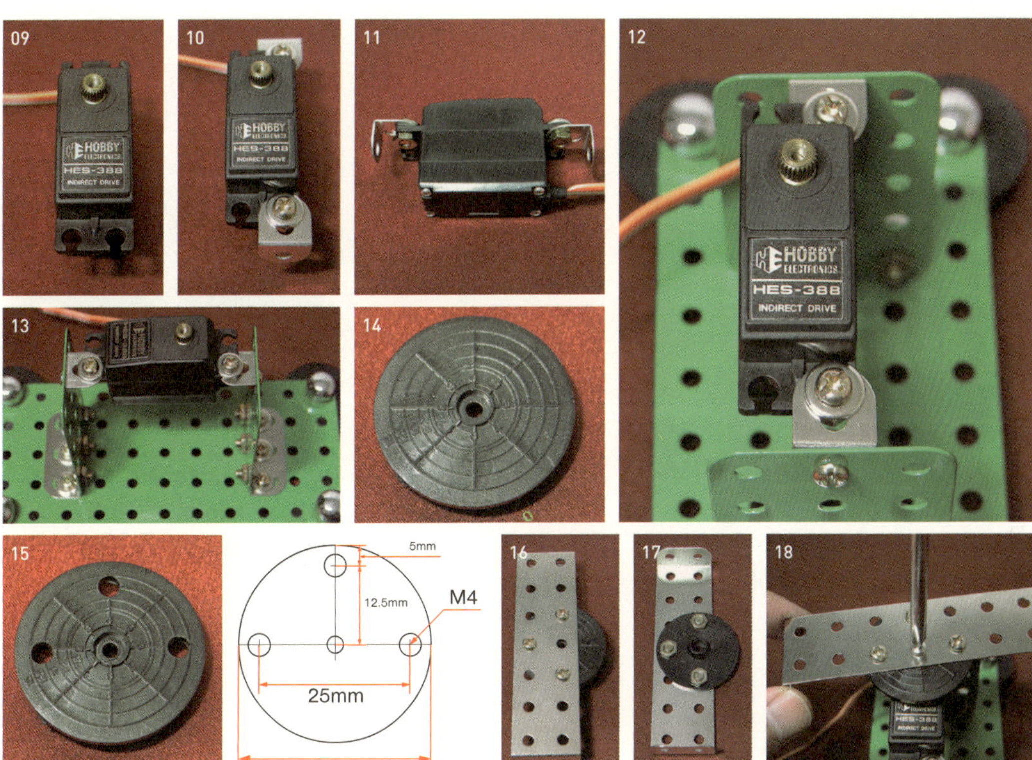

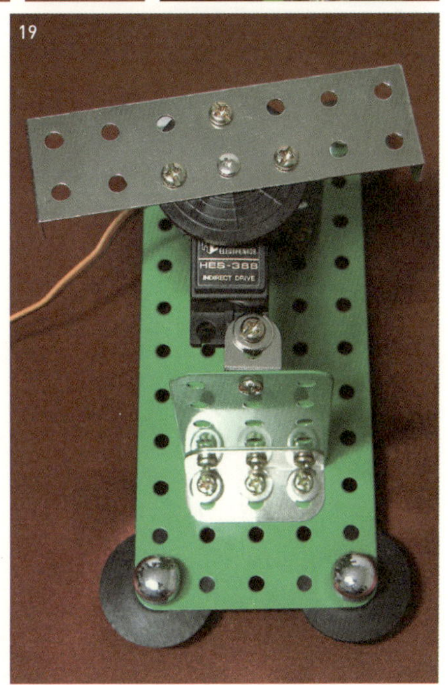

09 사진 속 서보모터는 HES-388 metal(금속)이다.

10 서보모터의 양쪽 고정용 구멍에 와셔를 끼운 볼트 0.6cm로 15번 ㄱ형 브래킷 (소)을 조립한다.

11 서보모터에 ㄱ형 브래킷(소)을 조립한 모습

12 사각평판 3x5 사이에 ㄱ형 브래킷(소)을 조립한 첫 번째 서보모터를 고정시 킨다.

14 서보모터 부속품 중에서 지름 35mm 둥근형 휠 판에 169번 플랜지판 2x7 을 고정시키기 위해 지름 4mm 구멍 세 개를 뚫어 준다.

16 플랜지판 2x7을 볼트 0.6cm 세 개로 휠 중심에 맞추어 고정시킨다.

18 서보모터에 둥근 휠 판을 고정용 볼트로 조립한다. 이때 수평에서 오른쪽이 약간 올라가도록 한다.

19 좌우 방향을 제어하는 아래쪽 서보모터 고정 완료.

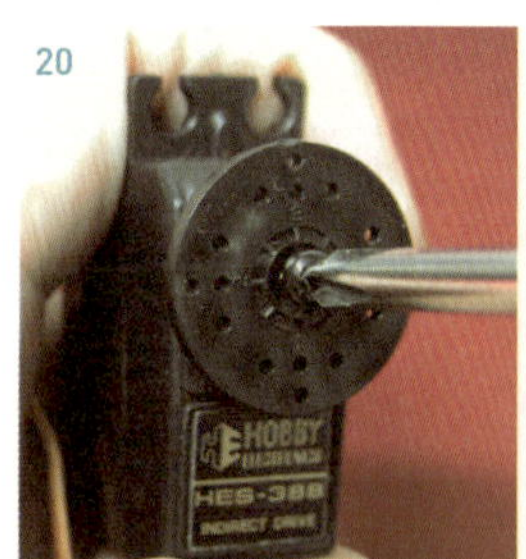

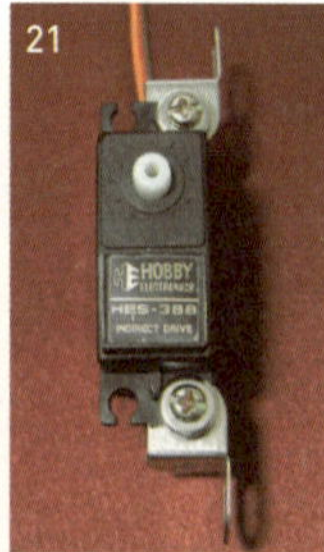

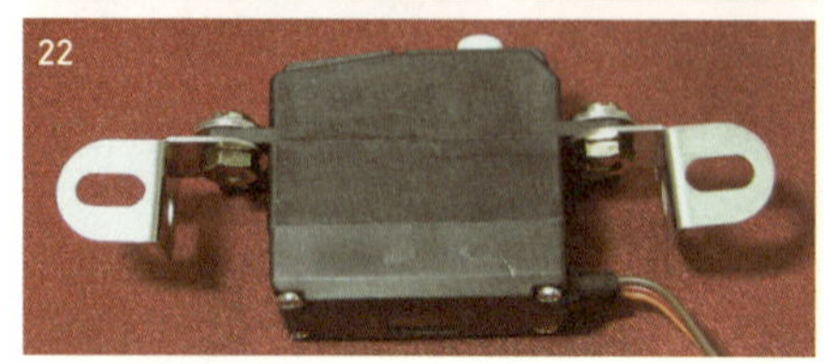

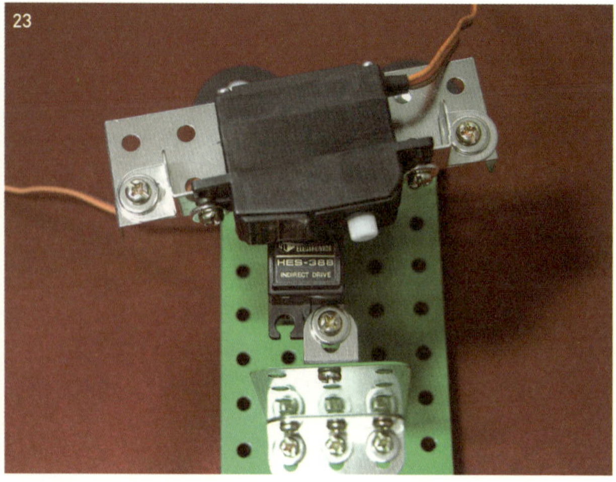

20 두 번째 서보모터 앞면에 부착되어 있는 둥근형 휠 판을 시계 방향으로 끝까지 돌려 시작점에 맞춘 다음 가운데 고정용 볼트를 풀고 휠 판을 빼낸다.

21 서보모터의 양쪽 고정용 구멍에 와셔를 끼운 볼트 0.6cm로 74번 모서리 브래킷(좌)과 75번 모서리 브래킷(우)을 조립한다.

22 서보모터에 모서리 브래킷(좌, 우)을 조립한 모습

23 플랜지판 2x7 위에 위아래 방향을 제어하는 두 번째 서보모터를 고정시킨다.

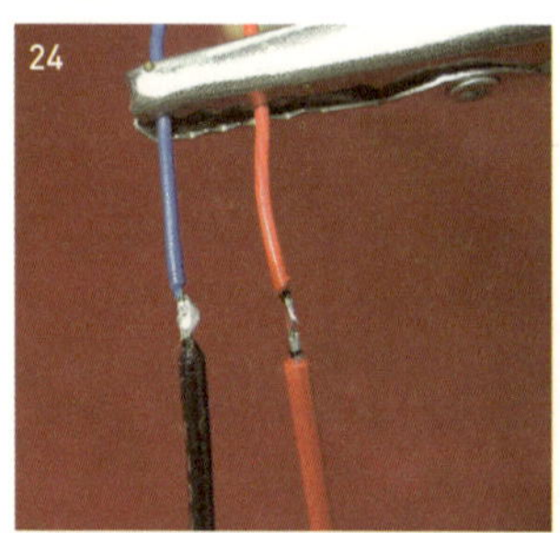

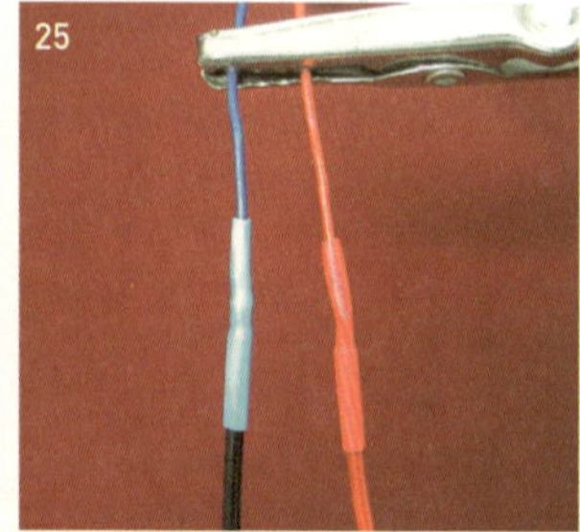

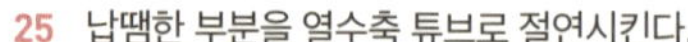

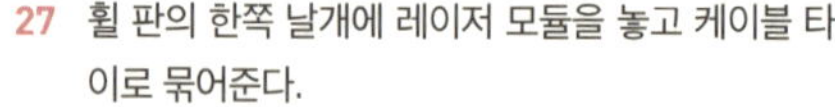

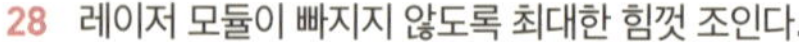

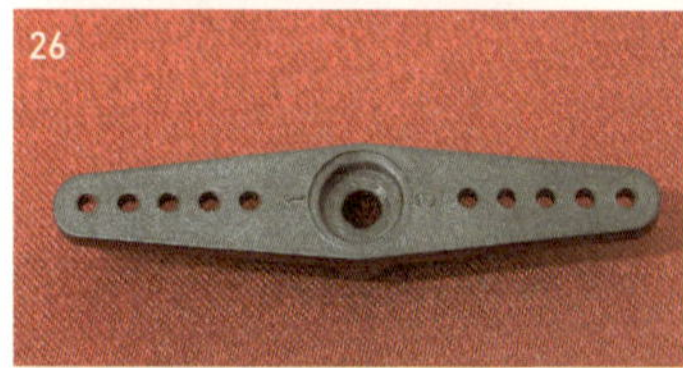

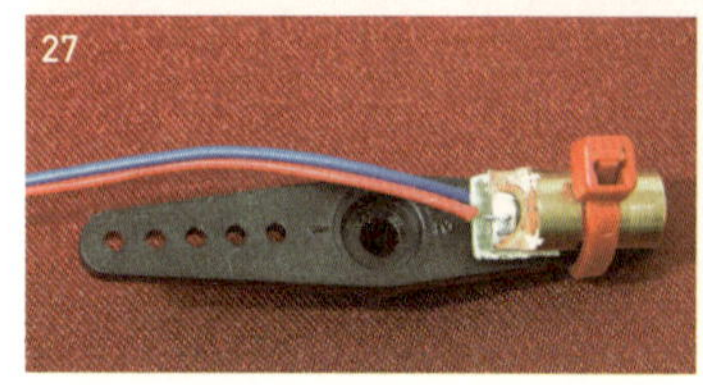

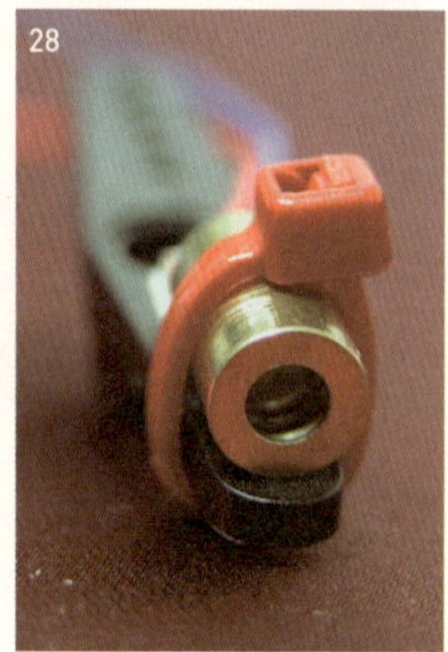

24 레이저 모듈에 연결된 전선은 미니 브레드보드에 꽂기 힘들기 때문에 브레드보드용 전선(단심선, 0.6mm)을 납땜해준다.

25 납땜한 부분을 열수축 튜브로 절연시킨다.

26 서보모터 부속품 중에서 길이 45mm 일자형 휠 판을 준비한다.

27 휠 판의 한쪽 날개에 레이저 모듈을 놓고 케이블 타이로 묶어준다.

28 레이저 모듈이 빠지지 않도록 최대한 힘껏 조인다.

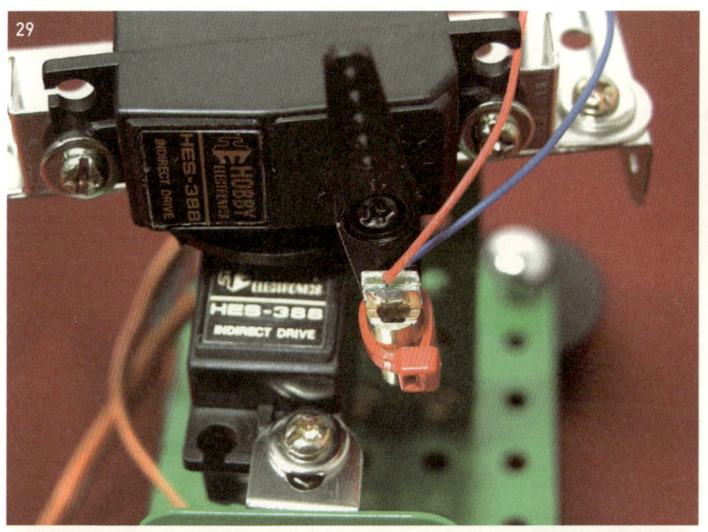

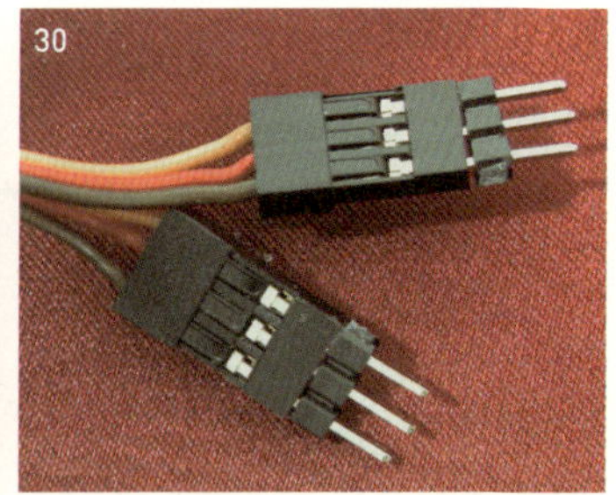

29 레이저 모듈을 부착한 일자형 휠 판을
두 번째 서보모터에 조립한다. 레이저
모듈의 방향이 아래쪽을 향하게 한다.

30 서보모터를 미니 브레드보드에 연결하
기 위해 핀 헤더 긴 쪽 다리를 커넥터에
꽂고 플라이어로 짧은 쪽 다리를 잡고
살짝 뽑아준다.

31 서보모터 두 개가 과학상자 프레임에
고정된 모습.

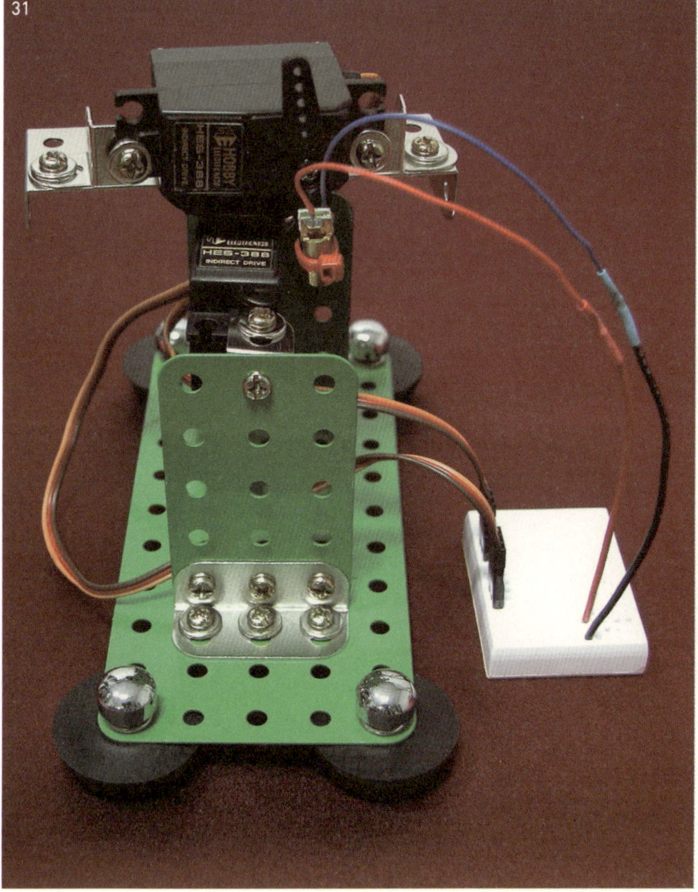

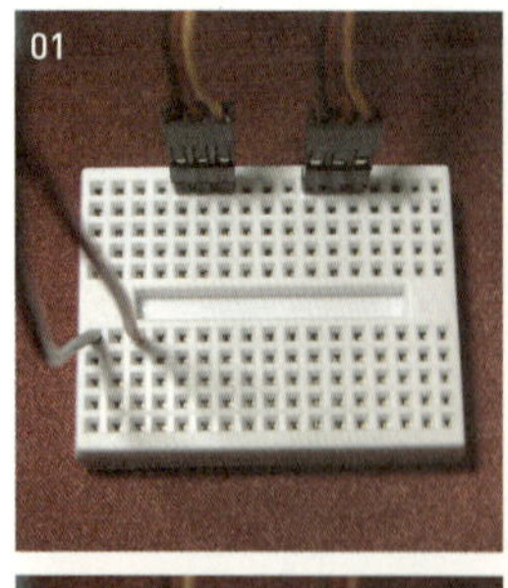

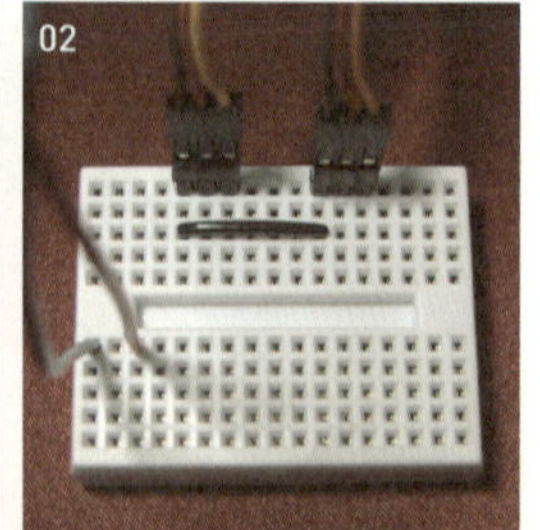

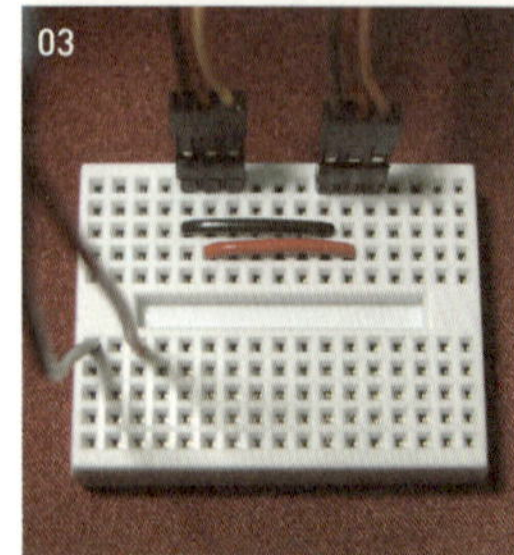

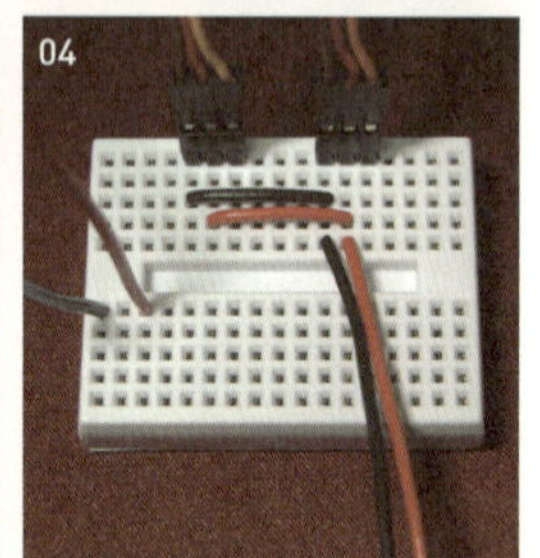

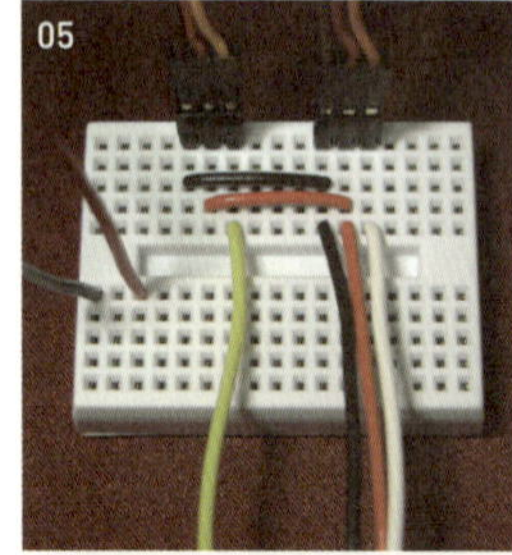

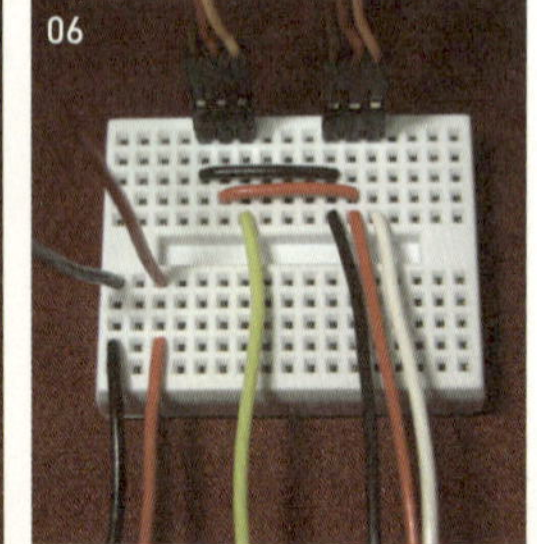

01 서보모터 두 개 중에서 좌우 방향을 제어하는 아래쪽 서보모터의 커넥터를 왼쪽으로 하여 미니 브레드보드에 꽂는다. 레이저 모듈의 전선들은 앞쪽 칸에 꽂는다.

02 아래쪽 서보모터의 갈색 전선과 위쪽 서보모터의 갈색 전선을 검은색 점프선으로 연결한다.

03 아래쪽 서보모터의 빨간색 전선과 위쪽 서보모터의 빨간색 전선을 빨간색 점프선으로 연결한다.

04 위쪽 서보모터의 빨간색 전선은 아두이노 보드의 5V 출력 핀과 빨간색 전선(15cm)으로 연결하고 위쪽 서보모터의 갈색 전선은 아두이노 보드의 그라운드(GND)와 검은색 전선(15cm)으로 연결한다.

05 아래쪽 서보모터의 주황색 전선은 아두이노 보드의 디지털 9번 핀과 노란색 전선(15cm)으로 연결하고 위쪽 서보모터의 주황색 전선은 아두이노 보드의 디지털 11번 핀과 흰색 전선(15cm)으로 연결한다.

06 레이저 모듈의 빨간색 전선은 아두이노 보드의 디지털 13번 핀과 빨간색 전선(15cm)으로 연결하고 검은색 전선은 아두이노 보드의 그라운드(GND)와 검은색 전선(15cm)으로 연결한다.

07 서보모터 두 개와 레이저 모듈을 아두이노 보드에 연결한 모습

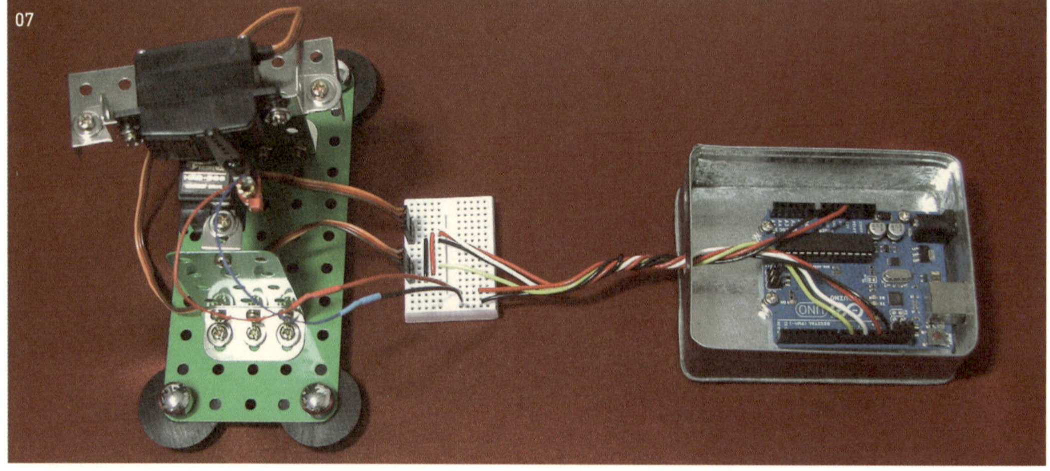

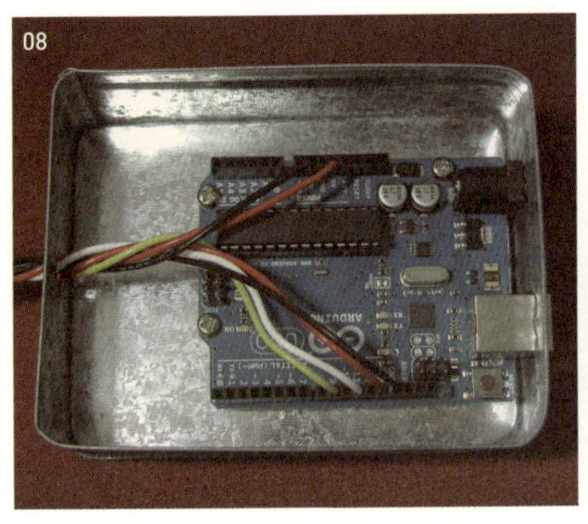

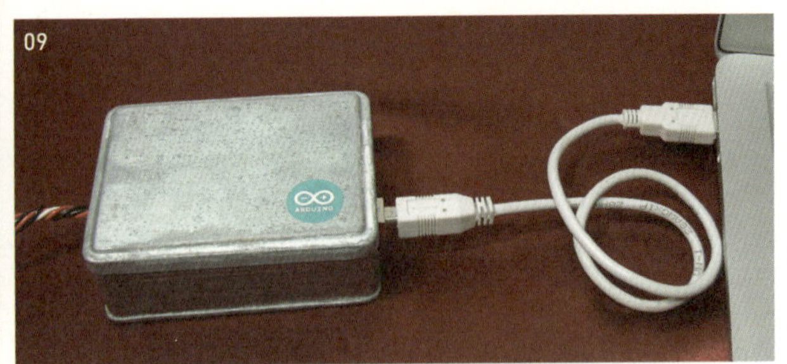

이번 예제는 아두이노가 프로세싱에게 현재 마우스의 위치와 레이저 모듈을 켤 것인지를 묻고, 프로세싱이 답을 하면 그 답에 따라 아두이노가 서보모터의 위치와 레이저 모듈을 제어한다. 묻고 답하는 과정을 살펴보면 먼저 아두이노가 1이라는 숫자를 프로세싱에 보낸다. 프로세싱은 1이라는 숫자가 전달되면 세 개의 정보 값을 아두이노에 보낸다. 첫 번째 값은 현재 마우스 x의 위치에 해당하는 서보모터의 각도, 두 번째 값은 현재 마우스 y의 위치에 해당하는 서보모터의 각도, 세 번째 값은 레이저 모듈을 켜기 위해 마우스를 클릭하면 1을 보내고 마우스를 클릭하지 않으면 0을 보낸다. 이렇게 세 개의 값을 보내면 아두이노는 배열을 이용해 받은 값을 바구니에 차례대로 담는다. 그리고 첫 번째 칸의 값으로 좌우 방향을 담당하는 첫 번째 서보모터를 제어하고, 두 번째 칸의 값으로 위아래 방향을 담당하는 두 번째 서보모터를 제어하고, 세 번째 칸의 값으로 레이저 모듈이 연결된 디지털 13번 핀을 제어한다. 그리고 다시 프로세싱에 1을 보내고 물어보는 과정을 반복한다. 시리얼 통신은 정보 값을 한 번에 하나씩 차례대로 전달하기 때문에 배열과 반복문(for)을 이용하면 여러 장치를 효율적으로 제어할 수 있다.

아두이노 스케치에서 서보모터를 숫자 값으로 간편하게 제어하기 위해 Servo(서보) 라이브러리를 불러온다. 이번 예제에서는 두 개의 서보모터를 사용하기 때문에 Servo 유형의 변수 myServo1과 myServoe2를 만든다. 그 다음 프로세싱에서 전달되는 값을 저장하기 위해 정수 형태로 변수 val1, val2, val3 세 개를 만들고 정수 형태의 배열을 선언한다. 아두이노에서 배열을 만드는 방법은 프로세싱에 비해 좀 더 간단하다. 만들고 싶은 배열의 유형과 이름을 정한 다음, 이름 뒤에 [ ]을 추가한 뒤 [ ] 안에 배열의 크기에 해당하는 숫자를 적어 주면 된다. (배열에 대한 자세한 설명은 「4-6 소리 그림」을 참고 한다.) int Values[3]은 정수 유형의 배열로 바구니의 이름은 Values이고 세 개의 요소를 담을 수 있다. 그 다음 배열의 순번을 나타내는 변수 Count를 만들고 0을 넣는다.

void setup()에서는 명령어 Serial.begin(9600)으

로 아두이노 보드가 시리얼 통신을 할 수 있도록 하고 좌우 방향을 담당하는 아래쪽 서보모터는 디지털 9번 핀, 위아래 방향을 담당하는 두 번째 서보모터는 디지털 11번 핀, 레이저 모듈을 제어하는 디지털 13번 핀은 출력 핀으로 설정한다.

　　void loop()에서는 프로세싱에 숫자 1을 보낸다. 그리고 만약 시리얼 통신으로 값이 들어오면 그 값들을 차례대로 배열 Values[]에 저장하고 값이 세 개를 초과하면 첫 번째 칸 Values[0]의 값을 변수 val1에 저장하고 두 번째 칸 Values[1]의 값을 변수 val2에 저장하고 세 번째 칸 Values[2]의 값을 변수 val3에 저장한 뒤 Count를 0으로 되돌린다. 그 다음 명령어 myServo1.write(val1)로 좌우 방향을 담당하는 아래쪽 서보모터의 위치를 val1의 값에 따라 이동시키고 위아래 방향을 담당하는 위쪽 서보모터의 위치는 val2의 값에 따라 이동시킨다. 서보모터의 위치를 제어하는 변수 값이 커지면 시작점에서 시계 반대 방향으로 증가한 숫자만큼의 각도로 휠 판이 돌아간다. 우리가 사용하는 서보모터는 시작점 0도에서 최대 180도까지 돌아간다. 마지막으로 레이저 모듈을 제어하는 val3의 값이 1이면 디지털 13번 핀으로 5V를 출력하여 레이저 모듈을 켜

고 val3의 값이 1이 아니면 레이저 모듈을 끈다.

auduino_laser

```
// 아두이노 코드
#include <Servo.h>

Servo myServo1, myServo2;

int val1, val2, val3;
int Values[3];
int Count = 0;
void setup(){
  Serial.begin(9600);
  myServo1.attach(9);
  myServo2.attach(11);
  pinMode(13, OUTPUT);
}

void loop(){
  Serial.write(1);
  if(Serial.available()>0){
    int values = Serial.read();
    Values[Count] = values;
    Count++;
    if (Count > 2){
      val1 = Values[0];
      val2 = Values[1];
      val3 = Values[2];
      Count = 0;
    }
  }
  myServo1.write(val1);
  myServo2.write(val2);
  if(val3 ==1){
    digitalWrite(13, HIGH);
  } else {
    digitalWrite(13, LOW);
  }
}
```

03　프로세싱 스케치 및 작동 테스트

아두이노 스케치를 보드에 업로드한 다음 프로세싱을 열고 스케치한다. 시리얼 라이브러리를 스케치에 추가하고 마우스 x, y 좌표 값에 해당하는 서보모터 위치와 레이저 모듈의 상태를 저장하기 위

레이저 모듈을 사용할 때에는 전용 보안경을 착용하고 레이저를 사람이나 차량을 향해 발사하지 않도록 주의해야 한다.

해 변수 val1, val2, val3을 정수 형태로 설정한다. 아두이노 보드에서 입력되는 값을 저장하기 위해 변수 start를 정수 형태로 설정한다. void setup()에서는 아두이노 보드와 시리얼 통신을 할 수 있도록 준비한다.

void draw()에서는 마우스가 움직이는 모습이 서서히 사라지게 하기 위해 화면창 크기만큼의 반투명한 사각형을 매 프레임마다 그려준다. 만약 시리얼 통신으로 값이 들어오기 시작하면 그 값을 변수 start에 저장하고 start의 값이 1이면 세 개의 변수 값을 아두이노 보드로 보낸다. 첫 번째 변수 값 val1은 명령어 map()으로 마우스 x좌표(mouseX)의 최소 값(0)과 최대 값(width)의 범위를 아두이노 보드와 연결된 아래쪽 서보모터의 좌(90), 우(30) 위치의 범위로 바꾸어준 값이다. 이때 프로세싱에서는 x, y좌표 값의 시작점(0. 0)이 왼쪽 위인데 반해 서보모터의 시작점은 오른쪽 아래이기 때문에 마우스 x좌표 값이 커지면 서보모터의 위치값은 작아진다. 두 번째 변수 값 val2는 명령어 map()으로 마우스 y좌표(mouseY)의 최소 값(0)과 최대 값(height)의 범위를 아두이노 보드와 연결된 위쪽 서보모터의 위(120), 아래(60) 위치의 범위로 바꾸어준 값이다. map()에서 서보모터의 좌, 우, 위, 아래 위치값은 레이저를 쏠 빈 벽의 크기와 빈 벽과 서보모터와의 거리에 따라 값을 조절해 준다. 세 번째 변수 값 val3은 마우스가 클릭되었는지 아닌지를 판단하여 마우스가 클릭되면 1을 보내어 아두이노 보드와 연결된 레이저 모듈을 작동시키고 아닐 경우에는 0을 보내어 레이저 모듈을 작동시키지 않

는다. 다음은 현재 마우스의 위치를 표시하기 위해 지름 10픽셀의 작은 흰색 원이 마우스를 따라 다니고 마우스가 클릭되면 원은 빨간색으로 변한다. 또한 명령어 line()으로 마우스의 x좌표 위치에 수평선을 그리고 마우스의 y좌표 위치에 수직선을 그려준다.

processing_laser

```
// 프로세싱 코드
// 아두이노가 연결된 포트 번호에 맞게
// Serial.list()[ ] 배열 안의 숫자를 수정해준다
import processing.serial.*;

Serial port;

int val1, val2, val3;
int start;

void setup() {
  size(1440, 900);
  printArray(Serial.list());
  String portName = Serial.list()[0];
  port = new Serial(this, portName, 9600);
}

void draw() {
  fill(255, 10);
  rect(0, 0, width, height);
  if (port.available()>0) {
    start = port.read();
  }
  if (start == 1) {
    fill(204);
    val1 = int(map(mouseX, 0, width, 90, 30));
    port.write(val1);
    val2 = int(map(mouseY, 0, height, 120, 60));
    port.write(val2);
    if (mousePressed == true) {
      val3 = 1;
      fill(255, 0, 0);
    } else {
      val3 = 0;
      fill(255);
    }
    port.write(val3);
    println(val1 + ":" + val2 + ":" + val3);
  }
  ellipse(mouseX, mouseY, 10, 10);
  line(mouseX, 0, mouseX, height);
  line(0, mouseY, width, mouseY);
}
```

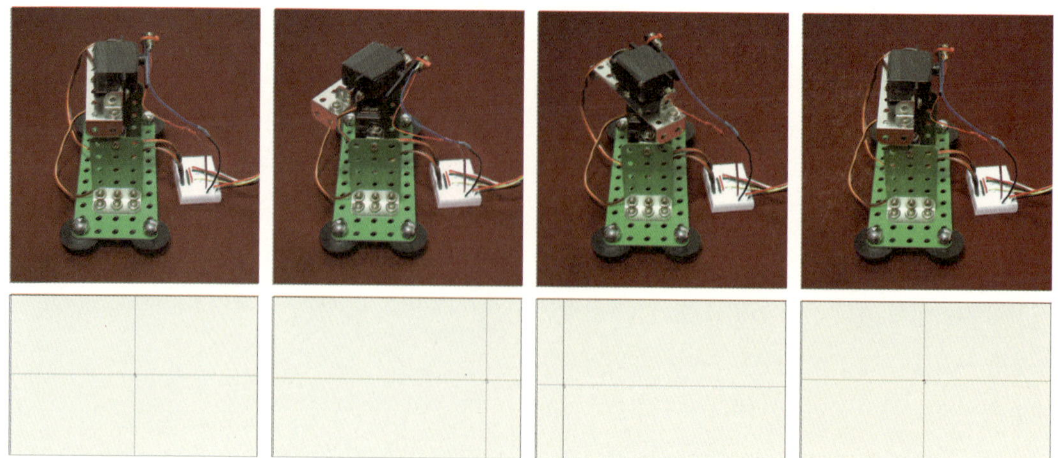

| 마우스가 중앙에 있을 때 | 마우스가 오른쪽 가운데 있을 때 | 마우스가 왼쪽 가운데 있을 때 | 마우스를 클릭했을 때 |

테이블 위에 레이저 그래피티를 놓고 빈 벽을 향해 레이저를 쏘아 본다. 날이 어두워지면 카메라를 삼각대에 고정시키고 장시간 노출 방식으로 촬영해 보자. 장노출을 사용하면 셔터막이 열려있는 시간 동안 밝은 빛을 촬영할 수 있기 때문에 레이저의 궤적을 기록할 수 있다. 장노출 기능은 카메라의 성능에 따라 많이 달라지는데 일반적으로 컴팩트 카메라(똑딱이 카메라)는 수동모드(M)에서 셔터 스피드를 4초 또는 8초까지 지정할 수 있으며 그 시간 동안 그림을 그릴 수 있다. DSLR(Digital Single Lens Reflex) 카메라는 셔터 스피드를 30초까지도 지정할 수 있으며 셔터를 누르는 동안 셔터막이 열려있는 B(Bulb) 셔터 기능도 지원한다.

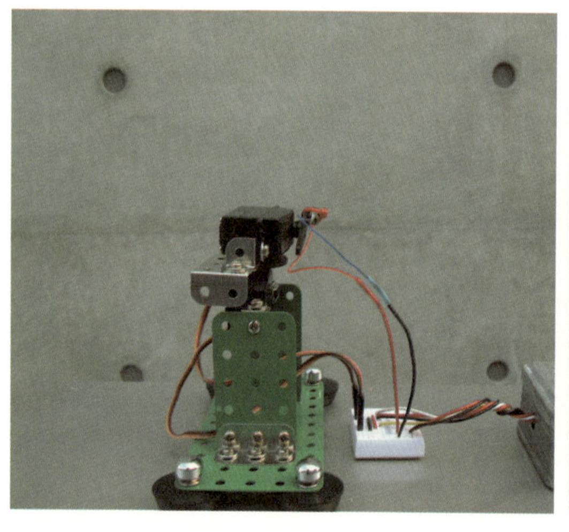

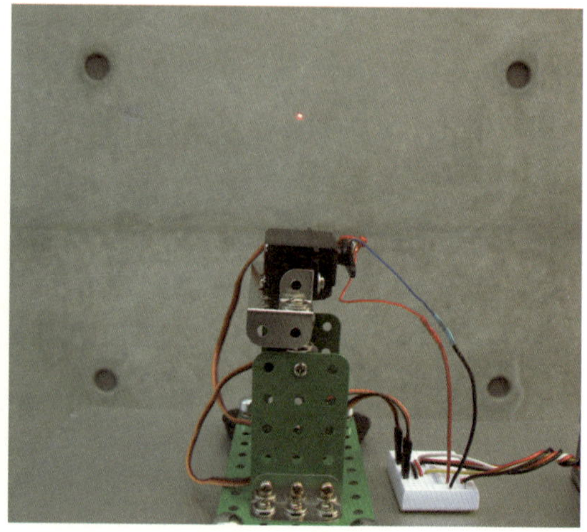

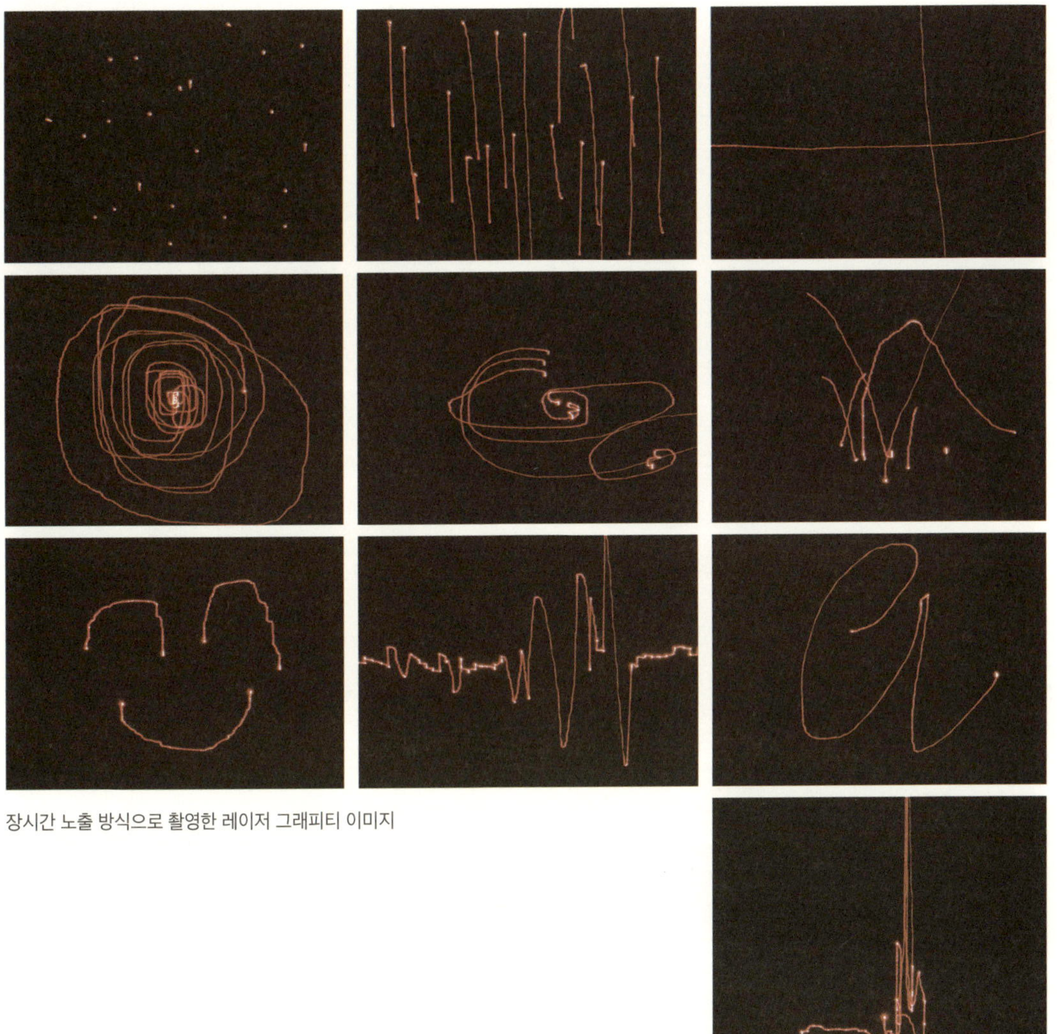

장시간 노출 방식으로 촬영한 레이저 그래피티 이미지

아두이노 보드로 서보모터를 3개 이상 제어하고 싶을 때는 서보모터들을 외부 전원에 연결해야 원활하게 작동한다. 사용할 서보모터들의 빨간색(전원) 전선을 하나로 모아 외부 전원의 양극(+)에 연결하고 서보모터들의 갈색(그라운드) 전선을 하나로 모아 외부 전원의 음극(-)에 연결한다. 서보모터들의 주황색(신호) 전선은 각각 아두이노 디지털 핀에 하나씩 연결하여 제어한다. 이때 외부 전원의 음극(-) 전선은 아두이노 보드의 GND(그라운드) 핀과 연결돼야 한다. 이와 같은 연결 방식은 병렬 방식으로 외부 전원의 전압(V)은 서보모터 하나를 작동시키는 데 필요한 전압이면 되지만 전류(A)는 사용할 서보모터 개수만큼 곱해주어야 한다. 경험에 의하면 서보모터 하나에 1A로 계산해 주는 것이 좋다. 예를 들어 이번 예제에서 다루어본 서보모터 HES-388을 10개 사용하는 프로젝트를 진행한다면 출력 전압은 5V 출력 전류는 10A인 SMPS(Switching Mode Power Supply, 교환 방식 전원 공급 장치)로 전원을 공급한다.

역동적인 경계

공기나 바람처럼 경계가 없는 것들은 인식하기가 힘들다. 나라와 나라 사이가 국경선이라는 경계선으로 나누어지듯이 사물도 형태라는 자기만의 경계선을 지니고 있다. 나무와 산, 바위와 같은 자연물도 눈으로 보이는 물리적인 경계선을 만들어 낸다. 사람들은 자신의 경계를 찾는 행위로부터 자신의 정체성을 찾아 나간다. 또한 이념이나 생각의 차이로 정신적인 경계선을 긋기도 한다. 수많은 학문도 자기만의 영역을 나타내는 경계선이 있다. 그리고 같은 경계선을 공유하는 두 영역이 만나는 곳은 언제나 역동적이다.

그래서 바다와 육지가 만나는 경계에서는 끊임없이 파도가 치는가 보다.

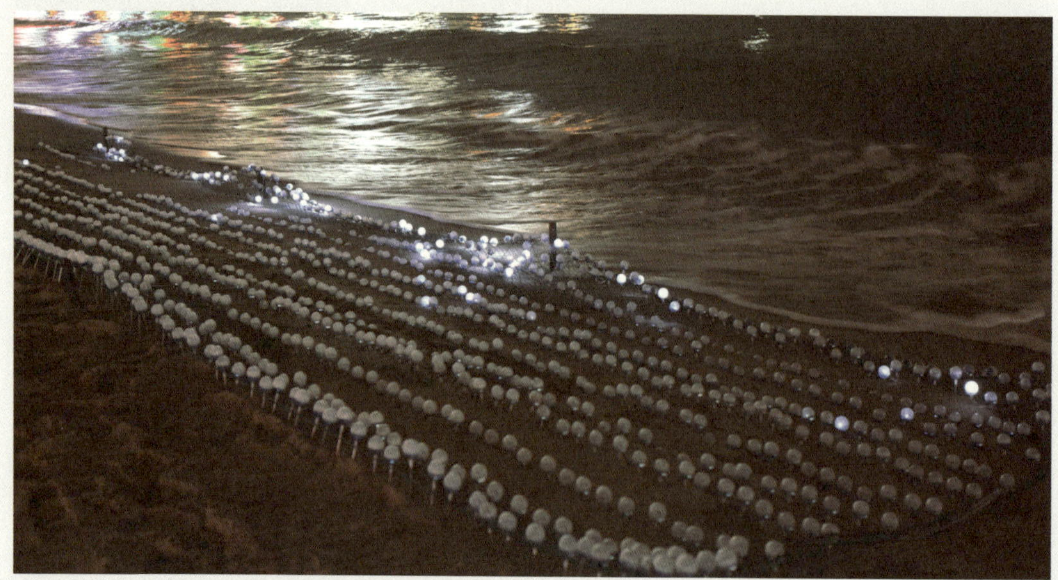

<파도의 빛> 이재민 | 2011 | 1700cm x 600cm x 20cm | LED 전자회로, 우레탄, 플라스틱 용기, 파도

걸어가기

난이도 ■■■■■
시간 2시간 30분

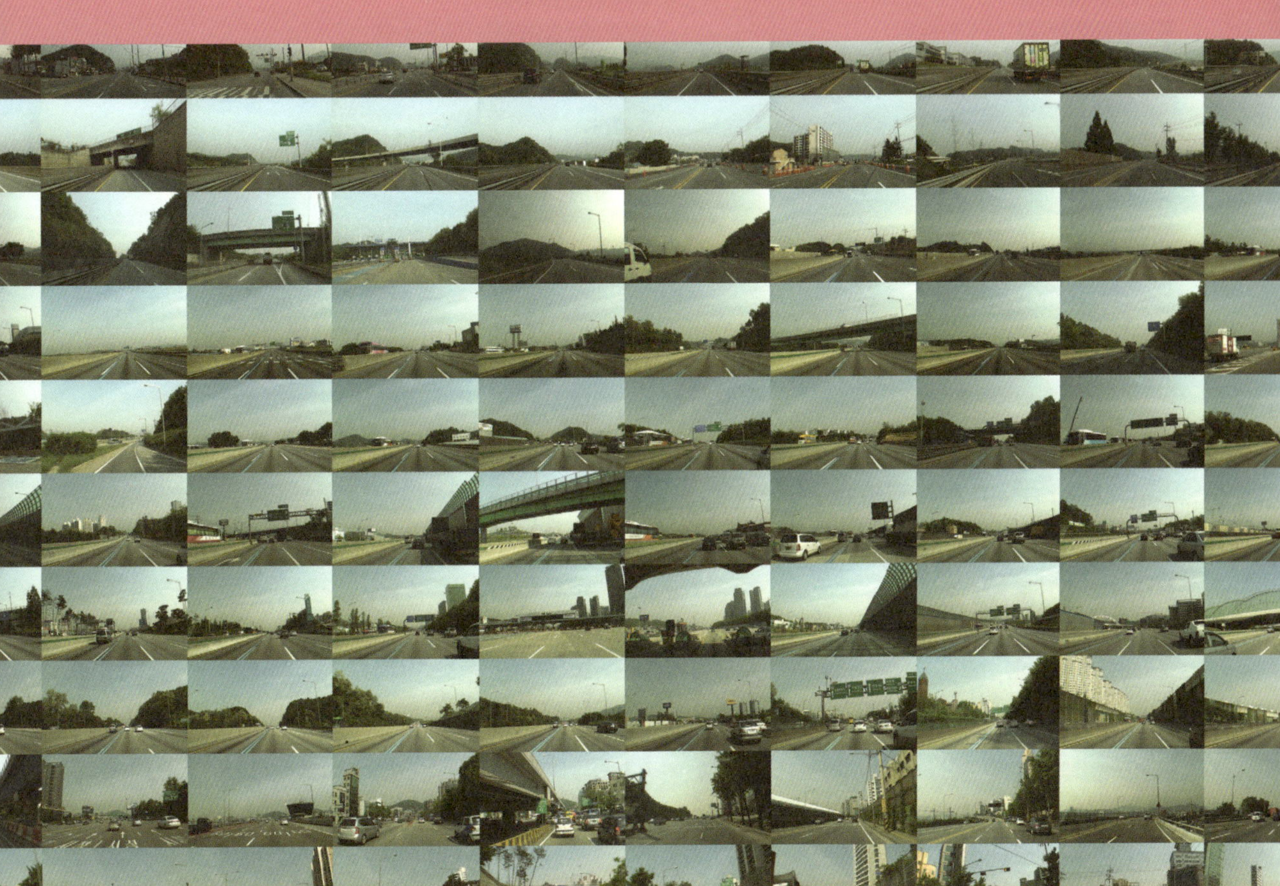

테이프 스위치가 설치된 발판 위를 걸으면 컴퓨터 화면에서는 조금씩 앞으로 이동해 나가는 거리 이미지가 출력된다. 마치 실제 거리를 걸어가는 듯한 경험을 제공한다.

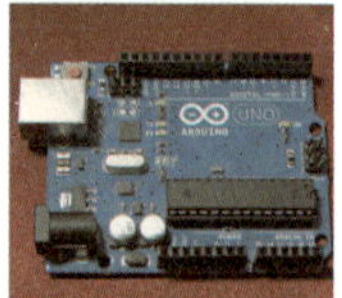

아두이노 우노 (R3)
» 온라인 (플: 100410020145,
아: TP11021D)

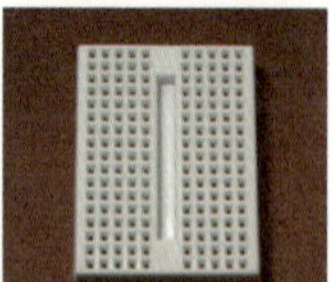

미니 브레드보드
» 온라인 (엘: EPX3C8UV, 디: 32283)

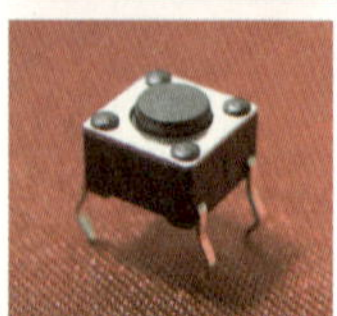

택트 스위치
가로, 세로 6mm, 높이 4.3mm
» 온라인 (엘: EPX3333N, 디: 2213)

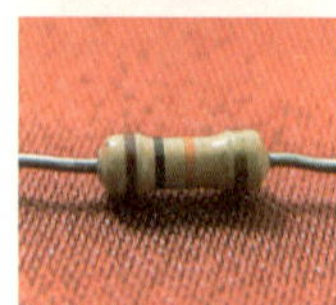

저항 10K 옴(2개), 51옴(1개)
탄소피막 막대저항 1/4W, 5%
» 온라인
(10K옴 엘: EPX3333P, 디: 856,
51옴 엘: EPX34LP4, 디: 902)

고무 매트
가로 70cm 세로 50cm 두께 5mm
» 온라인, 청계천 시장

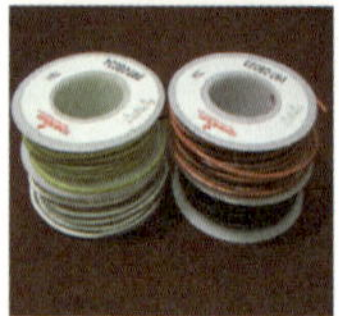

전선 (단심선)
빨간색, 검은색, 노란색, 흰색
심 굵기: 0.6mm(22AWG)
» 온라인, 청계천 시장

공구
인두기, 땜납, 납땜 보조기구, 와이어 스트리퍼, 롱노우즈 플라이어,
니퍼, 칼, 가위, 자, 열풍기

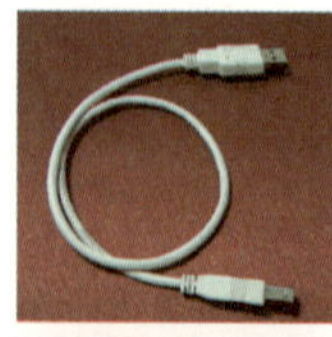

USB 케이블 (A/B 타입)
» 온라인 (플: 20081304471753_0,
엘: EPX344M9)

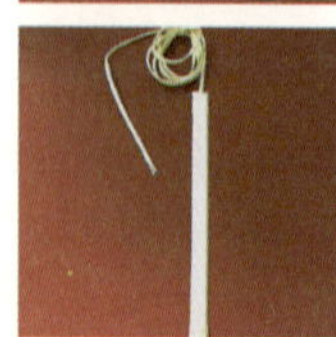

테이프 스위치
모델명: LB - 060(30cm)
제조사: Tokyo Sensor
» 온라인(삼신센서: http://www.s-sensor.
co.kr)

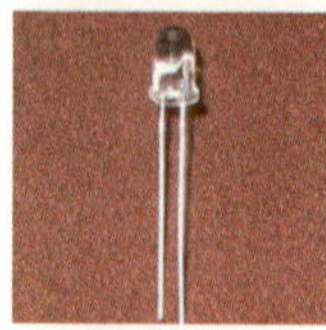

고휘도 LED
5파이, 파란색, 작동전압: 3.4~4V
소비전류: 20mA
» 온라인 (엘: EPX33DPN, 디: 189)

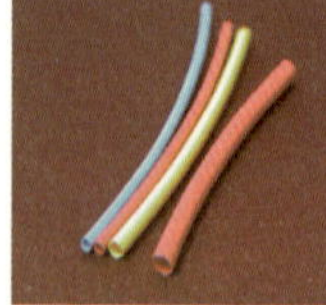

열수축 튜브
빨간색, 노란색, 길이: 1m, 지름: 5mm
» 온라인, 청계천 시장

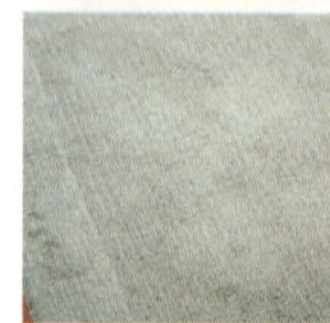

발판 매트
가로 90cm 세로 60cm 두께 5mm
» 온라인, 청계천 시장

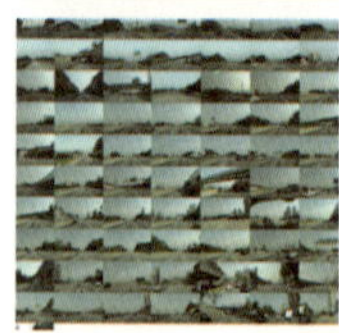

이미지 101장
출발 장소에서 도착 장소까지 조금씩 이동하며
찍은 사진 101장을 준비한다. 먼 거리는 동영
상으로 촬영한 뒤 스틸 이미지로 나누어 저장
한다.

<table>
<tr>
<td>

01

테이프 스위치
두 개를 아두이노에
연결하기

</td>
<td>

02

이미지 101장을
제어하는 프로세싱
스케치 및 작동
테스트

</td>
</tr>
</table>

✳ 연결그림

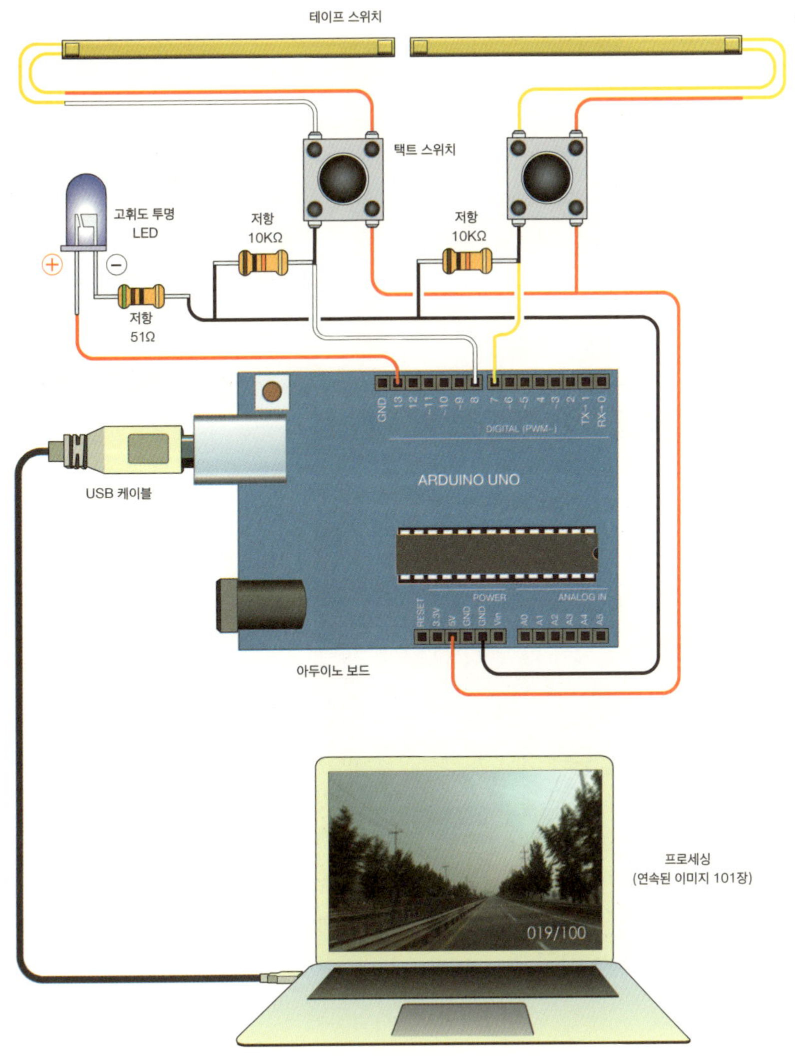

01 테이프 스위치 두 개를 아두이노에 연결하기

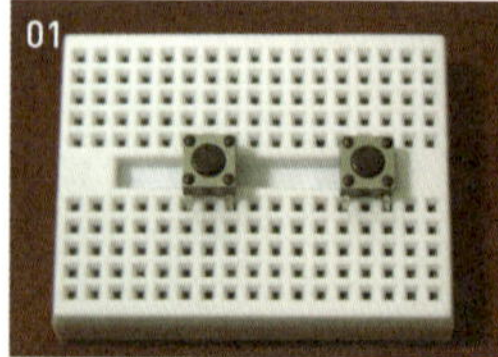

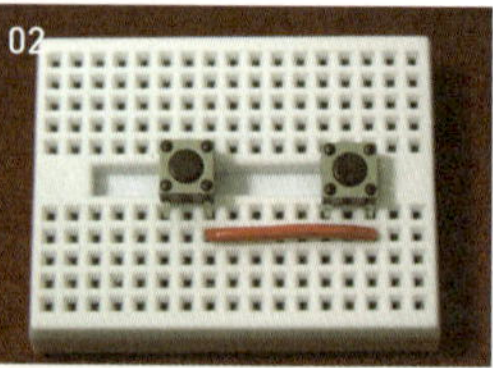

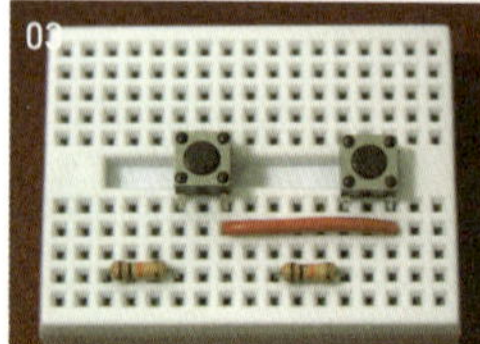

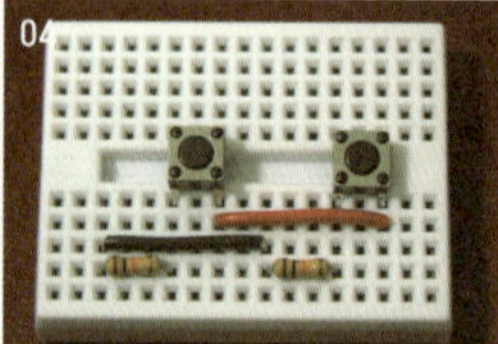

01 왼발과 오른발에 해당하는 택트 스위치 두 개를 미니 브레드보드에 꽂는다.

02 왼쪽 택트 스위치의 오른쪽 다리와 오른쪽 택트 스위치의 오른쪽 다리를 빨간색 점프선으로 연결한다.

03 왼쪽 택트 스위치의 왼쪽 다리와 오른쪽 택트 스위치의 왼쪽 다리에 10K옴 저항을 연결한다.

04 왼쪽 택트 스위치와 연결된 10K옴 저항과 오른쪽 택트 스위치에 연결된 10K옴 저항을 검은색 점프선으로 연결한다.

05 작동 확인용 LED의 양극(+) 쪽 긴 다리를 왼쪽으로 하여 꽂는다. LED의 긴 다리는 양극(+)이고 짧은 다리는 음극(-)이다.

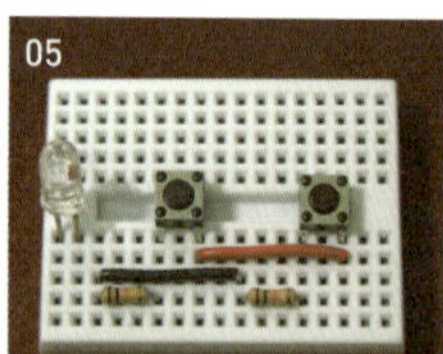

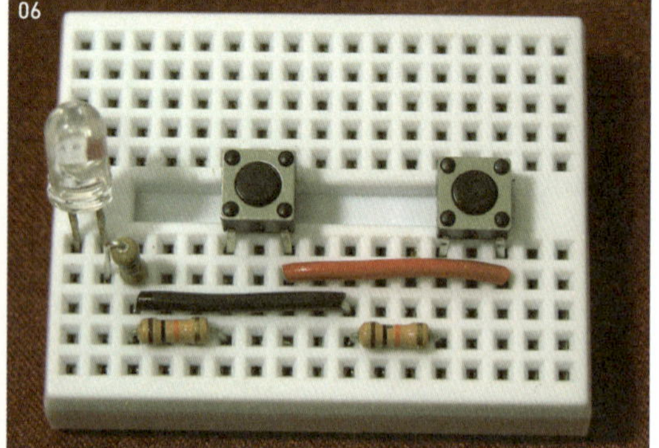

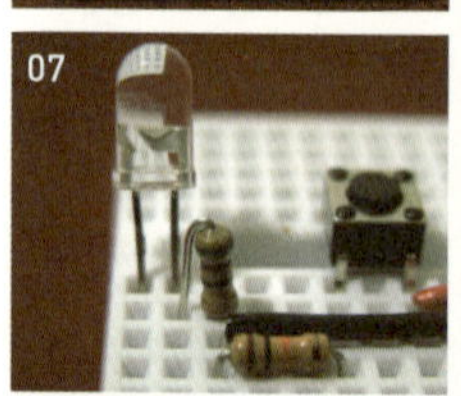

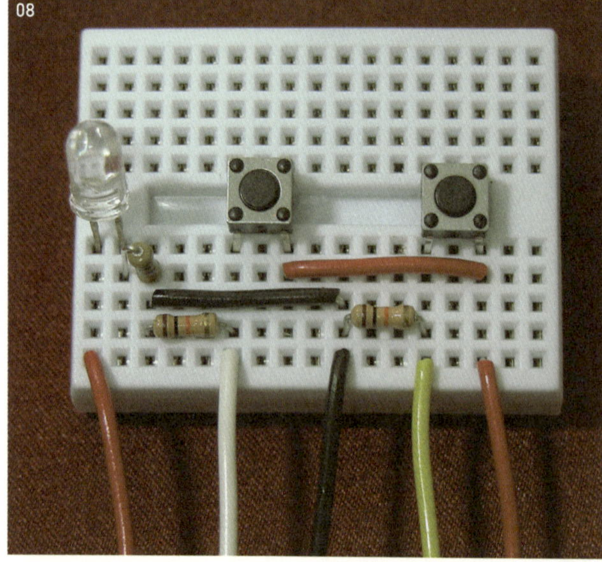

06 51옴 저항의 한쪽 다리는 작동 확인용 LED의 음극(-) 짧은 다리와 연결하고 다른 쪽 다리는 검은색 점프선과 연결해준다.

08 미니 브레드보드의 빨간색 점프선의 한쪽 라인은 아두이노 보드의 5V 출력 핀과 빨간색 전선(15cm)으로 연결하고 검은색 점프선의 한쪽 라인은 아두이노 보드의 그라운드 (GND)와 검은색 전선(15cm)으로 연결한다. 오른쪽 택트 스위치의 왼쪽 다리는 아두이노 보드 디지털 7번 핀과 노란색 전선(15cm)으로 연결하고 왼쪽 택트 스위치의 왼쪽 다리는 아두이노 보드 디지털 8번 핀과 흰색 전선(15cm)으로 연결한다. 작동 확인용 LED의 양극(+) 쪽 긴 다리는 아두이노 보드 디지털 13번 핀과 빨간색 전선(15cm)으로 연결한다.

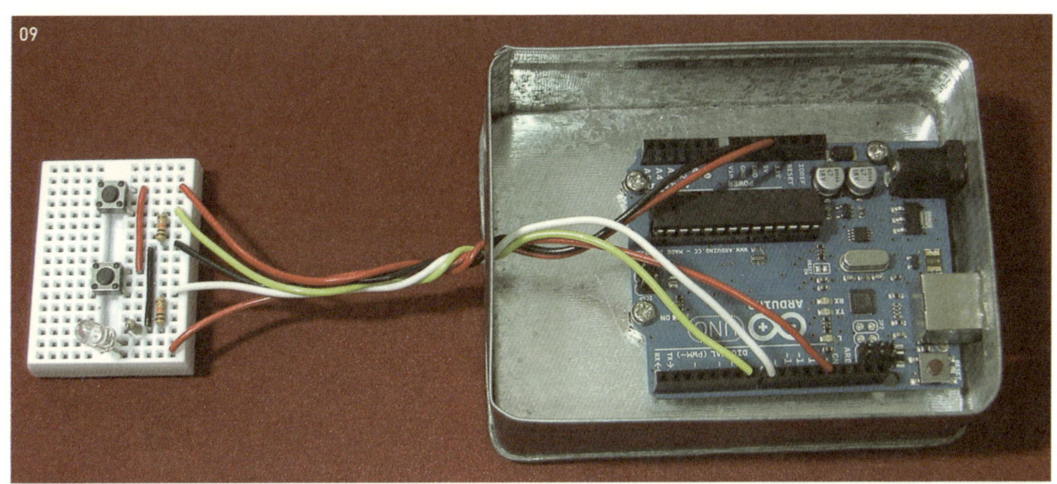

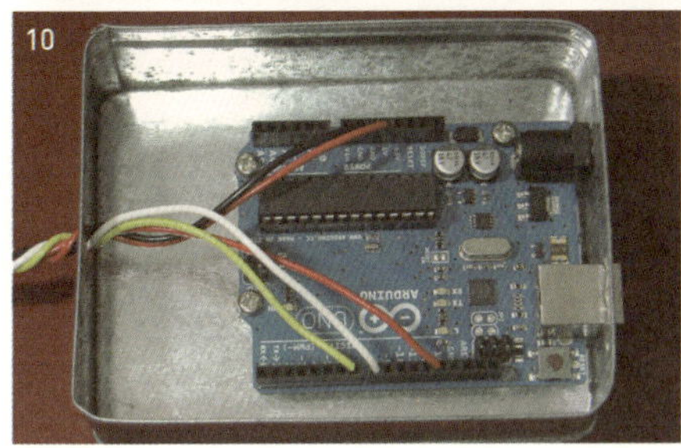
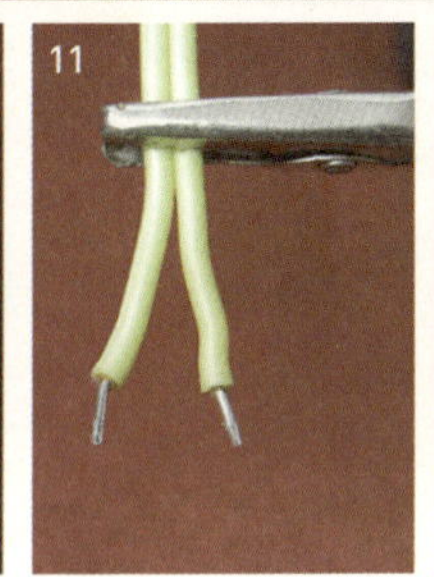
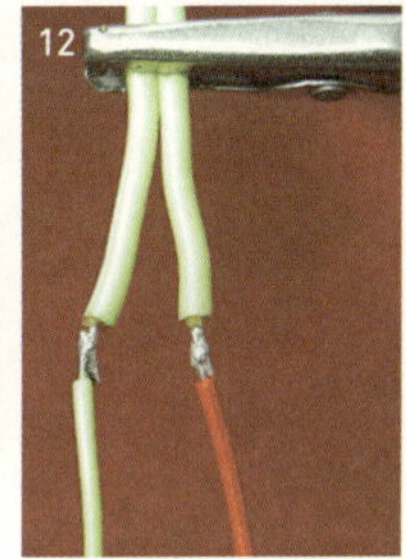
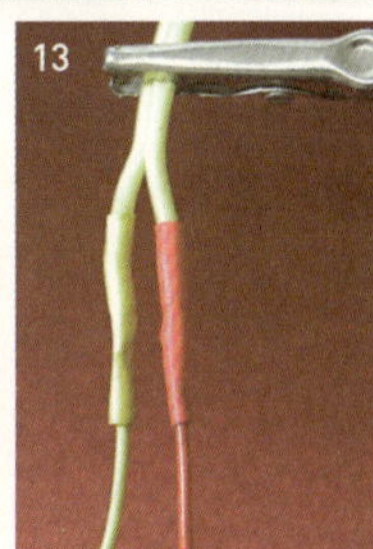

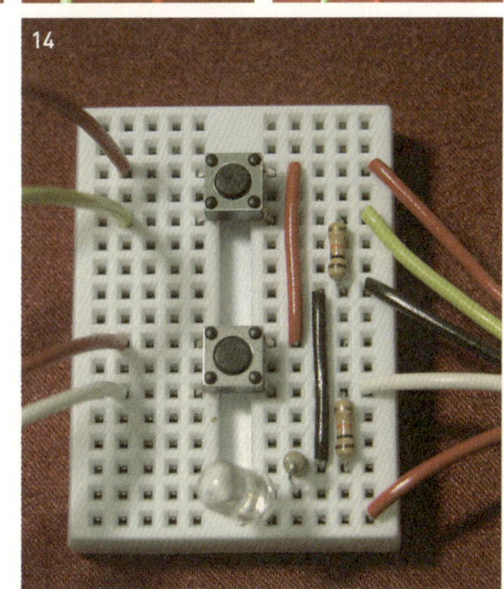

09 택트 스위치 2개와 작동 확인용 LED 1개를 아두이노 보드에 연결한 모습

11 테이프 스위치와 연결된 전선에 브레드보드용 전선(단심선, 0.6mm)을 납땜하기 위해 납땜 보조기구 클립에 물려 고정한다.

12 첫 번째 테이프 스위치의 한쪽 전선은 빨간색 전선(10cm)으로 납땜하고 나머지 전선은 노란색 전선(10cm)으로 납땜한다. 두 번째 테이프 스위치의 한쪽 전선은 빨간색 전선(10cm)으로 납땜하고 나머지 전선은 흰색 전선(cm)으로 납땜한다.

13 납땜한 부분을 열수축 튜브로 절연시킨다.

14 첫 번째 테이프 스위치의 빨간색 전선은 아두이노 보드 디지털 7번 핀과 연결된 택트 스위치의 오른쪽 다리에 연결하고 노란색 전선은 왼쪽 다리에 연결한다. 두 번째 테이프 스위치의 빨간색 전선은 아두이노 보드 디지털 8번 핀과 연결된 택트 스위치의 오른쪽 다리에 연결하고 흰색 전선은 왼쪽 다리에 연결한다. 택트 스위치를 거치지 않고 테이프 스위치 두 개를 바로 아두이노 보드와 연결해도 되지만 택트 스위치로 간편하게 작동 테스트를 해볼 수 있기 때문에 테이프 스위치를 택트 스위치에 연결한다.

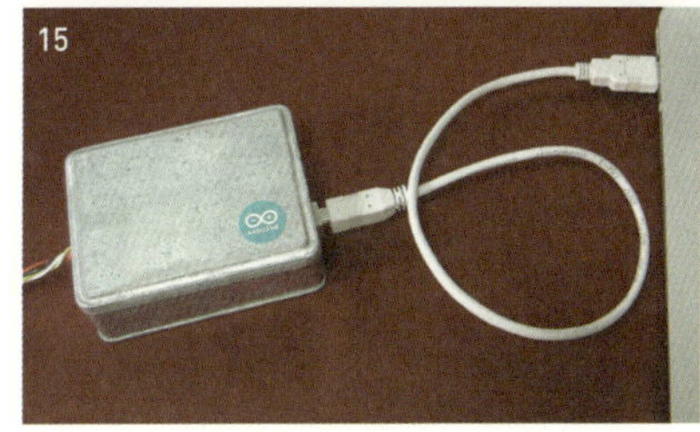

15 아두이노 보드를 USB 케이블로 컴퓨터와 연결한다.

이번 예제에서는 아두이노 보드 7번 핀과 연결된 테이프 스위치를 왼발 밑에 놓고 8번 핀과 연결된 테이프 스위치는 오른발 밑에 놓는다. 선 자리에서 왼발을 구르면 7번 핀과 연결된 테이프 스위치가 ON이 되어 7번 핀으로 5V가 입력되고 7번 핀의 상태는 1(HIGH)이 된다. 오른발을 구르면 8번 핀과 연결된 테이프 스위치가 ON이 되어 8번 핀으로 5V

가 입력되고 핀의 상태는 1(HIGH)이 된다. 이렇게 7번 핀과 8번 핀의 상태를 확인하여 왼발을 구를 때마다 변수 Step의 값을 1씩 증가시켜 프로세싱으로 보내고 프로세싱은 Step 값을 이미지의 순번으로 사용하여 해당되는 이미지를 화면에 출력한다. 이때 정상적으로 발을 구르고 있는지를 확인하기 위해 변수 lastButtonState를 활용한다.

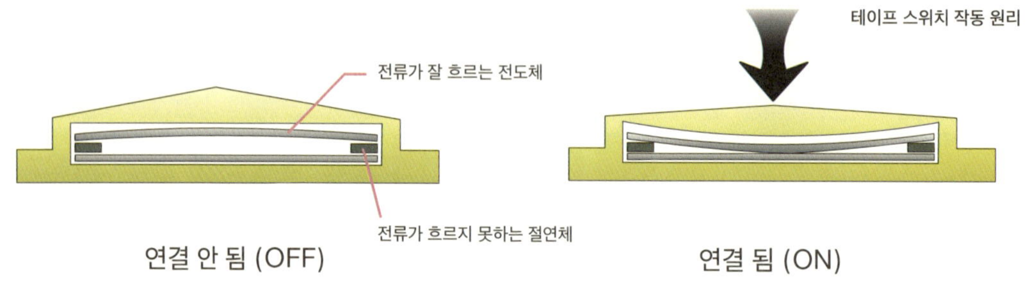

연결 안 됨 (OFF)

연결 됨 (ON)

테이프 스위치 LB - 060은 가로 폭이 19mm에 높이는 4.5mm로 납작한 형태의 스위치이다. 테이프 스위치는 예제 「1-6 빛나는 의자」에서 전도성 천으로 만든 부드러운 스위치와 같은 원리로 작동된다. 무거운 물체가 스위치 위를 누르면 위에 있는 전도체 판이 굽어져 아래에 있는 전도체 판에 닿아 회로가 ON이 되는 방식이다.

이제 아두이노 스케치를 해보자. 먼저 변수 but-tonPin1을 만들고 7을 대입하여 buttonPin1을 디지털 7번 핀으로 활용하고 변수 buttonPin2는 8번 핀, 변수 ledPin은 13번 핀으로 설정한다. 다음은 7번 핀의 상태를 저장하기 위해 변수 buttonState1을 만들어 0을 대입하고 8번 핀의 상태를 저장하기 위해 변수 buttonState2를 만들어 0을 넣고 7번 핀과 8번 핀이 차례대로 반복하는지를 확인하기 위해 변수 lastButtonState를 만들고 0을 넣는다. 그리고 현재

걸음 수를 저장하기 위해 변수 Step을 만들고 0을 넣는다.

void setup()에서는 명령어 pinMode()로 7번 핀 (buttonPin1)과 8번 핀(buttonPin2)을 입력 핀으로 설정해 주고 13번 핀(ledPin)은 출력 핀으로 설정한 후 명령어 Serial.begin(9600)으로 아두이노 보드가 시리얼 통신을 할 수 있도록 준비한다.

void loop()에서는 먼저 7번 핀(buttonPin1)과 8번 핀(buttonPin2)의 상태를 buttonState1과 buttonState2에 각각 저장한다. 만약 7번 핀과 연결된 스위치가 ON이 되면 7번 핀으로 5V가 입력되고 buttonState1은 1이 된다. 그 다음 if 구문으로 만약 buttonState1의 값이 lastButtonState의 값과 같지 않고 또한 buttonState1의 값이 1(HIGH)이면 Step에 1을 더하고 lastButtonState의 값을 1로 만들어 준다. lastButtonState값을 1로 만드는 이

유는 왼발을 구른 다음 왼발을 떼지 않고 계속 밟고 있을 때 Step이 증가하지 못하도록 하기 위해서이다. 진행 과정을 살펴보자. 처음 왼발을 구르면 buttonState1의 값이 1이 되고 lastButtonState의 초기 값인 0과 비교했을 때 같은 값이 아니므로 첫 번째 if 구문의 조건을 만족시킨다. buttonState1의 값이 1이므로 두 번째 if 구문의 조건도 만족시키므로 Step에 1이 더해지고 lastButtonState의 값은 1이 된다. Step 값은 101이 되기 전까지 계속 증가하며 증가할 때마다 프로세싱으로 값을 보낸다. Step 값이 101(101번째 걸음)이 되는 순간 Step 값은 0이 되고 프로세싱 화면창에서는 이미지가 0부터 다시 시작된다. 그리고 오른발을 구르면 buttonState2는 1(HIGH)이 되고 if 구문의 조건을 만족시키기 때문에 lastButtonState의 값은 buttonState1의 값이 된다. 이때 만약 왼발을 떼지 않고 오른발을 디뎠다면 lastButtonState의 값은 1로 유지되고 다음 프레임에서는 왼발을 딛더라도 첫 번째 if 구문의 조건을 만족시키지 못하기 때문에 Step 값은 변하지 않는다. 만약 정상적으로 왼발을 떼고 오른발을 디디면 lastButtonState의 값은 0이 되고 다음 프레임에서 왼발을 디디면 첫 번째 if 구문과 두 번째 if 구문을 모두 만족시키기 때문에 Step은 1이 증가한다. 끝으로 Step 값을 2로 나눈 나머지가 0이면 즉 Step 값이 짝수면 13번 핀으로 5V를 출력해서 13번 핀과

연결된 LED를 켜고, 홀수면 LED를 꺼서 작동 여부를 확인하게 해준다.

arduino_walking

```
// 아두이노 코드
int  buttonPin1 = 7;
int  buttonPin2 = 8;
int  ledPin = 13;

int buttonState1 = 0;
int buttonState2 = 0;
int lastButtonState = 0;

int Step = 0;

void setup() {
  pinMode(buttonPin1, INPUT);
  pinMode(buttonPin2, INPUT);
  pinMode(ledPin, OUTPUT);
  Serial.begin(9600);
}

void loop() {
  buttonState1 = digitalRead(buttonPin1);
  buttonState2 = digitalRead(buttonPin2);

  if (buttonState1 != lastButtonState) {
    if (buttonState1 == HIGH) {
      Step ++;
      lastButtonState = 1;
      if (Step >= 101){
      Step = 0;
      delay(100);
      }
      Serial.write(Step);
    }
  }

  if (buttonState2 == HIGH){
  lastButtonState = buttonState1;
  }
  if (Step % 2 == 0) {
    digitalWrite(ledPin, HIGH);
  } else {
    digitalWrite(ledPin, LOW);
  }
    delay(100);
}
```

02 이미지 101장을 제어하는 프로세싱 스케치 및 작동 테스트

아두이노 스케치를 보드에 업로드한 다음 프로세싱을 열고 스케치한다. 이번 예제에서는 배열과 반복을 이용하여 이미지 101장을 다루기 때문에 스케치에 앞서 프로세싱에서 사용할 수 있는 메모리

를 늘려야 한다. 상단 메뉴에서 파일(File) 아래에 있는 환경설정(Preferences)을 선택한다. 환경설정 창에서 세 번째 줄 'Increase maximum available memory to ☐ MB'의 사각박스를 체크하여 활성화하고 최대 용량을 1024MB로 높여준다. 만약 메모리를 늘려도 텍스트 알림창에 에러 메시지(Out of Memory Error)가 뜬다면 사용할 이미지의 크기를 좀 더 작게 줄이거나 총 이미지 개수를 줄인다.

☑ Increase maximum available memory to 1024 MB

시리얼 라이브러리를 스케치에 추가한 다음 아두이노 보드에서 입력되는 값을 저장하기 위해 변수 Step을 만들고 0을 넣는다. 다음은 101장의 이미지를 저장할 PImage 유형의 배열을 만든다. 배열의 이름은 images로 정하고 크기는 변수 numFrames에 101을 넣어서 사용한다. 그리고 현재 걸음 수를 텍스트로 화면에 표시하기 위해 PFont 유형의 변수 font를 설정해준다. (배열에 대한 자세한 설명은 「4-6 소리 그림」을 참고한다.)

　　void setup()에서는 배열 images[ ]에 101장의 이미지를 불러오기 위해 반복문 for를 사용한다. 이때 불러올 이미지들은 현재 작성중인 스케치와 같은 폴더 안에 위치한 data 폴더 안에 있어야 한다. 배열의 순번은 0에서부터 100까지 1씩 증가하기 때문에 변수 i를 만들어 for 구문에서 1씩 증가시키고 변수 i를 배열 images[ ]의 순서를 나타내는 용도로 활용한다. for 구문의 초기 값은 0이고 조건은 총 이미지 개수를 나타내는 변수 numFrames의 값인 101보다 작은 경우로 정하고 갱신 방법은 i++(i = i +

1)로 설정한다. 다음은 불러올 이미지의 파일명을 String 유형으로 변수 imageName에 하나의 문장으로 저장한다. 이미지의 파일명은 walk_000.jpg, walk_001.jpg, walk_002.jpg...처럼 가운데 숫자만 변하기 때문에 명령어 nf()를 사용하여 첫 번째 매개변수 값에 변수 i를 넣어서 불러올 이미지의 파일명을 완성해 준다. for 구문의 실행 과정을 살펴보면 변수 i의 초기 값이 0이므로 첫 번째 불러올 이미지의 파일명은 walk_000.jpg가 되고 배열의 첫 번째 요소로 image[0]에 저장된다. 다음은 초기 값 0에 1을 더한 값 1을 가지고 두 번째 불러올 이미지의 파일명 walk_001.jpg을 만들고 배열의 두 번째 요소로 image[1]에 저장된다. 이러한 방식으로 마지막 이미지 walk_100.jpg를 배열 image[100]에 불러오고 변수 i가 101이 되는 순간 for 구문을 빠져나온다. 다음은 Create Font로 사용할 폰트를 만들어주고 변수 font에 불러온다. 불러온 폰트를 스케치에서 사용할 텍스트 폰트로 정해주고 아두이노 보드와 시리얼 통신을 할 수 있도록 준비한다.

　　void draw()에서는 만약 시리얼 통신으로 값이 들어오기 시작하면 그 값을 변수 Step에 저장하고 배열 images[ ]에서 그 값에 해당하는 순번의 이미지를 화면창에 출력한다. 끝으로 String 유형의 변수 count에 현재 걸음 수를 나타내는 Step 값을 문장 형태로 저장한 다음 명령어 text()로 오른쪽 아래 부분에 표시한다.

processing_walking

```
// 프로세싱 코드
// 아두이노가 연결된 포트 번호에 맞게
// Serial.list()[ ] 배열 안의 숫자를 수정한다.
import processing.serial.*;
```

```
Serial port;                                      printArray(Serial.list());
int Step = 0;                                     String portName = Serial.list()[0];
int numFrames = 101;                              port = new Serial(this, portName, 9600);
PImage[] images = new PImage[numFrames];        }
PFont font;
void setup(){                                     void draw(){
  size(1024, 640);                                  if (port.available() > 0) {
  background(0);                                       Step = port.read();
  for(int i = 0; i < numFrames; i++) {              }
    String imageName = "walk_" + nf(i, 3) + ".jpg";  image(images[Step], 0, 0);
    images[i] = loadImage(imageName);              String count = nf(Step, 3) + "/" + "100";
  }                                                 fill(255);
  font = loadFont("CenturyGothic-100.vlw");         text(count, 740, 600);
  textFont(font, 60);                             }
```

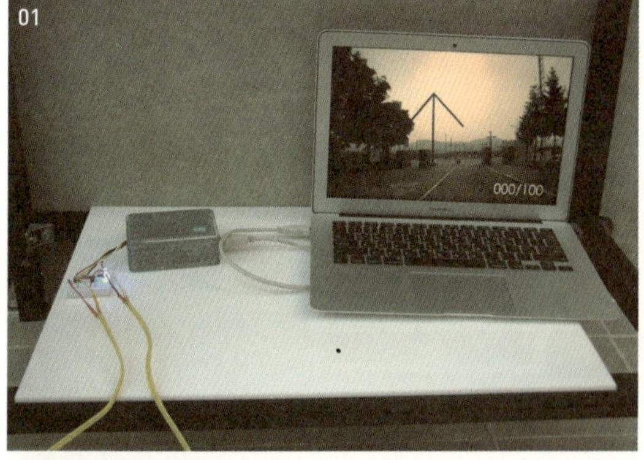

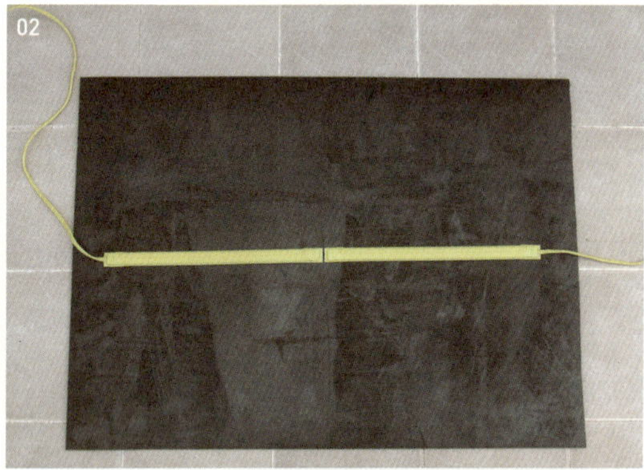

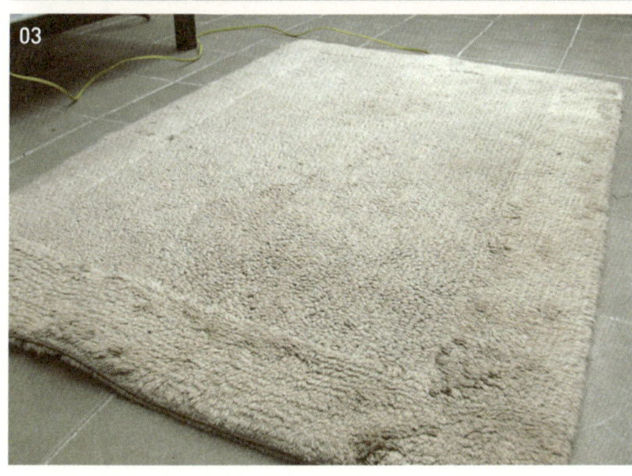

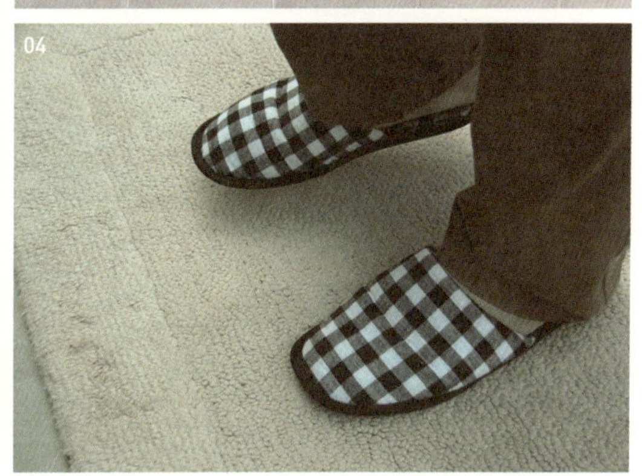

01 프로세싱 스케치를 실행시키면 출발 장소인 walk_000.jpg가
   화면에 출력되고 현재 걸음수는 000/100으로 표시되는 것을
   확인할 수 있다.

02 왼발과 오른발의 위치에 맞추어 테이프 스위치를 고무 매트 위에
   놓는다.

03 발판 매트로 덮는다.

04 발판 매트 위에서 왼발과 오른발을 구른다.

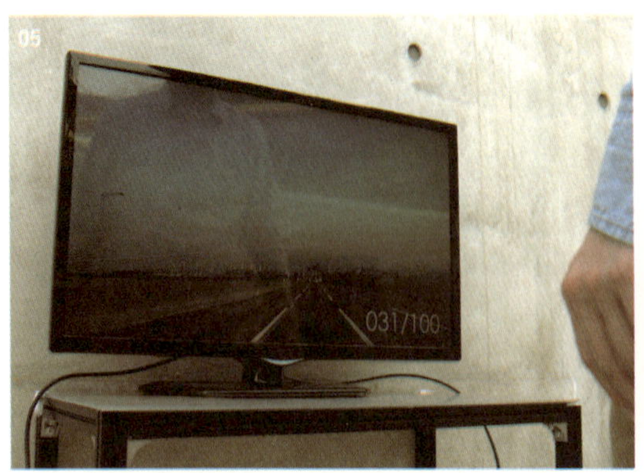
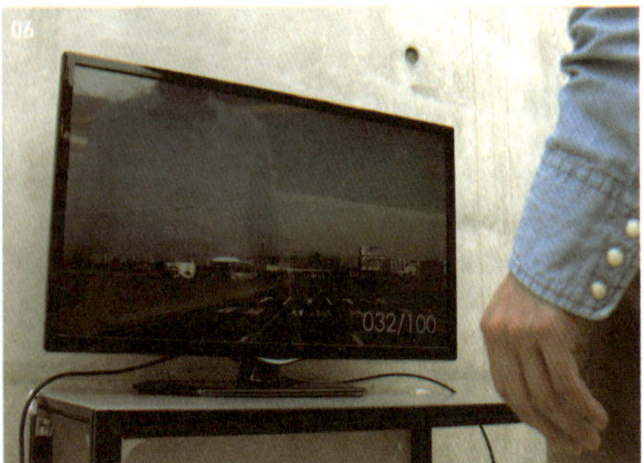

도전!

집 근처에 있는 산책로를 직접 촬영하여 걸어가기

이미지로 만들고 실행시켜 보자.

그래~ 걸어갈게

서울에서 차로 한 시간 반 정도 걸리는 세종시 조
치원 연구소에서 일할 때 주말이면 가끔 차를 타고
서울에 친구들을 만나러 갔었다. 한번은 기름 값이
너무 올라 버스를 타고 가야 했다. 상황을 설명하
고 주말에 버스를 타고 간다는 나의 말에 친구는 농
담으로 걸어서 오라고 하였다. 전화를 끊고 한참을
있다 문득 실제 걸음을 걸을 때마다 항상 차를 타고
가면서 보던 주변의 풍경들을 보여주는 작업을 하
면 재미있겠다는 생각이 들었다. 걸어가기 작업은
그렇게 시작되었다.

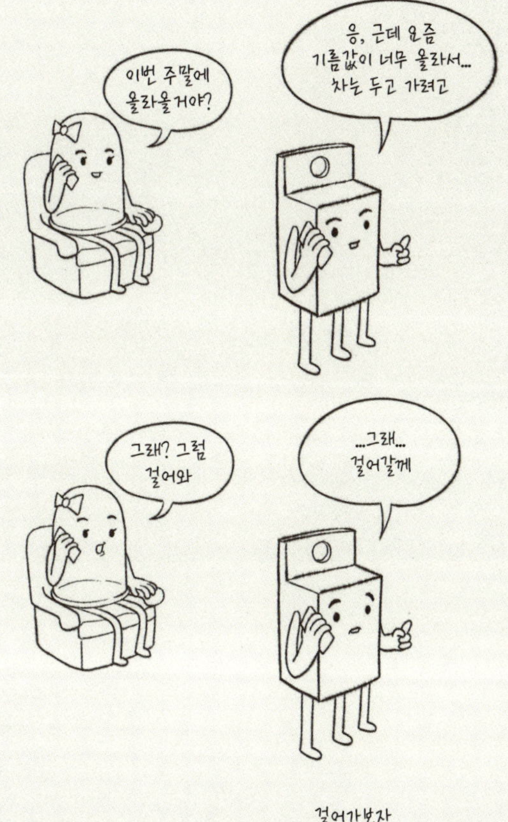

책 속 갤러리4

서울 한강체 글자로 서울의 이미지를 새롭게 표현한 정보 시각화(Data Visualization) 작품. 한국의 성씨(姓氏)를 표현한 글자들이 폭포처럼 떨어지면서 서서히 풍경 이미지를 이루다가 어느 순간 완전히 이미지에 융화되어 버린다. 그러다가 각각의 글자들은 이미지가 해체되면서 다시 드러나 보인다.

<풍경> 이재민, 로미 아키투브 | 2010 | 가변 설치 | 빔 프로젝터, 서울한강체, 프로세싱

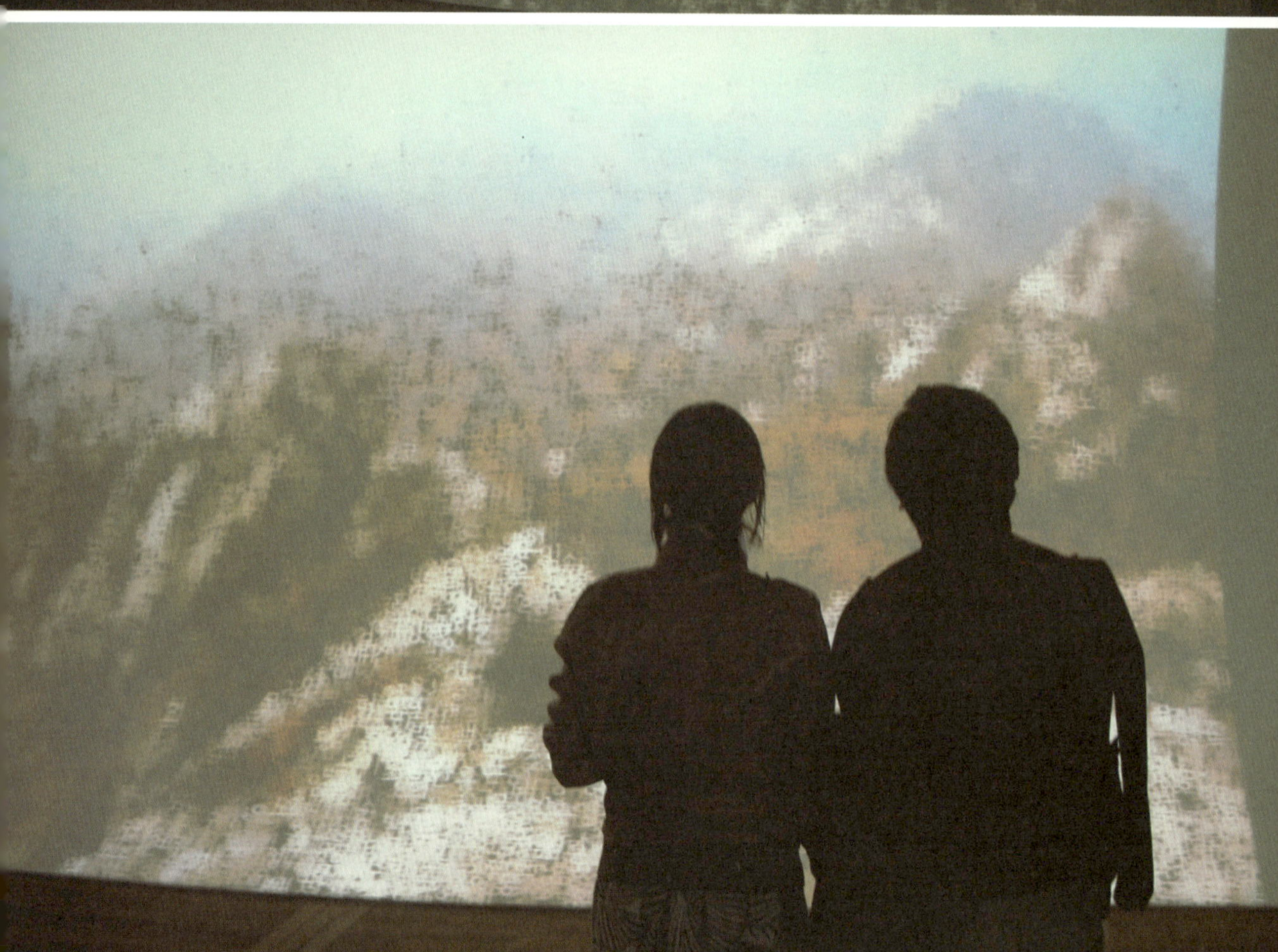

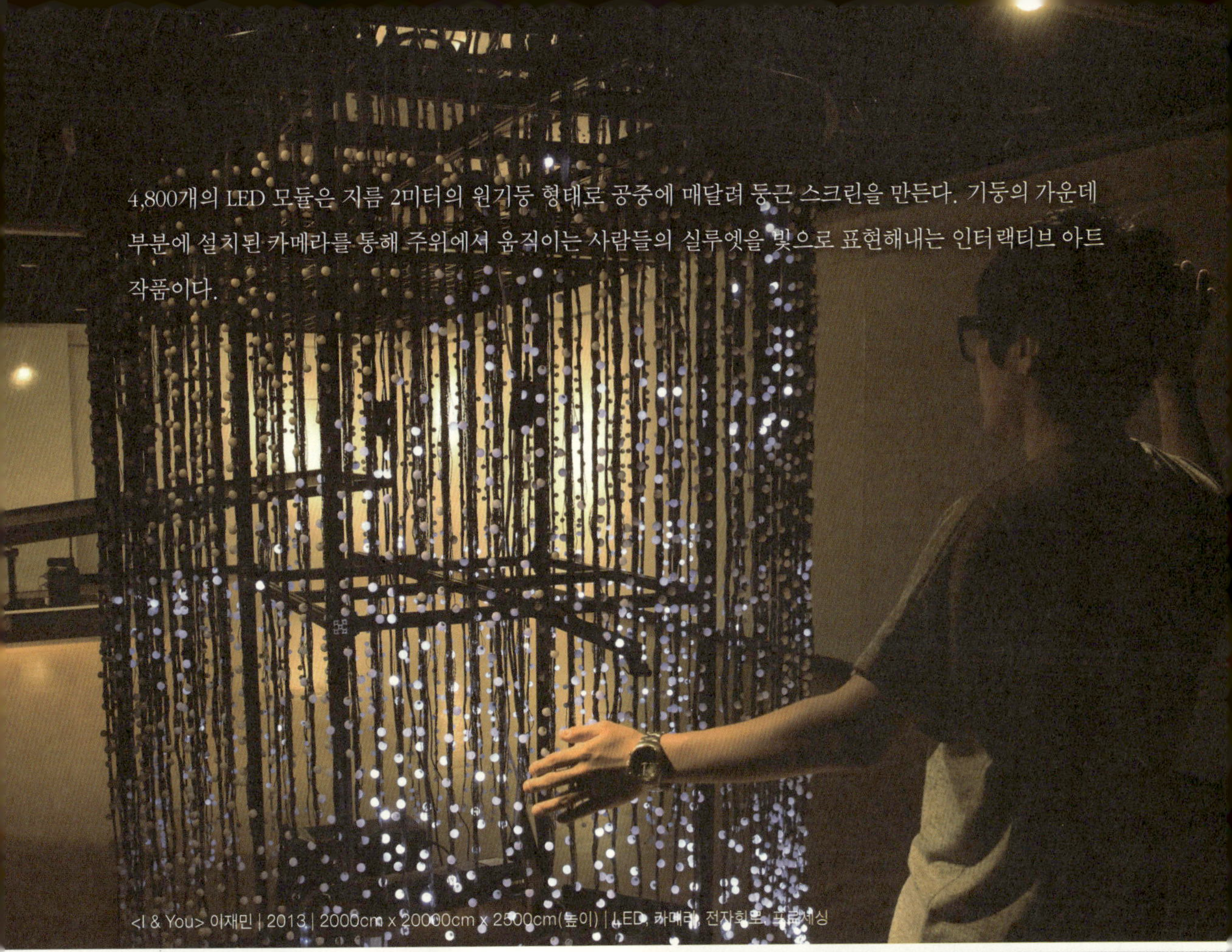

4,800개의 LED 모듈은 지름 2미터의 원기둥 형태로 공중에 매달려 둥근 스크린을 만든다. 기둥의 가운데 부분에 설치된 카메라를 통해 주위에서 움직이는 사람들의 실루엣을 빛으로 표현해내는 인터랙티브 아트 작품이다.

<I & You> 이재민 | 2013 | 2000cm x 20000cm x 2500cm(높이) | LED, 카메라, 전자회로, 프로세싱

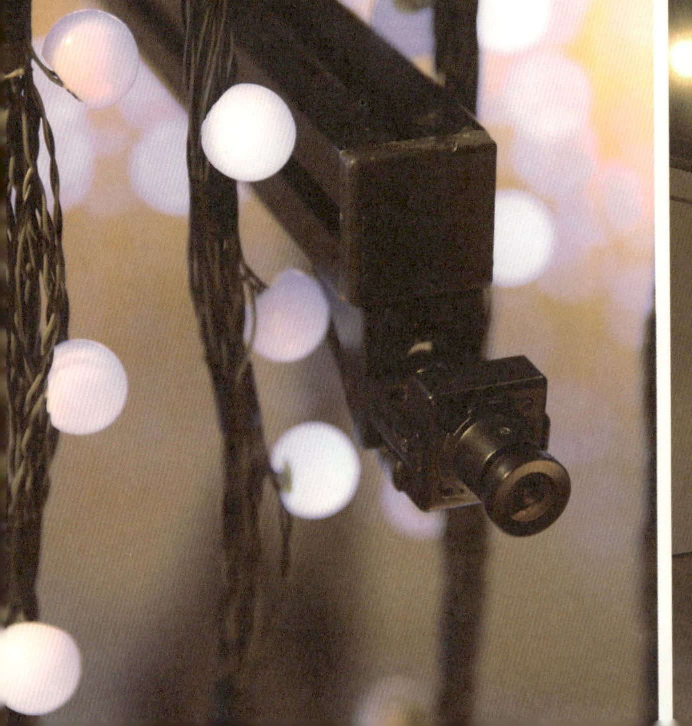

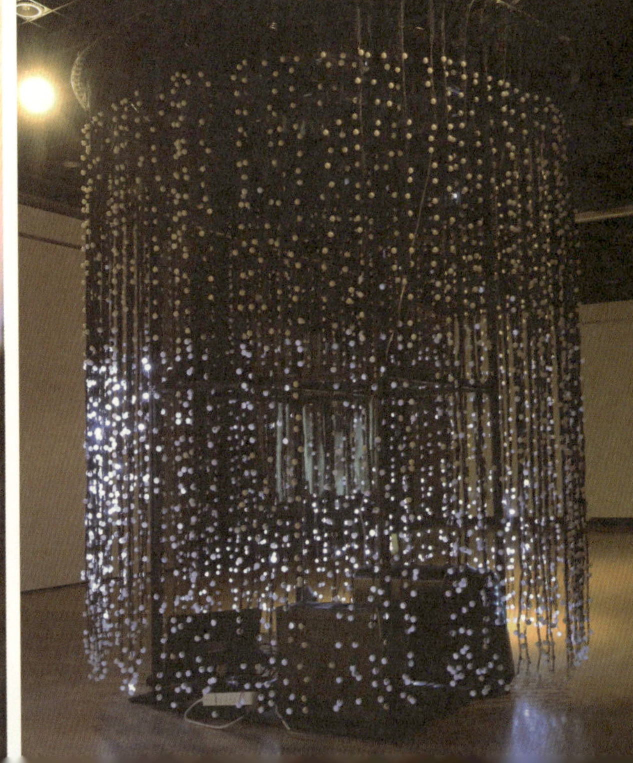

찾아보기

ㅊ

ㅋ